本书得到山东省泰山学者专项经费支持,并为山东省孔子与文化强省战略协同创新中心重点项目"《孔子家语》汇校、集注与全译"(KZXT03ZD07)阶段性成果

中国古代名著全本译注丛书

孔子家语译注

宋立林 译注

图书在版编目(CIP)数据

孔子家语译注 / 宋立林译注. —上海:上海古籍出版社,2022.12
(中国古代名著全本译注丛书)
ISBN 978-7-5732-0245-1

Ⅰ.①孔… Ⅱ.①宋… Ⅲ.①孔丘(前551-前479)一生平事迹②《孔子家语》—译文③《孔子家语》—注释 Ⅳ.①B222.2

中国版本图书馆 CIP 数据核字(2022)第 029805 号

本丛书为 2021—2035 年国家古籍工作规划重点出版项目(普及读物类)

中国古代名著全本译注丛书
孔子家语译注
宋立林　译注
上海古籍出版社出版发行
(上海市闵行区号景路 159 弄 1-5 号 A 座 5F　邮政编码 201101)
(1)网址:www.guji.com.cn
(2)E-mail:guji1@guji.com.cn
(3)易文网网址:www.ewen.co
江阴市机关印刷服务有限公司印刷
开本 890×1240　1/32　印张 23　插页 5　字数 600,000
2022 年 12 月第 1 版　2022 年 12 月第 1 次印刷
印数:1—3,100
ISBN 978-7-5732-0245-1
B·1249　定价:88.00 元
如有质量问题,请与承印公司联系

前言

一

《孔子家语》，是记载孔子及孔门弟子言行的重要典籍，但是其命运，与同类的《论语》真可谓有天壤之别。《家语》命运可谓多舛，其身份甚至也屡遭质疑，清代尤其是民国以来的学者提到它时，往往径以"伪书"视之。

《孔子家语》命途之多舛，盖缘于其身世之扑朔迷离。然而，随着大量出土简帛文献的问世，此一扑朔之身世、多舛之命运，将得一揭秘之契机，其文献价值、思想意义，亦将随之凸显。因其身世复杂，世人对之多感陌生，或受流俗之见，以为伪书不足观，故需详叙其原委，俾使该书之价值能重为世人所了解。

《孔子家语》，又称《孔氏家语》，简称《家语》，与《论语》一样，是研究孔子及早期儒学的重要资料。今本为十卷、四十四篇，全书共五万七千余字，字数是《论语》的数倍之多。该书所记为孔子与门弟子、当时君卿大夫及时人问对言语，及有关孔子身世、家世、求学、为政、施教的记载，内容丰富，对于全面了解孔子思想及早期儒学，具有极为重要的价值，业师杨朝明先生称其为"孔子研究第一书"，虽恐稍嫌过誉，然绝非浮泛虚夸之词。

《家语》最早著录于《汉书·艺文志》，在"六艺略"之《论语》"十二家"之中："《孔子家语》，二十七卷。"《隋书·经籍志》亦著录于经部，列《论语》类，为二十一卷，并云："《孔丛》、《家语》，并孔氏所传仲尼之旨"；《旧唐书·经籍志》亦收在"甲部"即"经部"《论语》"三十六家"，著录为十卷；《新唐书·艺文志》、《宋史·艺文志》同。由此看来，自古学者皆将《家语》视为《论语》一类，《家语》与《论语》关系之密切，可想而知。日本学者太宰纯对此有一个形象的说法："昔者左丘明取鲁国简牍记以为《春秋传》，又录其异闻，兼撮诸国遗事，以为外传，命之曰《国语》。仲尼门人录仲尼言语行事及门人问对论议之语，命之曰《家语》，琴张、原思等取《家语》中纯粹正实者而修其文，以为《论语》。是《论语》之与《家语》，犹《春秋》内外传也。"（《增注孔子家语序》）应该说，太宰纯的看法是深刻的。

《孔子家语》的成书和流传，因为"文献不足"，长期以来，学者们无从梳理清楚。不过，根据《家语后序》、王肃《序》的记载，再综合其他文献记载，大体上可以梳理出这样一个脉络。

孔安国《家语后序》说：《家语》所记乃"当时公卿士大夫及七十二弟子所谘访交相对问言语也，既而诸弟子各自记其所问焉，与《论语》、《孝经》并时。弟子取其正实而切事者，别出为《论语》，其余则都集录之，名曰《孔子家语》"。根据学者的研究，这一说法是可靠的。也就是说，《家语》的材料，与《论语》是一样的，皆是弟子所记录。

众所周知，在春秋末年、战国初年的文化巨人之中，留下相关记载最丰富的还是要数孔子。即使我们不去认可孔子作《春秋》、《易传》，仅仅《论语》一书的分量也要超出《老子》五千言两倍之多。更遑论留存在《孔子家语》、大小戴《礼记》、《孝经》、《左传》、《孟子》、《荀子》、《韩诗外传》、《说苑》、《孔丛子》和出土文献如马王堆帛书《易传》、郭店楚简和上博楚竹书之中的大量孔子言行文献了。

人们也许会好奇，数量如此可观的孔子言行文献资料，是如何被记录、流传下来的呢？其实，这主要得益于孔门的优良传统。孔子强调"述而不作"，重视古代典籍的整理与传授，故而孔门形成了一种重视历史、重视文献、注重记录的风气。孔子对于一些重要的观点、思想时常提醒弟子记录，而弟子对于老师的很多嘉言懿行，也往往有随时记录或事后补记的习惯。故而，我们在文献中经常看到孔门弟子"退而记之"、"书诸绅"等类似记载。甚至，在孔门之中，还有一种近乎"制度化"的措施，类似于王官中的史官。我们知道，中国古代史官记史的传统发达。七十子记载孔子言行，应该是对古代史官记言记事传统的继承或仿效。据《孔子家语·七十二弟子解》记载："叔仲会，鲁人，字子期。少孔子五十岁，与孔璇年相比。每孺子之执笔记事于夫子，二人迭侍左右。"这一段记载，在《史记索隐》所引《家语》记为"二孺子俱执笔迭侍于夫子"。虽然这则材料尚属孤证，但我们可以猜测，孔门可能有让年轻的学生负责记录孔门事务的规矩，这有点像史官制度，左史记言，右史记事。而所有这些，正是孔子言行文献得以留存的前提所在。

比如《论语》，就是"孔子应答弟子、时人及弟子相与言而接闻于夫子之语也。当时弟子各有所记，夫子既卒，门人相与辑而论纂"而成（《汉书·艺文志》）；再如《孔子家语》，据孔安国所说，"皆当时公卿士大夫及七十二弟子之所谘访交相对问言语也。既而诸弟子各自记其所问焉，与《论语》、《孝经》并时"。可见，孔子的这些"谈话记录"大都出自孔子弟子之手。当然，孔子与各国君主、卿大夫的对话，也有可能由史官等记录下来，流传开来，然后为孔门后学整理进儒家典籍之中，成为孔子言行文献的一部分。从文献的记载看，孔子言行文献绝大部分应该都属于七十子及其后学所记，而且孔子弟子记录整理孔子言行文献也有明确记载。

不过，《家语》与《论语》又有明显的差异。其中一个比较明显的不同，便是《论语》中大都是"语录"，往往缺乏言语、对话的具体背景，而在《家语》中，则往往"有头有尾"，故事记载较为完整，有似于"实录"。这恰恰印证了《家语后序》所谓"取其正实而切事者，别出为《论语》"的说法。

据笔者对《论语》与新出简帛文献的比勘，我们认为，《论语》是对孔子弟子所记原始笔记的基础上经过精心加工、润色而成，是精中选精的结果，故并非原始记录。之所以精选、编纂《论语》这样一部"语录"，孔门弟子后学们是有着特殊用意的。古代《论语》基本上都是八寸亦即一尺之简，这绝不意味着《论语》的地位很低，而是别有原因，正如王充《论衡·正说篇》中所说："以八寸为尺，纪之约省，怀持之便也。以其遗非经，传文纪识恐忘，故以但八寸尺，不二尺四寸也。"南朝皇侃《论语义疏自序》认为孔子弟子整理《论语》，目的在于"上以尊仰圣师，下则垂轨万代"。唐陆德明《经典释文·序录》则云："夫子既终，微言已绝。弟子恐离居已后，各生异见，而圣言永灭，故相与论撰，因辑时贤及古明王之语，合成一法，谓之《论语》。"从上述记述之中，我们可以发现，孔门弟子及后学编纂《论语》有着明显的编纂目的：即保存整理孔子遗言，以纪念老师孔子，并使之能最大范围内影响孔门后学并流传后世。

在编纂目的上，《孔子家语》与《论语》有同有异，故而呈现出不同的面貌特征。其相同之处在于，二书的编纂皆是出于纪念、保存孔子言行文献；不同处在于，精选出《论语》是便于流通，而汇编《家语》则是为了更好更完整地保存孔子言行文献的丰富性和原始性。

那么，《家语》一书何以命名？蒙文通先生有这样一个说法，诸侯国史称《春秋》，大夫家史也称《春秋》。诸侯国史称《国语》，则大夫家史自可称为《家语》。《孔子家语》便是显例。《孔子家语》不仅著录于《汉书·艺文志》，而且还见称于《严氏春秋》，说明其确为先秦旧籍。就《孔子家语》一书的内容分析，显然是介于《晏子春秋》与《吕氏春秋》之间的作品。换句话说，也就是介于家史与诸子之间的作品。这一说法极具启发性。据此，"家语"二字是相对于"国语"而言，意指大夫家史。揆诸《家语》，该书包括孔子家世、生平事迹、思想言论、弟子小传、弟子言辞等，与所谓"大夫家史"正相吻合。

至于是谁主持编纂了《家语》一书，则史无明文。我们知道，《论语》的编纂非出于一时一人之手，而是经历了一个过程，但应该有一个或几个主持之人。我们认为，曾子弟子、孔子之孙、战国大儒子思最后主持编纂《论语》的可能性最大。对于《家语》的编纂，也有学者推测出于子思，这是极有可能的。不过，即便子思对《家语》有所编纂，恐怕也是初步汇编而已，其实谈不上"编纂"。这批材料在孔门中得以保存并流传。因为内容丰富，字数众多，传抄匪易，故而可以推想，《家语》流传的范围并不广。

二

据孔安国《后序》所说，战国后期，荀子作为一代儒宗，留意于孔子言行文献的保存，我们今日得见《孔子家语》，不能不归功于荀子！他在入秦时，以"孔子之语及诸国事、七十二弟子之言，凡百余篇"献给秦昭王。这是《家语》在秦国流传的开始。后来因为与诸子同列，故而在始皇焚书时得以幸免。汉高祖克秦，这批"载于二尺竹简，多有古文字"的珍贵文献被其"悉敛得之"，这批文献遂为汉秘府所存。后为吕后取而藏之，吕氏被诛亡以后，《家语》散入民间，"好事者或各以意增损其言，故使同是一事而辄异辞"。民间遂出现了《家语》的多种抄本。汉景帝末年，募求天下遗书，当时的京师士大夫纷纷献书，这批《孔子家语》文献也被献上，但是"与诸国事及七十二子辞，妄相错杂"，最终"与《曲礼》众篇乱简，合而藏之秘府"。

孔安国是孔子后裔，生活在西汉景帝、武帝时期，是汉代有名的经学大师。其从兄孔臧曾在《与子琳书》中称赞其"明达渊博，雅学绝伦，言不及利，行不欺名，动遵礼法，少小及长，操行如故"，其孙孔衍在给皇帝奏言中赞美他"以经学为名，以儒雅为官，赞明道义，见称前朝"。由于孔安国精通《尚书》学，为武帝时经学博士，四十岁时任谏大夫、博士，后迁任侍中、博士。天汉年间，景帝末年孔壁所出古文书全部被孔安国得到，他对之进行整理，尤其是对古文《论语》、《孝经》、《尚书》进行考论、训释、解读，并奉命写成《古文论语训》、《孝经传》、《尚书传》等著作，上奏朝廷，惜因巫蛊之事，立《古文尚书》等于学官一事被耽搁下来，竟不了了之。

安国出于对先祖孔子的尊敬，"窃惧先人之典辞，将遂泯灭"，为保护这些面临散乱、泯灭的孔子言行文献资料，他"因诸公卿士大夫，私以人事募求其副，悉得之"。在"抄录"这批竹简之后，他做了更重要的一项工作，就是"撰集"——"乃以事类相次，撰集为四十四篇"，完成了《家语》的编纂，《家语》基本定型。他遂将这部记录孔子言行的重要典籍献于朝廷，希望能与《论语》一样立于学官，惜因各种因素没有实现。不过，汉代秘府中应保存有安国整理的《家语》。

在此情形下，《家语》只能在孔氏家族中以"家学"形式传承。安国之后，其孙孔衍希望朝廷"记录别见"未成，《家语》自然仍以家学传承。直到三国时期的孔猛之时，《孔子家语》"藏在深闺人未识"的历史才得以结束。

在《孔子家语》的流传史上，三国时期的经学大师王肃是个不得不提的人物。王肃对于《家语》的贡献，就是为之作注。而王肃之所以有此机缘，据其《家语序》云："孔子二十二世孙有孔猛者，家有其先人之书，昔相从学，顷还家，方取已来。"王肃发现，该书与自己所论"有若重规而叠矩"，故十分重视，于是对之进行注解。

据《隋志》，"《孔子家语》二十一卷，王肃解"。综观《家语》四十四篇，其中十二篇篇名有"解"字，如《大婚解》、《儒行解》、《七十二弟子解》等，为全书四分之一强。《家语》篇名带有"解"字，恐是出于王肃之手。《逸周书》各篇篇名基本有"解"字，《管子》也有多篇以"解"冠名者。唐大沛《逸周书分编句释》谓，《逸周书》所谓"解"，乃是"章"、"篇"之义，非"解说"的意思。他还说："《家语》中称'解'者十篇，盖仍古书之旧目也，与此同例。"不过，多数学者认为《逸周书》各篇"解"字恐是孔晁作注时所加。对于《家语》各篇"解"

字,在《家语》王肃序中,我们可以得到一点线索。据王肃《家语序》:"斯皆圣人实事之论,而恐其将绝,故特为解,以贻好事之君子。"这与《隋志》著录一致。不过在后来流传过程中,一般都标明《家语》为王肃"注",而不是王肃"解",以至于很多人对此有所误解。至于其余各篇为何不带"解"字,尚是待解之谜。

王肃,字子雍,东海郡人(今山东省郯城县),生于会稽。十八岁时,跟随大儒宋忠学习扬雄《太玄》。魏文帝黄初年间,任散骑黄门侍郎。太和二年,其父王朗去世后,嗣爵。次年,拜散骑常侍。后以常侍领秘书监兼崇文观祭酒。正始元年(240),出为广平太守。不久因公事徵还,拜为议郎。很快迁升为侍中,太常,后徙河南尹。嘉平六年(254),持节兼太常。后迁中领军,加散骑常侍,增邑三百,并前二千二百户。甘露元年(256)去世,其门生缞绖者以百数。追赠卫将军,谥曰景侯。

王肃经学造诣极高,其《易》学、《书》学、《诗》学、三《礼》学、《春秋》学、《孝经》学、《论语》学,均有发明。王肃受家学影响,得到荆州学派的精神,且精通贾逵、马融之学,对当时盛极一时的郑学十分不满。

郑玄是今古文经学的集大成者,学徒相随有数百千人,名噪当时。《后汉书》本传载:"郑玄括囊大典,网罗众家,删裁繁诬,刊改漏失,自是学者略知所归。"王粲称"伊、洛以东,淮、汉以北,康成一人而已"。甚至当时流传着"宁疑孔孟误,不言郑服非"的谚语。在这种背景下,王肃发起了对郑学的挑战。

王肃反对郑玄主要采取了几种方式。一是撰《圣证论》"以讥短玄",一是撰《尚书驳议》、《毛诗义驳》、《毛诗问难》、《毛诗奏事》以难郑,一是借注解《孔子家语》以驳斥郑玄。王肃在《家语序》中自陈:

> 郑氏学行五十载矣。自肃成童,始志于学,而学郑氏学矣。然寻文责实,考其上下,义理不安,违错者多,是以夺而易之。然世未明其款情,而谓其苟驳前师,以见异于人。

乃慨然而叹曰：予岂好难哉？予不得已也。圣人之门，方壅不通；孔氏之路，枳棘充焉。岂得不开而辟之哉？若无由之者，亦非予之罪也。是以撰《经礼》申明其义，及朝论制度，皆据所见而言。孔子二十二世孙有孔猛者，家有其先人之书。昔相从学，顷还家，方取已来。与予所论，有若重规而叠矩……而予从猛得斯论，以明相与孔氏之无违也。斯皆圣人实事之论，而恐其将绝，故特为解，以贻好事之君子。

据统计，王肃著作有20多种，190多卷，这些著述奠定了其在汉魏之际的经学大师地位。王肃这些经典注解及王朗《易传》，在晋代列于学官，成为官学，盛行一时。然而，也正由于王肃与司马氏关系密切，加之他积极反郑，因而从宋代疑古思潮兴起以后，王肃便受到了越来越多的批判，人们对王肃的评价变得极低，至清代皮锡瑞更是将王肃与刘歆并称为"经学之大蠹"。

王肃经注和著作除《孔子家语注》外大都已佚，清马国翰《玉函山房辑佚书》和严可均《全三国文》分别辑有其佚文和奏疏。且不论王肃之学得失，但就《家语》一书而言，其功劳颇巨。王肃为《家语》注解凡1068条，具体内容涉及地方、人物、器物、典章礼制及字词释义。由于王肃作注解，《家语》一书得以公开传播于世，结束了"藏在深闺人未识"的尴尬命运。此后，王肃所注《家语》在社会上长期流传，诸多著作引用《家语》，基本上承认其价值。如《南齐书》、《魏书》、《旧唐书》、《新唐书》、《旧五代史》都曾引用《家语》，《史记》三家注，即南朝宋裴骃的《集解》、司马贞《索隐》、张守节《正义》也都引用《家语》，特别是司马贞的《索隐》更是大量引用《家语》以注《史记》。

王肃凭借其自身学术影响力和特殊地位，其经注立于学官，形成了所谓"王学"，与汉末以来盛极一时的郑学相颉颃。然而，作为郑玄传人，对王学自然非常敌视，双方开始互相攻击。其中焦点之一就是《家语》的真伪。从宋代开始，疑古思潮盛行，《家语》伪书说逐渐定型。近代以降，古史辨派大扇疑古之风，

《家语》便成了"赝中尤其赝者"。可见,《家语》从魏晋时期正式流传于世,所要经历的便是多舛的命运。

三

最早向王肃和《家语》发难的是服膺郑学的马昭。《孔子家语注》甫一行世,郑玄后学马昭就立刻攻击王肃增加了《家语》,给今本《家语》蒙上一层阴影:《礼记·乐记》:"舜弹五弦之琴,以歌《南风》。"郑注:"南风,长养之风也,以言父母之长养己,其辞未闻。"孔颖达疏曰:"案,《圣证论》引《尸子》及《孔子家语》难郑云:'昔者舜弹五弦之琴,其辞曰:南风之薰兮,可以解吾民之愠兮;南风之时兮,可以阜吾民之财兮。郑云其辞未闻,失其义也。'今案马昭云:'《家语》,王肃所增加,非郑所见。又《尸子》杂说,不可取证正经,故言未闻也。'"《通典》卷九十一还引马昭曰:"《孔子家语》之言,固所未信。"

此后类似观点,颇不少见。其实,我们不用一一反驳,只消举个例子。在《家语注》中,王肃对《家语》的记载表示怀疑或勘正的共有19处。如《王言解》,原文为"千步而井,三井而埒",王肃据前后文注曰:"此说里数,不可以言井,井自方里之名。疑此误。"又如《六本》:"荣声期行乎郕之野",王肃注:"声,宜为启。或曰荣益期也。"在王肃所注解的其他书籍中,有与《家语》记载不同者,如《家语·郊问》记载孔子主张鲁惟一郊。而《礼记·郊特牲》孔颖达疏曰:"鲁之郊祭,师说不同:崔氏、皇氏用王肃之说,以鲁冬至郊天,而建寅之月又郊以祈谷。"《家语》所记与王肃观点截然不同。又如庙制,《家语·庙制》曰:"天子立七庙,三昭三穆,与太祖之庙而七。"郑玄认为天子七庙,太祖庙一,文王、武王庙各一,亦即二祧,亲庙四,合而为七庙。王肃在《圣证论》中,以为二祧者为高祖之父,高祖之祖,加上太祖及四亲庙为七庙。文王、武王之庙在七庙之外。按王肃说,则天子应有九庙。这显然与《家语》记载亦不一致。试问,如果王肃"伪造"或"增删"《家语》而专与郑玄作对,他为什么还要假造对自己论点不利之材料?他何不将《家语》中不利于自己的关键材料直接删除?

至唐,颜师古在为《汉志》作注时说:"非今所有《孔子家语》。"根据《隋志》记载,《家语》是"二十一卷",这与《汉志》所载"二十七卷"本似乎明显不同,故颜师古判定"非今所有"。对此学者有不同看法。笔者认为,颜师古的这一说法恐为臆断之词,并无坚强证据佐证,也说明不了什么问题。

宋代,学界疑经思潮大兴,受此影响,《孔子家语》也成为反思讨论的对象。王柏《家语考》是第一篇全面考察《家语》源流、真伪的文章。他说:"意王肃杂取《左传》、《国语》、《荀》、《孟》、二戴之绪余,混乱精粗,割裂前后,织而成之,托以孔安国之名……孔衍之序,亦王肃自伪也。"他相信曾经有一部真的《家语》,不过该书的命运很惨:"《家语》之书,洙泗之嫡传也,不幸经五变矣:一变于秦,再变于汉,三变于大戴,四变于小戴,五变于王肃。洙泗之流风余韵,寂然不复存。"

在宋代也有人对《家语》持肯定态度。如朱熹曾经以《家语》与《中庸》进行比较,朱熹曰:"《孔子家语》只是王肃编古录杂记,其书虽多疵,然非王肃所作。"又曰:"《孔子家语》虽记得不纯,却是当时书。"朱子后学黄震亦认为:"孔子之言,散见于经,不独《论语》也。他如《庄》《荀》诸书,以及诸子百家,亦多传述。第记载不同,辞气顿异,往往各肖所记者之口吻,几有毫厘千里之谬。至《家语》莫考纂述何人,相传为孔子遗书。观《相鲁》、《儒行》及《论礼》等篇,揆诸圣经,若出一辙。乃各篇中似尚有可疑处,盖传闻异辞,述所传闻又异辞,其间记载之不同,亦无足怪。或有竟疑是书为汉人伪托,此又不然,然尽信为圣人之言,则亦泥古太甚矣。去圣已远,何从质证?"叶适也说:"《孔子家语》四十四篇,虽安国撰次,按《后序》,实孔氏诸弟子旧所集录,与《论语》、《孝经》并时,取其正实而切事者别为《论语》,其余则都集录之,名曰《孔子家语》。"又说:"《孔子家语》汉初已流布人间,又经安国撰定。"再如史绳祖在《学斋占毕》中列出"成王冠颂"条予以考辨,认为《家语》用词较古,认为《家语》非伪。

四

王肃注本《家语》在宋代流传,大体有蜀大字本、监本和建本三个系统,然迨至蒙元,情况发生变化。宋本流传渐稀,而王广谋《新刊标题句解孔子家语》三卷自元代中期却多次刊行。明初以降,宋本流传极稀,甚至学者以为此本世间无存,转将王广谋本视为今本。但是,王广谋本乃"删削割裂"而成,明何孟春评论其"注庸陋荒昧,无所发明,何足与语于述作家?而其本使正文漏略,复不满人意,可恨哉"!他指责"今本而不同于唐,未必非广谋之妄庸,有所删除而致然也"。他认为王广谋本"同事异辞,灭源存末,乱于人手,不啻在汉而已"。这个看法,与当时大儒王鏊"今本为近世妄庸所删削也"的评价基本一致。

何孟春,字子元,号燕泉,湖北郴州(今属湖南)人。其人博究经史,学识闳深。他虽不满意于《句解》本,也未能获见王肃注《家语》,只能在王广谋基础上补注《家语》。毛晋评价说:"即何氏所注,亦是暗中摸索,疵病甚多,未必贤于王陆二家也。"四库馆臣则云:"其考订补缀不为无功,而由未见肃注,故臆测亦所不免……至近本所校补孟春阙误凡数百条,皆引据精确,则孟春是注之舛漏抑可知矣。"不过何孟春对《家语》的看法,基本上算是持平之论。何氏认为《家语》一书,"《六经》外,《孝经》、《论语》后,幸存此书,奈之何使其汶汶而可也?此书肃谓其烦而不要,大儒者朱子亦曰杂而不纯。然实自夫子本旨,固当时书也,而吾何可忽焉而莫之重耶?"他认为"《论语》出圣门高弟记录,正实而切事者……《论语》且有不可信者矣,吾又何得以此书之不可信者,而并疑其余之可信者哉?学者就其所见,而求其论于至当之地,斯善学者之益也"。

尽管在明代宋本《家语》十分罕见,但却并未绝迹。明代中后期,出现了两个版本的王肃注本《家语》,其一是黄鲁曾的覆宋本,一个是毛晋汲古阁刻本。

黄鲁曾,字得之,一字德之,号中南山人,明代藏书家。正德丙子年(1516)举人。黄鲁曾在其《孔子家语后序》中曰:"孔氏独多述作,自《鲁论》、《齐论》,言之又有《家语》,疑多鲤、伋所记,并门人先后杂附之者,要之咸孔子之意也。……此书虽若言之广且曲,道则载焉。"对于王肃注本《家语》,黄鲁曾非常重视。他说:"今考之《艺文志》,有二十一卷,王肃所注。何乃至宋人梓传者止十卷?已亡其太半。如由混简错帙,则又不可分析。比之王广谋句解者,又止三卷。近何氏孟春所注,则卷虽盈于前本,而文多不齐。余颇惜王肃所注之少播于世,力求宋刻者而校雠之,仅得十之七八,虽宋刻亦有讹谬者也。"确实,黄鲁曾本多有脱略,尤其是《曲礼公西赤问》一篇脱略尤甚,且《曲礼子夏问》错简严重。不过,黄鲁曾本在民国时期被收入《四部丛刊》、《四部备要》,得以广泛流通,影响较大。

毛晋汲古阁本《家语》,得之偶然,确属幸事。他在《家语》跋语中说:

> 嗟乎!是书之亡久矣。一亡于胜国王氏,其病在割裂;一亡于包山陆氏,其病在倒颠。……忽丁卯秋,吴兴贾人持一编至,乃北宋板王肃注本子。大书深刻,与今本迥异,惜二卷十六叶已前,皆已蠹蚀,因复向先圣,焚香叩首,愿窥全豹。幸己卯春,从锡山酒家,复觏一函,冠冕岿然,亦宋刻王氏注也。所逸者仅末二卷。余不觉合掌顿足,急倩能书

者,一补其首,一补其尾,二册俨然双璧矣。纵未必夫子旧堂壁中故物,已不失王肃本注矣。三百年割裂颠倒之纷纷,一旦而垂绅正笏于夫子庙堂之上矣。

因此,较之他版,汲古阁本堪称"全帙""完璧",但是实际上,汲古阁本的错讹之处依然甚夥。此本后收入《四库全书》。

除此之外,在明代还有其他几种《家语》本子,比如陆治本、吴嘉谟本、陈际泰本、路一麟本、邹德溥本、周宗建本等,多非王肃注本系统,且缺漏甚巨,其价值与影响皆不及黄本及毛本。

有清一代,在朴学的风气之下,《家语》研究再次受到疑古思潮影响,《家语》伪书说得到巩固。孙志祖、范家相、姚际恒、崔述、皮锡瑞、王聘珍、丁晏及四库馆臣等学者在提及《家语》时,往往径直归为"伪书",也有一些学者如钱馥、沈钦韩、刘熙载等则持"王肃增加说"。范家相《家语证伪》、孙志祖《家语疏证》、陈士珂《孔子家语疏证》,是清代《家语》考证的三部最重要著作,前二者认定《家语》为伪,而陈士珂则与之相反。陈诗在《孔子家语疏证序》中转引陈士珂的话:"夫事必两证而是非明,小颜既未见安国旧本,即安知今本之非是乎?且予观周末汉初诸子,其称述孔子之言,类多彼此互见,损益成文,甚至有问答之词,主名各别,如《南华》重言之比,而溢美溢恶,时时有之,然其书并行,至于今不废,何独于是编而疑之也?"

"伪书说"无疑是清人对《家语》认识的主流,这一观点在近代得到了进一步强化。不过,随着大量出土简帛文献的问世,人们对于古代典籍的成书与流传规律作了细致研究,突破了"疑古辨伪"思潮之局限,使《家语》"伪书说"渐渐受到怀疑,进而走向"破产"。

1973年河北定州八角廊汉墓竹简《儒家者言》出土后,李学勤先生在1987年发表《竹简〈家语〉与汉魏孔氏家学》一文,率先对《家语》伪书说予以反驳,提出《儒家者言》篇,"是一部和《论语》很有关系的儒家的著作",与《家语》关系密切,"可称之竹简本《家语》",是今本《家语》原型的观点。他还认为,《家语》的形成有一个很长的过程,陆续成书于孔安国、孔僖、孔季彦、孔猛等孔氏学者之手,有一很长的编纂、改动、增补过程,是汉魏孔氏家学的产物。从此开始了重新认识和评价《家语》的进程。

此后学者对此问题进行了更为深入的分析和探讨。如胡平生、王承略、庞朴、廖名春、张固也等先生都曾撰文考证《家语》真伪,指出《家语》本文及序文的价值。杨朝明先生更是致力于《家语》研究,除了《孔子家语通解》之外,更有多篇专论,对《家语》成书、流传、可靠性、文献价值等进行了深入研究。此外,宁镇疆、刘巍、邬可晶、宋立林皆有关于《家语》的专书,虽然观点不同,但是对于深化《家语》研究,起到了推动作用。

五

《家语》不仅在中国产生影响,在日本也受到广泛重视。太宰纯云:"我日本博士家所传王注全本,今行于海内。"由此可见,在日本,王肃注本并不似中国那样曾经一度稀缺。今所见较早的日本刻本有元和间(相当于明万历四十三年至天启三年,即1615—1623)的活字本。该本为"上官国材宅本",大概即太宰纯所谓"日本博士家所传"本。此本后来在宽永十五年(1638)由风月宗智刊行,是为宽永本。清人叶德辉在《郋园读书记》中云:"今年春,日本僧水野梅晓还国,重来长沙,出此本见赠。每半页九行,行十八字,前序目后有'上官国材宅刊'一行,末页有'宽永十五年戊寅仲秋吉日,二条通观音町风月宗智刊'二行。

审其版式行格,似北宋时私宅本,风月宗智又翻雕耳,注文与太宰纯注本同。宽永戊寅,当中国前明崇祯十一年,迄今凡二百六十八年,犹是太宰注以前旧本,乃知太宰所云'博士家本',非凿空之谈,且以见毛本虽出宋刻,难免臆改增删,不如海外所传,固是中原古本也,后得者珍之宝之。"王重民先生在《中国善本书提要》中对宽永本考证如下:"北图所藏《孔子家语》十卷,日本宽永十五年刻本,每半页九行十八字。魏王肃注篇目后刻'上官国材宅刊'六字。卷末题:'宽永十五年(戊寅)仲秋吉日,二条通观音町风月宗智刊行'二行。卷内有'静安'、'王国维'等印记,又有静安先生跋云:'此本不知何本,然佳处时出诸本之上。昔桐城萧敬孚得此本,乃谓宋刊大字本不足存,以归贵池刘氏。余以此本校黄周贤本一卷,乃知敬老之言不诬。庚申冬十月朔夕,海宁王国维记。'"

此宽永本现有两个版本。一为五册本,内附有日文助读符号;一为二册本,无日文符号。二本皆有卷末题记:"宽永十五年戊寅仲秋吉日,二条通观音町风月宗智刊行。"后者增牌记,分三栏:左上分两行题"一照王氏旧 于从宋本正",中题书名"古本家语",右题"京师 书坊 风月堂"。于目录页后补刻题记一则:"《补注家语》成,已布海内,旧版乃属刍狗。夫泾以渭浊,不胥入奚激湜湜。于是,勾去须丁断尾,俨然始属华本。再据诸家,洮汰殽讹,微独徵夫湜湜,王氏之旧,亦复厥真云。壬戌仲冬,风月堂。"可见此本是冈白驹补注刻成之后,又经校勘而成,且据笔者考察,前者错漏、讹误之处多,后者多已挖改或挖补。故加增牌记,自信已恢复宋本王注本本来面目也。《补注孔子家语》刻于1741年,为辛酉年。此"壬戌"则为次年,即1742年。故虽末页仍题宽永十五年,其实乃宽保二年版也。国家图书馆所藏王国维先生所校者,即为后者。因此,我们不将后者重新命名,姑称前者为宽永本(一),此为宽永本(二)。

此后，在日本，对《家语》的注释，出现了多个重要版本。一为冈白驹（龙洲先生）《补注孔子家语》（宽保元年，1741），一为太宰纯（春台先生）的《增注孔子家语》（宽保二年，1742），一为冢田虎《冢注家语》（宽政四年，1792），另有千叶玄之（芸阁先生）《标笺孔子家语》（宽政元年，1789），是对太宰纯《增注》的"补阙举遗"。其中，尤以太宰纯的《增注孔子家语》流传最广。太宰纯本亦曾传入中夏。清末叶德辉《郋园读书记》云："昔从都门得太宰纯增注本，前有元文元年《自序》，云据其国博士家所传王注全本，取校毛本，注文简古。元文当中国乾隆初元，逮今百七十年，其云'博士家'必有依据。"

太宰纯、冈白驹、冢田虎对于《家语》皆不从中夏学者之伪书说。太宰纯将《家语》与《论语》相提并论，"仲尼门人录仲尼言语行事及门人问对论议之语，命之曰《家语》，琴张、原思等取《家语》中纯粹正实者而修其文，以为《论语》。是《论语》之与《家语》，犹《春秋》内、外《传》也。"又云："《家语》虽曰舛驳，实七十子所记孔氏遗文也。《论语》虽曰雅训，有得《家语》而后其义始明者焉。礼乐之坏崩也，得《家语》亦可以修补其十一矣。《家语》宁可废乎？……若《家语》，则门人各随记其所闻而未经修正者已，其实孔氏遗文无疑焉，尤不可废也。纯愚信仲尼，是以信《家语》如《论语》。"冈白驹补注《家语》，其于序中云："《六经》之外，幸存此书。在善学者，则实古学饩羊也。"则其珍视《家语》，亦不待言！

冢田虎于宽政四年撰成《冢注家语》，于太宰纯、冈白驹增补之外，又加修正，树立新解。其序文虽寥寥两千字，然对于《家语》之源流，叙之原原本本，对于《家语》伪书说，驳之有理有据（详本书附录）。

近年来，国内学者日渐措意于此书。虽仍有持伪书说者，然更多学者则以平实之态度，对本书展开研究，博士硕士以此为学位论文选题者，亦不鲜见矣。《家语》研究之专著，近年出版不下十部，相关译注、普及本亦如雨后春笋，则《家语》幸得重见天日，是书之幸与？抑吾人之幸与？

六

余十数年来，随杨师朝明先生研习儒学，多属意于是书。故尝于十数年前，与杨师合作主编《孔子家语通解》，多年来风行海内，且以多种外语翻译，布诸海外。而余亦以《孔子家语探微》之名出版拙作一部。近年来，发愿整理《家语》，以《家语》文献点校、《家语》今注今译、《家语》汇校集注三者为目标，以求于此学有所推进，于学者研究提供便利，于普通读者之典籍阅读亦有所襄助。惜乎，兴趣庞杂，俗务繁多，故延宕多年。于去岁始成《孔子家语》太宰纯增注本之校点，交付上海古籍出版社印行。庚子新春，新冠疫情肆虐，为之禁足者阅两月有余。期间除看护幼女，未尝有任何干扰，余得以静心注译此书，日日为之，竟得竣事，文债得偿，亦为快事！惟念我同胞罹此大难，不禁既愤且悲已矣！

本书以太宰纯增注本为底本，校以黄鲁曾本、宽永本、冈白驹本、四库本、同文本诸本，并参校杂取《左传》、大小戴《礼记》、《荀子》、《晏子春秋》、《吕氏春秋》、《韩诗外传》、《新序》、《说苑》、《淮南子》诸书，兼录学者《家语》考辨研究成果，凡引用者皆注明之。译注吸取古今诸家之说，尤其是征引太宰纯《增注》、冈白驹《补注》、千叶玄之《标笺》之注，及郑玄、孔颖达、王聘珍之大小戴《礼记》等诸家注疏之说，并参酌杨朝明、宋立林《孔子家语通解》，张涛《孔子家语译注》，王德明《孔子家语译注》，薛安勤、靳明春《孔子家语今注今译》，王国轩、王秀梅全本全注全译本《孔子家语》等《家语》新译本，及王文锦《礼记译解》，李涤生《荀子集解》，高明《大戴礼记今注今译》，黄怀信《大戴礼记译注》，王天海、杨秀岚译注《说苑》等现代学者的相关译注本。本书注释部分，以征引会通古注为主，断以己意；然后参照诸家意见，予以修正完善。译文部分，因古籍文言，与今语不能一一对应，故多有须仔细揣摩文意，不能直译者也。曩者严又陵指示译书之"信达雅"三原则，虽以中西迻译而言，移之以论古籍今译，亦当为理想之境，吾人务此者理应悬以为鹄的，当奋力追慕者也。然又谈何容易耶？虽勉力为之，距此鹄的亦不可道理计，可断言也。故今注今译，多有费力不讨好之嫌，亦势所必然也。余学力有所未逮，而汲汲于古书之译注，亦将见笑于大方之家。虽然，读者于是书之困惑，有待译注以解释之，而余之读此书经年，困惑必多有同于读者诸君者也。以是，解我之惑，即解人之惑。以解惑为首要目的，则董理译注此书，亦有所针对也。故本书之注释、今译，于此多有用心，自信于《家语》之解读，必有所晋；于读者阅览，必有所助。以之与《通解》相较，俨然新注，非复旧貌矣。然才学固陋，其错讹舛误在所难免。其惑亦有至今不得解者。学术乃天下之公器，是非对错，皆待学者甄别考辨，故是书之误，亦烦读者诸君，多有教正之，俾能更补缺漏，纠弹谬误，以臻完善！

  书稿完成后，曾嘱友生丁新宇君校读一过，为纠误补漏甚夥，弟子李文文协助删繁去赘，谨致谢忱！

宋立林
2020 年 4 月 8 日　庚子三月十六于曲阜慢庐

凡　例

一、本书所用底本为日本宽保二年(1742)嵩山房刻太宰纯《增注孔子家语》本(简称"太宰纯本")。为便阅读，原文依据文本的整体性划分节次，个别文字过长的节，则分段译注。

二、文本校勘，以明嘉靖三十三年(1554)黄鲁曾覆宋本(简称"黄鲁曾本")、日本宽永十五年(1638)上官国材宅本(简称"宽永本")、日本宽保元年(1741)冈白驹《补注孔子家语》(简称"冈白驹本")、清文渊阁四库全书本(简称"四库本")、近代上海同文书局石印内府藏本(简称"同文本")诸本参校。凡与其他典籍相关者，则征诸大小戴《礼记》、《左传》、《荀子》、《晏子春秋》、《吕氏春秋》、《韩诗外传》、《新序》、《说苑》、《淮南子》诸书，以标示异同。凡征引太宰纯、冈白驹、千叶玄之等校勘成果及古今学者《家语》考辨研究成果，皆注明之。

三、本书文字使用规范汉字，然在注释时因简化字造成歧义或难以说明者，则于相应简化字后括注相应繁体字型，以便读者理解。正文中衍字以□标识，脱字以〔　〕补出。

四、注释以训释疑难字词、标正难字音读、疏通文句义涵为主。原王肃注及后世古今诸家之说，酌情采录。太宰纯、冈白驹之注乃对王注之增补修正，十分珍贵，且罕流通，故做最大程度之保留。凡涉及其他文献者，同时兼采郑玄、孔颖达等先儒注疏之说。诸说参差有异者，则断以己意，标"林按"以示裁断。

五、译文以通解文意为鹄的，故不能直译者则采意译法，凡补足文意处不再加括号说明，以保持译文的流畅。

六、为读者了解《孔子家语》成书及源流，特将先儒部分序跋作为附录。

目 录

前言 ………………………………………………………………… 1
凡例 ………………………………………………………………… 1

孔子家语卷一 ……………………………………………………… 1
相鲁第一 ……………………………………………………… 1
始诛第二 ……………………………………………………… 12
王言解第三 …………………………………………………… 19
大婚解第四 …………………………………………………… 32
儒行解第五 …………………………………………………… 41
问礼第六 ……………………………………………………… 59
五仪解第七 …………………………………………………… 70

孔子家语卷二 ……………………………………………………… 89
致思第八 ……………………………………………………… 89
三恕第九 ……………………………………………………… 119
好生第十 ……………………………………………………… 134

孔子家语卷三 ……………………………………………………… 157
观周第十一 …………………………………………………… 157
弟子行第十二 ………………………………………………… 166
贤君第十三 …………………………………………………… 187
辩政第十四 …………………………………………………… 201

孔子家语卷四 ································ 215
六本第十五 ································ 215
辩物第十六 ································ 243
哀公问政第十七 ·························· 260

孔子家语卷五 ································ 277
颜回第十八 ································ 277
子路初见第十九 ·························· 289
在厄第二十 ································ 303
入官第二十一 ····························· 312
困誓第二十二 ····························· 324
五帝德第二十三 ·························· 341

孔子家语卷六 ································ 353
五帝第二十四 ····························· 353
执辔第二十五 ····························· 360
本命解第二十六 ·························· 379
论礼第二十七 ····························· 389

孔子家语卷七 ································ 403
观乡射第二十八 ·························· 403
郊问第二十九 ····························· 411
五刑解第三十 ····························· 418
刑政第三十一 ····························· 427
礼运第三十二 ····························· 434

孔子家语卷八 ····· 465
  冠颂第三十三 ····· 465
  庙制第三十四 ····· 472
  辩乐解第三十五 ····· 477
  问玉第三十六 ····· 489
  屈节解第三十七 ····· 497

孔子家语卷九 ····· 513
  七十二弟子解第三十八 ····· 513
  本姓解第三十九 ····· 552
  终记解第四十 ····· 561
  正论解第四十一 ····· 569

孔子家语卷十 ····· 615
  曲礼子贡问第四十二 ····· 615
  曲礼子夏问第四十三 ····· 647
  曲礼公西赤问第四十四 ····· 675

附录 ····· 693
  孔子家语序（王肃） ····· 693
  孔子家语后序（孔安国） ····· 694
  后孔安国序（佚名） ····· 696
  汲古阁板孔子家语跋（毛晋） ····· 698
  孔子家语注序（何孟春） ····· 699
  增注孔子家语序（太宰纯） ····· 701
  增注孔子家语跋（太宰纯） ····· 703
  补注孔子家语序（冈白驹） ····· 704

冢注家语序（冢田虎） ………………………………… 705
标笺孔子家语序（千叶玄之） ………………………… 708
标笺孔子家语跋（盐野光迪） ………………………… 709

孔子家语卷一

相 鲁 第 一

孔子初仕[1]，为中都宰[2]，制为养生送死之节[3]。长幼异食[4]，强弱异任[5]，男女别途[6]，路无拾遗[7]，器不雕伪[8]。为四寸之棺、五寸之椁[9]，因丘陵为坟[10]，不封不树[11]。行之一年，而西方之诸侯则焉[12]。

定公[13]谓孔子曰："学子[14]此法，以治鲁国，何如？"孔子对曰："虽天下可乎，何但[15]鲁国而已哉！"于是二年，定公以为司空[16]。乃别五土之性[17]，而物各得其所生之宜[18]，咸得厥所[19]。先时，季氏葬昭公于墓道之南[20]，孔子沟而合诸墓[21]焉。谓季桓子[22]曰："贬君以彰[23]己罪，非礼也。今合之，所以掩夫子之不臣[24]。"由司空为鲁大司寇[25]，设法而不用，无奸民[26]。

【注释】

[1]孔子初仕：据司马迁《史记·孔子世家》，鲁定公九年（前501），孔子年五十一。定公以孔子为中都宰。孔子年轻时曾经做过"乘田"、"委吏"等贱职，非国家正式官职，故任中都宰为"初仕"。此记载又见于《左传·定公元年》、《礼记·檀弓上》、《史记·孔子世家》。

[2] 中都宰：中都的地方长官。王肃注："中都，鲁邑。"太宰纯增注："案，《孔子世家》，鲁定公九年，孔子年五十一。定公以孔子为中都宰。"中都在今山东汶上西。周时把有宗庙或先君神主的城叫都，没有的叫邑。宰，古代官吏的通称。春秋时地方长官、卿大夫家臣及采邑管理者皆称宰。

[3] 制为养生送死之节：制定保障百姓生活及丧葬的礼俗规范。儒家重视礼治与仁政，用礼节来培养人民的仁爱。千叶玄之标笺："明吴嘉谟校本曰：'定生事死葬之礼，使无过不及，故谓之节。'"制、为，皆制定、制订之义。节，礼俗规范。

[4] 长幼异食：根据年龄长幼区别饮食。据《礼记·内则》："五十异粻，六十宿肉，七十贰膳，八十常珍，九十饮食不违寝，膳饮从于游可也。"

[5] 强弱异任：根据体力大小分配任务。意味着老年人不用负重物。《礼记·王制》："轻任并，重任分，斑白不提挈。"

[6] 男女别途：男女分别在路的左右行走。

[7] 路无拾遗：人们丢失在路上的财物没有人捡了据为己有。《吕氏春秋·先识览·乐成》："财物之遗者，民莫之举。"

[8] 器不雕伪：制造器具不施加文饰，没有诈伪。以上说的是"养生之节"。

[9] 为四寸之棺、五寸之椁：规定棺木板四寸厚，外椁板为五寸厚。为，制订、规定。棺，装殓死者的器具。椁，套在棺外面的大棺。下葬有无椁是身份和财富的体现。

[10] 因丘陵为坟：凭依丘陵地建立墓穴。坟，本指有封土的坟墓，这里泛指墓葬。

[11] 不封不树：不起封土，不树松柏。以上说的是"送死之节"。

[12] 西方之诸侯则焉：鲁国在东方，西方各诸侯国都来效法。则，效法、则法。

[13] 定公：襄公子，昭公弟，名宋。继昭公为鲁君，在位15年（前509—前495）。

[14] 子：古代对男子的通称，有时亦为尊称。此当为尊称，相当于今语"您"。

[15] 何但：岂止。

[16] 司空：负责土地管理和工程建设的长官。《尚书·周官》："司空，掌邦土，居四民，时地利。"据钱穆考证，此司空当为"小司空"，即副职。

[17]别五土之性：辨别区分五种土质。王肃注："一曰山林，二曰川泽，三曰丘陵，四曰坟衍，五曰原隰(xí)。"

[18]物各得其所生之宜：各种动植物都获得了适宜生长的条件。王肃注："所生之物，各得其宜。"

[19]咸得厥所：都得到了应有的安置。咸，都。厥，其。所，宜，适宜。

[20]季氏葬昭公于墓道之南：季氏，此指季平子，为鲁国"三桓"之一，执政大夫，在三桓中势力最大。昭公，鲁君，襄公之子，名裯，公元前542年—前510年在位。墓道之南，指鲁昭公之前鲁国国君陵地的南边。此举意味着鲁昭公没有能够葬于鲁君应在的茔地，此为对鲁昭公的报复行为。

[21]沟而合诸墓：挖沟把昭公墓和鲁国诸先公的墓地合在一起。沟，即在昭公墓外侧挖沟，作为墓地边界，则昭公墓便与诸先公墓连为一体了。古代的边界多以沟、树为之。

[22]季桓子：鲁国执政大夫，季平子之子，名斯。

[23]彰：露，显露。

[24]掩夫子之不臣：掩饰季平子不守臣道的错误行为。掩，掩饰，遮蔽。夫子，古时对老年男子的尊称，这里指季桓子的父亲季平子。不臣，不守臣节，不合臣道。

[25]大司寇：掌管司法、刑狱、纠察和社会治安的长官，下设小司寇，故此处司寇特称大司寇。一般认为，周天子设大司寇，鲁国因周公的缘故也设有大司寇。对此，历代礼学家有很大争议。太宰纯增注："《尚书·周官》曰：'司寇，掌邦禁，诘奸慝，刑暴乱。'"钱穆《孔子传》云："又迁司寇，《韩诗外传》载其命辞曰：'宋公之子，弗甫何孙，鲁孔丘，命尔为司寇。'此是命卿之辞。孔子至是始为卿职。史迁特称为大司寇，明其非属小司寇。则其前称司空，乃属小司空可知。"

[26]"设法而不用"二句：孔子为鲁大司寇设法而不用，强调法的威慑作用，更重视以德化民，故作奸犯科的百姓销声匿迹了。下节"沈犹氏不敢朝饮其羊，公慎氏出其妻，慎溃氏越境而徙。三月，则鬻牛马者不储价，卖羔豚者不加饰"的描述即所谓"无奸民"。奸，作奸犯科。

【译文】

孔子第一次从政，担任鲁国中都的长官，制订了养生送死的礼节：不同年龄的人享有不同食物；力量大小不同的人分配不同任务；男女行路分左右各走一边；拣到遗失物品不能据为己有；制作器物不能过分刻画文饰以行欺诈；安葬死者时用四寸厚的棺，五寸厚的椁；凭依丘陵为墓；不聚土成坟，墓地不种植松柏。实行一年之后，西方各诸侯国都来效法孔子的经验。

鲁定公对孔子说："学习您的方法来治理整个鲁国，怎么样？"孔子答道："即使治理天下也是可以的，岂止是鲁国呢！"这之后的第二年，定公让孔子担任司空一职。孔子区别五种类型的土地，生养不同的物产，万物都获得了最适宜生长的条件，都得到了应有的安置。早先，季平子把鲁昭公埋葬在鲁国先公墓区的南面，孔子挖沟将昭公和诸先公的墓地合为一处，对季桓子说："贬抑君主，同时还显示自己的罪过，是不合礼制的。现在把墓地合为一处，是为了掩饰尊不合臣子的行为。"孔子又由司空升为大司寇，制订了法令却无需使用，结果竟没有作奸犯科的百姓。

定公与齐侯会于夹谷[1]，孔子摄相事[2]，曰："臣闻有文事者，必有武备；有武事者，必有文备。[3]古者诸侯出疆，必具官以从[4]，请具左右司马[5]。"定公从之。

至会所，为坛位[6]，土阶三等[7]，以遇礼[8]相见，揖让而登，献酢[9]既毕，齐使莱人以兵鼓噪劫定公[10]。孔子历阶[11]而进，以公退[12]。曰："士以兵之[13]！吾两君为好，裔夷之俘[14]，敢以兵乱[15]之，非齐君所以命诸侯[16]也。裔不谋夏，夷不乱华[17]，俘不干[18]盟，兵不逼好[19]，于神为不祥，于德为愆[20]义，于人为失礼，君必不然。"齐侯心怍[21]，麾而避之[22]。有顷，齐奏宫中之乐，俳优侏儒戏于前[23]。孔子趋进，历阶而上，不尽一等[24]，曰："匹夫荧侮[25]诸侯者，罪应诛[26]。请右司马速加刑焉。"于是斩侏儒，手足异处[27]。齐侯惧，有惭色。

将盟，齐人加载书[28]曰："齐师出境，而不以兵车三百乘从我者，有如此盟[29]。"孔子使兹无还[30]对曰："而[31]不返我汶阳之田，吾以供命者[32]，亦如之。"齐侯将设享礼[33]，孔子以梁丘据[34]曰："齐鲁之故[35]，吾子何不闻焉？事既成矣，而又享之，是勤执事[36]。且牺象不出门[37]，嘉乐不野合[38]。享而既具，是弃礼[39]。若其不具，是用秕稗[40]。用秕稗，君辱；弃礼，名恶。子盍图之[41]！夫享，所以昭德[42]也。不昭，不如其已[43]。"乃不果[44]享。

齐侯归，责其群臣曰："鲁以君子道辅其君，而子独以夷狄道教寡人，使得罪[45]。"于是乃归所侵鲁之四邑，及汶阳之田[46]。

【注释】

[1] 定公与齐侯会于夹谷：此记载略见于《春秋穀梁传》与《史记·孔子世家》。齐侯，齐景公，名杵臼。齐景公为齐灵公庶子，齐庄公庶弟，公元前547—前490年在位。会，冈白驹补注："两君相见曰会。"夹谷，地处齐鲁边界，一说为齐地，一说为鲁地，或名祝其，在今山东莱芜境内。

[2] 摄相事：兼任为国君主持礼仪的工作。在重大场合为国君典礼，一般由世卿大夫担任。钱穆《孔子传》云："所谓相，乃为鲁君相礼，于一切盟会之仪作辅助也。春秋时，遇外交事，诸侯出境，相其君而行者非卿莫属。鲁自僖公而下，相君而出者皆属三家，皆卿职也。如鲁昭公如楚，孟僖子相，即其例。此次会齐于夹谷，乃由孔子相，此必孔子已为司寇之后。"

[3] "臣闻有文事者"四句：文事指国与国之间的外交、礼仪活动。武事指国家间的战争。备，预备性措施。

[4] "古者诸侯出疆"二句：具官，配备相应的官员。具，配备。

《说文解字》:"具,供置也。"

　　[5]司马:掌管军政和军赋的长官,职分左、右,左为正,右为副。春秋战国时,鲁、齐、楚、燕等国皆有设置。《尚书·周官》:"司马掌邦政,统六师,平邦国。"

　　[6]为坛位:设置盟誓所用的高台与席位。坛,高台。古代祭祀天地、帝王、远祖或举行朝会、盟誓及拜将的场所,多用土石等建成。位,席位,位次。

　　[7]土阶三等:夯土台阶设置了三级。等,台阶的级。

　　[8]遇礼:王肃注:"会遇之礼,礼之简略者也。"《周礼·春官·大宗伯》职曰:"春见曰朝,夏见曰宗,秋见曰觐,冬见曰遇,时见曰会,殷见曰同。"

　　[9]献酢(zuò):宾主互相敬酒。主人敬客人为献,客人回敬主人为酢。

　　[10]齐使莱人以兵鼓谮劫定公:公元前567年,齐灵公灭东夷的莱国,莱人被迁置于今山东莱芜。故在夹谷有莱人。谮(zào),同"譟"(噪)。劫,威逼、劫持。

　　[11]历阶:一步一个台阶。历,跨越。根据礼仪要求,应该是两步一个台阶,即当两只脚先后登上一级之后,再登上一级台阶。孔子此举虽不合礼,乃是由于形势紧迫,故行走急促。

　　[12]以公退:使定公得以退避不被劫持。

　　[13]士以兵之:冈白驹补注:"令士官以兵击莱人。"士,兵士。这里指鲁国的兵士。兵,武器,引申为拿着武器攻击人。

　　[14]裔夷之俘:指作为齐国俘虏的已经亡国的莱人。裔,中原之外的边远地区。夷,边远地区的少数民族。裔夷与华夏对称。

　　[15]乱:扰乱、破坏。

　　[16]齐君所以命诸侯:此为外交辞令。命,号令。

　　[17]"裔不谋夏"二句:四方夷狄不能算计、侵扰中原华夏。谋,图谋,算计。乱,扰乱,侵扰。

　　[18]干:干预,干扰。

　　[19]逼好:强迫盟友。逼,威胁,强迫。好,友好,这里指盟友。

　　[20]愆(qiān):原义为过失,此处引申为违反、违背。

　　[21]怍:愧怍。

　　[22]麾(huī)而避之:指挥着那些莱人退避下去。麾,本义为古代供指挥用的旌旗,此处同"挥",指挥。

　　[23]俳(pái)优侏儒戏于前:太宰纯增注:"《穀梁传》曰:'齐人

使优施舞于鲁君之幕下。'"俳优,演滑稽戏杂耍的艺人。侏儒,身材异常短小的人。

[24] 不尽一等:没有登上最高一级的台阶。冈白驹补注:"不敢登第一级阶上。"这表明孔子认为事态没有前面严峻,故表现有所克制。

[25] 荧侮:荧,迷惑。侮,轻慢。

[26] 诛:杀。

[27] 手足异处:手,当为"首",指身首异处。

[28] 加载书:在盟书上增加条款。

[29] "而不以兵车"二句:不以兵车,不以战车随行。有如此盟,以此盟书为证。古人誓词中常用语。

[30] 兹无还:鲁国大夫。

[31] 而:你。

[32] 供命:执行命令。

[33] 享礼:指在朝聘、盟会将结束时,向对方君主进献礼物的仪式。

[34] 以梁丘据:冈白驹补注:"以,'与'也。古'以'、'与'声通。《史记》作'谓'。"梁丘据,齐国大夫,字子犹。

[35] 齐鲁之故:齐鲁两国交往的成例。

[36] 勤执事:辛苦办事的官员。

[37] 牺象不出门:牺尊与象尊等祭祀用酒具不离开宫门。门,这里指宫门。

[38] 嘉乐不野合:钟磬之乐不能在野外演奏。嘉乐,古代用于宴飨祭祀的钟磬之乐。

[39] "享而既具"二句:在野外举行享礼时,牺象等礼器与钟磬之乐都已尽备,就是背弃了礼。

[40] "若其不具"二句:举行享礼而无礼乐,则显得十分简陋如弃五谷而用秕糠,亦为失礼。

[41] 子盍图之:你为何不好好考虑一下。图,考虑。

[42] 昭德:彰显德行。

[43] 已:止。

[44] 果:终于。

[45] 得罪:使我获罪,即招致羞辱。得,使动用法,使获得。罪,罪责。

[46] "于是乃归"二句:钱穆《孔子传》云:"自鲁定公七年后,齐景公背晋争霸,郑、卫已服,而其时晋亦已衰,齐鲁逼处。而此数年来两国积怨日深,殆是孔子力主和解,献谋与齐相会。三家者惧齐强,

恐遭挫辱，不敢行，乃以孔子当其冲。齐君臣果武装莱人威胁鲁君，以求得志，幸孔子以大义正道之言辞折服之。乃齐人复于临盟前，在盟书上添加盟辞，责鲁以以小事大之礼，遇齐师有事出境，则鲁必以甲车三百乘从行。当此时，拒之则盟不成，若勉为屈从，则吃眼前亏太大。孔子又临机应变，即就两国眼前事，阳虎以鲁汶阳、郓谨、龟阴之田奔齐，谓齐若不回归此三地，则鲁亦无必当从命之义。汶阳田本属鲁，齐纳鲁叛臣而有之。今两国既言好，齐亦无必当据有此田之理由。孔子此时只就事言事，既不激昂，亦不萎弱，而先得眼前之利。即以此三地之田赋，亦足当甲车三百乘之供矣。"

【译文】

鲁定公与齐景公在齐鲁交界的夹谷会盟，孔子担当为定公相礼的任务。之前，孔子对定公说："臣听说有文事时必须要有武备，有武事时也必须要有文备。古时诸侯离开自己的疆土，出行在外，一定配备必要的文武官员随行，请您带上左右司马。"定公听从了孔子的建议。

到了会盟的地方，设置好盟誓所用的高台与席位，夯土台阶做成三级。鲁定公与齐景公以诸侯之间的简略的会遇之礼相见，行揖让之礼后登上土坛。相互敬酒以后，齐国指使莱人持兵器喧哗鼓噪，企图威逼定公。孔子一步一个台阶，迅速登上土坛，掩护定公退回，并说："士兵们，拿起武器来战斗！我们两国国君在此友好会盟，裔夷之俘竟敢动武捣乱！齐国国君不应该是这样号令诸侯的。边远地区不能图谋中国，夷狄之族不能扰乱华夏，俘虏不能冲犯盟会，军队不能威逼盟友，否则的话，于神灵是不祥的，于德行是违背的，于人是失礼的，齐侯一定不是要这样做吧。"齐景公感到惭愧，指挥着莱人退下。过了一会儿，齐国一方又奏起宫廷音乐，俳优、侏儒在鲁定公面前表演歌舞杂技。孔子快步上前，一步一个台阶，站在第二级台阶上说："平民敢有迷惑、侮辱诸侯的，其罪当斩，请右司马立刻行刑。"于是斩杀了侏儒，身首异处。齐侯对孔子颇感畏惧，面露惭愧之色。

将要盟誓的时候，齐国人在盟书上写道："齐国军队出境作战，鲁国不能以三百辆战车随行，有此盟书为证来受惩。"孔子让兹无还在盟书中反击说："齐国不归还我们的汶阳，却要我们满足齐国的要求，也以此盟书为证来受罚。"齐侯打算设宴享之礼款待定公。孔子对齐国大夫梁丘据说："齐、鲁传统的礼节，您难道不知道吗？事情已经完成了，而又设宴享之礼，是徒然辛苦你们办事的官员。况且，牺尊、象尊等酒具是不出宫门的，宫廷音乐也是不能在旷野演奏的。如果在此举行宴享之礼并一切齐备，就是背弃礼仪；如果举行宴享之礼而又简单从事，就如同使用轻贱的秕稗代替谷物一样不郑重。使用轻贱的秕稗，是侮辱君主；背弃礼仪，也会名誉扫地，您为何不慎重考虑一下呢？所谓宴享之礼，是为了昭明德行的，不能昭明德行，不如就停止吧。"于是最终没有举行宴会。

齐景公回去以后责备群臣说："鲁国的臣子以君子之道辅佐他们的君主，而你们偏偏以夷狄之道辅助我，以至冒犯了鲁国，招致羞辱。"于是，归还了以前侵占鲁国的四个城邑和汶阳之地。

孔子言于定公曰："家不藏甲[1]，邑无百雉之城[2]，古之制也。今三家[3]过制，请皆损之。"乃使季氏宰仲由隳三都[4]。叔孙不得意于季氏[5]，因费宰公山弗扰[6]，率费人以袭鲁[7]。孔子以公与季孙、叔孙、孟孙，入于费氏之宫，登武子之台[8]。费人攻之，及台侧，孔子命申句须、乐颀，勒士众下伐之[9]。费人北[10]，遂隳三都之城[11]。强公室，弱私家，尊君卑臣，政化大行[12]。

【注释】

[1] 家不藏甲：卿大夫不能私自拥有军队。王肃注："卿大夫称家。甲，铠也。"甲，兵器，此代指军队。此记载又见于《左传·定公十二年》。

[2] 百雉之城：城，都邑四周的城垣。一般分两重，里为城，外为郭。城字单举时，包含城与郭。高一丈、长一丈为一堵，三堵即高一丈、长三丈为一雉。

[3] 三家：孟孙、叔孙、季孙三家。他们都是春秋初鲁桓公的后裔，

又称"三桓"。三大家族在春秋后期发展壮大,长期把持鲁国政权,其中又以季氏势力最大,实际执掌鲁国政权。

[4] 仲由:字子路,鲁国卞(今山东泗水县)人,孔子弟子,以勇敢和政事著称,时为季氏家宰,后死于卫国内乱。 隳:一作"堕",毁。

[5] 叔孙不得意于季氏:叔孙辄是叔孙武叔的庶兄,不受叔孙武叔的器重。太宰纯增注:"叔孙,叔孙辄也。辄字子张,叔孙氏之庶子。"季氏,据《左传·定公八年》记载"叔孙辄无宠于叔孙氏",故此处"季氏"应为"叔孙氏",即叔孙武叔,名州仇,叔孙成子庶子,时为叔孙氏宗主。

[6] 因费(bì)宰公山弗扰:因,依靠。太宰纯增注:"费,季氏邑。公山弗扰,字子洩。弗扰,《左传》、《史记》皆作'不狃'。"

[7] 袭鲁:袭击鲁国都城。太宰纯增注:"《左氏》云:'凡师,有钟鼓曰伐,无曰侵,轻曰袭。'"

[8] "孔子以公与季孙、叔孙、孟孙"三句:公,鲁定公。季孙,季桓子。叔孙,叔孙武叔。孟孙,孟懿子。费氏之宫,冈白驹补注:"费邑季氏宫。"恐误。据《左传》当作"季氏之宫"。季氏之宫,即季孙氏的家。宫,先秦时期不特指君主所居,所有人家的住宅皆可称宫。即季孙宿建的台。武子,季孙宿。台,高而上平的方形建筑物,可供观察眺望用。

[9] "孔子命申句须、乐颀"二句:太宰纯增注:"申句须、乐颀,皆鲁大夫。"勒,统帅。

[10] 北:败走。

[11] 遂隳三都之城:此记载与《左传》记载不符。据《左传》、《史记》,费、郈被毁,而孟孙氏之成却不了了之。

[12] "强公室"四句:此为孔子之理想,惜乎功亏一篑。此处记载有美化孔子事功之嫌。

【译文】

孔子对定公说:"大夫不能私自拥有军队,封邑的城墙不能超过百雉,这是自古以来的制度。现在三家都逾越了制度规定,请您全部予以削减。"于是命令季氏的家臣仲由损毁三家都邑的城墙。此时,叔孙辄在叔孙氏家族中不得志,就依靠费邑的长官公山弗扰发动了叛乱,带领费人进攻鲁国都城。孔子与定公还有季孙氏、叔孙氏、孟孙氏等进入季氏的宫室,登上武子台。费人进攻武子台,到台边时,孔子命令申句须、乐颀率领士兵下台讨伐,费人大败而走。于是，就拆毁了三家都邑的城墙，强大了公室的力量，削弱了大夫的势力，君尊臣卑，各安其位，良好的政治教化遍及鲁国。

初[1]，鲁之贩[2]羊有沈犹氏者，常朝饮其羊以诈市人[3]；有公慎氏者，妻淫不制[4]；有慎溃氏者，奢侈逾法[5]；鲁之鬻六畜[6]者，饰之以储价[7]。及孔子之为政也[8]，则沈犹氏不敢朝饮其羊，公慎氏出其妻，慎溃氏越境而徙[9]。三月，则鬻牛马者不储价，卖羔豚[10]者不加饰。男女行者别其途，道不拾遗，男尚忠信，女尚贞顺[11]。四方客至于邑者，不求有司[12]，皆如归焉[13]。

【注释】

[1] 初：早先，原先。
[2] 贩：贩卖。
[3] 常朝饮(yìn)其羊以诈市人：经常在早晨给羊饮水以增加体重来欺诈集市上的人。饮，给人、畜喝水。
[4] 不制：制止不了。制，裁决，决断。
[5] 逾法：逾越法度。
[6] 鬻(yù)：卖。 六畜：指马、牛、羊、豕、犬、鸡。
[7] 饰之以储价：储价，抬高价格。储，夸大。
[8] 及孔子之为政：到孔子做大司寇时。及，到。
[9] 越境而徙：逃出国境，迁到他国。
[10] 羔豚：羊羔、小猪。羊，小者曰羔，大者曰羊。豕，小者曰豚，大者曰貏。
[11] 贞顺：专一、恭顺。
[12] 不求有司：不求官吏。有司，古代设官分职，各有专司，故称有司。
[13] 皆如归焉：此即宾至如归之义。

【译文】

　　早先,鲁国有个叫沈犹氏的羊贩子,常常在早晨给要出卖的羊饮水,以诓骗买羊的人;有个叫公慎氏的人,妻子淫乱却制止不了;有个慎溃氏,生活奢侈又逾越法度;鲁国卖六畜的人,也修饰六畜以抬高物价。到孔子作大司寇的时候,沈犹氏早晨不敢再给羊饮水,公慎氏休掉了他淫乱的妻子,慎溃氏迁离了鲁国。过了三个月,卖牛马的不再哄抬物价,卖小羊小猪的也不再修饰牲畜。男子与女子行路分左右,行人遗失的物品没有人据为己有,男子崇尚忠诚信实,女子力求专一恭顺。四方的宾客到了鲁国城邑,也无须向当地政府官员申诉什么,就像是回到了自己的家。

始诛 第二

　　孔子为鲁司寇,摄行相事[1],有喜色。仲由问曰:"由闻君子祸至不惧,福至不喜。今夫子得位而喜,何也?"孔子曰:"然,有是言也。不曰乐以贵下人乎[2]?"

　　于是朝政七日,而诛乱政大夫少正卯[3],戮之于两观之下[4],尸于朝三日[5]。子贡[6]进曰:"夫少正卯,鲁之闻人[7]也,今夫子为政而始诛[8]之,或者为失乎?"孔子曰:"居,吾语汝以其故[9]。天下有大恶者五,而窃盗不与[10]焉。一曰心逆而险[11],二曰行僻而坚[12],三曰言伪而辩[13],四曰记丑而博[14],五曰顺非而泽[15]。此五者,有一于人,则不免君子之诛[16]。而少正卯皆兼有之:其居处足以撮徒成党[17],其谈说足以饰褒荣众[18],其强御足以返是独立[19]。此乃人之奸雄者也[20],不可以不除。夫殷汤诛尹谐[21],文王诛潘正[22],周公诛管蔡[23],太公诛华士[24],管仲诛付乙[25],子产诛史何[26],凡此七子[27],皆异世而同诛[28]者,以七子异世而同恶,故不可赦也。《诗》云:'忧心悄悄,愠于群小[29]',小人成群,斯足忧矣。"

【注释】
　　[1]摄行相事:指孔子以司寇身份临时担任为国君典礼的工作。摄、行,皆谓代理、兼任官职。此记载又见于《尹文子·大道下》、《荀子·宥坐》、《说苑·指武》。
　　[2]乐以贵下人:因尊贵而谦卑于人而乐。孟德溥云:"言不以位为乐,以下人为喜也。"
　　[3]诛乱政大夫少正卯:诛杀扰乱政治的大夫少正卯。诛,斩杀。少正卯,鲁国大夫。或谓少正为姓,卯为名。事迹不详。后世关于孔子诛少正卯引发巨大争议,成为一大公案。
　　[4]戮之于两观之下:将少正卯在两观下斩杀。两观,王肃注:"阙名。"古代天子和诸侯的宫门外成对的高建筑物,名为"观",亦称"阙"、"象"、"象魏"。在今山东曲阜城东有两观台碑。
　　[5]尸于朝三日:在朝堂上陈尸三天。尸,陈尸示众。
　　[6]子贡:姓端木,名赐,字子贡,又作"子赣"。卫国人,孔子弟子,以言语见长,机智多谋,外交才能突出,并极富经商才能,孔子周游列国时出资相助。孔子去世后,弟子们守墓三年,而子贡结庐守墓六年。据《史记·仲尼弟子列传》记载:"常相鲁卫,家累千金,卒终于齐。"
　　[7]闻人:名人,即今所谓社会名流。
　　[8]始诛:先诛。
　　[9]故:缘故,理由。
　　[10]与(yù):算在内,在其中。
　　[11]心逆而险:思想悖逆而险恶。
　　[12]行僻而坚:行为邪僻而固执。
　　[13]言伪而辩:言论造作而善辩。
　　[14]记丑而博:记述非义的事物并十分广博。
　　[15]顺非而泽:赞同错误的言行并加以美饰。
　　[16]"此五者"三句:《管子·法禁》云:"行辟而坚,言诡而辩,术非而博,顺恶而泽者,圣王之禁也。"《礼记·王制》云:"行伪而坚,言伪而辩,学非而博,顺非而泽,以疑众,杀。"合而观之,本文所云

五者,是王法必诛之罪。

[17] 其居处足以撮(cuō)徒成党:他的行为举止足以聚集同类,结为朋党。撮,聚合,聚拢。

[18] 其谈说足以饰褒荣众:冈白驹补注:"文饰褒扬,眩耀众人也。《荀子》作'饰邪营众'。营,读如'荧',言惑众也。"谈说,言谈。饰褒,粉饰邪说。荣众,迷惑众人。

[19] 其强御足以返是独立:他的力量强大足以违反原则而按照自己的意志行事。

[20] 人之奸雄:人群中的大奸巨猾之人。

[21] 殷汤诛尹谐:事不详。殷汤,即商朝开国君主商汤。

[22] 文王诛潘正:事不详。文王,即周文王,周武王的父亲,以贤明著称,为殷末西方诸侯之长,称西伯,生前奠定了周武王灭商的基础。

[23] 周公诛管蔡:西周初年,武王去世,成王即位,周公辅政。殷纣王之子武庚叛乱,武王之弟管叔、蔡叔参与其中。周公东征,平定叛乱,诛杀武庚,杀管叔,流蔡叔。此所谓"诛管蔡"是连带而及,"管蔡"或为"管叔"之讹,《荀子》即作"管叔"。周公,周公旦,姬姓,名旦,周文王的第三子,周朝创立者周武王的弟弟,西周著名政治家、军事家、思想家。管叔,据杨朝明考证当为文王第四子,乃周公之弟,非其兄也。

[24] 太公诛华士:事不详。太公,姓姜,名尚,俗称姜太公、姜子牙,因封地在吕,又称吕尚,在助周武王灭商战争中居功至伟,始封齐国。

[25] 管仲诛付乙:事不详。管仲,辅佐齐桓公励精图治、变法图强,成为春秋的第一个霸主。

[26] 子产诛史何:事不详。子产,春秋时期著名的政治家,曾长期执政郑国,略长于孔子。

[27] 七子:据太宰纯增注,为谓尹谐、潘正、管叔、蔡叔、华士、付乙、史何。据《荀子》则为谓尹谐、潘正、管叔、华士、付乙、邓析、史何。

[28] 异世而同诛:人虽不同时而罪皆可诛。

[29] "忧心悄悄"二句:语出《诗·邶风·柏舟》。悄悄,忧虑的样子。愠,怒。

【译文】

孔子当了鲁国的大司寇,还兼任了为国君相礼的职务,脸上常有喜悦之色。子路问孔子:"仲由听说君子祸患到了不害怕,福禄来了不欢喜。现在您因为得到了高官厚禄而显得非常愉悦,这是为什么呢?"孔子说:"是的,有这样的说法,但不是还有'因尊贵而谦卑于人而乐'的说法吗?"

在当政的第七天,便诛杀了扰乱政务的大夫少正卯,在宫门前的两观旁行刑,在朝堂上陈尸三天。子贡向孔子进言说:"少正卯在鲁国也是社会名流,现在您开始当政就先杀了他,或许是不恰当的吧?"孔子说:"坐下来,我告诉你杀掉他的缘故。天下大逆不道的恶行有五种,而盗窃并不在其列。一是思想悖逆而险恶,二是行为邪僻而固执,三是言论造作而善辩,四是记述不义的事物并十分广博,五是顺从错误的言行并加以美饰。一个人只要具有这五种思想行为的一种,就免不了君子的诛杀,而少正卯兼而有之:其行为举止足以聚徒成群,结党营私;其言谈话语足以粉饰邪恶,迷惑众人;其桀骜不驯足以自成一派,叛乱朝廷。他是人群中的大奸巨猾之人啊,不可以不除掉。当初殷汤诛杀尹谐,文王诛杀潘正,周公诛杀管叔、蔡叔,太公诛杀华士,管仲诛杀付乙,子产诛杀史何,这七人处在不同的时代却同样被诛杀,是因为他们虽处在不同时代,却都有相同的罪,因此都是不可以赦免的。《诗》中说:'忧虑重重难除掉,成群小人太可恼!'小人成群,这太令人担忧了!"

孔子为鲁大司寇,有父子讼者,夫子同狴[1]执之,三月不别[2]。其父请止[3],夫子赦之焉。季孙[4]闻之不悦,曰:"司寇欺余。曩[5]告余曰:'国家必先以孝[6]。'余今[7]戮一不孝,以教民孝,不亦可乎?而又赦。何哉?"冉有[8]以告孔子。子喟然叹[9]曰:"呜呼!上失其道而杀其下,非理[10]也;不教以孝而听其狱,是杀不辜[11]。三军大败,不可斩也;狱犴不治[12],不可刑也。何者?上教之不行,罪不在民故也[13]。夫慢令谨诛,贼也[14];征敛无时,暴也[15];不试责成,虐也[16]。政无此三者,然后刑可即[17]也。《书》云:'义刑义杀,勿庸以即汝心,惟曰未有慎事[18]。'言必教而后刑也[19]。既陈道德以先服之[20],而犹不可;尚贤以劝之[21],又不可,即废之[22];又不可,而后以威惮之[23]。若是三年而百姓正矣。其有邪民不从化者,然后待之以刑,则民咸[24]知罪矣。《诗》云:'天子是毗,俾民不迷[25]。'是以威厉而不试[26],刑错而不用[27]。今世则不然,乱其政[28],繁其刑[29],使民迷惑而陷焉[30],又从而制之,故刑弥繁而盗不胜[31]也。夫三尺之限[32],空车不能登者,何哉?峻故也。百仞之山,重载陟焉[33],何哉?陵迟[34]故也。今世俗之陵迟久矣,虽有刑法,民能勿逾[35]乎?"

【注释】

[1] 狴(bì):本为兽名,因常画狴于狱门上,故用作牢狱的代称。王肃注:"狴,狱牢也。"此记载又见于《荀子·宥坐》、《韩诗外传》卷三及《说苑·政理》。

[2] 别:审理、判决。

[3] 止:停止诉讼,即撤诉。

[4] 季孙:季桓子。

[5] 曩:昔日,从前。

[6] 国家必先以孝:治国齐家必须首先倡导孝道。国,诸侯国。家,卿大夫之家。此处国、家皆为名词用作动词。

[7] 今:假设连词,犹"若",如果。

[8] 冉有:冉求,字子有,鲁国人,孔子弟子,长于政事,时为季氏家臣。

[9] 子喟(kuì)然叹:孔子叹息了一声。喟然,叹息的样子。

[10] 理:道理。

[11] 辜：指刑当其罪。

[12] 狱犴(àn)不治：诉讼得不到审理。狱犴，古代乡亭的牢狱，引申为狱讼之事，亦作"犴狱"或"岸狱"。治，听讼，即审理案件。

[13] "上教之不行"二句：三军大败是因为训练不精，狱犴不治原由在法令不当。

[14] "夫慢令谨诛"二句：法令松弛，却处罚严厉，这是残害百姓。慢，《说文》："慢，惰也。"这里是松弛之意。诛，惩罚，责罚。

[15] "征敛无时"二句：不按时征收赋役，这是暴虐百姓。征，当训为征收，收取。暴，暴虐。

[16] "不试责成"二句：不加以申诫而苛求成功，谓之残虐。试，当为"诫"之讹，《群书治要》卷十引《家语》作"诫"。

[17] 即：至。

[18] "义刑义杀"三句：意为刑罚要以义为本，不可师心自用、随心所欲，如果合乎自己的意志才算顺从，那么就没有顺从。王肃注："庸，用也。即，就也。刑教皆当以义，勿用以就汝心之所安。当谨之，自谓未有顺事，且陈道德以服之，以无刑杀而后为顺，是先教而后刑也。"

[19] 教而后刑：先施行教化，不得已再用刑罚。

[20] 既陈道德以先服之：陈述为人之道与为人之德，要身体力行、率先垂范。陈，陈述。服，践行。

[21] 尚贤以劝之：尊崇贤良以劝勉百姓。尚，崇尚，尊崇。劝，劝谕，勉励。

[22] 废之：指罢黜那些不够贤能之人。

[23] 以威惮之：用威势使百姓惧怕。

[24] 咸：都。

[25] "天子是毗(pí)"二句：语出《诗·小雅·节南山》。王肃注："毗，辅也。俾(bǐ)，使也，言师尹当毗辅天子，使民不迷。"

[26] 威厉而不试：威势只是抗扬而不使用。

[27] 刑错而不用：刑罚只是设置而不使用。错，通"措"，设置。

[28] 乱其政：政令混乱。

[29] 繁其刑：刑罚繁重。

[30] 使民迷惑而陷焉：让百姓不知所措、无所适从而陷于罪愆。

[31] 不胜：不可胜数，数不清。

[32] 限：阻。一作"岸"，指崖岸。

[33] 重载陟(zhì)焉：载重的车辆也能登上。陟，登。

[34] 陵迟：延缓的斜坡。冈白驹补注："言丘陵之势渐慢也。"下一

"陵迟"为引申义,比喻事物逐渐发生变化,尤其向坏的或差的方向逐渐发展。

[35] 逾:逾越。这里指逾越法度。

【译文】

孔子担任鲁国的大司寇时,有父子二人前来诉讼,孔子把他们同时关在一个牢房里,三个月不予审判。其中那位父亲请求中止诉讼,孔子就放了他们。季桓子听说了这件事,不高兴地说:"司寇欺骗我啊。从前他告诉我说:'治理国家,管理家族,必须先提倡孝道。'我若杀掉一个不孝的人来教导民众严守孝道,不也是可以的吗?司寇却又把他赦免了,为什么呢?"冉有把季氏的话告诉了孔子。孔子感叹地说:"唉!处在执政高位的人不推行治国大道,却要杀掉有过失的老百姓,是不合理的。不能教育民众遵行孝道却审理他们违反孝道的案子,是滥杀无辜。三军大败,是不能斩杀将士的;刑狱案件不加审理,不能轻易动用刑罚。为什么呢?在上位的人推行教化不力,罪责不在老百姓的缘故呀。法令松弛,却处罚严厉,这是残害百姓;不按时征收赋役,这是暴虐百姓;不加训练便责令成功,这是残虐百姓。政治上没有这三种情况,才可以施行刑罚。《尚书》说:'刑罚要以义为本,不可随心所欲,如果合乎自己的意志才是顺从,那么就没有顺从。'说的就是教化为先,刑罚为后。要实行道德教化,自己要身体力行率先垂范;如果这样还不行,再以尊崇贤人的方法勉励百姓;如果这样还不行,就废黜无能之辈;如果还是不行,才可以用政令威势使百姓忌惮。如此推行三年,百姓就会归于正道了。如有奸邪之徒不听从教化,再以刑罚对待这种人,那么,百姓就都知道什么是犯罪行为了。《诗经》说:'尽力辅佐天子,百姓心里不迷。'因此,虽然高扬威势却不使用,刑罚设置也不施行。如今不是这样,政令淆乱,刑罚繁重,只能使百姓更加不知所措而触犯刑罚,如此再加以遏止,所以就出现了刑罚越繁,犯罪者越多的情况。三尺的崖岸,空载的车子不能越过,为什么呢?这是陡峭的缘故。百仞高的山岭,载重的车子可以翻越,为什么呢?这是山岭倾斜延缓的缘故。今天的社会风气慢慢变坏已久,即使有刑法的存在,百姓又怎能不违反呢?"

王言解第三

孔子闲居[1],曾参[2]侍。孔子曰:"参乎!今之君子[3],唯士与大夫之言闻[4]也,至于君子之言[5]者,希[6]也。於乎[7]!吾以王言之[8],其不出户牖而化天下[9]。"

曾子起[10],下席而对[11]曰:"敢问何谓王者言[12]?"孔子不应。曾子曰:"侍夫子之闲也难,对是以敢问[13]。"孔子又不应。曾子肃然[14]而惧,抠衣而退[15],负席[16]而立。有顷,孔子叹息,顾谓曾子曰:"参,汝可语明王之道[17]与?"

曾子曰:"非敢以为足也[18],请因所闻而学焉[19]。"子曰:"居[20],吾语[21]汝。夫道者,所以明德也[22];德者,所以尊道也[23]。是以非德,道不尊;非道,德不明。虽有国之良马,不以其道服乘[24]之,不可以取道里[25]。虽有博地众民,不以其道治之,不可以致霸王[26]。是故,昔者明王内修七教[27],外行三至[28]。七教修,然后可以守;三至行,然后可以征。明王之道,其守也,则必折冲[29]千里之外;其征也,则必还师衽席之上[30]。故曰,内修七教而上不劳,外行三至而财不费。此之谓明王之道也。"

曾子曰:"不劳不费之谓明王,可得闻乎?"孔子曰:"昔者帝舜[31],左禹而右皋陶[32],不下席而天下治[33]。夫如此,何上之劳乎?政之不中,君之患也[34];令之不行,臣之罪也[35]。若乃[36]十一而税[37],

用民之力[38]，岁不过三日[39]，入山泽以其时而无征[40]，关讥市廛皆不收赋[41]，此则生财之路，而明王节[42]之，何财之费乎？"

曾子曰："敢问何谓七教？"孔子曰："上敬老则下益孝，上尊齿则下益悌[43]，上乐施则下益宽[44]，上亲贤则下择友[45]，上好德则下不隐[46]，上恶贪则下耻争，上廉让则下耻节[47]，此之谓七教。七教者，治民之本[48]也。政教定，则本正矣[49]。凡上者，民之表[50]也，表正则何物不正？是故，人君先立仁于己，然后大夫忠而士信，民敦而[俗]朴[51]，男悫而女贞[52]。六者，教之致[53]也。布诸天下四方而不窕[54]，纳诸寻常之室而不塞[55]，等之以礼[56]，立之以义[57]，行之以顺[58]，则民之弃恶，如汤之灌雪焉[59]。"

【注释】

[1] 闲居：闲暇之时。

[2] 曾参：字子舆，鲁国人，孔子弟子，以孝行著称，相传《孝经》、《大学》皆其所传，而《论语》的编纂也与其有莫大关系。被后世尊为宗圣曾子。

[3] 君子：从政、在上位的人。这里指国君。

[4] 唯士与大夫之言闻：只能听到那些士与大夫处理事务的说法。

[5] 君子之言：君主治国理政的道理。

[6] 希：少。

[7] 於(wū)乎：感叹词。

[8] 以王言之：用王道来阐述给君主。

[9] 不出户牖(yǒu)而化天下：在屋内即能教化天下。户牖，门窗，代指住所。

[10] 起：起身。《礼记·曲礼上》："请业则起，请益则起。"古时席地而坐，一般弟子侍坐，请教问题就要从席上起身，表示恭敬与尊重。

[11]下席而对：走下座席，向孔子而问。表示愈加恭敬。《曲礼》曰："侍坐于君子，君子问更端，则起而对。"
　　[12]敢问何谓王者言：请问什么是王天下的道理。敢问，表示谦卑，犹"冒昧"，或"请问"。
　　[13]"侍夫子之闲也难"二句：太宰纯增注："《大戴礼》'侍'作'得'，无'对'字，'难'字属上为句，是也。"林按，"对"字为衍文，当删。
　　[14]肃然：恭敬的样子。
　　[15]抠衣而退：提起衣服前襟，退到一旁。抠衣，古人迎趋时的动作，表示恭敬。
　　[16]负席：倚靠座位。负，倚。
　　[17]语明王之道：谈论古代圣明的君王治国的道理。语，谈论。
　　[18]非敢以为足也：不敢以我为足可语王道。
　　[19]请因所闻而学焉：请您让我根据您说的加以学习。
　　[20]居：坐下。
　　[21]语(yù)：告诉。
　　[22]"夫道者"二句：道是来昭明德的。夫，句首发语词，无义。道好像是太阳，其光可以使被照的事物光明。在孔子这里，道是体，德是用。道是德的根据、原则与方向。德是道的发用、落实与显现。
　　[23]"德者"二句：德是来尊显道的。德的发用是体现、证明道的伟大与尊贵。
　　[24]服乘：驾驭。
　　[25]不可以取道里：不可能走很远的路程。道里，行远路。
　　[26]致霸王：称王称霸，实现雄霸天下或王天下。按照孟子的说法，霸是以力服人，王是以德服人。王优于、高于霸。
　　[27]内修七教：对内施政，推行七种教化。即下文所谓敬老、尊齿、乐施、亲贤、好德、恶贪、廉让。教，教化。
　　[28]外行三至：对外交往，实行三种至道。即下文所谓至礼、至赏、至乐。
　　[29]折冲：使敌人的战车后退，即克敌制胜。冲，一种战车。
　　[30]还师衽席之上：军队凯旋。衽席，卧席，此代指寝息之所。
　　[31]帝舜：儒家推崇的上古圣王。有虞氏，名重华。据说尧禅位给舜，舜禅位给禹。儒家以"祖述尧舜"为传统。
　　[32]左禹而右皋(gāo)陶(yáo)：左右有禹和皋陶辅佐。禹，曾为帝舜的大臣。因治水有功，被选为舜的继承人。其子启废除禅让，建立

夏朝。因此禹又称夏禹。皋陶，又作"咎陶"、"咎繇"，为东夷族首领，为帝舜的大臣，掌管刑狱，以公正著称。

[33] 不下席而天下治：不用走下座席即让天下大治。《论语·卫灵公》："子曰：'无为而治者，其舜也与？夫何为哉？恭己正南面而已矣。'"孔子认为舜能够做到"无为而治"，与此所谓"不下席而天下治"义同。

[34] "政之不中"二句：政教不能平衡，是君主的过失。孔子强调"中"，即礼乐刑罚之平衡。患，弊病，过失。

[35] "令之不行"二句：政令不能推行，是臣子的罪过。政，是君主所主。令，是臣下所行。

[36] 若乃：至于。用于句子开头，表示另起一事。

[37] 十一而税：征收十分之一的赋税。

[38] 用民之力：征用农民的徭役。

[39] 岁不过三日：每年不超过三天。岁，年，这里是名词作状语，指每岁、每年。

[40] 入山泽以其时而无征：按特定时节进入山泽砍柴渔猎，不收税。此即儒家所强调的"斧斤以时入山林"的意思。儒家强调"时"，有生态保护的意思。征，征收赋税。

[41] 关讥市廛(chán)皆不收赋：关卡只是盘查而不收税，市场上存储货物的地方也不收税。讥，呵察，稽查，盘问。廛，公家在市场中设置的供商人存放货物的房舍。

[42] 节：节制，控制。

[43] 上尊齿则下益悌：在上位的尊重年长者，那么在下位的就会更加懂得悌道。齿，指年龄。这里指以年龄的长幼为准，即尊重年长的人。悌，弟敬兄、幼敬长。

[44] 上乐施则下益宽：在上位的喜好施惠，那么在下位的就会更加懂得宽容。谅、宽义近。

[45] 上亲贤则下择友：在上位的亲近贤良，那么在下位的就懂得交往中选择良友。冈白驹补注："知善、可好。"德高为贤，才高为能。

[46] 隐：隐居。

[47] 上廉让则下耻节：在上位的人清廉礼让，百姓则知耻有节操。

[48] 治民之本：管理人民的根基。

[49] "政教定"二句：政治教化依此确立好，那么根基就端正了。

[50] 表：表率。冈白驹补注："表，望表。"表原指古代用以测量日影长度的天文仪器圭表的组成部分，为直立的标杆，后引申为准则，再

引申为表率。

[51] 民敦而俗朴：百姓敦厚，民风谨朴。"俗"字原无，下文称"六者"，故据宽永本补。

[52] 男悫(què)而女贞：男人厚道，女人正派。悫，恭谨，厚道。贞，贞正，正派。

[53] "六者"二句：这六方面都是七种教化的结果。六者，指大夫忠、士信、民敦、俗朴、男悫、女贞。致，结果。或释为"极致"，亦通。

[54] 布诸天下四方而不窕(tiǎo)：推广于普天之下也不会有什么缝隙。窕，间隙，未充满。

[55] 纳诸寻常之室而不塞：实施于平民百姓之家也不觉得充满。寻常，古代的长度单位。太宰纯增注："八尺曰寻，倍寻曰常。"寻常之室，意为不大的房舍，即指百姓的家。

[56] 等之以礼：用礼来区分七教。等，区别。之，指七教，下同。

[57] 立之以义：用义来确立七教。

[58] 行之以顺：遵循礼义来推行七教。顺，循，即遵循上文说的"礼"和"义"。

[59] 如汤之灌雪焉：就像热水浇雪使之融化那样迅速、那样容易。汤，开水，热水。灌，浇灌。

【译文】

　　孔子闲居在家，曾参陪侍。孔子说："曾参！现在的国君只可以听到士与大夫治理政务的道理，至于治国安天下的道理，听到的就很少了。唉！我用王道言论相告，会使在上位的人足不出户而化行天下。"

　　曾子站起来，离开座席，对孔子说："冒昧地问一句，什么是王道言论？"孔子不回答。曾子说："现在正赶上您在家闲居，我对此难以理解，所以才冒昧地问您。"孔子还是不回答。曾子十分惶恐，提起衣襟向后退，背墙站立。一会儿，孔子长叹一声，回头对曾子说："曾参，可以同你谈论圣王之道的问题吗？"

　　曾子说："我不敢以为自己有能力同您谈论这个问题，还是让我根据您所讲的来学习吧。"孔子说："坐下来，我告诉你。道是用来彰明德的，德是用来尊崇道的。所以，没有德，道就得不到尊崇；没有道，德就得不到彰明。即使有全国最好的马匹，如果不以正确的方法驾驭，一定是寸步难行。即使国土广阔，人口众多，如果不以正确的方法治理，也难以实现称王称霸。因此，过去的圣明君主对内修行七教，对外实行三至。七教的工作做好了，可以守卫国家；三至的目标实现了，可以对外征讨。圣明君主的治国之道，如果用以守卫国家，那一定能却敌于千里之外；如果用以对外征讨，那也一定可以平安还师。因此可以说，对内能够推行七教，君主就不会劳顿；对外能够实行三至，国家也不会耗费财富。这就是圣明君主的治国之道。"

曾子说："君主不劳顿、国家也不耗费财富而叫作圣明君主的治国之道，您能告诉我其中的道理吗？"孔子说："过去，舜帝左右有禹和皋陶辅佐，不用走下座席而天下大治，这样君主有什么劳顿呢？政事得不到平衡，是君主的过失；教令得不到贯彻，是臣子的罪过。如果赋税收取十分之一，用民力役一年不超过三天，按季节让百姓进入山泽砍柴渔猎而不征税，关卡、市场只是检查而不收取赋税，这些都是国家扩大财源的途径，圣明君主加以控制，财富怎么会耗费不支呢？"

曾子说："请问什么是'七教'呢？"孔子说："在上位的人尊敬老人，那么在下位的会更加孝顺父母；在上位的人尊重年长的人，在下位的就会懂得悌道；在上位的人乐善好施，在下位的也会更加仁慈宽厚；在上位的人亲近贤良，在下位的就懂得交往中选择品行端正的朋友；在上位的人推崇德行，在下位的就不会隐居不仕；在上位的人憎恶贪婪，在下位的就会以争夺为耻；在上位的人清廉礼让，百姓也会讲荣辱守节操，这就是七种教化。这七种教化，是治理民众的根基啊。政治教化依此确立好，那么根基就端正了。因为在上位的人是百姓的表率啊，表率端正，什么事物不能端正呢？所以，君主首先要身体力行，施行仁道，如此大夫忠诚，士讲信义，百姓忠厚，风俗淳朴，男子厚道，女子正派。这六个方面，就是实施七教的结果！七教可以推广到普天之下而不会觉得有缝隙，可以遍及于百姓之家而不会觉得很充满，以礼来区别七教，以义来确立七教，以遵循礼义来推行七教，那么，百姓摒弃恶行就如同热水浇灌积雪使之融化一样迅速、容易了。"

曾子曰："道则至矣，弟子不足以明之。"孔子曰："参以为姑止[1]乎？又有焉。昔者明王之治民也[有]法[2]，裂地以封之[3]，分属以理之[4]，然后贤民无所隐[5]，暴民无所伏[6]，使有司日省而时考之[7]，进用贤良，退贬不肖，则贤者悦而不肖者惧，哀鳏寡，养孤独，恤贫穷，诱孝悌[8]，选才能[9]。此七者修[10]，则四海之内无刑民[11]矣。上之亲下也，如手足之于腹心；下之亲上也，如幼子之于慈母矣。上下相亲如此，故令则从，施则行，民怀其德，近者悦服，远者来附，政之致也。夫布指知寸，布手知尺，舒肘知寻[12]，斯不远之则也[13]。周制：三百步为里，千步而井，三井而埒，埒三而雉，五十里而都封，百里而有国[14]，乃为福积资裹[15]焉，恤行者之有亡[16]。是以蛮夷诸夏[17]，虽衣冠不同，言语不合，莫不来宾[18]。故曰，无市而民不乏[19]，无刑而民不乱。田猎罩弋[20]，非以盈宫室[21]也；征敛百姓，非以盈府库[22]也。惨怛以补不足[23]，礼节以损有余[24]，多信而寡貌[25]，其礼可守，其言可复[26]，其迹可履[27]，如渴而饮[28]，民之信之，如寒暑之必验。故视远若迩[29]，非道迩也，见明德也[30]。是故，兵革不动而威[31]，用利不施而亲[32]，万民怀其惠[33]。此之谓明王之守，折冲千里之外者也。"

曾子曰："敢问何谓三至？"孔子曰："至礼不让而天下治[34]，至赏不费而天下士悦[35]，至乐无声而天下民和[36]。明王笃行[37]三至，故天下之君，可得而知[38]；天下之士，可得而臣[39]；天下之民，可得而用[40]。"

曾子曰："敢问此义何谓？"孔子曰："古者明王必尽知天下良士之名[41]。既知其名，又知其实[42]，又知其数[43]，及其所在焉。然后因天下之爵以尊之[44]，此之谓至礼不让而天下治[45]。因天下之禄以富天下之士[46]，此之谓至赏不费而天下之士悦[47]。如此，则天下之民名誉兴焉[48]，此之谓至乐无声而天下之民和[49]。故曰，所谓天下之至仁者，能合天下之至亲也[50]；所谓天下之至明者，能举天下之至贤者也[51]。此三者咸通[52]，然后可以征。是故，仁者莫大乎爱人，智者莫大乎知贤[53]，政者莫大乎官能[54]。有土之君，修此三者[55]，则四海之内供命[56]而已矣。夫明王之所征，必道之所废者[57]也。是故，诛其君而改其政，吊[58]其民而不夺其财。故明王之政，犹时雨之降[59]，降至[60]则民悦矣。是故，行施弥博，得亲弥众[61]。此之谓还师衽席之上[62]。"

【注释】

[1] 姑止：到此为止。姑，姑且，引申为"仅此"。

[2] 有法：有礼法、法度。太宰纯增注："《大戴礼》'也'作'有'。"林按，萧旭据《群书治要》卷十所引，补"有"字。此处或以"也"作"有"，或"也"下补"有"字，皆可。

[3] 裂地以封之：划分土地，将不同土地及民众分封给亲戚或功臣。这里指分封制。之，代指"民"。下同。

[4] 分属以理之：分设不同职官来管理。分属，指设立不同的职官分管不同的事务。《淮南子·泰族训》有"乃裂地而州之，分职而治之"句，可参读。

[5] 隐：隐藏，埋没。

[6] 伏：潜伏，藏匿。

［7］日省而时考之：每天检查，并按时考核他们。省，检查。考，考校，考核。

［8］"哀鳏（guān）寡"四句：哀悯无妻和无夫的孤苦之人，抚养无父无母的孤儿，抚恤穷苦无出路的人，奖掖孝悌之人。诱，原义为引导、劝导，这里是奖掖、提拔的意思。

［9］选才能：选拔有才能的人。

［10］七者修：七个方面都做到。七者，即上文所说的贤者悦、不肖者惧、哀鳏寡、养孤独、恤贫穷、诱孝悌、选才能七个方面。修，实行。

［11］无刑民：冈白驹补注："民不犯罪。"刑民，触犯并受到刑律惩处的人。

［12］"夫布指知寸"三句：远古时期确立长度的一种方法。伸展开中指，每一节为一寸，相当于十分。伸展开拇指与中指，两指尖之间一拃的长度为一尺，相当于十寸。伸展两臂，两手指之间的长度为一寻，相当于八尺。布，舒，皆伸展、舒展义。《说文》曰："肘，臂节也。"

［13］斯不远之则也：这是近取诸身的准则。斯，这。不远之则，即近取诸身确立的准则。《周易·系辞下》中："古者包牺氏之王天下也，仰则观象于天，俯则观法于地，观鸟兽之文与地之宜，近取诸身，远取诸物，于是始作八卦，以通神明之德，以类万物之情。"

［14］"周制"七句：根据周制，三百步为一里，一千步见方为一井，三井为一埒，三埒为一雉。方圆五十里可以建都市，方圆百里可以建国。步，迈两脚为一步，约相当于六尺。里，长度单位。井，面积单位。

［15］福积资裘：《大戴礼记》"福"作"畜"，"资"作"衣"。裘，黄鲁曾本作"求"。太宰纯云："今案此文，'福'当为'稸'，'裘'当为'聚'，并字误也。稸，与'蓄'同。"冈白驹亦云："吴本、钱本并作'稸积资聚'为是。'稸'通'蓄'。"若此，则读为"蓄积资聚"，意为积蓄储备物品。

［16］恤行者之有亡：救济物资短缺的旅客。恤，救济。行者，出行的人。有亡，即有无，这里其实是单就无而言。

［17］蛮夷诸夏：蛮夷指中原之外的部族。东方的称夷，西方的称戎，南方的称蛮，北方的称狄。蛮夷是概括性的用法，类似的用法还有夷狄。诸夏，周天子分封的中原各国。儒家公羊学讲"夷夏之辨"，摆脱了以地域、种族来区分夷夏，而是以文明来区分夷夏。韩愈《原道》："孔子之作《春秋》也，诸侯用夷礼则夷之，夷而进于中国则中国之。"

［18］宾：服从，顺服。

［19］无市而民不乏：没有市场贸易，百姓也不匮乏。市，市场贸

易。乏，物质匮乏。

［20］田猎罼弋（yì）：以罼、弋等方式狩猎。田，通"畋"，狩猎。王肃注："罼，掩网。弋，缴射。"千叶玄之标笺："罼，捕鱼器，编细竹以为之。"罼，应为"罕"之讹，捕鱼或鸟的竹器。

［21］非以盈宫室：冈白驹补注："为祭与养也。"盈，充盈。这里是使动用法，使……充盈。下"盈"字同。

［22］非以盈府库：冈白驹补注："以备食、禄。"

［23］惨怛（dá）以补不足：同情贫困并弥补其匮乏。惨怛，悲痛，这里是同情的意思。

［24］礼节以损有余：用礼法节制富贵使其减少过多开销。

［25］多信而寡貌：多讲诚信，少做表面文章。貌，文饰。冈白驹补注："貌，饰表也。"

［26］其言可复：许的诺言能够兑现。《论语·学而》有"言可复也"句。

［27］其迹可履：做过的事能够遵循。迹，功绩。履，践履，跟着去做。

［28］如渴而饮：冈白驹补注："吴本、钱本并此上有'如饥而食'一句。"黄鲁曾本此上有"如饥而食"四字。

［29］视远若迩：看庙堂之上的君主如在眼前。迩，近。

［30］"非道迩也"二句：不是路程短离得近，而是因为君主的光明之德彰显的缘故。见，读为"现"，彰显，呈现。

［31］兵革不动而威：不动用武力便令敌人畏惧。兵革，兵器与甲胄的总称，这里泛指武器。威，通"畏"，意为使人畏惧。

［32］用利不施而亲：不使用财物爵赏便使国人亲近。

［33］万民怀其惠：百姓感念君主的恩惠。《论语·里仁》："君子怀刑，小人怀惠。"小人即指民。怀，感念。

［34］至礼不让而天下治：最好的礼是不需谦让就能使天下太平。至，极致，最好的。让，谦让。让是礼的基本内涵之一。

［35］至赏不费而天下士悦：最佳的奖赏是不需花费便能让天下的士人喜悦。

［36］至乐无声而天下民和：最美的音乐是无需声音便能使天下百姓和睦。

［37］笃行：切实履行，专心实行。

［38］"天下之君"二句：可以让天下的诸侯、卿大夫去管理。

［39］"天下之士"二句：可以让天下的士人臣服。冈白驹补注："士

皆愿立于朝。"臣，臣服。

[40]"天下之民"二句：可以让天下的百姓效命。冈白驹补注："耕者欲耕于其野，商贾欲藏于其市。"用，效命，出力。

[41] 古者明王必尽知天下良士之名：《周礼·大司徒》："以乡三物教万民，而宾兴之。"《周礼·乡大夫》："三年则大比，考其德行道艺，而兴贤者能者，以礼礼宾之，厥明，乡老及乡大夫群吏，献贤能之书于王，王再拜受之，登于天府。"此所以尽知天下良士之名。

[42] 又知其实：《礼记·王制》："命乡论秀士，升之司徒，曰选士。司徒论选士之秀者，而升之学，曰俊士。升于司徒者不征于乡，升于学者不征于司徒，曰造士。大乐正论造士之秀者，以告于王，而升诸司马，曰进士。司马辨论官材，论进士之贤者，以告于王而定其论。"是以又知其实。

[43] 数：技艺。或释为"数量"，亦通。

[44] 因天下之爵以尊之：用天下的爵位来尊崇他们。因，利用，依凭。冈白驹补注："论定然后官之，任官然后爵之。各随其材，以为士为大夫。而曰天下者，爵为公爵也。"

[45] 此之谓至礼不让而天下治：冈白驹补注："小德役大德，小贤役大贤，不见其有让之迹也。"

[46] 因天下之禄以富天下之士：利用天下的俸禄让天下的士人富有。富，形容词使动用法，使……富。冈白驹补注："位定然后禄之，禄之者，或食九人，或食八人，是也。而曰天下者，禄为公禄也。"

[47] 至赏不费而天下之士悦：最高层次的奖赏用不着耗费而使天下的士人喜悦。冈白驹补注："因民之所利而利之，不见其有费之迹也。"

[48] 天下之民名誉兴焉：天下的百姓重视名望和声誉的风气就会兴起。名誉，名望与声誉，这里指追慕名誉的风气。兴，兴起。

[49] 至乐无声而天下之民和：最美妙的音乐没有声音，能够实现天下百姓和睦相处。冈白驹补注："乐，所以和民心也。民心和则歌颂形，不和则怨讟起。今名誉兴，是民心和矣。又奚待钟鼓耶？"

[50] "所谓天下之至仁者"二句：所谓天下最高的仁德，就是能使最亲近的人团结亲爱。

[51] "所谓天下之至明者"二句：所谓天下最高的圣明，就是能举荐天下最贤能的人。

[52] 三者咸通：至礼、至赏、至乐都做好了。三者，指上文提到的"三至"。咸，都。通，实行，贯彻。

[53] 贤：此下原衍一"贤"字。

［54］官能：任用贤能。官，任官，任用。
［55］三者：指爱人、知贤、官能三件事。
［56］供命：服从命令，听从差遣。
［57］道之所废者：天道所废弃的。道，这里应该指天道。
［58］吊：慰问。
［59］时雨之降：及时雨降临。
［60］降至：降临。
［61］"行施弥博"二句：推行教化的范围越广，获得亲附的民众越多。弥，更加。众，众多。
［62］还师袵席之上：出征的军队平安还师。

【译文】

曾子说："王道政治真是极好极高，弟子没有能力弄明白。"孔子说："曾参，你以为仅此而已吗？还有其他方面呢。过去的圣明君主治理人民有这样的方法：划分土地将土地民众一起分封给亲戚功臣，分设不同职官来管理民众。因此，贤德的人无所埋没，凶悍的人无所藏匿。让官吏每天检查，并按时考核他们，进用贤德俊才，废黜无德庸才，这样贤德的人愉悦而无德的小人畏惧。哀怜无依无靠的鳏寡之人，抚养无父和无子的孤苦之人，救济贫穷无助之人，奖掖孝亲尊长之人，选拔有才有能之人。如果这七个方面的工作做好了，就不会有触犯刑律的人了。这样，在上位的人亲近在下位的人，如同手足腹心为一体；在下位的人亲近在上位的人，如同幼子亲慕慈母。上下如此相亲，政令就得到遵从，措施也得以通行，百姓怀念着上面的德行，近处的人们心悦诚服，远方的人们也慕名归附，这是政治的最高境界了。伸出手指知道一寸的长度，伸开手掌知道一尺的长度，舒展胳臂知道一寻的长度，这都是身边的准则。按照周朝制度，以三百步为里，一千步见方为井，三井为一埒，三埒为一雉，方圆五十里可以建立都邑，方圆百里可以建立国家，以此可以积累储蓄物资，救济出行在外之人的匮乏。因此，无论是蛮夷之邦还是中原诸国，即使是衣冠不同，言语不合，也没有不来归附朝拜的。所以才说没有市场交易，百姓也不会匮乏；没有刑罚，百姓也不会混乱。捕鱼打猎并非为了充盈宫室，征收赋税不是为了充实库府。体恤贫贱者的物质匮乏，以礼节制度防止富贵者的奢侈，对百姓多一些诚信，少一些表面形式，这样的话，制订的礼制就能遵守，说出的话就能履行，做过的事也可以效法遵循。如同饥饿了要吃饭，口渴了要喝水一样，百姓信任在上位的人，如同寒暑四季循环往复能得到验证一样必然。因此，百姓看庙堂之上的君主如在眼前，不是路程短离得近，而是因为君主的光明之德彰显的缘故。所以，圣明君主不动用武力便令敌人畏惧，不使用财物爵赏便使国人亲近，天下的百姓感念君主的恩惠。这就是所谓圣明君主的职守，能却敌于千里之外。"

曾子问："请问什么是'三至'呢？"孔子说："最高境界的礼制无须讲求谦让而天下治理得井井有条；最高层次的奖赏用不着耗费而能够让天下的士人喜悦；最美妙的音乐无需声音便能够实现天下百姓的和睦相处。圣明君主力行'三至'，那么就可以让天下的诸侯卿大夫负责管理，让天下的士人成为臣属，让天下的百姓听从差遣。"

曾子说："请问其中的道理是什么呢？"孔子说："古代的圣明君主必定要知道天下贤德士人的名字，不但要知道他们的名字，还要知道他们的实际才能以及他们所在的地区。然后利用天下的爵位尊崇他们，这叫作最高境界的礼制无须讲求谦让而天下治理得井井有条。凭借天下的各种俸禄使贤德士人生活富足，这就是最高层次的奖赏用不着耗费而使天下的士人喜悦。这样，天下的人必然尽力追求名誉和声望，这就是没有声音的最美妙音乐，能够实现天下百姓和睦相处。所以说，天下最仁德的人一定能让天下最亲的人团结亲近，天下最贤明的人一定能举荐天下最有才能的人。'三至'做到了，君主就可以对外征讨了。因此，对君主来说，最高的仁德在于爱护百姓，最高的智慧在于了解贤人，而最完善的政治在于任用有能力的人。如果拥有国土的君主做到了这三点，那么天下四方的人都会拥戴他而甘愿听从差遣。这是因为，圣明君主所征伐的对象，一定是被天道所厌弃的，所以才诛杀它的国君，改变它的混乱政治，抚慰它的百姓但不掠夺他们的财物。因此，圣明君主的贤明政治，如同天降及时雨，落下来百姓就高兴。因此，德政教化施行越广泛，越能得到更多的百姓亲附。这就是所谓的出征的军队平安还师。"

大婚解第四

孔子侍坐于哀公[1]。公问曰:"敢问人道谁为大[2]?"孔子愀然作色[3]而对曰:"君之及此言也[4],百姓之惠[5]也,固臣敢无辞而对[6]?人道政为大[7]。夫政者,正也[8]。君为正,则百姓从而正矣。君之所为,百姓之所从[9]。君不为正,百姓何所从乎?"

公曰:"敢问为政如之何?"孔子对曰:"夫妇别,男女亲,君臣信[10]。三者正,则庶物从之[11]。"

公曰:"寡人[12]虽无能也,愿知所以行三者之道[13],可得闻乎?"孔子对曰:"古之为政[14],爱人为大。所以治爱人,礼为大[15]。所以治礼,敬为大。敬之至矣,大婚为大[16]。大婚至矣!大婚既至,冕而亲迎[17]。亲迎者,敬之也[18]。是故,君子兴敬为亲[19],舍敬则是遗亲也[20]。弗亲弗敬,弗尊[21]。此爱与敬,其政之本与[22]!"

公曰:"寡人愿有言[23]也,然冕而亲迎,不已重乎[24]?"孔子愀然作色而对曰:"合二姓之好[25],以继先圣之后[26],以为天下宗庙社稷之主[27],君何谓已重焉?"

公曰:"寡人实固[28],不固,安得[29]闻此言乎?寡人欲问,不能为辞[30],请少进[31]!"孔子曰:"天地不合,万物不生[32]。大婚,万世之嗣[33]也,君何谓已重焉[34]?"孔子遂言[35]曰:"内以治宗庙之礼,足以配天地之神[36]；出以治直言之礼，足以立上下之敬[37]。物耻则足以振之[38]，国耻足以兴之[39]。故为政先乎礼。礼，其政之本与！"孔子遂言曰："昔三代明王，必敬妻、子也[40]。盖有道焉。妻也者，亲之主也[41]；子也者，亲之后也[42]。敢不敬与[43]？是故，君子无不敬。敬也者，敬身为大。身也者，亲之枝也[44]。敢不敬与？不敬其身，是伤其亲；是伤本[45]也。伤其本，则枝从之而亡[46]。三者，百姓之象也[47]。身以及身[48]，子以及子，妃[49]以及妃。君能修此三者，则大化忾乎天下[50]。昔太王[51]之道也。如此，国家顺矣。"

【注释】

[1] 哀公：鲁哀公，定公之子，名蒋（又作将），在位27年（前494—前468）。因为曾经外逃于越国，也称出公。孔子于哀公十一年自卫反鲁。据文献可知，孔子与鲁哀公有多次对话，对了解其晚年思想非常重要。此篇记载又见于《礼记·哀公问》及《大戴礼记·哀公问于孔子》。

[2] 人道谁为大：人间之道什么最重要。古代常以人道与天道对应，认为人道应合于天道。有时以人道、地道、天道并称。人道，可以理解为人类社会的发展规律、伦理规范等。

[3] 愀（qiǎo）然作色：神色庄重。愀然，神色变得严肃或不愉快。作色，改变脸色。

[4] 君之及此言也：陛下提到这个问题。及，涉及，提及。

[5] 惠：恩惠，引申为福分，福气。

[6] 固臣敢无辞而对：因此臣岂敢不加回答呢？固，通"故"，因此，所以。亦可训固陋，为孔子自谦之词。敢，岂敢。无辞而对，没有回应。或解"敢"为冒昧，释"无辞"为不予推辞，亦通。

[7] 人道政为大：人道中政治最重要。这体现了孔子对政治的重视。儒家强调"修己""安人"，强调"内圣""外王"，将"政"视为落实道的重要途径，因此发展出一套政治哲学。

〔8〕"夫政者"二句：政治，就是要端正。"政者正也"亦见于《论语·颜渊》："季康子问政于孔子。孔子对曰：'政者，正也。子帅以正，孰敢不正？'"儒家对政治的理解，首先是为政者的以身作则，率先垂范。

〔9〕"君之所为"二句：君主的行为，是百姓效仿的对象。这与《论语·颜渊》"君子之德风，小人之德草，草上之风，必偃"的说法相通。

〔10〕"夫妇别"三句：冈白驹补注："'男女'当作'父子'。何本、《礼记》、《大戴礼》并作'父子'。"太宰纯增注："《礼记》、《大戴礼》'男女'作'父子'，'信'作'严'。"林按，男女，应据改为"父子"。

〔11〕庶物从之：自然界与社会各方面都会跟着有秩序。冈白驹补注："物，犹事也。"庶物，泛指自然界的各种事物与社会的各种事情。

〔12〕寡人：寡德之人，是古代帝王、诸侯的谦称。

〔13〕道：方法，途径。

〔14〕为政：黄鲁曾本作"政"。

〔15〕"所以治爱人"二句：冈白驹补注："礼以节之，使爱有差等。"治，作，为，从事。

〔16〕大婚为大：天子或诸侯的婚事最重要。冈白驹补注："大昏，人君娶礼也。政在爱人，爱人以礼，礼本于敬，而大昏为敬之至也。孔子言为政而及大昏者，盖夫妇人道之始。闺门王化所先，有夫妇然后有父子，然后有君臣上下。而礼义有所错，故所以行三者之道，其序如此。《诗》云：'刑于寡妻，至于兄弟，以御于家邦。'为政之序，未尝不自夫妇始也。"

〔17〕"大婚既至"二句：国君的婚礼既然是最重要的，那就要国君身穿冕服亲自迎接。至，极致。冕，天子、诸侯、卿大夫所戴的礼帽。此处名词用作动词，指"戴冕"，这里是身着冕服的意思。亲迎，古代士昏礼"六礼"（纳采、问名、纳吉、纳征、请期、亲迎）的最后一个环节。夫婿亲至女家迎新娘，回到男家，入室行交拜合卺之礼。

〔18〕敬之也：冈白驹补注："必冕而亲迎，是于亲之中，有敬存焉。"

〔19〕兴敬为亲：增加敬重以表达亲爱。兴，兴起。

〔20〕舍敬则是遗亲也：舍弃敬重就是遗弃亲爱。舍、遗义近。

〔21〕"弗亲弗敬"二句：做不到亲爱，做不到敬重，就得不到尊崇。

〔22〕"此爱与敬"二句：那么爱和敬，大概是政治的根基吧。此，则、就。《礼记·大学》："有德此有人，有人此有土。"其，表推测、估计的副词，大概，或许。本，根基。与，同"欤"，相当于今语"吧"。

[23] 愿有言：想提个问题。愿，希望，这是自己想表达看法或疑问的一种谦辞。言，王引之《经义述闻·尔雅中·讯言也》："家大人曰，言，非'言语'之'言'，乃'言问'之'言'。言，即'问'也。哀公问曰：'寡人愿有言，然冕而亲迎，不已重乎？'愿有言，愿有问也。"
　　[24] 不已重乎：不是太过隆重了吧？重，隆重。
　　[25] 合二姓之好：两个家族成为婚姻关系，意味着和合了嘉美，增进了亲好。中国古人讲究"同姓不婚"，《礼记·昏义》："昏礼者，将合二姓之好，上以事宗庙，而下以继后世者也，故君子重之。"好，嘉美。
　　[26] 以继先圣之后：来承继先圣的血脉。先圣，这里并不是特指鲁国的始封之君周公。而是就所有君主之祖先而言。孔子认为，夏商周的开国之主皆为圣王，故称先圣。后，后代，这里意为血脉。
　　[27] 以为天下宗庙社稷之主：做天下、国家的主人。宗庙，古代帝王、诸侯祭祀祖宗的场所，后代指国家。社稷，社指土神，稷指谷神，古时君主都要祭祀社稷，后以社稷代指政权。
　　[28] 固：固陋，没有见识。
　　[29] 安得：如何能得，怎能得。含有不可得的意思。
　　[30] 不能为辞：不知如何表述。
　　[31] 少进：略作申述。冈白驹补注："郑玄云：'欲其为言以晓己。'"少，同"稍"。进，进一步解释，申述的意思。
　　[32] "天地不合"二句：天和地的阴阳不能交合，则万物不能生长。中国古代哲学认为，天地为万物的父母。天地相合，其实就是阴阳二气的交合，才能化生万物。
　　[33] 万世之嗣：绵延万世的传续。这一句意为，君主的婚礼，事关子孙万代的传续。嗣，续，继。
　　[34] 君何谓已重焉：冈白驹补注："知万世之嗣为重，则知亲迎之礼不为重矣。"
　　[35] 遂言：于是接着说。遂，于是，表承接。
　　[36] "内以治宗庙之礼"二句：在王室内部由后、夫人做好宗庙祭祀，便可以配合天地神明。内，指帝王家族内部。
　　[37] "出以治直言之礼"二句：在朝廷上做好政治教化，便可以确立上下尊卑的敬重关系。
　　[38] 物耻则足以振之：此句费解，意思可能是臣子事务出现纰漏，礼足以匡救。物，事。郑玄曰："物，犹事也。"事应特指臣子负责的各种事务。耻，耻辱，这里引申为出现错失、纰漏而为耻。
　　[39] 国耻足以兴之：此句费解，意思可能是国家蒙受耻辱，礼足以

使国家振兴。王肃注:"耻国不知,足以兴起者也。"

[40] 必敬妻、子也:冈白驹补注:"妻必冕而亲迎,子则冠于阼阶。"

[41] "妻也者"二句:妻子是事奉父亲与宗祧的主妇。亲,父母,有时偏指一方,此偏指父亲。

[42] "子也者"二句:儿子是传承父亲血脉的后嗣。

[43] 敢不敬与:何孟春注:"为亲传后于下,言主与后,而先之曰亲者,见不为己而吾亲当重也。无主则内所以奉吾亲者必疏,无后则下所以继吾亲者不远。此所以不敢不敬也。"

[44] "身也者"二句:自己是父亲的分枝。身,指自己。枝,分枝也。

[45] 本:指树根,引申为本根。

[46] "伤其本"二句:这里是将父亲形容为树木的根,子嗣形容为树木的枝。

[47] "三者"二句:这三方面是百姓所要效法的。王肃注:"言百姓之所法而行。"三者,指敬妻、敬子、敬身。象,仿效,效法。

[48] 身以及身:由君主自身推及于百姓之身。"子以及子,妃以及妃"类此。《孟子·梁惠王上》:"老吾老以及人之老,幼吾幼以及人之幼"。及,推,延及。

[49] 妃:配偶,妻。

[50] 大化忾(qì)乎天下:至善的教化通行于天下。王肃注:"忾,满。"化,是儒家非常重要的哲学范畴。一方面指天道的大化流行,一方面也指人道的教化,是推天道以明人道的思维之体现。忾,通"迄",遍及,充满。

[51] 太王:即古公亶父,周族的首领,是周文王的祖父。

【译文】

孔子在哀公身边陪侍。哀公问孔子说:"请问人道中最重要的是什么?"孔子十分严肃地说:"您能谈到这个问题真是百姓的福分,因此我怎能不回答呢?人道中最重要的是政治。政治,就是要达到'正'。只要君主能做到'正',那么老百姓就能跟从做到'正'。君主的所作所为,是百姓学习的对象。君主不能做到'正',百姓跟从君主能学习什么呢?"

哀公说:"请问怎样治理政事?"孔子回答说:"夫妇之间区

别尊卑，父子之间要讲亲情，君臣之间要讲信义。这三个方面能做到'正'，那么无论自然事物还是社会事务都会相应合理了。"

哀公说："我虽然没有什么才能，还是希望知道怎样才能做好这三个方面。您能告诉我吗？"孔子回答说："古人治理政事，'爱人'是最重要的；要做到'爱人'，遵守礼制是最重要的；要实现遵守礼制的目的，敬重的态度是最重要的；而最高的敬重表现在天子诸侯的婚姻中。天子、诸侯的婚礼既然极端重要，那么娶亲之时就要身穿冕服亲自迎接新妇。之所以要亲自迎接，是为了对新妇表示敬重。因此，君子增加敬重是为了表示亲爱，放弃敬重就是遗弃亲爱。做不到亲爱和敬重，就得不到尊崇。那么爱与敬，大概就是治理政事的根基吧？"

哀公说："我心里有个问题想问，就是天子诸侯穿上礼服亲自迎接，礼节是不是太过隆重了呢？"孔子十分严肃地回答说："婚姻是两个家族的美满结合，以延续祖先的后嗣，而后嗣将成为天下、宗庙和国家的主人。您为什么说礼节太过隆重了呢？"

哀公说："我实在是见识浅薄。如果不是见识浅薄，怎么能听到您这番话呢？我还想进一步请教您，但不知道如何表述，请再略加申述。"孔子说："天地阴阳之气不能交合，万物就不能生长。天子诸侯的婚姻，是延续万代的大事，您怎么说礼节太过隆重了呢？"孔子于是接着说："夫妇双方在家族内部主持宗庙的祭祀之礼，可以匹配天地神明；在朝廷上搞好国家的政治礼教，可以确立君臣上下的相互敬重。臣下行政举措失当之处礼能够匡救，国家面临耻辱时礼可以振兴。因此治理政事，礼是第一位的大事。礼，应该就是政治的根基吧！"孔子于是接着说："过去夏、商、周三代的圣明君王，都会敬重自己的妻儿，这是有道理的。妻子是照料父亲、事奉宗庙祭祀的主妇，儿子是父亲的后嗣，怎么可以不敬重呢？因此君子没有不敬重的。敬重之中，敬重自身应该是最重要的。自身是父亲的支脉，怎能不敬重呢？不敬重自身，就是伤害父亲；伤害父亲，就是伤害了血缘的本根；伤害了血缘的本根，那么，枝叶也将跟从着灭绝。国君在这三个方面的表现正是百姓所要效法的。从自身想到百姓之身，从自己的儿子想到百姓的儿子，从自己的妻子想到百姓的妻子。国君做好这三个方面，那么至善的教化就能通行天下。过去周太王的治国之道就是这样，整个国家也就和顺了。"

公曰："敢问何谓敬身？"孔子对曰："君子过言，则民作辞[1]；过行，则民作则[2]。言不过辞[3]，动不过则[4]，百姓恭敬以从命。若是[5]，则可谓能敬其身，敬其身，则能成其亲[6]矣。"

公曰："何谓成其亲？"孔子对曰："君子者，乃人之成名也[7]。百姓与[8]名，谓之君子[9]，则是成其亲为君而为其子也[10]。"孔子遂言曰："为政而不能爱人，则不能成其身；不能成其身，则不能安其土[11]；不能安其土，则不能乐天[12]。不能乐天，则不能成其身。"

公曰："敢问何能成身？"孔子对曰："夫其行己不过乎物[13]，谓之成身。不过乎物，合天道也。"

公曰："君子何贵乎天道也？"孔子曰："贵其不已[14]也。如日月东西相从[15]而不已也，是天道也；不闭而能久[16]，是天道也；无为而物成，是天道也；已成而明之，是天道也[17]。"

公曰："寡人且[18]愚冥[19]，幸烦子志之心也[20]。"孔子蹴然[21]避席[22]而对曰："仁人不过乎物[23]，孝子不过乎亲[24]。是故，仁人之事亲也如事天，事天如事亲，此谓孝子成身。"

公曰："寡人既闻如此言也，无如后罪何[25]？"孔子对曰："君子及此言[26]，是臣之福也。"

【注释】

　　[1]"君子过言"二句：君主有错误的言论，民众也会加以称述。君子，这里指"君主"。过，错误的。

　　[2]"过行"二句：君主有错误的行为，民众也会加以仿效。

　　[3]言不过辞：言论不被错误地称述。即言论要得当。

　　[4]动不过则：行为不被错误地仿效。即行为得体。

　　[5]若是：犹"如此"，如果这样。是，这。

　　[6]成其亲：成就他的父亲，意思就是以自己的作为使父亲受到赞誉。

　　[7]"君子者"二句：君子是人的尊显的名号。成（shèng），通"盛"，尊显。

　　[8]与：赋予，赠予。

　　[9]君子：《礼记》、《大戴礼记》此下有"之子"二字。

　　[10]成：成就，这里可以理解为称誉。

　　[11]安其土：安定国土。冈白驹补注："不能成其身，言人将害之也，其身尚不能成立，何能得安其土耶？"

　　[12]乐天：乐从天道。天，王肃注："天道也。"

　　[13]行己不过乎物：处世行事遵从事物发展的自然法则与人事规范。冈白驹补注："物，犹'事'也。"物，事也，此盖自然法则与人事规范。林按，"不过"的观念，可以与《周易·系辞上》"知周乎万物，而道济天下，故不过"相参证。

　　[14]已：停止。《周易·乾卦·象传》："天行健，君子以自强不息。"即所谓天道不已的体现。

　　[15]日月东西相从：太阳和月亮交替着从东方升起在西方落下。

　　[16]不闭而能久：运行无碍且能长久。王肃注："不闭常通而能久，言无极也。"闭，阻隔，壅塞。

　　[17]"无为而物成"四句：天地无需作为便能化成万物，万物生成之后还要以日月光照之，是天道的体现。冈白驹补注："言人君当法天也。"

　　[18]且：语助词，无义。

　　[19]愚冥：蠢愚冥暗。此为谦辞。

　　[20]幸烦子志之心也：有劳您再理解一下我的内心，看看该具体怎么做。王肃注："欲烦孔子议识其心所能行也。"

　　[21]蹴（cù）然：惊惭不安的样子。冈白驹补注："蹴然，敬貌。"

　　[22]避席：离开座席。表示惶恐或谦卑。

[23] 仁人不过乎物：仁德之人行事不逾越事物固有法则。
[24] 孝子不过乎亲：孝子做事不越过父母。
[25] 无如后罪何：如果将来有了过错，那该怎么办呢？
[26] 君子及此言：君主您能讲出这样的话。

【译文】

哀公说："请问什么是'敬重自身'？"孔子回答说："君主有错误的言论，民众也会加以称述；君主有错误的行为，民众也会加以仿效。因此，如果君子言行得当，百姓就能恭敬地听从号令。这样就可以说是能敬重自身，也就能成就他的父母了。"

哀公说："什么叫做'成就他的父母'呢？"孔子回答说："君子是一个崇高的名称，是百姓送给的一种称号，叫做君之子，这样就成就了他的父亲为君，而他是君之子。"孔子于是说："为政不能爱人，就不能成就自身；不能成就自身，就不能安定国土；不能安定国土，就不能乐从天道。"

哀公说："请问如何才能'成就自身'呢？"孔子回答说："立身行事合乎事物的固有法则，叫作成就自身。不逾越事物的固有法则，是与天道相合的。"哀公说："君子为什么要尊崇天道呢？"孔子说："尊崇天道的运行不止。就像日月东西相从循环不止，是天道的表现；运行无碍而永不止息，是天道的表现；无所作为而万物生成，是天道的表现；万物生成之后又以日月光照它们，是天道的表现。"

哀公说："我比较冥顽，有劳您再根据我的情况看看具体该怎么做。"孔子惊惭不安地站起来，离开座席，回答说："仁德的人做事不逾越事物的固有法则，孝子行事不超过父母的限度。因此，仁德的人侍奉父母如同遵从天道，遵从天道也如同侍奉父母，这就叫做孝子成就自身。"

哀公说："我已经听了您这一番谈论，如果将来有了过错，那可怎么办呢？"孔子回答说："陛下您能说出这番话，正是臣下的福分。"

儒行解第五

孔子在卫[1]，冉求[2]言于季孙[3]曰："国有圣人[4]而不能用，欲以求治[5]，是犹却步而欲求及前人[6]，不可得已[7]。今孔子在卫，卫将用之。己有才[8]而以资邻国，难以言智也。请以重币[9]言[10]之。"季孙以告哀公，公从之。

【注释】

[1] 孔子在卫：冈白驹补注："卫灵公时。"卫，春秋国名。周武王弟康叔封地，其统治范围在今河北南部和河南北部一带。孔子周游列国的第一站与最后一站都是卫国。鲁哀公十一年，孔子自卫反鲁。本记载又见于《礼记·儒行》。

[2] 冉求：姓冉，名求，字子有。孔子弟子。有才艺，以政事著称。据《史记·孔子世家》记载，冉求提出这一建议的背景是鲁哀公十年，冉求指挥鲁军战胜齐军，获得季康子赏识和信任，冉求借机提出迎孔子回国的建议。

[3] 季孙：指季康子，是鲁哀公时的正卿，鲁桓公子季友的后裔。

[4] 圣人：儒家理想人格的最高层次。孔子之前，圣人都是指尧舜禹汤文武周公等圣王。孔子之时，已有弟子与时人称孔子为圣人。如《论语·子罕》记子贡所说"天纵之将圣"。

[5] 治：此处指政治清明安定，与"乱"相对。

[6] 是犹却步而欲求及前人：这就好比是自己往后退却打算追上走在前面的人。是，代词，这。却步，往后退，倒退着走。及，赶上。前人，走在前面的人。

[7] 不可得已：不可能实现。得，实现。已，同"矣"。

[8] 己有才：己国有贤才。

[9] 重币：重金，厚礼。币，通常释为"财物"、"货币"，误。这里是"聘物"之意，《左传·成公二年》"使介反币"杜预注："币，聘物。"

[10]言：可训为"问"，意稍弱。或为"延"之讹。延、求、迎，义相近，皆有延聘、延求、迎接等意思。

【译文】
孔子在卫国时，冉有对季康子说："国家有圣贤之人却不能加以任用，这样想求得社会的清明安定，这就好比人往后退，却想赶上前面的人，是不可能实现的。现在孔子在卫国，卫君将要委以重任。自己国家有人才却供给邻国，这很难说得上是明智。请您用丰厚的聘礼把孔子迎接回来。"季康子把这个建议汇报给哀公，哀公听从了这一建议。

孔子既至舍[1]，哀公馆[2]焉。公自阼阶[3]。孔子宾阶[4]，升堂立侍[5]。公曰："夫子[6]之服，其儒服[7]与？"孔子对曰："丘[8]少居鲁，衣逢掖之衣[9]。长居宋[10]，冠章甫之冠[11]。丘闻之，君子之学也博，其服以乡[12]，丘未知其为儒服也[13]。"

公曰："敢问儒行[14]？"孔子曰："略言之[15]，则不能终其物[16]；悉数之[17]，则留更仆[18]，未可以对。"

【注释】
[1]至舍：住到馆舍。舍，国家设立的招待宾客的宾馆。因为孔子是被鲁哀公、季康子迎聘回国的，故孔子没有直接回家，而是住到馆舍之中，等待哀公的接见。

[2]馆：原义为馆舍，这里是名词作动词。王肃注："就孔子舍。"《礼记》"孔子至舍，哀公馆之"在篇末。郑玄注："《儒行》之作，盖孔子自卫初反鲁时也。孔子归至其舍，哀公就而礼馆之，问儒服而遂问儒行，乃始觉焉。"孔颖达疏："此经明孔子自卫反鲁归至其家，哀公就而馆之。"郑、孔谓孔子至舍指归家，恐误。

[3]阼(zuò)阶：堂前东面的台阶。冈白驹补注："阼阶，东阶也。所以答酢宾客也。"表示主人迎接宾客。

[4] 宾阶：冈白驹补注："宾阶，西阶也。"宾主相见，客人走西面的台阶，主人走东面的台阶。《仪礼·乡饮酒》："主人阼阶上……宾西阶上。"

[5] 升堂立侍：走到堂上，站着陪侍鲁哀公。升，登，登上。立侍，见尊长时的一种礼节。《礼记·乡饮酒义》："乡饮酒之礼，六十者坐，五十者立侍，以听政役，所以明尊长也。"

[6] 夫子：古代的一种敬称。孔门弟子以第三人称称孔子多用夫子。后演变为孔子的专称，又成为老师的代称。杨伯峻先生认为，凡是做过大夫的人，都可以取得这一敬称。

[7] 儒服：儒者所穿的特有服饰。郑玄云："哀公馆孔子，见其服与士大夫异，又与庶人不同，疑为儒服而问之。"

[8] 丘：孔子之名。依礼，与人交往，称人以字以爵，以示尊重，而自称要称名，以示谦卑。

[9] 衣(yì)逢掖之衣：穿宽袖的大衣。前"衣"作动词，身穿，身着。逢掖之衣，即宽袖之衣。掖，肘腋，胳肢窝。后作"腋"。冈白驹补注："逢，犹'大'也。肘腋之处，裁制宽大者。"

[10] 长居宋：宋国为孔子的祖籍之地。孔子的祖先为宋国微子之后。《史记·孔子世家》云："其先宋人也。"其六世祖为宋国司马孔父嘉，因华父督政变被杀。其后人奔鲁，孔子一支才成为鲁国人。至于孔子何时居住于宋国，事无明文，不得其详。然据本书《本姓解》等记载，孔子十九岁，娶宋国开官氏为妻。或在此前后有居宋的可能。

[11] 冠(guàn)章甫之冠：戴章甫冠。章甫，商代流行的一种黑布帽子，周代时宋人沿用。

[12] 乡：王肃注："随其乡也。"意即着装要入乡随俗。

[13] 丘未知其为儒服也：孔子自言不知什么是儒者的衣服。郑玄注："言'不知儒服'，非哀公意不在于儒，乃今问其服。"

[14] 儒行：儒者的德行操守。

[15] 略言之：简单地讲。

[16] 物：犹"事"。

[17] 悉数之：全部加以陈述。悉，全部。数，数说，一件一件地说。孔颖达疏："数，说也。"

[18] 留更仆：形容时间很长。王肃注："留，久也。仆，太仆。君燕朝则正位，掌傧相。更之者，为久将倦，使之相代者也。"

【译文】

　　孔子回到鲁国后，住在宾馆里。哀公来宾馆接见孔子。哀公从大堂东边的台阶走上去。孔子从西侧的台阶走上去，然后走到堂上，站着陪侍着哀公。哀公问孔子："先生您穿的衣服，是儒者的衣服吗？"孔子回答说："我小时候居住在鲁国，穿的是衣袖宽大的深衣。长大以后曾居住在宋国，戴的是殷朝流行的章甫帽。我听说，君子的学问要广博，穿衣服则要入乡随俗，我不知道什么是儒者的衣服。"

　　鲁哀公问道："那请您讲一讲儒者的操行可以吗？"孔子回答说："简单地讲这一问题，就不可能把事情说清楚完整，但要详细地说，则需要很长的时间，讲到侍御的人换班也难以讲完。"

　　哀公命席[1]。孔子侍坐[2]，曰："儒有席上之珍以待聘[3]，夙夜强学以待问[4]，怀忠信以待举[5]，力行以待取[6]。其自立有如此者。

【注释】

　　[1] 命席：命人设座席。郑玄注："为孔子布席于室，与之坐也。君适其臣，升自阼阶，所在如主。"

　　[2] 侍坐：陪坐。

　　[3] 席上之珍以待聘：陈述先王之道以等待聘用。王肃注："席上之珍，能敷陈先王之道，以为政治。"郑玄曰："席，犹铺陈也。铺陈往古尧舜之善道，以待见问也。"席，作动词，铺陈、陈述。上，上古先王。珍，珍宝，此引申为先王之道。一说，席上之珍乃比喻儒者具有美善的才德，犹席上之有珍。盖孔子以"哀公命席"为由头而谈论儒行。后以"席珍待聘"作为怀才待用的同义语。

　　[4] 夙夜强学以待问：不分昼夜地努力学习以等待聘问。冈白驹补注："学博而后可应人。"夙夜，朝夕，日夜。夙，早晨。强，勉力，勤勉。问，郑玄注："大问曰聘。"

　　[5] 怀忠信以待举：心怀忠信等待他人的举荐。举，郑玄注："见举用也。"

　　[6] 力行以待取：努力实践自己的信念等待君主的召用。王肃注：

"力行仁义道德以待人取。"郑玄注:"取,进取位也。"

【译文】
鲁哀公命人为孔子安排了座席。孔子坐下陪着哀公,说道:"有的儒者能陈述先王之道以等待聘用,不分昼夜努力学习以等待别人的聘问,心怀忠信等待他人的举荐,努力实践自己的信念等待君主的召用。儒者修己立身有像这样的。

"儒有衣冠中[1],动作慎[2],其大让如慢[3],小让如伪[4]。大则如威[5],小则如愧[6],难进而易退也[7],粥粥若无能也[8]。其容貌[9]有如此者。

【注释】
[1] 中:得体。
[2] 慎:谨慎。
[3] 大让如慢:对大事推让不受,好像很傲慢。大让,指辞让高官厚禄。慢,王肃注:"简略也。"
[4] 小让如伪:对小事推辞不受,好像很虚伪。小让,指辞让酒食等小事。
[5] 大则如威:做大事十分谨慎,再三权衡,好像心怀畏惧。威,通"畏"。
[6] 小则如愧:做小事不草率,好像心怀愧疚。冈白驹补注:"郑玄云:'如威'、'如愧',如有所畏。"林按,细绎之,愧与畏有相通之处,然亦有别。
[7] 难进而易退也:召用他们不容易,但是屏退他们很容易。
[8] 粥(yù)粥若无能也:柔弱的样子好像没有什么才能。冈白驹补注:"粥粥,卑谦貌。"太宰纯增注:"粥粥,柔弱貌。"
[9] 容貌:外在形象。

【译文】
"有的儒者穿戴得体,行为谨慎。他们能辞让高官厚禄,好像很傲慢；也能辞让酒食等小事，又好像很虚伪；做大事时好像心怀畏惧；做小事时又好像心怀愧疚。召用他们不容易，但是屏退他们很容易，表现出一副柔弱无能的样子。儒者的外在形象有这样子的。

"儒有居处齐难[1]，其起坐恭敬，言必诚信，行必忠正[2]，道途不争险易之利[3]，冬夏不争阴阳之和[4]，爱其死以有待也[5]，养其身以有为也[6]。其备豫[7]有如此者。

【注释】

[1] 齐(zhāi)难：即严肃谨慎而常人难以做到。齐，通"斋"。

[2] 忠正：当作"中正"。太宰纯增注："《礼记》'忠'作'中'，是也。"

[3] 道途不争险易之利：在路上行走，不与别人争抢平坦易行的便利。险易，危险和易行，这里偏指易行。

[4] 冬夏不争阴阳之和：冬天不与别人争暖和的地方，夏天不与别人争凉快的地方。阴阳之和，指冬暖夏凉。冈白驹补注："冬温夏凉。"孔颖达疏："冬温夏凉，是阴阳之和，处冬日暖处则暄，夏日阴处则凉。此并为世人所竞，唯儒者让而不争也。"

[5] 爱其死以有待也：因有所期待而珍爱自己的生命。冈白驹补注："所以不争也。"郑玄注："行不争道，止不选处，所以远斗讼。"爱，珍惜。死，生命。

[6] 养其身以有为也：因要有所作为而养护自己的身体。

[7] 备豫：预备，指立身懂得预防患害。豫，一本作"预"。

【译文】

"有的儒者平日态度容貌严肃庄重而一般人难以做到，他们坐立都表现出恭敬之态，说话诚实守信，做事中庸正直，在道路上不与别人争平坦易行的好处，冬天不与别人争暖和的地方，夏天也不与人争凉快的地方，因有所期待而爱惜自己的生命，因要有所作为而养护自己的身体。儒者立身懂得预防患害有像这样子的。

"儒有不宝[1]金玉,而忠信以为宝;不祈[2]土地,而仁义以为土地[3];不求多积[4],多文以为富[5];难得而易禄也[6],易禄而难畜[7]也。非时不见[8],不亦难得乎?非义不合[9],不亦难畜乎?先劳而后禄[10],不亦易禄乎?其近人情[11]有如此者。

【注释】
　　[1]不宝:不珍重,不珍爱。宝,以……为宝,意动用法。
　　[2]祈:谋求。
　　[3]仁义以为土地:将仁义等道德作为自己的领土,即以仁义自居。仁义,《礼记》作"立义"。郑玄注:"立义以为土地,以义自居也。"土地,这里有领土的意思。
　　[4]积:积聚财物。
　　[5]多文以为富:以多多拥有诗书礼乐等六艺典籍知识为财富。
　　[6]难得而易禄也:难以罗致召用,但对俸禄毫不在乎。禄,俸禄,此处为动词,意为赐予俸禄。易禄,意思就是很容易付给俸禄,即儒者不在乎俸禄的多寡。
　　[7]难畜:难以招揽蓄养。郑玄注:"难畜,难以非义久留也。"畜,养也。《周易·师卦·象传》:"君子以容民蓄众。"
　　[8]非时不见(xiàn):不是有道之时儒者不会出现。孔子主张"有道则见,无道则隐"。
　　[9]非义不合:不合道义的就不予合作。儒家强调"君臣以义合"。
　　[10]先劳而后禄:先想到做事后想到俸禄。郑玄注:"劳,犹事也。"儒家考虑的首先是如何把事情做好,而不是把俸禄、私利作为首要的考虑。《论语·颜渊》有"先事后得",与此义近。
　　[11]近人情:贴近人情事理。

【译文】
　　"有的儒者不把金玉视作珍宝,而把诚实守信当作珍宝;不求占有土地，而把仁义当作领土；不奢望多多积聚财富，而把多多掌握诗书礼乐等六艺知识作为财富。他们难以罗致召用，却在俸禄方面容易满足。易于满足于所赐予的俸禄，却难以蓄养。不到有道之时他们不会出现，岂不是很难召用吗？不合道义便不合作，岂不是难以蓄养吗？首先考虑做事然后才考虑俸禄，岂不是很容易满足俸禄吗？儒者待人接物近于人情有像这样的。

"儒有委[1]之以财货而不贪，淹之以乐好而不淫[2]，劫之以众而不惧[3]，阻之以兵而不慑[4]。见利不亏其义[5]，见死不更其守[6]。鸷虫攫搏，不程其勇[7]。引重鼎，不程其力[8]。往者不悔[9]，来者不豫[10]，过言不再[11]，流言不极[12]，不断其威[13]，不习其谋[14]。其特立有如此者。

【注释】

[1] 委：托付，交给。

[2] 淹之以乐好而不淫：用他所喜好的事物浸渍他，也不会沉迷其中。冈白驹补注："淹，浸渍也。"淫，过分，引申为沉迷。

[3] 劫之以众而不惧：用军队来胁迫他，也不会害怕。劫，胁迫。众，军队。

[4] 阻之以兵而不慑：用兵刃来恐吓他，也不会恐惧。王肃注："阻，难也，以兵为之难。"《礼记》"阻"作"沮"。郑玄曰："沮，谓恐怖之也。"

[5] 见利不亏其义：面对利益乐好也不会败坏道义。

[6] 见死不更其守：面对生命危险也不会改变操守。

[7] "鸷(zhì)虫攫搏"二句：与猛禽猛兽搏斗，不会掂量勇力是否足够，而只考虑是否值得。鸷，鹰、雕、枭等凶猛的鸟。虫，有足的兽，有时亦作为禽兽的统称。程，衡量。一说，程通"逞"，显摆，逞能。意思与前说恰好相反，意思就成了与猛禽猛兽搏斗，不会逞能。下句同。

[8] "引重鼎"二句：牵引大鼎，不会考虑力量是否足够，而只考虑是否应当。太宰纯增注："郑玄曰：'鸷、虫，猛鸟、猛兽也。程，犹量

也。重鼎，大鼎也。搏猛引重，不量勇力堪之与否，当之则往也。'"

［9］往者不悔：做过的事不会后悔。冈白驹补注："行必由道，故不悔。"

［10］来者不豫：未发生的事不事先有所顾虑。冈白驹补注："知足以应变，故不豫。"豫，通"预"，顾虑。

［11］过言不再：错误的话不说两次。过，错误。再，两次。

［12］流言不极：对听到的流言蜚语不去追根问底。王肃注："流言相毁，不穷极也。"冈白驹补注："不问所从出也。"不极，不穷极，不追究起源，不刨根问底。

［13］不断其威：始终保持尊严庄重。

［14］不习其谋：不刻意去掌握某种权术谋略。

【译文】

"有的儒者别人送给他钱财物品，他也不贪图据为己有；别人给他所喜好的事物，他也不会沉溺于其中；即使用军队来威迫他，他也不会畏惧；用兵刃来恐吓他，他也不会害怕。与猛禽猛兽搏斗，牵引大鼎，他不会考虑勇力是否足够，而只考虑是否值得做、应当做。他不会见到利益就损害道义，面临生命危险也不改变自己的操守。做过的事情不追悔，未来的事情不顾虑，错误的话不说两次，对听到的流言蜚语不去追根问底，始终保持尊严庄重，但不刻意掌握权术谋略。儒者立身独特有像这样的。

"儒有可亲而不可劫，可近而不可迫[1]，可杀而不可辱[2]。其居处不过[3]，其饮食不溽[4]，其过失可微辩而不可面数也[5]。其刚毅有如此者。

【注释】

［1］"可亲而不可劫"二句：可以亲近而不可以胁迫，可以接近而不可以威逼。亲，亲近。劫，迫，威逼。

［2］可杀而不可辱：可以杀害，但不可被侮辱。此句凝结为"士可杀不可辱"，对后世中国士大夫影响甚大，对君子人格的养成具有巨大

作用,成为"道统"抗议"政统",以道抗势,不自退缩的道德意识传统。冈白驹补注:"'不可劫''不可迫',故'可杀不可辱'。"

[3] 居处不过:日常生活不奢侈。过,《礼记》作"淫",郑玄注:"淫,谓倾邪也。"

[4] 饮食不溽(rù):饮食不肥甘浓厚。太宰纯增注:"郑玄曰:'恣滋味为溽。溽之言"欲"也。'"孔颖达疏:"溽之言'欲'也,即浓厚也。"冈白驹补注:"淫侈也。"林按,饮食浓厚,即淫侈之征也。

[5] 过失可微辩而不可面数:对于他的过失,可以委婉的提醒而不可当面斥责。微辩,委婉地提醒。面数,当面数落、斥责。冈白驹补注:"何孟春云:此一句尚气好胜,先儒谓于义理未合。"林按,先儒及近人多有以此而疑之者,实则此正"不可辱"之义,未可轻疑也。

【译文】

"有的儒者可以亲近而不可以胁迫,可以接近而不可以威逼,可以杀害而不可以侮辱。他们的日常生活不奢侈,他们的饮食不肥甘浓厚,他们的过失可以委婉地提醒,不可以当面斥责。儒者的刚强坚毅有像这样的。

"儒有忠信以为甲胄[1],礼义以为干橹[2],载仁而行[3],抱义而处[4],虽有暴政,不更其所[5]。其自立[6]有如此者。

【注释】

[1] 甲胄(zhòu):古代将士身上穿戴的保护性服饰铠甲和头盔。甲是铠甲。胄是头盔。

[2] 干(gān)橹(lǔ):王肃注:"干,盾也。橹,大戟。"孔颖达疏:"甲胄、干橹,所以御其患难。儒者以忠信礼义亦御其患难,谓有忠信礼义则人不敢侵侮也。"

[3] 载仁而行:以仁为行为的准则。

[4] 抱义而处:以义为立身的准则。孔颖达疏:"义不离身。"

[5] "虽有暴政"二句:即使面对暴虐的统治,也不更改自己的志向操守。孔颖达疏:"不改其志操,迥然自成立也。"

[6] 自立：冈白驹补注："何本、吴本、钱本并'立'作'守'。上文既有'自立'条，作'守'为是。"孔颖达疏："虽与前'自立'文同，其意异于上也。'其自立有如此者'，初第一儒言'自立'者，谓强学力行而自修立也。此经'自立'者，谓独怀仁义忠信也。"林按，二说皆有理据，未审孰是。姑两存之。

【译文】

"有的儒者把忠诚信义作为盔甲，把礼仪当作盾牌。信守仁义去行事，心怀美德与人相处。即使面对暴虐的统治，也不改变自己的信念。儒者追求自立有像这样的。

"儒有一亩之宫[1]，环堵之室[2]，筚门圭窬[3]，蓬户瓮牖[4]，易衣而出[5]，并日而食[6]。上答之，不敢以疑[7]；上不答之，不敢以谄[8]。其仕[9]有如此者。

【注释】

[1] 一亩之宫：占地一亩的宅院。亩，土地面积单位，周制，"六尺为步，步百为亩"。"广一步、长百步"为一亩，亦即一百方步的面积。"一亩"言面积之小。宫，古代房屋的通称。《尔雅·释宫》："宫谓之室。室谓之宫。"古者无论贵贱所居处所皆得称宫，至秦汉以后才专指帝王所居。这里指家院。

[2] 环堵之室：王肃注："方丈曰堵。一堵，言其小者也。"冈白驹补注："东西南北唯一堵，故曰环堵。"环，周围，东西南北四周。

[3] 筚(bì)门圭窬(yú)：用荆条搭建院门，在院墙上穿成圭形的洞作为旁门。筚，同"荜"，荆条竹木之属。圭，玉器，长条形，上锐下方。

[4] 蓬户瓮牖：王肃注："以编蓬为户，破瓮为牖也。"蓬，蓬草。户，内室的门。牖，小窗户。

[5] 易衣而出：一家人谁出门就换上唯一的一件体面的衣服。王肃注："更相易衣而后可以出。"

[6]并日而食：王肃注："并一日之粮以为一食也。"太宰纯增注："郑玄曰：'二日用一日食也。'"冈白驹补注："谓二日用一日食也。王注非矣。"林按，王、郑二说皆通，王注未必非是。

[7]"上答之"二句：自己的建议被君上采纳，则竭心尽力，不敢有所疑虑。

[8]"上不答之"二句：自己的建议未被君上采纳，也不献媚以求。冈白驹补注："不合则去。"

[9]仕：出仕做官。

【译文】

"有的儒者的家占地仅一亩，房屋周围只有一堵宽，院门用荆竹编成，旁门只是穿墙而成的圭形小洞，房门则用蓬草编成，窗子则用破瓮镶入墙壁而成。家人外出需要轮流换穿唯一的体面衣服。一天的粮食仅够一顿食用。君主采纳自己的建议时，不敢有所疑虑；君主不能采纳自己的建议时，也不敢谄媚求进。儒者做官的态度有像这样的。

"儒有今人以居，古人以稽[1]。今世行之，后世以为楷[2]。若不逢世[3]，上所不受[4]，下所不推[5]，谗谄之民[6]，有比党而危之[7]者，身可危也，其志不可夺[8]也。虽危，犹起居竟身其志，乃不忘百姓之病也[9]。其忧思有如此者。

【注释】

[1]"今人以居"二句：与今人居住在一起，但是与古人志趣相合。

[2]楷：法则。

[3]逢世：赶上了好世道。

[4]受：接纳。

[5]推：推荐。

[6]谗谄之民：好逸谮谄谀之人。

[7]比党而危之：拉帮结派共同陷害他。比党，因私利而勾结。孔

子认为"君子周而不比，小人比而不周"，主张"君子群而不党"。危，使动用法，使……危。

[8] 志不可夺：信念主张不可被迫放弃。《论语·子罕》："三军可夺帅也，匹夫不可夺志也。"志，理想信念。夺，强取，剥夺。

[9] "虽危"三句：虽然身处危殆，但起居动静依然能挺立自己的信念，不会忘记百姓的疾苦。

【译文】

"有的儒者与今人一起居住，却与古人的志趣相合。儒者今世的行为，能被后世奉为楷模。如果没赶上好的世道，上边没有人接纳，下边没有人推荐，诡诈献媚的人拉帮结派加以陷害，这只是危害他们的身体，却不能改变他们的志向。尽管身处危殆，他们起居动静依然能挺立信念，也不会忘记老百姓的疾苦。儒者的忧国思民有像这样的。

"儒有博学而不穷[1]，笃行而不倦，幽居而不淫[2]，上通而不困[3]。礼必以和，优游以法[4]，慕贤而容众[5]，毁方而瓦合[6]。其宽裕有如此者。

【注释】

[1] 不穷：无止境。

[2] 幽居而不淫：独处不仕的时候也不放纵自己。幽居，谓独处之时。淫，谓放恣、放纵。

[3] 上通而不困：仕途腾达的时候也不会德不配位。上通，仕途通达于君主。冈白驹补注："上通，谓仕道达于君也。不困，才优不困于事也。"

[4] "礼必以和"二句：行礼必以中和为原则，悠闲之时也按法度行事。冈白驹补注："礼之守严，故以和行之。优游，和貌。法，礼法也。和之弊慢，故以法节之。"太宰纯增注："此八字，《礼记》作'礼之以和为贵，忠信之美，优游之法'十四字。"

[5] 慕贤而容众：仰慕贤能之才而又能容纳众人。《论语·子张》

"君子尊贤而容众"与此义同。慕，仰慕，追慕。

　　[6]毁方而瓦合：破去圭角与瓦器相合，指在一些次要问题上不标新立异，而与众人一致。

【译文】

　　"有的儒者知识广博而学无止境，专心践履而不厌倦。独处不仕时不放纵自己，仕途腾达的时候也不会德不配位。行礼必定按照中和的原则，悠闲之时也按法度行事。追慕贤人而又能接纳普通人，有时甚至如同圭玉毁掉棱角而与瓦砾相合那样屈己从众。儒者的宽容大度有像这样的。

　　"儒有内称不避亲[1]，外举不避怨[2]。程功积事，不求厚禄[3]。推贤达能[4]，不望其报。君得其志[5]，民赖其德[6]。苟利国家[7]，不求富贵。其举贤援能[8]有如此者。

【注释】

　　[1]内称不避亲：举荐贤才，不因是自己的亲属而有所避讳。称，冈白驹补注："称，举也。"举荐，推举。内称指举荐自己家族的人。
　　[2]外举不避怨：举荐贤才，不因是自己的仇人而有所隐瞒。外举，与"内称"相对，指举荐家族以外的人。
　　[3]"程功积事"二句：重视考核业绩，积累事功，但不是为了追求丰厚的待遇。
　　[4]达能：使贤能的人得到任用。达，引进，荐达。
　　[5]君得其志：君主获得了儒者的理想信念的支持。
　　[6]民赖其德：百姓仰仗儒者的德行操守而得到保护。
　　[7]苟利国家：只求有利于国与家。苟，只要。
　　[8]援能：举荐贤能。援，引荐，举荐。或训为援助、资助，误。

【译文】

　　"有的儒者荐举贤才，对内不避亲属，对外不避仇人。重视业绩考核，政绩积累，不是为了追求丰厚的待遇。推举贤人，荐进能人，不是为了获取对方的回报。君主能够得到他们的理想信念的支持，老百姓能够依靠他们的德行操守而得到保护。只求有利于国与家，而不是追求荣华富贵。儒者推举贤能的风格有像这样的。

"儒有澡身浴德[1]，陈言而伏[2]，静言而正之，而上下不知也[3]，默而翘之，又不急为也[4]。不临深而为高，不加少而为多[5]。世治不轻，世乱不沮[6]。同己不与，异己不非[7]。其特立独行[8]有如此者。

【注释】
　　[1] 澡身浴德：洁净身体，并以道德洗涤心灵。王肃注："常自洁静（黄鲁曾本作"净"）其身，沐浴于德行也。"
　　[2] 陈言而伏：提出自己的建议而听候君主的裁断。
　　[3] "静言而正之"二句：默默地对问题加以匡正，君主不能发觉。
　　[4] "默而翘之"二句：如果君主还不能领悟，就悄悄予以启发，而不急于求成。王肃注："默而翘发之。不急为，所以为不为。"默与静义近。翘，启发。
　　[5] "不临深而为高"二句：不站在深渊面前显示自己高，不凌驾于少而显示自己多。其意即不在地位卑贱者面前炫耀自己高贵，不在能力小的人面前显示自己功劳高。冈白驹补注："任其自然，不为矫饰。"临，面对，站在某物旁。深，这里指低洼之地，引申为地位卑贱。少，多，这里引申为能力、贡献的小，大。加，凌驾。
　　[6] "世治不轻"二句：社会安定、群贤并处时，不轻视自己；世道混乱、志向不能实现时，也不沮丧。沮，沮丧，消沉。
　　[7] "同己不与"二句：不和志向、政见相同的人营私结党，也不随意诋毁与自己志向、政见不同的人。
　　[8] 特立独行：谓志行高洁，有主见，不随波逐流。孔颖达疏："前第五儒既明'特立'，此又云'特立独行'者，前云'特立'，但明一身勇武，不论行之所为。此经所云，非但身所特立，又独有此行为'独行'，故更言'特立'也。"

【译文】

"有的儒者洁净身体,并以道德洗涤心灵。提出自己的建议而听候君主的裁断。默默地对问题加以匡正,君主不能发觉。如果君主还不能领悟,就悄悄予以启发,而不急于求成。不会在地位卑下的人面前自视清高,也不会在能力小的人面前炫耀自己功劳多。天下太平,群贤并处,不会轻视自己;时局混乱,则坚守正道而不沮丧。不和与自己政见相同的人结党营私,也不随意诋毁与自己政见相异的人。儒者的特立独行、卓尔不群有像这样的。

"儒有上不臣天子,下不事诸侯[1],慎静尚宽[2],砥厉廉愚[3],强毅以与人[4],博学以知服[5],近文章[6]。虽以分国,视之如锱铢[7],弗肯臣仕[8]。其规为[9]有如此者。

【注释】

[1]"上不臣天子"二句:不做天子的臣子,也不事奉诸侯做官吏。臣,臣子,这里是名词作动词,做……的臣子。上、下,是天子、诸侯相对而言。

[2]慎静尚宽:行事慎重沉静而崇尚宽缓。

[3]砥厉廉愚:砥砺自己方正不阿的品性。砥厉,同"砥砺",磨刀石,引申为磨砺、磨炼。廉隅,棱角,比喻端方不苟的行为、品性。

[4]强毅以与人:与人交往不卑不亢。孔颖达疏:"若有人与己辨言行,而彼人道不正,则己不苟屈从之,是用'刚毅以与人'也。"

[5]博学以知服:虽然博学但懂得敬服前贤。孔颖达疏:"谓广博学问,犹知服畏先代贤人。言不以己之博学凌夸前贤也。"

[6]近文章:亲近礼乐典章。冈白驹补注:"不用己之智,惟服先王之法言,又近文章以修饰之。近,'附近'之'近'。"文章,指礼乐制度。

[7]"虽以分国"二句:即使分封给他一个国家,他也会视之如锱铢(zī zhū)那样不值钱。王肃注:"视之轻如锱铢。八两为锱。"锱铢,比喻微不足道的东西。

[8]弗肯臣仕:不肯出仕为臣。

[9]规为:规范自己的行为。冈白驹补注:"规,谋度也。"

【译文】

"有的儒者上不做天子的臣子,下不做诸侯的官吏。行事慎重沉静而崇尚宽缓,磨炼自己的品行,与人交往不卑不亢,虽然学问广博但也知道敬服古人。亲近礼乐典章。即使把国家分封给他,他也视之如锱铢那样微不足道,不肯出仕为臣。儒者规范自己的行为有像这样的。

"儒有合志同方,营道同术[1],并立则乐,相下不厌[2],久别则闻流言不信[3],义同而进,不同而退[4]。其交[5]有如此者。

【注释】

[1]"儒有合志同方"二句:儒者交游强调志趣一致,习道重视方向一致。太宰纯增注:"郑玄曰:'同方、同术,等志行也。'"

[2]"并立则乐"二句:彼此建树、地位差不多就都感到高兴,而建树、地位互有上下也不彼此厌憎。冈白驹补注:"并立,位相等也。"孔颖达疏:"'并立而乐'者,谓与知友并齐而立,俱同仕官,则欢乐也。'相下不厌'者,谓递相卑下,不厌贱也。"

[3]久别则闻流言不信:即使分别很久,听到关于朋友的流言蜚语也不会相信。

[4]"义同而进"二句:志向相同就一起交往,志趣不同就抽身而退不再交往。《礼记》作"其行本方立义,同则进,不同则退"。

[5]交:交友,交游。

【译文】

"有的儒者交游强调志趣一致,习道重视方向一致。彼此建树、地位差不多就都感到高兴,而建树、地位互有上下也不彼此厌弃。即使分别很久,听到关于朋友的流言蜚语也不会相信。志向相同就一起交往,志向不同就不再交往。儒者交朋友的态度有这样的。

"夫温良者,仁之本也;慎敬者,仁之地也;宽裕者,仁之作也[1];逊接者,仁之能也;礼节者,仁之貌也;言谈者,仁之文也;歌乐者,仁之和也;分散者,仁之施也[2]。儒皆兼此而有之,犹且[3]不敢言仁也。其尊让[4]有如此者。

【注释】
　　[1]作:王肃注:"动作。"
　　[2]"分散者"二句:分财散物是仁的施用。
　　[3]犹且:尚且。
　　[4]尊让:撙节谦让。尊,通"撙",撙节。王引之《经义述闻·礼记上·撙节》:"《曲礼》'是以君子恭敬撙节退让以明礼',郑注曰:'撙,犹趋也。'家大人曰:'撙,犹趋也者,趋读局促之促,谓自抑损也。撙之言损也。'"让,退让,谦让。

【译文】
　　"温和良善是仁的根基,谨慎恭敬是仁的土地,宽厚宽大是仁的动作,谦逊接物是仁的技能,守礼节制是仁的表现,言说谈论是仁的装饰,歌咏欢乐是仁的和悦,分财散物是仁的施用。儒者兼有这几种美德,尚且不敢轻易地说自己做到仁。儒者的撙节谦让有像这样的。

"儒有不陨获[1]于贫贱,不充诎[2]于富贵,不恳君王,不累长上,不闵有司,故曰儒[3]。今人之名儒也妄[4],常以儒相诟疾[5]。"

【注释】
　　[1]陨获:忧闷不安。
　　[2]充诎(qū):得意忘形。王肃注:"充诎,踊跃参扰之貌。"同文

本注："充诎，骄吝也。"

　　[3]"不愿(hùn)君王"四句：言不为君长所辱病。愿，辱。累，罣碍。闵，病，伤也。

　　[4]今人之名儒也妄：如今的人们称呼儒者是虚妄的。郑玄注："'妄'之言'无'也。言今世名儒，无有常人。"依此则本句应理解为：如今世上没有什么真正的儒者。

　　[5]常以儒相诟疾：常常把儒者作为讥讽羞辱的对象。王肃注："诟，辱。"

【译文】

　　"儒者不因贫贱而忧闷不安，不因富贵而得意忘形，不因君主的侮辱、长官的负累、官吏的刁难而违背自己的志向，所以称为儒。而今人们对儒的理解是虚妄不实的，常常把儒者作为讥讽侮辱的对象。"

　　哀公既得闻此言也，言加信，行加敬[1]，曰："终没吾世[2]，弗敢复以儒为戏矣[3]。"

【注释】

　　[1]"言加信"二句：说话更加诚恳，行为更加恭敬。加，增益，更加。

　　[2]终没吾世：我这一辈子，我这一生。没，死，结束。

　　[3]弗敢复以儒为戏矣：不敢再拿儒者加以取笑了。复，再。戏，戏弄，取笑。

【译文】

　　鲁哀公听了这番话以后，说话更加诚恳，行为更加恭敬，而且说："我这一辈子，不敢再拿儒者取笑了。"

问礼第六

　　哀公问于孔子曰："大礼[1]何如？子之言礼，何其尊[2]也！"孔子对曰："丘也鄙人[3]，不足以知大礼也。"

公曰："吾子[4]言焉！"孔子曰："丘闻之，民之所以生者[5]，礼为大[6]。非礼，则无以节事天地之神焉[7]；非礼，则无以辨君臣、上下、长幼之位焉[8]；非礼，则无以别男女、父子、兄弟、婚姻、亲族、疏数之交焉[9]。是故，君子此为之尊敬[10]，然后以其所能教顺百姓，不废其会节[11]。既有成事[12]，而后治其雕镂、文章、黼黻[13]，以别尊卑、上下之等[14]。其顺[15]之也，而后言其丧祭之纪[16]、宗庙之序[17]，品其牺牲[18]，设其豕腊[19]，修其岁时[20]，以敬祭祀[21]，别其亲疏，序其昭穆[22]，而后宗族会宴[23]，即安其居，以缀恩义[24]。卑其宫室[25]，节其服御[26]，车不雕几[27]，器不刻镂[28]，食不二味[29]，心不淫志[30]，以与万民同利[31]。古之明王，行礼也如此。"

公曰："今之君子，胡莫之行也[32]？"孔子对曰："今之君子，好利无厌[33]，淫行[34]不倦，荒怠慢游[35]，固民是尽[36]，以遂其心[37]，以怨其政[38]，以忤其众[39]，以伐有道。求得当欲，不以其所[40]；虐杀刑诛，不以其治[41]。夫昔之用民者由前[42]，今之用民者由后[43]。是即今之君子莫能为礼也。"

【注释】

[1] 大礼：隆重的礼仪。冈白驹补注："问礼之大者。"此记载又见于《礼记·哀公问》、《大戴礼·哀公问于孔子》。

[2] 尊：重要。

[3]鄙人：浅陋的人。一般用为自谦之辞。

[4]吾子：古时对人的尊称，可译为"您"，比单称"子"显亲切。

[5]民之所以生者：百姓赖以生存生活的东西。

[6]大：最重要。

[7]"非礼"二句：没有礼，就无法按照规定的仪节祭祀天地的神明。王肃注："祭以事天地之神，皆以礼为仪节。"冈白驹补注："民生礼为大，而礼莫大于祭，祭又莫大于天地。事天地之神，必礼以为之仪节，故云节事。"古代礼分五种，其中最重要的是吉礼，即祭祀之礼。祭祀的对象分为天神、地祇、人鬼三大系统。祭祀天地神明，是吉礼的重中之重。节事，按照礼制规定的仪节加以祭祀。

[8]"非礼"二句：没有礼，就无法辨明确立君臣、上下、长幼等不同的伦理角色。礼的一个重要功能在于确立秩序，包括政治和伦理上的秩序，在古代体现为君臣、上下、长幼等。辨，辨别，辨明。

[9]"非礼"二句：没有礼，就无法区别男女、父子、兄弟、婚姻、亲族、亲疏等不同伦理角色以明确人伦的远近关系。礼的另一个重要功能在于"别"，即区分伦理角色，以明确人伦关系的亲疏远近。冈白驹补注："妇党曰婚，婿党曰姻。间见曰疏，亟见曰数。"婚姻，指姻亲关系。疏(shuò)数，关系的亲疏远近。数，密切。《论语·里仁》："朋友数，斯疏矣。"刘宝楠正义引吴嘉宾说："数者，昵之至于密焉者也。"交，关系。

[10]君子此为之尊敬：君主对此非常重视。君子，这里指君主。《诗·小雅·采菽》有"乐只君子，天子命之"句，可证诸侯可称君子。尊敬，重视。

[11]"然后以其所能教顺百姓"二句：然后尽已所能用礼来教化训导百姓，让他们不废弃天地、君臣、男女等礼节及其期会。王肃注："所能，谓礼也。会，谓男女之会。节，谓亲疏之节也。"会，期会，即各种礼节举行的时节。顺，通"训"，训导，诱导。

[12]成事：成功，获得成效。冈白驹补注："事行于百姓，有成功。"

[13]治其雕镂、文章、黼(fǔ)黻(fú)：备办雕镂刻画的祭器，带有文饰的车辆旌旗，绣着各式花纹的祭服。冈白驹补注："雕镂以祭器言，黼黻以祭服言。"雕镂、文章、黼黻此处皆为代指，即指祭器、车旗、祭服等。

[14]别尊卑、上下之等：区别尊卑、上下的等级。礼在古代一个重要功能就是别尊卑，通过衣冠服饰、用度等差异体现等级不同，凸显尊

卑之别。

［15］顺：理顺。这里指尊卑的关系理顺。

［16］丧祭之纪：丧祭之礼的法度。丧祭，丧礼与祭礼。纪，法度，法则。

［17］宗庙之序：宗庙祭祀的次序。

［18］品其牺牲：按一定的标准、等次安排祭祀用的牺牲。品，指按一定标准、等级安排。牺牲，古时祭祀用牲的通称。太宰纯增注："色纯曰牺。已卜曰牲。"一说，体全为"牲"。

［19］设其豕(shǐ)腊：陈设祭祀用的生猪肉和干肉。设，陈设，摆放。豕，生猪肉。腊，干腊肉。

［20］修其岁时：遵循祭祀的年时季节。

［21］以敬祭祀：来虔敬地进行祭祀。

［22］序其昭穆：序列好宗庙祭祀的次序。昭穆，古代宗法制度，宗庙的次序为，始祖庙居中，以下父、子（祖、父）递为昭穆，左为昭，右为穆，子孙祭祀时也按这种规定排列行礼。

［23］宗族会宴：宗庙祭祀之后，举行宗族的燕饮。

［24］"即安其居"二句：人们都安于接受自己所处的地位，可以联结同宗族的亲情关系。缀，联系，沟通。恩义，情义。

［25］卑其宫室：住的宫殿不能太高大。卑，形容词作动词。《论语·泰伯》有"卑宫室而尽力乎沟洫"的话。

［26］节其服御：控制日常用度。节，节制，控制。服御，服饰车马器用之类。

［27］车不雕几：乘坐的车子不加装饰。几，器物上镂刻成凹凸线状的花纹。

［28］器不刻镂：使用的日常器物上不加雕刻文饰。

［29］食不二味：吃饭不超两道菜肴，指饮食简单，不求滋味之美。

［30］心不淫志：内心没有过多的欲望。淫，过甚。

［31］以与万民同利：与百姓共享利益。以上所说即《论语·泰伯》孔子所谓"菲饮食而致孝乎鬼神，恶衣服而致美乎黻冕，卑宫室而尽力乎沟洫"的具体体现。

［32］胡莫之行也：为什么没有人这么做呢？莫，没有人。

［33］厌：满足。

［34］淫行：邪行，放纵的行为。

［35］荒怠慢游：纵逸怠惰，放荡游乐。

［36］固民是尽：因此百姓的财力被搜刮一空。固，通"故"，因此。

郑玄注："固，犹故也。"尽，竭。孔颖达疏："言不恤于下，故使人之财力于是尽竭。"

[37]遂其心：实现自己的欲望。遂，完成，实现。心，心意，这里是指欲望。

[38]怨其政：招致百姓对这种政治的仇恨。

[39]忤其众：违逆族类的心愿。郑玄注："忤其众，逆其族类也。"

[40]"求得当欲"二句：只求满足自我情欲，而不管是否合乎道义。王肃注："言苟求得当其情欲而已。"太宰纯增注："郑玄曰：'当，犹称也。所，犹道也。'"

[41]"虐杀刑诛"二句：实行暴虐的刑罚诛杀，而不按照法度办事。

[42]由前：用上所言。

[43]由后：用下所言。

【译文】

鲁哀公问孔子说："隆重的礼仪是什么样子的？您在谈礼的时候，把它说得那么重要！"孔子回答道："孔丘我是个鄙陋的人，还没有能力了解隆重的礼仪。"

哀公说："您还是说说吧。"孔子说："我听说，人们赖以生存的事物中，礼是最重要的。没有礼，就无法按照规定的仪节祭祀天地的神明；没有礼，就无法辨明确立君臣、上下、长幼等不同的伦理角色；没有礼，就无法区别男女、父子、兄弟、婚姻、亲族、亲疏等不同伦理角色以明确人伦的远近关系。所以，君主把礼看得极其重要，然后又尽己所能用礼来教化训导百姓，让他们不废弃天地、君臣、男女等礼节及其期会。到礼的教化卓有成效之后，备办雕镂刻画的祭器，带有文饰的车辆旌旗，绣着各式花纹的祭服，区别尊卑、上下的等级。尊卑的关系理顺之后，才谈得上丧葬、祭祀的原则，宗庙排列的次序，按一定的标准、等次安排祭祀用的牺牲，陈设祭祀用的生猪肉和干肉，遵循祭祀的年时季节，来虔敬地进行祭祀，区别血缘关系的远近，排列好宗庙祭祀的位次，祭祀完之后整个宗族会聚欢宴。人们都安于接受自己所处的地位，从而融合同族间的亲情关系。住低矮简陋的宫室，节制服饰车马等日常用度。车子不加雕饰，器具不镂刻花纹，饮食不用两道菜肴，心中没有过分的欲望，从而得以与百姓共享利益。古时的圣明君王，就是这样遵行礼制的。"

哀公问道："现在的君主，为什么没有人这样做呢？"孔子回答说："现在的君主，贪图私利不知满足，行为放纵没有倦意，纵逸怠惰到处游荡，因此百姓的财力搜刮一空，以此来满足自己的私欲，同时也招致了百姓对这种政治的仇恨。违背族类的意愿，去侵伐信守道义的国家。只求个人的欲望得到满足，而不择手段；实行暴虐的刑罚诛杀，而不按法度办事。从前统治百姓的人用的是前面所说的方法，现在统治百姓的人用的是后面所说的方法。现在的君主不能修明礼教就是这个道理。"

言偃[1]问曰："夫子之极[2]言礼也，可得而闻乎？"孔子言[3]："我欲观夏道[4]，是故之[5]杞[6]，而不足征[7]也，吾得《夏时》[8]焉。我欲观殷道，是故之宋[9]，而不足征也，吾得《乾坤》[10]焉。《乾坤》之义[11]，《夏时》之等[12]，吾以此观之[13]。夫礼初也，始于饮食[14]。太古[15]之时，燔黍擘豚[16]，汙樽而抔饮[17]，蒉桴而土鼓[18]，犹可以致敬于鬼神[19]。及其死也，升屋而号[20]，告曰：'高[21]！某复[22]！'然后饭腥苴熟[23]。形体则降[24]，魂气则上，是谓天望而地藏[25]也。故生者南向，死者北首[26]，皆从其初也。昔之王者，未有宫室，冬则居营窟，夏则居橧巢[27]。未有火化[28]，食草木之实、鸟兽之肉，饮其血，茹其毛[29]。未有丝麻，衣其羽皮[30]。后圣有作[31]，然后修火之利，范金[32]合土[33]，以为台榭[34]、宫室、户牖[35]。以炮以燔[36]，以烹以炙[37]，以为醴酪[38]；治其丝麻，以为布帛，以养生送死，以事鬼神。故玄酒在室[39]，醴醆在户[40]，粢醍在堂[41]，澄酒在下[42]，陈其牺牲，备其鼎俎[43]，列其琴、瑟、管、磬、钟、鼓[44]，以其祝嘏[45]，以降其上神与其先祖[46]，以正君臣，以笃父子，以睦兄弟，以齐上下，夫妇有所[47]，是谓承天之祜[48]。作其祝号[49]，玄酒以祭，荐其血毛[50]，腥其俎，熟其殽[51]，越席以坐[52]，疏布以幂[53]，衣其浣帛[54]，醴醆以献，荐其燔炙，君与夫人交献，以嘉[55]魂魄。是谓合莫[56]。然后退而合烹[57]，体[58]其犬豕牛羊，实其簠簋[59]、笾豆[60]、铏羹[61]，祝以孝告[62]，嘏以慈告[63]，是为大祥[64]。此礼之大成[65]也。"

【注释】
　　[1]言偃：字子游，鲁国人（一说为吴国人），孔子弟子。此记载又见于《礼记·礼运》。
　　[2]极言：极力强调，说得很重要。
　　[3]言：曰，说。
　　[4]夏道：夏代的礼制。道，法则，规律。此处指礼制习俗。
　　[5]之：到。
　　[6]杞(qǐ)：王肃注："夏后封于杞也。"杞国，周初所封。姒姓，初都雍丘（今河南杞县），后东迁至今山东新泰境内，公元前445年为楚所灭。
　　[7]征：验证。
　　[8]《夏时》：夏代历书，其书存者有《夏小正》，收入《大戴礼记》中。
　　[9]宋：王肃注："殷后封宋。"宋国，子姓，周初所封。开国君主是商纣的庶兄微子启。周公平定武庚的叛乱后，把商的旧都周围地区分封给了微子，建都商丘（今河南商丘南）。孔子即微子弟微仲之后。
　　[10]《乾坤》：王肃注："乾，天。坤，地。得天地阴阳之书"。太宰纯增注："乾坤，《礼记》作'坤乾'。郑玄曰：'得殷阴阳之书也。

其书存者有《归藏》。'"冈白驹补注:"《礼记》作《坤乾》,下同。郑玄谓即《归藏》也。其书盖首坤次乾,故曰'坤乾'。"按,《礼记》作"《坤乾》",是。《论语·八佾》:"子曰:'夏礼吾能言之,杞不足征也。殷礼吾能言之,宋不足征也。文献不足故也。足,则吾能征之矣。'"《礼记·中庸》:"子曰:'吾说夏礼,杞不足征也。吾说殷礼,有宋存焉。'"即与此处记载相关。

[11]《乾坤》之义:《乾坤》所体现的阴阳变化思想。

[12]《夏时》之等:《夏时》所体现的节候变化顺序。等,冈白驹补注:"次第。"

[13]以此观之:通过《夏时》、《乾坤》来了解夏、殷时代的礼制习俗。

[14]"夫礼初也"二句:礼的起源,是从饮食开始的。

[15]太古:上古,远古。

[16]燔(fán)黍擘(bò)豚(tún):远古时候没有炊具,把黍米和拆分的猪肉放在石头上烤了食用。燔,烤。黍,一种粮食作物,子去皮后叫黄米,煮熟后有黏性。擘,剖,分开。《礼记》"擘"作"捭"。豚,小猪,也泛指猪。

[17]汙(wā)樽(zūn)而抔(póu)饮:在地上挖坑当作酒杯,用双手捧起酒来饮用。汙,掘地。樽,古代的盛酒器具。抔,手捧。

[18]蒉(kuài)桴(fú)而土鼓:用土抟成(或用草茎束扎而成)的鼓槌,敲打土做成的鼓。桴,鼓槌。

[19]犹可以致敬于鬼神:仍然可以表达对鬼神的敬意。

[20]升屋而号:亲人爬上屋顶对着天空高声呼叫。

[21]高:通"皋",嗥也,呼而告之。犹"啊"、"哎"等呼号的声音。

[22]某复:古人为刚咽气的亲人招魂的习俗,即登上屋顶大声呼喊其名字。孔颖达疏:"某,谓死者名。令其反复魄,复魄不复,然后浴尸而行含礼。"

[23]饭腥苴(jū)熟:古人送葬风俗。腥,指生的东西,如生稻米等。苴(jū),苞苴,用蒲包包东西。熟,指熟食。

[24]降:下降。这里指埋入地下。

[25]天望而地藏:孔颖达疏:"天望,谓始死望天而招魂。地藏,谓葬地以藏尸也。"

[26]"故生者南向"二句:因为我们生活在北半球,根据我们祖先的阴阳观念(阴阳观念起源甚早,《周易》代表了阴阳观念的成熟),以

南方属阳,生属阳,活人喜欢向阳,居住的房屋宫殿等建筑物大都以坐北朝南为主,尤其是帝王更以面南背北为尊;北方属阴,死属阴,故死人下葬头要朝北。

[27]"冬则居营窟"二句:冬天住在地窖里,夏天住在木巢中。王肃注:"掘地而居,谓之营窟。有柴谓橧,在树曰巢。"营窟,犹地窖。橧(zēng)巢,聚柴薪造成的巢形居处。

[28]未有火化:没有用火,只能生吃。太宰纯增注:"郑玄曰:'食腥也。'"火化,用火使食物变熟。

[29]茹(rú)其毛:指吃植物性的食物如野菜、野草。孔颖达疏:"虽食鸟兽之肉,若不能饱者,则茹食其毛以助饱也。若汉时苏武以雪杂羊毛而食之,是其类也。"孔说影响巨大,成为流行之说。此说已经遭到众多学者辨驳,指出其不合情理。在未有火化之前,动物的毛发是没法吞咽的。有将茹毛解释为包裹或覆盖兽毛皮。此说亦不当。据冯庆余、张倩的辨析,茹,颜师古:"食菜曰茹。"吃,吞咽。《说文·毛部》:"毛,眉发之属及兽毛也。"徐灏注笺:"毛,引申之,草木亦谓之毛。"因此,毛可以作为植物的通称,在这里"饮其血"接上文"食鸟兽之肉",而"茹其毛"接上文"食草木之实",故可解释为野菜、野菜之类。

[30]衣其羽皮:用禽兽的羽毛和兽皮当作衣服。

[31]后圣有作:后来有圣人出现。后,随后,后来。"后圣"非一词。作,兴起,出现。

[32]范金:用模子浇铸金属器皿。千叶玄之标笺:"刑,与'型'通。"

[33]合土:调和泥土烧制砖瓦。

[34]台榭:郑玄注:"榭,器之所藏也。"冈白驹补注:"累土曰台,台有屋曰榭。"太宰纯增注:"《尔雅》曰:'阇谓之台,有木者谓之榭。'"

[35]户牖(yǒu):门窗。冈白驹补注:"半门曰户,穿壁曰牖。"

[36]以炮(páo)以燔:王肃注:"毛曰炮,加火曰燔也。"炮,将带毛的牲体涂泥置于火上烧烤。

[37]以烹以炙(zhì):王肃注:"煮之曰烹,炮之曰炙。"

[38]醴(lǐ)酪(lào):醴,甜酒。酪,一种含酸味的调味品。

[39]玄酒在室:祭祀时将水放在室内。太古无酒,以水为酒,又因其色黑,故谓之玄酒。室内在北,地位最尊,故把玄酒摆在室内。

[40]醴醆(zhǎn)在户:祭祀时将醴醆置于房门口。王肃注:"醴,

盎齐也。五齐，二曰醴齐，三曰盎齐。"古时酒按其清浊和厚薄分为五等，叫"五齐"。《周礼·天官·酒正》："辨五齐之名：一曰泛齐，二曰醴齐，三曰盎齐，四曰缇（醍）齐，五曰沈齐。"醆，白色浊酒。

[41] 粢(jì)醍(tǐ)在堂：祭祀时将粢醍置于堂上。粢醍，一种较清的浅红色酒。

[42] 澄酒在下：祭祀时将澄酒置于堂下。澄酒为一种清酒，即沈齐，于五齐中最清。

[43] 备其鼎俎：准备好祭祀用的鼎、俎等礼器。鼎和俎，是祭祀宴享时陈置牲体或其他食物的礼器。鼎为青铜制品，圆形，三足两耳，也有长方四足的。俎为木制，漆饰。

[44] 琴、瑟、管、磬、钟、鼓：指礼乐器物。瑟，一种拨弦乐器。磬，古代乐器，用石、玉或金属为材料，形状如规，悬挂于架上，击之而鸣。

[45] 以其祝嘏(gǔ，一音 jiǎ)：太宰纯增注："郑玄曰：'祝，祝为主人飨神辞也。嘏，祝为尸致福于主人之辞也。'"冈白驹补注："以言告神谓之祝，尸致福于主人谓之嘏。"林按，冈白驹之训"嘏"，当于"尸"前增"祝为"方可，盖尸不自祝，由祝代祝也。

[46] 以降其上神与其先祖：王肃注："上神，天神。"降，使神明降临。

[47] 夫妇有所：夫妇关系和睦。

[48] 承天之祜：承蒙上天的佑助。祜，保佑，旧指天神等的佑助。

[49] 祝号：王肃注："牺牲、玉帛，祝辞皆美，为之号也。"即祝辞中特别加美的名号。除牺牲、玉帛外，神鬼皆有美号，如称神为"皇天上帝"，称鬼为"皇祖"。《周礼》祝号有六："一曰神号，二曰鬼号，三曰祇号，四曰牲号，五曰齍号，六曰币号。号者，所以尊神显物也。"

[50] 荐其血毛：进献牺牲。荐，向神进献。

[51] "腥其俎"二句：王肃注："言虽有所熟，犹有所腥。腥，本不忘古也。"殽，通"肴"，肉也。

[52] 越席以坐：王肃注："翦蒲席也。"翦，通"践"。蒲席，蒲草织成的草席。古代习俗，主人主妇要踩踏蒲席走上座席。

[53] 疏布以幂(mì)：疏布，粗麻布。幂，覆盖；罩住。《周礼·天官·幂人》："祭祀，以疏布巾幂八尊，以画布巾幂六彝。"

[54] 衣其浣(huàn)帛：王肃注："练染以为祭服。"衣，穿。浣帛，新织的绸衣。

[55] 嘉：王肃注："嘉，善，乐也。"

[56] 合莫：子孙与祖先神灵相互感通，合而为一。冈白驹补注："合莫，契合于冥漠之中也。"

[57] 合烹：把半生不熟的祭品合在一起烹煮。

[58] 体：牲体。

[59] 簠(fǔ)簋(guǐ)：两种盛黍稷稻粱的礼器，簠方形，簋圆形。

[60] 笾(biān)豆：古代祭祀和宴会时盛食品的两种礼器。笾用竹制，盛果脯等；豆用木制，也有用铜或陶制的，形似高脚盘，盛菹酱等。

[61] 铏(xíng)羹：盛羹及菜的器皿。

[62] 祝以孝告：通孝子语于先祖。祝，谓祝辞。

[63] 嘏以慈告：传先祖语于孝子。

[64] 是为大祥：这就是大吉祥。王肃注："祥，善。"

[65] 大成：圆满完成。冈白驹补注："成，犹备也。"

【译文】

言偃问孔子说："您极力强调礼的重要，可以详细讲给我听听吗？"孔子说："我曾想了解夏代的礼制，因而到杞国去考察，但因年代久远已无法考证了，我在那里只得到了一本历书《夏时》。我曾想了解殷代的礼制，所以前往宋国去考察，但也已无法考证了，我在那里只得到易书《乾坤》。我正是通过对《乾坤》所体现的阴阳变化思想，《夏时》所体现的节候变化顺序的了解，来把握夏、殷时代的礼制习俗的。礼的起源，是从饮食开始的。远古时候没有炊具，把黍米和拆分的猪肉放在石头上烤了食用。在地上挖坑当作酒杯，用双手捧起酒来饮用，用土抟成或用草茎束扎而成的鼓槌，敲打泥土做成的鼓，虽然如此简陋，仍然可以表达对鬼神的敬意。到人死的时候，要为刚咽气的人招魂，亲人爬上屋顶对着天空高声呼喊其名字：'哎！某某你回来呀！'他们这样做了以后，就把生稻米等放到死者的口中举行饭含之礼，再包些熟食下葬。死者的形体埋入地下，魂气则升到天上，所以招魂时仰望天空而尸体则埋入地下。南方属阳，所以活人喜欢面朝南方以朝阳，北方属阴，所以死者入葬时头朝北方，这都是遵从最初礼制的做法。从前先代君王没有宫室，冬天住在地窖里，夏天住在木巢中。当时还不知道用火使食物变熟，只能生吃草木的果实,生吃鸟兽的肉,喝它们的血,吃地上的野草野菜。当时也没有丝织品和麻布,只能穿鸟羽和兽皮做成的简陋衣服。后来有圣人出现,才开始知道利用火的好处,用模子浇铸金属器皿,调和泥土烧制砖瓦,用来建造台榭、宫室和门窗。又用火烧烤和烹煮食物,酿制出甜味的酒和含酸味的浆醋;加工丝麻,织成麻布和丝绸。用这些东西来供养生者和安葬死者,并用来祭祀鬼神。因为遵从原始的做法,所以祭祀时要把清水放在地位最尊的室内北窗下,甜味的醴酒和白色混浊的醆酒放在靠近内室房门的地方,较清的浅红色的醍酒放在行礼的堂上,而最清的澄酒则置于堂下,同时陈列祭祀的牲畜,准备盛放煮熟牲体的鼎和俎,安排好琴、瑟、管、磬、钟、鼓,以迎接天神和先祖的神明降临,并由此端正君臣大义,增厚父子亲情,和睦兄弟的情意,整齐尊卑上下的心志,和顺夫妇的关系,这就是所谓承蒙上天的佑助。制作祝辞中的名号,用清水来祭祀,进献刚宰杀的牲畜的血和毛,再献上几案上的生肉和半熟的牲体。踏着蒲席,端着用粗麻布覆盖的酒尊,穿着新织的绸衣,献上醴酒和醆酒,献上烤肉,主人和主妇一前一后地交替进献代神受祭的尸,以使祖先的神灵感到愉悦。这就是子孙与祖先神灵相互感通,合而为一。然后退下,将堂上撤下的进献过的牲体和未进献过的牲体合在一起煮熟,将煮熟了的狗猪牛羊的牲体分解开,簠、簋中盛满粮食,笾、豆里盛满果脯和肉酱,铏中盛入带菜的肉汤,用来招待本族的人。祝告辞把主人的孝心告诉给祖先的神灵,致福辞则把祖先神灵的慈爱转达给主人,这样做才可以叫做大祥。祭礼到此就圆满结束了。"

五仪解第七

哀公问于孔子曰:"寡人欲论[1]鲁国之士[2],与之为治[3],敢问如何取之?"孔子对曰:"生今之世,志[4]古之道;居今之俗,服古之服[5]。舍此而为非者[6]，不亦鲜[7]乎?"曰："然则章甫绚履[8]，绅带搢笏[9]者，皆[10]贤人也?"孔子曰："不必然[11]也。丘之所言，非此之谓也。夫端衣玄裳，冕而乘轩者，则志不在于食荤[12]；斩衰菅菲[13]，杖而歠粥[14]者，则志不在于酒肉[15]。生今之世，志古之道；居今之俗，服古之服，谓此类也。"

公曰："善哉！尽此而已乎?"孔子曰："人有五仪[16]：有庸人，有士人，有君子，有贤人，有圣人。审[17]此五者，则治道毕[18]矣。"

公曰："敢问何如斯[19]可谓之庸人?"孔子曰："所谓庸人者，心不存慎终之规[20]，口不吐训格之言[21]，不择贤以托其身[22]，不力行以自定[23]。见小暗大，而不知所务[24]；从物如流，不知其所执[25]，此则庸人也。"

公曰："何谓士人?"孔子曰："所谓士人者，心有所定[26]，计有所守[27]。虽不能尽道术之本[28]，必有率[29]也；虽不能备百善之美，必有处[30]也。是故，知不务多，必审其所知[31]；言不务多，必审其所谓[32]；行不务多，必审其所由[33]。智既知之[34]，言既道之[35]，行既由之，则若性命之于形骸，不可易也[36]。富贵不足以益，贫贱不足以损[37]。此则士人也。"

公曰："何谓君子?"孔子曰："所谓君子者，言必忠信，而心不怨[38]，仁义在身，而色无伐[39]，思虑通明，而辞不专[40]。笃行信道[41]，自强不息[42]，油然若将可越，而终不可及者[43]。君子也[44]。"

公曰："何谓贤人？"孔子曰："所谓贤人者，德不逾闲[45]，行中规绳[46]，言足以法于天下，而不伤于身[47]，道足以化于百姓，而不伤于本[48]。富则天下无宛财[49]，施则天下不病贫[50]。此[51]贤者也。"

公曰："何谓圣人？"孔子曰："所谓圣者，德合于天地[52]，变通无方[53]，穷万事之终始[54]，协庶品之自然[55]，敷其大道[56]，而遂成情性[57]。明并日月[58]，化行若神[59]。下民不知其德[60]，睹者不识其邻[61]。此谓圣人也。"

公曰："善哉！非子之贤，则寡人不得闻此言也。虽然[62]，寡人生于深宫之内，长于妇人之手[63]，未尝知哀，未尝知忧，未尝知劳，未尝知惧，未尝知危，恐不足以行五仪之教，若何？"孔子对曰："如君之言，已知之矣。则丘亦无所闻焉[64]。"

公曰："非吾子，寡人无以启其心[65]，吾子言也！"孔子曰："君子入庙如右[66]，登自阼阶，仰视榱桷[67]，俯察几筵[68]，其器皆存，而不睹其人[69]。君以此思哀，则哀可知矣。昧爽夙兴[70]，正其衣冠[71]，平旦视朝[72]，虑其危难[73]，一物失理，乱亡之端[74]。君以此思忧，则忧可知矣。日出听政，至于中冥[75]，诸侯子孙[76]，往来为宾，行礼揖让，慎其威仪[77]。君以此思劳，则劳亦可知矣。缅然长思[78]，出于四门[79]，周章远望[80]，睹亡国之墟，必将有数焉[81]。君以此思惧，则惧可知矣。夫君者，舟也；庶人者，水也[82]。水，所以载舟，亦所以覆舟[83]。君以此思危，则危可知矣。

君既明此五者,又少[84]留意于五仪之事,则于政治[85]何有失矣?"

【注释】

[1] 论(lún):通"抡",选择。此记载又见于《荀子·哀公》、《大戴礼记·哀公问五仪》、《新序·杂事四》。

[2] 士:周代封建制度中贵族等级的最低一级,春秋时期又被称为四民之首。

[3] 为治:进行国家、社会治理。

[4] 志:倾慕,追慕。《论语·为政》"吾十有五而志于学"皇侃义疏:"志者,在心向慕之谓也。"

[5] 服古之服:穿着古代的服饰。《大戴礼记》:"古之服,儒服也。"

[6] 舍(shè)此而为非者:以古道古服自处者,很少有为非作歹的。舍,居,处。此,古。

[7] 鲜(xiǎn):少。

[8] 章甫绚(qú)履:章甫,殷冠。绚履,郑玄注:"绚之言拘也。以为行戒,状如刀衣鼻,在履头。"

[9] 绅带搢笏(hù):王肃注:"绅,大带。搢,插也。笏,所以执书思对命。"笏,朝笏。《礼记·玉藻》:"笏,度二尺有六寸,其中博三寸,其杀六分而去一。"

[10] 皆:都是。

[11] 不必然:不一定这样。然,这样,如此。

[12] "夫端衣玄裳"三句:那些穿着礼服,戴着礼冠,乘坐轩车去参加祭祀的人,其心思不在吃荤。《周礼·春官·司服》郑玄注:"端者,取其正也。衣袂,皆二尺二寸而属幅,是广袤等也。"《礼记·郊特牲》:"斋之玄也,以阴幽思也。"端衣玄裳,祭祀时的礼服。冕,礼冠。轩,指轩车,一种大夫以上所乘坐的有屏障的车。

[13] 斩衰(cuī)菅菲:斩衰,古代最重的丧服。用粗而生的麻布制成,左右和下边不缝,子对父、臣对君斩衰三年。《仪礼·丧服》:"斩者何?不缉也。"郑玄注:"上曰衰,下曰裳。"菅菲,一种草鞋。

[14] 杖而歠(chuò)粥:杖,服丧所用的丧杖。歠,通"啜"。歠粥,喝粥。《仪礼·丧服传》:"啜粥,朝一溢米,夕一溢米。"

[15] 志不在于酒肉:心思不在喝酒吃肉。

[16]仪：等。

[17]审：明察。

[18]毕：尽在其中。

[19]斯：连词，乃，则。

[20]慎终之规：行事谨慎如一的戒惧。慎终，做事完成的时候依然谨慎，指行事谨慎始终如一。冈白驹补注："事无远虑，不克有终。规，戒也。"

[21]训格之言：可以奉为规则的教诲。王肃注："格，法。"冈白驹补注："训，古训也。"

[22]不择贤以托其身：不选择贤人贤道作为自己的依靠。

[23]不力行以自定：不能尽力行道作为自己的归宿。

[24]"见小暗大"二句：看得清小事但是大事却糊涂，结果不知道自己该干什么。暗，糊涂，这里用作动词。务，做。

[25]"从物如流"二句：随波逐流，而不知道自己应该追求什么。冈白驹补注："夺于外诱，不能自还也。"执，执守。

[26]心有所定：坚定内心的信念。冈白驹补注："知所务也。"

[27]计有所守：坚守既有的谋划。冈白驹补注："知所执也。"

[28]尽道术之本：完全掌握道术的基本原则。道术，与"方术"相对，指最系统完备的大道。本，这里是指道的基本原则。

[29]率：循。冈白驹补注："率，循也。虽不能尽其本，而有道之可率，则心有所定矣。"

[30]处：居，守。此句冈白驹补注："虽不能备其美，而有善之可处，则计有所守矣。"

[31]"知不务多"二句：知识不求多，但必须明白自己所知的真谛。务，求。

[32]"言不务多"二句：说话不求多，但必须明白自己所说的主旨。王肃注："所务者，谓言之要也。"太宰纯增注："本注'务'字当作'谓'。"王先谦集解："止于辨明事而已矣。"审，《说文》："审，悉也，知审谛也。"

[33]"行不务多"二句：做事不求多，但必须明白自己所行的根据。由，根据。

[34]智既知之：知识已经掌握真谛。智，知，知识。冈白驹补注："'智'当作'知'。何本、吴本、《大戴礼》、《荀子》并作'知'。"

[35]言既道之：说话已经把握主旨。

[36]"则若性命之于形骸"二句：那么就如同人的性命对于人的形

体那样不可更换。形骸,形体。《荀子》作"肌肤"。易,移易,替换。冈白驹补注:"言若性之所禀,形之所赋之不可移易。"

[37]"富贵不足以益"二句:冈白驹补注:"皆谓志不可夺。"《孟子·滕文公下》有"富贵不能淫,贫贱不能移"之说,与此义近。

[38]"言必忠信"二句:说话一定秉持忠实守信原则,但如果别人并不信任我的话,我也不心生怨怼。犹孔子所谓"人不知而不愠,不亦君子乎"。王肃注:"怨,咎。"冈白驹补注:"忠信告人,人不我服而心不怨咎。"

[39]"仁义在身"二句:身体力行仁义道德,却没有自我夸耀的神情。色无伐,王肃注:"无伐善之色也。"色,脸色,表情。伐,夸矜。

[40]"思虑通明"二句:思考谋虑通达明白,但不会说武断的话。专,自以为是。

[41]笃行信道:笃实地践行,忠实地信仰。笃,笃厚。《论语·子张》有"信道不笃"句,杨伯峻译为"信仰不忠实"。道,在这里理解为信仰。

[42]自强不息:永不松懈地自我奋斗。《周易·乾卦·象传》:"天行健,君子以自强不息。"

[43]"油然若将可越"二句:从容淡定好像马上可以被超越但是终究无法企及。王肃注:"油然,不进之貌也。越,过也。"

[44]君子也:黄鲁曾本"君子"前有"此则"二字。

[45]德不逾闲:节操品行不逾越法度。王肃注:"闲,法。"德,节操品行。逾闲,逾越法度。《论语·子张》有"大德不逾闲"句。

[46]行中(zhòng)规绳:行为举止合乎规矩。中,符合。规绳,本义为规矩和绳墨,这里是引申义。

[47]"言足以法于天下"二句:言论为天下人所遵循,却能不招致怨怼。王先谦集解:"所谓'言满天下无口过,行满天下无怨恶。'"伤,害。

[48]"道足以化于百姓"二句:道术能够教化天下百姓,却能不丧失自我本性。王肃注:"本,亦身也。"王聘珍解诂:"本谓本性。不伤于本,谓行己有法,而非矫揉以失其性。"李涤生《荀子集释》云:"于,犹'其'。本,犹'质',谓性的本质。此言:行中规矩准绳,然皆出于自然,不假斫削而丧失其本真。"

[49]富则天下无宛(yùn)财:富有就让天下皆得享有而自己不私积财富。冈白驹补注:"富则德惠而天下化之,不独富也。宛音菀。"宛,读为"菀",通"蕴",郁积,聚。

[50] 施则天下不病贫：施惠就能够使天下百姓不担忧贫困。冈白驹补注："施则德普而天下赖之，不独贪也。"病，以……为病，担忧。

[51] 此：黄鲁曾本下有"则"字。

[52] 德合于天地：德性与天地相合相配。《周易·乾卦·文言》："夫大人者，与天地合其德。"后世用"德配天地"或"德侔天地"称誉圣人孔子。合，齐。

[53] 变通无方：应对变化非常自如。冈白驹补注："应变而不穷。"无方，无常。

[54] 穷万事之终始：推究事物的发展规律。穷，推究。物，事。终始，指事物发展的规律。

[55] 协庶品之自然：使万物得以自然而然。冈白驹补注："物为之则，合于其性自然。"协，和。庶品，万物。自然，事物的本来状态。

[56] 敷(fū)其大道：传布天地大道。敷，传布。其，应指天地。

[57] 遂成情性：就能成就万物的特性。冈白驹补注："辨万物之情性，使各得其所。"遂，就，于是。成，成就。情性，指万物各自的特性。"敷其大道，而遂成情性"与《中庸》第二十二章"唯天下至诚为能尽其性。能尽其性，则能尽人之性。能尽人之性，则能尽物之性。能尽物之性，则可以赞天地之化育。可以赞天地之化育，则可以与天地参矣"义近。

[58] 明并日月：他的光明如同日月一样。并，齐，等。本句与《周易·乾卦·文言》"与日月合其明"义近。冈白驹补注："喻智大而周遍。"

[59] 化行若神：他的教化流行天下有如神明。

[60] 下民不知其德：一般老百姓不了解他的德性。

[61] 睹者不识其邻：看见他的人也搞不清他与凡人的差异。王肃注："邻，以喻界畔也。"一说，看见他的人也不知道这位邻居就是圣人。颜之推《颜氏家训·慕贤》："世人多蔽，贵耳贱目，重遥轻近，少长周旋，如有贤哲，每相狎侮，所以鲁人谓孔子为东家丘。"

[62] 虽然：尽管这样。

[63] 长于妇人之手：由后宫的女保女傅抚育长大。妇人，这里指春秋战国时期宫内的侍从女官保傅。《战国策·秦策三》："足下上畏太后之严，下惑奸臣之态，居深宫之中，不离保傅之手。"鲍彪注曰："女保、女傅，非大臣也。"

[64] "如君之言"三句：王肃注："君如此言，已为知之。故无所复言，谦以诱进哀公矣。"闻，使之闻，告知。

［65］无以启其心：无法启迪我的内心。启其心，犹言"开窍"。其，代指自己。

［66］入庙如右：从右而入太庙。

［67］榱（cuī）桷（jué）：屋椽。《说文》曰："榱，秦名为屋椽，周谓之榱，齐鲁谓之桷。"一曰："椽方曰桷。"

［68］几筵：此指几席，为祭祀的席位，后泛指灵座为几筵。

［69］不睹其人：看不见那些已经故去的祖先。睹，见。其人，指故去的祖先而言。

［70］昧爽夙兴：天蒙蒙亮就早早地起床。王肃注："爽，明也。昧明，始明也。夙，早。兴，起。"

［71］正其衣冠：端正自己的衣冠服饰。《论语·尧曰》有"君子正其衣冠，尊其瞻视，俨然人望而畏之"句。

［72］平旦视朝：清晨时候就上朝听政。与下文"日出听政"义同。平旦，清晨。视朝，临朝听政。

［73］虑其危难：思虑考量国事的危险艰难。

［74］"一物失理"二句：任何一件事处理不得当，就可能是国家动荡灭亡的端绪。物，事。失理，不合理，处理失当。端，绪。

［75］中冥：太阳过午偏斜。王肃注："中，日中。冥，昳（dié）中。"

［76］诸侯子孙：贵族，卿大夫。封建制度下，实行宗法制与世袭制，国君的后代除嫡长子继承君位外，其他便成为卿大夫。

［77］慎其威仪：慎重对待自己的仪容。威仪，庄重的仪容举止。

［78］缅然长思：深远的忧思。

［79］出于四门：走出国都。千叶玄之标笺："四门，谓国四门。"指国都的四个城门。《尚书·舜典》："宾于四门，四门穆穆。"

［80］周章远望：怀着惆怅的心情四处张望。周章，惆怅。太宰纯增注："周章，恐惧也。"而冈白驹则云："周章，徘徊意。"林按，二义可通。孙永波云：周章，惆怅也，音通而义同。今从之。

［81］"睹亡国之墟"二句：看见那些亡国的废墟，一定有很多。王肃注："言亡国故墟，非但一。"一说，训"数"为定数，指任何国家逃脱不掉灭亡的定数。亦通。林按，《说苑·指武》有"《春秋》记国家存亡，以察来世"之说可印证孔子之说。

［82］"夫君者"四句：比喻国君就像船，百姓如同水。

［83］"水"三句：水既可以用来负载船，也可以用来倾覆船。所以，用来。林按，《贞观政要·论政体》魏徵谏唐太宗语"水能载舟，亦能覆舟"源出于此。

[84] 少：稍微。

[85] 政治：政事的治理。

【译文】

鲁哀公向孔子问道："我想选拔鲁国的士人，同他们一起进行国家社会治理，请问应该怎样去选拔呢？"孔子回答说："生活在当今时代，而倾慕古人的道术；居处于当代习俗，而穿着古代的衣服。以古道古服自处却为非作歹的，不是很少吗？"哀公说："这么说，那些头戴着章甫冠，脚穿着带钩饰的鞋，腰间束着大带、插着笏板的人，都是贤人了。"孔子说："不一定如此。我刚才所说不是指这些。那些穿着礼服，戴着礼冠，乘坐轩车去参加祭祀的人，其心思不在吃荤；身穿丧服，脚着丧鞋，手拄丧杖而喝稀粥的人，其心思不在酒肉上。生活在当今时代，而倾慕古人的道术，居处于当代习俗，而穿着古代的衣服，说的就是这种人。"哀公说："说得太好了！就这些吗？"孔子说："人可以分为五等：有庸人，有士人，有君子，有贤人，有圣人。能明察这五种人，那么治国之道就尽在其中了。"

哀公说："请问怎么样可称作庸人？"孔子说："所谓庸人，内心没有行事谨慎如一的戒惧，口中说不出可以奉为规则的古人的教诲，不选择贤人贤道作为自己的依靠，不能尽力行道作为自己的归宿。看得清小事但是大事却糊涂，结果不知道自己该干什么；随波逐流，而不知道自己应该追求什么。这样就称作庸人。"

哀公说："什么样的叫作士人？"孔子说："所谓士人，能够坚定内心的信念，坚守既有的谋划。即使不能完全掌握道德学问的基本原则，也一定有所遵循；即使不能做到尽善尽美，也一定有所执守。所以知识不求多，但必须明白自己所知的真谛；说话不求多，但必须明白自己所说的主旨；做事不求多，但必须明白自己所行的根据。知识已经掌握真谛，说话已经把握主旨，做事已经有其根据，那么就如同人的性命之于人的形体那样不可更换。富贵不足以使他增加什么，贫贱也不足以使他减少什么。这样就叫作士人。"

哀公说："什么叫作君子呢？"孔子说："所谓君子，说话一定秉持忠实守信原则，但如果别人并不信任我的话，我也不心生怨怼；身体力行仁义道德，却没有自我夸耀的神情；思考谋虑通达明白，但不会说武断的话；笃实地践行，忠实地信仰，永不松懈地自我奋斗，从容淡定好像马上可以被超越但是终究无法企及。这样的人就是君子。"

哀公问："什么叫作贤人呢？"孔子说："所谓贤人，节操品行不逾越法度，行为举止合乎规矩；言论为天下人所遵循，却能不招致怨怼，道术能够教化天下百姓，却能不丧失自我本性；富有就让天下皆得享有而自己不私积财富；施惠就能够使天下百姓不担忧贫困。这样的人就是贤人。"

哀公问："什么叫作圣人呢？"孔子说："所谓圣人，德性与天地相合相配，应对变化非常自如；推究事物的发展规律，使万物得以自然而然；传布天地大道，就能成就万物的特性；他的光明如同日月一样，他的教化流行天下有如神明，一般老百姓不了解他的德性，看见他的人也搞不清他与凡人的差异。这样的人就是圣人。"

哀公说："说得太好了！要不是您贤明，我就听不到这番话了。尽管这样，我出生在幽深的宫室之中，由后宫的女保女傅抚育长大，不曾知道什么是悲哀，什么是忧虑，什么是劳苦，什么是恐惧，什么是危险，恐怕还不足以推行关于人分五等的教化，这该怎么办呢？"孔子回答道："照您所说的这些，已经算是知道该怎么办了。我也没什么能讲给您的了。"

哀公说："要不是您，我就不能开窍，请您讲讲吧。"孔子说："君主进入宗庙，向东走，从东阶而上，抬头看屋顶的椽子，低头看陈设的几席，那些器物虽然都在，却看不到那些故去的先祖了。国君从这里想到悲哀，就可以知道什么是悲哀了。天蒙蒙亮就早早地起床，端正自己的衣冠服饰，清晨就上朝听政，思虑考量的都是国事的危险艰难，任何一件事处理不得当，就可能是国家动荡、灭亡的端绪。国君从这里感到忧虑，也就可以知道什么是忧虑了。日出就处理政事，一直到太阳西斜才可以退朝，贵族们来往于各诸侯国，互为宾客，行礼揖让，慎重对待自己的仪容。国君从这里想到劳苦，也就知道什么是劳苦了。怀着深深的忧思走出国都的四门，惆怅四顾，极目远望，所看到的亡国故墟一定会有很多。国君从这里去思虑恐惧，就会知道什么是恐惧了。国君好比是舟，百姓好比是水，水既可以用来负载舟，也可以用来使舟覆没。国君从这里思考危险，就知道什么是危险了。国君明白这五种情况后，再稍微留意一下有关五等人的问题，那在政事的治理上还会有什么过失呢？"

哀公问于孔子曰："请问取人[1]之法。"孔子对曰："事任于官[2]，无取捷捷[3]，无取钳钳[4]，无取啍啍[5]。捷捷，贪也[6]；钳钳，乱也；啍啍，诞也[7]。故弓调而后求劲[8]焉，马服而后求良[9]焉，士必悫而后求智能者[10]。不悫而多能，譬之豺狼不可迩[11]。"

【注释】

[1] 取人：选用人才。此记载又见于《荀子·哀公》、《韩诗外传》卷四及《说苑·尊贤》。

[2] 事任于官：各取所能来任命相应的官职。

[3] 捷捷：花言巧语。《诗·小雅·巷伯》："捷捷幡幡。"

[4] 钳钳：妄对，不谨诚。

[5] 啍(zhūn)啍：多言。啍，通"谆"。

[6] 贪：贪得无厌。

[7] 诞：欺诈。

[8] 弓调而后求劲：弓需要调试好之后再追求强劲。

[9] 马服而后求良：马需要先驯服之后再追求脚力。服，驯服。良，马的脚力精良。

[10] 士必悫(què)而后求智能者：士人一定要忠诚再要求他有能力。悫，诚实谨慎。

[11] "不悫而多能"二句：如果士人不忠诚却很有能力，那就好比是豺狼一样不可接近。王肃注："言人无智者，虽性悫信，不能为大恶。不悫信而有智，然后乃可畏也。"是。迩，近。

【译文】

　　哀公向孔子问道:"请问选用人才的方法?"孔子回答道:"各取所能而任命以相应的官职,不要选拔花言巧语的人,不要选拔妄言乱语的人,不要选拔多言多语的人。花言巧语的人会贪得无厌,妄言乱语的人会扰乱是非,多言多语的人会欺诈寡信。所以弓箭要调试好弓之后再求其强劲,马匹要驯服之后再求其脚力,士人要忠诚之后再求其才能。如果士人不忠诚却很有能力,那就好比豺狼一样不可接近。"

　　哀公问于孔子曰:"寡人欲吾国小而能守,大则攻[1],其道如何?"孔子对曰:"使[2]君朝廷有礼[3],上下和亲[4],天下百姓,皆君之民,将谁攻之[5]?苟违此道[6],民畔如归[7],皆君之仇[8]也,将与谁守?"公曰:"善哉!"于是废泽梁之禁[9],弛[10]关市之税,以惠百姓。

【注释】

　　[1]"寡人欲吾国小而能守"二句:我希望我的国家如果力量小也能够自卫,如果力量大则可以进行攻伐。此记载又见于《说苑·指武》。
　　[2]使:假如,如果。
　　[3]朝廷有礼:朝廷上遵守礼法。
　　[4]上下和亲:君臣间和睦亲近。
　　[5]将谁攻之:您将攻伐谁呢?
　　[6]苟违此道:如果违背这一做法。苟,假如,如果。违,违背。此道,指上面所说的"朝廷有礼,上下和亲"的做法。
　　[7]民畔如归:百姓叛离而去,好像回家一样迫切。畔,通"叛"。
　　[8]仇:仇敌。
　　[9]废泽梁之禁:解除进入山林川泽的禁令。
　　[10]弛:松弛,放宽。

【译文】

　　哀公问孔子问:"我希望我的国家若力量小也能够自卫,如果力量大则可以进行攻伐,有什么办法吗?"孔子回答说:"如果您的朝廷上遵守礼制,君臣间和睦亲近,天下的老百姓都是您的臣民,您还要攻伐谁呢?如果违背了这一做法,百姓纷纷叛离好像回家一样急迫,他们都是您的仇敌,还同谁一起自卫呢?"哀公说:"说得太好了!"于是解除进入山林川泽的禁令,放宽关卡市场的税敛,使百姓得到了实惠。

　　哀公问于孔子曰:"吾闻君子不博[1],有之乎?"孔子曰:"有之。"公曰:"何为[2]?"对曰:"为其有二乘[3]。"公曰:"有二乘,则何为不博?"子曰:"为其兼行恶道[4]也。"哀公惧焉。

　　有间,复问曰:"若是乎,君子之恶恶道至甚也[5]。"孔子曰:"君子之恶恶道不甚,则好善道亦不甚,好善道不甚,则百姓之亲上亦不甚。《诗》云:'未见君子,忧心惙惙。亦既见止,亦既觏止,我心则悦[6]。'《诗》之好善道甚也如此。"公曰:"美哉[7]!夫君子成人之善,不成人之恶[8]。微[9]吾子言焉,吾弗之闻也。"

【注释】

　　[1]博:太宰纯增注:"博,《说文》作'簙',局戏也。"局戏即古代弈棋之类的游戏。此记载又见于《说苑·君道》。
　　[2]何为:为何,为什么。
　　[3]为其有二乘(chéng):因为局戏的双方会互相斗胜。二乘,指二人相互斗胜。乘,凌。
　　[4]兼行恶(è)道:在邪路上走得更快。兼行,加倍行走。恶道,邪道。

［5］君子之恶(wù)恶道至甚也：君子厌恶走邪路太强烈了吧。恶，厌恶。

［6］"未见君子"五句：语出《诗·召南·草虫》。毛苌曰："惙惙，忧也。覯，遇也。说，服也。"惙(chuò)惙，忧愁的样子。覯(gòu)，遇见。止，同"之"。

［7］美哉：太好了。与"善哉"义近。

［8］"夫君子成人之善"二句：君子成全别人的好事，不促成别人的坏事。《论语·颜渊》有"君子成人之美，不成人之恶"句。

［9］微：没有。

【译文】

哀公问孔子："我听说君子不玩局戏，有这回事吗？"孔子说："有这回事。"哀公说："为什么呢？"孔子回答说："因为二人玩局戏时相互斗胜。"哀公说："相互斗胜为什么就不玩局戏呢？"孔子说："因为争胜之心会加速人走上邪道。"听到这番话，哀公心生恐惧。

过了一会儿，哀公又问道："真是这样吗？那么君子对邪道算是深恶痛绝的了。"孔子说："君子对邪道的厌恶如果不十分强烈，那么对正道的喜欢也就不十分强烈，对正道的喜欢不强烈，那么百姓对为政者的亲近之情也就不强烈。《诗》云：'没有见到君子，忧心忡忡。等到见了君子，遇上君子，满心欢喜。'《诗》对正道的称道就是这样！"哀公说："说得太好了！君子成全别人的好事，不促成别人的坏事。没有您这番话，我就不能听到这些道理。"

哀公问于孔子曰："夫国家之存亡祸福，信有天命，非唯人也[1]？"孔子对曰："存亡祸福，皆己而已[2]，天灾地妖，不能加也[3]。"

公曰："善！吾子之言，岂有其事乎？"孔子曰："昔者殷王帝辛[4]之世，有雀生大鸟于城隅[5]焉，占之，曰：'凡以小生大，则国家必王而名益昌[6]。'于是帝辛介雀之德[7]，不修国政[8]，亢暴无极[9]，朝臣莫救[10]，外寇乃至，殷国以[11]亡。此即以己逆天时，诡福反为祸[12]者也。又其先世殷王太戊[13]之时，道缺法圮[14]，以致夭孽[15]。桑穀生于朝[16]，七日大拱[17]，占之者曰：'桑穀野木而不合[18]生朝，意者[19]国亡乎！'太戊恐骇，侧身[20]修行，思先王之政[21]，明养民之道[22]。三年之后，远方慕义[23]，重译[24]至者十有六国。此即以己逆天时，得祸为福[25]者也。故天灾地妖，所以儆[26]人主者也；寤梦征怪[27]，所以儆人臣也。灾妖不胜善政，寤梦不胜善行，能知此者，至治之极[28]也。唯明王达此。"公曰："寡人不鄙固[29]，此亦不得闻君子之教也。"

【注释】

[1]"信有天命"二句：确实有天命决定，而不是人所能左右的吗？信，确实。天命，古人认为人间的祸福是由天命决定的。天命，一说为人格神的命令，一说是运命之数。孔子的天命观在不完全否定天命的同时，对其进行了改造，涵括二层意思，一方面是指天赋使命，另一方面指人不能左右的外在的、偶然的时运。对前者，孔子主张"知天命"，对后者孔子主张尽人事听天命。此记载又见于《说苑·敬慎》。

[2]"存亡祸福"二句：存亡祸福，都是人自己行为的后果，和天命无关。

[3]"天灾地妖"二句：天上地下的灾异不能改变命运。天灾地妖，《左传》宣公十五年："天反时为灾，地反物为妖。"加，改变。

[4] 帝辛：王肃注："帝纣。"殷纣王，商代最后一位王，子姓，名受。史书记载其为政前期励精图治，后期则残暴不仁，终致亡国。

[5] 城隅（yǔ）：城墙角，一般比较偏僻。

[6] 国家必王（wàng）而名益昌：国和家必然兴盛，且声名也会更加

显赫。王，通"旺"，旺盛，兴旺。昌，显赫。

[7] 介雀之德：凭恃于雀生大鸟这一吉兆。介，凭介，凭恃。德，福，吉利。

[8] 不修国政：不理朝政。修，治理。

[9] 亢暴无极：极端残暴到了无穷尽的地步。亢，极度，过甚。无极，无穷尽。

[10] 莫救：不能阻止。莫，不能。救，阻止。

[11] 以：因此。

[12] 诡福反为祸：违反吉祥反而变成了灾祸。冈白驹补注："诡，违也。言此以己逆天祥，而暴致之也。"

[13] 太戊：商王名，太庚之子，任用伊陟、巫咸等人使商朝复兴。

[14] 道缺法圮(pǐ)：道义缺失，法纪衰微。圮，衰微，衰败。

[15] 夭孽：指物类反常的情况，为不祥之兆。《礼记·中庸》有"国家将兴，必有祯祥；国家将亡，必有妖孽"的说法，可以合参。

[16] 桑榖(gǔ)生于朝：桑树和楮树在朝堂上生长。榖，楮(chǔ)木。古时以桑、榖二木生于朝为不祥之兆。

[17] 拱：两手合围。

[18] 合：应该，应当。

[19] 意者：大概，恐怕。表猜测。

[20] 侧身：倾侧着身子，表示恐惧不安。

[21] 思先王之政：追念先王实施的德政。

[22] 明养民之道：究明养护百姓的途径。

[23] 慕义：向慕他的道义。

[24] 重(chóng)译：更译其言，辗转来朝。译，传四夷之语。

[25] "此即以己逆天时"二句：冈白驹补注："此以己逆天祥，而暴致之也。"《说苑》"逆"作"迎"。

[26] 儆：王肃注："儆，戒。"

[27] 寤(wù)梦征怪：做梦的异幻、怪异的征兆。寤，《说文》："寐觉而有信曰寤。"

[28] 至治之极：天下太平的最高境界。

[29] 鄙固：庸鄙固陋，为自谦之词。

【译文】

哀公向孔子请教说："国家的存亡祸福，确实是由天命注定的，不是只凭人力能左右的吗？"孔子回答说："存亡祸福，都是人自己行为的后果，和天命无关，天上地下的灾异不能改变命运。"

哀公说："说得好！您所说的难道有事实根据吗？"孔子说："从前商纣王统治时期，有只小鸟在城墙角生了一只大鸟。进行了占卜，卜辞说：'凡是以小生大，国和家必然兴盛，且声名也会更加显赫。'于是纣王凭恃雀生大鸟这一吉兆而不理朝政，残暴到了极点。朝臣不能阻止他，外敌于是前来攻伐，殷国因此而灭亡。这就是因为自己违逆天时，违反上天的吉祥而变为灾祸的事例。还有他的先祖殷王太戊统治时代，道义缺失，法纪衰微，以致出现树木生长反常的现象。桑、楮两种树木在朝堂上长出，七天就有两手合拢那么粗了。对此进行了占卜，占卜的人说：'桑、楮是野生的树木，不应生长在朝堂上，恐怕是国要灭亡了吧！'太戊惧怕异常，诚惶诚恐地修习自己的德行，追念先王实施的德政，究明养护百姓的途径。三年之后，远方的国家追慕他的道义，通过使者辗转传译来朝拜的国家多达十六个。这就是因为自己改变天时，将祸兆变为福祉的事例。所以天降灾异、地生妖孽是用来警戒人主的；各种梦中的异幻和怪诞的征兆，是用来警戒人臣的。灾异妖孽胜不过清明的政治，不好的梦兆胜不过良好的品行。能明白这个道理，就达到了天下太平的最高境界，只有贤明的君主才能实现。"

哀公说："我如果不是这般庸鄙固陋，也就不能听到您这番教诲了。"

哀公问于孔子曰："智者寿乎？仁者寿乎？"孔子对曰："然[1]，人有三死[2]，而非其命[3]也，己[4]自取[5]也。夫寝处不时[6]，饮食不节[7]，逸劳过度[8]者，疾共杀之[9]；居下位而上干[10]其君，嗜欲无厌[11]，而求不止者，刑共杀之；以少犯众，以弱侮强，忿怒不类[12]，动不量力[13]，兵[14]共杀之。此三者死，非命也，人自取之。若夫智士仁人，将身有节[15]，动静以义，喜怒以时，无害其性[16]，虽得寿焉，不亦宜[17]乎？"

【注释】
　　[1] 然：是的。太宰纯增注："然，答辞。"此记载又见于《韩诗外传》卷一、《说苑·杂言》、《文子·符言》。
　　[2] 三死：三种死亡的情况。
　　[3] 非其命：不是合乎正常寿命的，指因意外的灾祸而死。《孟子·尽心上》："桎梏死者，非正命也。"后世有成语"死于非命"。
　　[4] 己：黄鲁曾本"己"前有"行"字。
　　[5] 自取：自己招致的。有成语"咎由自取"。
　　[6] 寝处不时：指生活起居没有规律。寝，睡觉。处，日常居处。
　　[7] 节：节制。
　　[8] 逸劳过度：安逸或劳累过度。
　　[9] 疾共杀之：各种疾病一起杀死他。
　　[10] 干：冒犯。
　　[11] 嗜欲无厌：偏嗜和欲望没有满足的时候。嗜，指特殊的爱好。厌，满足。
　　[12] 忿怒不类：愤恨恼怒不合乎礼法。类，法，这里指合乎礼法。《荀子·大略》"多言而类"杨倞注："谓皆当其类而无乖越。"《左传·宣公十七年》"喜怒以类者鲜"杨伯峻注："类，法也。喜怒合乎礼法者，曰以类，不然，便为不类。"
　　[13] 动不量力：做事不考量自己的能力。
　　[14] 兵：武器。
　　[15] 将身有节：做人行事有所节制。王肃注："将，行。"
　　[16] 性：本性。
　　[17] 宜：合宜，应该。

【译文】
　　哀公向孔子问道："有智慧的人长寿吗？有仁德的人长寿吗？"孔子回答说："是这样的。人有三种死亡并非命中注定，而是咎由自取。起居没有规律，饮食不加节制，安逸或劳累过度，就会疾病丛生而丧命；身居下位却冒犯君主，嗜好多而贪得无厌，索求不止的人，各种刑罚会使他丧生；以少数侵犯多数，以弱者侮慢强者，愤怒不合礼法，做事不自量力，各种武器会令他丧命。这三种死法都不是命中注定的，而是人自己招致的。像那些智士仁人，行事有所节制，居处合乎礼义，喜怒适时而止，不戕害自己的本性，即使能够长寿，不也是应该的吗？"

孔子家语卷二

致 思 第 八

孔子北游于农山[1]，子路、子贡、颜渊[2]侍侧[3]。孔子四望，喟然而叹曰："于斯[4]致思[5]，无所不至[6]矣。二三子[7]，各言尔志，吾将择焉。"

子路进曰："由愿得白羽若月[8]，赤羽若日[9]，钟鼓之音，上震于天，旍旗缤纷[10]，下蟠于地[11]。由当[12]一队而敌之，必也攘地千里[13]，搴旗执馘[14]，唯由能之，使二子者从我焉。"夫子曰："勇哉[15]！"

子贡复进，曰："赐愿使齐、楚合战于漭瀁之野[16]，两垒相望[17]，尘埃相接[18]，挺刃交兵[19]。赐着缟衣白冠[20]，陈说其间[21]，推论利害，释[22]国之患，唯赐能之，使夫二子[23]者从我焉。"夫子曰："辩哉[24]！"

颜回退而不对。孔子曰："回，来！汝奚[25]独无愿乎？"颜回对曰："文武之事，则二子者既言之矣，回何云焉？"[孔子曰[26]：]"虽然[27]，各言尔志也，小子[28]言之。"对曰："回闻薰、莸[29]不同器而藏，尧、桀不共国而治，以其类异也[30]。回愿得明王圣主辅相[31]之，敷其五教[32]，导之以礼乐[33]，使民城郭不修,沟池不越[34],铸剑戟以为农器[35],放牛马于原薮[36],室家无离旷之思[37],千岁无战斗之患。则由无所施其勇,而赐无所用其辩矣。"夫子凛然[38]曰:"美哉德也[39]!"

子路抗手而对[40]曰:"夫子何选[41]焉?"孔子曰:"不伤财,不害民,不繁辞[42],则颜氏之子[43]有矣。"

【注释】

[1]农山:山名。太宰纯增注:"农,当为'峱'。'峱'与'㟑'同,齐山名。《诗》云:'遭我乎峱之间兮。'《汉书·地理志》作'峱'。颜师古曰:'字或作"猱",亦作"巎",音皆乃高反。'案,《韩诗外传》两载此事。一云'景山',一云'戎山'。李善《文选注》作'丰山',盖皆非。"若据此则山在齐国境内。冈白驹补注:"《说苑》作'北游东上农山',山在鲁地。《韩诗外传》作'景山',又作'戎山'。"千叶玄之标笺:"按,此山盖在齐鲁之间乎。"林按,在今山东青州市邵庄镇有峱山,近临淄,若孔子到此,则当在昭公入齐之后。然从"北游"来看,则山当在曲阜北或今曲阜宁阳交界处之九仙山。此记载又见于《韩诗外传》卷九、《说苑·指武》。

[2]颜渊:颜回,字子渊,鲁国人,是孔子最欣赏的弟子。

[3]侍侧:在旁边陪着。

[4]斯:这里。

[5]致思:致力于思考。

[6]无所不至:没有什么不可以思考的。

[7]二三子:你们几个;犹言"诸位"、"诸君"。

[8]白羽若月:像月亮一样洁白的白色帅旗。古代军中主帅所执的指挥旗。羽,旌旗。

[9]赤羽若日:像太阳一样火红的赤色旗帜。冈白驹补注:"兵车旗帜,皆插羽。"

[10]旍(jīng)旗缤纷:旌旗杂乱。太宰纯增注:"旍,与'旌'同。《周礼》'析羽为旌,熊虎为旗。'缤纷,杂乱之貌。"

[11]下蟠(pān)于地:旌旗拖垂,满地都是。蟠,下垂而遍及。

[12]当(dàng):主领,率领。

[13]攘(rǎng)：夺取，占领。王肃注："攘，却。"
[14]搴(qiān)旗执馘(guó)：拔取敌人军旗，割取敌人的左耳，用以计数报功。王肃注："搴，取也，取敌之旂旗。馘，截耳也，以效获也。"
[15]勇哉：冈白驹补注："何本、《说苑》并此下有'士乎愤愤者乎'一句。"
[16]漭(mǎng)瀁(yǎng)：宽广辽阔。
[17]两垒相望：敌对双方阵地上的防御工事相对。
[18]尘埃相接：敌对双方人马扬起的尘土接到一起。形容阵势大，距离近。
[19]挺刃交兵：拔出兵刃格斗交锋。太宰纯增注："挺，拔也。"
[20]着(zhuó)缟(gǎo)衣白冠：穿着白衣，戴着白帽。着，穿戴。缟衣，白色的丝绢衣服。王肃注："兵，凶事，故白冠服也。"《韩诗外传》作"素衣缟冠"。
[21]陈说(shuì)其间：对敌对双方陈述利害加以游说。
[22]释：解除。
[23]二子：指子路与颜渊。
[24]辩哉：有口才，善言辞。
[25]奚：为什么，因何缘故。
[26]孔子曰：此三字原无，据黄鲁曾本补。
[27]虽然：即使这样。
[28]小子：用为老师对学生的称呼。《说苑》作"第"，姑且。
[29]薰(xūn)、莸(yóu)：香草与臭草。王肃注："薰，香。莸，臭。"薰，古书上指一种有香味的草。莸，古书上指一种有臭味的草。
[30]以其类异也：冈白驹补注："《说苑》'以其类异也'作'二子之言与回言异'。"
[31]辅相：辅佐，帮助。
[32]敷其五教：推行五种教化。王肃注："敷，布也。五教，父义、母慈、兄友、弟恭、子孝也。"敷，敷施。五教，五种教化。
[33]导之以礼乐：用礼乐来教导百姓。
[34]沟池不越：不用深挖护城河。沟池，城郭之堑，即护城河也。
[35]铸剑戟以为农器：把剑戟等兵器销毁改铸为农用器具。
[36]原薮(sǒu)：广平曰原，泽无水曰薮。
[37]离旷之思：夫妻分离的思念。离旷，指丈夫因徭役、兵役等不在家，妻子独处。

［38］凛然：严肃貌。
［39］美哉德也：多么美好的德行啊。
［40］抗手而对：高举双手而问道。抗手，拱手行礼。
［41］选：选择，此处为认可的意思。
［42］不繁辞：不用说太多的话。
［43］颜氏之子：指颜回。因颜回父亲亦为孔子弟子，故孔子常称颜回为颜氏之子。

【译文】

孔子到鲁国北部游览，登上农山的山顶，弟子子路、子贡和颜渊在旁边陪着。孔子四下远望，很感叹地说："在这个地方深入思考，没有什么不可以的。你们几个可以谈谈自己的志向，我将从中做出选择。"

子路走向前说："我愿意手持像月亮一样洁白的帅旗，挥动像太阳一样火红的战旗，让钟鼓声响彻云天，让旌旗迎风飘扬，拖垂得满地都是。我率领一队人马和敌人作战，一定能攻占敌人的千里土地，拔取敌军的军旗，割取敌人的左耳计数报功。这一点只有我仲由能做到，老师你就让这两个人跟着我吧。"孔子说："真是勇敢啊！"

子贡也走向前说："我希望让齐、楚两国在宽广辽阔的原野上交战，两军营垒遥遥相望，人马激起的尘土飞扬相接，士兵们手持兵器格斗交锋。我穿着白色的衣冠，在两国之间陈述我的看法以游说，推测讨论各种利害，以解除国家的外患。这只有我端木赐能做得到，老师你就让这两个人跟着我吧。"孔子说："真是有口才啊！"

颜回退在后面不作回答。孔子说："颜回，过来！为什么只有你不谈一下自己的志向呢？"颜回回答说："文武两方面的事，二位已经说过了，我还说什么呢？"孔子说："即使这样，各人都要说说自己的志向，你就说吧。"颜回回答说："听说香草和臭草不在同一个器物里面储藏，圣王尧和暴君桀不会共同治理一个国家，因为他们不是同类。我希望能辅佐贤明的君主，推行父义、母慈、兄友、弟恭、子孝这五种教化。用礼乐教导民众，让百姓不用去修建城墙，不用去深挖护城河，将刀枪剑戟熔铸成农具，在原野湖畔放牧牛马，夫妇没有分别的思念苦痛，天下永远没有战争的灾难。这样仲由就没有地方施展他的勇敢，而端木赐也没有地方发挥他的口才了。"孔子非常严肃地说："真是美好的德行啊！"

子路高举双手拱手行礼，问道："老师您选择认可谁呢？"孔子说："不耗费钱财，不危害百姓，不用说太多的话，这样来治理国家，只有颜回能做得到。"

鲁有俭啬[1]者，瓦鬲[2]煮食[3]，食之，自谓其美[4]，盛之土型之器[5]，以进[6]孔子。孔子受之而悦[7]，如受太牢之馈[8]。子路曰："瓦甂[9]，陋器[10]也；煮食，薄膳[11]也。夫子何喜之如此乎？"子曰："夫好谏者思其君[12]，食美者念其亲[13]。吾非以馔具[14]之为厚，以其食厚而我思焉[15]。"

【注释】

　　[1]俭啬：节俭吝啬。啬，爱惜。此记载又见于《说苑·反质》。
　　[2]瓦鬲(lì)：王肃注："瓦釜。"即一种陶制炊具。
　　[3]煮食：炊饭。
　　[4]自谓其美：自认为饭食很好吃。自谓，自以为，自认为。
　　[5]土型之器：一种陶制的瓦罐。型，铸造器物的模子，用泥做的叫型。
　　[6]进：进献。
　　[7]受之而悦：接受了食物，并表现出非常喜悦的样子。
　　[8]太牢之馈：像太牢一样贵重的馈赠。祭祀时牛、羊、猪皆备，称为太牢。大，同"太"。
　　[9]瓦甂(biān)：小瓦盆。《说文》曰："甂，似小瓿，大口而卑，用食。"
　　[10]陋器：粗陋的器具。
　　[11]薄膳：平淡无味的饭食。太宰纯、冈白驹俱云："具食曰膳。"千叶玄之标笺："膳，《周礼》郑玄注：'膳，牲肉也。'"
　　[12]好谏者思其君：爱好进谏的人心里总是想着君主。

[13] 食美者念其亲：吃着美食的人心里总是念着父母。
[14] 馔(zhuàn)具：盛食物的器具。马融曰："馔，饮食也。"
[15] 以其食厚而我思焉：冈白驹补注："彼自以为美而馈我，是厚也。"我思，即思我。想起了我。

【译文】
鲁国有一个节俭吝啬的人，用陶制炊具烧煮食物，煮熟了一尝，自认为味道非常鲜美，就用小瓦罐盛好，进献给孔子。孔子接受了这些食物，非常高兴，好像接受了用作太牢的牛羊猪这样的馈赠。子路问道："小瓦罐是简陋的盛饭器具，煮出来的饭食也平淡无味。老师您为什么如此高兴呢？"孔子说："喜欢进谏的人总是想着自己的国君，吃着美味的人总是念着自己的父母。我看重的并不是食物器具的好坏，而是他吃到好吃的食物时想起来让我尝尝的这种心情。"

孔子之楚[1]，而有渔者[2]而献鱼焉，孔子不受。渔者曰："天暑市远[3]，无所鬻也[4]。思虑弃之粪壤[5]，不如献之君子，故敢以进焉。"于是夫子再拜[6]受之，使弟子扫地，将以享祭[7]。门人曰："彼将弃之，而夫子以祭之，何也？"孔子曰："吾闻诸[8]，惜其腐馁[9]，而欲以务施者，仁人之偶[10]也。恶[11]有受仁人之馈，而无祭者乎？"

【注释】
[1] 此记载又见于《说苑·贵德》。
[2] 渔者：打鱼的人。一本"渔"作"鲛"，同；"献"上无"而"字。
[3] 天暑市远：天气溽热，市场路远。市，卖鱼的市场。
[4] 鬻：卖，出售。
[5] 粪壤：粪土，垃圾堆。

[6]再拜：拜两次，是较为隆重的礼节。

[7]享祭：祭祀。太宰纯增注："《说苑》云：'使弟子扫除，将祭之。'盖谓祭食也。"冈白驹补注："谓祭食也。礼，饮食必祭，示有所先也。"

[8]闻诸：即"闻诸之"，听说。诸，代词，之。

[9]腐饪(rěn)：变质的食物。太宰纯增注："饪，与'饪'同，又作'脏'，熟也。"饪，熟食。

[10]偶：同伴，同类。

[11]恶(wū)：古同"乌"，疑问词，哪里，怎么。

【译文】

孔子到楚国去，有一个打鱼人要献给他一些鱼，孔子表示不能接受。打鱼人说："天气溽热，卖鱼的市场又太远，没有地方去卖鱼。我考虑与其扔到垃圾堆里，不如献给像您这样的君子，所以我才敢把这些鱼冒昧地进献给您。"听了这些话，孔子拜了再拜才接受了这些鱼，让弟子把地打扫干净，准备举行祭祀。弟子们问："这些鱼差点被那个打鱼人扔掉，而老师您却要为这些鱼举行祭祀，为什么呢？"孔子说："我听说因怜惜食物会变得腐烂而把它送给别人，这是仁人的同类。哪里有接受仁人的馈赠，而不举行祭祀的呢？"

季羔[1]为卫之士师[2]，刖[3]人之足。俄而[4]，卫有蒯聩之乱[5]，季羔逃之，走郭门[6]。刖者[7]守门焉，谓季羔曰："彼有缺[8]。"季羔曰："君子不逾[9]。"又曰："彼有窦[10]。"季羔曰："君子不隧[11]。"又曰："于此有室。"季羔乃入焉。既而[12]追者罢[13]，季羔将去[14]，谓刖者[15]："吾不能亏主之法[16]而[17]亲刖子[18]之足矣。今吾在难，此正子之报怨之时，而逃我[19]者三，何故哉？"刖者曰："断足，固我之罪[20]，无可奈何。曩[21]者君治臣以法令[22],先人后臣,欲臣之免也[23],臣知[24];狱决罪定[25],临当论刑[26],君愀然[27]不乐,见君颜色[28],臣又知之。君岂私[29]臣哉?天生君子,其道固然。此臣之所以悦君[30]也。"孔子闻之曰:"善哉为吏,其用法一也[31]。思仁恕则树[32]德,加严暴则树怨,公[33]以行之,其子羔乎?"

【注释】

[1] 季羔:即高柴,字子羔,孔子弟子。此记载又见于《韩非子·外储说左下》、《说苑·至公》。

[2] 士师:王肃注:"狱官。"冈白驹补注:"刑官曰士,其长曰师。"

[3] 刖(yuè):砍断人的脚,是古代的一种酷刑。

[4] 俄而:不久。

[5] 蒯聩之乱:发生于春秋末年的一次卫国动乱。王肃注:"初,卫灵公太子蒯聩得罪,出奔晋。灵公卒,立其子辄,蒯聩自晋袭卫。时子羔、子路并仕于卫也。"

[6] 郭门:外城的门。

[7] 刖者:被子羔处以刖刑的那个人。

[8] 缺:城墙的缺口。

[9] 逾:逾墙,跳墙。

[10] 窦:洞孔。

[11] 隧:从洞口爬出去。冈白驹补注:"君子不逾不隧,恶其近窃盗也。"

[12] 既而:不久,一会儿。

[13] 罢:停止追捕。

[14] 去:走,离开。

[15] 谓刖者:黄鲁曾本此下有"曰"字。冈白驹补注:"何本、吴本、钱本并此下有'曰'字。"

[16] 亏主之法:破坏君主的法律。

[17] 而:连词,表因果。因而,所以。

[18] 子:太宰纯增注:"'子'字,坊本作'者',误也,今从一

本。《韩子》、《说苑》皆同。"

［19］逃我：使我逃脱。逃，使动用法。

［20］固我之罪：罪有应得。

［21］曩：往昔，以前。

［22］君治臣以法令：您用法令处罚我。君，对长官的尊称。臣，自己的谦称。冈白驹补注："古人凡在下者，对贵者言，皆谦称臣。"

［23］"先人后臣"二句：先处理别人的案子，后处理我的案子，目的在于争取时间考虑如何使我免罪。

［24］臣知：太宰纯增注："一本有'之'字，'臣知之'为句，《说苑》同。"

［25］狱决罪定：案件定案，罪名确立。

［26］临当论刑：到了要施刑的时候。

［27］愀(qiǎo)然：忧戚的样子。

［28］见君颜色：看到您的神色。颜色，神色，神情。

［29］私：私心。

［30］悦君：冈白驹补注："《说苑》'悦'作'脱'。"千叶玄之标笺："《韩诗外传》'悦君'作'德公'。吴嘉谟曰：'悦，一作"脱"。'"林按，以作"脱君"为是，意为使君逃脱。

［31］用法一也：同样是运用法律。

［32］树：树立。

［33］公：公正无私。

【译文】

季羔担任卫国的狱官，给一个人判处了刖足之刑。过了不久，卫国发生了蒯聩之乱。季羔准备逃走，跑到了卫都外城的门口。正好是那个受刖刑的人守城门，他告诉季羔说："那边有个缺口。"季羔说："君子不跳墙。"他又说："那边有个洞。"季羔说："君子不从洞里钻。"那人又说："这里有间房子。"季羔就进去了。不久，追捕季羔的人停止了搜捕，季羔要离去，对受刖刑的人说："过去我因为不能破坏国君的法令，所以亲自下令砍断了你的脚。现在我处在危难之际，这正是你报复怨恨的时候，而你却三次使我逃脱，这是为什么呢？"受刖刑的人说："被砍掉脚是我罪有应得，这是无可奈何的事情。以前你依据法律审理我的案子，下令先审理别人的再审理我的,这是想争取时间了解案情,希望我能免于罪罚,这是我知道的;案子审理完了,刑罚确定了,到了行刑的时候,你显得非常忧戚,一点都不高兴,看到你的脸色,我又明白了。你哪里对我存在私自偏心呢?那些天生的君子,为政之道本来就是这样。这是我之所以让您逃脱的原因。"孔子听说了这件事之后评论道:"季羔真是善于做官啊。同样是运用法律,常思仁义宽恕之心就会树立恩德,而用刑严酷暴虐就会树立怨仇。能够公正无私地执行法律的,也就是子羔吧!"

　　孔子曰:"季孙之赐我粟千钟也,而交益亲[1];自南宫敬叔之乘我车也,而道加行[2]。故道虽贵,必有时[3]而后重,有势[4]而后行。微夫二子之贶[5]财,则丘之道,殆[6]将废[7]矣。"

【注释】
　　[1]"季孙之赐我粟千钟也"二句:王肃注:"得季孙千钟之粟,以施与众,而交益亲。"根据《说苑》及行文语气,"季孙"前面应有一"自"字。季孙,季孙氏,此盖为季桓子。冈白驹补注:"季孙用孔子,由委吏至司空,禄千钟。"钟,容量单位。太宰纯增注:"《左氏传》云:'釜十为钟。钟,六斛四斗也。'"千叶玄之标笺:"按,禄千钟,孔子谓为司空时。"交,交往的人,朋友。益亲,更加亲密。林按,《史记·孔子世家》"卫灵公问孔子:'居鲁得粟几何?'对曰:'奉粟六万'。"此记载又见于《说苑·杂言》。
　　[2]"自南宫敬叔之乘我车也"二句:南宫敬叔,鲁国大夫孟僖子之子,曾受学于孔子。或以为即孔子弟子南宫括。道加行,主张得到更多认可、推行。
　　[3]时:时机。
　　[4]势:条件。
　　[5]贶(kuàng):赐,赠送。
　　[6]殆:大概,几乎。
　　[7]废:废而难行。

【译文】

孔子说:"自从季孙氏送我千钟粮食,我又把它转送给了交往的朋友,从这以后我和朋友的交往更加亲密了。自从南宫敬叔帮我得到国君所赐的车子后,我的思想学说得到更多认可更好地推行了。因此,思想主张虽然重要,必须在得到有利的时机后才能被看重,得到有利的条件后才能得以推行。如果没有这两位送我财物,那么我的思想主张就会因得不到推行而几乎被废弃了。"

孔子曰:"王者有似乎春秋[1]。文王[2]以王季[3]为父,以太任[4]为母,以太姒[5]为妃[6],以武王[7]、周公为子,以太颠、闳夭[8]为臣,其本美矣[9]。武王正其身以正其国,正其国以正天下[10],伐无道[11],刑有罪[12],一动而天下正[13],其事成矣。春秋致其时[14],而万物皆及[15]。王者致其道[16],而万民皆治[17]。周公载己行化[18],而天下顺之[19],其诚[20]至矣。"

【注释】

[1] 王者有似乎春秋:能称王的人像万物的生长季节一样。王肃注:"正其本而万物皆正。"此记载又见于《说苑·君道》。

[2] 文王:即周文王,姬姓,名昌,西周王朝的奠基者。是孔子和儒家最尊崇的古代圣王之一。

[3] 王季:周先王,姬姓,名季历,周文王的父亲。其父为周太王古公亶父,长兄为泰伯,次兄为虞仲。据《史记·周本纪》记载:"生昌,有圣瑞。古公曰:'我世当有兴者,其在昌乎?'长子太伯、虞仲知古公欲立季历以传昌,乃二人亡如荆蛮,文身断发,以让季历。"

[4] 太任:周王季之妃,周文王的母亲。

[5] 太姒(sì):周文王之妃,生子周武王、周公等人。

[6] 妃:君主的妻子。

[7] 武王:周武王,姬姓,名发,周文王的次子。文王去世后继位,率军翦灭殷纣王,建立周朝,成为西周王朝的建立者。

[8] 太颠、闳夭：二人是辅佐周文王的大臣。

[9] 其本美矣：文王的根基太好了。此句讲文王具备了称王的各种条件。《中庸》："子曰：'无忧者，其惟文王乎！以王季为父，以武王为子；父作之，子述之。'"可与本节参读。本，根基，根本。美，好。

[10] "武王正其身以正其国"二句：周武王端正自己来端正国家，国家端正了来端正天下。可与《大学》"古之欲明明德于天下者，先治其国；欲治其国者，先齐其家；欲齐其家者，先修其身……心正而后身修，身修而后家齐，家齐而后国治，国治而后天下平"合参。

[11] 伐无道：征伐无道的殷纣王。公元前1046年，周武王率军发动牧野之战，攻克朝歌，纣王自焚。

[12] 刑有罪：惩罚有罪之人。刑，惩罚，惩治。《史记·周本纪》："（武王）至纣死所。武王自射之，三发而后下车，以轻剑击之，以黄钺斩纣头，县大白之旗。已而至纣之嬖妾二女，二女皆经自杀。武王又射三发，击以剑，斩以玄钺，县其头小白之旗。"

[13] 一动而天下正：一行动就使得天下归于正道。可与《中庸》"武王缵大王、王季、文王之绪，壹戎衣而有天下，身不失天下之显名"的说法参读。

[14] 春秋致其时：四季按一定的规律进行转换。

[15] 万物皆及：万物随之春生夏长秋收冬藏。

[16] 王者致其道：圣王遵循一定的道义进行统治。

[17] 万民皆治：天下百姓随之得到治理。

[18] 载己行化：从自身做起以推行教化。王肃注："载亦行矣，言行己以行化，其身正，不令而行也。"《史记·鲁周公世家》："周公戒伯禽曰：'我文王之子，武王之弟，成王之叔父，我于天下亦不贱矣。然我一沐三捉发，一饭三吐哺，起以待士，犹恐失天下之贤人。子之鲁，慎无以国骄人。'"

[19] 天下顺之：天下归顺。西周甫建，周武王不久病逝，成王年幼，周公摄政。随后发生武庚与三监之乱，周公东征，平定叛乱。随后周公制礼作乐，使周王朝政权得以稳固并日渐强盛，于是"诸侯咸服宗周"。

[20] 诚：诚实不欺。后来子思将"诚"提升为儒家形上哲学的最高范畴之一，写入《中庸》。提出："诚者，天之道也；诚之者，人之道也。诚者，不勉而中，不思而得，从容中道，圣人也；诚之者，择善而固执之者也。""唯天下至诚，为能尽其性；能尽其性，则能尽人之性；能尽人之性，则能尽物之性；能尽物之性，则可以赞天地之化育；可以

赞天地之化育，则可以与天地参矣。"

【译文】
孔子说："能称王的人就好像万物生长的季节一样。文王有王季做父亲，有太任做母亲，有太姒做夫人，有武王、周公做儿子，有太颠、闳夭做大臣，所以他的根基是很好的。周武王首先端正自身，然后端正了国家，国家端正了然后端正了天下，以此来讨伐暴虐无道的商纣王，惩罚有罪的人，所以自身一行动天下就得到了治理，功业就成功了。季节按一定的规律进行转换，万物随之春生夏长秋收冬藏。圣王遵循一定的道义进行统治，天下百姓随之得到治理。周公以身作则来教化百姓，天下就都归顺了，他的诚心应该是已经达到最高境界了。"

曾子曰："入是[1]国也，言信于群臣[2]，而留可也；行忠于卿大夫[3]，则仕可也；泽施于百姓[4]，则富可也。"孔子曰："参之言此，可谓善安身[5]矣。"

【注释】
　[1] 是：代词，这个。此记载又见于《说苑·谈丛》。
　[2] 言信于群臣：言论被朝中的群臣们认为可信。
　[3] 行忠于卿大夫：行为被卿大夫们视为忠诚。
　[4] 泽施于百姓：出仕做官后能够惠泽百姓。
　[5] 安身：立身。

【译文】
　　曾子说："一个人进入一个国家，如果他的言论能被众多的大臣相信，那么他就可以留下来；如果他的行为被卿大夫们认为是讲求忠信，那么他就可以在这个国家出仕做官了；如果做官之后他能够惠泽于老百姓，那么他就可以在这里求富。"孔子说："曾参说这些话，表明他善于立身了。"

子路为蒲宰[1]，为水备[2]，与其民修沟洫[3]。以民之劳烦苦也，人与之一箪食、一壶浆[4]。孔子闻之，使子贡止之。子路忿然[5]不悦，往见孔子，曰："由也以暴雨将至，恐有水灾，故与民修沟洫以备之。而民多匮饿[6]者，是以箪食壶浆而与之。夫子使赐止之，是夫子止由之行仁也。夫子以仁教而禁其行，由不受也。"孔子曰："汝以民为饿也，何不白[7]于君，发仓廪以赈之[8]？而私以尔食馈之，是汝明君之无惠，而见[9]己之德美矣。汝速已[10]则可，不已[11]，则汝之见罪[12]必矣。"

【注释】

[1]子路为蒲宰：子路做蒲邑的长官。蒲，蒲邑，卫国地名，在今河南长垣县境内。宰，地方官。此记载又见于《说苑·臣术》。

[2]为水备：为防备水患。

[3]与其民修沟洫：和当地的百姓一起修建沟渠。沟洫，沟渠，水渠。太宰纯增注："包咸曰：'方里为井，井间有沟，沟广深四尺。十里为成，成间有洫，洫广深八尺。'"

[4]人与之一箪(dān)食、一壶浆：给每人发放一筐饭，一壶汤。人，每人。箪，古代盛饭的圆形竹器。壶，容器名。深腹，敛口，多为圆形，也有方形、椭圆等形制。用以盛酒、浆。浆，浆汤。冈白驹补注："浆，米汁也。"

[5]忿然：愤怒貌。

[6]匮饿：因缺粮而饥饿。匮，乏。

[7]白：汇报。

[8]发仓廪以赈之：打开国家粮仓来赈济他们。发，启，打开。仓廪，粮仓。赈，救济，赈济。

[9]见(xiàn)：同"现"，表现，显示。

[10]已：停止。

[11]不已：如果不停止。

[12]见罪：被治罪，获罪。被，表被动。

【译文】

子路做卫国蒲邑的地方官,为了防备水患,就率领蒲邑民众修建沟渠。他看到百姓的劳动繁重而辛苦,就发给每人一筐饭食、一壶汤水。孔子听说了这件事,就派子贡赶去阻止。子路非常不高兴,就去拜见孔子,说:"我因为暴雨将要来了,担心有大水灾,所以就率领民众修理沟渠以作防备。但民众却因缺少粮食而忍受饥饿,所以就发给他们每人一筐饭食、一壶汤水。老师您让端木赐制止我,这是老师阻止我施行仁德啊。老师用仁德教育弟子却禁止弟子施行它,我无法接受。"孔子说:"你认为民众饥饿,为何不向国君报告,请求打开粮仓来救济他们呢?你私自以自己的食物赠送给民众,这是你向民众表明国君没有恩惠,却显示自己的德行美好。你赶快停止这件事还可以,如果不停止,你将一定获罪。"

子路问于孔子曰:"管仲之为人如何[1]?"子曰:"仁也[2]。"子路曰:"昔管仲说襄公,公不受,是不辩也[3];欲立公子纠而不能,是不智也[4];家残于齐而无忧色,是不慈也[5];桎梏而居槛车,无惭心,是无丑也[6];事所射之君,是不贞也[7];召忽死之,管仲不死,是不忠也[8]。仁人之道,固若是乎?"孔子曰:"管仲说襄公,襄公不受,公之暗[9]也;欲立子纠而不能,不遇时[10]也;家残于齐而无忧色,是知权命[11]也;桎梏而无惭心,自裁审[12]也;事所射之君,通于变[13]也;不死子纠,量轻重[14]也。夫子纠未成君,管仲未成臣。管仲才度义[15],管仲不死,束缚而立功名[16],未可非也;召忽虽死,过与取仁[17],未足多[18]也。"

【注释】

[1] 如何:此记载又见于《说苑·善说》。

[2]仁也：得仁道也。

[3]"昔管仲说(shuì)襄公"三句：从前管仲劝说齐襄公，齐襄公不听，说明管仲口才不行。骄淫奢侈，被臣下所杀。说，劝说。辩，有口才，善言辞。

[4]"欲立公子纠而不能"二句：打算立公子纠为齐君结果失败了，说明管仲缺乏智慧。太宰纯增注："本注所云，事在《左氏传·庄八年》及《九年》。"智，智慧，智谋。

[5]"家残于齐而无忧色"二句：管仲在外期间子女在齐国遭遇变故，但是他却毫无忧愤的神情，说明管仲缺乏仁慈爱。慈，慈爱。林按，此事未详，仅据文意推断。

[6]"桎梏而居槛(jiàn)车"三句：戴着镣铐关在囚车之中，却没有羞愧之心，说明管仲毫无羞耻感。桎梏，原指拘系犯人的脚镣、手铐，此处指戴着脚镣、手铐而被拘禁。槛车，四周设有栅栏的囚车，用以押解犯人。无丑，王肃注："言无耻恶之心。"

[7]"事所射之君"二句：事奉那位他曾经要射杀的齐桓公，说明他不够专一。冈白驹补注："鲁闻无知死，发兵送公子纠，而使管仲别将兵，遮莒道，管仲射小白中带钩。"小白骗过管仲，迅速回到齐国，得以即位。贞，忠贞。

[8]"召(shào)忽死之"三句：同样辅佐公子纠，召忽为公子纠而死，管仲却活下来，说明管仲不够忠诚。召忽，齐国大夫，和管仲共同辅佐公子纠，后随公子纠奔于鲁国。公子纠被杀后，召忽自杀死节。

[9]暗：无道昏暗。

[10]不遇时：时运不济。《孔子家语·在厄》："遇不遇者，时也。"时，机遇，时运。

[11]知权命：审度时命。权，变通。命，运命。

[12]自裁审：自己善于裁断审视。

[13]通于变：善于变通。变，权变，变化。

[14]量轻重：这里指善于衡量生死的轻重。

[15]才度义：裁断衡量如何合适。才，即裁断。度，衡量。义，宜。

[16]束缚而立功名：做了囚犯却最终建立了功业拥有了声名。

[17]过与取仁：以过分的举动来获取仁德的声名。过，过分的，不合乎常情的。取，获取。

[18]多：推重，赞扬。

【译文】

子路问孔子说:"管仲的为人怎么样呢?"孔子说:"是个有仁德的人。"子路说:"从前管仲劝说齐襄公,齐襄公不听,说明管仲口才不行;打算立公子纠为齐君结果失败了,说明管仲缺乏智慧;管仲子女在齐国被杀,但是他却毫无忧愤的神情,说明管仲缺乏慈爱;戴着镣铐关在囚车之中,却没有羞愧之心,说明管仲毫无羞耻感;事奉那位他曾经要射杀的齐桓公,说明他不够专一;同样辅佐公子纠,召忽为公子纠而死,管仲却活下来,说明管仲不够忠诚。做仁人的方法,难道真的是这样吗?"孔子说:"管仲劝说齐襄公,齐襄公不听,这是因为齐襄公的无道昏暗;打算立公子纠为齐君结果失败,这是因为时运不济;管仲子女在齐国被杀,他却毫无忧愤的神情,这说明他懂得审度时命;戴着镣铐关在囚车之中,却没有羞愧之心,可见他自己善于裁断审视;事奉那位他曾经要射杀的齐桓公,这是因为他善于变通;不为公子纠而死,可见他善于衡量生死的轻重。公子纠没有成为国君,管仲也就不算公子纠的臣。管仲懂得裁断衡量如何做合适,他做了囚犯却最终建立了功业拥有了声名,这是无可非议的;召忽虽然为公子纠而死,但以过分的举动来获取仁德的声名,并不值得推重。"

孔子适[1]齐,中路[2]闻哭者之声,其音甚哀。孔子谓其仆[3]曰:"此哭哀则哀矣,然非丧者之哀矣[4]。"驱而前[5],少进[6],见有异人[7]焉,拥镰带索[8],哭者不衰[9]。孔子下车,追而问曰:"子何人也?"对曰:"吾,丘吾子[10]也。"曰:"子今非丧之所[11],奚[12]哭之悲也?"丘吾子曰:"吾有三失,晚而自觉[13],悔之何及[14]?"曰:"三失可得闻乎?愿子告吾,无隐[15]也。"丘吾子曰:"吾少时好学,周遍天下,后还丧吾亲,是一失也;长事齐君,君骄奢失士,臣节不遂[16],

是二失也；吾平生厚交[17]，而今皆离绝，是三失也。夫树欲静而风不停[18]，子欲养而亲不待。往而不来者，年[19]也；不可再见者，亲也。请从此辞。"遂投水而死[20]。孔子曰："小子识[21]之！斯足为戒[22]矣。"自是弟子辞归养亲者十有三[23]。

【注释】
　　[1] 适：往，去。此记载又见于《韩诗外传》卷九、《说苑·敬慎》。
　　[2] 中路：半路上。
　　[3] 仆：驾车的人。为孔子驾车的一般都是他的弟子。
　　[4] 丧(sāng)者之哀矣：死了亲人的那种哀痛。
　　[5] 驱而前：架着马车往前走。驱，驾车。
　　[6] 少进：向前走了不远。少，稍。
　　[7] 异人：怪人，奇异的人。
　　[8] 拥镰带索：手持镰刀，身带绳索。
　　[9] 哭者不衰：痛哭不止。
　　[10] 丘吾子：太宰纯增注："丘吾子，《韩诗外传》作'皋鱼'。盖'丘吾'、'皋鱼'声相近，传闻之异。"
　　[11] 丧之所：办丧事的地方。
　　[12] 奚：为何。
　　[13] 晚而自觉：年老之后才自己察觉。
　　[14] 悔之何及：后悔哪里来得及，犹"悔之晚矣"。
　　[15] 无隐：不要隐瞒。无，通"毋"，不要。
　　[16] 遂：顺利实现。
　　[17] 厚交：重视朋友。厚，以……为厚，重视。交，交往，这里指所交往的朋友。
　　[18] 停：止。
　　[19] 年：这里指时间、岁月。
　　[20] 投水而死：《韩诗外传》云"立槁而死"，《说苑》云"自刎而死"。
　　[21] 识(zhì)：通"志"，记住。
　　[22] 斯足为戒：这些教训完全可以引起你们的警戒了。

[23] 十有三：有十三个人。

【译文】
　　孔子到齐国去，在半路上听到有哭声，声音非常哀伤。孔子告诉驾车的学生说："这哭声哀伤倒是哀伤，但不是失去亲人的那种哀伤。"驾车往前，没走多远，看见一位怪人，拿着镰刀，身带绳索，不停地在哭泣。孔子下了车，追上去问道："您尊姓大名？"他回答说："我是丘吾子。"孔子说："这不是在举行丧礼的地方，你为什么哭得这么悲伤？"丘吾子说："我一生有三个大的过失，到了晚年才自己察觉，后悔哪里来得及呢？"孔子说："我可以听听这三种过失吗？希望您能告诉我，不要隐瞒。"丘吾子说："我年轻的时候爱好学习，求学遍及四方，后来回到家，父母却都已去世，这是我的第一个大过失；我年长的时候做齐国国君的臣下，国君骄傲奢侈失去臣下的拥护，我没有全尽臣节，这是我的第二个大过失；我一生重视交友，但现在他们都离开了我，和我断绝了关系，这是我的第三个大过失。树想静下来风却不停地吹，做子女的想奉养父母他们却等不到那一天。一去不复返的是岁月；去世了不能再见到的是父母。请让我们从此诀别吧。"于是，他就投水自杀了。孔子说："你们记住丘吾子的这些话！这些教训完全可以引起你们的警戒了。"从这之后，弟子们告别老师回家奉养父母的有十三个人。

　　孔子谓伯鱼[1]曰："鲤乎！吾闻可以与人终日不倦者，其唯学乎[2]！其容体不足观[3]也，其勇力不足惮[4]也，其先祖不足称[5]也，其族姓不足道[6]也。终而有大名，以显闻四方，流声后裔[7]者，岂非学之效也？故君子不可以不学，其容不可以不饰[8]，不饰无类，无类失亲[9]，失亲不忠[10]，不忠失礼[11]，失礼不立[12]。夫远而有光者，饰也；近而愈明者，学也。譬之污池[13]，水潦[14]注焉，萑苇[15]生焉，虽或以观之，孰知其源乎[16]？"

【注释】
　　[1] 伯鱼：孔鲤，字伯鱼，孔子之子。此记载又见于《尚书大传》、《韩诗外传》卷六、《说苑·建本》。
　　[2] 乎：语气词。
　　[3] 容体不足观：容貌不值得看。
　　[4] 勇力不足惮(dàn)：勇力不值得怕。惮，害怕，畏惧。
　　[5] 先祖不足称：祖先不值得炫耀。称，称许，引申为炫耀。
　　[6] 族姓不足道：宗族不值得夸耀。道，言说，引申为夸耀。
　　[7] 流声后裔：声名在后世流传。
　　[8] 饰：修饰。
　　[9] "不饰无类"二句：王肃注："类，宜为'貌'。不饰故无貌，不得言不饰无类也。为貌矜庄，然后亲爱可久，故曰'无类失亲'也。"本注，黄鲁曾本作"类，宜为'貌'。不在饬，故无貌不得，言不饬无类也。礼貌矜庄，然后亲爱可久，故曰'无类失亲'也。"
　　[10] 失亲不忠：失去了彼此的亲近就会失去忠信。
　　[11] 不忠失礼：没有忠信则失去了礼。
　　[12] 失礼不立：《论语·季氏》孔子谓伯鱼："不学礼，无以立。"又《尧曰》："不知礼，无以立也。"
　　[13] 污池：不流动的水池。
　　[14] 水潦(lǎo)：下雨而形成的积水。
　　[15] 萑(huán)苇：两种芦类植物。
　　[16] "虽或以观之"二句：王肃注："源，泉源也。水潦注于池而生萑苇，观者谁知其非源泉乎？以言学者虽从外入，及其用之，人谁知其非从此出也者乎？"

【译文】
　　孔子对伯鱼说："鲤呀，我听说可以整天使人不知厌倦的，恐怕也只有学习吧！一个人容貌不值得看，勇力不值得怕，祖先不值得谈，宗族不值得说。最后有好的名声，显闻天下，流传后世，难道不是学习的功效吗？所以君子不能不学习，容貌不能不修饰，不修饰就没有好的容貌举止，没有好的容貌举止别人就不会亲近，失去了彼此的亲近就会失去忠信，没有忠信就失去了礼，失去了礼就失去了立身的基础。远远地看就感受到光彩，是修饰的结果；亲近后觉得更加聪明睿智，是学习的功效。就好比一个水池，有雨水流到里面，苇草丛生，虽然有人欣赏，可谁又能知道它并非源头活水呢？"

子路见于孔子曰："负重涉远，不择地而休[1]；家贫亲老，不择禄而仕[2]。昔者由也事二亲之时，常食藜藿之实[3]，为亲负米百里之外[4]。亲殁[5]之后，南游于楚[6]，从车百乘[7]，积粟万钟[8]，累茵[9]而坐，列鼎而食[10]，愿欲食藜藿，为亲负米，不可复得也。枯鱼衔索，几何不蠹[11]？二亲之寿，忽若过隙[12]。"孔子曰："由也事亲，可谓生事尽力[13]，死事尽思[14]者也。"

【注释】

[1]"负重涉远"二句：背负重物行走远路，就会不挑剔地方好坏而休息。此记载又见于《说苑·建本》。

[2]"家贫亲老"二句：家境贫寒父母年迈，就会不计较俸禄高低而出仕。

[3]藜(lí)藿(huò)之实：野菜和豆叶等食物。藜，一种野菜，亦称灰菜，嫩叶可吃。藿，豆叶。冈白驹补注："藜，草名。藿，豆叶。"

[4]负米百里之外：去百里之外背米。"子路负米"后被列入"二十四孝"。

[5]殁(mò)：去世。

[6]南游于楚：到南方的楚地游历。游，或译为游宦，恐不当。子路曾在鲁、卫作家宰、邑宰等，未见有出仕楚国的记载。

[7]百乘：《太平御览》卷八三八引《说苑》，作"数乘"，向宗鲁以为"数乘"较为合理。

[8] 积粟万钟：积累的粮食有上万钟。冈白驹补注："釜十曰钟。万钟，谓禄多也。"

[9] 茵：坐垫。

[10] 列鼎而食：排列着大鼎吃饭。冈白驹补注："鼎，三足两耳。和五味之食器。"

[11] 蠹（dù）：蛀蚀。

[12] "二亲之寿"二句：父母年龄增长，像马跳过缝隙一样快。

[13] 生事尽力：父母健在的时候，竭尽全力赡养。

[14] 死事尽思：父母去世之后，倾尽了哀思。

【译文】
　　子路拜见孔子说："背负重物行走远路，就会不挑剔地方好坏而休息；家境贫寒父母年迈，就会不计较俸禄高低而出仕。过去仲由侍奉父母的时候，常吃野菜豆叶等食物，为父母到百里之外的地方去背米。父母去世以后，我南下游历楚国，随从数乘的车辆，积蓄了万钟粮食，坐的垫子有好几层，排开大鼎吃饭，但是我想吃野菜豆叶，为父母背米，已经没有机会了。干鱼串在绳子上，还有多长时间不被蛀蚀？父母年龄增长，像马穿过缝隙一样快。"孔子说："仲由侍奉父母，可以说达到了父母健在时竭尽全力赡养，父母去世后倾尽哀思。"

　　孔子之郯[1]，遭程子于途[2]，倾盖[3]而语，终日甚相亲[4]。顾[5]谓子路曰："取束帛[6]以赠先生。"子路屑然[7]对曰："由闻之，士不中间[8]见，女嫁无媒[9]，君子不以[10]交，礼也[11]。"有间[12]，又顾谓子路。子路又对如初。孔子曰："由，《诗》不云乎：'有美一人，清扬宛兮。邂逅相遇，适我愿兮[13]。'今程子，天下贤士也。于斯不赠，则终身弗能见也[14]。小子行之！"

【注释】

[1] 孔子之郯(tán)：孔子到郯国去。郯，春秋时为鲁之属国，在今山东郯城北。此记载又见于《韩诗外传》卷二、《说苑·尊贤》、《孔丛子·杂训》。

[2] 遭程子于途：路上邂逅了贤士程子。遭，遇到，邂逅。程子，当时贤达之士，具体不详。

[3] 倾盖：王肃注："倾盖，驻车。"车上的伞盖相互倾靠，指两辆车子停放在一起。

[4] 甚相亲：非常投机。

[5] 顾：回头。

[6] 束帛：古代用为聘用、馈赠的礼物。束，丝帛的计量单位。冈白驹补注："五匹曰束。"帛，丝织品，用于馈赠的礼物。

[7] 屑然：庄重的样子。屑，敬。

[8] 中间：介绍。

[9] 女嫁无媒：女子不经媒妁介绍而嫁人。

[10] 以：与。

[11] 礼也：根据礼的规定，士人见面需要有人予以介绍；女子出嫁需要有媒人撮合。如果违背了礼，君子就不与这样的人结交。

[12] 有间：过了一会儿。

[13] "有美一人"四句：语出《诗·郑风·野有蔓草》。清扬，眉目清秀。宛，美好。邂逅，不期而遇。适，适合。

[14] "于斯不赠"二句：冈白驹补注："此人不可复见，于斯不赠，则终身不能赠也。"

【译文】

孔子到郯国去，路上邂逅了贤士程子，便将车子停在一起，二人交谈，一直谈到天黑，非常投机。孔子回头对子路说："取一束帛来送给先生。"子路庄重地回答说："仲由听说，士人没有介绍人就互相见面，女子没有媒人就嫁人，君子是不跟这样的人交往的，这是礼的规定。"过了一会儿，孔子又回头对子路说了一遍。子路还是像开始那样答复。孔子说："由，《诗》上不是说：'有美女一人，清秀妩媚啊。不期而遇，正适我意啊。'今天面前的程先生，是天下有名的贤达之士。在这个时候不送给他礼物，那终生也很难见到他了。你还是按我的话去做吧。"

孔子自卫反鲁[1]，息驾于河梁而观焉[2]。有悬水三十仞[3]，圜流九十里[4]，鱼鳖不能道[5]，鼋鼍不能居[6]。有一丈夫[7]，方将厉[8]之。孔子使人并涯[9]止之，曰："此悬水三十仞，圜流九十里，鱼鳖鼋鼍不能居也，意者[10]难可济也[11]。"丈夫不以措意[12]，遂渡而出。孔子问之曰："子巧[13]乎？有道术[14]乎？所以能入而出者，何也？"丈夫对曰："始吾之入也，先以忠信；及吾之出也，又从以忠信。措吾躯于波流[15]，而吾不敢以用私[16]，所以能入而复出也。"孔子谓弟子曰："二三子识之，水且犹可以忠信成身亲之[17]，而况于人乎？"

【注释】

[1]自卫反鲁：鲁哀公十一年，孔子应哀公之请自卫反鲁。反，通"返"。此记载又见于《说苑·杂言》、《列子·说符》。

[2]息驾于河梁而观焉：在黄河边的石梁上停车观赏风景。息驾，停车。河梁，黄河岸边的石梁。

[3]悬水三十仞：瀑布有三十仞。王肃注："八尺曰仞。悬二十四丈者也。"悬水，瀑布。

[4]圜流九十里：周流回旋的河水有九十里。圜流，旋腾的河水。

[5]鱼鳖不能道：鱼鳖不能在其中游走。王肃注："道，行。"

[6]鼋(yuán)鼍(tuó)不能居：大鳖和鳄鱼都不能在其中待着。鼋鼍，这里偏指鼋。鼋，大鳖。鼍，鳄鱼。

[7]丈夫：成年男子。

[8]厉：游渡。

[9]并(bàng)涯：走近河岸边。并，通"傍"。冈白驹补注："并，近也。涯，水际也。"

[10]意者：推想，想来。

[11]难可济也：应该很难通过。济，过河。

[12]措意：在意，放在心上。冈白驹补注："措，犹'著'也。"《说苑》作"错意"。

［13］巧：技巧。

［14］道术：合乎道的方法。

［15］措吾躯于波流：将我的身体置放在波流之中。太宰纯增注："《说文》曰：'躯，体也。'"冈白驹补注："措，置也。"

［16］不敢以用私：不敢有私心杂念。太宰纯增注："《说苑》无'以'字，盖此衍文。"

［17］水且犹可以忠信成身亲之：用忠信成就自身尚且可以用来亲近水。

【译文】

孔子从卫国返回鲁国，在黄河边的石梁上停车观赏风景。河上的瀑布高达三十仞，旋转回流的水达九十里长，鱼鳖不能在其中游走，大鳖和鳄鱼不能在其中待着。有一位成年男子正要从那里游渡过河。孔子派人走近河岸边加以阻止，说："这瀑布高三十仞，下面回旋的水流达九十里长，鱼、大鳖、鳄鱼都不能在其中逗留，想来应该很难通过。"该男子不以为然，于是下水游渡，竟然成功地从对岸水边游出来。孔子问他，说："你有特别的技巧吗？还是有高明的道术呢？能自如地出入于水中，这是为什么呢？"这名男子说："开始我游入水中的时候，心中首先充满忠信；等到我游出水的时候，依然心怀忠信。将我的身体置放在急水湍流中游动，而我不敢有私心杂念，所以能自如地出入于水中。"孔子告诉弟子说："你们记住，用忠信成就自身尚且可以用来亲近水，更何况人呢？"

孔子将行，雨而无盖[1]。门人[2]曰："商[3]也有之。"孔子曰："商之为人也，甚悋[4]于财。吾闻与人交，推[5]其长者，违[6]其短者，故能久也。"

【注释】

［1］盖：车子上的一种长柄圆顶的伞盖。此记载又见于《说苑·杂言》。

［2］门人：弟子。一说弟子的弟子称门人。这里应指弟子而言。
［3］商：卜商，字子夏。
［4］悋(lìn)：同"吝"，吝惜。
［5］推：推赞，推重。
［6］违：避免。

【译文】
　　孔子将要出行，下起雨来，车子却没有伞盖。门人说："卜商有伞盖。"孔子说："卜商为人，非常吝惜钱财。我听说与人交往，要推重他的长处，避开他的短处，这样交往才能长久。"

　　楚昭王[1]渡江[2]，江中有物大如斗[3]，圆而赤，直触[4]王舟。舟人取之。王大怪[5]之，遍问群臣，莫之能识[6]。王使使聘于鲁[7]，问于孔子。子曰："此所谓萍实[8]者也，可剖[9]而食之。吉祥[10]也，唯霸者为能获焉。"使者返。王遂食之，大美[11]。久之，使来以告鲁大夫。大夫因子游问曰："夫子何以知其然？"曰："吾昔之郑，过乎陈之野[12]，闻童谣[13]曰：'楚王渡江，得萍实，大如斗[14]，赤如日，剖而食之，甜如蜜[15]。'此是楚王之应[16]也，吾是以知之。"

【注释】
　　[1]楚昭王：芈姓，熊氏，名壬，公元前515—前489年在位，乃楚国中兴之主。黄鲁曾本作"楚王"。此记载又见于《说苑·辨物》。
　　[2]江：长江。
　　[3]斗：称量粮食的器具，亦为酒器之称。古代形容小物之大，往往用"斗"。
　　[4]触：撞，碰。
　　[5]怪：惊奇。

[6] 莫之能识：没有人认识。
　　[7] 王使使聘于鲁：王派使者访问鲁国。前"使"，派遣使者。后"使"，使者。聘，诸侯之间互派使节问候。
　　[8] 萍实：萍草的果实。
　　[9] 剖：破开，剖开。
　　[10] 吉祥：是吉利的征兆。祥，兆。
　　[11] 大美：非常甜美。
　　[12] 野：郊外。郑玄曰："去国百里为郊，郊外谓之野。"
　　[13] 童谣：儿童传唱的歌谣。旧时认为能预示世运或人事。
　　[14] 斗：《说苑》作"拳"。
　　[15] 甜如蜜：太宰纯增注："《说文》曰：'甜，美也。蜜，蜂甘饴也。'"
　　[16] 应：感应，应验。

【译文】
　　楚昭王渡长江的时候，江中有个怪物像斗那样大，圆形、红色，径直撞向王舟。舟夫把它取上来。楚王感到很惊奇，问遍了大臣，没有人认识它。昭王派使者访问鲁国，就这件事请教孔子。孔子说："这就是萍草的果实，可以剖开来吃，是吉利的征兆，只有能称霸的国君才能获得。"使者回到楚国告诉了楚王。楚王于是将萍草的果实剖开吃了，味道非常鲜美。很久以后，楚国的使者又来鲁国访问，把这件事情告诉了鲁国大夫。大夫通过子游请教孔子："先生怎么知道是这样的呢？"孔子回答说："我曾经到郑国去，经过陈国的郊野，听童谣里唱：'楚王渡过长江得到萍草的果实，大得像斗一样，红得像早晨的太阳，剖开吃掉它甜得像蜜一样。'这次楚王真的应验了，所以我能知道这件事。"

　　子贡问于孔子曰："死者有知[1]乎？将[2]无知乎？"子曰："吾欲言死之有知，将恐孝子顺孙妨生以送死[3]；吾欲言死之无知，将恐不孝之子弃其亲而不葬[4]。赐欲知死者有知与无知，非今之急，后自知之。"

【注释】
　　[1] 知：知觉。此记载又见于《说苑·辨物》。
　　[2] 将：或。冈白驹补注："将，抑然之辞。"
　　[3] 将恐孝子顺孙妨生以送死：又担心孝子顺孙伤害自己的生命来葬送死者。将，又。妨，妨害，伤害。
　　[4] 将恐不孝之子弃其亲而不葬：又担心不孝之子遗弃他的父母不去安葬。

【译文】
　　子贡问孔子说："死者有知觉呢？还是没有知觉呢？"孔子回答说："我要说死了还有知觉，担心孝子顺孙伤害自己的生命来葬送死者；我要说死了没有知觉，又担心不孝顺的子孙遗弃亲人而不安葬。赐你想知道死者有无知觉，这不是现在急着要解决的问题，以后你自然会知道的。"

　　子贡问治民于孔子。子曰："懔懔焉若持腐索之扞马[1]。"子贡曰："何其畏也？"孔子曰："夫通达之属皆人也，以道导之，则吾畜也[2]；不以道导之，则吾仇也[3]。如之何其无畏也？"

【注释】
　　[1] 懔(lǐn)懔焉若持腐索之扞(hàn)马：懔懔焉，即谨慎恐惧的样子。腐索，腐朽的马缰绳。扞，御。王肃注："扞马，突马。"《古文尚书·五子之歌》有"懔乎若朽索之驭六马"句。此记载又见于《说苑·政理》。
　　[2] "夫通达之属皆人也"三句：此喻治民应该以道引导教化民众。通达，通畅，顺达。冈白驹补注："方里为井，十为通。一达谓之道路，二达谓之歧旁，三达谓之剧旁，四达谓之衢，五达谓之康，六达谓之庄，

七达谓之剧骖，八达谓之崇期，九达谓之逵。言通达之国，其所属皆人也。"之属，之类的地方。黄鲁曾本"之属"作"御"，《说苑》作"之国"。以道导之，用正确的方法驾驭马。

[3]"不以道导之"二句：如果不用正确的方法驾驭马，那就会因为冲撞了人而成为我的仇人。此喻治民若不合道，则老百姓就会出现过失、犯罪，成为对立面。

【译文】

子贡向孔子请教治理民众的道理。孔子说："要谨慎恐惧，好像用腐朽的马缰索驾驭马一样。"子贡问道："为什么要那样恐惧呢？"孔子说："四通八达的地方到处都是人，如果用正确的方法驾驭马，那就是我的牲畜；如果不用正确的方法驾驭它，那就会因为冲撞了人而成为我的仇人。既然如此，哪能没有畏惧呢？"

鲁国之法，赎人臣妾于诸侯者，皆取金于府[1]。子贡赎之，辞而不取金。孔子闻之，曰："赐失之矣。夫圣人之举事也，可以移风易俗，而教导可以施之于百姓，非独适身[2]之行也。今鲁国富者寡而贫者众，赎人受金则为不廉，则何以相赎乎？自今以后，鲁人不复[3]赎人于诸侯。"

【注释】

[1]"鲁国之法"三句：按照鲁国法律的规定，从其他诸侯国赎回做奴仆的鲁国人，都可以从鲁国府库里领取酬金。赎，赎买。太宰纯增注："赎，货易也。"臣妾，奴仆，男曰臣，女曰妾。府，府库，官府储存财物等重要物品的仓库。此记载又略见于《吕氏春秋·先识览·察微》、《淮南子·齐俗训》，详见于《淮南子·道应训》、《说苑·政理》。

[2]适身：适合于自身。

[3]复：再。

【译文】

　　按照鲁国法律的规定,从其他诸侯国赎回做奴仆的鲁国人的,都可以到鲁国的府库里领取钱财作为奖赏。子贡赎回了奴仆,却推辞而不领取奖赏。孔子听说了这件事,说道:"这是端木赐的过失啊。圣人做一件事,可以通过它改变社会的风俗,而且可用来教化引导百姓,并非只是适合于自身的行为。现在鲁国富人少而穷人多,如果因为赎人从府库领取奖赏就算贪婪,那么再拿什么来赎人呢?从今以后,鲁国人不会再从其他诸侯国赎人了。"

　　子路治蒲,请见于孔子曰:"由愿受教于夫子。"子曰:"蒲其何如?"对曰:"邑多壮士,又难治也。"子曰:"然,吾语尔,恭而敬,可以摄勇[1];宽而正,可以怀强[2];爱而恕[3],可以容困[4];温而断[5],可以抑奸[6]。如此而加[7]之,则正[8]不难矣。"

【注释】

　　[1]摄勇:慑服勇武的人。摄,通"慑",慑服。此记载又见于《史记·仲尼弟子列传》、《说苑·政理》。
　　[2]怀强:怀柔强梁的人。
　　[3]爱而恕:仁爱且宽容。恕,宽恕,宽容。
　　[4]容困:王肃注:"言爱恕者能容困穷。"容,容纳。困,困穷。
　　[5]温而断:温和且果断。
　　[6]抑奸:抑制奸邪的人。
　　[7]加:施加,推行。
　　[8]正:治理。

【译文】

　　子路治理蒲邑,请求拜见孔子,说:"我希望从老师这里得到教诲。"孔子问道:"蒲邑的情况怎样啊?"子路回答说:"蒲邑有很多勇士,难以治理。"孔子说:"如果这样的话,那么我告诉你,对人谦恭且尊敬,就可以慑服那些勇士;为人宽厚而正直,就可以怀柔强梁的人;待人仁爱且宽容,就可以容纳困穷的人;处事温和且果断,可以抑制奸邪的人。按照这样的方式推行,那么治理蒲邑就不困难了。"

三 恕 第 九

孔子曰:"君子有三[1]恕[2]。有君不能事,有臣而求其使[3],非恕也;有亲不能孝,有子而求其报[4],非恕也;有兄不能敬,有弟而求其顺[5],非恕也。士能明于三恕之本[6],则可谓端身矣[7]。"

【注释】
　　[1]三:古汉语中,"三"、"九"有时实指,有时虚指,言其多。如《论语·季氏》"君子有九思"即实指。《学而》"吾日三省吾身",杨伯峻以为虚指,窃以为亦是实指。本节"三恕"及下节"三思"之"三"皆为实指。此记载又见于《荀子·法行》。
　　[2]恕:推己及人之谓。《说文》:"恕,仁也。"《论语·卫灵公》:"子贡问曰:'有一言而可以终身行之者乎?'子曰:'其恕乎!己所不欲,勿施于人。'"
　　[3]"有君不能事"二句:对自己的君上不能事奉,却要求自己的臣下为自己服务。君、臣,在周代封建社会中,君臣是相对的关系,君不特指天子、国君,各级贵族相对于下一级皆可称君。下级对上一级贵族皆为臣。这里的君臣也可以理解为上下。
　　[4]"有亲不能孝"二句:对自己的父母不能尽孝,却要求自己的子女报答自己。报,这里是孝养的意思,是中国伦理思想中非常重要的概念。
　　[5]"有兄不能敬"二句:对自己的兄姊不能尊重,却要求自己的弟妹顺从自己。顺,顺服,顺从,听自己的话。
　　[6]本:本质。
　　[7]端身:正身。

【译文】

孔子说:"君子在三种情况下应当奉行恕道。对自己的君上不能事奉,却要求自己的臣下为自己服务,这不是恕;对自己的父母不能尽孝,却要求自己的子女报答自己,这不是恕;对自己的兄姊不能尊重,却要求自己的弟妹顺从自己,这不是恕。士人能够明了这三种恕道的本质,那么就可以说做到端正自己了。"

孔子曰:"君子有三思[1],不可不察[2]也。少而不学,长无能也[3];老而不教,死莫之思[4]也;有而不施[5],穷莫之救[6]也。故君子少思其长,则务[7]学;老思其死,则务教;有思其穷,则务施。"

【注释】

[1]思:思虑,考虑。此记载又见于《荀子·法行》。

[2]察:明察,体察。

[3]"少而不学"二句:年少时不努力学习,成年之后便缺乏才能。冈白驹补注:"无门人思其德也。《大戴礼》云:'少不讽诵,壮不论议,老不教诲,亦可谓无业之人矣。'"《论语·宪问》"长而无述焉"与"长无能也"义近。

[4]思:怀念。

[5]施:施舍。

[6]救:救济,帮助。

[7]务:致力于。《说苑》云:"孔子曰:夫富而能富人者,欲贪而不可得也;贵而能贵人者,欲贱而不可得也;达而能达人者,欲穷而不可得也。"

【译文】

孔子说:"君子要在三个方面做好思考,务须明察:年少时不努力学习,成年之后便缺乏才能;年老时不担负教化职责,死后便没人怀念;富有时不予施舍,自己落魄了便没人救济。所以,君子少年时能想到成年后的事情,就会致力于学习;年老时能想到死后的事情，就会热心教化；富有时能想到穷困时的情况，就会懂得施舍。"

伯常骞问于孔子曰[1]："骞固周国之贱吏也[2]，不自以不肖[3]，将北面[4]以事君子[5]。敢问正道宜行，不容于世[6]；隐道宜行，然亦不忍[7]。今欲身亦不穷[8]，道亦不隐[9]，为之有道[10]乎？"孔子曰："善哉子之问也！自丘之闻，未有若吾子所问辩且说[11]也。丘尝闻君子之言道矣：听者无察，则道不入[12]；奇伟不稽，则道不信[13]。又尝闻君子之言事矣：制无度量，则事不成[14]；其政晓察，则民不保[15]。又尝闻君子之言志矣：刚折者不终[16]，径易者则数伤[17]，浩倨者则不亲[18]，就利者则无不弊[19]。又尝闻养世[20]之君子矣：从轻勿为先，从重勿为后[21]，见像而勿强[22]，陈道而勿怫[23]。此四者，丘之所闻也。"

【注释】
　　[1]伯常骞问于孔子曰：《晏子春秋》卷四："柏常骞去周之齐，见晏子曰"，孙星衍云："《家语》作'伯常骞问于孔子曰'。"此记载又见于《晏子春秋·内篇·问下》。
　　[2]骞固周国之贱吏也：《晏子春秋》作"骞，周室之贱史也"，孙星衍云："'史'，《家语》作'吏'，非。"林按，孙说不可从。
　　[3]不肖：不成才。
　　[4]北面：面向北。古礼，臣拜君，卑幼拜尊长，皆面向北行礼，因而居臣下、晚辈之位曰"北面"。
　　[5]君子：对孔子的尊称。
　　[6]"正道宜行"二句：遵从道义为人处世，不为世俗所容。正道，遵从道义。
　　[7]"隐道宜行"二句：违背道义为人处世，能够为世俗所容，可是

我又不忍心。

[8]身亦不穷：自己不陷于困境。穷，穷困，没有出路。

[9]道亦不隐：也不违背道义。隐，同上"隐"字，违背。

[10]道：路，引申为方法。

[11]辩且说：富有思辨，论证合理。王肃注："辩当其理，得其说矣。"辩、说，古代的逻辑名词，指思辨和论证。可参《荀子·正名》之说："实不喻然后命，命不喻然后期，期不喻然后说，说不喻然后辩。"

[12]"听者无察"二句：言听者不明察，道则不能入。

[13]"奇伟不稽"二句：奇伟无稽之言，君子不信。奇伟，奇特怪异。稽，考。

[14]"制无度量"二句：法度如果缺乏标准，事情就做不成。度量，本义指计量长短、容积、轻重的统称，此处引申为标准。

[15]"其政晓察"二句：政令过于苛刻，那么百姓就难以安宁。晓察，明察，此处指近乎苛刻的明察。

[16]刚折者不终：刚正不阿的人容易当面指摘他人过失，这样就难以寿终。王肃注："刚则折矣，不终其性命矣。"刚，刚直，刚正不阿。折，面折，当面指摘人的过失。不终，不能寿终。

[17]径易者则数(shuò)伤：轻易改变志节的人屡屡损害道义。数，屡次。

[18]浩倨者则不亲：简略不恭的人让人们难以亲近他。

[19]就利者则无不弊：好利逐利的人没有能长久的。

[20]养世：谓安身处世。

[21]"从轻勿为先"二句：遇到忧患和劳苦的事情，轻微的不去争先，重大的不甘落后。王肃注："赴忧患，从劳苦，轻者宜为后，重者宜为先，养世者也。"

[22]见(xiàn)像而勿强：推行法令而不强制民众。见，介绍，推行。像，榜样，法式。《楚辞·九歌·橘颂》："年岁虽少，可师长兮。行比伯夷，置以为像兮。"王逸注："像，法也。"

[23]陈道而勿怫(bèi)：陈述道义而不违逆世俗。陈道，陈述道义。怫，同"悖"。

【译文】

伯常骞请教孔子说："我本来是周王室的下级官吏，自认还不算太差，准备向君子您请教，拜您为师。请问：遵从道义为人处世，不为世俗所容；违背道义为人处世，能够为世俗所容，可是我又不忍心。现在我想使自己不陷于困境，行为也不违背道义，有办法做到吗？"孔子说："你提的问题太好了！据我的见闻，还没谁像你这样提的问题既富有思辨又论说合理的。我曾听说君子讲授道义：听者如果不认真思考，道义就不可能被接受；如果讲的是一些无法考证而奇特怪异的事，道义就不可能被相信。又曾听说君子论证国家大事：制度上没有一定的标准，国家就治理不好；政令过于苛刻，百姓又不会安宁。我还曾听说君子谈论志节：刚强不阿喜欢当面指摘别人过失的人往往不能寿终，轻易改变志节的人屡屡损害道义，简略不恭的人不会有人亲近，好利逐利的人没有能长久的。我还听说善于安身处世的君子处世之道：遇到忧患和劳苦的事情，轻微的不争先，重大的不落后，推行法令不强迫世人接受，陈述道义不违逆于世俗。这四种情况，都是我所听说的。"

孔子观于鲁桓公[1]之庙[2]，有欹器[3]焉。夫子问于守庙者曰："此谓[4]何器？"对曰："此盖为宥坐之器[5]。"孔子曰："吾闻宥坐之器，虚则欹[6]，中则正[7]，满则覆[8]。明君以为至诫[9]，故常置之于坐侧。"顾[10]谓弟子曰："试注水[11]焉。"乃注之水，中则正，满则覆。夫子喟然叹曰："呜呼！夫物恶[12]有满而不覆者哉？"

子路[13]进曰："敢问持满有道[14]乎？"子曰："聪明睿智，守之以愚[15]；功被天下，守之以让[16]；勇力振世，守之以怯[17]；富有四海，守之以谦[18]。此所谓损之又损之之道也[19]。"

【注释】
　　[1]鲁桓公：春秋时鲁国国君，名允，一作轨，在位18年(前711—前694)。此记载又见于《荀子·宥坐》、《韩诗外传》卷三、《淮南子·道应训》、《说苑·敬慎》。
　　[2]庙：供祀先祖神位的屋舍。
　　[3]欹(qī)器：一种倾斜易覆的器具。可能指改装过的汲水陶罐。
　　[4]谓：《荀子》、《说苑》皆作"为"。
　　[5]宥(yòu)坐之器：指君主座位右边放置的欹器，用来警戒君主，要以宽厚仁爱之心为政。宥，同"右"。
　　[6]虚则欹：空着的时候器物就会歪斜。
　　[7]中则正：水灌到一半器物就会端正。
　　[8]满则覆：灌满水器物就会倾覆。
　　[9]至诫：最高的告诫。冈白驹补注："以戒满也。"
　　[10]顾：回头。
　　[11]注水：向欹器中灌水。
　　[12]恶(wū)：哪，何。
　　[13]子路：《淮南子》作"子贡"。
　　[14]持满有道：保持盈满而不倾覆的方法。道，方法，办法。
　　[15]"聪明睿智"二句：聪明智慧，就用愚笨来持守。此句针对人之聪明而言。聪明者易恃才傲物，故有此诫。《韩诗外传》卷三作："德行宽裕者，守之以恭；土地广大者，守之以俭；禄位尊盛者，守之以卑；人众兵强者，守之以畏；聪明睿智者，守之以愚；博闻强记者，守之以浅。"又记载周公诫伯禽语有："吾闻德行宽裕，守之以恭者荣；土地广大，守之以俭者安；禄位尊盛，守之以卑者贵；人众兵强，守之以畏者胜；聪明睿智，守之以愚者善；博闻强记，守之以浅者智。夫此六者，皆谦德也。"
　　[16]"功被(bèi)天下"二句：功勋遍及天下，就用辞让来持守。被，及，遍及。见《尚书·尧典》"允恭克让，光被四表"蔡沈集传。此句针对人的功劳而言。功高者亦飞扬跋扈，故有此诫。
　　[17]"勇力振世"二句：勇力闻达于世，就用怯懦来持守。此句针对人的勇力而言。勇武者亦威猛强梁，故有此诫。
　　[18]"富有四海"二句：富有四海之财，就用谦和来持守。此句针对人的富有而言。富有者亦骄奢淫逸，故有此诫。
　　[19]损之又损之之道：尽可能地谦抑是保持盈满的方法。损，减损。《说文》："损，减也。"《墨子》："损，偏去也。"损之又损之，指

日去其华伪以归于淳朴无为,引申为尽可能节省或谦抑。《老子》:"为学日益,为道日损,损之又损,以至于无为。"《晋书·宣帝纪》:"盛满者道家之所忌,四时犹有推移,吾何德以堪之。损之又损之,庶可以免乎!""损之"以下,《荀子》作"挹而损之之道也"。

【译文】

孔子率弟子到祭祀鲁桓公的宗庙里观礼,见到一件倾斜的器物。孔子问守庙人:"这是什么器物?"守庙人回答:"这大概就是宥坐之器。"孔子说:"我听说宥坐之器,空着的时候就会歪斜,水灌到一半器物就会端正,灌满水就会倾覆。圣明的君主将此视为最高的告诫,所以常常把它放置在自己座位的右边。"孔子回头对弟子们说:"灌上水试试看。"于是,弟子们将水灌入欹器,当水灌到中间时,欹器端正垂直了,等把水加满时,欹器就倾覆了。孔子感叹地说:"唉!事物哪有盈满了而不倾覆的呢?"

子路走上前问道:"请问有没有能保持盈满而不倾覆的方法呢?"孔子说:"聪明智慧,就用愚笨来持守;功勋遍及天下,就用辞让来持守;勇力闻达于世,就用怯懦来持守;富有四海之财,就用谦和来持守。这就是所说的用尽可能谦抑来保持盈满的办法。"

孔子观于东流之水[1]。子贡问曰:"君子所见大水必观焉,何也?"孔子曰:"以其不息,且遍与诸生而不为也[2],夫水似乎德[3];其流也,则卑下倨拘[4],必循其理[5],此似义[6];浩浩乎无屈尽之期,此似道[7];流行赴百仞之溪而不惧[8],此似勇;至量必平之,此似法[9];盛而不求概,此似正[10];绰约微达,此似察[11];发源必东,此似志[12];以出以入,万物就以化絜,此似善化也[13]。水之德有若此,是故君子见必观焉。"

【注释】

[1]孔子观于东流之水:此记载又见于《荀子·宥坐》、《说苑·杂言》。

[2]"以其不息"二句:因为水流不止,而且能够将恩惠普及于生物,却显得毫无作为。王肃注:"遍与诸生者,物得水而后生,水不与生而又不德也。"冈白驹补注:"诸生,谓万物也。"李涤生云:"诸生,犹言'群生'。与,予也。"

[3]水似乎德:水的这种品性好像"德"。儒家有"推天道以明人事"的思维,善于从世间万物中体悟德性,以推进自我修身。

[4]卑下倨(jù)拘(gōu):水流向低洼曲折。冈白驹补注:"倨,方也。拘,读为'钩',曲也。"

[5]必循其理:必定遵循地形曲折的脉理。冈白驹补注:"言其流必就卑下,或方或曲,必循其理。"循,遵循。《管子·九守》:"修名而督实,按实而定名。"

[6]此似义:这种品性好像"义"。义,是儒家的伦理道德的核心范畴,主要包含两层意思:一是合宜、合适,二是应当。

[7]"浩浩乎无屈(jué)尽之期"二句:浩浩荡荡,没有穷尽枯竭的时候,这种品性如同"道"。《论语·子罕》"子在川上,曰'逝者如斯夫,不舍昼夜'"与此可参读。冈白驹补注:"浩浩,大水貌。"屈,竭。冈白驹补注:"屈,竭也。似道之无穷也。"

[8]"流行赴百仞之溪而不惧"二句:水流到百仞的溪谷也无所畏惧,这种品性好像"勇"。百仞之溪,山间深达七八百尺的溪谷。勇,被孔子称为"三达德"之一,为儒家伦理道德的核心范畴之一。

[9]"至量必平之"二句:太宰纯增注:"《荀子》作'主量必平',杨倞曰:'主,读为注。'"冈白驹补注:"'至'当作'主',字之误也。《荀子》作'主'。注云:'主'读为'注'。量谓坑受水之处也,言所经坑坎,注必平之,然后过,似有法度者,均平也。"

[10]"盛而不求概"二句:水盛在容器中,不需要像称量米粟那样用木板刮平,这种品性如同"正"。概,量米粟时刮平斗斛用的木板。太宰纯增注:"概,平斛之木也。"量米粟时,放在斗斛上刮平,不使过满。此为刮平、修平,不使过量之意。

[11]"绰约微达"二句:本性柔弱,但不论多么细微的地方都能达到,这种品性像"察"。绰约,柔弱。

[12]"发源必东"二句:离开发源之地,便一路向东流,这种品性好像"志"。儒家重视"志",将"立志"视为修身的重要工夫。

[13]"以出以入"三句：可以流出，也可以流入，天下万物便靠它进行清洁，这种品质好像善于"化"。太宰纯增注："絜，与'洁'通。"儒家强调教化，此从水德中见教化之功。

【译文】

孔子正在观察东流的河水，子贡问道："君子对所见到的大水，一定会仔细观察，这是为什么呢？"孔子回答说："因为水流不止，而且能够将恩惠普及于生物，却显得毫无作为，水的这种品性好像'德'；水流向低洼曲折，必顺从地形的脉理，这种品性好像'义'；大水浩浩荡荡，没有穷竭的时候，这种品性像'道'；水可以流行各处，即使流赴深达七八百尺的溪谷也无所畏惧，这种品性像'勇'；注入一定的水量，自身本性就能达到平均，这种品性像'法'；水盛在容器中，不需要像称量米粟那样用木板刮平，这种品性如同'正'；水本性柔弱但不论多么细微的地方都能达到，这种品性像'察'；水离开发源之地，便一路向东流，这种品性好像'志'；水可以流出，也可以流入，天下万物便靠它进行清洁，这种品质好像善于'化'。水具有如此的德性，因此君子见到一定要认真观察。"

子贡观于鲁庙[1]之北堂[2]，出而问于孔子曰："向[3]也赐观于太庙之堂[4]，未既辍[5]，还瞻北盖，皆断焉[6]，彼将有说邪[7]？匠过之也[8]？"孔子曰："太庙之堂，官致良工之匠[9]，匠致良材[10]，尽其工巧[11]，盖贵久矣。尚有说也[12]。"

【注释】

[1]鲁庙：鲁太庙。开国君主的庙为太庙。鲁太庙即供奉周公神主的庙。《论语·八佾》载孔子"入太庙，每事问"。此记载又见于《荀子·宥坐》。

[2]北堂：正堂。冈白驹补注："北堂，神主所在也。"
[3]向：以前。这里应是刚才的意思。
[4]堂：《荀子》此上有"北"字。
[5]未既辍：没有参观完就中止了。王肃注："辍，止。"太宰纯增注、冈白驹补注并云："既，尽也。"
[6]"还瞻北盖"二句：回头看北面的门扇，所用的木料都不是整根而是断绝的木料拼接而成的。王肃注："观北面之盖，断绝也。"冈白驹补注："盖，扇户也。《荀子》'断'作'继'。注云：谓其材木断绝相接继也。因随其木之美丽而裁制之，所以断绝。"
[7]彼将有说邪(yé)：那是不是有什么说法呢？说，说法，讲究。邪，表探询疑问语气的句尾语助词。
[8]匠过之也：工匠出现过失导致的。过，犯下过失。
[9]官致良工之匠：官府搜罗尽了能工巧匠。致，罗致殆尽。杨倞注："致，极也。"
[10]匠致良材：工匠寻找来最好的木材。
[11]尽其工巧：竭尽了他们的技术之巧妙。
[12]尚有说也：必然有一定的说法。

【译文】

子贡参观鲁国太庙的北堂，出来后问孔子说："刚才我参观太庙的北堂，没有参观完就停止了，回头看到北面的门扇，都是用断开的木料拼接而成的。那是有什么道理，还是工匠出现过失导致的？"孔子说："修造太庙的北堂时，官府搜罗尽了能工巧匠，工匠也竭力寻找上好木材，并极尽他们技术之巧妙，就是为了追求保持长久不毁坏。这里必然有一定的说法。"

孔子曰："吾有所耻[1]，有所鄙[2]，有所殆[3]。夫幼而不能强学[4]，老而无以教[5]，吾耻之；去其乡[6]，事君而达，卒遇故人，曾无旧言[7]，吾鄙之；与小人处而不能亲贤[8]，吾殆之。"

【注释】

[1] 有所耻：有我认为可耻的事。此记载又见于《荀子·宥坐》。

[2] 有所鄙：有我认为可鄙的事。

[3] 有所殆：有我认为危险的事。殆，危。

[4] 幼而不能强学：年少时不努力学习。强，勉力，努力。

[5] 老而无以教：年老时没有能力去教育年轻人。冈白驹补注："无才艺以教人也。"先秦两汉设三老，以年老德劭者充任，负责乡里教化。又《白虎通》卷六《辟雍》载："古之教民者，里皆有师，里中之老有道德者为里右师，其次为左师，教里中之子弟以道艺、孝悌、仁义。"

[6] 去其乡：离开自己的故乡。

[7] "事君而达"三句：做官非常顺达，偶然遇到老朋友，却没有一句谈起往事。王肃注："事君而达，得志于君。而见故人，曾无旧言，是弃其平生之旧交而无进之之心者乎。"卒（cù），突然，偶然。旧言，叙旧的话。

[8] 与小人处而不能亲贤：和小人纠缠在一起，而不能亲近贤人。冈白驹补注："殆，危也。夫疏贤而近小人，是危亡之道也。"

【译文】

孔子说："有我认为可耻的事，有我认为可鄙的事，有我认为危险的事。年少时不努力学习，年老时没有能力去教育年轻人，我认为这是可耻的；离开自己的故乡，做了大官，偶尔遇见老友，竟然没有一句叙旧的话，我认为这是可鄙的；只和小人纠缠在一起而不去亲近贤人，我认为这是危险的。"

子路见于[1]孔子。孔子曰："智者若何？仁者若何？"子路对曰："智者使人知己[2]，仁者使人爱己[3]。"子曰："可谓士矣。"

子路出，子贡入。问亦如之。子贡对曰："智者知人，仁者爱人[4]。"子曰："可谓士[5]矣。"

子贡出，颜回入。问亦如之。对曰[6]："智者自知，仁者自爱[7]。"子曰："可谓士[8]君子矣。"

【注释】
　　[1]见于：被召见。此记载又见于《荀子·子道》。
　　[2]智者使人知己：有智慧的人让别人了解自己。孔子经常和弟子们谈到"知人"、"知己"的问题。
　　[3]仁者使人爱己：有仁德的人让别人关爱自己。
　　[4]"智者知人"二句：有智慧的人了解别人，有仁德的人关爱他人。《论语·颜渊》载"樊迟问仁。子曰：'爱人。'问知，子曰：'知人。'"
　　[5]士：《荀子》作"士君子"。
　　[6]对曰：太宰纯云："一本作'颜回对曰'。"
　　[7]"智者自知"二句：有智慧的人了解自己，有仁德的人爱惜自己。通常以为"仁者爱人"、"智者知人"既然是孔子的话，应该是最高的境界了。其实，孔子因材施教，针对不同的弟子有不同的侧重。颜子的回答，强调"内向化"的生命体验，既是修身的真正的基础，也是修身的最高境界。故孔子十分赞赏。
　　[8]士：《荀子》作"明"。

【译文】
　　子路被孔子召见。孔子问他："智者应该是什么样？仁者应该是什么样？"子路回答："有智慧的人让别人了解自己，有仁德的人让别人关爱自己。"孔子说："你可以称得上是士了。"
　　子路出来，子贡进去。孔子问他同样的问题。子贡回答："有智慧的人了解别人，有仁德的人关爱他人"孔子说："你也可以称得上是士了。"
　　子贡出来，颜回进去。孔子还是问他同样的问题。颜回回答："有智慧的人了解自己，有仁德的人爱惜自己。"孔子说："你可以称得上是一个士中的君子了。"

　　子贡问于孔子曰[1]："子从父命，孝乎？臣从君命，贞[2]乎？奚疑焉[3]？"孔子曰："鄙[4]哉赐！汝不识[5]也。昔者明王万乘之国，有争臣七人，则主无过举[6]；千乘之国，有争臣五人，则社稷不危[7]；百乘之家，有争臣三人，则禄位不替[8]；父有争子，不陷无礼；士有争友，不行不义[9]。故子从父命，奚讵[10]为孝？臣从君命，奚讵为贞？夫能审其所从[11]，之谓孝，之谓贞矣。"

【注释】

[1] 此记载又见于《荀子·子道》。
[2] 贞：忠贞。
[3] 奚疑焉：有什么值得怀疑的呢？
[4] 鄙：鄙陋，浅薄。
[5] 识：明白，懂得。
[6] "昔者明王万乘之国"三句：王肃注："天子有三公四辅，主谏争，以救其过失也。四辅，前曰疑，后曰丞，左曰辅，右曰弼也。"争臣，指能直言谏君，规劝君主过失的大臣。争，同"诤"，直言规劝。《说苑·臣术》："有能尽言于君，用则留之，不用则去之，谓之谏；用则可生，不用则死，谓之诤。"
[7] "千乘之国"三句：王肃注："诸侯有三卿，股肱之臣有内外者也，故有五人焉。"
[8] "百乘之家"三句：王肃注："大夫之臣，有室老、家相、邑宰，凡三人，能以义谏争。"
[9] "士有争友"二句：王肃注："士虽有臣，既微且陋，不能以义匡其君，故须朋友之谏争于己，然后不义之事不得行之者也。"《孝经·谏诤章》记孔子语："昔者天子有争臣七人，虽无道，不失其天下；诸侯有争臣五人，虽无道，不失其国；大夫有争臣三人，虽无道，不失其家；士有争友，则身不离于令名；父有争子，则身不陷于不义。故当不义，则子不可以不争于父，臣不可以不争于君；故当不义，则争之。从父之令，又焉得为孝乎！"与本节所云若合符节。
[10] 奚讵：亦作"奚距"，岂，难道。《说文》曰："讵，犹岂也。"
[11] 审其所从：想清楚自己所以顺从的道理。王肃注："当详审所宜从与不(读为否)。"

【译文】

　　子贡请教孔子说:"儿子顺从父亲的命令,就是孝顺;臣下顺从君主的命令,就是忠贞;这有什么可怀疑的?"孔子说:"端木赐啊你太浅薄了!你不知道啊!从前在圣王统领下的兵车万乘的国家,有谏诤之臣七人,君主就不会有过失的举动;兵车千乘的诸侯国家,有谏诤之臣五人,江山就不会有危机;兵车百乘的大夫之家,有谏诤之臣三人,俸禄、爵位就不会被废弃、代替;父亲有敢于谏诤的儿子,就不至于陷入不守礼法的境地;士人有善于谏诤的朋友,就不会再干出不道义的事情。因此,儿子顺从父命,难道就是孝顺吗?臣下顺从君命,难道就是忠贞吗?能够想清楚自己所以顺从的道理,才可以称得上孝顺,才可以称得上忠贞。"

　　子路盛服见于孔子[1]。子曰:"由,是倨倨[2]者,何也?夫江始出于岷山[3],其源可以滥觞[4];及其至于江津[5],不舫舟[6],不避风,则不可以涉[7]。非唯下流水多邪[8]?今尔衣服既盛,颜色充盈[9],天下且孰肯以非告汝乎?"

　　子路趋[10]而出,改服而入,盖自若[11]也。子曰:"由,志之!吾告汝:奋于言者华[12],奋于行者伐[13],夫色智而有能者,小人也[14]。故君子知之曰知,言之要也;不能曰不能,行之至也[15]。言要则智,行至则仁。既仁且智,恶不足哉?"

【注释】

　　[1]子路盛服见于孔子:盛服,整齐华丽的衣服。此记载又见于《荀子·子道》、《韩诗外传》卷三、《说苑·杂言》。
　　[2]倨倨:无思虑、神色傲慢的样子。
　　[3]江始出于岷山:长江发源于岷山。岷山,在今四川省松潘北。

古人认为岷山是长江的发源地。《尚书·禹贡》："岷山导江。"实际上，岷山为岷江、嘉陵江的发源地。长江的发源地在青藏高原的唐古拉山脉各拉丹冬峰西南侧。

［4］滥觞：浮起酒杯，比喻事情的开始。觞，酒杯。太宰纯增注："李周翰曰：'滥，谓泛滥，小流貌。觞，酒醆也。谓发源小如一醆。'"

［5］江津：长江下游的大渡口。

［6］舫舟：并合两艘小船来载人。太宰纯增注："《尔雅》曰：'大夫方舟。'郭璞曰：'并两船。'舫舟，即方舟。《说苑》作'方舟'。"

［7］涉：渡江。

［8］非唯下流水多邪：不是因为下游的水多水大吗？冈白驹补注："岂不下流水多故人畏之邪，今盛服气盛则亦人畏之。"

［9］颜色充盈：神色自满，神情骄傲。

［10］趋：古代的一种礼节，以碎步疾行表示敬意。趋，《说文》："走也。"按，疾行曰趋，疾趋曰走。

［11］自若：自然。冈白驹补注："《荀子》作'犹若'也。注云：'舒和之貌'。"《韩诗外传》作"揖如"。《说苑》作"自如"。

［12］奋于言者华：在言语上自我夸饰的人，华而不实。奋，骄矜，矜夸。

［13］奋于行者伐：在行为上自我夸饰的人，喜欢自吹自擂。伐，自吹自擂，夸耀自己。

［14］"色智而有能者"二句：外表看起来十分聪明、很有能力的往往是浅薄之辈。

［15］"故君子"四句：《荀子》作"故君子知之曰知之，不知曰不知，言之要也。能之曰能之，不能曰不能，行之至也"，《说苑》同《荀子》，惟"曰"作"为"。

【译文】
　　子路穿着华丽的衣服拜见孔子。孔子问道："仲由，你这样神气傲慢，为什么呢？长江发源于岷山，它源头处的水流只能浮起酒杯；当它流到下游大渡口时，不合并小船，不避开大风，人们就无法渡过江面。岂不正是因为下游水多的缘故吗？现在你衣着华美，神色傲慢，那么天下有谁肯把你的错误告诉你呢？"

　　子路快步走出去，换了衣服又进来，表情显得非常自然。孔子说："仲由，记住！我告诉你：言语矜夸的人往往华而不实，行为矜夸的人往往自吹自擂，外表看起来十分聪明、很有能力的往往是浅薄之辈。因此，君子知道的就说知道，这是言谈的要领；不能做的就说不能做，这是行为的最高准则。言谈合于要领，就是明智，行为合于最高准则，就是仁爱。既仁爱又明智，还有什么不足之处呢？"

子路问于孔子曰："有人于此，被褐而怀玉[1]，何如？"子曰："国无道，隐之[2]可也；国有道，则衮冕而执玉[3]。"

【注释】
　　[1]被褐而怀玉：身穿粗布衣，而心中怀有仁德。褐，指粗布或粗布衣；最早用葛、兽毛，后通常指大麻、兽毛的粗加工品，古时贫贱人穿。怀玉，谓怀抱仁德。《老子》："知我者希，则我者贵，是以圣人被褐怀玉。"
　　[2]隐之：太宰纯增注："李善《文选注》无'隐之'二字。"
　　[3]衮（gǔn）冕而执玉："衮冕，文衣盛饰也。"衮冕，衮衣和冕，古代帝王与上公的礼服和礼冠，借指登朝入仕。执玉，手捧玉圭，古代以不同形制的玉圭区分爵位，因而以"执玉"代称仕宦。

【译文】
　　子路问孔子说："如果有人身穿粗布衣，而心中怀有仁德，这样做怎么样？"孔子说："国家政治昏暗，可以隐居起来；国家政治清明，就应该登朝入仕实现自己的仁德理想。"

好 生 第 十

鲁哀公问于孔子曰："昔者舜[1]冠何冠乎？"孔子不对。

公曰:"寡人有问于子,而子无言,何也?"对曰:"以君之问不先其大者[2],故方思所以为对。"

公曰:"其大何乎?"孔子曰:"舜之为君也,其政好生而恶杀,其任授贤而替[3]不肖,德若天地而静虚[4],化若四时而变物[5],是以四海承风[6],畅于异类[7],凤翔麟至[8],鸟兽驯德[9],无他也,好生故也。君舍此道而冠冕是问,是以缓对。"

【注释】
[1]舜:传说中的上古圣王,姚姓,有虞氏,名重华。继尧之后而为帝。孔子对其十分推崇。此记载又见于《荀子·哀公》。
[2]先其大者:冈白驹补注:"公不问舜德而问其冠,与儒服问同。"
[3]替:废黜。
[4]德若天地而静虚:德性如同天地般广大却又静心寡欲。
[5]化若四时而变物:教化行如四季般无言而能化生万物。冈白驹补注:"若天地四时,不言而信,无为而成也,谓礼乐之化也。"
[6]四海承风:四海之内都接受了舜的教化。风,教化,风教。
[7]异类:四方之夷狄。
[8]凤翔麟至:凤凰和麒麟都出现了。凤、麟属于古人所谓"四灵"(龙凤麟龟),它们的出现被视为盛世的瑞兆。
[9]鸟兽驯德:自然界的禽兽都顺服了。王肃注:"驯,顺。"冈白驹补注:"鸟兽会人无害之心,见人不惊是为驯顺之德。《戴记》云:'凤皇麒麟,皆在郊棷,其余鸟兽之卵胎皆可俯而窥。'是也。"

【译文】
鲁哀公问孔子:"从前舜戴什么样的帽子?"孔子没有回答。

哀公说:"我有问题问您,您却不说话,这是为什么?"孔子答道:"因为君主您问的不是舜的德性这样的重要问题,所以刚才正考虑应该怎样回答您。"

哀公问道:"什么是重要的问题呢?"孔子回答说:"舜做君

主的时候，他为政爱惜生灵、不嗜杀戮，他任命官职，授予贤明之士而废黜不肖之徒，德性如同天地般广大却又静心寡欲，教化行如四季般无言而能化生万物。因此，四海之内都普遍接受舜的教化，教化甚至通达于四方异族，凤凰和麒麟都出现了，自然界的禽兽都顺服了。出现这种现象没有别的原因，就是由于舜爱惜生灵的缘故。君主您放弃这个大道理却询问冠冕之类的小事，所以我才回答得慢了。"

孔子读史，至楚复陈[1]，喟然叹曰："贤哉楚王[2]！轻千乘之国而重一言之信[3]。匪[4]申叔[5]之信，不能达其义[6]，匪庄王[7]之贤，不能受其训[8]。"

【注释】

[1] 楚复陈：王肃注："陈夏徵舒杀其君，楚庄王讨之，因陈取之，而申叔时谏，庄王从之，还复陈。"夏徵舒，陈大夫，因遭到灵公侮辱而怒杀之。此记载又见于《左传·宣公十年》及《宣公十一年》。

[2] 楚王：指楚庄王，楚穆王之子，春秋时楚国国君。名旅（一作吕、侣），整顿内政、兴修水利，使国势大盛。曾陈兵周郊，派人询问象征天子权威的九鼎的轻重，先后使鲁、宋、郑、陈等国归附，春秋五霸之一。

[3] 轻千乘之国而重一言之信：把吞并千乘之国陈国看得很轻，却把申叔时的一句话的信誉看得很重。据《左传·宣公十一年》："冬，楚子为陈夏氏乱故，伐陈。谓陈人无动，将讨于少西氏。遂入陈，杀夏徵舒，轘诸栗门，因县陈。陈侯在晋。申叔时使于齐，反，覆命而退。王使让之曰：'夏徵舒为不道，弑其君，寡人以诸侯讨而戮之，诸侯、县公皆庆寡人，女独不庆寡人，何故？'对曰：'犹可辞乎？'王曰：'可哉。'曰：'夏徵舒弑其君，其罪大矣，讨而戮之，君之义也。抑人亦有言曰："牵牛以蹊人之田，而夺之牛。"牵牛以蹊者，信有罪矣；而夺之牛，罚已重矣。诸侯之从也，曰讨有罪也。今县陈，贪其富也。以讨召诸侯，而以贪归之，无乃不可乎？'王曰：'善哉！吾未之闻也。反之，可乎？'对曰：'可哉！吾侪小人所谓取诸其怀而与之也。'乃复封陈，乡取一人焉以归，谓之夏州。故书曰：'楚子入陈，纳公孙宁、仪行父

于陈。'书有礼也。"千乘之国,拥有千辆兵车的诸侯国,此指陈国。信,通"伸",陈述,表白。

[4] 匪:通"非",不,不是。

[5] 申叔:即申叔时,楚国大夫。

[6] 达其义:讲清楚其中的道理。

[7] 庄王:庄王,名旅,楚子僭称王。

[8] 受其训:接受申叔时的劝诫。训,诫也。

【译文】

孔子读史书,当读到楚国恢复陈国政权一节时,感叹地说:"楚庄王真是贤明啊!把吞并拥有千辆战车的国家看得很轻,而看重申叔时一句话的陈述。没有申叔时的陈述,就无法讲清楚其中的道理;没有楚庄王的贤明,也不能接受申叔时的劝诫。"

孔子尝自筮[1],其卦得《贲》[2]焉,愀然有不平之状[3]。子张[4]进曰:"师闻卜者,得《贲》卦,吉也。而夫子之色有不平,何也?"孔子对曰:"以其离[5]邪。在《周易》,山下有火谓之《贲》[6],非正色之卦也。夫质也,黑白宜正焉[7]。今得《贲》,非吾兆也[8]。吾闻丹漆不文[9],白玉不雕[10]。何也?质有余,不受饰故也。"

【注释】

[1] 尝自筮:曾经自己给自己卜筮。此记载又见于《吕氏春秋·壹行》、《说苑·反质》。

[2]《贲(bì)》:卦名,离下艮上,《周易》六十四卦之一。

[3] 不平之状:神色不平和。

[4] 子张:姓颛孙,名师,字子张,鲁国人,旧说为陈国,其实乃其先祖为陈国人,孔子弟子。下文"师"即其自称。

[5] 离:模糊不清。

[6]山下有火谓之《贲》：今本《周易·贲卦·象传》："山下有火，贲。"

[7]"夫质也"二句：质地，应该是纯黑或纯白。质，质地。正，纯正。

[8]"今得《贲》"二句：现在卜得《贲》卦，该卦卦象强调文饰，不是我的好兆头。贲，饰。

[9]丹漆不文：朱漆不需要文饰。丹，朱，红色。

[10]白玉不雕：白玉不需要雕饰。

【译文】

孔子曾经自己给自己卜筮，有一次筮得《贲》卦，于是神情严肃，出现不平和的神色了。子张上前问道："我听说占筮者筮得《贲卦》，是吉祥之兆。而夫子却面露不平和的神色，这是为什么呢？"孔子说："因为它含有迷离之义。在《周易》中，山下有火为《贲》卦，这不是颜色纯正的卦象。就质地而言，黑色应该纯黑，白色应该纯白，颜色保持纯正。现在我筮得《贲》卦，它象征色彩斑然，文饰过度，不是我的吉祥之兆啊。我听说朱漆不用文饰，白玉不用雕饰，为什么呢？这是因为它质地足够好，不需要加以文饰的缘故。"

孔子曰："吾于《甘棠》[1]，见宗庙之敬[2]也甚矣[3]。思其人，必爱其树；尊其人，必敬其位，道也。"

【注释】

[1]《甘棠》：《诗·召南》中的一篇。王肃注："召伯听讼于甘棠，爱其树，作《甘棠》之诗也。"甘棠，也称杜梨、棠梨，因其枝干高大，古代常种植于社（古时听诉讼、断是非及敬神的地方）前，而称社木。据传，召伯曾在社前听讼断狱，公正无私，当时人们感念他，便颂唱这首诗歌，倡导爱护召伯社前的树木。此记载又见于《说苑·贵德》。

[2]宗庙之敬：冈白驹补注："凡祭，敬思其神。祭宗庙，则思其居处，思其笑语。"

［3］甚矣：太过，非常。

【译文】
　　孔子说："我通过《甘棠》这首诗，可以看出宗庙之中人们对祖先的敬慕之情实在太深了。想念一个人，必定爱惜他曾驻足过的树木；尊敬一个人，必定敬慕他停留过的地方，这是合乎道义的。"

　　子路戎服[1]见于孔子，拔剑而舞[2]之，曰："古之君子，固以剑自卫乎？"孔子曰："古之君子，忠以为质[3]，仁以为卫[4]，不出环堵之室，而知千里之外[5]。有不善，则以忠化[6]之；侵暴[7]，则以仁固[8]之，何持[9]剑乎？"子路曰："由乃今闻此言，请摄齐以受教[10]。"

【注释】
　　[1] 戎服：军旅之衣。此处意为穿着军旅之服。此记载又见于《说苑·贵德》。
　　[2] 舞：挥舞，舞动，这里指舞剑。
　　[3] 忠以为质：以忠诚作为本质。
　　[4] 仁以为卫：以仁德进行护卫。
　　[5] "不出环堵之室"二句：君子不用出自己的居室，就能知道自己的德行在千里之外的影响。可参《周易·系辞上》子曰："君子居其室，出其言善，则千里之外应之，况其迩者乎？居其室，出其言不善，则千里之外违之，况其迩者乎？言出乎身，加乎民；行发乎迩，见乎远。言行，君子之枢机。枢机之发，荣辱之主也。言行，君子之所以动天地也，可不慎乎！"
　　[6] 化：感化。
　　[7] 侵暴：侵凌残暴。
　　[8] 固：安，定。

[9] 持：一本"持"作"待"。冈白驹补注以为作"待"为是。

[10] 摄齐（zī）以受教：王肃注："齐，裳下缉也。受教者摄齐升堂。"冈白驹补注："此盖子路初见之时也。"《家语·子路初见》记载子路第一次见孔子时情形，与此近似而不同。不敢确定此是否为初见。摄，牵曳，提起。齐，古代指长衣下部的缉边，后泛指长衣的下摆。《论语·乡党》："摄齐升堂，鞠躬如也。"何晏集解引孔安国曰："衣下曰齐。摄齐者，抠衣也。"

【译文】

子路身穿军旅之服去拜见孔子，拔出宝剑就舞动起来，对孔子说："古代的君子也用剑自卫吗？"孔子说："古代君子以忠诚为本质，用仁德来护卫，君子不用出自己的居室，就能知道自己的德行在千里之外的影响。有对自己不友善的人，便以忠诚去感化他；有人来侵犯欺凌，就用仁德来安定他，还用得着剑吗？"子路说："我今天才听到这样一番话。请允许我再次郑重行礼，接受您的教诲。"

楚恭王[1]出游，亡乌嗥之弓[2]，左右请求之。王曰："止，楚王失弓[3]，楚人得之，又何求之！"孔子闻之，曰："惜乎其不大[4]也，不曰[5]'人遗[6]弓，人得之'而已，何必楚也？"

【注释】

[1] 楚恭王：名审，春秋时楚国国君，在位31年（前590—前560）。此记载又见于《说苑·至公》。

[2] 亡乌嗥之弓：丢失了名叫乌嗥的良弓。王肃注："良弓之名。"

[3] 楚王失弓：太宰纯增注："楚王，《说苑》作'楚人'，《周易疏》引同，'失'作'亡'，'之'作'焉'。"

[4] 其不大：他的志气不阔大。

[5] 不曰：冈白驹补注："何本'不曰'作'亦曰'，为是。"

[6] 遗：丢失。

【译文】

楚恭王外出游猎,丢失了一把名叫乌噪的良弓,左右的侍从请求去寻找回来。楚王说:"不要找了,楚王丢了弓,楚人会把它拾到,何必寻找呢?"孔子闻知此事,评论道:"可惜楚王的志气还不算阔大啊,他应该说,'人丢弓,人拣走',为什么非得是楚人呢?"

孔子为鲁司寇,断狱讼[1],皆进[2]众议者[3]而问之,曰:"子以为奚若[4]?某以为何若?"皆曰云云,如是[5]然后,夫子曰:"当从某子,几是[6]。"

【注释】

[1] 断狱讼:审判诉讼案件。断,判决,判罪。狱讼,诉讼的事情或案件。《周礼·地官·大司徒》:"凡万民之不服教而有狱讼者,与有地治者听而断之,其附于刑者归于士。"郑玄注:"争罪曰狱,争财曰讼。"贾公彦疏:"狱讼相对,故狱为争罪,讼为争财。若狱讼不相对,则争财亦为狱。"此记载又见《说苑·至公》。

[2] 进:请进来,邀请。

[3] 众议者:各位有不同看法的人。

[4] 奚若:何如,怎么样。

[5] 如是:像这样。

[6] 几是:差不多这样。几,近。

【译文】

孔子做了鲁国的大司寇,审判诉讼案件,总是要邀请众多持不同意见看法的人,向他们咨询,说:"你认为怎么样?某某以为如何?"大家都纷纷发表见解,说应该这样那样,像这样以后,孔子说:"应该听从某人的建议,这样就差不多合理了。"

孔子问漆雕凭[1]曰:"子事[2]臧文仲[3]、武仲[4]、孺子容[5]，此三大夫孰贤？"对曰："臧氏家有守龟[6]焉，名曰蔡[7]。文仲三年而为一兆[8]，武仲三年而为二兆，孺子容三年而为三兆。凭从此见之[9]，若问三人之贤与不贤，所未敢识[10]也。"孔子曰："君子哉，漆雕氏之子！其言人之美也，隐而显[11]；言人之过也，微而著[12]。智而不能及[13]，明而不能见[14]，孰克如此[15]？"

【注释】

[1] 漆雕凭：不见于其他先秦古书。《家语·七十二弟子解》提到孔子的三个弟子分别是漆雕开、漆雕从、漆雕侈。按文意，漆雕凭可能为孔子弟子。此记载又见于《说苑·权谋》。

[2] 事：以年代而论，文仲为孔子前辈，漆雕凭不可能"事"之，故疑字当作"视"。《墨子·非命中》"内之不能善视其亲戚"，孙诒让《墨子间诂》引毕沅："事，一本作'视'。"

[3] 臧文仲：春秋时鲁国大夫。孔子对其有赞美亦有批评。

[4] 武仲：文仲之孙，名纥。

[5] 孺子容：太宰纯增注："孺子容无考，意者武仲之子。"

[6] 守龟：天子诸侯、卿大夫占卜之龟，杨伯峻《春秋左传注·昭公五年》曰："似天子、诸侯之龟曰守龟。"

[7] 蔡：太宰纯增注："包咸曰：'蔡，国君之守龟也。出蔡地，因以为名。长尺有二寸。'"

[8] 兆：本义为卜兆，龟甲烧后的裂纹，以此判断吉凶。此处泛指占卜。《说文》曰："兆，灼龟坼也。"一兆即占卜一次，二兆即占卜两次，三兆即占卜三次。

[9] 见之：黄鲁曾本作"之见"。

[10] 识：鉴别。

[11] 隐而显：意思就是说的虽是不显眼的事但能将优点表述清楚。

[12] 微而著：意思就是说的虽是细微琐事但将过失揭示得很明白。

[13] 智而不能及：智慧如果达不到。

[14] 明而不能见：眼光如果不够远。

[15]孰克如此：谁能做到这样呢。克，能。

【译文】

孔子问漆雕凭说："你看臧文仲、武仲及孺子容，这三位大夫哪个是贤人？"漆雕凭回答说："臧氏家中有一只用来占卜的龟，名叫蔡。文仲三年用它才占卜了一次，武仲三年占卜了二次，孺子容三年竟然占卜了三次。我对此有自己的见解，但如果要问三人哪个贤德哪个不贤德，我不敢贸然判断。"

孔子说："漆雕氏家的小子真是君子啊！他说别人的长处时，说的虽是不显眼的事但能将优点表述清楚；他说别人的过失时，说的虽是细微琐事但将过失揭示得很明白。智慧如果达不到，眼光如果不够远，谁能做到这样呢？"

鲁公索氏将祭而亡其牲[1]。孔子闻之，曰："公索氏不及二年将亡[2]。"后一年而亡。门人问曰："昔公索氏亡其祭牲，而夫子曰'不及二年必亡'。今过期[3]而亡，夫子何以知其然？"孔子曰："夫祭者，孝子所以自尽于其亲[4]。将祭而亡其牲，则其余所亡者多矣。若此而不亡者，未之有也。"

【注释】

[1]此记载又见于《说苑·权谋》。公索氏，鲁国大夫。公索为复姓。亡，丢失。牲，供祭祀用的家畜。《周礼·地官·闾师》："凡庶民不畜者，祭无牲。"《左传·桓公六年》"不以畜牲"孔颖达疏："牲、畜一物，养之则为畜，共用则为牲。"

[2]亡：灭亡，败亡。

[3]期(jī)：一周年。

[4]自尽于其亲：竭尽自己的全力来表达对去世先祖的怀念。

【译文】

鲁国大夫公索氏在将要举行祭祀的时候，祭祀用的牲畜却丢了。孔子听说此事，说："公索氏不到两年就会败亡。"过了一年以后，公索氏果然败亡了。孔子弟子问他："从前公索氏丢失了用来祭祀的牲畜，您说用不了两年，他必定败亡。如今才过了整整一年，公索氏果然败亡了，先生根据什么知道一定会发生这样的事呢？"孔子说："祭祀，是孝子竭尽自己的全力来表达对去世先祖的怀念的仪式。将要祭祀却把要用的牲畜弄丢了，那么其余丢失的东西就会更多了。像这样作牺牲如果还不灭亡，是从来没有的现象。"

虞、芮[1]二国，争田而讼，连年不决[2]。乃相谓曰："西伯[3]，仁人也，盍[4]往质[5]之？"入其境，则耕者让畔[6]，行者让路。入其邑，男女异路[7]，斑白不提挈[8]。入其朝，士让为大夫，大夫让为卿。虞、芮之君曰："嘻[9]！吾侪[10]小人也，不可以入君子之朝[11]。"遂自相与而退[12]，咸[13]以所争之田为闲田[14]矣。孔子曰："以此观之，文王之道，其不可加[15]焉。不令而从，不教而听，至矣哉！"

【注释】

[1] 虞、芮（ruì）：商末周初诸侯国。虞在今山西平陆北，芮在今陕西大荔朝邑城南。此记载又见于《诗·大雅·绵》毛传、《尚书大传》、《说苑·君道》。

[2] 决：完毕。

[3] 西伯：周文王。

[4] 盍：何不。

[5] 质：正。

[6] 畔：田地的边界。

[7] 男女异路：男、女各行走于路的左右。与《相鲁》"男女别途"

同义。

[8] 斑白不提挈(qiè)：老年人不提重物。与《相鲁》"强弱异任"义近。斑白，须发花白的老年人。《礼记·王制》："轻任并，重任分，斑白不提挈。"提挈，手提重物。

[9] 嘻(xī)：叹辞。

[10] 侪(chái)：同辈，同类的人。

[11] 入君子之朝：太宰纯增注："一本'入'作'履'，'朝'作'庭'。毛苌《诗传》同。"四库本、同文本作"履君子之庭"。

[12] 遂自相与而退：于是自觉地一起回去了。自，主动地，自觉地。相与，一起。退，返回。

[13] 咸：都。

[14] 闲田：两方边界之间的不再耕种的土地。

[15] 加：超越。

【译文】
　　虞、芮两国因争夺田地而闹起纠纷，连续多年也没有结束，于是两国国君相互提出来："西伯是仁德的君主，为什么不去请他给我们主持公道呢？"当他们进入西伯直接管辖的地区，就看到耕田的人互相推让田界，走路的人互相让道；进入西伯的城邑，男女分行于道路两侧，头发花白的老年人不用手提重物。到了西伯的朝廷，又看到士人互相推让做大夫，大夫彼此推让做卿。虞、芮两国国君说："唉！我等真是小人啊，怎么能踏入君子的朝堂呢！"于是自觉地一起回去了。他们都把原先有争议的田地作为两方边界之间的不再耕种的土地。孔子说："从这件事来看，文王所行之道，已经到了无法超越的地步了。不用下命令人们就能顺从，不用行教化人们就能听从，真是达到至高无上的境界了。"

　　曾子曰："狎甚则相简[1]，庄甚则不亲[2]。是故，君子之狎，足以交欢[3]，其庄足以成礼[4]。"孔子闻斯言也，曰："二三子志之，孰谓参也不知礼乎？"

【注释】

[1]狎(xiá)甚则相简:过分亲昵就会相互轻贱。狎,亲近,接近。甚,过于。相简,相互轻贱。简,怠慢,轻贱。此记载又见于《说苑·谈丛》。

[2]庄甚则不亲:过分庄严就会显得不够亲热。庄,庄重,严肃。

[3]交欢:相互感觉愉快。

[4]成礼:体现出威仪礼貌。

【译文】

曾子说:"过分亲近就会相互轻贱,过分庄严就会显得不够亲热。所以,君子的亲热,只是做到能够使得相互感觉愉快就够了;君子的庄重,只是做到能够体现出威仪礼貌就够了。"孔子听到曾子的话,说:"你们要记住这些话,谁说曾参不懂礼呀!"

哀公问曰:"绅、委、章甫[1],有益于仁乎?"孔子作色[2]而对曰:"君胡[3]然焉?衰麻苴杖[4]者,志不存乎乐[5],非耳弗闻,服使然也;黼黻衮冕[6]者,容不亵慢[7],非性矜庄[8],服使然也;介胄执戈[9]者,无退懦之气[10],非体纯猛[11],服使然也。且臣闻之,好肆不守折[12],而长者不为市[13]。窃[14]夫其有益与无益,君子所以知。"

【注释】

[1]此记载又见于《荀子·哀公》。绅,古代士大夫束腰大带下垂的部分。委,委貌,周之冠。章甫,商代的一种冠,《儒行》:"丘少居鲁,衣逢掖之衣;长居宋,冠章甫之冠。"后来用以称儒者之冠。

[2]作色:脸色变得庄重。作,变。

[3]胡:为什么。

[4]衰(cuī)麻苴杖:孝子穿的丧服,手持的丧棒。衰麻,古代的丧

服，用粗麻布制成，披在胸前、缠于头部和腰间。衰，通"缞"。苴杖，古代孝子居父丧时所用的竹杖，也称哭丧棒。

[5] 志不存乎乐：心思不在音乐上。根据礼，居丧期间不能听乐。《论语·阳货》云"君子三年不为礼""三年不为乐"，可见孝子在三年之丧期间不能举行或参与礼乐活动。孔子言"闻乐不乐"即此"志不存乎乐"。

[6] 黼(fǔ)黻(fú)衮冕：黼黻，古代礼服所绣的花纹，也泛指花纹和有文采。衮冕，衮衣和冕，古代帝王与上公的礼服和礼冠。

[7] 容不亵慢：仪容举止庄重。

[8] 非性矜庄：不是因为习性矜持端庄。性，非指人性，乃是指后天的习性。

[9] 介胄执戈：身穿盔甲，手持兵器。介，本义为铠甲。胄，本义为头盔。介胄，此用为动词，戴盔披甲。戈，古代一种兵器。横刃，用青铜或铁制成，装有长柄。亦可泛指兵器。

[10] 退懦之气：退缩怯懦的神色。懦，柔弱。气，指人的精神状态。

[11] 非体纯猛：并非体质真正的勇猛有力。体，身体，这里侧指体质体格。纯，真正的。

[12] 好肆不守折(shé)：喜欢做生意的就不会白白亏本，而会采取一些手段挽救。千叶玄之标笺："太宰氏谓：'反节曰折。折，折耗也，折阅之意。'"肆，指商业活动。折，折本，亏损。

[13] 长者不为市：热衷于做稳重长者的就不会从事商业活动。王肃注："言长者之行，则不为市买之事。"

[14] 窃：王肃注："窃，宜为'察'。"

【译文】
　　鲁哀公问孔子："各种礼制用的绅带、委貌、章甫等衣冠，有益于仁德吗？"孔子脸色一下子庄重起来，回答道："君主为什么这样问呢？身穿丧服、手执丧杖的人，心思不在音乐上，并不是耳朵听不见，而是因为身上穿的丧服使他这样；身穿华丽礼服、头戴礼冠的人，仪容举止庄重，这并不是习性矜持端庄，而是因为身上穿的礼服使他这样；身穿铠甲、手持兵器的人，毫无退缩怯懦的神色，并不是他的体质真正的强壮威猛，而是身上穿的军服使他这样。而且，我还听说，喜欢做生意的就不会白白亏本，而会采取一些手段挽救,热衷于做稳重长者的就不会从事商业活动,以损害自己的心性。如果仔细观察服饰对人的心理的影响,君主您就知道这些绅带、委貌、章甫对于仁德的修养是有益还是无益了。"

孔子谓子路曰:"见长者而不尽其辞[1],虽有风雨,吾不能入其门矣。故君子以其所能敬人,小人反是。"

【注释】

[1]尽其辞:把话说完。意思即对长者有所隐瞒。

【译文】

孔子对子路说:"见到长辈,不能把该说的话说完而有所隐瞒,那么即使遇上风雨,我也不能进入他的家门。所以君子尽自己的能力来敬重别人,小人正好与这相反。"

孔子谓子路曰:"君子以心导耳目[1],立义以为勇[2];小人以耳目导心,不孙[3]以为勇。故曰:退之而不怨,先之斯可从已[4]。"

【注释】

[1]以心导耳目:用心来主宰耳目。意思就是用可以理性思考,懂得反思的心来主导听视等动作。让心作主宰,而不是让欲望作主宰。

[2]立义以为勇:将确立道义视为勇敢。意思就是把行为的正当、合宜看作勇敢,只问该不该。合乎义的事就义无反顾勇敢承担。

[3]孙(xùn):同"逊",谦逊。

[4]"故曰"三句:言人退之不怨,先之则可从,足以为师。

【译文】
　　孔子对子路说:"君子用心主导耳目,将确立道义视为勇敢;小人用耳目主导心,把不谦逊当作勇敢。所以说君子被压制也不抱怨,让他带头就能做好表率,使别人能跟着他做。"

　　孔子曰:"君子有三患[1]。未之闻,患弗得闻;既得闻之,患弗得学;既得学之,患弗能行。有其德而无其言[2],君子耻之;有其言而无其行,君子耻之;既得之而又失之,君子耻之;地有余而民不足[3],君子耻之;众寡均而人功倍己焉[4],君子耻之。"

【注释】
　　[1] 君子有三患:君子有三种忧患。此记载又见于《礼记·杂记下》。
　　[2] 有其德而无其言:拥有良好的品性但是无法用恰当的语言表达出来。儒家强调立德与立言。
　　[3] 地有余而民不足:拥有富足的土地,但是老百姓都跑到他处而自己拥有的百姓不够多。一译,拥有宽广的土地,但老百姓缺衣少穿。亦通。然结合下文"众寡均"一语,则以前译为胜。
　　[4] 众寡均而人功倍己焉:和别人拥有的人差不多,但是别人建立的功勋比自己多一倍。众,人数多。寡,人数少。

【译文】
　　孔子说:"君子有三种忧虑。在没有听闻某种知识、道理的时候,担心听不到;在听到了某种知识、道理之后,又担忧无法学到;在学到某种知识、道理之后,又担心不能付诸实践。拥有良好的品性但是无法用恰当的语言表达出来,君子应该感到羞愧;能够讲出合乎道德的话,却无法付诸行动,君子应该感到羞愧;通过努力获得了某种东西又因为自己的原因而失去,君子应该感到羞愧;拥有富足的土地,但是老百姓都跑到他处而自己拥有的百姓不够多,君子应该感到羞愧;和别人拥有的人差不多,但是别人建立的功勋比自己多一倍，君子应该感到羞愧。"

鲁人有独处室者[1]，邻之釐妇亦独处一室[2]。夜，暴风雨至，釐妇室坏，趋而托焉[3]。鲁人闭户而不纳[4]，釐妇自牖[5]与之言[6]："子[7]何不仁而不纳我乎？"鲁人曰："吾闻男女不六十不间居[8]。今子幼[9]，吾亦幼，是以不敢纳尔也。"妇人曰："子何不如柳下惠[10]然？妪不逮门之女[11]，国人不称其乱[12]。"鲁人曰："柳下惠则可[13]，吾固[14]不可。吾将以吾之不可，学柳下惠之可。"孔子闻之，曰："善哉！欲学柳下惠者，未有似于此者。期于至善，而不袭其为[15]，可谓智乎！"

【注释】

[1] 鲁人有独处室者：有一个独自住在家里的鲁国人。此记载又见《诗·小雅·巷伯》毛传。

[2] 邻之釐(lí)妇亦独处一室：隔壁也有一位寡妇一个人在家。王肃注："釐，寡妇也。"

[3] 趋而托焉：跑过来找他求助避雨。趋，快走。托，拜托，这里引申为求助。

[4] 纳：接受，让人进入。

[5] 牖(yǒu)：窗户。

[6] 言：说话。

[7] 子：对人的尊称。黄鲁曾本无。

[8] 男女不六十不间居：太宰纯增注："孔颖达曰：'礼，男女年不满六十，则男子在堂，女子在房，不得间杂在一处而居。若六十则间居也。此六十据妇人言耳，男子则七十。'《内则》'唯及七十，同藏无间'，是也。必男子七十，女六十同居者，以阴阳道衰，故无嫌也。"冈白驹补注："六十据妇人言，男子七十。女六十而无嫌也。间，间厕之间。"

[9] 幼：太宰纯增注："幼者，止谓未老耳，非稚也。"下"幼"同。

[10] 柳下惠：即展禽，名获，字禽，谥惠，春秋时鲁国大夫，食邑在柳下，故名。孔子、孟子都对其非常敬仰。

[11] 妪（yǔ）不逮门之女：怀抱没能赶上走出郭门的女子。妪，妪伏，鸟类以体伏卵，使之孵化，此指以体相温。逮，赶上，来得及。相传柳下惠夜宿郭门，有女子没有赶上时间走出郭门，而与柳下惠同宿。柳下惠恐其冻坏，置之于怀，至晓不为乱。

[12] 乱：非礼。冈白驹补注："柳下惠远行归，夜宿于郭门外。顷间，有女子来同宿，时天大寒，惠恐女子冻死，乃坐女子于怀，以衣覆之至晓，不为乱。"

[13] 柳下惠则可：可，能够做到。冈白驹补注："德已著矣，其守定矣。"则，《毛传》作"固"。

[14] 固：的确。

[15] 袭其为：照搬其具体做法。袭，因袭。为，做法。

【译文】

有一个独自住在家里的鲁国人，邻居家的寡妇也独自一人在家。一天夜里，风雨交加，寡妇的房子被毁坏，便跑去找他求助避雨。那个鲁人关着房门不让她进去。寡妇通过窗户对他说："为什么你这样缺乏仁德，不让我进去？"那人说："我听说男女不到六十岁不能同处一室。而现在你未到那个年纪，我也未到那个年纪，所以我不敢让你进来。"寡妇说："你为什么不像柳下惠那样？他一晚上怀抱没有赶上时间走进城门的一位受冻的女子，而鲁国上下却不说他非礼。"那人说："柳下惠可以，而我的确不行。我怎能用我做不到的事情效仿柳下惠能够做到的事情。"孔子听闻此事，说："太好了！想要学习柳下惠，还从没有像这种做法的。追求至善的境界，但不盲目照搬前人的具体做法，这可以说是明智的了！"

孔子曰："小辩害义[1]，小言破道[2]。《关雎》兴于鸟[3]，而君子美之，取其雌雄之有别[4]；《鹿鸣》兴于兽[5]，而君子大之，取其得食而相呼。若以鸟兽之名嫌[6]之，固不可行也。"

【注释】

[1] 小辩害义：花言巧语有害于大义。小辩，在琐碎小事上能言善辩。《荀子·非相》："小辩不如见端，见端不如见本分。小辩而察，见端而明，本分而理。"杨倞注："小辩谓辩说小事。"

[2] 小言破道：无关宏旨的言论破坏大道。小言，不合乎大道的言论。《庄子·齐物论》："大言炎炎，小言詹詹。"成玄英疏："儒墨小言，滞于竞辩，徒有词费，无益教方。"

[3]《关雎》兴于鸟：《关雎》一诗以鸟——雎鸠起兴。《关雎》，《诗·周南》的第一篇。关，关关，象声词，鸟鸣声。雎，即雎鸠，一种水鸟。兴，一种文学写作手法，即托物起兴。

[4] 雌雄之有别：强调雌雄、男女之区别。

[5]《鹿鸣》兴于兽：《鹿鸣》一诗以兽——鹿起兴。冈白驹补注："《鹿鸣》，《小雅》首篇。文王燕群臣嘉宾诗也。鹿食苹则呦呦然鸣而相呼，以喻君厚意燕群臣也。"

[6] 嫌：厌恶、嫌弃。

【译文】

孔子说："花言巧语有害于大义，无关宏旨的言论破坏大道。《关雎》诗篇以鸟起兴，君子赞美它，是由于雎鸠雌雄分别有序；《鹿鸣》用兽起兴，君子却推重它，是由于鹿得到美食后互相招呼。如果因为这些诗以鸟兽取名而厌恶它们，一定是不行的。"

孔子谓子路曰："君子而强气[1]，则[2]不得其死；小人而强气，则刑戮荐臻[3]。《豳诗》[4]曰：'迨天之未阴雨，彻彼桑土，绸缪牖户[5]，今汝下民，或敢侮余[6]。'"孔子曰："能治国家之如此，虽欲侮之，岂可得乎？周自后稷[7]，积行累功，以有爵土，公刘重之以仁[8]。及至太王亶父[9]，敦以德让[10]，其树根置本，备豫[11]远矣。初，太王都豳[12]，狄[13]人侵之。事之以皮币[14]，不得免焉；事之以珠玉，不得免焉。于是属耆老[15]而告之，曰：'狄人之所欲，吾土地也。吾闻之，君子不以所养而[16]害人。二三子何患乎无君？'遂独与太姜[17]去之，逾梁山[18]，邑于岐山[19]之下。豳人曰：'仁人之君，不可失也。'从之如归市焉。天之与[20]周，民之去殷，久矣，若此而不能［有］[21]天下，未之有也。武庚[22]恶能侮？《邶诗》[23]曰：'执辔如组[24]，两骖如舞[25]。'"孔子曰："为此诗者，其知政乎！夫为组者，总纰[26]于此，成文于彼。言其动于近，行于远也。执此法以御[27]民，岂不化乎？《竿旄》[28]之忠告，至矣哉！"

【注释】

[1] 君子而强气：君子如果强横不驯。而，假设连词，如果。强，强梁，强横。

[2] 则：黄鲁曾本作"而"。

[3] 荐臻：接连到来。荐，再，又，接连。臻，至。

[4]《豳诗》：此指《诗·豳风·鸱鸮》一诗。

[5] "迨天之未阴雨"三句：王肃注："迨，及也。彻，剥也。桑土，桑根也。鸱鸮天未雨，剥取桑根，以缠绵其牖户，喻我国家积累之功，乃难成之若此也。"绸缪，紧密缠缚的样子。后人以"未雨绸缪"形容事前做好准备工作。

[6] "今汝下民"二句：王肃注："今者，周公时。言我先王致此大功至艰，而下民敢侵侮我周道，谓管蔡之属，不可不遏绝之，以存周室者也。"

[7] 后稷：周族始祖，名弃。善于农业生产，曾为尧舜时农官。

[8] 公刘重之以仁：公刘再用仁德推动、巩固。公刘，周族领袖。传为后稷曾孙。

[9] 太王亶父：即古公亶父，周文王的祖父。
[10] 敦以德让：用谦让之德劝勉。敦，劝勉。
[11] 备豫：预备。
[12] 豳（bīn）：在今陕西彬县东北。
[13] 狄：活动在我国北方地区的少数民族。
[14] 皮币：毛皮和布帛。
[15] 属（zhǔ）耆（qí）老：会集年老的族人。《礼记·曲礼》："六十曰耆。"属，召集。耆老，年长而有声望者。
[16] 而：太宰纯增注："'而'字，一本作'人者'二字。"
[17] 太姜：古公亶父之妻，太伯、仲雍、王季之母。
[18] 梁山：在今陕西乾县西北。
[19] 岐山：今陕西宝鸡境内。
[20] 与：帮助。
[21] 有：原本无，据冢田虎本补。
[22] 武庚：纣子，名禄父。
[23] 《邶诗》：太宰纯增注："邶，当为'郑'。"黄鲁曾本作"鄁"，同"邶"。下诗句语出《郑风》，故"邶"、"鄁"应为"郑"之误。
[24] 执辔如组：手握缰绳如同编织绶带。辔，马缰绳。组，用丝织成的绶带。
[25] 骖（cān），周代马车四马同驾为常，外边两马为骖，中间两马为服。
[26] 总纰（pī）：汇聚稀疏的丝缕。总，聚合，汇集。纰，指丝织物稀疏。
[27] 御：驾驭，治理。
[28] 《竿旄》之忠告：《竿旄》这首诗，乐乎善道告人。

【译文】

　　孔子对子路说："君子如果强横不驯，就不可能得以善终；小人强横不驯，刑罚和杀戮就会接踵而至。《豳诗》上说：'趁着天还没下雨，赶紧剥下桑根把巢筑，尤其缠好门和窗。如今树下这些人，谁还敢来欺侮我！'"孔子说："能像这样治理国家，即使有人想欺辱他，难道还能做到吗？周朝自后稷以来，修积德行、勤累功绩，从而拥有爵位和土地，公刘再用仁德推动、巩固。到太王亶父时期，用谦让之德劝勉，他树立了立国的根本，有长远的准备。当初,太王建都于豳地,北方的狄人来侵犯,于是送给他们毛皮和布帛,没能避免被侵犯;又送给他们珠宝和美玉,还是没能免除被侵犯。于是太王召集当地的长老,告诉他们:'狄人想要的是我们的土地。我听说,君子不会为了养育人的土地而使百姓遭受祸害。你们哪用担心没有君主呢?'于是独自与夫人太姜一起离开豳地,翻过梁山,来到岐山之下建起新的城邑。豳地的百姓说:'这是一位对百姓有仁德的君主啊,我们可不能失去他。'于是人们追随太王,好像赶集一样纷纷而去。上天帮助周朝,百姓与殷朝离心离德已经很长时间了。像这样如果还不能获得天下,那是没有的。武庚怎么能够欺辱他呢?《郑风》说:'手握缰绳如同编织绶带,条理分明;两旁马儿奔驰像在舞蹈,有条不紊。'"孔子说:"作这首诗的人,确实很懂得为政的道理啊!织绶带的人,这头汇聚稀疏的丝缕,那头却织成了锦绣的花纹。这是说在近处有行动,却能影响到深远之处。掌握这个方法用来治理百姓,怎么能不化育天下呢?《竿旄》的忠告,达到最高境界了啊!"

孔子家语卷三

观周第十一

孔子谓南宫敬叔[1]曰:"吾闻老聃[2]博古知今,通礼乐之原[3],明道德之归[4],则吾师也。今将往矣。"对曰:"谨受命[5]。"遂言于鲁君[6],曰:"臣受先臣[7]之命,云:'孔子,圣人之后也[8],灭于宋[9],其祖弗父何,始有国而授厉公[10],及正考父佐戴、武、宣[11],三命兹益恭[12]。故其鼎铭[13]曰:"一命而偻,再命而伛,三命而俯[14],循墙而走[15],亦莫余敢侮[16]。饘于是,粥于是[17],以餬其口[18]。"其恭俭也若此[19]。臧孙纥[20]有言:"圣人之后,若不当世[21],则必有明德而达者[22]焉。"孔子少而好礼,其将在矣[23]。'属[24]臣曰:'汝必师[25]之。'今孔子将适周[26],观先王之遗制[27],考礼乐之所极[28],斯大业也,君盍以乘资之[29]?臣请与往[30]。"公曰:"诺[31]。"与[32]孔子车一乘,马二匹,竖子侍御[33]。敬叔与俱至周。

问礼于老聃,访乐于苌弘[34],历郊社之所[35],考明堂之则[36],察庙朝之度[37]。于是喟然曰:"吾乃今知周公之圣,与周之所以王也[38]。"

及去[39]周，老子送之曰："吾闻富贵者送人以财，仁者送人以言。吾虽不能富贵，而窃[40]仁者之号，请送子以言乎：凡当今之士，聪明深察而近于死者，好讥议人者也；博辩闳达[41]而危其身，好发人之恶者也。无以有己为人子者[42]；无以恶己为人臣者[43]。"孔子曰："敬奉教。"自周反鲁，道弥尊矣。远方弟子之进，盖三千焉。

【注释】

[1] 南宫敬叔：鲁国贵族孟僖子的儿子，受父嘱而师从于孔子，或认为即孔子弟子南宫括。王肃注："敬叔，孟僖子子也。"此记载又见于《左传·昭公七年》、《史记·孔子世家》。

[2] 老聃(dān)：即老子，春秋晚期周朝史官，著名思想家，道家学派创始人，《老子》一书集中体现了他的思想。

[3] 原：本原，根本。

[4] 归：旨归，旨趣。

[5] 谨受命：对尊长所教、所托的应辞，体现谦卑。

[6] 鲁君：鲁昭公。

[7] 先臣：臣子对君主称自己去世的父亲，此指南宫敬叔之父孟僖子。王肃注："先臣，僖子。"太宰纯增注："僖子将死之命也。事见《左氏传·昭公七年》。僖子以昭公二十四年卒也。"

[8] "孔子"二句：汤为殷商开国之君，宋为殷商之后，孔子先祖为宋国公族，故称孔子为圣人之后。

[9] 灭于宋：孔子的六世祖孔父嘉之妻貌美，宋国的华父督杀害孔父嘉，夺其妻，孔父嘉后人为避祸而奔鲁。王肃注："孔子之先去宋奔鲁，故曰灭于宋也。"

[10] "其祖弗父何"二句：王肃注："弗父何，缗公世子，厉公兄也。让国以授厉公。《春秋传》曰：'以有宋而授厉公。'宜始，始有国（本注费解。"宜始，始有国"，黄鲁曾本作"宜始始也"。此处恐皆有误，疑"宜始"二字衍文，或为"方祀"之讹），始有宋也。"弗父何，冈白驹补注："孔父嘉之高祖也。"太宰纯增注："厉公，名方祀。"

[11] 正考父佐戴、武、宣：王肃注："正考父，何之曾孙也。戴、武、宣，三公也。"太宰纯增注："戴公，厉公之玄孙。史阙其名。武公，戴公之子，名司空。宣公，武公之子，名力。"

[12] 三命兹益恭：受到三次爵命，更加的谦恭。王肃注："考父士一命，其大夫再命，卿三命是也。"命，君主对臣下爵秩的升迁所下的命令。太宰纯增注："兹，与'滋'通，亦益也。"

[13] 鼎铭：王肃注："臣有功德，君命铭之于其宗庙之鼎也。"

[14] "一命而偻(lǚ)"三句：偻、伛(yǔ)，都是弯腰曲身之意。俯，弯腰屈身，表示更加谦虚、恭敬。

[15] 循墙而走：不敢走路的中央，而是顺着墙根走。形容谦卑。

[16] 莫余敢侮：即"莫敢侮余"，没人敢欺侮我。莫，没有人。

[17] "馆(zhān)于是"二句：在这鼎里熬稠粥，煮稀粥。《礼记·檀弓上》："馆粥之食。"孔颖达疏："厚曰馆，稀曰粥。"馆，稠粥。粥，稀粥。这里二字皆用作动词。

[18] 以馆其口：都是为了糊口而已。太宰纯增注："《左氏传》'其'作'余'。孔颖达曰：'稠者曰糜，淖者曰粥。'将糜向口，故曰以馆余口，犹今人以粥向帛，黏使相着，谓之馆帛。"

[19] 其恭俭也若此：《左传》"若此"作"若是"，就是这样。

[20] 臧孙纥(hé)：即臧文仲的孙子臧武仲，鲁国大夫。

[21] 若不当世：若不能做国君。王肃注："弗父何，殷汤之后，而不继世为宋君。"

[22] 明德而达者：德行高明，地位显达。太宰纯增注："一本'德'作'君'。此三句，《左氏传》作'圣人有明德者，若不当世，其后必有达人'十六字。"

[23] 其将在矣：王肃注："将在孔子。"

[24] 属(zhǔ)：通"嘱"，嘱咐。

[25] 师：以……为师。

[26] 适周：到周的都城洛邑去。适，往，去。周，指周的都城洛邑。今河南洛阳存清雍正五年立"孔子入周问礼乐至此"碑。

[27] 观先王之遗制：考察历代先王留下的政教制度。

[28] 考礼乐之所极：探究礼乐施行的标准。极，标准。

[29] 盍(hé)以乘资之：为什么不给一辆车马资助他呢。盍，太宰纯增注："盍，何不也。"资，冈白驹补注："资，给也。"

[30] 与往：与之同往。

[31] 诺：答应的声音，表示同意。

［32］与：给。

［33］竖子侍御：年轻的童子负责陪同驾车。御，驾车。

［34］苌（cháng）弘：周大夫。精通音乐，后在政治斗争中为周室所杀。

［35］历郊社之所：游历周王祭天地之处。郊，冬至日祭天于南郊；社，夏至日祭地于北郊，合称"郊社"。

［36］考明堂之则：考察明堂的法则。明堂，冈白驹补注："朝诸侯处。"周天子宣明政教之处，也作为祭祀、选贤、纳谏、庆赏、教学或其他国家重大事务的活动场所。则，法。

［37］察庙朝之度：考察宗庙朝廷的法度。

［38］"吾乃今知周公之圣"二句：太宰纯增注："'吾乃'以下与《左氏传·昭公二年》所载韩宣子之言同。宣子言之于鲁，夫子言之于周。岂二人之言偶同邪？抑将宣子之言而夫子诵之邪？"

［39］去：离开。

［40］窃：窃用，冒用。此为谦辞。

［41］博辩闳达：博学雄辩，胸怀大志。闳，宏大。

［42］无以己为人子者：不要用自私的态度做儿女。者，犹"也"。下"者"同。

［43］无以恶己为人臣者：不要用自贬的态度做臣子。王肃注："言听则仕，不用则退，保身全行，臣之节也。"《史记·孔子世家》作"为人臣者无以有己"。

【译文】

孔子对南宫敬叔说："我听说老聃博古知今，懂得礼乐的根本，明了道德的旨归，他可做我的老师了。现在我要去拜访他。"

南宫敬叔回答说："谨从您的吩咐。"于是进见鲁昭公说："我曾领受我父亲的遗命，遗命中说：'孔子是圣人的后代，家族在宋国灭绝了，他的十世祖弗父何本来享有宋国的继承权，却让给了他的弟弟宋厉公，他的七世祖正考父辅佐了宋国的戴、武、宣三代国君，在享有三命的爵禄后却越发恭谨。他在鼎上刻上铭文："一命低头曲背，二命弯腰躬身，三命俯身躬背，沿着墙快步小跑，没有人敢侮辱我。稠粥在这里烧煮，稀粥在这里烧煮，都是为了糊口而已。"他的恭俭庄敬就是这样。臧孙纥曾经说过：

"圣人的后代如果不能做国君，那么必定有德行高明，地位显达的。"孔子少年时代就喜好学习礼制，显达的人恐怕就是孔子了。'嘱咐我说：'你一定要拜他为师。'现在孔子将要访问成周洛邑，学习先王遗留的政教制度，考察礼乐施行的标准，这是一项重大的事业啊，您为什么不以车马资助他呢？我请求与他一同去。"昭公说："好的。"给了孔子一辆车、两匹马，并派童仆陪侍、驾车。敬叔与孔子一同到了成周。

孔子向老聃学习了礼制，向苌弘请教了音乐知识，游历了郊社等祭祀之所，考察了成周的明堂制度，了解了成周的宗庙、朝廷的法度。孔子感慨地说："我现在终于知道周公之所以圣明和周之所以取得天下的原因了。"

等孔子离开的时候，老子为孔子送行说："我听说在送行的时候，富贵的人送给人钱财，仁德的人送给人箴言。我不是富贵的人，姑且冒用仁者的称号，送给你几句话吧：大凡当今的士人君子，聪明智能，认识深刻，却陷入危险而濒临死亡境地，是喜好讥讽、议论别人的缘故；博学雄辩，胸怀大志，却自身陷入危难境地，是喜好揭露、昭示别人隐恶的缘故。不要用自私的态度做儿女，不要用自贬的态度做臣子。"孔子说："谨从您的教诲。"从成周返回了鲁国，孔子道术更加被尊崇，远近来求学的弟子大约有三千人。

孔子观乎明堂，睹四门墉[1]有尧舜之容、桀纣之象[2]，而各有善恶之状、兴废之诚[3]焉。又有周公相成王[4]，抱之负斧扆[5]，南面以朝诸侯之图焉。孔子徘徊而望之[6]，谓从者曰："此周之所以盛也。夫明镜，所以察形；往古，所以知今[7]。人主不务袭迹[8]于其所以安存，而忽怠[9]所以危亡，是犹未有以异于却走而欲求及前人也[10]，岂不惑哉？"

【注释】

[1] 门墉(yōng)：门口的墙壁。

[2] 尧舜之容、桀纣之象：尧、舜、桀、纣的画像。尧舜乃圣王，桀纣则为暴君。

[3] 兴废之诫：兴盛和衰亡的教训。

[4] 成王：姬姓，名诵。周武王之子。武王崩，成王即位。因年幼，故周公摄政。

[5] 负斧扆(yǐ)：背对屏风。负，背对。斧扆，古代宫殿内设在门和窗之间的大屏风。

[6] 徘徊而望之：来回走动着四处观望。

[7] "夫明镜"四句：明亮的镜子，可以查看身形仪容；过去的历史，可以洞晓现实。此二语或"以铜为镜，可以正衣冠；以史为镜，可以知兴替"所从出。

[8] 袭迹：学习历史的经验做法。

[9] 忽怠：轻慢。

[10] 是犹未有以异于却走而欲求及前人：这好似与向后跑而又想追上前面的人没有什么不同，即背道而驰的意思。却走，倒退。

【译文】

孔子参观了成周的明堂，看到四个门口的墙上分别画有尧舜和桀纣的肖像，各有善恶不同的形状，以及有关王朝兴盛与衰亡的教训诫语。还有周公辅佐成王，抱着年幼的成王背对屏风，面向南方接受诸侯朝拜的图像。孔子来回地走动，仔细观望之后对跟从的人说："这就是周朝兴盛的原因了。明亮的镜子，可以查看身形仪容；过去的历史，可以洞晓现实。君主不能致力于学习历史上如何安身立命的经验做法，却因轻慢导致陷入危亡境地，这好似与向后跑而又想追上前面的人没有什么不同，难道不是很糊涂吗？"

孔子观周，遂入太祖后稷[1]之庙。庙堂右阶之前，有金人[2]焉。参缄其口[3]，而铭其背[4]，曰："古之慎言人也，戒之哉！无多言，多言多败；无多事，多事多患[5]。安乐必戒[6]，无行所悔[7]。勿谓何伤，其祸将长；勿谓何害，其祸将大；勿谓不闻，神将伺人[8]。焰焰不灭，炎炎若何[9]？涓涓不壅，终为江河[10]；绵绵不绝，或成网罗[11]；毫末不扎，将寻斧柯[12]。诚[13]能慎之，福之根也。口是何伤？祸之门也[14]。强梁[15]者不得其死，好胜者必遇其敌。盗憎主人[16]，民怨其上[17]。君子知天下之不可上也，故下之；知众人之不可先也，故后之。温恭慎德，使人慕之；执雌持下[18]，人莫逾之。人皆趋彼，我独守此；人皆或之[19]，我独不徙。内藏我智，不示人技。我虽尊高，人弗我害，谁能于此？江海虽左，长于百川[20]，以其卑也。天道无亲，而能下人[21]。戒之哉！"

孔子既读斯文也，顾谓弟子曰："小子识[22]之！此言实而中，情而信[23]。《诗》曰：'战战兢兢，如临深渊，如履薄冰[24]。'行身如此，岂以口过患哉[25]？"

【注释】

[1] 太祖后稷之庙：太庙。后稷，据《诗·周颂·生民》，姜嫄践天帝足迹，怀孕生子，因曾见弃而不养，故名之为"弃"。后担任农官后稷，故又称后稷。为周之始祖，故其庙为太庙。此记载又见于《说苑·敬慎》。

[2] 金人：铜人。《周礼·秋官·职金》："掌凡金、玉、锡、石、丹青之戒令。"孙诒让正义："《说文·金部》云：金，五色金也。黄为之长；银，白金也；铅，青金也；铜，赤金也；铁，黑金也。案金为黄金，亦为五金之总名。但古制器多用铜，故经典通称铜为金。"冈白驹补注："铸金为人，名磨兜坚。"宋袁文《瓮牖闲评》卷八："唐刘洎少时，尝遇异人谓之曰：'君当佐太平，须谨磨兜坚之戒。'谷城国门外有石人，刻其腹曰：'磨兜坚，慎勿言。'故云。"后因以"磨

兜坚"谓诫人慎言。

[3] 参缄(jiān)其口：用某物将嘴封了三重。参，三。

[4] 铭其背：在金人背部刻着铭文。

[5] "无多言"四句：太宰纯增注："王通曰：'多言，德之贼也。多事，生之仇也。'"无，通"毋"，不要。

[6] 安乐必戒：虽处安乐，必警戒。冈白驹补注："安必有危，乐极生哀。"

[7] 无行所悔：言当详而后行，所悔之事不可复行。

[8] "勿谓不闻"二句：不要说人听不到，神明将会在上面看着人的言行。此犹后世所谓"举头三尺有神明"。伺(sì)，候望，观察。

[9] "焰焰不灭"二句：当火苗刚刚起来的时候不去扑灭，等到大火升腾的时候，就没办法了。焰焰，火苗初起。炎炎，火苗升腾。

[10] "涓涓不壅(yōng)"二句：当水流涓细的时候不去堵住，最后就会汇聚为大江大河。涓，小流。壅，堵塞。

[11] "绵绵不绝"二句：丝线在绵细的时候不去斩断，就可能编织成罗网。王肃注："绵绵，微细，若不绝则有成罗网者也。"

[12] "毫末不扎"二句：草木在细微的时候不去拔掉，就可能需要用斧子才能砍伐。王肃注："如毫之末，言至微也。扎，拔也。寻，用也。"以上举例反复说明防微杜渐的重要性。

[13] 诚：如果。

[14] "口是何伤"二句：人的嘴有什么坏处？那是招祸的大门。冈白驹补注："口过无谓无害，乃祸之门也。"伤，创伤，损害。

[15] 强梁：强横凶暴、刚愎自用。

[16] 盗憎主人：偷盗的人憎恶财物主人钱财多。《左传·成公十五年》："伯宗妻曰：'盗憎主人，民恶其上。'子好直言，必及于难。"

[17] 民怨其上：老百姓怨恨他的长官的教令多。冈白驹补注："为民上者，必有教令，而民不能以尽从也。故民怨其上。"

[18] 执雌持下：示弱处下。

[19] 或之：到某处去。之，往，去。王肃注："或之，东西转移之貌。"

[20] "江海虽左"二句：江海虽然处在东边，却是百川之长。王肃注："水阴长右，海江虽在于其左，而能为百川长，以其能下。"

[21] "天道无亲"二句：天道行事没有偏爱，还能谦逊对人。冈白驹补注："上天之道虽无亲，然其因亦能下人也。《说苑》作'天道无亲，常与善人。'"

［22］识（zhì）：记住。

［23］"此言实而中"二句：这些话平实而中肯，合情而可信。

［24］"战战兢兢"三句：语出《诗·小雅·小旻》。战战，恐。兢兢，戒。

［25］岂以口过患哉：《说苑》作"岂以口遇祸哉"。

【译文】

　　孔子在成周洛邑参观，进入周太祖后稷的宗庙。庙堂右边台阶的前面立有一个铜人，嘴巴被封了三重，而背上刻着铭文："这是古时审慎说话的人，以此为戒！不要多说话，说话多则过失多；不要多事，多事则忧患多。安逸快乐时一定要警戒，不做任何使自己后悔的事情。不要说没有什么问题，那样祸患就会变得长久；不要说没有什么损害，那样祸患就会变得很大；不要说人听不到，神明将会在上面看着人的言行。当火苗刚刚起来的时候不去扑灭，等到大火升腾的时候，就没办法了。当水流涓细的时候不去堵住，最后就会汇聚为大江大河；丝线在绵细的时候不去斩断，就可能编织成罗网；草木在细微的时候不去拔掉，就可能需要用斧子才能砍伐。如果确实能够谨慎行事，也就确立了幸福的根基。人的嘴巴有什么坏处呢？它是招祸之门。强横凶暴刚愎自用的人不得好死，争强好胜的人必定遇到匹敌的对手。盗贼憎恨财物的主人财货多，百姓怨愤他们的长官教令多。君子知道自己不能位居天下人之上，因此甘居人下；知道自己不能位列老百姓之先，因此甘居人后。温和恭敬，谨慎仁德，使别人倾慕自己品德；示弱处下，也没有人凌驾于自己之上。别人都奔向别处，只有我坚守此处；别人都在转移，我却坚定不移。我的智慧隐藏在胸中，不向别人显示我的能力。这样，即使我位尊爵高，别人也不会伤害我，谁能做到这些呢？江海虽然处在东边，却是百川之长，正是由于位置卑下的缘故。天道行事没有偏爱，还能谦逊对人。以此为戒！"

　　孔子读完这段铭文，回头对弟子们说："你们记住这些话！这些话平实而中肯，合情而可信。《诗》说：'战战兢兢，就像面临深渊，就像脚踩薄冰。'如果这样立身行事，怎么会因为说错话招来祸患呢?"

孔子见老聃[1]而问焉,曰:"甚矣,道之于今难行也。吾比[2]执道,而今委质[3]以求当世之君而弗受也。道于今难行也。"老子曰:"夫说者流于辩[4],听者乱于辞[5],知此二者,则道不可以忘[6]也。"

【注释】
[1] 老聃:宽永本作"聃"。此记载又见于《说苑·反质》。
[2] 比:先前,本来。
[3] 委质:又作"委贽",指人臣拜见君主时,献上礼物,以示臣服,后引申为托身、归顺。太宰纯增注:"质,与'贽'通,见者所执以为礼也。韦昭云:'士贽以雉,委贽而退。'"
[4] 流于辩:沉溺于能言善辩。王肃注:"流,犹过也,失也。"
[5] 听者乱于辞:听他人推行道的君主迷惑于华丽的言辞。
[6] 忘:轻忽。标笺本有校记,引"或曰:'忘'字,疑'忽'字误。"林按,冈白驹《弟子行》篇补注云:"忘,忽也。"可知二字义近。

【译文】
孔子拜见老子,请教道:"如今推行道的难度实在太大了!我本来执守大道,现在以臣子见君主之礼请求当今的国君贯彻执行,却不被接受。如今推行道真是太难了。"老子说:"那些宣扬道的人沉溺于巧辩,听他人推行道的君主又被浮华的言辞迷惑,知道这两种情况,更不可以轻忽大道。"

弟子行第十二

卫将军文子[1]问于子贡曰:"吾闻孔子之施教[2]也,先之以《诗》《书》,导[3]之以孝悌,说[4]之以仁义，观[5]之以礼乐，然后成之以文德[6]。盖入室升堂[7]者，七十有余人。其孰为贤[8]？"子贡对以不知。

文子曰："以吾子常与学，贤者也，何为不知[9]？"子贡对曰："贤人无妄[10]，知贤即难[11]，故君子之言曰：'智莫难于知人。'是以难对也。"

文子曰："若夫知贤，莫不难。今吾子亲游[12]焉，是以敢问。"子贡曰："夫子之门人，盖有三千就焉[13]，赐有逮及[14]焉，未逮及焉，故不得遍知以告也。"

【注释】

[1] 文子：卫卿，名弥牟。灵公孙，公子郢之子。本篇又见于《大戴礼记·卫将军文子》。

[2] 施教：开展教学，施行教化。设，施行。

[3] 导：引导。

[4] 说：告诉。

[5] 观：展示。

[6] 成之以文德：冈白驹补注："文即诗书礼乐也，得之身之谓德，故曰成之。"

[7] 入室升堂：得到老师真传，后喻人的学识技艺等方面有高深的造诣。《论语》："由也升堂矣，未入于室也。"

[8] 孰为贤：谁优秀。孰，谁。贤，胜，优秀。

[9] "以吾子常与学"三句：意思是由于你经常在孔门和众弟子一起学习，你是贤人，怎么能不知道呢？吾子，对对方的尊称，相当于"您"。与，和……一起。

[10] 贤人无妄：贤达的人举动不妄。妄，胡乱行动。

[11] 知贤即难：了解别人是否贤能就更困难了。《经词衍释》卷八："即，则也，古同声而通用。"

[12] 亲游：从学。

[13] 盖有三千就焉：大概其中的成就可以分为三个层次。冈白驹补注："'千'，衍文。《大戴礼》作'三就'，三就谓大成、次成、小成

也。"就，成就。

　　［14］逮及：在一起，交往。逮，与。

【译文】

　　卫国将军文子询问子贡说："我听说孔子开展教学、施行教化，先是教给他们有关《诗》、《书》的知识，然后用孝和悌的思想引导他们，把仁和义的观念申说给他们，把礼和乐的文化展示给他们，最后培养他们的文化，成就他们的德性。孔子门下大概有七十多位得孔子真传、学行高深的弟子，其中谁是优秀的呢？"子贡回答说不知道。

　　文子说："你经常在孔门和众弟子一起学习，你是贤人，怎么能不知道呢？"子贡回答说："贤德的人不能对人妄加评论，了解别人是否贤能就更困难了，所以君子说：'最大的智慧莫过于看清别人了。'因此我很难回答你的问题。"

　　文子说："要说了解贤人，没有不困难的。现在您在孔子处学习，所以我才敢冒昧问您。"子贡说："大概其中的成就可以分为三个层次。有些是我交往过的，有的没有交往过，所以不能把他们的情况全都清楚地告诉您。"

　　文子曰："吾子所及者，请闻[1]其行！"

　　子贡对曰："夫能夙兴夜寐[2]，讽诵崇礼[3]，行不贰过[4]，称言不苟[5]，是颜回之行也。孔子说[6]之以《诗》曰：'媚兹一人，应侯慎德[7]'，'永言孝思，孝思惟则[8]'。若逢有德之君，世受显命[9]，不失厥[10]名；以御[11]于天子，则王者之相也。

【注释】

　　［1］请闻：请让我听闻。闻，黄鲁曾本作"问"。
　　［2］夙兴夜寐：指早起晚睡。
　　［3］讽诵崇礼：讽诵古训，崇尚礼义。
　　［4］行不贰过：不犯同样的错误。王肃注："贰，再也。有不善未尝

不知,知之未尝复行也。"

［5］称言不苟:说话从不苟且。王肃注:"举言典法不苟且也。"称,举,这里有"说"的意思。

［6］说:评论、评价。

［7］"媚兹一人"二句:冈白驹补注:"《诗·大雅·下武》之篇。媚,悦也。《毛诗》'慎'作'顺'。言颜渊之德,足以为天子所媚爱,其行能当此顺德也。"媚,此指爱戴。

［8］"永言孝思"二句:语出《诗·大雅·下武》。王肃注:"言能长是孝道,足以为法则也。"

［9］世受显命:世世代代享有显赫的恩命。显命,指帝王给予的美誉和封赐。

［10］厥:代词,他的。

［11］御:进用,任用。

【译文】

文子说:"就您所交往的这些人,我想听您讲讲他们的品行。"

子贡回答说:"能够早起晚睡,诵读古训,崇尚礼仪,不犯同样的错误,说话从不苟且,这是颜回的品行。孔子用《诗》中的话来评价他:'足以得到天子爱,唯有慎德更应该','永把孝心来保持,可为法则示后代'。如果颜回遇上有德行的君主,就会世代享用帝王给予的美誉,不会丧失他的声名;如果被天子任用,就会成为君王的辅相。

"在贫如客[1],使其臣如借[2],不迁怒[3],不深怨[4],不录旧罪[5],是冉雍[6]之行也。孔子论其材曰:'有土之君子也,有众使也,有刑用也,然后称怒焉[7]。'孔子告[8]之以《诗》曰:'靡不有初,鲜克有终[9]。'匹夫不怒,唯以亡其身[10]。

【注释】

［1］在贫如客:身处贫穷之中,不会改变志气,依然像做客时一样

庄重不随意。王肃注:"言不贫累志,矜庄如为客也。"

[2]使其臣如借:指使手下人做事,好像借用他人的臣下一样,非常客气。

[3]不迁怒:把自己的怒气或对某人的怒气发泄到另一个人身上,即不拿别人出气。《论语·雍也》记载孔子评颜回用到此语。

[4]不深怨:对他人的过失不会过多地怨恨。

[5]不录旧罪:对别人过往的过失不计较,即不记仇。

[6]冉雍:字仲弓,鲁国人,孔子弟子,以德行著称。

[7]"有土之君子也"四句:王肃注:"言有土地之君,有众足使,有刑足用,然后可以称怒。冉雍非有土之君,故使其臣如借而不加怒也。"太宰纯增注:"仲弓之行,如有国者,故曰'有土之君也'。'子'字衍文。《论语》云:'雍也,可使南面。'亦此意也。"然后称怒,意思是不轻易发怒。

[8]告:戒,诫。

[9]"靡不有初"二句:善良本性谁都有,始终保持却很难。太宰纯增注:"《诗·大雅·荡》篇。郑玄曰:'鲜,寡。克,能也。'"初,此指人生之初的本性。终,此指人至终老尚保持其本性。

[10]"匹夫不怒"二句:王肃注:"因说不怒之义,遂及匹夫以怒亡身。"冈白驹补注:"言匹夫不怒,则何亡其身乎。唯,何也。按,《大戴礼》作'匹夫之怒,惟以亡其身'。"

【译文】

"身处贫穷之中,不会改变志气,依然像做客时一样庄重不随意。指使手下人做事,好像借用他人的臣下一样,非常客气。不拿别人出气,对他人的过失不会过多地怨恨,不记恨旧仇,这是冉雍的品行。孔子评论他的品行说:'可以做有土地的君主,有百姓可以役使,有刑法可以施用,不轻易发怒。'孔子用《诗》的话告诫他:'善良本性谁都有,始终保持却很难。'一般人不能轻易发怒,就因为一发怒只会伤害身体。

"不畏强御,不侮矜寡[1],其言循性[2],其都以富[3],材任治戎[4],是仲由之行也。孔子和之以文[5],

说[6]之以《诗》曰：'受小共大共，而为下国骏厖。荷天子之龙[7]'，'不戁不悚，敷奏其勇[8]'。强乎武哉，文不胜其质[9]！

【注释】

　　[1]"不畏强御"二句：不畏惧强暴，不欺侮老弱。太宰纯增注："此《大雅·烝民》诗辞。上下句倒。"畏，惧怕。强御，强悍，刚暴。侮，侵犯，欺负。矜（guān），通"鳏"。老而无妻曰鳏，老而无夫曰寡。

　　[2]其言循性：言论合乎人的性情。

　　[3]其都以富：为政一方，必使之富庶。王肃注："仲由长于政事。"都，统率，统领，此指为政。

　　[4]材任治戎：其才能胜任管理军队。戎，军旅。

　　[5]和之以文：用文教来调和仲由的勇武使之达到中和。

　　[6]说：评论、评价。

　　[7]"受小共大共"三句：语出《诗·商颂·长发》。王肃注："孔子曰：'和仲由以文，说之以诗。'此其义也。共，法也。骏，大也。厖，厚也。龙，和也。言受大小法，为下国大厚，乃可任天下道也。"太宰纯增注："《诗·商颂·长发》篇，无'而子'二字。荷，作'何'。"林按，共，黄鲁曾本、宽永本皆作"拱"。厖，黄鲁曾本作"庞"。冈白驹补注："《齐诗》'骏厖'作'骏駹'，谓马也。盖喻武用，言勇而能受大小法，以恭奉之，则可以为下国武用。负荷天之和道，而不恐不惧，敷奏其勇，此则君子之勇也。"

　　[8]"不戁（nǎn）不悚（sǒng）"二句：语皆出《诗·商颂·长发》。王肃注："戁，恐。悚，惧。敷，陈。奏，荐。"太宰纯增注："据今《诗》，此二句倒，且中间脱'不震不动'一句。悚，《诗》作'竦'。"

　　[9]"强乎武哉"二句：王肃注："言子路强勇，文不胜其质。"武，勇敢。胜，超过。

【译文】

　　"不畏惧强暴，不欺负老弱，言论合乎人的性情，为政一方必使之富庶，其才能胜任管理军队，这就是仲由的品行。孔子用文教来调和仲由的勇武使之达到中和，用《诗》评价他说：'遵守大法和小法，对下国仁厚和宽大。担负上天的光宠'，'毫不恐惧和忧虑'，'施展他的勇气'。真是勇敢刚强啊！他的朴实强过他的文采。

"恭老恤幼[1]，不忘宾旅[2]，好学博艺[3]，省物而勤[4]也，是冉求[5]之行也。孔子因而语[6]之曰：'好学则智，恤孤则惠[7]，恭则近礼，勤则有继[8]。尧舜笃恭[9]以王[10]天下。'其称之也[11]，曰：'宜为国老[12]。'

【注释】

[1] 恭老恤幼：对老人恭敬，对孤幼抚恤。恭，指尊敬。恤，指同情，抚恤。

[2] 不忘宾旅：挂念着旅行在外的人。

[3] 好学博艺：爱好学习，多才多艺。冈白驹补注："艺，六艺也。"《论语·雍也》载孔子评价"求也艺"。

[4] 省物而勤：对该做的事记得清楚且办事勤快。勤，劳。

[5] 冉求：字子有，孔子弟子，善于政事。

[6] 语(yù)：告诉。

[7] 恤孤则惠：抚恤孤幼，是德惠。孤，幼而无父曰孤。惠，恩惠，德惠。

[8] 继：指接连不断的收获。冈白驹补注："己能者，可以不忘，而未能者，可以有得也。"

[9] 笃恭：纯厚恭敬。

[10] 王(wàng)：统治。

[11] 也：冈白驹补注："吴本无'也'字。"

[12] 国老：王肃注："国老，助宣德教。"国老，是卿大夫致仕后享受的待遇和荣誉，发挥咨询和宣扬教化的作用。

【译文】

"对老人恭敬，对孤幼抚恤，挂念着旅行在外的人，爱好学习，多才多艺，对该做的事记得清楚且办事勤快，这是冉求的品行。孔子因而对他说：'喜好学习就会聪明，抚恤幼孤就算德惠，对人恭敬就差不多做到了礼，辛勤就有接连不断的收获。尧和舜纯厚恭敬，所以统有天下。'孔子称赞他说：'他适合担任国老啊。'

"齐庄而能肃[1]，志通而好礼[2]，傧相两君之事[3]，笃雅有节[4]，是公西赤[5]之行也。子曰：'礼经三百，可勉能也[6]；威仪三千，则难也[7]。'公西赤问曰：'何谓也？'子曰：'貌以傧礼，礼以傧辞，是为难焉[8]。'众人闻之，以为成也[9]。孔子语人曰：'当宾客之事，则达矣[10]。'谓门人曰：'二三子之欲学宾客之礼者，其于赤也[11]。'

【注释】
[1] 齐(zhāi)庄而能肃：严肃诚敬且能肃穆。齐，通"斋"。
[2] 志通而好礼：志向通达而喜欢仪礼。
[3] 傧相两君之事：担任两国君主朝聘会盟等外交活动的司仪。冈白驹补注："朝聘会同，必有摈相。"傧，出接宾曰摈，入赞礼曰相。指为君主主持礼仪之事。
[4] 笃雅有节：笃厚雅正，有礼有节。冈白驹补注："齐庄能肃，是其笃雅，志通好礼，故有节。"
[5] 公西赤：字子华，鲁国人，孔子弟子，擅长礼仪。
[6] "礼经三百"二句：王肃注："礼经三百，可勉学而能知。"太宰纯增注："礼经，一本作'经礼'，《大戴礼》作'礼仪'。"
[7] "威仪三千"二句：王肃注："能躬行三千之威仪则难可为，而公西赤能躬行之。"威仪，祭享等典礼中的动作仪节及待人接物的礼仪。
[8] "貌以傧礼"三句：王肃注："言所为（黄鲁曾本此上有"以"字）者，当观容貌而傧相其礼，度其礼而傧相其辞，度事制宜，故难也。"
[9] "众人闻之"二句：王肃注："众人闻公西赤能行三千之威仪，故以为成也。"冈白驹补注："成，如成人之成。"

［10］"当宾客之事"二句：王肃注："当宾客之事则达，未尽达于治国之本体也。"

［11］"二三子之欲学宾客之礼者"二句：冈白驹补注："《论语》：'赤也束带立于朝，可使与宾客言也。'"林按，上引《论语》见《公冶长》篇。

【译文】

"严肃诚敬且能肃穆，志向通达而喜欢仪礼，担任两国君主朝聘会盟等外交活动的司仪，笃厚雅正，有礼有节，这是公西赤的品行。孔子说：'礼经三百，可以通过努力掌握；三千项威严的礼仪，施行起来就不容易了。'公西赤问：'为什么这样说呢？'孔子说：'作傧相要根据不同人的容貌来行礼，辞令需要根据礼仪要求来讲，所以说很困难。'众人听孔子这么说，认为公西赤已经有所成就了。孔子对弟子说：'如果是迎送宾客这件事，公西赤已经做得不错了，但是对治国等根本的礼乐制度还没掌握。'孔子又对弟子们说：'你们想学习迎送宾客的礼仪，就向公西赤学习吧。'

"满而不盈，实而如虚，过之如不及，先王难之[1]；博无不学，其貌恭，其德敦[2]；其言于人也，无所不信；其骄大人也[3]，常以浩浩，是以眉寿[4]。是曾参之行也。孔子曰：'孝，德之始也；悌[5]，德之序也；信，德之厚也；忠，德之正[6]也。参中[7]夫四德者也。'以此称之。

【注释】

［1］"满而不盈"四句：王肃注："盈而如虚，过而不及，是先王之所难，而曾参体其行。"满，充足。盈，满溢。

［2］敦：厚。

［3］骄：傲视。大人，富贵者。

［4］是以眉寿：王肃注："不慕富贵，安静虚无，所以为之富贵。"

眉寿，长寿。

[5] 悌：敬长。

[6] 正：准则。

[7] 中：适合，符合。

【译文】

"充满却不外溢，充实却如虚空，已经远远超过却像是还未达到，对此先王也难以做到；知识广博，无所不学，他外表恭敬，他德行敦厚；他对别人说的话，没有不可信的；他能够傲视那些富贵者，始终保持一种浩然之气，因此能够长寿。这是曾参的品行。孔子说：'孝，是德行的开端；悌，是德行的次位；信，是德行的加深；忠，是德行的准则。曾参符合这四种德行。'孔子就是这样来赞扬曾参的。

"美功不伐[1]，贵位不善[2]，不侮不佚[3]，不傲无告[4]，是颛孙师[5]之行也。孔子言之曰：'其不伐，则犹可能也，其不弊[6]百姓，则仁也。'诗云：'恺悌君子，民之父母[7]。'夫子以其仁为大。

【注释】

[1] 美功不伐：立下大功也不自我夸耀。伐，夸耀。

[2] 贵位不善：获得高位也不自喜。不善，当作"不喜"，谓不自喜。

[3] 不侮不佚：冈白驹补注："不伐，故不侮于人；不喜，故不佚于己。"侮，轻慢。佚，逸乐也，放荡。

[4] 不傲无告：王肃注："鳏寡孤独，此四者，天民之穷而无告者也。子张之行，不傲此四者。"傲，凌傲。

[5] 颛孙师：字子张，陈国人，孔子弟子。孔子去世后，儒分为八，其中有"子张之儒"。

[6] 弊：指蒙蔽、愚弄。

[7] "恺悌君子"二句：语出《诗·大雅·泂酌》。王肃注："恺悌，

乐易也。乐以强教之，易以悦安之，民皆有父之尊，母之亲也。"

【译文】

"立下大功也不自我夸耀，获得高位也不自喜，不贪功不慕势，不凌虐贫苦无告的百姓，这是颛孙师的品行。孔子评价他说：'不自夸，一般人还可以做到，能够不愚弄百姓却是他突出的仁义之举。'《诗经》说：'君子和乐而又平易，为民父母顺民意。'孔子最看重他的仁德。

"学之深[1]，送迎必敬[2]，上交下接若截焉[3]，是卜商[4]之行也。孔子说[5]之以《诗》曰：'式夷式已，无小人殆[6]。'若商也，其可谓不险矣[7]。

【注释】

[1] 学之深：学而能入其深义。
[2] 送迎必敬：送迎宾客，常能持敬。
[3] 上交下接若截焉：与上层的人交往，和下层的人接触，都明明白白。冈白驹补注："截然各有其体。"若截，喻区别严格，界限分明。
[4] 卜商：字子夏，孔子弟子，位列孔门"文学"科，后为魏文侯师。
[5] 说：评论，评价。
[6] "式夷式已"二句：语出《诗·小雅·节南山》。式，用。夷，平。殆，危，王肃注："无以小人至于危也。"冈白驹补注："式，发语辞。义取无小人殆，言无为小人所危也。"
[7] 险：危。

【译文】

"学习能够深入把握精义，迎送宾客毕恭毕敬，与上层的人交往，和下层的人接触，都明明白白，这是卜商的品行。孔子用《诗经》的话评价他说：'心平气和已可贵，不因小人而殆危。'像卜商这样，大概是不会有什么危险的。

"贵之不喜，贱之不怒，苟利于民矣，廉于行己[1]，其事上也，以佑其下[2]，是澹台灭明[3]之行也。孔子曰：'独贵独富，君子耻[4]之，夫[5]也中[6]之矣。'

【注释】
　　[1]"苟利于民矣"二句：意思是只考虑是否有利于百姓，而自奉廉洁。廉于行己，冈白驹补注："不自利也。"
　　[2]"其事上也"二句：侍奉上司，以此来佐助部下。
　　[3]澹(tán)台灭明：字子羽，鲁人，孔子弟子。
　　[4]耻：以……为耻。
　　[5]夫：谓澹台灭明。
　　[6]中(zhòng)：犹"当"。

【译文】
　　"地位高贵时不自喜，地位低贱时不怨怒，只考虑是否有利于百姓，而自奉廉洁，侍奉上司，以此来佑助部下，这是澹台灭明的品行。孔子说：'只求独自一人富贵，君子认为这是可耻的，澹台灭明当得起这样的君子。'

　　"先成其虑，及事而用之[1]，故动则不妄[2]，是言偃[3]之行也。孔子曰：'欲能则学，欲知则问，欲善则详[4]，欲给则豫[5]，当是[6]而行，偃也得之矣。'

【注释】
　　[1]"先成其虑"二句：凡事都提前做好谋划，等到事情来了就会用得上。冈白驹补注："先事而虑，及其至，则已有成算也。"虑，谋。
　　[2]动则不妄：行动时就不会乱来。妄，乱。
　　[3]言偃：字子游，旧说吴人，应为鲁人，孔子弟子。
　　[4]欲善则详：欲善其事，当详慎。
　　[5]欲给则豫：《中庸》云："凡事，豫则立，不豫则废。"与此义

同。给，指成功、实现。豫，指事先准备。
　　[6]是：这。

【译文】
　　"凡事都提前做好谋划，等到事情来了就会用得上，行动时就不会乱来，这就是言偃的品行。孔子说：'想要有才能就要学习，想要有知识就要多请教，想把事情做好就要详慎，想达到目的就要事先有准备，应该这样做，而言偃已经做到了。'

　　"独居思仁[1]，公言言义，其于《诗》也，则一日三覆'白圭之玷[2]'，是[南]宫绦[3]之行也。孔子信其能仁，以为异士[4]。

【注释】
　　[1]"独居思仁"二句：一人独处时考虑的是仁德，公开场合言说的是义事。
　　[2]一日三覆"白圭之玷（diàn）"：语出《诗·大雅·抑》。玷，缺。白圭，白玉制的礼器。
　　[3]南宫绦（tāo）：又称南宫适，鲁国人，孔子弟子。太宰纯增注："《大戴礼》作'南宫绦'，是也。"据补"南"字。
　　[4]异士：殊异之士。

【译文】
　　"一人独处时考虑的是仁德，公开场合言说的是义事，读《诗》时一天重复三次'白圭之玷'，这就是南宫绦的品行。孔子相信他能够施行仁爱，把他看成是殊异之士。

　　"自见孔子，出入于户，未尝越礼[1]；往来过之，足不履影[2]；启蛰不杀[3]，方长不折[4]；执亲之丧，未尝见齿[5]。是高柴[6]之行也。孔子曰：'柴于亲丧，则难能也；启蛰不杀，则顺人道[7]；方长不折，则恕仁[8]也。成汤恭而以恕，是以日跻[9]。'凡此诸子[10]，赐之所亲睹[11]者也。吾子有命而讯[12]赐，赐也固[13]，不足以知贤。"

【注释】
[1]礼：太宰纯增注："一本'礼'作'履'，《大戴礼》作'屦'。"
[2]履影：踩到别人的影子。
[3]启蛰不杀：王肃注："春分当发，蛰虫启户咸出，于此时不杀生也。"启，开。蛰，蛰虫。
[4]方长不折：王肃注："春夏生长养时，草木不折。"长，生长。折，断。
[5]"执亲之丧"二句：守孝期间，从来不笑。执亲，守孝之意。见(xiàn)齿，笑。
[6]高柴：字子羔，又称季羔，卫国人，一说齐国人，孔子弟子。
[7]则顺人道：太宰纯增注："《大戴礼》'人'作'天'。"冈白驹补注："《大戴礼》作'则天道也'。"林按，人道，以作"天道"为胜。
[8]恕仁：能推己及物，合乎仁道。《大戴礼记》作"方长不折则恕也，恕则仁也"。
[9]"成汤恭而以恕"二句：王肃注："成汤行恭而能恕，出见搏鸟焉，四面施网，乃去其三面。《诗》曰：'汤降不迟，圣敬日跻。'言汤疾行古人之道，其圣敬之德日升闻也。"太宰纯增注："日跻，《商颂·长发》篇之辞。"跻(jī)，升。
[10]诸子：各位同学。
[11]亲睹：亲眼见到，亲自接触过的。
[12]讯：询问。
[13]固：愚陋。

【译文】
"自从拜见孔子之后，进出房门，未曾违背过礼节；来来往往，从未踩到别人的影子上；春分时动物从冬眠中醒来活动时，从来不杀害它们,在春夏之交草木生长时也不折断它们;守孝期间,从来不笑。这是高柴的品行。孔子说:'高柴为父母守孝的诚心,一般人很难做到;动物启蛰出来活动时不杀生,是顺应为天道的;草木生长时不去折断它们,能推己及物,合乎仁道的表现。成汤谦恭而且推己及人,因而能日渐发展起来。'凡以上所说的这几位同学的品行,是我亲眼看见的。您垂询于我,我不得不答复,只是我很愚钝,无法真正了解贤人。"

文子曰:"吾闻之也,国有道,则贤人兴[1]焉,中人用焉[2],乃[3]百姓归之。若吾子之论,既富茂[4]矣。壹[5]诸侯之相也,抑[6]世未有明君,所以不遇[7]。"

【注释】
[1] 兴:起。
[2] 中人用焉:中等资质者被任用。
[3] 乃:就,于是。
[4] 富茂:丰富、充实,这里指子贡所论孔子弟子的能力了不起。
[5] 壹:皆。
[6] 抑:连词,表疑问,犹"大概"。太宰纯增注:"抑,发语辞。"
[7] 不遇:不得志,不被赏识。

【译文】
文子说:"我听说,国家政治清明时,那么贤能之人就出来,中等资质的人就会被任用,于是老百姓纷纷归附。至于您所谈论的那些人,才能已经非常厉害了。他们都可以做诸侯的辅相,大概当今之世没有圣明君主,所以得不到任用赏识啊。"

子贡既与卫将军文子言,适鲁,见孔子曰:"卫将军文子问二三子之于赐,不壹而三[1]焉。赐也辞不获命[2],以所见者对矣,未知中否[3],请以告[4]。"孔子曰："言之乎。"子贡以其辞状[5]告孔子。子闻而笑曰："赐，汝次为[知]人矣[6]。"子贡对曰："赐也何敢知人，此以赐之所睹也。"孔子曰："然，吾亦语[7]汝，耳之所未闻，目之所未见者，岂[8]思之所不至[9]，智之所未及[10]哉？"子贡曰："赐愿得闻之。"

【注释】
　　[1] 不壹而三：指再三请求。
　　[2] 辞不获命：辞谢而未获允许。指推辞不掉。
　　[3] 未知中否：不知道说得对不对。中，合适，恰当。
　　[4] 请以告：请求将具体情况汇报给您。
　　[5] 状：情况，情形。
　　[6] 汝次为[知]人矣：王肃注："言为知人之次。"太宰纯增注："一本'人'上有'知'字。"冈白驹补注："吴本、钱本并作'次为知人矣。'为是。"据补"知"字。
　　[7] 语(yù)：告诉。
　　[8] 岂：殆，大概，恐怕。
　　[9] 不至：太宰纯增注："《大戴礼》'不'作'未'。"
　　[10] 及：赶上。

【译文】
　　子贡与卫国将军文子交谈完之后，到了鲁国，拜见孔子说："卫将军文子向我问起师兄弟们的情况，并且是再三地询问，我推辞不掉，就把看到的一些情况告诉了他，不知道是否合适，请让我讲给您听听。"孔子说："讲吧。"子贡把他与卫将军文子的话陈述给孔子听。孔子听了笑着说："赐啊，你已经懂得区分人的高低次序了。"子贡回答说："我哪里敢说是了解别人，这仅仅是我亲眼看见的情况罢了。"孔子说："是的。我还要告诉你一些没有听过、没有看过的人，这些恐怕是你思虑无法达到、智慧无法赶上的吧！"子贡说："我想听听。"

孔子曰："不克不忌[1]，不念旧怨[2]，盖伯夷、叔齐[3]之行也。畏天而敬人[4]，服义而行信[5]，孝于父母，恭于兄弟，从善而教不道[6]，盖[7]赵文子[8]之行也。其事君也，不敢爱其死[9]，然亦不敢忘其身[10]，谋其身，不遗其友，君陈[11]，则进而用之，不陈，则行而退，盖随武子[12]之行也。其为人之渊源[13]也，多闻而难诞[14]，内植足以没其世[15]，国家有道，其言足以治，无道，其默足以容[16]，盖铜鞮伯华[17]之行也。外宽而内正，自极于隐栝之中[18]，直己而不直人，汲汲[19]于仁，以善自终，盖蘧伯玉[20]之行也。孝恭慈仁，允德图义[21]，约货去怨[22]，轻财不匮[23]，盖柳下惠[24]之行也。其言曰：君虽不量于其身[25]，臣不可以不忠于其君。是故，君择臣而任之，臣亦择君而事之。有道顺命[26]，无道衡命[27]，盖晏平仲[28]之行也。蹈[29]忠而行信，终日言不在尤之内[30]，国无道，处贱不闷[31]，贫而能乐，盖老莱子[32]之行也。易行以俟天命[33]，居下不援其上[34]，其亲观于四方也，不忘其亲，不尽其乐[35]，以不能则学，不为己终身之忧[36]，盖介子山[37]之行也。"

【注释】
　　[1]不克不忌：不逞强好胜，不妒忌别人。太宰纯增注："《大戴礼》注曰：'克，好胜人。忌，有恶于人也。'"
　　[2]不念旧怨：不计较旧日的仇怨。《论语·公冶长》："伯夷、叔齐不念旧恶，怨是用希。"
　　[3]伯夷、叔齐：商末孤竹国君之子。伯夷为长子。初，孤竹君欲

以三子叔齐为继承人。孤竹君死后，叔齐让位，伯夷却不接受。后两人奔周。及周武王灭商，天下宗周，伯夷、叔齐以"以暴易暴"为耻，不食周粟，隐居首阳山，后来饿死。两人均被认为是品德高尚的人。孔子多次赞誉，孟子称伯夷为"圣之清者"。司马迁《史记》将"伯夷叔齐列传"列为第一。

［4］畏天而敬人：敬畏天人。畏，原作"思"，太宰纯增注："《大戴礼》'思'作'畏'，是也。"据改。畏、敬同义。

［5］服义而行信：施行信义。服、行同义。

［6］从善而教不道：依从善道做事，教导不合道义的人。教不道，原作"不教道"，太宰纯增注："不教道，一本作'教不道'，《大戴礼》作'敩往'二字。"冈白驹补注："当作'教不道'。"据改。

［7］盖：太宰纯增注："本阙'盖'字，今据《大戴礼》补之。"

［8］赵文子：晋大夫，名武，赵朔之子。

［9］不敢爱其死：不敢惜命。太宰纯增注："爱，惜也。"

［10］不敢忘其身：不敢轻生。

［11］君陈：王肃注："谓陈列于君，为君之使用也。"

［12］随武子：士会，晋国大夫。食邑于随。又称范会、范武子。

［13］渊源：思虑深不可测。渊，深。

［14］多闻而难诞：博闻多识，难以被骗。诞，欺诈，欺骗。

［15］内植足以没其世：内心独立，坚守终生。植，立。没其世，终生，终身。

［16］其默足以容：他的沉默足以让他在无道之世生存下去。容，生存。《中庸》："国有道，其言足以兴；国无道，其默足以容。"

［17］铜鞮（dī）伯华：晋国大夫，羊舌氏，名赤。铜鞮，是羊舌氏的食邑名，在今山西沁县南。

［18］自极于隐栝（guā）之中：指遵循标准规范自己。极，正，端正。隐栝，矫正邪曲的器具，引申为标准、规范。冈白驹补注："隐栝与檃（yǐn）栝同。檃曲者曰檃，正方者曰栝。传云：'檃栝之傍，多曲木。'"

［19］汲汲：不停地。

［20］蘧（qú）伯玉：春秋时卫国大夫，即蘧瑗。孔子在卫国时，曾住在他家。

［21］允德图义：相信道德，心怀道义。允，信。图，谋。

［22］约货去怨：节省财货，远离怨恨。王肃注："夫利，怨之所聚，故约省其货，以远去其怨。"约，少也。货，谓货利。去，离开。

[23]轻财不匮：轻视钱财，故用度节省，不觉匮乏。太宰纯增注："匮，竭也。"冈白驹补注："匮，乏也。能轻能节，故不乏。"

[24]柳下惠：鲁国大夫，本名展获，字禽，又叫展季。柳下，是他的食邑。据《列女传》，"惠"是他的妻子给他的谥号。

[25]不量于其身：不考量臣下的德才器局。

[26]有道顺命：君主圣明就听从命令。

[27]无道衡命：君主昏庸就不听命而退隐。王肃注："衡，横也。谓不受其命之隐居者也。"千叶玄之标笺："《晏子春秋》曰：'公问晏子曰："臣之报其君，何以？"晏子对曰：'臣虽不智，必务报君以德。士逢有道之君，则顺其令；逢无道之君则争其不义。故君择臣而使之，臣虽贱亦得择君而事之。'"

[28]晏平仲：春秋时齐国卿相，字仲，谥平，世称晏平仲，尊称晏子，东莱夷维（今山东高密）人。

[29]蹈：践履，践行。

[30]终日言不在尤之内：整日说话也不会出现过失。尤，过。

[31]处贱不闷：身处微贱，毫无忧闷。闷，忧。

[32]老莱子：春秋末年楚国隐士。《史记·老子韩非列传》："或曰：老莱子亦楚人也，著书十五篇，言道家之用，与孔子同时云。"

[33]易行以俟天命：行为自律，敬候天命。易行，治理自己的行为，即自律。俟，等待。

[34]居下不援其上：王肃注："虽在下位，不攀援其上以求进。"《中庸》载孔子曰："在上位，不陵下；在下位，不援上；正己而不求于人则无怨。上不怨天，下不尤人。故君子居易以俟命，小人行险以徼幸。"可与此合参。

[35]"其亲观于四方也"三句：王肃注："虽有观四方之乐，常念其亲，不尽而归也。"前一"亲"字，太宰纯增注："一本无'亲'字为是。"冈白驹补注亦云："'亲'字衍。吴本、钱本、《大戴礼》皆无。"

[36]"以不能则学"二句：发现自己不会就去学习，不会给自己带来终生遗憾。王肃注："凡忧忧所知，不能则学，何忧之有？"太宰纯增注："《大戴礼》作'以不能学为己终身之忧。'"冈白驹补注："不能即学，既得则无忧矣，何至终身。"

[37]介子山：介子推，或作介之推、介推，春秋时晋国大夫。后与母亲隐居绵山（今山西介休东南）山中而死。

【译文】

　　孔子说:"不逞强好胜,不妒忌别人,不计较旧日的仇怨,这大概是伯夷、叔齐的品行。敬畏天、人,施行信、义,对父母孝顺,对兄弟恭敬,依从善道做事,教导不合道义的人,这大概是赵文子的品行。侍奉君主,不敢惜命,然而也不敢轻生,为自己谋划时不会忘掉朋友,君主重用时就尽心尽力地去干,不能任用时就退隐,这大概是随武子的品行。为人思虑深不可测,博闻多识,不被欺骗,内心独立,坚守终生,他的言论在天下太平时足以用来治理国家,他的沉默足以让他在无道之世生存下去,这大概是铜鞮伯华的品行。外表宽仁而内心正直,遵循一定标准而随时纠正自己,只对自己要求直道而行,却不强求别人如此,不停地追求仁德,终身行善,这大概是蘧伯玉的品行。孝顺恭敬,慈善仁爱,相信道德,心怀道义,节省财货,远离怨恨,轻视钱财,故用度节省,不觉匮乏,这大概是柳下惠的品行。他曾说过:君主可以不考量臣下的德才器局,但臣下却不可以不效忠君主。所以君主要选择臣下而加以任用,臣子也要选择君主而加以侍奉。君主圣明就顺从他的命令,君主昏庸就不听命而退隐,这大概就是晏平仲的品行。按忠信来行动,整日说话也不会出现过失,国家昏暗时,身处微贱,毫无忧闷,生活贫苦,安乐自得,这大概是老莱子的品行。行为自律,敬候天命,地位低下却不攀附上司,游观四方时,不忘双亲,不尽情享乐,发现自己不会就去学习,不会给自己带来终生遗憾,这大概是介子推的品行。"

　　子贡曰:"敢问夫子之所知者,盖尽于此而已乎?"孔子曰:"何谓其然?亦略举耳目之所及而已矣。昔晋平公[1]问祁奚[2]曰:'羊舌大夫[3],晋之良大夫也。其行如何?'祁奚辞以不知。公曰:'吾闻子少长乎其所[4],今子掩[5]之,何也?'祁奚对曰:'其少也恭而顺,心有耻而不使其过宿[6];其为大夫,悉善而谦,其端[7];其为舆尉[8]也,信而好直,其功[9];至于其为容[10]也，温良而好礼，博闻而时出，其志[11]。'公曰：'曩者[12]问子，子奚[13]曰不知也？'祁奚曰：'每位改变，未知所止[14]，是以不敢得知也。'又[15]羊舌大夫之行也。"子贡跪曰："请退而记之。"

【注释】

[1] 晋平公：名彪，春秋时晋国国君，在位26年（前557—前532）。

[2] 祁奚：晋国大夫，乃祁午之父。

[3] 羊舌大夫：太宰纯增注："羊舌大夫，名职，铜鞮伯华之父也。"

[4] 少长乎其所：小时候在他的家里长大。

[5] 掩：隐蔽。

[6] 心有耻而不使其过宿：心中有认为做错了的事，不会等到第二天，当天就要改正。

[7] "悉善而谦"二句：处理事务皆称完善，保持自我的谦卑，这体现的是他的端正。王肃注："尽善道而谦让（宽永本"让"作"谦"），是其正也。"太宰纯增注："《大戴礼》'其端'及下文'其功'、'其志'下，皆有'也'字。"依王注，黄鲁曾本、冈白驹本皆"其端"属上为一句。林按，以文法揆之，"其端"、"其功"、"其志"乃同一文例，且"谦其端"、"直其功"皆不词，故当依太宰纯、孔广森断句，"其端"连上读恐非。下"其功"、"其志"同此。悉，全。端，正。

[8] 舆尉：负责国君车驾的军尉。

[9] "信而好直"二句：坚持诚信，喜好正直，这体现的是他的事功。

[10] 容：《大戴礼》作"为和容"。注云："和容主宾客也。"

[11] "温良而好礼"三句：博学多闻，应对合时，这体现的是他的情志。

[12] 曩（nǎng）者：刚才。

[13] 奚：为什么。

[14] "每位改变"二句：他的表现每每随其地位的改变而改变，不知最终是什么状况。每，每每。

[15] 又：黄鲁曾本此前有"此"字。

【译文】

子贡说:"我冒昧地问先生,您知道的大概就是这些吗?"孔子说:"怎么能这么说呢?我也只是大体上举出耳闻目睹的罢了。从前,晋平公问祁奚说:'羊舌大夫是晋国有贤德的大夫,他的品行怎么样?'祁奚推辞说不知道。晋平公又问:'我听说你小时候在他家长大。现在却掩饰不说,这是为什么呢?'祁奚回答说:'他年轻时,谦恭和顺,心有所耻,绝不容错失过夜;他担任大夫之后,处理事务皆称完善,保持自我的谦卑,这体现的是他的端正;他出任舆尉以后,坚持诚信,喜好正直,这体现的是他的事功;至于他的仪容,温和善良,喜好礼节,博学多闻,应对合时,这体现的是他的情志。'晋平公问:'刚才我问你,为什么说不知道呢?'祁奚答道:'他的表现每每随其地位的改变而改变,不知最后是什么状况,因而不敢说能够了解他。'这又是羊舌大夫的品行。"子贡向孔子行跪拜之礼,说道:"请允许我回去记下先生您的话。"

贤君第十三

哀公问于孔子曰:"当今之君,孰为最贤?"孔子对曰:"丘未之见也,抑[1]有卫灵公[2]乎?"公曰:"吾闻其闺门[3]之内无别,而子次[4]之贤,何也?"孔子曰:"臣语[5]其朝廷行事,不论其私家之际[6]也。"

公曰:"其事何如?"孔子对曰:"灵公之弟曰公子渠牟,其智足以治千乘[7],其信足以守之,灵公爱而任之。又有士林国者[8],见贤必进之[9],而退与分其禄[10],是以灵公无游放之士[11],灵公贤而尊之[12]。又有士曰庆足者,卫国有大事,则必起[13]而治之;国无事,则退而容贤[14],灵公悦而敬之。又有大夫史鳅[15]，以道去卫[16]，而灵公郊舍[17]三日，琴瑟不御[18]，必待史鳅之入而后敢入[19]。臣以此取之，虽次之贤，不亦可乎？"

【注释】

[1] 抑：或许，有推测、疑虑不定的语气。此记载又见于《说苑·尊贤》。

[2] 卫灵公：春秋时卫国国君，姬姓，名元，在位42年（前534—前493）。

[3] 闺门：宫苑、内室的门，在此借指家庭。据《庄子·则阳》，卫灵公有妻三人，同滥而浴，是违礼不成体统。

[4] 次：排列，列次。

[5] 语：谈论。

[6] 私家之际：个人私事。

[7] 千乘：太宰纯增注："《说苑》有'之国'二字。"

[8] 有士林国者：有个叫林国的士人。

[9] 见贤必进之：何孟春本作"见贤必进之，无不达也"。

[10] 而退与分其禄：何孟春本作"不能达而退与分其禄"，则意为推荐却得不到重用，或起先得到重用后又被摈退的，林国就将自己的俸禄与之分享。冈白驹补注："君如不用则分己之禄与之。"

[11] 游放之士：指游荡放纵的士人。

[12] 贤而尊之：灵公以林国为贤而以礼尊之。

[13] 起：赴。

[14] 退而容贤：声退而容贤于朝。

[15] 史鳅（qiū）：卫国大夫，亦称史鱼。

[16] 以道去卫：因理念不合离开了卫国。

[17] 郊舍：意为宿于郊外，表示诚敬。冈白驹补注："国外曰郊。《说苑》作'邸舍三月'。"郊，在郊外。舍，住宿。

[18] 琴瑟不御：意指不近声乐。御，进用、享用之意。

[19] 必待史鳅之入而后敢入：冈白驹补注："待史鳅反国而后归。"

【译文】

鲁哀公问孔子："当今的君主，谁最贤能呢？"孔子回答说：

"孔丘我未曾见过最贤能的君主,如果有,或许卫灵公算一个吧!"哀公说:"我听说他连自己家庭内部的事情都处理不好,而您却将他列入贤君行列,为什么呢?"孔子说:"臣下我是就他在朝廷上的行为处事来评论的,对他在家庭内部的私事不作评议。"

哀公问道:"他在朝廷上处事如何?"孔子回答说:"灵公的弟弟叫公子渠牟,他的智慧足以用来治理一个诸侯大国,他的诚信足以用来守住该国,灵公因此非常喜爱他并委以重任。又有个叫林国的士人,发现有才能的人必定要推荐他做官,而如果得不到重用或先是受到重用后来又被摈退的,林国又将自己的俸禄拿出来与他分享,因而灵公那里没有游荡放纵的士人,灵公认为林国是贤士并且非常尊敬他。又有一个叫庆足的士人,卫国出现大事的时候,就必定会被荐举出来处理事务,国家平安无事时他就隐退下去,让其他贤能的人被容纳于朝廷,灵公因而喜欢他并且非常敬重他。又有一个叫史鳅的大夫,因理念不合而离开卫国,灵公就在城郊住了三天,不近声乐,一定要等到史鳅回国之后才敢回宫。臣下我就是根据这些情况来选取卫灵公的,把他列为贤君,难道不可以吗?"

子贡问于孔子曰:"今之人臣,孰为贤?"子曰:"吾未识[1]也。往者齐有鲍叔[2],郑有子皮[3],则贤者矣。"

子贡曰:"齐无管仲,郑无子产乎?"子曰:"赐,汝徒知其一,未知其二也。汝闻用力[4]为贤乎?进贤[5]为贤乎?"子贡曰:"进贤贤哉!"子曰:"然。吾闻鲍叔达管仲,子皮达子产[6],未闻二子之达贤己之才者也。"

【注释】

[1] 识：知道。此记载又见于《韩诗外传》卷七、《说苑·臣术》。

[2] 鲍叔：齐国大夫，名牙。据《史记·管晏列传》，管钟尝云："生我者父母，知我者鲍子也。"

[3] 子皮：郑国大夫，罕氏，名虎。

[4] 用力：尽己之职。

[5] 进贤：举荐更多的贤人。冈白驹补注："以人事君。"

[6] "吾闻"二句：鲍叔达管仲事，见《左传·庄公九年》。子皮达子产事，见《左传·襄公三十年》。达，使……得志、显达。这里表示推荐的意思。

【译文】

子贡问孔子："当今做臣子的，谁能称得上贤人呢？"孔子说："我不知道。从前，齐国有鲍叔，郑国有子皮，他们都是贤能的人。"

子贡问："齐国的管仲、郑国的子产不在贤人之列吗？"孔子说："赐啊，你只知其一，不知其二。你听说努力做事的人贤能，还是举荐贤人的人贤能呢？"子贡说："举荐贤人的人贤能！"孔子说："对。我听说鲍叔举荐了管仲，子皮举荐了子产，却没有听说这二人举荐过比自己更为贤能的人才。"

哀公问于孔子曰："寡人闻忘之甚者，徙[1]而忘其妻，有诸[2]？"孔子对曰："此犹未甚者也，甚者乃忘其身。"

公曰："可得而闻乎？"孔子曰："昔者夏桀，贵为天子，富有四海，忘其圣祖之道，坏其典法[3]，废其世祀[4]，荒于淫乐[5]，耽湎[6]于酒；佞臣谄谀[7]，窥导其心[8]；忠士折口[9]，逃罪不言[10]。天下[11]诛桀而有其国，此谓忘其身之甚矣。"

【注释】

[1] 徙:迁徙。这里是搬家的意思。此记载又见于《尸子》(辑本)、《说苑·敬慎》。

[2] 诸:"之乎"的合音。

[3] 典法:典章法度。

[4] 世祀:宗庙的祭祀。

[5] 荒于淫乐:放纵于无节制的享乐。荒,沉溺,放纵。

[6] 耽湎:沉迷,沉溺。《说文》:"湎,沉于酒也。"

[7] 佞臣谄谀:花言巧语的臣子不断阿谀逢迎。佞臣,能说会道、善于花言巧语献媚的臣子。冈白驹补注:"佞言曰谄,面从曰谀。"

[8] 窥导其心:揣摩并诱导他的心思。

[9] 折口:指闭口,不说话。

[10] 逃罪不言:为了避罪而不发表意见。

[11] 天下:《说苑》作"汤"。林按,"天下"是表示汤的反桀是天下人的共同意志。

【译文】

鲁哀公问孔子:"我听说有忘性很大的人,搬家的时候竟然忘记带走他的妻子,真有这种人吗?"孔子回答说:"这还算不上忘性大的,严重的连他自己都会忘掉。"

哀公说:"能讲给我听听吗?"孔子说:"从前,夏桀贵为天子,富有天下,但他却忘记了圣明祖先的为政之道,破坏了祖先制定的典章法度,废弃了世代相继的宗庙祭祀,放纵于无节制的享乐,沉湎于饮酒;佞臣巧言献媚阿谀奉承,揣摩并诱导他的心思;忠臣闭口,为逃避罪责而不敢发表意见。天下人起而灭桀,并占有了他的国家,这就是严重忘记自身的情况。"

颜渊将西游于宋[1],问于孔子曰:"何以为身[2]?"子曰:"恭敬忠信而已矣。恭则远于患,敬则人爱之,忠则和于众,信则人任之。勤斯四者,可以政[3]国,岂特[4]一身者哉? 故夫不比于数而比于疏,不亦远乎[5]?

不修其中而修外者，不亦反乎？虑不先定，临事而谋，不亦晚乎？"

【注释】
　　[1] 颜渊将西游于宋：此记载又见于《说苑·敬慎》。另，《荀子·法行》、《韩诗外传》卷二作"曾子"。
　　[2] 为身：指立身处世。
　　[3] 政：通"正"，治理。冈白驹补注："为政于国。"
　　[4] 岂特：不但，不仅。
　　[5] "故夫不比于数(cù)而比于疏"二句：王肃注："不比亲数，近疏远也。"比，近也。数，密也，此处代指应该亲近的贤者。疏，远也，此处代指应该疏远的人。

【译文】
　　颜渊准备西行到宋国，临行前向孔子请教："我应该靠什么来立身处世呢？"孔子说："做到恭、敬、忠、信就可以了。为人谦恭可以远离祸患，对人尊敬可以获得他人喜爱，对人忠实可以与人和睦，待人诚信可以得到他人任用。努力做到这四点，都能够治理国家了，哪里只是能够立身处世呢？所以，不去亲近应该亲近的贤者，而去亲近应该疏远的小人，不是离着目标越来越远吗？不注重内心修养而只注意修饰外表，不是做反了吗？事先不考虑周全，遇事才开始谋划，不是太晚了吗？"

　　孔子读《诗》，于《正月》[1]六章，惕焉如惧[2]，曰："彼不达之君子，岂不殆[3]哉！从上依世则道废，违上离俗则身危。时不兴善[4]，己独由[5]之，则曰非妖即妄[6]也。故贤也既不遇天[7]，恐不终其命[8]焉。桀杀龙逢[9]，纣杀比干[10]，皆是类[11]也。《诗》曰：'谓天盖高，不敢不局。谓地盖厚，不敢不蹐[12]。'此言上下畏罪[13]，无所自容也。"

【注释】

[1]《正月》：此记载又见于《说苑·敬慎》。

[2]惕焉如惧：谨慎得像有所畏惧似的。

[3]殆：危险。

[4]时不兴善：身处的时代风气不好。

[5]由：走……路，这里是践行、践履的意思。

[6]则曰非妖即妄：那么就会被视为妖孽或怪诞。妖，古时称一切反常、怪异的东西或现象为妖。《左传·宣公十五年》："地反物为妖。"妄，行为怪诞。《左传·哀公二十五年》："彼好专利而妄。"

[7]不遇天：这里指没有机遇、时遇。冈白驹补注："不遇时也。"

[8]不终其命：不能保住自己的性命，即不能善终。

[9]龙逄（páng）：即关龙逄，夏朝大臣。因见夏桀暴虐荒淫，他多次直谏，最终被囚禁杀害。

[10]比干：商纣王的叔父，官为少师。因屡谏纣王，被剖心而死。孔子曾将其与微子、箕子并称为殷之"三仁"。

[11]是类：这一类。

[12]"谓天盖高"四句：语出《诗·小雅·正月》。王肃注："局，曲也。言天至高，己不敢不曲身危行，恐上触忌讳也。蹐，累足也。言地至厚，己不敢不累足，惧陷累在位之罗网也。"谓，言，说。盖，同"盍"，何等，多么。蹐（jí），累足，相足相叠，不敢正立。此指用最小的步子走路，后脚紧跟着前脚，为戒慎小心之状。

[13]上下畏罪：对上对下都惧怕得罪。

【译文】

孔子读《诗》，读到《正月》第六章时，谨慎得像有所畏惧似的，说道："那些仕途不得志的君子，不是很危险吗？如果顺从君主，附和世俗，那么大道就会废弃；如果违背君主，远离世俗，那么自身就会遭遇危险。身处的时代风气不好，而自己却偏偏独自去实践道义，那么就会被视为妖孽或怪诞。因此，贤人在没有好的机遇的时候，还得时常担心性命难保。夏桀杀龙逄，商纣杀比干，都属于此类情况。《诗》上说：'都说天是多么高啊，可是人们却不敢不蜷曲着身子。都说地是多么厚啊，可是人们却不敢不轻轻落脚，小步前行。'这是说对上对下都害怕得罪，惟恐失去自己的容身之地。"

子路问于孔子曰："贤君治国，所先[1]者何？"孔子曰："在于尊贤而贱不肖[2]。"子路曰："由闻晋中行氏[3]尊贤而贱不肖矣，其亡[4]何也？"孔子曰："中行氏尊贤而不能用，贱不肖而不能去。贤者知其不用[5]而怨之，不肖者知其必己贱[6]而仇之。怨仇并存于国，邻敌构兵[7]于郊，中行氏虽欲无亡，岂可得乎？"

【注释】
　　[1] 所先：首要的事情。此记载又见于《说苑·尊贤》。
　　[2] 不肖：不贤。
　　[3] 中行(háng)氏：荀寅。春秋时晋国卿。后与范宣子(范吉射)被赵鞅打败而奔齐。
　　[4] 亡：冈白驹补注："《左传·定十三年》，范氏、中行氏伐赵氏之宫，赵鞅奔晋阳。荀跞奉晋侯以伐二子，不克。二子遂伐公，国人助公，二子败，奔朝歌。《哀五年》，二子奔齐。此所谓'亡'，谓其以乱失位也。其死在孔子后。"
　　[5] 不用：太宰纯增注："《说苑》'不用'作'不己用'。"
　　[6] 己贱：宾语前置，即"贱己"。
　　[7] 构兵：交兵，交战。

【译文】
　　子路问孔子："贤君治理国家，首要的事情是什么呢？"孔子说："在于尊重贤人而轻视不贤的人。"子路说："我听说晋国的中行氏尊重贤人而轻视不贤的人，那他为什么会败亡呢？"孔子说："中行氏尊重贤人却不能加以任用，轻视不贤的人却不能罢退。贤能的人知道自己不能被任用而埋怨他，不贤的人知道自己必定会被轻视而仇恨他。埋怨和仇恨并存于一国之内,邻近的敌对势力也来侵犯,两军交战于城郊,中行氏即使不想败亡,又怎能做到呢?"

孔子闲处,喟然而叹,曰:"向使[1]铜鞮伯华[2]无死,则天下其有定矣。"子路曰:"由愿闻其人也。"子曰:"其幼也,敏而好学;其壮也,有勇而不屈;其老也,有道而能下人[3]。有此三者,以定天下也,何难乎哉?"

子路曰:"幼而好学,壮而有勇,则可也。若夫有道下人,又谁下哉[4]?"子曰:"由不知[5],吾闻以众攻寡,无不克[6]也;以贵下贱,无不得[7]也。昔者周公居冢宰[8]之尊,制天下之政[9],而犹下白屋之士[10],日见百七十人。斯岂以[11]无道也?欲得士之用也。恶有[12]有道而无下天下君子哉?"

【注释】
　[1] 向使:假使,假如。
　[2] 铜鞮伯华:晋国大夫羊舌赤。详见卷三《弟子行》注。
　[3] 下人:谦下于人。这里指谦恭地对待他人。
　[4] 又谁下哉:即"又下谁哉",又谦下于何人呢?
　[5] 不知:太宰纯增注:"《说苑》'不知'下有'也'字。"
　[6] 克:胜。
　[7] 无不得:大得民。
　[8] 冢宰:周代辅佐天子的最高长官。太宰纯增注:"《尚书·周官》曰:'冢宰,掌邦治,统百官,均四海。'"
　[9] 制天下之政:裁制天下的政事。
　[10] 白屋之士:贫寒的士人。白屋,王肃注:"草屋也。"冈白驹补注:"白屋,未受禄命之家。"

[11] 以：因为。
[12] 恶有：哪里有，哪能有。

【译文】

孔子闲居在家，长叹一声说："假如铜鞮伯华不死，那么天下大概可以安定了。"子路说："我想听听这个人的情况。"孔子说："他小时候聪敏好学，壮年时英勇不屈，老年时有道而且谦下于人。具备这三方面，想安定天下，又有什么困难呢？"

子路说："小时候聪敏好学，壮年时英勇不屈是可以的，至于有道而能谦下于人，那又是谦下于谁呢？"孔子说："由你不知道，我听说以多攻少，没有不取胜的；身份高贵的人谦下于出身卑微的人，没有谁得不到的。从前周公身居冢宰这样的尊贵之位，裁制天下的政事，但他还谦恭地对待贫寒的士人，每天要接见一百七十人。这样做难道是因为无道吗？这是想得到贤士而为自己所用啊。怎么能说有道就不必谦恭地对待天下的君子呢？"

齐景公来适鲁，舍于公馆[1]，使晏婴[2]迎孔子。孔子至，景公问政焉。孔子答曰："政在节财。"

公悦，又问曰："秦穆公[3]国小处僻而霸，何也？"孔子曰："其国虽小，其志大；处虽僻，而其政中[4]；其举也果[5]，其谋也和[6]，法无私而令不愉[7]。首拔五羖，爵之大夫[8]，与语三日而授之以政。[以]此取之[9]，虽王可，其霸少[10]矣。"景公曰："善哉！"

【注释】

　　[1] 舍于公馆：下榻在鲁国的宾馆。舍，住。公馆，国家招待宾客的馆所。此记载又见于《说苑·尊贤》。
　　[2] 晏婴：春秋时齐国人，即晏平仲。继其父弱（桓子）为齐卿，后相景公，以节俭力行，名显诸侯。

［3］秦穆公：春秋时秦国国君，嬴姓，名任好，在位39年(前659—前621)。

［4］其政中：他的政事处理得当。中，合宜，得当。

［5］其举也果：他的行事果断。举，用事，行事。果，果断，果敢。

［6］其谋也和：他的谋划群策群力。和，和谐，这里有群策群力的意思。

［7］愉(tōu)：同"偷"，苟且。

［8］"首拔五羖(gǔ)"二句：王肃注："首，宜为'身'。五羖大夫，百里奚也。"太宰纯增注："首，始也。拔，擢也。"羖，黑色公羊。百里奚原为虞国大夫，虞亡时为晋所获，作为陪嫁之臣送入秦国。后出走至楚，为楚人所获，后又被秦穆公用五张黑公羊皮赎回，任为大夫，故称五羖大夫。后与蹇叔、由余等佐助秦穆公建立霸业。爵，授之以爵。

［9］以此取之："以"字原无，太宰纯增注："一本此上更有'以'字，《说苑》作'与语三日而授之政，以此取之'。"冈白驹补注："吴本作'以此取之'。"据补。

［10］少：小。

【译文】

齐景公到鲁国来，住在公馆里，派晏婴去接孔子。孔子到了之后，景公便向他请教为政之道。孔子回答说："治理国家关键是要节省财物。"

景公听了很高兴，又问道："秦穆公所统治的国家不大，地处偏僻，而他却成就了霸业，这是为什么呢？"孔子说："他的国家面积虽小，但他的志向远大；地理位置虽然偏僻，但他的政事处理得当。他的行事十分果断，他的谋划群策群力，法律无所偏私，政令无所苟且。他亲自提拔了百里奚，授给他大夫的爵位，和他交谈了三天就把政事交给他处理。按照他这种为政的方式去做，即使王天下也是可以的，称霸只不过是小成就而已。"景公说："说得好啊！"

哀公问政于孔子。孔子对曰："政之急[1]者，莫大乎使民富且寿也。"公曰："为之奈何？"孔子曰："省力役[2]，薄赋敛[3]，则民富矣；敦礼教[4]，远罪疾[5]，则民寿[6]矣。"公曰："寡人欲行夫子之言，恐吾国贫[7]矣。"孔子曰："《诗》云：'恺悌君子，民之父母[8]。'未有子富而父母贫者也。"

【注释】
　　[1] 急：急切，急迫。此记载又见于《说苑·政理》。
　　[2] 省力役：节省劳役。冈白驹补注："使民有余力。"
　　[3] 薄赋敛：减轻赋税。冈白驹补注："使民有遗利。"
　　[4] 敦礼教：敦，崇尚。礼教，礼的教化。冈白驹补注："使民化于善。"
　　[5] 远罪疾：远离犯罪。
　　[6] 寿：得终天年。
　　[7] 国贫：国家用度不足。冈白驹补注："薄赋敛，恐国用贫矣。"
　　[8] "恺悌君子"二句：语出《诗·大雅·泂酌》。恺悌，《毛诗》作"岂弟"。详解见卷三《弟子行》。

【译文】
　　哀公向孔子请教为政之道。孔子回答说："为政最急迫的，没有什么比得上使老百姓富足和长寿的。"哀公说："怎样才能做到这一点呢？"孔子说："减少劳役，减轻赋税，百姓就会富足；崇尚礼的教化，使人远离犯罪，百姓就会长寿。"哀公说："我想按您说的去做，可又担心我的国家用度会因此而贫困不足。"孔子说："《诗》上说：'君子和乐又平易，为民父母顺民意。'从来就没有孩子富足而父母贫困的现象啊。"

　　卫灵公问于孔子曰："有语寡人：'有国家者，计之于庙堂[1]之上，则政治[2]矣。'何如？"孔子曰："其可也。爱人者，则人爱之；恶人者，则人恶之[3]。知得之己者，则知得之人。所谓'不出环堵之室而知天下'

者，知及己^[4]之谓也。"

【注释】
　　[1]计之于庙堂：在朝廷之上谋划。庙堂，指朝廷。此记载又见于《说苑·政理》、《尸子·道处》、《吕氏春秋·先己》。
　　[2]政治：政事得到治理。
　　[3]"爱人者"四句：千叶玄之标笺："太宰氏未刻旧本载：人爱己则己亦爱彼，人恶己则己亦恶彼。"
　　[4]知及己：应作"知反己"。

【译文】
　　卫灵公问孔子说："有人告诉我：作为国家的统治者，只要将政务在朝廷上谋划好了，政事就会得到治理。您认为这种说法怎么样呢？"孔子说："可以啊。爱人的人别人也会爱他，恨人的人别人也会恨他。明白从自己身上得到的，就会明白如何从别人那里得到。所谓'不出斗室却能了解天下大事'，说的就是反省自身的道理。"

　　孔子见宋君^[1]。君问孔子曰："吾欲使长有国而列都得之^[2]，吾欲使民无惑^[3]，吾欲使士竭力，吾欲使日月当时^[4]，吾欲使圣人自来^[5]，吾欲使官府治理^[6]，为之奈何？"孔子对曰："千乘之君，问丘者多矣，而未有若主君^[7]之问，问之悉^[8]也。然主君所欲者，尽可得也。丘闻之，邻国相亲，则长有国；君惠臣忠，则列都得之；不杀无辜，无释罪人，则民不惑；士益之禄^[9]，则皆竭力；尊天敬鬼^[10]，则日月当时；崇道贵德，则圣人自来；任能黜否^[11]，则官府治理。"宋君曰："善哉！岂不然乎！寡人不佞^[12]，不足以致之也。"孔子曰："此事非难，唯欲行之云耳^[13]。"

【注释】

[1] 孔子见宋君：此记载又见于《说苑·政理》。

[2] 吾欲使长有国而列都得之：我想能够让国家长存，众城不失。王肃注："国之列都各得其道。"列都，各座城邑。或曰：得，保有，不丧。列都得之指保有各座城邑而不丧失。

[3] 无惑：对自己的统治没有疑惑。

[4] 日月当(dàng)时：日月运行不出现紊乱，天地阴阳和谐。冈白驹补注："阴阳和。"当时，适时，正常。

[5] 自来：主动前来。

[6] 治理：得到治理，亦即治理得好。

[7] 主君：对一国之君的称呼。

[8] 悉：详尽，全面。

[9] 士益之禄：冈白驹补注："《说苑》作'益士禄赏'。"

[10] 尊天敬鬼：尊奉天命，敬事鬼神。即要重视祭祀。

[11] 任能黜否(pǐ)：任用贤能之人，罢斥奸邪的小人。否，恶，低劣的人。

[12] 不佞：谦辞，相当于"不才"。

[13] 唯欲行之云耳：关键在于是不是真的想去实行。冈白驹补注："果欲行之，何难之有。"

【译文】

孔子拜会宋国国君。宋国国君问孔子说："我想能够让国家长存，众城不失；我想让百姓对我的统治没有疑惑；我想让士人们竭尽其力；我想让日月运行不出现紊乱，天地阴阳和谐；我想让圣贤的人主动前来；我想使官府得到很好的治理，怎样才能做到这些呢？"孔子回答说："诸侯国君中向我询问的很多，但都没有像您问得这样详尽。不过您所希望的这些都是能够实现的。我听说，邻国之间亲近和睦相处，国家就会长久地保存下去；君主仁惠臣下忠心，各座城邑就不会丧失；不滥杀无罪的人，不放过有罪的人，就能使百姓对君主的统治没有疑惑；增加士人的俸禄，就能让他们尽心尽职；尊奉天命，敬事鬼神，就能让日月正常运行；推崇道，重视德，就能使圣人主动前来；任用贤能，罢斥小人，就能使官府得到很好的治理。"宋国国君说："说得好啊！哪里不是这样呢？可是我不才，怕是没有能力做到这种程度。"孔子说："这些做起来并不难，关键在于是不是真的想去实行。"

辩政第十四

子贡问于孔子曰[1]："昔者齐君[2]问政于夫子，夫子曰'政在节财[3]'；鲁君[4]问政于夫子，夫子曰'政在谕[5]臣'；叶公[6]问政于夫子，夫子曰'政在悦近而来远[7]'。三者之问一也，而夫子应之不同。然政在异端[8]乎？"孔子曰："各因[9]其事也。齐君为国，奢乎台榭[10]，淫乎苑囿[11]，五官伎乐[12]，不懈于时[13]，一旦而赐人以千乘[14]之家者三，故曰'政在节财'。鲁君有臣三人[15]，内比周[16]以愚其君，外距[17]诸侯之宾[18]，以蔽其明，故曰'政在谕臣'。夫荆[19]之地广而都[20]狭，民有离心[21]，莫安其居[22]，故曰'政在悦近而来远'。此三者，所以为政殊矣。《诗》云：'丧乱蔑资，曾不惠我师[23]！'此伤[24]奢侈不节以为乱者也；又曰：'匪其止共，惟王之邛[25]。'此伤奸臣蔽主以为乱者也；又曰：'乱离瘼矣，奚其适归[26]？'此伤离散以为乱者也。察此三者，政之所欲，岂同乎哉？"

【注释】
　　[1] 此记载又见于《说苑·政理》、《韩非子·难三》及《尚书大传》。
　　[2] 齐君：据《贤君》，齐君即景公。
　　[3] 财：太宰纯增注："《说苑》'财'作'用'。"林按，据《贤

君》所载，则以作"财"为是。

[4] 鲁君：鲁哀公。

[5] 谕：教导，教诲。

[6] 叶(shè)公：楚叶县尹，沈诸梁，字子高，僭称公。叶，在今河南叶县南。

[7] 悦近而来远：让境内的人高兴，让境外的人来投奔。《论语·子路》："叶公问政。子曰：'近者说，远者来。'"

[8] 异端：多端。

[9] 因：依据，根据。冈白驹补注："因其事而殊。"

[10] 奢乎台榭：大兴土木，建造台榭。太宰纯增注："《尔雅》曰：'阇谓之台，有木者谓之榭。'"

[11] 淫乎苑囿：沉迷苑囿，游玩享乐。太宰纯增注："《说文》曰：'苑，所以养禽兽也。''囿，苑有垣也。'"

[12] 五官伎乐：五官，宫中女官名。伎乐，歌舞女艺人。

[13] 不懈于时：一刻也不停歇。冈白驹补注："齐多女乐，不懈于时，无少息也。"

[14] 千乘：太宰纯增注："千乘，《说苑》作'百乘'，是也。《韩子》作'三百乘'。"冈白驹补注："何孟春云：''千'当作'百'，谓以大夫之业地赐人也。'"林按，当以"百乘"为是。

[15] 鲁君有臣三人：指孟孙、叔孙、季孙。

[16] 比周：勾结。《论语·为政》记子曰："君子周而不比，小人比而不周。"

[17] 距：通"拒"，抗拒，排斥。

[18] 诸侯之宾：自他国来而求仕者。

[19] 荆：楚国别称。太宰纯增注："荆，楚之本号也。"冈白驹补注："楚，荆蛮之地。"

[20] 都：太宰纯增注："《春秋左氏传》曰：'凡邑，有宗庙先君之主曰都。'"冈白驹补注："十邑为都。"林按，冈白驹氏说不知何据。

[21] 民有离心：离，背。冈白驹补注："地广故也。"

[22] 莫安其居：难以安心居住。冈白驹补注："都狭故也。"

[23] "丧乱蔑资"二句：王肃注："蔑，无也。资，财也。师，众也。夫为亡乱之政，重赋厚敛，民无资财，曾莫肯爱我众。"曾(zēng)，怎么。

[24] 伤：忧伤，哀叹。

[25] "匪其止共"二句：王肃注："止，息也。邛(qióng)，病也。

逸人不共所止息,故惟王之病。"太宰纯增注:"此《小雅·巧言》之辞也。本注'惟'字当作'为'。"冈白驹补注:"止共,犹云不共也,言逸人非啻不供其职事,又以为王之病也。"共,通"恭"。

[26]"乱离瘼(mò)矣"二句:王肃注:"离,忧也;瘼,病也。言离散以成忧,忆祸乱于斯,归于祸乱者也。"瘼,病痛,泛指困苦。

【译文】

子贡问孔子:"以前齐国国君向您请教治理政事的办法,您说'治理政事,关键在于节省财货';鲁国国君向您请教治理政事的办法,您说'治理政事,关键在于管理臣下';叶公向您请教治理政事的办法,您说'治理政事,关键在于使境内的人悦服,使境外的人归附'。三人请教的问题一样,而您回答并不相同。那么,这是否说明为政有多种办法?"孔子说:"我是根据他们不同的现实状况而作出的回答。齐国国君治理国家,大兴土木,建造台榭,沉迷苑囿,游玩享乐,宫中掌管音乐舞蹈的女官及歌舞女艺人,一刻也得不到停歇,一个早上就三次把百辆兵车的封邑赏赐给人,所以我说'治理政事,关键在于节俭';鲁国国君有孟孙、叔孙和季孙三位实权大臣,他们在国内结党营私,愚弄君主,对外排斥前来投奔的他国的贤者,以掩蔽鲁君的圣明,所以我说'治理政事,关键在于管理臣下';楚国地域辽阔但都邑狭小,百姓缺乏团结,难以安心居住,所以我说'治理政事,关键在于使境内的人悦服,使境外的人归附'。这三种情况就是治理政事用不同办法的原因。《诗》说:'死丧祸乱民穷财尽,竟然不爱护我庶民百姓!'这是哀叹不加节制地追求奢侈而导致祸乱的情况。《诗》又说:'群小奸邪,无礼又不恭,实为周王大弊病。'这是哀叹奸臣蒙蔽君主而导致祸乱的情况。《诗》还说:'祸乱使我困苦深,何处能容我栖身?'这是哀叹百姓离散而导致祸乱的情况。洞察了这三种情况,再看为政者所追求的目标,哪里能完全相同呢?"

孔子曰:"忠臣之谏君,有五义焉:一曰谲谏[1],

二曰戆谏[2]，三曰降谏[3]，四曰直谏，五曰讽谏[4]。唯度[5]主而行之，吾从[6]其讽谏乎！"

【注释】
　　[1]讽(jué)谏：指委婉地规谏。《诗·周南·关雎序》郑玄笺："讽谏，咏歌依违不直谏。"此记载又见于《说苑·正谏》。
　　[2]戆(zhuàng)谏：王肃注："戆谏，无文饰也。"戆，鲁莽而刚直。
　　[3]降谏：王肃注："卑降其体，所以谏也。"指和颜悦色、平心静气地进谏。
　　[4]讽谏：指以婉言隐语相劝谏。
　　[5]度：揣测。
　　[6]从：赞同。

【译文】
　　孔子说："忠臣进谏君主，有五种方式：一是委婉地进谏，二是迂腐鲁莽地进谏，三是心平气和地进谏，四是直接进谏，五是以婉言隐语进谏。应该揣摩君主的心理来使用相应的方式，我是赞同那种采用婉言隐语进行劝谏的。"

　　子曰："夫道不可不贵[1]也，中行文子倍[2]道失义，以亡其国，而能礼贤以活其身。圣人转祸为福，此谓是与！"

【注释】
　　[1]贵：尊崇，尊重。
　　[2]倍：通"背"，违背，背弃。

【译文】
　　孔子说："大道不能不尊崇。中行文子背弃道义就丢失了封地，但由于能够礼贤下士，从而保全了性命。圣人能够转化祸患成福祉，说的就是这种情况。"

楚王[1]将游荆台[2]，司马子祺[3]谏，王怒之。令尹子西贺于殿下[4]，谏曰："今荆台之观[5]，不可失也。"王喜，拊[6]子西之背，曰："与子共乐之矣。"

子西步马[7]十里，引辔[8]而止，曰："臣愿言，有道之主肯听之乎[9]？"王曰："子其[10]言之。"子西曰："臣闻为人臣而忠其君者，爵禄不足以赏也；谀其君者，刑罚不足以诛也。夫子祺者，忠臣也；而臣者，谀臣也。愿王赏忠而诛谀焉。"王曰："今[11]我听司马之谏，是独能禁我耳。若后世游之何也[12]？"子西曰："禁后世易耳。大王万岁[13]之后，起山陵[14]于荆台之上，则子孙必不忍游于父祖[15]之墓以为欢乐也。"王曰："善！"乃还。孔子闻之，曰："至哉，子西之谏也！人之于十里之上，抑[16]之于百世之后者也。"

【注释】
　　[1]楚王：太宰纯增注："楚王，《说苑》以为昭王。"昭王，春秋时楚国国君，名壬，在位27年（前515—前488）。此记载又见于《说苑·正谏》。
　　[2]荆台：地名，今湖北江陵北。
　　[3]司马子祺：司马，官名。子祺，楚公子结。
　　[4]"令尹子西"句：令尹，楚官名。子西，平王子，名申。楚平王庶长子。贺，赞许，附和。
　　[5]观：观赏。
　　[6]拊（fǔ）：抚摸。
　　[7]步马：让马缓慢行走。

[8] 引辔：牵拉缰绳。

[9]"臣愿言"二句：黄鲁曾本作"臣愿言有道，王肯听之乎"，《说苑》作"愿得有道，大王肯听之乎"。林按，太宰纯本原读为："臣愿言有道之主，肯听之乎？"今据文意改。

[10] 其：助词，无义。

[11] 今：假设连词，犹"如果"。

[12] 若后世游之何也：拿后世的人来游玩这种情况怎么办？若……何，如何，怎么办。太宰纯增注："一本无'也'字为是。"

[13] 万岁：去世的委婉说法。《说苑》作"山陵崩阤"。

[14] 山陵：帝王或皇后的坟墓。北魏郦道元《水经注·渭水三》："秦名天子冢曰山，汉曰陵，故通曰山陵矣。"《说苑》作"陵"。

[15] 父祖：宽永本作"父母"。

[16] 抑：抑制。

【译文】

楚王打算去荆台游玩，司马子祺予以劝阻，楚王非常恼火。令尹子西却在宫殿下附和楚王，进言道："荆台参观游玩的机会不能错过。"楚王听了非常高兴，拍着子西的后背说："我要你和我一起去，享受游玩的快乐。"

子西让马慢慢行走了十里路，牵住马缰绳停了下来，说："我有话要说，您作为有道的明君，愿意听吗？"楚王说："你说吧。"子西说："我听说做臣下而忠于自己的君主的，爵位俸禄不足以奖赏他；阿谀奉承君主的臣下，各种刑罚也不足以惩罚他。子祺是忠臣，而我是谀臣。希望大王赏赐忠臣而惩罚谀臣。"楚王说："假如我听从司马的劝谏，可是这只能禁止我一个人啊。拿后世的人来游玩这种情况怎么办？"子西说："禁止后人来游乐很容易。大王去世后，在荆台上修建陵墓，那么后世子孙必定不忍心在父祖的陵墓上游乐。"楚王说："好！"于是返回国都。孔子听到这件事，评论说："子西的劝谏真是奇妙至极！劝说用了走十里路的时间，而抑制了百世之后啊！"

子贡问[1]于孔子曰："夫子之于子产、晏子，可为至矣[2]。敢问二大夫之所自为[3]，夫子之所以与[4]之者？"孔子曰："夫子产于民为惠主[5]，于学为博物[6]。晏子于君为忠臣，于行为恭敏[7]。故吾皆以兄事之而加爱敬。"

【注释】
　　[1]问：黄鲁曾本作"闻"。
　　[2]可为至矣：冈白驹补注："谓敬之至矣。何本、吴本'为'作'谓'。"
　　[3]自为：黄鲁曾本作"为目"，"目"属下读。
　　[4]与：赞许。
　　[5]惠主：仁慈的大夫。冈白驹补注："谓惠民之主。《论语》云：'子产，惠人也。'《左传》云：'古之遗爱也。'"
　　[6]博物：博知万物。冈白驹补注："《左传》：'子产聘晋，言晋侯之疾。晋侯闻之曰："博物君子也。"'"
　　[7]恭敏：太宰纯增注："一本'恭'作'敬'。"冈白驹补注："敏，敬也。《论语》：'晏平仲，善与人交，久而敬之。'"

【译文】
　　子贡向孔子请教说："您对于子产、晏子的评价，可以说是最高的了。我冒昧地请教您，两位大夫的所作所为，您为什么这样称许？"孔子说："子产对百姓来说是仁慈施惠的大夫，在学识上博知万物。晏子对君主来说是忠心耿耿的臣子，在行为上恭恭敬敬。因此我都把他们当作兄长来看待，甚至比兄长更加爱戴与敬重。"

　　齐有一足之鸟，飞集于公朝[1]，下止于殿前，舒翅而跳[2]。齐侯大怪之，使使聘鲁[3]，问孔子。孔子曰："此鸟名曰商羊，水祥[4]也。昔童儿有屈其一脚，振讯[5]两肩而跳，且谣曰：'天将大雨，商羊鼓舞[6]。'

今齐有之，其应[7]至矣。急告民趋[8]治沟渠，修堤防，将有大水为灾[9]。"

顷之[10]，大霖雨[11]，水溢泛[12]诸国，伤害民人，唯齐有备，不败[13]。景公曰："圣人之言，信而有征[14]矣。"

【注释】
　　[1]飞集于公朝：此记载又见于《说苑·辨物》。
　　[2]舒：伸展。
　　[3]使使聘鲁：派遣使者到鲁国访问。前"使"为动词，派遣。后"使"为名词，使者。聘，诸侯之间的外交活动。
　　[4]祥：吉凶的预兆。
　　[5]振讯：抖动。
　　[6]鼓舞：手足舞动。表现出欢欣或兴奋的样子。
　　[7]应（yìng）：应验，验证。
　　[8]趋：古同"促"，急速。
　　[9]灾：水、火、荒旱等所造成的祸害。
　　[10]顷之：不久。
　　[11]霖雨：久雨不停。
　　[12]泛：泛滥。
　　[13]败：伤害，伤亡。
　　[14]信而有征：真实可信并经得起验证。

【译文】
　　齐国飞来一群只有一条腿的鸟，它们飞翔集聚到朝廷，在宫殿前停下来，张开翅膀跳跃着。齐君感到非常奇怪，便派使者出访鲁国，向孔子请教。孔子说："这种鸟名叫商羊，能显示有关水灾的预兆。从前有小孩弯曲着一只脚，抖动着双肩，蹦蹦跳跳，并且唱着歌谣说：'天将要下大雨，商羊就欢快跳跃而至。'现在齐国有了这种鸟，歌谣的应验出现了。尽快通告百姓，让他们赶紧去整治沟渠，修筑堤防，就要发生大水灾了。"

不久，大雨下个不停，大水漫溢，泛滥各诸侯国，危及百姓。只有齐国有所防备，所以没有造成人员伤亡。景公说："圣人的话，真实可信并经得起验证啊。"

孔子谓宓子贱[1]曰："子治单父[2]，众悦，子何施而得之也？子语[3]丘所以为之者。"对曰："不齐之治也，父恤其子，其子[4]，恤诸孤[5]，而哀丧纪[6]。"孔子曰："善！小节也，小民附矣，犹未足也。"曰："不齐所父事者三人，所兄事者五人，所友事者十一人。"孔子曰："父事三人，可以教孝矣；兄事五人，可以教悌矣；友事十一人，可以举善矣[7]。中节也，中人[8]附矣，犹未足也。"曰："此地，民有贤于不齐者五人，不齐事之而禀度[9]焉，皆教不齐所以治人之道[10]。"孔子叹曰："其大者乃于此乎有[11]矣！昔尧舜听[12]天下，务求贤以自辅。夫贤者，百福之宗也[13]，神明之主[14]也。惜乎不齐之以所治者小[15]也。"

【注释】
　　[1] 宓(fú)子贱：孔子弟子，名不齐，字子贱，鲁国人。此记载又见于《韩诗外传》卷八、《说苑·政理》。
　　[2] 单(shàn)父(fǔ)：鲁国城邑，在今山东单县。
　　[3] 语(yù)：告诉。
　　[4] "父恤"二句：太宰纯增注："'父恤'以下六字，《说苑》作'父其父，子其子'。"冈白驹补注："何本作'父其父，子其子'，为是。言使民之有老父弱子者，得以仰事俯育。"林按，原文疑误，应依何本及《说苑》。
　　[5] 诸孤：指鳏寡孤独。
　　[6] 哀丧纪：哀悼丧事。
　　[7] 可以举善矣：可以弘扬善行了。

[8] 中人：太宰纯增注："《说苑》'人'作'民'。"

[9] 禀度：接受。

[10] 所以治人之道：冈白驹补注："何本、吴本、钱本，并作'皆教不齐所以治人之道。'"太宰纯增注："旧本阙'所以治人'四字。《说苑》无'人'字，'道'作'术'。"

[11] 有：太宰纯增注："《说苑》'有'作'在'。"

[12] 听：治理、管理或执行事务。

[13] "夫贤者"二句：太宰纯增注："《说苑》'夫'下有'举'字。"冈白驹补注："孟子云：'其君用之，则安富尊荣。'"

[14] 神明之主：冈白驹补注："使之主祭，而百神享之。"

[15] 所治者小：指单父地方小。

【译文】

孔子对宓子贱说："你治理单父，那里的百姓都心悦诚服。你是如何施政而得到他们的拥护的？请你告诉我是怎么做到的。"宓子贱回答说："我治理单父的办法，就像对待我的父亲一样对待他们的父亲，像对待我的儿子一样对待他们的儿子，照顾鳏寡孤独的人，深深地哀悼他们的丧事。"孔子说："好。不过，这些都是小节，能使普通民众亲附，做得还不够。"宓子贱说："被我当作父亲那样来侍奉的有三人，当做兄长那样来侍奉的有五人，被我像朋友一样对待的有十一人。"孔子说："像对待父亲那样来侍奉的有三人，这可以教化人们敦守孝道；像对待兄长那样来侍奉的有五人，可以教化人们敬爱兄长；像朋友一样对待的有十一人，可用来弘扬善行。这都是中等的善政，能使中等阶层的人亲附，但做得还是不够。"宓子贱说："这个地方有五个比我贤明的人，我侍奉他们并且能接受他们的教诲，他们都教给我为政的方法。"孔子叹息说："成就大业的关键，就在这里显示出来了啊！从前尧、舜治理天下，一定寻求贤人来辅佐自己。贤人是各种福佑的根，是能神明信任的人。可惜不齐治理的地方太小了啊。"

子贡为信阳[1]宰，将行，辞于孔子。孔子曰："勤之慎之，奉天子之时[2]，无夺无伐，无暴无盗。"子贡曰："赐也少而事君子，岂以盗为累[3]哉？"

孔子曰："汝未之详也。夫以贤代贤，是谓之夺[4]；以不肖代贤，是谓之伐[5]；缓令急诛[6]，是谓之暴；取善自与[7]，是谓之盗。盗非窃财之谓也。吾闻之：知为吏者，奉法以利民；不知为吏者，枉法以侵民。此怨之所由[8]也。治官莫若平[9]，临财莫若廉[10]。廉平之守，不可改也。匿人之善，斯谓蔽贤[11]；扬人之恶，斯为小人[12]。内不相训[13]而外相谤，非亲睦也。言人之善，若己有之；言人之恶，若己受之[14]。故君子无所不慎[15]焉。"

【注释】

[1] 信阳：楚国城邑。在今河南信阳南。此记载又见于《说苑·政理》。

[2] "勤之慎之"二句：太宰纯增注："一本作'奉天之时'。《说苑》'勤'作'力'，'慎'作'顺'，'奉天'二字作'因'字。"冈白驹补注："何本作'奉天之时'，为是。"

[3] 累(lèi)：过失。

[4] "夫以贤代贤"二句：冈白驹补注："言不必代而代之也。"

[5] "以不肖代贤"二句：冈白驹补注："言不足代而自贤也。"以上二句，太宰纯增注："《说苑》作'夫以不肖伐贤，是谓夺也；以贤伐不肖，是谓伐也。'"林按，向宗鲁《说苑校证》以为当从《家语》。

[6] 缓令急诛：政令松弛，惩罚峻急。

[7] 取善自与：把别人的善当成自己的。

[8] 由：原指树木生枝条，后泛指萌生、产生。

[9] 治官莫若平：治理公务，没有什么比得上公平。治，管理，治理。治官，治理公务。

[10] 临财莫若廉：对待财货，没有什么比得上廉洁。

[11] 蔽贤：遮蔽贤人。

[12] 小人：薄德的人。

[13] 训：训导。

[14]"言人之恶"二句：冈白驹补注："若己受恶，则必不扬。"

[15] 无所不慎：冈白驹补注："言人之善者，有所得而无所伤也。言人之恶者，无所得而有所伤也，故君子慎言语矣。"

【译文】

子贡要做信阳的长官，临行前，向孔子辞别。孔子说："勤勉谨慎地做事，尊奉天子颁行的历法，不要侵夺，不要攻伐，不要暴虐，不要盗窃。"子贡说："我从小就侍奉君子，怎么会犯盗窃的罪呢？"

孔子说："你知道得还不详细。用贤人取代贤人，这称之为侵夺；用不肖的人取代贤人，这称之为攻伐；政令松弛而惩罚峻急，这称之为暴虐；把别人功绩据为己有，这称之为盗窃。盗窃说的并不是盗窃财物。我听说，懂得为官之道的人，奉行法令使民众得利；不懂为官之道的人，歪曲法令以侵害民众，这就是怨怒发生的根由。治理公务，没有什么比得上公平；对待财货，没有什么比得上廉洁。坚持廉洁公平的操守，是不能更改的。隐匿别人的优点，这叫做蒙蔽贤人；张扬别人的缺点，这就是小人。在内不相互训导，在外却相互诽谤，这样就没法做到亲近和睦。赞扬别人的优点时，应该好像自己拥有这些优点一样真诚；诉说别人缺点时，应该好像自己应该把它承受下来一样难受。因此君子时时处处都要谨谨慎慎。"

子路治蒲[1]三年，孔子过[2]之。入其境，曰："善哉！由也，恭敬以信矣。"入其邑，曰："善哉！由也，忠信以宽矣。"至其庭[3]，曰："善哉！由也，明察以断矣。"

子贡执辔而问曰："夫子未见由之政，而三称其善，其善可得闻乎[4]？"孔子曰："吾见其政矣。入其境，田畴尽易[5]，草莱甚辟[6]，沟洫深治[7]，此其恭敬以信，故其民尽力也；入其邑，墙屋完固[8]，树木甚茂，此其忠信以宽，故其民不偷[9]也；至其庭，庭甚清闲[10]，诸下用命[11]，此其 言[12] 明察以断，故其政不扰[13]也。以此观之，虽三称其善，庸[14]尽其美乎？"

【注释】
    [1]蒲：春秋卫地，战国属魏，在今河南省长垣县。此记载又见于《韩诗外传》卷六。
    [2]过：过访，探望。
    [3]其庭：庭、廷，皆指官署、官舍。
    [4]"子贡执辔"四句：冈白驹补注："子贡时为御。"太宰纯增注："子贡时为夫子御车，故执辔而问也。'其善可得闻乎'，《韩诗外传》无'其善'二字为是。盖子贡之问，问夫子之所以称善耳，非问其善也。"
    [5]田畴尽易：田地得到整治。田畴，田地。易，整治。
    [6]草莱甚辟：荒地得到开辟。草莱，荒地。
    [7]沟洫深治：灌溉用的沟渠得到深挖修整。
    [8]完固：完整坚固。
    [9]偷：苟且。
    [10]清闲：清静不烦扰。
    [11]诸下用命：手下的胥吏听从安排。
    [12]言：依上下文例，当为衍文。
    [13]扰：烦劳，烦乱。
    [14]庸：岂，怎么。

【译文】
    子路治理蒲邑已经三年了，孔子去探望他，进入他管辖的地界，说："好啊！仲由恭敬而讲诚信。"进入了城邑，说："好啊！仲由忠信而敦厚。"到了子路的官署，说："好啊！仲由明察而果断。"
    子贡握着缰绳问道："夫子还没有看到仲由怎样处理政事，就三次称赞他，其中的缘由可以说给我听听吗？"孔子说："我已经看到他是怎样处理政事了。进入蒲地，看到田地都得到了整治，荒地大都得到开辟，沟渠都得到了深挖修整，这说明他为政恭敬而诚信，所以百姓全力劳作；进入蒲邑，看到城墙房屋都很完整坚固，树木更是茂盛，这是因为他忠信敦厚，所以当地百姓毫不懈怠懒惰；进入官署，看到官署内清静不扰乱，手下人都听从命令安排，这说明他遇事明察而果断，所以他处理政事毫不烦劳。由此看来，即使三次称赞他做得好，又怎么能概括他的优点呢？"

孔子家语卷四

六本第十五

孔子曰:"行己[1]有六本[2]焉,然后为君子也[3]。立身有义矣,而孝为本[4];丧纪有礼矣,而哀为本[5];战阵有列矣,而勇为本[6];治政有理矣,而农为本[7];居国有道矣,而嗣为本[8];生财有时矣,而力为本[9]。置本不固,无务农桑[10];亲戚不悦,无务外交[11];事不终始,无务多业[12];记闻而言,无务多说[13];比近不安,无务求远[14]。是故,反本修迹[15],君子之道也。"

【注释】
[1]行己:《说苑·建本》作"行身",二者同义,即立身处世之意。
[2]本:根基,基础。
[3]然后为君子也:冈白驹补注:"何本、吴本、钱本并作'本立然后为君子也。'为是。《论语》:'君子务本,本立而道生。'《易》:'正其本,万事理。'"
[4]"立身有义矣"二句:做人有要遵循的道理,孝道是根基。冈白驹补注:"孝者,百行之首。"
[5]"丧纪有礼矣"二句:处理丧事按礼的规定,哀痛是根基。《礼记·文王世子》:"丧纪以服之轻重为序,不夺人亲也。"郑玄注:"纪,犹事也。"
[6]"战阵有列矣"二句:打仗要讲究秩序,勇敢是根基。战阵,打

仗。列，次第，顺序。

[7]"治政有理矣"二句：处理政务要注重条理，农业是根基。冈白驹补注："政治有理，安民为要，安民之本在足食。"

[8]"居国有道矣"二句：管理国家要遵循大道，确立继承人是根基。王肃注："继嗣不立，则乱之萌。"嗣，立嗣。

[9]"生财有时矣"二句：发财赚钱要把握时机，舍得出力是根基。冈白驹补注："尽力为本。"

[10]"置本不固"二句：农业搞不扎实，就不要追求其他副业可以做好。冈白驹补注："农桑，当作'丰末'，字之误也。吴本、《说苑》并作'无务丰末'，言本不固，末虽丰而必覆。"林按，农桑，当作"丰末"。

[11]"亲戚不悦"二句：不能使亲属和亲戚高兴，就不要去结交外面的朋友。冈白驹补注："先自薄矣，外交何为？"亲戚，内外亲属。本族为亲，舅族、姻亲为戚。外交，指与外人结交。

[12]"事不终始"二句：本职的事务做不好，就不要追求从事多个职事。冈白驹补注："终不副始，业虽多而无成。"

[13]"记闻而言"二句：只能说从别人那里听来的话，就不要追求多说话。

[14]"比近不安"二句：自己的近邻都不能安顿，就不要追求让远方的人归附。比近，邻近。比，紧靠，挨着。

[15]反本修迹：太宰纯增注："一本'迹'作'迩'，是也。《说苑》同。"林按，迹，当作"迩"。

【译文】

孔子说："人立身处世做好六大根基，这样才能成为君子。做人有要遵循的道理，孝道是根基；处理丧事按礼的规定，哀痛是根基；打仗要讲究秩序，勇敢是根基；处理政务要注重条理，农业是根基；管理国家要遵循大道，确立继承人是根基；发财赚钱要把握时机，舍得出力是根基。农业搞不扎实，就不要追求其他副业可以做好；不能使亲属和亲戚高兴，就不要去结交外面的朋友；本职的事务做不好，就不要追求从事多个职事；只能说从别人那里听来的话，就不要追求多说话；自己的近邻都不能安顿，就不要追求让远方的人归附。因此，从根基处做起，从身边近处做起，这才是君子之道。"

孔子曰:"良药苦于口而利于病,忠言逆于耳而利于行。汤武[1]以谔谔[2]而昌,桀纣以唯唯[3]而亡。君无争[4]臣,父无争子,兄无争弟,士无争友,无其过者,未之有也。故曰:君失之,臣得[5]之;父失之,子得之;兄失之,弟得之;己[6]失之,友得之。是以国无危亡之兆,家无悖乱之恶,父子兄弟无失,而交友无绝也[7]。"

【注释】
[1]汤武:商汤和周武王,二位均为开国之君,被尊为圣王。此记载又见于《说苑·正谏》。
[2]谔(è)谔:直言进谏的样子。冈白驹补注:"谔谔,扰直之言。言汤武能受扰直之谏,故昌。"
[3]唯唯:随声附和的应答声,如成语"唯唯诺诺"。冈白驹补注:"唯唯,从顺之辞。桀纣拒谏,故虽不善而人亦莫之违也。《说苑》'唯唯'作'嘿嘿'。"
[4]争(zhèng):同"诤",以直言劝告,使人改正错误。《说苑·正谏》作"君无谔谔之臣","诤"与"谔谔"意同。
[5]得:与"失"相对。此处"失"为犯错,则"得"可以理解为"弥补"、"补救"。
[6]己:冈白驹补注:"《说苑》'己'作'士'。"
[7]"父子兄弟无失"二句:冈白驹补注:"父子兄弟俱无过失,朋友亦无弃绝矣。"

【译文】
孔子说:"良药吃起来苦但有利于治病,忠言听起来不顺耳却有利于做事。商汤、周武王因为能听取直言进谏而国运昌盛,夏桀和商纣王因为喜欢听唯唯诺诺的恭顺之辞而国破身亡。因此,如果国君没有敢于直言劝谏的臣子,父亲没有直言劝谏的儿子,兄长没有直言劝谏的弟弟,士人没有直言劝谏的朋友,这样还不犯错误的从来没有过。所以说：君主有了过失，臣下可以补救；父亲有了过失，儿子可以补救；兄长有了过失，弟弟可以补救；自己有了过失，朋友可以补救。如此，则国家没有危亡的兆头，家庭没有悖反伦理的恶行，父子兄弟之间不会失和，朋友之间的交往也不会断绝。"

孔子见齐景公，公悦焉，请置禀丘之邑以为养[1]。孔子辞而不受。入[2]谓弟子曰："吾闻君子当功受赏[3]。今吾言于齐君，君未之有行而赐吾邑，其不知丘亦甚矣。"于是遂行。

【注释】

[1] 此记载又见于《吕氏春秋·高义》、《说苑·立节》。请，一般是晚辈对长辈、卑贱者对尊贵者所用，表谦卑。禀丘，齐邑名。养，供养，这里指作为食邑。

[2] 入：《说苑》作"出"，当是。

[3] 当功受赏：根据功劳的大小而接受相应的赏赐。

【译文】

孔子谒见齐景公，景公十分高兴，表示愿将禀丘赐给孔子作为食邑。孔子推辞不接受。回到住处后，他对弟子说："我听说君子根据功劳的大小而接受相应的赏赐。现在我向齐景公进言，他并没有采取实际的行动，却赏赐给我城邑，他也太不了解我了。"于是就离开了。

孔子在齐，舍于外馆[1]，景公造[2]焉。宾主之辞既接[3]，而左右白[4]曰："周使适[5]至，言先王庙灾[6]。"景公复问[7]："灾何王之庙也？"孔子曰："此必釐王[8]之庙。"

公曰:"何以知之?"孔子曰:"《诗》云:'皇皇上天,其命不忒。天之以善,必报其德[9]。'祸亦如之。夫釐王变文武之制,而作玄黄[10]华丽之饰,宫室崇峻[11],舆马奢侈,而弗可振[12]也,故天殃[13]所宜加其庙焉。以是占[14]之为然。"公曰:"天何不殃其身而加[15]罚其庙也?"孔子曰:"盖以文、武故也。若殃其身,则文、武之嗣,无乃殄乎[16]?故当殃其庙以彰[17]其过。"

俄顷[18],左右报曰:"所灾者釐王庙也。"景公惊,起,再拜,曰:"善哉圣人之智!过[19]人远矣。"

【注释】
[1]外馆:客馆。此记载又见于《说苑·权谋》。
[2]造:到。
[3]宾主之辞既接:宾主之间的寒暄过后。
[4]白:报告。
[5]适:恰好,刚巧。
[6]灾:这里指发生火灾。《左传·宣公十六年》:"天火曰灾。"
[7]复问:再问。
[8]釐(xī)王:太宰纯增注:"釐,与'僖'通。釐王,名胡齐。"周釐王,姬姓,名胡齐,在位5年(前681—前677)。
[9]"皇皇上天"四句:王肃注:"此《逸诗》也。皇皇,美貌也。忒,差也。"皇皇,美盛鲜明的样子。
[10]玄黄:借指多彩。玄,黑色。
[11]崇峻:高而挺拔。崇,高。
[12]振:救。
[13]天殃:天灾。
[14]占:占卜,这里是推测的意思。
[15]加:施加。
[16]"则文、武之嗣"二句:那么周文王、武王的后代不就断绝了

吗。殄(tiǎn)，消灭，灭绝。

[17] 彰：显露。

[18] 俄顷：不一会儿。太宰纯增注："俄顷，犹须臾也。"

[19] 过：超过。

【译文】

　　孔子在齐国时，住在旅馆里，齐景公前来拜访。宾主寒暄之后，左右的人报告说："周王室的使者刚到，说先王的宗庙遭了火灾。"齐景公问："遭火灾的是哪个先王的宗庙？"孔子说："肯定是釐王的宗庙。"

　　齐景公问："凭什么知道是此庙？"孔子说："《诗》说：'伟大美善的上天，它的命令没有偏差。上天对那些做善事的人，必定会报答他们的仁德。'灾祸也是一样。周釐王改变周文王、周武王既定的制度，而制作多彩华丽的装饰。宫室高大挺拔，车马奢侈豪华，而且达到了不可救药的地步，所以上天把灾祸降到他的宗庙里是理所当然的。因此我才推测是釐王的宗庙。"齐景公说："上天为什么不降祸到他的身上，而是施加惩罚于他的宗庙呢？"孔子说："大概是周文王、周武王的缘故吧。倘若降灾给他本人，那么周文王、武王的后代不就断绝了吗？所以应当降祸于他的宗庙来彰显他的过失。"

　　过了一会儿，左右的人又来报告说："受灾的是周釐王的宗庙。"齐景公大吃一惊，站了起来，向孔子拜了两拜，说道："好啊！圣人的智慧，真是超越常人太多了。"

　　子夏三年之丧毕[1]，见于孔子。孔子[2]与之琴，使之弦[3]。侃侃[4]而乐，作[5]而曰："先王制礼，不敢不及[6]。"子曰："君子也！"

　　闵子[7]三年之丧毕，见于孔子。孔子与之琴，使之弦。切切[8]而悲，作而曰："先王制礼，弗敢过也[9]。"子曰："君子也！"

子贡[10]曰:"闵子哀未尽,夫子曰'君子也';子夏哀已尽,又曰'君子也'。二者殊情,而俱曰君子,赐也惑,敢问之。"孔子曰:"闵子哀未忘,能断之以礼[11];子夏哀已尽,能引之及礼[12]。虽均之[13]君子,不亦可乎[14]?"

【注释】
　　[1]此记载又见于《礼记·檀弓上》、《诗·桧风·素冠》毛传和《说苑·修文》。子夏,子夏,孔子弟子,以文学著称,为经学的传承做出了很大的贡献。三年之丧,古代丧服制度,属于最重的一种。子为父、妻为夫、臣为君等要服丧三年,实际期限是二十五个月。孔子认为,三年之丧是天下之通丧,是上至帝王下至百姓都要遵守的礼制。
　　[2]孔子:黄鲁曾本作"子曰",则下文"与之琴,使之弦"为"子曰"内容。
　　[3]弦:原指乐器上用来发音的丝线、铜丝或绳状物。这里用作动词,意为弹奏。
　　[4]侃侃:和乐之貌。
　　[5]作:起来,起身。
　　[6]不敢不及:冈白驹补注:"子夏自知其哀之已尽也。"
　　[7]闵子:即闵子骞,孔子弟子,鲁国人,以德行著称。
　　[8]切切:急迫,不和貌。
　　[9]弗敢过也:冈白驹补注:"闵子自知其哀之未忘也。"
　　[10]子贡:太宰纯增注:"《诗传》'贡'作'路'。"
　　[11]断之以礼:用礼来约束悲痛的情绪。
　　[12]引之及礼:引导欢快的情绪合乎礼。
　　[13]之:犹"为"。
　　[14]不亦可乎:太宰纯增注:"案《礼·檀弓》亦载此事,曰:'子夏既除丧而见,予之琴,和之而不和,弹之而不成声。作而曰:"哀未忘也。先王制礼而弗敢过也。"子张既除丧而见,予之琴,和之而和,弹之而成声。作而曰:"先王制礼,不敢不至焉。"'二书所载,盖一事而所记不同,意者传闻之异耳。今亦未可详其孰是云。"

【译文】

子夏服完三年之丧,前来拜见孔子。孔子给他琴,让他弹奏。子夏愉悦地弹奏起来,站起来对孔子说:"先王制定的礼仪,不敢不达到。"孔子说:"真是君子啊!"

闵子骞服完三年之丧,前来拜见孔子。孔子给他琴,让他弹奏。闵子骞弹琴时流露出悲哀的样子,起身对孔子说:"先王制定的礼仪,不敢逾越。"孔子说:"真是君子啊!"

子贡问:"闵子骞还沉浸在悲痛里,您称他为'君子';子夏已经不再伤心,您也称他为'君子'。两个人感情不同而您都称为'君子',我很迷惑,请问这是为什么。"孔子说:"闵子骞不忘哀痛而能用礼来约束;子夏已经不再哀痛,却能引导情感合乎礼。即使把他们都称为君子,不也是应该的吗?"

孔子曰:"无体之礼[1],敬也;无服之丧,哀也;无声之乐,欢[2]也。不言而信,不动而威[3],不施而仁[4],志夫[5]。钟之音,怒而击之则武[6],忧而击之则悲。其志[7]变者,声[8]亦随之。故志诚感之,通于金石[9],而况人乎?"

【注释】

[1] 无体之礼:没有仪式的礼。体,形式,仪式。此记载又见于《说苑·修文》。

[2] 欢:冈白驹补注:"得欢心。"

[3] 不动而威:不用行动就产生威严。

[4] 不施而仁:不用施惠就产生仁德。

[5] 志夫:心志使然。

[6] 武:猛烈。

[7] 志:内心的情感。

[8] 声:这里指钟声。

[9] 金石:泛指乐器。金,指金属制成的乐器,如钟、铃等。石,石类乐器,如磬。

【译文】

孔子说:"没有仪式的礼,说的就是敬;没有丧服的丧礼,说的就是哀;没有声音的音乐,说的就是内心的欢乐。不说话就有信用,不行动就有威严,不施与就有仁爱,这是心志使然。钟的声音,人发怒的时候敲打它就高亢威武;人忧伤时敲打它就低沉悲凉。人的内心情感改变了,钟的声音也随之改变。所以内心情感真挚去触动时,连乐器都能感通,何况是人呢?"

孔子见罗雀者所得[1],皆黄口[2]小雀。夫子问之曰:"大雀独不得,何也?"罗者曰:"大雀善惊[3]而难得,黄口贪食而易得。黄口从大雀则不得,大雀从黄口亦不得[4]。"

孔子顾谓弟子曰:"善惊以远害,利食[5]而忘患,自其心矣[6],而独[7]以所从[8]为祸福。故君子慎其所从。以长者之虑,则有全身之阶[9];随小者之戆[10],而有危亡之败也。"

【注释】

[1]此记载又见于《说苑·敬慎》。罗,网罗,捕捉。雀,泛指小型的鸟。

[2]黄口:指小鸟。幼鸟未长成时嘴黄,故称之。

[3]善惊:容易惊觉,即警觉。千叶玄之标笺:"善惊,谓谋身。"

[4]大雀从黄口亦不得:太宰纯增注:"《说苑》作'大雀从黄口者可得',是也。"千叶玄之标笺:"吴氏本'亦不得'作'亦可得'。"林按,上文云"皆黄口小雀",故太宰纯所说非也。

[5]利食:贪食。利,贪,贪求。

[6]自其心矣:源自他们的内心。

[7]独:仅仅,唯独。

[8]从:跟从,服从。

[9]阶:阶梯,引申为途径。

[10] 戆(zhuàng)：戆，愚。

【译文】
　　孔子看到捕捉鸟的人捉到的全部都是黄嘴的小鸟。孔子就问捕鸟人："为什么大雀偏偏捉不到呢？"捕鸟人说："大雀警觉，所以难以捕到；小鸟贪食，所以容易捉到。小雀跟着大雀时就捉不到，大雀跟着小雀时也捉不到。"
　　孔子转头对弟子说："警觉可以远离祸害，贪食就忘记了祸患。这都是源于内心啊，就是跟从的对象决定了是福是祸。所以君子在选择跟随对象时要谨慎。按照年长者的远虑，就有保全自身的途径；依从年少者的愚昧，就有危机灭亡的灾祸。"

　　孔子读《易》，至于《损》、《益》[1]，喟然而叹。子夏避席[2]问曰："夫子何叹焉？"孔子曰："夫自损者，必有益之；自益者，必有决之[3]，吾是以叹也。"
　　子夏[4]曰："然则学者不可以益乎？"子曰："非道益之谓也[5]，道弥益而身弥损[6]。夫学者损其自多[7]，以虚受人[8]，故能成其满。博也天道[9]，成而必变[10]。凡持满而能久者，未尝有也。故曰：'自贤者，天下之善言，不得闻于耳矣。'昔尧治[11]天下之位，犹允[12]恭以持之，克[13]让以接下，是以千岁而益盛，迄今而逾彰[14]。夏桀、昆吾[15]，自满而无极[16]，亢意而不节[17]，斩刈黎民，如草芥焉[18]。天下讨之，如诛匹夫[19]。是以千载而恶著，迄今而不灭，满也[20]。如在舆[21]，遇三人则下之，遇二人则式[22]之。调其盈虚，不令自满，所以能久也。"
　　子夏曰："商请志[23]之，而终身奉行焉。"

【注释】
　　[1]《损》、《益》：太宰纯增注："兑下艮上，《损》；震下巽上，《益》。"此记载又见于《说苑·敬慎》。
　　[2]避席：离开坐席，表示尊敬。
　　[3]"夫自损者"四句：王肃注："《易》，《损》卦次得《益》，《益》次《夬》。夬，决也。损而不已，必益，故受之以《益》；益而不已，必决，故受之以《夬》。"冈白驹补注："决，如堤决之决。益而不已则盈，故必有决之。"
　　[4]子夏：黄鲁曾本作"子"，无"夏"字。
　　[5]非道益之谓也：这不是道的增加。
　　[6]道弥益而身弥损：道的修为越高，自身就越是谦虚。冈白驹补注："德弥高而心弥下。"益和损皆用引申义。
　　[7]损其自多：即指上文"身弥损"，去掉自身的欲望、傲气等。冈白驹补注："不自有也。"
　　[8]以虚受人：语出《易·咸·大象》。
　　[9]博也天道：天道太博大了。
　　[10]成而必变：事物到了完成的阶段之后就会发生转化和改变。
　　[11]治：一本作"居"。
　　[12]允：诚信。
　　[13]克：能。
　　[14]迄今而逾彰：至今更加彰明。
　　[15]昆吾：夏朝的同盟部落，己姓，曾与夏桀一起对抗汤，后为商汤所灭。
　　[16]无极：没有限度。
　　[17]亢意而不节：恣意妄为而不加节制。
　　[18]"斩刈（yì）黎民"二句：斩杀百姓，好像割草一样。太宰纯增注："《尔雅》曰：'黎，众也。'"刈，割。芥，小草。草芥，比喻对待生命的轻蔑。
　　[19]匹夫：古代指平民中的男子，亦泛指平民百姓。后引申为对人的轻蔑之词。
　　[20]满也：是自满的缘故。
　　[21]在舆：在车上。舆，车厢，后泛指车。
　　[22]式：通"轼"。冈白驹补注："式，车上之横木。男子立乘，有所敬，则俯而凭式。"以手扶住车前的横木，表示敬意，即凭轼致敬。
　　[23]志：记下。

【译文】

　　孔子读《易》，读到《损》、《益》两卦时，长长地叹了口气。子夏起身离开席位，问道："先生您为什么叹气啊？"孔子说："那些懂得自我减损的一定会有所补益，那些自我增益的人必然如大河决堤一样终于减少，我因此而感叹啊。"

　　子夏问："难道通过学习不能补益吗？"孔子说："这不是道的增加。道的修为越高，自身就越是谦虚。去掉自身的欲望、傲气等，以谦虚的态度接受别人的指教，所以能达到盈满的程度。天道太博大了，事物到了完成的阶段之后就会发生转化和改变！凡自满而又能长久的，是不曾有过的。所以说：'自认为贤能的人，天下的好言论都进不了他们的耳朵。'从前尧在天子之位，仍然诚信恭敬地待他人，能够谦卑对臣下，因此千百年来名声日盛，至今更加彰显。夏桀、昆吾自满而没有限度，恣意妄为而不加节制，斩杀老百姓如同割草一样，天下人讨伐他们如同诛杀匹夫，所以千百年来罪恶越发显著，至今也没有消除，这就是自满的缘故。好比乘车，遇到三个人就应该下车，遇到两个人就应该扶轼而立，以示敬意。调节盈满和空虚，不让自满情绪发生，所以能保持长久。"

　　子夏说："我请求记下这番教诲，并终身奉行。"

　　子路问于孔子曰："请释古之道[1]，而行由之意，可乎？"子曰："不可。昔东夷[2]之子，慕诸夏之礼[3]，有女而寡[4]，为内私婿[5]，终身不嫁[6]。不嫁则不嫁矣，亦非清节[7]之义也。苍梧娆[8]娶妻而美，让与其兄，让则让矣，然非礼之让也。不慎其初，而悔其后，何嗟及矣[9]。今汝欲舍古之道，行子之意，庸[10]知子意不以是为非，以非为是乎？后虽欲悔，难哉！"

【注释】

　　[1] 释古之道：放弃古代的道。冈白驹补注："释，舍也。"下文即

作"舍古之道"。此记载又见于《说苑·建本》。

［2］东夷：古代华夏对东方诸族的称呼。大约分布在今海岱地区和淮河流域一带，秦汉之后则将东北及更远的朝鲜半岛、日本诸岛亦归诸东夷。

［3］诸夏之礼：华夏的礼义。诸夏，周王朝分封的各诸侯国，此借指华夏。

［4］寡：寡妇。

［5］为内(nà)私婿：给女儿招赘了非婚配的女婿。内，同"纳"，招赘。私婿，非正式婚配的女婿。

［6］嫁：女子出嫁。这里指正式的婚嫁。

［7］清节：黄鲁曾本作"贞节"。

［8］苍梧娆(rǎo)：与孔子同时代人。太宰纯增注："苍梧娆，盖楚人姓名也，《淮南子》作'苍梧绕'，《说苑》作'苍梧之弟'，徐幹《中论》作'仓梧丙'。"千叶玄之标笺："《淮南子·氾论训》'苍梧绕，高诱注："孔子时人。"太宰氏未刻此本案本曰：苍梧，姓。娆，其名欤？'"

［9］"不慎其初"三句：语出《诗·王风·中谷有蓷》。

［10］庸：岂，怎么。

【译文】

子路问孔子："我想放弃古代的道而按照我的意志行事，可以吗？"孔子说："不可以。从前有个东夷人仰慕华夏礼义。他的女儿成了寡妇，便为她招赘了一个未正式婚配的丈夫，此女子则终身未再嫁。不嫁虽说不嫁，但也不是贞节的本义了。苍梧娆娶了一位妻子非常貌美，就将娇妻让给了他的兄长。谦让虽说是谦让，却不是合礼的谦让。当初做事不谨慎，事后又后悔，叹气又有什么用呢？如今你想抛舍古道，按照你自己的意志行事，怎么知道你的主张不是以对为错，以错为对呢？以后即使想后悔也难了。"

曾子耘[1]瓜，误斩[2]其根。曾皙[3]怒，建[4]大杖以击其背。曾子仆地[5]，而不知人[6]久之。有顷乃苏[7]，欣然而起[8]，进于曾皙[9]曰："向[10]也参得罪[11]于大人[12],大人用力教参,得无[13]疾乎?"退而就房,援[14]琴而歌,欲令曾晳而闻之,知其体康也。孔子闻之而怒,告门弟子曰:"参来,勿内[15]。"

曾参自以为无罪[16],使人请[17]于孔子。子曰:"汝不闻乎,昔瞽瞍[18]有子曰舜。舜之事瞽瞍,欲使之,未尝不在于侧;索[19]而杀之,未尝[20]可得。小棰则待过[21],大杖则逃走[22],故瞽瞍不犯不父之罪,而舜不失烝烝[23]之孝。今参事父,委身[24]以待暴怒,殪[25]而不避。既身死而陷父于不义,其不孝孰大焉?汝非天子之民也?杀天子之民,其罪奚若[26]?"

曾参闻之,曰:"参罪大矣。"遂造[27]孔子而谢过[28]。

【注释】

[1] 耘:除草。此记载又见于《韩诗外传》卷八、《说苑·建本》。

[2] 斩:砍断。

[3] 曾晳:名点,字子晳,曾参之父,孔子弟子。

[4] 建:当作"搴",举。

[5] 仆地:倒地。仆,向前跌倒。

[6] 不知人:昏迷不省人事。

[7] 有顷乃苏:好一会儿才苏醒过来。有顷,不一会儿,不久。结合上文"不知人久之",这里应该有"好一会儿,好久"的意思。乃,才。苏,苏醒。

[8] 欣然而起:高兴地爬起来。

[9] 进于曾晳:冈白驹补注:"趋而进于曾晳之前也。"

[10] 向:刚才。

[11] 得罪:触怒,冒犯。

[12] 大人:对父母的尊称。

[13] 得无:莫非。

[14] 援:持。

[15] 内:通"纳",让……进入。

［16］无罪：没有过错。

［17］请：告问。

［18］瞽（gǔ）叟（sǒu）：舜的父亲。相传他溺爱舜的弟弟，屡次想害死舜。瞽、瞍均为眼瞎之意。有一种说法，舜父并非真的目盲，而是因为不能分别好恶，故称之为瞽叟。

［19］索：求，寻找。

［20］未尝：未曾。

［21］小棰则待过：如果用的是小木棍就等着受罚。棰，木棍。与"杖"义近。

［22］大杖则逃走：如果用的是大木棍就逃跑。走，跑。

［23］烝烝：厚美。

［24］委身：舍弃自己。

［25］殪（yì）：死。

［26］奚若：何如，怎么样。

［27］造：到。

［28］谢过：承认错误。

【译文】

曾参在瓜地里除草，不小心把瓜秧的根斩断了。曾晳见了非常生气，就拿起大棍子击打在曾参的背上。曾参仆倒在地，好长时间不省人事。好一会儿才苏醒过来，很高兴地爬起来，走到曾晳面前说："刚才让父亲大人生气，父亲大人用力教训我，该不会受伤了吧？"然后退回房中，弹琴唱歌，想让曾晳听见，知道他身体安然无恙。孔子听说之后很是生气，告诉他的门人弟子说："曾参来了，不要让他进来。"

曾参自认为没有过错，托人询问孔子。孔子说："你没有听说过吗？从前瞽叟有个儿子叫舜。舜侍奉瞽叟，父亲要使唤他时，他没有不在旁边的；父亲想要寻找并杀他时，却从未得手。父亲用小棍子打他，他就等着挨打受罚；用大棍子打他，他就逃跑。因此，瞽叟没有犯不行父道之罪，而舜也不失厚美的孝道。如今曾参你侍奉父亲，舍弃自己去承受暴怒的后果，死也不躲。自己死了又让父亲陷于不义之地，有哪种不孝比这个更严重呢？你不是天子的百姓吗？杀死了天子的百姓，这应该是什么样的罪行呢?"

曾参听了这番话后,说:"我曾参的错误真是太严重了。"于是去孔子那里承认错误。

荆公子行年十五而摄相事[1]。孔子闻之,使人往观其为政焉。使者反曰:"视其朝,清净而少事[2],其堂上有五老[3]焉,其堂下有二十壮士[4]焉。"孔子曰:"合两二十五[5]之智,以治天下,其固[6]免[7]矣,况荆乎?"

【注释】

[1] 此记载又见于《说苑·尊贤》。荆公子,太宰纯增注:"荆,楚之本号也。公子,不详其名。《说苑》云:'介子推行年十五而相荆。'"行年,经历的年岁,指当时的年龄。摄相事,代理国相的职务。摄,代理。此"摄相事"与《始诛》篇孔子"摄行相事"不同。

[2] 清净而少事:清闲安静事务少。

[3] 五老:冈白驹补注:"《说苑》作'有二十五老人。'"

[4] 壮士:壮年的士人。非指勇武之士。

[5] 合两二十五:《说苑·尊贤》:"合二十五人之智,智于汤武;并二十五人之力,力于彭祖。"

[6] 固:本来,一定。

[7] 免:免于过失。

【译文】

楚公子十五岁就代理楚相的职务。孔子听说后,派人前往观察他为政的情况。派去的人回来报告说:"看他的朝政,清闲安静而事务少,在厅堂上有五位老人,堂下有二十个壮年的士人。"孔子说:"集合二十五个人的智慧,以治理天下,也一定可以免除过失了,何况是楚国呢?"

子夏问于孔子曰："颜回之为人奚若？"子曰："回之信贤于丘[1]。"曰："子贡之为人奚若？"子曰："赐之敏[2]贤于丘。"曰："子路之为人奚若？"子曰："由之勇贤于丘。"曰："子张之为人奚若？"子曰："师之庄[3]贤于丘。"

　　子夏避席而问曰："然则四子何为事先生[4]？"子曰："居，吾语汝。夫回能信而不能反[5]，赐能敏而不能诎[6]，由能勇而不能怯[7]，师能庄而不能同[8]。兼四子者之有以易[9]，吾弗与也。此其所以事吾而弗贰[10]也。"

【注释】

　　[1] 此记载又见于《淮南子·人间训》、《说苑·杂言》、《列子·仲尼》。信，诚信。贤，胜过，超过。

　　[2] 敏：机敏。

　　[3] 庄：庄重，严肃。

　　[4] 事先生：侍从先生学习。

　　[5] 能信而不能反：王肃注："反，谓反信也。君子言不必信，唯义所在耳。"指君子说话不必句句都是诚实的，只要符合道义就可以了。林按，《论语·为政》"子曰：'吾与回言终日，不违，如愚。退而省其私，亦足以发，回也不愚。'"可与本句参读。

　　[6] 能敏而不能诎(qū)：王肃注："言人虽辨敏，亦宜有屈折时也。"太宰纯增注："诎，与'屈'通。《列子》作'讷'，《颜子》同。案，'诎'字又与'讷'通。《史记·曹相国世家》'木诎于文辞'，《李斯传》'辩于心而诎于口'。"林按，《论语·宪问》："子贡方人，子曰：'赐也贤乎哉？夫我则不暇。'"可与本句参读。

　　[7] 能勇而不能怯：《说文》曰："怯，多畏也。"林按，《论语·公冶长》："子曰：'道不行，乘桴浮于海，从我者其由与？'子路闻之喜，子曰：'由也好勇过我，无所取材。'"《述而》："子谓颜渊曰：'用之则行，舍之则藏，惟我与尔有是夫！'子路曰：'子行三军，则谁与？'

子曰：'暴虎冯河，死而无悔者，吾不与也。必也临事而惧，好谋而成者也。'"上二章可为本句注脚。

［8］能庄而不能同：同，和同，合群。林按，《论语·子张》："曾子曰：'堂堂乎张也，难与并为仁矣。'"

［9］易：交换。

［10］贰：离心，不专一。

【译文】

子夏问孔子说："颜回的为人怎么样？"孔子说："颜回在诚信方面胜过我。"子夏问："子贡的为人怎么样？"孔子说："端木赐在机敏方面胜过我。"子夏问："子路的为人怎么样？"孔子说："仲由在勇敢方面胜过我。"子夏问："子张的为人怎么样？"孔子说："颛孙师在庄重方面胜过我。"

子夏离开坐席，恭敬地问道："然而为什么这四个人都跟先生您学习呢？"孔子说："坐下，我告诉你。颜回能诚信却不能变通，端木赐能机敏却不能屈抑，仲由勇敢却不会害怕，颛孙师庄重却不会合群。即使同时兼有这四个人的长处来跟我交换，我也不会同意。这就是他们侍奉我且忠贞不贰的原因。"

孔子游于泰山，见荣声期[1]，行乎郕[2]之野，鹿裘带索[3]，鼓琴[4]而歌。孔子问曰："先生所以为乐者，何也？"期[5]对曰："吾乐甚多，而至者三。天生万物，唯人为贵。吾既得为人，是一乐也；男女之别，男尊女卑，故人以男为贵。吾既得为男，是二乐也；人生有不见日月[6]，不免襁褓[7]者，吾既以行年九十五矣[8]，是三乐也。贫者，士之常；死者，人之终。处常得终[9]，当何忧哉？"孔子曰："善哉！能自宽[10]者也。"

【注释】

[1] 荣声期：王肃注："声，宜为启，或曰荣益期也。"太宰纯增注："荣声期，人姓名也。《列子》、《淮南子》、《说苑》皆作'荣启期'。"此记载又见于《说苑·杂言》、《列子·天瑞》及《太平御览》卷三八三引《新序》。

[2] 郕(chéng)：鲁邑，在今山东省宁阳县东北。

[3] 鹿裘带索：以鹿皮为衣，以绳索为衣带。冈白驹补注："大曰索，小曰绳。"

[4] 鼓琴：太宰纯增注："《说苑》'琴'作'瑟'。"林按，琴与瑟皆为丝弦弹拨乐器，琴为五弦，后发展为七弦；瑟为二十五弦。

[5] 期：太宰纯增注："疑'期'上脱'启'字。盖此人名启期也。《列子》、《说苑》、高诱《淮南子》注，并无'期'字。"

[6] 不见日月：指胎死腹中。

[7] 不免襁褓：指幼儿夭折。

[8] "吾既以"句：太宰纯增注："《列子》'以'作'已'，无'五'字。《淮南子》注同。"

[9] 处常得终：处在常态中等待终结。得，待。

[10] 自宽：自我宽慰。

【译文】

孔子到泰山游历时，遇见了荣声期。他正行走在郕邑的郊外，穿着鹿皮做的衣服，以绳索为衣带，鼓着琴唱着歌。孔子问："先生您这么快乐，所为何事？"荣声期对他说："我值得快乐的事很多，而最值得高兴的有三件。天生万物，只有人最尊贵。我已经做了人，这是一乐；男女有别，而男尊女卑，所以人们以男子为贵。我身为男子，这是二乐；有的人还未出生就胎死腹中，有的人在襁褓之中就夭折。而我已经活到九十五岁，这是三乐。贫穷，是士人的常态；死亡，是人的终结。我处在常态之中而等待终结，又有何事值得忧虑呢？"孔子说："好呀！真是个能自我宽慰的人。"

孔子曰："回有君子之道四焉：强于行义[1]，弱于受谏[2],怵于待禄[3],慎于治身[4]。史䲡有君子[5]之道三焉:不仕而敬上,不祀而敬鬼,直己而曲于人[6]。"曾子侍,曰:"参昔者常[7]闻夫子之三言,而未之能行也。夫子见人之一善,而忘其百非,是夫子之易事也;见人之有善,若己有之,是夫子之不争也;闻善必躬行之,然后导之,是夫子之能劳也。学夫子之三言而未能行,以自知终不及二子[8]者也。"

【注释】

[1] 强于行义:勇敢地做该做的事。此记载又见于《说苑·杂言》。《说苑》"史䲡"以下别为一章,"曾子侍"以下又别为一章。

[2] 弱于受谏:谦虚地接受劝谏。弱,这里引申为谦虚。

[3] 怵于待禄:紧张地等待官禄。

[4] 慎于治身:谨慎地修养自己。

[5] 君子:黄鲁曾本作"男子"。

[6] 直己而曲于人:严格要求自己,但宽容地对待他人。太宰纯增注:"《说苑》作'直能曲于人'。"直,正直,引申为严格不容私;曲,委曲,引申为宽容。

[7] 常:同"尝",曾经。

[8] 二子:颜回、史䲡。

【译文】

孔子说:"颜回具备君子的四种品德:勇敢地做该做的事,谦虚地接受劝谏,紧张地等待官禄,谨慎地修养自己。史䲡具备君子的三种品德:不做官但尊敬身居上位的人,不祭祀但能敬事鬼神,严格要求自己但宽容地要求他人。"曾子在旁边陪侍,说:"我曾听先生您说过三句话,我却没有能够实行。先生您见到别人一处优点就忘掉了他所有的缺点,这证明您容易与人相处;看到别人身上有优点,就好像自己也有了,这证明您不与人争胜;听到善行就亲自实践,然后引导别人也去行善,这证明您能吃苦耐劳。学习了先生您的这三句话,却未能实行,因而我知道自己最终也赶不上颜回、史鳅他们二位。"

孔子曰:"吾死之后,则商也日益,赐也日损。"曾子曰:"何谓也?"子曰:"商也好与贤己者处,赐也好悦不若己者处[1]。不知其子,视其父;不知其人,视其友;不知其君,视其所使[2];不知其地,视其草木。故曰:与善人居,如入芝兰[3]之室,久而不闻其香,即与之化矣;与不善人居,如入鲍鱼之肆[4],久而不闻其臭,亦与之化矣。丹[5]之所藏者赤,漆[6]之所藏者黑。是以君子必慎其所与处者焉[7]。"

【注释】
　[1]好悦不若己者处:冈白驹补注:"此商之所以益,赐之所以损也。"此记载又见于《说苑·杂言》。
　[2]所使:所使用、任命的人,即属下。
　[3]芝兰:芝,通"芷",白芷。兰,兰草。这两种都是香草。二者连用常指美好的环境或德行。
　[4]鲍鱼之肆:卖咸鱼的商铺。鲍鱼,指咸鱼,用盐腌渍后气味腥臭。肆,店铺。
　[5]丹:朱砂。
　[6]漆:树脂做成的涂料,呈黑色。
　[7]君子必慎其所与处者焉:冈白驹补注:"何孟春云:'盖物有相染也,惟人亦然,墨子见染素丝者而叹曰:染于苍则苍,染于黄则黄,所以入者变,其色亦变,五入而为五色矣。故染不可不慎也。人非上智下愚,而有不移于所染者乎?善恶之有习而成也,其在所与处者之善与不善,而所染者之当与不当尔。'"

【译文】
　孔子说:"我死了之后,卜商会越来越进步,而端木赐会越来越退步。"曾子说:"为什么呢?"孔子说:"卜商喜欢与胜过自己的人相处,而端木赐喜欢与不如自己的人相处。不了解儿子,就看他父亲如何;不了解某人,就看他结交的朋友如何;不了解君主,就看他任命的臣下如何;不了解某块土地,就看那里草木的生长情况如何。所以说,与贤能的人相处,就像进入放有香草的房间,时间久了闻不出它的香气,这是与之同化了;与不好的人相处,就像进入卖咸鱼的铺子,时间久了就闻不到它的腥臭味,这也是与它同化了。用来装丹砂的容器会变成红色,用来藏漆料的容器会变成黑色。因此,君子一定要慎重对待自己所处的环境。"

曾子从孔子于齐[1],齐景公以下卿[2]之礼聘[3]曾子,曾子固辞。将行,晏子送之,曰:"吾闻之,君子遗人以财,不若善言[4]。今[5]夫兰本[6],三年湛之以鹿醢[7],既成,嗷[8]之,则易之匹马[9]。非兰之本性[10]也,所以湛者美矣。愿子详[11]其所湛者。夫君子居必择处,游必择方[12],仕必择君。择君,所以求仕;择方,所以修道。迁风移俗[13],嗜欲移性[14],可不慎乎?"

孔子闻之,曰:"晏子之言,君子哉!依贤者固不困[15],依富者固不穷[16]。马蚿斩足而复行[17],何也?以其辅之者众也。"

【注释】

  [1] 曾子从孔子于齐:曾子小孔子四十六岁,乃孔子晚年弟子。文献未见孔子自卫反鲁后再行游齐之事。且齐景公去世于公元前490年,其时孔子尚在周游途中。晏子去世亦不晚于公元前500年。故曾子、晏子不可能有此会面。故疑此"曾子"当系讹误,或为颜子、子贡等早期弟子。此记载又见于《晏子春秋·内篇杂上》、《荀子·大略》、《说苑·杂言》。《说苑》"孔子闻之曰"以下别为一章,无"闻之""晏子之言,君子哉"等字。

［2］下卿：爵名。周朝官制，卿爵至春秋初期有上、下之别，后又分为上、中、下三等。下卿为卿爵末等。《公羊传·襄公十一年》："三军者何？三卿也。"何休注："卿大夫爵号，大同小异。方据上卿道中、下，故总言三卿。"诸侯国之间卿爵又有等差。大国的下卿当次国中卿、小国上卿。次国、小国的下卿依次降等。《左传·成公三年》："次国之上卿，当大国之中，中当其下，下当其上大夫。小国之上卿，当大国之下卿，中当其上大夫，下当其下大夫。上下如是，古之制也。"

［3］聘：征聘。

［4］"遗（wèi）人以财"二句：赠送给人钱财，不如赠送良言。遗，赠送。

［5］今：犹"若"，假设之意。

［6］兰本：兰草的根。

［7］三年湛（jiān）之以鹿醢（hǎi）：湛，读为"渐"，浸渍。鹿醢，指鹿肉做成的肉酱。

［8］啖（dàn）：同"啖"，吃。

［9］易之匹马：太宰纯增注："《晏子春秋》云：'今夫兰本，三年而成，湛之苦酒，则君子不近，庶人不佩；湛之糜醢，而贾匹马矣。'《荀子》云：'兰茝藁本，渐于蜜醴，一佩易之。'"

［10］本性：自身的性质。

［11］详：审慎。

［12］游必择方：意为出游追求学业要选择正当合理的缘由。《论语·里仁》："父母在，不远游，游必有方。"方，道理，原因。

［13］迁风移俗：流行的风气可以改变风俗。迁风，意指流行的风气。迁有慕尚义，故迁风当指追逐流行的风气。

［14］嗜欲移性：深度的欲望爱好可以改变人的性情。

［15］困：处于困境。

［16］穷：本指困境，引申为贫穷。

［17］马蚿（xián）斩足而复行：太宰纯增注："马蚿，虫，百足也。《说苑》云：'马蹄折而复行者何？'"冈白驹补注："马蚿，百足虫也。形如蚯蚓，足多。《博物志》云：'马蚿中断成两段，各行而去。'"

【译文】

曾子跟随孔子在齐国。齐景公以下卿的规格礼聘曾子，曾子坚决推辞。曾子将要离开齐国时，晏婴前来送行，说："我听说，君子送人钱财不如赠人良言。如果把生长了三年的兰草的根，用鹿肉酱来浸渍，做成之后非常好吃，可以用来交换马匹。这并非兰草的自然本性使然，是因为浸渍它的东西好。希望你审慎地弄清楚用什么浸渍的。君子居住一定要选择处所，出游一定要选择正当的缘由，入仕一定要选择君主。选择君主是为了求仕，选择正当的缘由是为了修行道德。流行的风气可以改变风俗，深度的欲望爱好可以改变人的性情，能不慎重吗？"

孔子听说后，说："晏子的话，真是君子之言啊！依靠贤人就不会困厄，依靠富人就不会贫穷。马蚿被砍断了脚还可以爬行，为什么？这是因为它辅助的脚很多。"

孔子曰："以[1]富贵而下人，何人不尊[2]？以富贵而爱人，何人不亲？发言不逆[3]，可谓知言矣；言而众向[4]之，可谓知时矣。是故，以富而能富人者，欲贫不可得也；以贵而能贵人者，欲贱不可得也；以达而能达人者，欲穷不可得也。"

【注释】

[1] 以：此记载又见于《说苑·杂言》。《说苑》"以富而能富人者"以下别为一章。

[2] 何人不尊：什么人不尊敬他。

[3] 发言不逆：说的话不违逆听者。

[4] 向：通"响"，响应。

【译文】

孔子说："身处富贵而能谦逊待人，又有什么人不尊重他？身处富贵而能亲爱别人，又有谁能不亲附他？说的话不违逆听者，可以说是会说话；说了话众人就响应，可以说懂时机。因此，自己富有又能使别人富有的人，想贫穷也办不到；自己尊贵又能使别人尊贵的人，想卑贱也办不到；自己显达又能使别人显达的人，想陷入困境也办不到。"

　　孔子曰："中人[1]之情也，有余则侈，不足则俭，无禁则淫[2]，无度则逸[3]，从[4]欲则败。是故，鞭扑[5]之子，不从父之教；刑戮[6]之民，不从君之令。此言疾之难忍，急之难行也。故君子不急断[7]，不急制[8]，使饮食有量，衣服有节，宫室有度，畜积[9]有数，车器有限，所以防乱之原[10]也。夫度量不可不明，是中人所由之令[11]。"

【注释】
　　[1] 中人：中等人，普通人。此记载又见于《说苑·杂言》。
　　[2] 淫：过甚。
　　[3] 逸：放纵。
　　[4] 从：通"纵"，放纵。
　　[5] 鞭扑：鞭打。《舜典》云："鞭作官刑，扑作教刑。"
　　[6] 刑戮：受过刑罚的。
　　[7] 急断：急于决断。
　　[8] 急制：急于制裁。
　　[9] 畜积：积蓄。
　　[10] 所以防乱之原：本句可读为"所以防'乱之原'"，意为"这是为了杜绝祸乱的根源"；亦可读为"'所以防乱'之原"，意为"这是防止祸乱的根本方法"。皆通。原，通"源"，根源。
　　[11] 令：教令。

【译文】
　　孔子说："一般人的情形是这样的：财富有余了就奢侈浪费，不够了就节俭，没有禁令就恣肆无节制，没有限制就会放逸不检束，放纵欲望就会败亡。因此，遭受鞭打的儿子，不听从父亲的教诲；受过刑罚的百姓，不听从君主的命令。这就是说，过于急迫就会让人难以忍受，操之过急就难以实行。所以君子不急于决断，不急于制裁，而要使得饮食有限量，衣服有节制，公室有度量，积蓄有定数，车辆器械有限量，这是为了杜绝祸乱的根源。法度不能不明确，这是一般人都要遵守的教令。"

孔子曰："巧而好度[1]，必攻[2]；勇而好问，必胜[3]；智而好谋，必成[4]。以愚者反之[5]。是以非其人[6]，告之弗听；非其地，树之弗生。得其人，如聚沙而雨之[7]；非其人，如会聋而鼓之。夫处重擅宠[8]，专事妒贤[9]，愚者之情也。位高则危，任重则崩[10]，可立而待也[11]。"

【注释】

　　[1] 度(duó)：思考、谋划。此记载又见于《荀子·仲尼》《说苑·杂言》。
　　[2] 攻：攻坚。
　　[3] "勇而好问"二句：勇敢而又喜欢请教的人必会胜利。
　　[4] "智而好谋"二句：聪明而又喜好谋划的人必然成功。
　　[5] 以愚者反之：愚蠢的人正好相反。太宰纯增注："《荀子》无'以'字，'之'作'是'，《说苑》同。此衍'以'字。"
　　[6] 非其人：不是合适的人。
　　[7] 如聚沙而雨之：像在聚拢的沙上倒水那样，全部被吸收了，比喻容易听取意见。
　　[8] 处重擅宠：身处重要的职位，独受君主的宠信。
　　[9] 专事妒贤：专权揽事，嫉妒贤人。
　　[10] "位高则危"二句：冈白驹补注："处重擅宠，则不知检束，专事妒贤，则无辅救者，所以危崩也。"
　　[11] 可立而待也：站一会儿就可以看到结果，形容时间短暂。

【译文】

　　孔子说:"灵巧而又喜欢思考的人必能攻坚,勇敢而又喜欢请教的人必会胜利,聪明而又喜好谋划的人必然成功。愚蠢的人正好相反。因此,不合适的人,告诉他也不会听从;不合适的地方,栽上树也不会生长。合适的人,就像往聚拢的沙子上倒水,很容易吸取;不合适的人,就像把聋子集合起来,敲鼓给他们听。身居要位,独受宠信,专揽政事,嫉妒贤人,这是愚蠢者的情形。地位高就面临危险,责任重就可能垮台,这些情况不用多久就可以看到。"

　　孔子曰:"舟非水不行,水入舟则没;君非民不治,民犯上则倾。是故,君子不可不严也[1],小人不可不整也[2]。"

【注释】

　　[1] 君子不可不严也:为政者不能不威严,即要守礼。冈白驹补注:"上威严,则民不敢犯。"此处"君子""小人"即"君""民",乃是指位言,非指德言。

　　[2] 小人不可不整也:对老百姓不能不整一,即要齐之以礼。

【译文】

　　孔子说:"船离开水就不能行使,水进入船里,船就会沉没;君主离开百姓就无法治理国家,百姓犯上作乱,国家就会倾覆。因此,为官的君子不可以不威严,百姓不可没有秩序。"

　　齐高庭[1]问于孔子曰:"庭不旷山,不直地[2],衣穰而提贽[3],精气[4]以问事君子之道[5],愿夫子告之。"孔子曰:"贞以干之[6],敬以辅之,施仁无倦[7];见君子则举之,见小人则退之;去汝恶心[8],而忠与之[9]；效[10]其行，修其礼，千里之外，亲如兄弟。行不效，礼不修，则对门不汝通矣。夫终日言，不遗[11]己之忧；终日行，不遗己之患，唯智者能之。故自修者，必恐惧[12]以除患，恭俭以避难者[13]也。终身为善，一言则败[14]之，可不慎乎！"

【注释】
　　[1] 高庭：人名，其事迹不详。《说苑》作"高廷"。高氏乃春秋时齐国大族。未知高庭是否出自此高氏。此记载又见于《说苑·杂言》。
　　[2]"庭不旷山"二句：王肃注："庭，高庭，名也。旷，隔也。不以山为隔，逾山而来。直，宜为'植'，不根于地，不远来也。"
　　[3] 衣穰（ráng）而提贽：王肃注："穰，蒿草衣。提，持也。贽，所执以为礼也。"
　　[4] 精气：精诚，真诚。
　　[5] 事君子之道：君子，"君主"。
　　[6] 贞以干之：《易·乾卦》："贞固足以干事。"
　　[7] 施仁无倦：行仁不要厌倦。
　　[8] 恶心：坏的念头。
　　[9] 忠与之：以忠诚的态度与人交往。
　　[10] 效：贡献，献出。此指做事尽力。效，勉力。
　　[11] 遗：遗留。
　　[12] 恐惧：有所戒惧敬畏。
　　[13] 恭俭以避难者：保持恭敬节俭来避免灾祸。
　　[14] 败：招致灾祸。

【译文】
　　齐国的高庭问孔子说："我不嫌高山阻隔，不远千里，穿着蒿草衣，拿见面礼，诚心诚意地来见您，向您请教侍奉君主的方法，希望先生您告诉我。"孔子说："以忠贞正直为主干，以恭敬为辅助，施行仁义不要厌倦。看见君子就加以举荐，看见小人就予以贬退。去除坏的念头，以忠诚的态度与人交往，勉力行事，修行礼仪，千里之外的人也会亲如兄弟。做事不尽心，礼仪不修行，那么即使住在对面也会有隔阂。整日言谈，不给自己留下隐忧；整日做事，不给自己留下祸患，只有智慧的人才能做到。因此，注意自我修行的人，一定有所戒惧敬畏来消除祸患，保持恭敬节俭来避免灾祸。一辈子都做好事，却会因一句话而导致灾祸，能不谨慎吗？"

辩物第十六

季桓子穿井[1]，获如土缶[2]，其中有羊焉[3]。使使问于孔子曰："吾穿井于费[4]，而于井中得一狗[5]，何也？"孔子曰："丘之所闻者，羊也。丘闻之，木石之怪[6]，夔[7]、蝄蜽[8]；水之怪，龙、罔象[9]；土之怪，羵羊[10]也。"

【注释】

[1]此记载又见于《国语·鲁语下》、《史记·孔子世家》、《说苑·辨物》及《搜神记》卷十二。季桓子，鲁正卿，季平子之子。穿，凿。

[2]土缶(fǒu)：陶缶。缶，盛酒、水的陶器，大腹小口。

[3]其中有羊焉：羊，生羊也，故谓之怪。

[4]费(bì)：鲁国邑名，为季孙氏封邑，故址在今山东费县西北。

[5]于井中得一狗：太宰纯、冈白驹俱云："获羊而言狗者，以孔子博物测之也。"

[6]木石之怪：山林中的精怪。太宰纯增注："韦昭曰：'木石，谓山也。或云：夔一足，越人谓之山缲，或作獟，富阳有之，人面猴身，能言。或云独足。蝄蜽，山精，好学人声而迷惑人也。'"

[7]夔(kuí)：古代传说中的单足兽。冈白驹补注："夔一足，人面猴身，能言。"

[8]蝄(wǎng)蛃(liǎng)：山精。冈白驹补注："状如三岁小儿，好学人声而迷惑人也。"

[9]罔象：水怪。《国语》韦昭注："或云，罔象食人，一名沐肿。"

[10]羵(fén)羊：古代传说中的土中神怪。

【译文】

季桓子令人凿井，得到一个陶缶，里面有只羊。他派人去请教孔子："我在费地凿井，在井中得到一条狗，这是怎么回事呢？"孔子说："就我所听到的而言，应该是羊。我听说，山林中的精怪是夔和蝄蛃，水中的精怪是龙和罔象，土中的精怪是羵羊。"

吴伐越，隳会稽[1]，获巨骨一节，专车[2]焉。吴子使来聘于鲁[3]，且问之孔子，命使者曰："无以吾命也[4]。"宾既将事[5]，乃发币于大夫，及孔子[6]，孔子爵之[7]。

既彻俎而燕[8]，客执骨[9]而问，曰："敢问骨何如为大？"孔子曰："丘闻之，昔禹致群臣于会稽之山[10]，防风[11]后至，禹杀而戮之[12]，其骨[13]专车焉，此为大矣。"

客曰："敢问谁[14]守为神？"孔子曰："山川之灵，足以纪纲天下[15]者，其守为神[16]。社稷之守为公侯[17]，山川之祀者为诸侯[18]，皆属于王[19]。"

客曰："防风[20]何守？"孔子曰："汪芒氏之君，守封、嵎山者[21]，为漆姓[22]，在虞夏商为汪芒氏[23]，于周为长翟氏，今曰大人[24]。"

客[25]曰："人长之极[26]几何？"孔子曰："焦侥氏

长三尺[27],短之至也。长者不过十[28],数之极也。"

【注释】
　　[1]"吴伐越"二句:王肃注:"吴王夫差败越王勾践,栖于会稽,吴又隳之。"太宰纯增注:"韦昭曰:'在鲁哀元年。'"隳(huī),毁。会稽,山名,位于今浙江绍兴东南。此记载又见于《国语·鲁语下》、《史记·孔子世家》及《说苑·辩物》。
　　[2]专车:满载一车。专,满。
　　[3]吴子使来聘于鲁:吴子,吴王夫差,在位23年(前495—前473)。吴爵为子爵,故称吴君为吴子。《史记·吴太伯世家》:"寿梦立而吴始益大,称王。"寿梦于公元前585—前561年在位。《周礼·大行人》:"凡诸侯之邦交,岁相问也,殷相聘也,世相朝也。"贾公彦疏:"言诸侯邦交,谓同方岳者,一往一来为交,谓己是小国,朝大国;己是大国,聘小国;若敌国则两君自相往来。"
　　[4]无以吾命也:太宰纯增注:"吴王敕使者可以其私问,无以君命也。"
　　[5]宾既将事:从事某项工作,这里指开始外交活动。太宰纯增注:"宾,谓使者也。将,行也。"
　　[6]"发币于大夫"二句:王肃注:"赐大夫,及孔子。"币,指用作聘问礼物的玉、马、皮、帛等。
　　[7]爵之:回敬使者酒。
　　[8]既彻俎而燕:彻,又作"撤"。俎,《说文》:"俎,从半肉在且上。"供祭祀或宴会用的四脚方形青铜盘或木漆盘,常陈设置牛羊肉。燕,通"宴"。
　　[9]执骨:拿起一根骨头。
　　[10]禹致群臣于会稽之山:太宰纯增注:"《国语》'臣'作'神',韦昭曰:'群神,谓主山川之君,为群神之主,故谓之神。'"致,招致,召集。
　　[11]防风:禹时的部落首领,汪芒氏之君。
　　[12]禹杀而戮之:冈白驹补注:"韦昭云:'防风,汪芒氏之君名也。违命后至,故禹杀之,陈尸为戮。'"
　　[13]骨:太宰纯增注:"《国语》'骨'下有'节'字,《说苑》同。"
　　[14]谁:通作"孰"。

[15]足以纪纲天下：王肃注："谓名山大川能兴云致雨以利天下也。"

[16]其守为神：它的守护者是神灵。

[17]社稷之守为公侯：王肃注："但守社稷，无山川之祀者，直为公侯而已。"太宰纯增注："韦昭曰：'封国立社稷而令守之，是谓公侯也。'"

[18]山川之祀者为诸侯：冈白驹补注："《礼》：诸侯祀其国山川。"

[19]皆属于王：皆属于王者。

[20]防风：太宰纯增注："《国语》'防风'下有'氏'字，《说苑》同。"

[21]"汪芒氏之君"二句：王肃注："汪芒，国名。封、嵎，山名。"太宰纯增注："《国语》'嵎'作'隅'，下有'之'字。韦昭曰：'汪芒，长翟之国名。封，封山；隅，隅山。在今吴郡永安县。'"封山、嵎(yú)山，位于今浙江德清西南。

[22]为漆姓：太宰纯增注："《说苑》'漆'作'釐'。"冈白驹补注："《说苑》作'其神为釐姓。'"

[23]在虞夏商为汪芒氏：太宰纯增注："《说苑》'在虞夏'下有'为防风氏'四字。"冈白驹补注："吴本、钱本、《说苑》并作'在虞、夏为防风氏，商为汪芒氏。'"

[24]"于周为长翟氏"二句：王肃注："周之初及当孔子之时，其名异也。"太宰纯增注："韦昭曰：'周世，其国北迁为长翟也。'纯案，《说苑》'翟'作'狄'。"

[25]客：使者。

[26]极：极限，极致。

[27]焦侥(yáo)氏长三尺：太宰纯增注："《国语》'焦'作'僬'，韦昭曰：'僬侥，西南蛮之别名。'"《说文·人部》："南方有焦侥，人长三尺，短之极。"尺，周尺约相当于今23厘米。

[28]长者不过十：《国语》作"长者不过十之"。《史记·孔子世家》集解引王肃曰："十之，谓三丈也。数极于此矣。"

【译文】

吴国攻伐越国，毁坏了会稽山，得到一节大骨头，占了一车。吴王派使臣去鲁国聘问，并且就此事向孔子请教，他告诫使臣："不要说是我的命令。"使臣外交礼仪结束后，就向大夫分发礼品，发到孔子时，孔子回敬了一杯酒。

撤去礼器后，众人欢宴，使臣手持一块骨头请教孔子："请问骨头怎样才算大呢？"孔子说："我听说，古时候禹在会稽山召集群臣，防风氏迟到了，禹就杀了他，并且陈尸示众，他的骨头占满一车。这样的骨头就算大的了。"

使臣说："请问守护什么的是神灵呢？"孔子说："山川的精灵，能兴云致雨利于天下的，它的守护者是神灵。诸侯中，只守社稷而不祭山川的是公侯，祭祀山川的则是诸侯，他们都隶属于天子。"

使臣说："防风氏守护什么呢？"孔子说："他是汪芒氏的君主，守护封山和嵎山，漆姓，虞、夏、商时称汪芒氏，周时称长翟氏，现在称大人。"

使者问："人身长的极限是多少呢？"孔子说："焦侥氏身长三尺，这是身长的最小极限。最高的不超过十尺，这是身长的最大极限。"

孔子在陈，陈惠公[1]宾之于上馆[2]。时有隼集于陈侯之庭而死[3]，楛矢贯之，石砮[4]，其长尺有咫[5]。

惠公使人持隼，如[6]孔子馆而问焉。孔子曰："隼之来远矣，此肃慎氏[7]之矢也。昔武王克商[8]，通道于九夷百蛮[9]，使各以其方贿[10]来贡[11]，而无忘职业[12]。于是肃慎氏贡楛矢，石砮，其长尺有咫。先王欲昭其令德之致远物也[13]，以示后人，使永鉴[14]焉，故铭其栝[15]曰：'肃慎氏贡楛矢[16]'，以分太姬，配虞胡公，而封诸陈[17]。古者分同姓以珍玉，所以展亲亲也[18]；分异姓以远方之职贡，所以无忘服[19]也。故分陈以肃慎氏贡焉。君若使有司求诸故府[20]，其可得也。"

公使人求，得之金椟[21]，如之[22]。

【注释】
　　[1]陈惠公：太宰纯增注："惠公，名吴。《史记·孔子世家》以为滑公，《陈世家》云：'滑公六年，孔子适陈。'"惠公，妫姓，在位28年（前533—前506年）。林按，二说不同，不可遽断是非。学者多从《史记》，以为作"滑公"为是。此记载又见于《国语·鲁语下》《说苑·辩物》。
　　[2]宾之于上馆：以客礼相待孔子，让他住在上等宾馆。上馆，用来招待宾客规格最高的宾馆。
　　[3]隼(sǔn)集陈侯之庭而死：隼，鸟。集，本指群鸟栖止于树上，后泛指栖止，未必是群鸟，亦未必限于树上。
　　[4]"楛(hù)矢贯之"二句：楛木箭穿透了隼的身体，箭镞为石制。贯，穿透。砮(nǔ)，石制的箭镞。
　　[5]咫(zhǐ)：王肃注："咫，八寸也。"
　　[6]如：去。
　　[7]肃慎氏：古代的少数民族，主要从事狩猎，居住在今东北地区。
　　[8]武王克商：事见《尚书·牧誓》。自古迄今，关于武王克商年份的说法有近五十种。据夏商周断代工程所定年表，事在公元前1046年。克，战胜，攻取。
　　[9]九夷百蛮：泛指周边各少数民族。
　　[10]方贿：地方特产。方，地区。贿，财物。
　　[11]贡：进献方物于帝王。
　　[12]职业：职分内的事。
　　[13]昭其令德之致远物：彰显他能令远方朝贡的美好德行。昭，显。令德，美好的德行。致，引而至。
　　[14]鉴：监看。
　　[15]铭其栝(guā)：在箭尾处刻上文字。铭，刻。栝，箭尾扣弦处。同文本作"括"。
　　[16]肃慎氏贡楛矢：太宰纯增注："《国语》作'肃慎氏之贡矢'。"林按，上注"栝，箭栝也"，黄鲁曾本作"楛，箭栝也"，似为"楛矢"之注，误。
　　[17]"以分太姬"三句：王肃注："太姬，王女。胡公，舜之后。"太宰纯增注："韦昭曰：'分，予也。太姬，武王元女。胡公，舜后，虞

遏父之子，胡满也。诸，之也。'"林按，陈都在今河南淮阳。

　　[18] 展亲亲也：彰显"亲亲"的含义。展，训为重、重视，这里可意译为彰显。

　　[19] 服：服事。

　　[20] 故府：旧府。府指国家收藏文书或财物的地方。

　　[21] 金椟：用来收藏文献等的铜柜子。椟，当作"椟"。

　　[22] 如之：如孔子言。

【译文】

　　孔子在陈国时，陈惠公安排他住在招待贵宾的上等馆舍。当时有隼鸟停栖在宫内的庭院里，随即死去。发现有楛木箭穿透了隼的身体，而箭镞是石制的，箭的长度有一尺八寸。

　　惠公派人拿着隼鸟到孔子住的馆舍去请教。孔子说："隼鸟飞来的地方离这儿很远，这是肃慎氏的箭。古时候周武王攻克商朝，打通了前往周边各族的道路，让他们带着各自地方的特产来朝贡，以此提醒他们不要忘记自己的职分。于是肃慎氏贡上楛木的箭，这种箭是石制箭镞，箭长一尺八寸。武王想要彰显他能令远方朝贡的美好德行，用以昭示后人，让他们永远看到，因此在箭末扣弦处刻上字：'肃慎氏贡楛矢'，并把它赐予自己的长女太姬，太姬许配给虞舜的后代胡公，胡公分封到陈国，箭也随之到了陈。古时候将珍宝玉器赐给同姓诸侯，以彰显亲亲之道；将远方贡物赐给异姓诸侯，用来提醒他们不忘事周，因为这个缘故才将肃慎氏的贡物赐给陈国。国君如果派管事的到原来的府库中去找，应该可以找到。"

　　惠公派人去找，在一个铜柜子里面找到了这种箭。果然如孔子所说一样。

　　　郯子朝鲁[1]，鲁人[2]问曰："少昊氏以鸟名官[3]，何也？"对曰："吾祖也，我知之。昔黄帝以云纪官，故为云师而云名[4]。炎帝以火[5]，共工以水[6]，太昊以龙[7]，其义一也[8]。我高祖[9]少昊挚[10]之立也，凤鸟适至，是以纪之于鸟，故为鸟师而鸟名[11]。自颛顼氏[12]以来，不能纪远，乃纪于近，为民师而命以民事[13]，则不能故也[14]。"

孔子闻之，遂见郯子而学焉[15]。既而告人曰："吾闻之：'天子失官，学在四夷。'犹信[16]。"

【注释】

[1] 郯子朝鲁：太宰纯增注："郯子，郯君。子，爵也。"郯，为少昊后裔。此记载又见于《左传·昭公十七年》。

[2] 鲁人：叔孙昭子。《左传·昭公十七年》："秋，郯子来朝。公与之宴。昭子问焉。"

[3] 少昊氏以鸟名官：少昊部族用鸟类的名字来命名职官。少昊，相传为东夷族首领，名挚，己姓，活动中心在奄（今山东曲阜），今曲阜有少昊陵。

[4] "黄帝以云纪官"二句：王肃注："黄帝，轩辕氏。师，长也。云纪其官长而为官名者也。"太宰纯增注："杜预曰：'黄帝，轩辕氏，姬姓之祖也。黄帝受命有云瑞，故以云纪事，百官师长，皆以云为名号。缙云氏盖其一官也。'"冈白驹补注："春官为青云氏，夏官缙云氏，秋官白云氏，冬官黑云氏，中官黄云氏。"纪，记识。

[5] 炎帝以火：王肃注："神农氏也。"太宰纯增注："杜预曰：'炎帝，神农氏。姜姓之祖也。亦有火瑞，以火纪事，名百官。'"冈白驹补注："春官为大火，夏官为鹑火，秋官西火，冬官北火，中官中火。"

[6] 共工以水：王肃注："共工霸九州也。"太宰纯增注："杜预曰：'共工，以诸侯霸有九州者。在神农前、太昊后，亦受水瑞，以水名官。'"冈白驹补注："春官为东水，夏官南水，秋官西水，冬官北水，中官中水。"

[7] 太昊以龙：王肃注："包牺氏也。"太宰纯增注："杜预曰：'太昊，伏牺氏。风姓之祖也。有龙瑞，故以龙命官。'"冈白驹补注："春官为青龙，夏官赤龙，秋官白龙，冬官黑龙，中官黄龙。"相传为东夷族首领，风姓。

[8] 其义一也：王肃注："火师而火（宽永本误作"水"）名也，龙师而龙名也。"

[9] 高祖：远祖。

[10] 挚：少昊之名。

[11] "纪之于鸟"二句：《左传·昭公十七年》此下云："凤鸟氏，历正也；玄鸟氏，司分者也；伯赵氏，司至者也；青鸟氏，司启者也；丹鸟氏，司闭者也；祝鸠氏，司徒也；鴡鸠氏，司马也；鸤鸠氏，司空也；爽鸠氏，司寇也；鹘鸠氏，司事也。五鸠，鸠民者也。五雉为五工正，利器用，正度量，夷民者也；九扈为九农正，扈民无淫者也。"

[12] 颛(zhuān)项(xū)氏：传说中的古代帝王，号高阳氏。

[13] 为民师而命以民事：《国语·楚语下》："及少昊之衰也，九黎乱德……颛顼受之，乃命南正重司天以属神，命火正黎司地以属民。"民事，此指政事。

[14] 不能故也：王肃注："言不能纪远方。"

[15] 见郯子而学焉：冈白驹补注："时孔子年二十八。"

[16] "吾闻之"四句：此言周、鲁俱衰，典章阙坏，而小国之君竟知前古官名之沿革。

【译文】

郯国国君前来朝见鲁国，叔孙昭子问道："少昊氏用鸟来命名职官，是为什么呢？"郯子答道："他是我的祖先，我知道其中的缘由。古代黄帝用云记识职官，所以百官之长用云来命名。炎帝用火来命名，共工用水来命名，太昊用龙来命名，道理都是一样的。我的远祖少昊挚立国时，恰好有只凤凰飞来，于是便用鸟来命名职官，所以百官之长用鸟来命名。从颛顼氏以来，不能以远来的祥瑞来命名，便用就近的民事来命名，于是设立百姓的长官，其职位就用民事来命名，所以就不能像过去那样记载远方的祥瑞了。"

孔子听说了这件事，就去谒见郯子，向他请教。事后孔子对别人说："我听说，'天子那里典章阙坏，官学却还保存在诸侯小国中。'这还是可以相信的啊。"

邾隐公朝于鲁[1]，子贡观焉[2]。邾子执玉[3]高，其容仰[4]。定公受玉卑，其容俯。子贡曰："以礼观之，二君者将有死亡[5]焉。夫礼，生死存亡之体[6]。将左右、周旋[7]、进退、俯仰，于是乎取之[8]；朝、祀、丧、戎[9]，于是乎观之[10]。今正月相朝而皆不度[11]，心以亡矣[12]。嘉事不体[13]，何以能久？高仰，骄[14]也；卑俯，替[15]也。骄近乱，替近疾。君[16]为主，其先亡乎？"

夏，五月，公薨[17]，又邾子出奔[18]。孔子曰："赐不幸而言中[19]，是赐多言[20]。"

【注释】

[1] 邾隐公朝于鲁：隐公，名益，曹姓。此记载又见于《左传·定公十五年》、《汉书·五行志》。

[2] 子贡观焉：王肃注："子贡时为鲁大夫也。"

[3] 玉：王肃注："玉，所以聘于王。"太宰纯增注："杜预曰：'玉，朝者之贽。'"

[4] 其容仰：仰面。一种傲慢的神态。容，脸，面部。

[5] 将有死亡：将要逝世或逃亡。死，死亡。亡，逃亡，出奔。

[6] 生死存亡之体：体，根本。

[7] 周旋：古代行礼时进退揖让的动作。

[8] 于是乎取之：冈白驹补注："取之于礼。"是，这。乎，助词无义。

[9] 戎：军事，战争。

[10] 于是乎观之：冈白驹补注："朝祀丧戎之礼，于是观其合度。"

[11] 不度：不得其法度。

[12] 心以亡矣：庄敬之心已经没有了。心，指行礼时应有的庄敬的心态。

[13] 嘉事不体：王肃注："朝聘，亦嘉事也。不体，不得其体。"

[14] 骄：骄恣。

[15] 替：废惰，衰败。

[16] 君：指鲁君定公。

[17] 薨(hōng)：古代诸侯之死称薨。

［18］邾子出奔：冈白驹补注："哀公十年来奔，遂奔齐。"太宰纯增注："《春秋·哀公七年》：'秋，公伐邾。八月，己酉，入邾。以邾子益来。八年，夏，归邾子益于邾。十年，春，王二月，邾子益来奔。'《左氏传》云：'邾隐公来奔。齐甥也，故遂奔齐。'"

［19］不幸而言中：对不幸的事能预测准。不幸即指鲁定公死亡与邾隐公出奔之事。

［20］是赐多言：冈白驹补注："是使赐多言者也。言而中，惧其易言，故抑之。"太宰纯增注："《左氏传》云：'夏，五月，壬申，公薨。仲尼曰："赐，不幸而言中，是使赐多言者也。"'据《左氏》所记，夫子之言，发于定公薨时也。"

【译文】

邾隐公到鲁国朝见，子贡观礼。邾隐公高高地执玉，脸向上仰；鲁定公低首接玉，脸向下俯。子贡说："依据礼来看，两位国君快要死亡或出奔了。礼，是关于生死存亡的根本。折旋揖让，进退俯仰，要根据礼来择取；朝会、祭祀、丧葬、征战，也要根据礼来观察。如今在正月里朝见，而主宾都不合于礼，庄敬之心已经没有了。朝聘不合于礼，怎能长久呢？高仰，是骄恣；卑俯，是废惰。骄恣就离生乱不远了，废惰就离生病不远了。我鲁君是主人，大概会先死亡吧！"

定公十五年，夏五月，鲁定公去世，后来邾国国君也出奔他国。孔子说："子贡对不幸的事预测准了，这是他多嘴了啊。"

孔子在陈，陈侯就之燕焉[1]。子游［闻］行路之人云[2]："鲁司铎灾[3]，及宗庙[4]。"以告孔子。子曰："所及者，其[5]桓、僖之庙[6]。"陈侯曰："何以知之？"子曰："礼，祖有功而宗有德，故不毁其庙[7]焉。今桓、僖之亲尽矣[8]，又功德不足以存其庙，而鲁不毁[9]，是以天灾加之。"

三日，鲁使至，问焉，则桓、僖也。陈侯谓子贡曰："吾乃今知圣人之可贵。"对曰："君今知之可矣，未若专[10]其道而行其化之善也。"

【注释】

[1] 陈侯就之燕焉：陈闵公到孔子下榻的馆舍燕饮。燕，通"宴"。此记载又见于《左传·哀公三年》。

[2] 子游闻行路之人云：太宰纯增注："'子游'下当有'曰'字。"冈白驹补注："'子游'衍文也。吴本、钱本并作'陈侯就之燕游焉。'无'子'字。"林按，子游，黄鲁曾本无"子"字，"游"字在"焉"字上，作"燕游焉"，四库本、宽永本作"子游"，冢田虎本此二字在"以告"上。以上皆误，疑"子游"下脱"闻"字，故补之。

[3] 鲁司铎灾：鲁国司铎的官署发生火灾。此司铎为官名，然此处所指乃司铎之官署。

[4] 及宗庙：殃及鲁国的宗庙。《左传·哀公三年》"司铎火，火逾公宫，桓、僖灾。"

[5] 其：助词，表推测。

[6] 桓、僖：桓公、僖公。鲁桓公，名允，在位18年（前711—前694）。鲁僖公，名申，在位33年（前659—前627）。

[7] 毁其庙：根据礼制，始祖即祖，分支的始祖即宗，此祖宗之庙不毁，其他远祖则需要在四世之后毁庙而皆迁入祧庙，故祖宗称为"不祧之祖"。如周天子七庙，太祖庙一，即始祖后稷庙，亲庙四，即父、祖、曾祖、高祖之庙；文王庙、武王庙。文王之上世，其主藏于始祖后稷庙；高祖以上，其主依照昭、穆分别藏于文、武庙，称二祧。诸侯五庙，太祖庙一，即始祖庙，在鲁即周公庙；亲庙四。高祖之上毁庙入祧庙。

[8] 今桓、僖之亲尽矣：据古代礼制中的庙制，"天子七庙"，"诸侯五庙"。鲁为诸侯，立五代的宗庙表示宗亲关系。今，指哀公时。而桓公为哀公的八世祖，僖公为哀公的六世祖，均已不合"诸侯五庙"的礼制，所以孔子说"今桓、僖之亲尽矣"。

[9] 鲁不毁：不毁其庙。

[10] 专：司，推行。

【译文】

孔子在陈国，陈闵公到孔子下榻的馆舍与他燕饮。子游听到路上的行人说:"鲁国的司铎官署发生了火灾,殃及了鲁国的宗庙。"就将此事告诉了孔子。孔子说:"所殃及的恐怕是桓公和僖公的宗庙吧。"陈闵公问:"凭什么知道是他们的宗庙呢?"孔子说:"按照礼制,祖宗有功德,所以不毁他们的宗庙。如今国君与桓公、僖公的宗亲关系已经超过五代了不应再受单独的祭祀,而他们的功德又不足以使宗庙继续保存,可是鲁国没有废毁,因此天灾加于其上。"

三日之后,鲁国的使臣来到陈国,问起这件事,火灾殃及的果然是桓公和僖公的宗庙。陈闵公对子贡说道:"我今天才明白圣人值得敬重。"子贡回答:"您明白圣人值得敬重是可以的,不如奉行他的学说、推行他的教化更好些。"

阳虎既奔齐[1],自齐奔晋,适赵氏[2]。孔子闻之,谓子路曰:"赵氏其世有乱[3]乎!"子路曰:"权不在焉[4],岂能为乱?"孔子曰:"非汝所知。夫阳虎亲富而不亲仁[5],有宠于季孙,又将杀之[6],不克而奔[7]。求容于齐,齐人囚之,乃亡归晋。是齐、鲁二国,已去其疾[8]。赵简子[9]好利而多信[10],必溺[11]其说而从其谋。祸败所终,非一世可知也。"

【注释】

[1] 阳虎既奔齐:阳虎,字货,鲁大夫季氏家臣。定公八年作乱。九年出奔齐。此记载又见于《左传·定公九年》。

[2] 赵氏:此指晋大夫赵简子。

[3] 世有乱:后世遭遇动荡祸乱。

[4] 权不在焉:权力不在阳虎。焉,兼有介词加代词的功能,相当于介词"于"加代词"此"或"是"。

[5] 亲富而不亲仁:冈白驹补注:"不亲仁人,而亲富家巨室。"太宰纯增注:"'亲富不亲仁',齐鲍文子讥阳虎亦云,见《左氏传》。"而《孟子·滕文公上》载:"阳虎曰:'为富不仁矣,为仁不富矣。'"

亲，近。

[6] 又将杀之：指阳虎谋杀季桓子，事在定公八年冬。

[7] 不克而奔：没能取胜，于是出奔。太宰纯增注："阳虎出奔，在九年夏。"

[8] 已去其疾：将祸患除掉了。疾，患。

[9] 赵简子：即赵鞅，赵武之孙，晋国执政卿。

[10] 好利而多信：贪图利益且容易轻信。

[11] 溺：沉溺，沉迷。

【译文】

阳虎出奔齐国以后，又从齐国逃到晋国，到了赵简子那里。孔子听说后，对子路说："赵氏的后世恐怕要遭受动荡祸乱！"子路说："权力不在阳虎手中，怎能作乱呢？"孔子说："这不是你所能明白的。阳虎依附富人而不依附仁人，为季孙氏所宠信，又要杀害季孙氏，没有取胜，于是出奔，向齐国求取容身之地。齐国人囚禁了他，他便逃亡出来，到了晋国。这样，齐、鲁二国的祸患已经除去了。赵简子贪图利益且容易轻信，一定会被阳虎的话所迷惑而听从于他的计谋。祸患什么时候能终结，不是一代人可以知道的。"

季康子[1]问于孔子曰："今周十二月[2]，夏之十月，而犹有螽[3]，何也？"孔子对曰："丘闻之，火伏而后蛰者毕[4]。今火犹西流[5]，司历[6]过也。"季康子曰："所失者，几月也？"孔子曰："于夏十月，火既没矣。今火见，再失闰[7]也。"

【注释】

[1] 季康子：鲁哀公时正卿，"康"为其谥号。此记载又见于《左传·哀公十二年》。

[2] 周十二月：冈白驹补注："建亥月。"

［3］螽（zhōng）：蝗虫。蝗虫群飞，多发生于周历秋八月或九月。

［4］火伏而后蛰者毕：大火星为心宿二，一般在夏历十月就已隐没，天气也逐渐转冷，昆虫都蛰于地下。

［5］火犹西流：大火星还出现在西方天空，尚未隐没。冈白驹补注："流，下也。谓昏而见于西南，渐下流也。"

［6］司历：掌历法的官员。

［7］再失闰：两次未置闰月。

【译文】
　　季康子向孔子问道："现在是周历十二月，夏历的十月，却仍有蝗灾，这是怎么回事？"孔子答道："我听说大火星隐没后，昆虫也都蛰伏起来。现在大火星仍然出现在西方天空，这是司历官的失误。"季康子问："错了几个月？"孔子说："在夏历十月，大火星就应隐没，现在它还出现在天空，这是两次未设置闰月的结果。"

　　吴王夫差将与哀公见晋侯[1]。子服景伯[2]对使者曰："王合诸侯，则伯率侯牧[3]以见于王；伯合诸侯，则侯率子男以见于伯[4]。今诸侯会[5]，而君与寡君见晋君，则晋成为伯矣[6]。且执事以伯召诸侯，而以侯终之[7]，何利之有焉？"吴人乃止。既而[8]悔之，遂囚景伯。

　　景伯谓太宰嚭[9]，曰："鲁将以十月上辛[10]有事[11]于上帝[12]、先王，季辛[13]而毕。何也世有职焉[14]，自襄[15]以来，未之改也。若其[16]不会，则祝宗将曰'吴实然'[17]。"嚭言于夫差，归之。

　　子贡闻之，见于孔子曰："子服氏之子，拙于说矣，以实获囚，以诈得免。"孔子曰："吴子为夷德，可欺而不可以实。是听者之蔽[18]，非说者之拙也。"

【注释】
　　[1] 吴王夫差将与哀公见晋侯：王肃注："吴子鲁哀公十三年与晋侯会于黄池。"太宰纯增注："吴王，吴子僭称王。夫差，名也。晋侯，名午，谥定公。案，《左氏传》：'夏，公会单平公、晋定公、吴夫差于黄池。秋，七月，辛丑，盟。吴晋争先。既而先晋人，吴人将以公见晋侯。'"晋定公在位37年（前511—前475）。此记载又见于《左传·哀公十三年》。
　　[2] 子服景伯：鲁大夫，名何。当时跟随鲁哀公参加会盟。
　　[3] 伯率侯牧：伯，王官，为诸侯之长。侯牧，方伯。
　　[4] 伯：通"霸"，霸主。
　　[5] 诸侯会：召会诸侯。
　　[6] "而君与寡君见晋君"二句：冈白驹补注："是所谓侯率子男，以见于伯也。"
　　[7] "且执事以伯召诸侯"二句：冈白驹补注："率鲁君以见晋君，是吴为侯也。"执事，对对方的尊称。
　　[8] 既而：不久。
　　[9] 太宰嚭（pǐ）：吴太宰，名嚭，字子余。太宰，即冢宰。
　　[10] 上辛：每月上旬的辛日。
　　[11] 有事：祭祀。
　　[12] 上帝：天。
　　[13] 季辛：每月下旬的辛日。
　　[14] 何也世有职焉：王肃注："何，景伯名。"冈白驹补注："助祭之职。"
　　[15] 襄：鲁襄公，名午，在位31年（前572—前542）。
　　[16] 其：一般用为第三人称代称，这里则指景伯自己。
　　[17] 则祝宗将曰"吴实然"：太宰纯增注："杜预曰：'祝，太祝。宗，宗人。言鲁祝宗将告神云：'景伯不会，坐为吴所囚。'吴人信鬼，故以是恐之。'"祝、宗，祭祀时主持祝告的人。
　　[18] 蔽：犹"愚"。

【译文】
　　吴王夫差将要和鲁哀公去会见晋侯。子服景伯对吴国使者说：

"天子会合诸侯，那么诸侯之长就率领侯牧谒见天子；诸侯之长会合诸侯，那么侯爵就率领子爵、男爵去晋见。现在诸侯相会，而贵国国君和我国国君晋见晋国国君，那么晋国国君就成为诸侯之长了。况且贵国国君以伯爵身份召集诸侯，却以侯爵身份结束会合，又有什么好处呢？"吴人于是作罢。过后又感到后悔，就将景伯囚禁起来。

景伯对太宰嚭说："鲁国将在十月上辛这天祭祀上帝、先王，季辛这天才结束。我家世代都在祭祀中担任助祭的职责，从襄公以来未曾改变。如果这次我不参加祭祀，祝宗会在祷告时说'是吴国囚禁他，使他无法参加的'。"太宰嚭将这些话转告吴王夫差，夫差就把景伯放了回去。

子贡听说了此事，谒见孔子说："子服景伯拙于言辞，因为讲实话被囚禁，因为行欺诈被释放。"孔子说："吴王施行的是夷人的德行，对他可以行欺诈而不可以讲实话。这是听者愚笨，不是说者拙劣啊。"

叔孙氏之车士曰子鉏商[1]，采薪于大野[2]，获麟[3]焉，折其前左足，载以归。叔孙以为不祥[4]，弃之于郭外[5]，使人告孔子[6]曰："有麇[7]而角者，何也？"孔子往观之，曰："麟也。胡为[8]来哉？胡为来哉？"反袂[9]拭面，涕[10]泣沾衿[11]。叔孙闻之，然后取之。

子贡问曰："夫子何泣尔？"孔子曰："麟之至，为明王也[12]。出非其时而见[13]害，吾是以伤焉。"

【注释】

［1］叔孙氏之车士曰子鉏（chú）商：王肃注："车士，将车者。子，姓也。鉏商，名也。"太宰纯增注："《春秋左氏传》无'士曰'二字。杜预曰：'车子，微者。'《孔丛子》作'叔孙氏之车子曰鉏商'。"一说子鉏为氏，商为名。冈白驹补注："叔孙武叔州仇也。"千叶玄之标笺："《孔丛子·记问》篇载此事，有冉有、言偃、高柴等问答，及孔子歌。"

此记载又见于《左传·哀公十四年》、《公羊传·哀公十四年》、《孔丛子·记问》。

[2] 大野：即大野泽，位于今山东巨野北。

[3] 麟：麒麟，古人认为是仁兽，圣人将出之祥瑞。

[4] 以为不祥：冈白驹补注："所未尝见者，故以为不祥。"

[5] 弃之于郭外：王肃注："《传》曰：'以赐虞人。'弃之郭外，将以赐虞人也。"

[6] 使人告孔子：冈白驹补注："以为不祥，而复疑之，不知其何祥也，故问之。"

[7] 麇(jūn)：獐子。

[8] 胡为：为什么。

[9] 袂(mèi)：衣袖。

[10] 涕：泪。

[11] 衿，通"襟"，交领衣襟。

[12] "麟之至"二句：冈白驹补注："《公羊传》云：'麟者，仁兽也，有王者则至，无王者则不至。'"

[13] 见：被。

【译文】

叔孙氏手下有一个叫子鉏商的车夫，在大野砍柴，捉到一只麒麟，折断了它的前左脚，把它装在车上运了回来。叔孙氏以为是不祥之物，将它丢到城郭之外，并派人告诉孔子说："有只像獐子的动物，但是长着角，是什么啊？"孔子去看了看，说："是麒麟。它为什么要来这里呢？为什么要来这里呢？"他用衣袖擦脸上的眼泪，泪水把衣襟都打湿了。叔孙氏听说后，就把麒麟带了回去。

子贡问道："先生您为什么哭泣呢？"孔子说："麒麟的出现，是圣王将现的祥瑞。它出现的不是时候啊，所以受到伤害，我因此而伤心啊。"

哀公问政第十七

哀公问政于孔子。孔子对曰："文武之政[1]，布在方策[2]。其人存，则其政举[3]；其人亡，则其政息[4]。天道敏生，人道敏政，地道敏树[5]。夫政也者，犹蒲卢[6]也，待化以成[7]，故为政在于得人[8]。取人以身[9]，修道以仁[10]。仁者，人也[11]，亲亲为大[12]；义者，宜也[13]，尊贤为大[14]。亲亲之教[15]，尊贤之等[16]，礼所以生也[17]。礼者，政之本[18]也。是以君子不可以不修身；思修身，不可以不事亲；思事亲，不可以不知人；思知人，不可以不知天[19]。天下之达道[20]有五，其所以行之者三[21]。曰：君臣也，父子也，夫妇也，昆弟[22]也，朋友也。五者，天下之达道。智、仁、勇三者，天下之达德[23]也。所以行之者一也[24]。或生而知之[25]，或学而知之[26]，或困而知之[27]，及其知之一也[28]。或安而行之[29]，或利而行之[30]，或勉强而行之[31]，及其成功一也[32]。"

【注释】

[1] 文武之政：周文王和周武王治国理政的理念与事迹。此记载又见于《礼记·中庸》及《祭义》。

[2] 布在方策：记载在周代的典册之中。布，刊载，记载。王肃注："方，版。"古代书写用的木板。

[3] "其人存"二句：为政在于得贤人。

[4] 息：灭。

[5] "天道敏生"三句：天道务于生生，人道务于理政，地道务于草木生长。冈白驹补注："敏，速也。树，谓殖草木也。言人之速于政化，如天道敏生，地道敏树也。"林按，《中庸》无"天道敏生"一句。朱子《中庸章句》训"敏"为"速"。不确。当从郑注训"勉"，意为致力于，务于。生，《易》云"天地之大德曰生"，即天道敏生之义。树，草木生长。政，乃人伦之大端。

[6] 蒲卢：自古训释"蒲卢"有二说，其一为土蜂，其一为蒲苇。

清人程瑶田《螺蠃传语记》调和二说，以为螺蠃、蒲卢皆隶属于一转语词族。杨少涵据此进一步认为，其最早之原型乃系"葫芦"。故其以"葫芦"训"蒲卢"。

[7] 待化以成：有待于教化才能成功。冈白驹补注："政在化民。"

[8] 为政在于得人：在于得贤人。

[9] 取人以身：得到贤人的关键在于为政者的修身。人，指贤人。身，指为政者的修身。

[10] 修道以仁：依据仁德来学习先王的为政之道。

[11] "仁者"二句：太宰纯增注："郑玄曰：'人也，读如相人偶之人。以人意相存问之言。'"冈白驹补注："人能群，禽兽不能群，人生有相亲相爱之心，而以合群为其道，总言之莫非仁也，故曰'仁者，人也'。"林按，本句分歧甚大。依郑注则可理解为仁是人与人之间的相互关爱。仁为孔子思想、儒家伦理的最核心范畴，其义深广。我们认为，本句意思是仁从根本上，是关于人、关心人的一种德性。故仁以人的自省自爱为内在根据，以孝悌亲亲为始基（"本"）为重要（"大"），然后可以推己及人，亲亲而仁民，仁民而爱物。

[12] 亲亲为大：仁道之中，对父母双亲的亲爱是首要的。冈白驹补注："孝弟之道，达乎天下，故'亲亲为大'。"亲亲，前为动词，爱，亲近。后为名词，亲人。大，重要。林按，本句可与《论语·学而》"孝悌也者，其为仁之本与"参读。亲亲之爱是仁的最真切的源头、基础和起点。

[13] "义者"二句：冈白驹补注："义者，理而宜之之道也，故曰'义者，宜也'。"林按，义为儒家最重要的伦理范畴，其义主要为二，一为宜，适宜的；二为应该的、当然的。今"正义"的概念也包含有上述两种意思。

[14] 尊贤为大：义乃社会伦理、政治伦理，而在社会、政治的视域中，人生需要向上向善，故需教化与学习。因此，尊重贤人，崇尚贤德是最重要的。

[15] 教：当作"杀"（shài），减少，降等。

[16] 等：次序。

[17] 礼所以生也：礼所以产生的根据。冈白驹补注："亲有亲疏尊卑，而尊贤亦有等，不可无礼节焉，是礼所以生也。"

[18] 本：基础。

[19] 知天：了解天道。太宰纯增注："郑玄曰：'言修身乃知孝，知孝乃知人，知人乃知贤不肖，知贤不肖，乃知天命所保佑。'"冈白驹

补注:"知人,即下文所谓'诚之者人之道'是也。知天,即'诚者天之道'是也。言思事亲,则又当知诚之之道,思知诚之之道,则又当知本诸天性,盖诚之者,学而诚之,欲知夫天性然也,故云'反身不诚,不顺乎亲矣'。"

[20] 达道:通行于天下古今的普适的道理。与"通义"义近。冈白驹补注:"达道,谓道有通于贵贱,皆得行之者。孟子所谓'父子有亲,君臣有义,夫妇有别,长幼有序,朋友有信'是也。他如待臣之道、治民之道,非贱者所得行之者,故皆非达道矣,惟此五者,为贵贱通行之道,故曰'达道'也。"

[21] 其所以行之者三:达道之所以得以畅行的根据在于三点即仁智勇。冈白驹补注:"至于人之学之,则人之性皆有以知之,是智也,人之性皆有以行之,是仁也,人之性皆有以勉之,是勇也,故曰'所以行之者三'。"

[22] 昆弟:兄弟。昆,兄。昆弟连用指兄和弟,也包括近房和远房的弟兄。《尔雅·释亲》:"父之昆弟,先生为世父,后生为叔父。"《仪礼·丧服》:"昆弟,四体也,故昆弟之义无分。"

[23] 达德:普遍的德性。冈白驹补注:"人之学而成德,虽随其性所近而殊,惟此三者,通知愚贤不肖,皆可以得成之,故曰'达德也'。"

[24] 所以行之者一也:智、仁、勇三达德之所以得以践行的原因在于一个德性——"诚"。冈白驹补注:"学之道,在其成德而能诚之,故曰'所以行之者一也'。"之,代指前面的智、仁、勇。一,代指"诚"。

[25] 或生而知之:有些人对三达德五达道的了解是出于先天的本性。冈白驹补注:"谓性之所能。"

[26] 或学而知之:有些人对三达德五达道的了解是通过后天的学习掌握的。

[27] 或困而知之:有些人对三达德五达道的了解是在遇到困境挫折之后才去学习理解的。太宰纯增注:"郑玄曰:'困而知之,谓长而见礼义之事,己临之而有不足,乃始学而知之。'"林按,《论语·季氏》"生而知之者上也;学而知之者次也;困而学之,又其次也;困而不学,民斯为下矣",与此可参读。

[28] 及其知之一也:冈白驹补注:"无异乎生知者。"一,一致,无差别。下同。

[29] 或安而行之:有的人出于自愿从容不迫地实行。

[30] 或利而行之:有的人出于功利的目的去践行。太宰纯增注:"郑玄曰:'利,谓贪荣名也。勉强,耻不若人。'"

［31］或勉强而行之：有的人是勉强被动地践行。

［32］及其成功一也：冈白驹补注："无异乎安行者。"千叶玄之标笺："太宰氏曰：'生知、学知、困知，以一人之上言。'又曰：'生知对安行，学知对利行，困知对勉强。'"

【译文】

鲁哀公向孔子请教为政之道。孔子回答说："周文王和武王的治国理政理念与事迹，至今还记载在简册上。如果得到贤德的人，那么文王、武王的为政之道就能施行；如果得不到贤德之人，那么文王、武王的为政之道就会止息。天道务于生生，人道务于理政，地道务于草木生长。为政如同葫芦一样，有待于教化才能成功。所以为政的关键在于获得人才。获得人才的关键在于加强自身的修养，加强自身修养的关键在于树立仁爱之心。仁，就是人与人之间的相互亲爱，而以亲爱双亲为首要；义，就是人与人之间关系处理得当，而以尊敬贤人最为重要。亲爱自己的亲人有辈分，尊敬贤人亦有次序，这是礼所以产生的根据。礼制，是治国理政的基础。因此君子不能不加强自身的道德修养。要想加强自身的道德修养，不能不孝养自己的双亲；要想孝养自己的双亲，不能不明辨地看待他人；要想明辨地看待他人，不能不了解天道。通行于天下古今的普适的道理有五种，这些道理之所以得以畅行的根据在于三点。君臣、父子、夫妇、兄弟、朋友，这五种是天下通行的大道。智慧、仁爱、勇敢，这三个是天下共行的德性，智仁勇得以践行的原因在于一个德性——"诚"。有些人对三达德五达道的了解是出于先天的本性，有些人对三达德五达道的了解是通过后天的学习掌握的，有些人对三达德五达道的了解是在遇到困境挫折之后才去学习理解的。等到知道这些道理，他们又是一样的了。有的人出于自愿从容不迫地实行，有的人出于功利的目的去践行，有人勉强被动地去践行。等到他们实践成功的时候，他们又是一样的了。"

公曰："子之言美矣，至矣！寡人实固[1]，不足以成之也[2]。"孔子曰[3]:"好学近乎智,力行近乎仁,知耻近乎勇。知斯三者,则知所以修身[4];知所以修身,则知所以治人[5];知所以治人,则能成天下国家者矣[6]。"

【注释】
　[1] 固:固陋。
　[2] 不足以成之也:太宰纯增注:"《礼记》阙此十九字。"林按,指自"公曰"至"不足以成之也"十九字。
　[3] 孔子曰:《礼记》作"子曰",朱子以为衍文。盖《礼记》缺十九字,则此"子曰"突兀。
　[4]"知斯三者"二句:冈白驹补注:"修身之道,务成德也。"
　[5]"知所以修身"二句:冈白驹补注:"治人之道,亦以德化之。"
　[6]"知所以治人"二句:冈白驹补注:"天下国家,则尽乎人矣。"

【译文】
　　哀公说:"您讲得真是好啊!到了极致了!我的确是固陋做不到这些的。"孔子说:"喜欢学习的人已近于智慧,努力实现美德的人已近于仁爱,懂得耻辱的人已近于勇敢。明白这三点,就明白怎样加强自身的道德修养;明白怎样加强自身的道德修养,就明白怎样治理别人;明白怎样治理别人,就能够治理天下国家的大事了。"

　　公曰:"政其尽此而已乎?"孔子曰[1]:"凡为[2]天下国家有九经[3],曰:修身也,尊贤也,亲亲也,敬大臣也,体[4]群臣也,重[5]庶民也,来百工[6]也,柔远人[7]也,怀诸侯[8]也。夫修身则道立[9],尊贤则不惑[10],亲亲则诸父、兄弟不怨[11],敬大臣则不眩[12],体群臣则士之报礼重[13],重庶民则百姓劝[14],来百工则财用足[15]，柔远人则四方归之[16]，怀诸侯则天下畏之[17]。"

【注释】
　　[1] 孔子曰：太宰纯增注："《礼记》无此十二字。"林按，指"公曰"至"孔子曰"十二字。
　　[2] 为：治理。冈白驹补注："为，治也。"
　　[3] 九经：九条法则。经，常道，法则。
　　[4] 体：体念，设身处地为人着想。冈白驹补注："体，视之如四体也。群臣贱而易疏，故特云体之。"千叶玄之标笺："郑注：'体，犹接纳也。或曰：体，视之如四体也。'朱注：'体，谓设以身处其地而察其心也。'"
　　[5] 重：重视，尊重。
　　[6] 来百工：招集各种工匠。冈白驹补注："百工不必其地有之，故曰来。"来，招徕，招集。百工，指各种工匠。《论语·子张》："百工居肆，以成其事。"
　　[7] 柔远人：怀柔境外来旅居之人。柔，怀柔，安抚。《书·尧典》"柔远能迩"孔传："柔，安。……言安远乃能安近。"远人，指原属统治区域之外而旅居本国的人。
　　[8] 怀诸侯：与其他各国诸侯搞好关系。怀，安抚。《左传·僖公七年》："怀远以德。"
　　[9] 修身则道立：修身可以树立好的为人之道。冈白驹补注："圣人之道，借是以立。"
　　[10] 尊贤则不惑：尊贤可以无所困惑。冈白驹补注："贤者谋，则己无所惑。"
　　[11] 亲亲则诸父、兄弟不怨：亲爱双亲则叔伯和兄弟姊妹之间不会产生怨恨。诸父，指伯父、叔父。
　　[12] 敬大臣则不眩：敬重大臣就不会被邪人迷惑。太宰纯增注："郑玄曰：'不惑，谋者良也。不眩，所任明也。'"冈白驹补注："信任专，则人不能眩之。"朱子《中庸章句》："不眩，谓不迷于事。敬大臣则信任专，而小臣则不得以间之，故临事而不眩也。"眩，本义指眼花。《灵枢经·卫气篇》："上虚则眩。"引申为迷乱、迷惑。《汉书·元帝纪》："俗儒不达时宜，好是古非今，使人眩于名实。"
　　[13] 报礼重：重回报。

［14］劝：勤勉，努力。

［15］来百工则财用足：朱子云："来百工则通功易事，农末相资，故财用足。"

［16］柔远人则四方归之：朱子云："柔远人，则天下之旅皆悦而愿出于其途，故四方归。"冈白驹补注："四方以中国言，故曰归。"

［17］怀诸侯则天下畏之：朱子云："怀诸侯，则德之所施者博，而威之所至者广矣，故天下畏之。"冈白驹补注："天下达诸四夷，故曰畏。"

【译文】

哀公问："为政之道就只有这些了吗？"孔子说："治理天下国家大致有九条法则，即：修养自身，尊敬贤人，亲爱双亲，敬重大臣，体恤群臣，把百姓当作自己的儿子一样看待，招集各种工匠，怀柔境外来的旅居之人，安抚四方诸侯。修养自身，就能树立好的为人之道；尊敬贤人，就不会被迷惑；亲爱亲人，就不会招致叔伯及兄弟的怨恨；敬重大臣，就不会被邪人迷乱；体恤群臣，就会使士人重回报；爱民如子，就会使百姓更加勤勉；招集各种工匠，就会使国家财物器用充足；怀柔旅居之人，就会使四方百姓都来归附；安抚四方诸侯，天下人都会感到敬畏。"

公曰："为之奈何？"孔子曰[1]："齐明盛服[2]，非礼不动，所以修身也[3]；去谗远色[4]，贱财而贵德[5]，所以尊贤也[6]；爵其能[7]，重其禄，同其好恶，所以笃亲亲也[8]；官盛任使[9]，所以劝[10]大臣也；忠信重禄[11]，所以劝士也；时使薄敛[12]，所以子[13]百姓也；日省月考[14]，饩廪称事[15]，所以来百工也；送往迎来[16]，嘉善而矜不能[17]，所以绥[18]远人也；继绝世，举废邦[19]，治乱持危[20]，朝聘以时[21]，厚往而薄来[22]，所以怀诸侯也。治天下国家有九经，其所以行之者一也[23]。凡事豫则立，不豫则废[24]，言前定则不跄[25]，事前定则不困，行前定则不疚[26]，道前定则不穷[27]。在下位不获乎上，民弗可得而治矣[28]。获乎上有道，不信乎友，不获乎上矣[29]；信乎友有道，不顺乎亲，不信乎友矣[30]；顺乎亲有道，反诸身不诚，不顺乎亲矣[31]；诚身有道，不明乎善，不诚乎身矣[32]。诚者，天之道也[33]；诚之者，人之道也[34]。夫诚，不勉而中[35]，不思而得[36]，从容中道[37]，圣人之所以定体[38]也；诚之者，择善而固执[39]之者也。"

【注释】

[1] 孔子曰：太宰纯增注："《礼记》无此九字。"林按，指"公曰"至"孔子曰"九字。

[2] 齐(zhāi)明盛服：整齐严明，正其衣冠。孔颖达疏："齐谓整齐，明谓严明，盛服谓正其衣冠，是修身之体也。"齐，同"斋"，意为斋戒。

[3] 所以修身也：冈白驹补注："修身以礼也，齐明盛服，以行大礼言之，举其重也，下皆尔。"所以，用来。

[4] 去谗远色：摒弃谗言，远离美色。冈白驹补注："谗与色，所以害贤也。"去，摒除。谗，谗言，此处指进谗言的人。

[5] 贱财而贵德：太宰纯增注："《礼记》'财'作'货'。一本'财'作'利'，非也。"财，四库本、同文本作"利"。

[6] 所以尊贤也：《礼记》"尊"作"劝"。

[7] 爵其能：根据能力封赐爵位。孔子此所谓"亲亲"指君主而言，故'爵其能'未若'尊其位'义胜。爵，嘉奖，给……爵位。

[8] 笃亲亲也：《礼记》"笃"作"劝"。笃，加厚，增进。

[9] 官盛任使：官盛，官属众多。任使，听任差使。

[10] 劝：黄鲁曾本作"敬"。

[11] 忠信重禄：对忠信之士给以厚禄。

[12] 时使薄敛：依据农时派遣徭役，减轻征收的赋税。时使，使用百姓服劳役，不要耽误农时。冈白驹补注："时使，使之以时也。"薄敛，减轻向百姓征收的赋税。

[13] 子：太宰纯增注："《礼记》'子'作'劝'。"

[14]日省(xǐng)月考：每天检查，每月考核。省，检查，察看。《易·观卦·象传》："先王以省方观民设教。"《论语·学而》："吾日三省吾身。"冈白驹补注："《礼记》'考'作'试'，'来'作'劝'。"
　　[15]饩(xì)廪称(chèn)事：王肃注："饩廪，食之多寡称其事也。"意为发给百工的俸禄要与他们的工作成绩相称。饩廪，日常必需的生活资料，俸给。《管子·问》"问死事之寡，其饩廪何如"尹知章注："饩，生食；廪，米粟之属。"
　　[16]送往迎来：冈白驹补注："朱注：'往则为之授节以送之，来则丰其委积以迎之。'"
　　[17]嘉善而矜(jīn)不能：奖励善举，同情能力低下的人。矜，怜悯，同情。《论语·子张》亦载此语，可参读。
　　[18]绥：安，安抚。《诗·小雅·鸳鸯》："福禄绥之。""绥"字亦用作旧时书信结尾处的祝颂安好语，如"台绥""近绥"。太宰纯增注："《礼记》'绥'作'柔'。"
　　[19]"继绝世"二句：让已经中断的家族世系得以承继，让已经被灭亡的国家得以复兴。冈白驹补注："如周公封微子也。如齐桓城楚丘。"继，承继，延续。绝世，已经中断俸禄的家族世系。举，任用，复兴。废邦，已经被废灭的邦国。古礼，天子不灭国，诸侯不灭姓，令其后继有人，以承祭祀。《论语·尧曰》亦载孔子语："兴灭国，继绝世，举逸民，天下之民归心焉。"太宰纯增注："《礼记》'邦'作'国'。"
　　[20]治乱持危：协助诸侯国平定内乱，扶持诸侯国的危弱。持，扶持，解救。
　　[21]朝聘以时：按时朝聘。朱子云："朝谓诸侯见于天子，聘谓诸侯使大夫来献。《王制》：比年一小聘，三年一大聘，五年一朝。"古代诸侯亲自朝见周天子叫朝，派大夫代往叫聘。春秋时期诸侯国之间遣使访问也叫聘。
　　[22]厚往而薄来：意为赏赐诸侯礼物要丰，接受诸侯贡赋要薄。
　　[23]一也：冈白驹补注："言以德也。"郑玄曰："一，谓当豫也。"林按，二说不同，似以冈白驹说为胜。
　　[24]"凡事豫则立"二句：冈白驹补注："凡者，泛言之辞。豫即前定也，废谓中废也。"豫，通"预"。事先有所准备。废，失败。
　　[25]言前定则不跲(jiá)：说话之前思虑清楚如何表述就不会出现失误。王肃注："跲，踬。"冈白驹补注："欲言则先思所欲言，其言不踬。"跲，窒碍。踬，被绊倒。蹶，倒，颠仆。
　　[26]疚：忧虑，因过失而内心不安。太宰纯增注："疚，病也。"冈

白驹补注:"行前定,谓德行素习乎已也。疚,如'内省不疚'之疚也。"

[27]道前定则不穷:冈白驹补注:"道,道艺也。道艺素习乎已,则应变不穷也。"穷,困阻不通,困厄,困窘。

[28]"在下位不获乎上"二句:做臣子的如果得不到上级的信任,也就没办法管理好民众。太宰纯增注:"郑玄曰:'获,得也。言臣不得于君,则不得居位治民。'"

[29]"不信乎朋友"二句:不能取信于朋友,就不能获得上级的信任。

[30]"不顺乎亲"二句:不能顺承于双亲,就不能取信于朋友。冈白驹补注:"孝顺乎父母,而后乡党信之。"

[31]"反诸身不诚"二句:不能以诚反省自身,就不能顺承双亲。冈白驹补注:"孝弟之德,不可袭取,反诸身而诚,可谓孝矣。"

[32]"不明乎善"二句:不能辨明善恶,就不能反身而诚。冈白驹补注:"力行之久,习以成性,乃诚得乎身,而后措诸行事,粲然可见,是明乎善也。"

[33]"诚者"二句:诚实无妄,是天道。冈白驹补注:"盖人行道,而有能诚心者,得之天性。故曰'诚者,天之道也'。"

[34]"诚之者"二句:效法天道,经过学习而实现诚实无妄,是人道。郑玄云:"言诚者,天性也;诚之者,学而成之者也。"冈白驹补注:"力行之久,习以成性,则如夫天性然,是人力之所为,教之所至也。故曰'诚之者,人之道也'。"

[35]不勉而中:冈白驹补注:"言虽不勉强,而暗合乎先王之道。"

[36]不思而得:冈白驹补注:"虽不思虑,而能得先王之道不谬。"

[37]从容中道:冈白驹补注:"从容闲暇皆中道,是其出乎诚心者,所谓诚也。"

[38]定体:冈白驹补注:"定体,谓得于己者如此,接于事莫不皆然也。"体,禀性,心性。

[39]固执:坚持不懈。冈白驹补注:"此释诚之之义也。固执者,力行惟恐失也,是学而诚之者也。"

【译文】

哀公说:"怎样才能做到这些事情呢?"孔子回答说:"齐整严明,正其衣冠,不符合礼仪的事情,坚决不干,这是修养自身的最好办法;摒弃谗言,远离美色,轻视钱财而重视德行,这是尊崇贤人的最好办法；根据能力加官晋爵，赐予他们厚重的俸禄，与他们的好恶保持一致，这是真诚对待亲人的最好办法；多为大臣设置属官，足供他们指使，这是敬重大臣的最好办法；给忠信的人授予高官厚禄，这是劝勉士人的最好办法；对百姓的徭役不违农时，减轻赋税征收，这是爱民如子的最好表现；对工匠进行经常性的省视和考察，使发放的粮米俸禄与他们的工作成绩相符合，这是招徕各种工匠的最好办法；对远方来客热情迎送，嘉奖善行，同情弱者，这是安抚边远地区百姓的最好办法；延续已绝祀的家族，复兴已被废灭的邦国，协助诸侯平定内部叛乱，扶持救助弱小诸侯的危局，按时朝聘，赐予的礼品多，而收受的礼品少，这是安抚各地诸侯的最好办法。治理天下国家有九条法则，而推行的办法只能是诚。无论什么事情，事先有所准备就会成功，不然就会失败；讲话以前准备好则流畅没有窒碍，做事以前准备好就不觉困难，行动以前准备好就不会产生令人后悔的结果，做事原则决定以前准备好就不会有行不通的地方。身处下位得不到上司的信任，就不可能治理好百姓。获取上司的信任有一定的方法，不取信于朋友，就不能获取上司的信任；取信于朋友有一定的方法，不顺承父母，就不能取信于朋友；顺承父母有一定的方法，如果反省自身而不诚，就不能承顺父母；使自己内心真诚有一定的方法，如果不能明辨善恶，就不能使自己内心真诚。真实无妄，是上天的最高准则；效法天道而实现真实无妄，是为人处世的准则。只要内心真诚，不必勉强就能行为合理，不用思索就能领悟体会，一切从容自然合乎法则，这是圣人之所以心性平静的原因；要做到诚，就要选择善道而坚持不懈。"

公曰："子之教寡人备矣。敢问行之所始。"孔子曰[1]："立爱自亲始[2]，教民睦也；立敬自长始[3]，教民顺也。教之慈睦，而民贵有亲；教以敬，而民贵用命[4]。民既孝于亲，又顺以听命，措[5]诸天下，无所不可。"公曰："寡人既得闻此言也，惧不能果行[6]而获罪咎[7]。"

【注释】
　　[1] 孔子曰：太宰纯增注："此下至'无所不可'见《祭义》。"
　　[2] 立爱自亲始：培养仁爱的观念从双亲开始做起。
　　[3] 立敬自长始：培养敬爱的观念从尊长开始做起。
　　[4] 民贵用命：老百姓乐于听从命令。
　　[5] 措：放置，这里是治理的意思。
　　[6] 果行：真正践行。
　　[7] 罪咎：罪过与埋怨。

【译文】
　　哀公说："您对我的教导已经很完备了。请问要做到这些应该从哪里开始做起？"孔子回答说："树立仁爱的观念要从亲爱自己的双亲开始，这是为了教导百姓和睦；树立敬爱的观念要从尊敬自己的尊长开始，这是为了教导百姓顺从。教导他们慈爱和睦，百姓就会注重孝养双亲；教导他们尊敬尊长，百姓就会乐于听从命令。百姓既然能够孝养双亲，又能乐于听从命令，把这种教化方法扩大开来治理天下，就不会有什么办不到的事情。"哀公说："我既然已经听说这些教导了，现在担心的是不能落实，从而招致罪过和埋怨。"

　　宰我[1]问于孔子曰："吾闻鬼神之名，而不知所谓，敢问焉。"孔子曰："人生有气有魂[2]。气者，神之盛也[3]。众生必死，死必归土，此谓鬼；魂气归天，此谓神[4]，合鬼与神而享之，教之至也[5]。骨肉毙[6]于下，化为野土[7]，其气发扬于上[8]，此神之著[9]也。圣人因物之精[10]，制为之极[11]，明命鬼神，以为民之则[12]，而犹以是为未足也，故筑为宫室，设为宗祧[13]，春秋祭祀，以别亲疏[14]，教民反古复始[15]，不敢忘其所由生也。众之服自此[16]，故听且速焉[17]。教以二端[18]，二端既立，报以二礼[19]：建设朝事[20]，燔燎膻芗[21]，所以报气也；荐黍稷[22]，修肺肝[23]，加以郁鬯[24]，所以报魄也。此教民修本反古，复始崇爱，上下用情，礼之至也[25]。君子反古复始，不忘其所由生，是以致其敬，发其情，竭力从事，不敢不自尽[26]也，此之谓大教。昔者，文王之祭也，事死如事生，思死而不欲生[27]，忌日[28]则必哀，称讳[29]则如见亲，祀之忠也。思之深，如见亲之所爱[30]。祭欲见亲之颜色者，其唯文王与！《诗》云：'明发不寐，有怀二人[31]。'则文王之谓与！祭之明日，明发不寐，有怀二人，敬而致之，又从而思之。祭之日，乐与哀半，飨之必乐，已至必哀，孝子之情也。文王为能得之矣。"

【注释】

[1] 宰我：宰予，字子我，孔子弟子。此记载又见于《礼记·祭义》。

[2] 有气有魂：冈白驹补注："气载魂交魄者也，言气则魂在其中矣，盖充于四肢百骸为气，而所以动作则魂也。"

[3] "气者"二句：王肃注："精气者，人神之盛也。"冈白驹补注："鬼神盖通生死言之，此以生时言之，故曰'神之盛也'。何本、吴本、《礼记》并此下更有'魄也者，鬼之盛也。'"译文从之补。

[4] "众生必死"五句：冈白驹补注："此所谓鬼神，以死者言之，人会气魂魄以生，气散则魂魄相离而死，魄下降，魂上升。"

[5] "合鬼与神而享之"二句：王肃注："合神鬼而事之者，孝道之至。孝者，教之所由生也。"冈白驹补注："归土归天，则不复可与物接矣，孝子于何用情，于是圣人立鬼神，有享祀焉。享之者，所以合鬼与神也。享祀之间，僾然如将见之，肃然如闻容声，孝子之情，于是乎尽。此圣人之制礼，所以为教之至也。"享，献祭。《诗·小雅·楚茨》："以享以祀。"

[6] 毙：败坏。

[7] 化为野土：冈白驹补注："死必归土也。"

[8] 其气发扬于上：指魂气归天。

[9] 著：显明，显出。

[10] 物之精：冈白驹补注："物之精，其气扬于上者是也。"

[11] 制为之极：极，标准，准则。

[12] "明命鬼神"二句：王肃注："明命，犹尊名，使民事其祖祢也。"

[13] 宗祧（tiāo）：王肃注："宗，宗庙也。祧，远庙也。天子特有二祧，诸侯谓（谓，宽永本作"以"）始祖为祧也（宽永本此上有"者"字）。"祧，《礼记·祭法》："远庙为祧。"孙希旦集解："盖谓高祖之父、高祖之祖之庙也。谓之远庙者，言其数远而将迁也。"

[14] 以别亲疏：冈白驹补注："宗庙亲，月祭；祧庙疏，四时祭。"

[15] 反古复始：冈白驹补注："先祖为古，吾所出为始，尊祖亲祢，所以反古复始也。"

[16] 众之服自此：郑玄云："自，由也。言人由此服于圣人之教也。"之，黄鲁曾本、宽永本作"人"。

[17] 故听且速焉：郑玄曰："听，谓顺教令也。速，疾也。"听，顺从，听从。

[18] 二端：气与魄。

[19] 二礼：朝事与荐黍稷。

[20] 建设朝事：指早晨祭祀宗庙之事。

[21] 燔燎膻（shān）芗（xiāng）：王肃注："谓取萧祭脂以合膻香也。"膻，羊腹内的脂膏。郑玄云："膻，当为'馨'。芗，与'香'通。"孙希旦《礼记集解》："膻芗，牛羊肠间脂也，羊膏曰膻，牛膏曰芗。"

[22] 荐黍稷：王肃注："所谓馈食。"荐，献，进。《论语·乡党》："君赐腥，必熟而荐之。"何晏集解："荐其先祖。"

[23] 修肺肝：冈白驹补注："殷祭肝，周祭肺。"郑玄注："备品物曰荐，致滋味乃为羞。"

[24] 郁鬯（chàng）：用香草浸泡的酒，用来祭祀降神。王肃注："郁，香草。鬯，樽也。"冈白驹补注："酿秬为酒，和以郁金草，芬香条达于上下，故谓之郁鬯。"

[25] "此教民修本反古"四句：王肃注："民能不忘其所由生，然后能相爱也。上下，谓尊卑。用情，谓亲也。"郑玄云："相爱用情，谓以人道祭之也。"

［26］自尽：自觉地尽力而为。

［27］思死而不欲生：言思亲之深。

［28］忌日：指父母去世的日子。每逢这一天，禁忌饮酒、作乐等事。

［29］讳：先王、先祖或父母的名。《礼记·王制》"奉讳恶"郑注："讳，先王名。"《曲礼上》"入门而问讳"孔疏："讳，主人祖、先君名。"

［30］"思之深"二句：冈白驹补注："言齐（读为"斋"）之日，思其所嗜，思之深，如其所嗜爱者，在于目前。"

［31］"明发不寐"二句：语出《诗·小雅·小宛》。王肃注："假此诗以喻文王。二人，谓父母也。"明发，天将亮而晨光初露。有怀，同"又怀"，又想起。

【译文】

宰我问孔子："我听说过鬼和神的名称，却不知道到底说的是什么，想请教一下先生。"孔子说："人生来就有气有魄，气是人充盛的外在表现形式；魄是鬼充盛的外在表现形式。人有生就有死，死后必定归入土中，这就叫作鬼；魂气归于天上，这就叫作神。把鬼和神合起来进行祭祀，这是教化的极致。骨肉在地下腐烂，化为田野中的土壤，而它的气蒸发向上飘扬，这是神的显著的体现。圣人依据万物的精气，制定至高无上的名称，明确地称之为鬼神，作为民众信奉的准则。但是圣人认为这样做还不够，所以又建筑宫室，设立宗庙和祧庙，在春秋二季进行祭祀，用以区别远近亲疏的关系，教导人民追怀远古，回念本始，不敢忘记自己是从哪里来的。众人的服从就从这根本的认识开始，而且能够迅速地听从教命。用气和魄的道理教导民众，把气和魄尊命为鬼和神两种名称的做法确定下来以后，又制定了两种相应的礼节来祭报气和魄。设置朝事礼，焚烧牛羊牺牲肠间的脂膏，发出膻味、香味，这是用来祭报气即神的。然后，举行馈食礼，献上黍稷，进上肺肝，再加上香酒，这是用来祭报魄即鬼的。这样做是为了教导民众培养根本，回复本原，崇尚仁爱，上下尊卑都重情相亲。做到了这些，礼也就达到了极致。君子反思远古，追怀本始，不忘记自己生命的由来，所以要向祖先表达敬意，抒发感情，竭尽全力去做事，不敢不尽心尽力，这就叫作大教化。从前周文王进行祭祀的时候，侍奉双亲的神灵就像侍奉父母在世时一样，思念死者时痛不欲生，每逢父母的忌日必定悲哀，提到父母的名字就如同见到了父母本人，祭祀时的表现可以称得上尽心了。祭祀时深切地思念亡亲，就好像又见到了父母的嗜好习惯。祭祀时想起父母音容笑貌的大概只有文王了吧。《诗》上说：'天亮了还睡不着，又想起了父母双亲。'说的就是文王吧。祭祀那天，快乐与悲哀是参半的，享祭亡亲自然欣喜，可是亡亲神灵来到还要离去，祭祀完毕又陷入悲哀，这是作为孝子的感受。祭祀的第二天，天亮了还睡不着，又想起了父母双亲，享祭时将父母神灵请来，恭敬地献上祭品，祭祀之后又思念不已。文王能够做到这一点。"

孔子家语卷五

颜回第十八

鲁定公问于颜回曰:"子亦闻东野毕[1]之善御[2]乎?"对曰:"善则善矣,虽然[3],其马将必佚[4]。"定公色不悦,谓左右曰:"君子固有诬[5]人也?"颜回退。

后三日,牧来诉之[6],曰:"东野毕之马佚,两骖曳,两服入于厩[7]。"公闻之,越席[8]而起,促驾[9]召颜回。回至,公曰:"前日寡人[10]问吾子[11]以东野毕之善御,而子曰:'善则善矣,其马将佚',不识[12]吾子奚以知之?"颜回对曰:"以[13]政知之。昔者,帝舜巧[14]于使民,造父[15]巧于使马。舜不穷[16]其民力,造父不穷其马力,是以舜无佚民,造父无佚马。今东野毕之御也,升马执辔[17],衔体正矣[18];步骤驰骋,朝礼毕矣[19];历险致远,马力尽矣,然而犹乃[20]求马不已。臣以此知之。"

公曰:"善!诚[21]若吾子之言也。吾子之言,其义大矣,愿少进[22]乎?"颜回曰:"臣闻之:鸟穷则啄,兽穷则攫[23],人穷则诈,马穷则佚[24]。自古及今,未有穷其下而能无危者也。"公悦,遂以告孔子。孔子对曰:"夫其所以为颜回者,此之类也,岂足多[25]哉?"

【注释】

[1]东野毕：春秋时鲁人，姓东野，名毕。东野为周公之后。此记载又见于《荀子·哀公》、《吕氏春秋·离俗览·适威》、《韩诗外传》卷二、《新序·杂事五》及《庄子·达生》篇。

[2]御：驾车。为古时贵族六艺之一。

[3]虽然：虽然这样。虽，虽然。然，这样。

[4]佚：通"逸"，奔逃，逃逸。

[5]诬：诬蔑，说别人的坏话。

[6]牧来诉之：牧人来汇报。

[7]"两骖(cān)曳"二句：两匹骖马跑掉了，只有两匹驾辕的服马进入马房。两骖，两服，古代一车驾四马，居中的两匹称两服，旁边的两匹称两骖。曳，逾越，超过。

[8]越席：起身离开坐席。

[9]促驾：催促人驾车。

[10]寡人：古代诸侯对下的自称。《孟子·梁惠王上》朱熹注："寡人，诸侯自称，言寡德之人也。"

[11]吾子：对人比较亲切的称呼。《仪礼·士冠礼》郑玄注："吾子，相亲之辞。"

[12]不识：不知道。

[13]以：太宰纯增注："《荀子》此句首有'臣'字，《韩诗外传》、《新序》同。"

[14]巧：太宰纯增注："《韩诗外传》'巧'作'工'，下同，《新序》同。"

[15]造父：人名，古代善御者，幸于周穆王，因功被封于赵城，后代遂以赵为氏。父，古时对男子的美称。冈白驹补注："造父，周穆王时人。以善御幸于王。"

[16]穷：尽。

[17]升马执辔(pèi)：辔，驾驭牲口的缰绳。衔，古时横在马口中用以抽勒的铁或青铜，也称马嚼子。

[18]衔体正矣：衔，衔舆。体，马体。言马正当车。

[19]"步骤驰骋"二句：马或慢或快，都调理得中规中矩。步骤，步指缓行，骤指疾走。驰骋，纵马疾驰。朝礼，李涤生云"礼，似为'理'之讹；'朝礼'即'调理。"毕，周全。

[20]犹乃：仍然。乃，通"仍"。犹、仍义近。

[21]诚：确实。

［22］少进：进一步解释。

［23］"鸟穷则啄"二句：鸟处于困境就会用喙去啄，兽处于困境就会用爪去斗。

［24］马穷则佚：太宰纯增注："《荀子》、《韩诗外传》、《新序》皆阙此一句。"

［25］多：推重，赞美。

【译文】

鲁定公问颜回："你听说过东野毕擅长驾车吗？"颜回答道："他擅长倒是擅长。虽然这样，可是他的马将来一定会逃逸。"定公露出不高兴的神色，对左右的人说："君子原来也说别人的坏话啊。"颜回退下回去了。

三天后，马官来报告说："东野毕的马跑了，在旁边驾车的两匹骖马逃脱了，只有中间驾辕的两匹服马回到马房。"定公听了，离开坐席站起来，催促人驾车去召颜回入朝。颜回来到后，定公问："前天我向你说起公野毕善于驾车的事，你说擅长倒是擅长，他的马将会逃逸。不晓得你根据什么知道这些？"颜回回答："我是根据为政的道理知道这些的。从前帝舜擅长治理百姓，造父擅长驾驭马车，帝舜做到不穷尽民力，造父做到不穷尽马力，所以帝舜没有逃亡的百姓，造父没有逃脱的马。现在东野毕驾车，登上马车，握住缰绳，马嚼子的位置放得很端正了；马或缓行或疾走或驰骋，也调理得很周到了；穿越险阻，奔向远方，马的力气已经用尽了，然而他仍然还要马奔跑不停止。臣下我是根据这些事情知道的。"

定公说："好！确实像你说的这样。你的话，意义非常大，希望再给我进一步解释一下。"颜回说："我听说：鸟处于绝境就会用喙去啄，兽处于绝境就会用爪去斗，人在绝境时就会欺诈，马处于绝境时就会逃逸。从古到今，没有使他的手下处于困窘绝境而能不遭受危险的。"定公很高兴，便把这件事告诉了孔子。孔子回答："颜回所以能成为颜回，就是因为这类的事，这件事难道也值得赞扬吗？"

孔子在卫，昧旦[1]晨兴[2]，颜回侍侧[3]，闻哭者之声甚哀。子曰："回，汝[4]知此何所哭乎？"对曰："回以此哭声，非但为死者而已，又有生离别者也。"子曰："何以知之？"对曰："回闻桓山[5]之鸟，生四子焉，羽翼既成，将分于四海，其母悲鸣而送之，哀声有似于此，谓其往而不返也。回窃以音类[6]而知之。"孔子使人问哭者，果曰："父死家贫，卖子以葬，与子长决[7]。"子曰："回也善于识音矣。"

【注释】

[1]昧旦：黎明，拂晓。昧，昏暗。旦，明。此记载又见于《说苑·辨物》。

[2]兴：起。

[3]侍侧：在一旁陪侍。

[4]汝：冈白驹补注："吴本'汝'作'也'。"林按，作"也"则当属上读。

[5]桓山：太宰纯增注："桓山，未详所在。《战国策》云：'昔者，燕齐战于桓之曲。'注云：'《家语》所谓桓山。盖在齐鲁之间。'《说苑》作'完山'，李善《文选》注同。案，《大明一统志》：'山东东昌府（林按，应为青州府）丸山，在临朐县东北四十里。'疑即桓山。盖桓、完、丸三字音同而转换耳。《颜子》'桓'作'恒'。"一说在今江苏铜山。

[6]类：相似。

[7]决：通"诀"，分别。

【译文】

孔子在卫国，有一天，黎明时就起来了，颜回在一旁陪侍，听到有人在哭，声音非常悲哀。孔子问："颜回，你知道这是为什么事而哭的吗？"颜回答道："我认为这种哭声不仅仅是为死去的人，也是因为活着而将要离别的人。"孔子问："根据什么知道的呢？"

颜回答道："我听说桓山的鸟生了四只小鸟，小鸟翅膀长成以后，将要分开飞到四方去，它们的母亲悲伤地鸣叫着为它们送行，其悲哀的鸣叫声和这种哭声很相似，是说它们一去就不能返回了。我私下里根据声音的类似而判断出来的。"孔子派人询问哭泣的人，果然回答说："我父亲去世，家里贫穷，只得卖了儿子安葬父亲，正与儿子长久地诀别。"孔子说："颜回，确实善于识别声音。"

颜回问于孔子曰："成人[1]之行若何？"子曰："达于情性之理[2]，通于物类之变[3]，知幽明之故[4]，睹游气之原[5]，若此可谓成人矣。既能成人，而又加之以仁义礼乐，成人之行也。若乃[6]穷神知礼[7]，德之盛[8]也。"

【注释】
　　[1]成人：德才兼备的完人。此记载又见于《说苑·辨物》。
　　[2]达于情性之理：洞悉人的情性的原理。冈白驹补注："情性，教之所在也。盖人之情性不可强也，故圣人率人情性以设教，不达此不能以为君子。"
　　[3]通于物类之变：通晓事物的变化规律。冈白驹补注："物者，教之条件也。如《周礼》'乡三物'，'射五物'是也，皆有其类，故曰'物类'，随时之宜，不无损益，故曰'变'。"
　　[4]知幽明之故：明白有形无形事物的成因。《周易·系辞上》王弼注："幽明，有形无形之象。"泛指有形的和无形的、可见的和不可见的事物。故，原因。
　　[5]睹游气之原：洞察云气变幻的根据。清王夫之《张子正蒙注·太和》："游气，气之游行也，即所谓升降飞扬。"
　　[6]若乃：至于。
　　[7]穷神知礼：穷尽把握阴阳变化的神奇莫测。王肃注："礼，宜为'化'。"神，指奇异莫测。《周易·系辞上》："阴阳不测之谓神。"
　　[8]盛：顶点，极点。

【译文】

颜回问孔子说:"完美的人的德行,是怎样的?"孔子说:"洞悉人的情性的原理,通晓事物的变化规律,明白有形无形事物的成因,洞察云气变幻的根据,像这样就可以称为完美的人了。已经能够成为完美的人,再用仁义礼乐来教化,这就是完美的人的德行。至于做到能穷尽把握阴阳变化的神奇莫测,则是达到了德行的极点。"

颜回问于孔子曰:"臧文仲、武仲孰贤?"孔子曰:"武仲贤哉!"颜回曰:"武仲世称圣人,而身不免于罪[1],是智不足称[2]也;好言兵讨而挫锐于邾[3],是智不足名[4]也。夫文仲,其身虽殁而言不朽,恶有未贤[5]?"孔子曰:"身殁言立,所以为文仲也。然犹有不仁者三,不智者三,是则不及武仲也。"

回曰:"可得闻乎?"孔子曰:"下展禽[6],置六关[7],妾织席[8],三不仁;设虚器[9],纵逆祀[10],祠海鸟[11],三不智。武仲在齐,齐将有祸,不受其田,以避其难,是智之难也[12]。夫臧武仲之智而不容于鲁,抑有由焉[13]。作而不顺,施而不恕也夫[14]?《夏书》曰:'念兹在兹,顺事恕施[15]。'"

【注释】

[1]身不免于罪:王肃注:"武仲,为季氏废适立庶,为孟氏所谮,出奔于齐。"太宰纯增注:"武仲出奔,事在鲁襄公二十三年,详见《春秋左氏传》。"臧武仲为臧文仲之孙,名纥。曾任鲁司寇,封邑于防,以料事多中、见闻广博闻名于世,时有"圣人"之誉。武仲凭一时义气帮助季武子废长立幼,立公子纥为季氏继承人,因而得罪了季孙公鉏,他联合素与武仲不和的孟孙氏,与武仲为敌。鲁襄公二十三年(前550),

孟孙氏诬陷武仲将叛乱，季武子信以为真，命攻臧氏。武仲先奔邾，后流亡至齐。此记载又见于《左传·文公二年》、《襄公二十三年》。

[2]称：称许。

[3]好言兵讨而挫锐于邾：鲁襄公四年（前569），邾、莒联合进犯鄫国，武仲率军攻打邾国，以解鄫国之围，不料在狐骀（今山东滕州西南）惨败，鲁军伤亡惨重，以致丧服短缺。引起国人怨恨，到处流传着"侏儒（武仲身材矮小）使我败于邾"的歌谣。

[4]名：称说。

[5]"其身虽殁而言不朽"二句：王肃注："立不朽之言，故以为贤。"太宰纯增注："案，晋范宣子与鲁叔孙穆子论不朽。穆子曰：'鲁有先大夫曰臧文仲，既没，其言立，其是之谓乎！'详见襄二十四年《左氏传》。颜渊所谓言不朽，盖亦谓此耳。"

[6]下展禽：使展禽居于下位。展氏，名获，字禽，或云居于柳下，或云食邑于柳下，死后其妻子私谥曰"惠"，史称"柳下惠"，亦称"柳下季"。

[7]置六关：王肃注："六关，关名。鲁本无此关，文仲置之以税行者，故为不仁。《传》曰'废六关'，非也。"太宰纯增注："本注所称《传》，谓《左氏传》也。孔子此言，见《文公二年》。"

[8]席：草席。

[9]设虚器：养天子之守龟。虚，处所，地方。器，器具，这里指占卜用的大龟。

[10]纵逆祀：纵容逆序的祭祀。太宰纯增注："《左氏传》曰：'秋，八月，丁卯，大事于太庙，跻僖公，逆祀也。'杜预曰：'僖是闵兄，不得为父子。尝为臣，位应在下。令居闵上，故曰逆祀。'"

[11]祠海鸟：王肃注："海鸟止于鲁东门之上，文仲不知，而令国人祠之。是不智也。"

[12]不受其田，以避其难(nàn)，是智之难(nán)也：太宰纯增注："此事亦在鲁襄公二十三年。详见《左氏传》。"

[13]抑有由焉：或许有原因吧。

[14]"作而不顺"二句：王肃注："不顺、不恕谓废适立庶，武仲之所以然，欲为施于季氏也。"

[15]"念兹在兹"二句：语出《尚书·大禹谟》。杜预曰："念此事在此身，言行事当常念如在己身尚也。"

【译文】

　　颜回问孔子说:"臧文仲、臧武仲二人谁更贤明呢?"孔子说:"臧武仲更贤明一些。"颜回说:"臧武仲被世人称为圣人,自身却不能免于获罪,这说明他的智慧不值得称许;他喜欢谈论兵法征战,却被邾国打得惨败,挫伤了锐气,这说明他的智慧不值得称说。臧文仲呢,他人虽然死了,言论却永远不朽,哪有不贤明的地方?"孔子说:"身死而言论还得以流传,这正是臧文仲能够成为臧文仲的原因。但他还做过三件不仁爱的事情,三件不明智的事情,这样就比不上臧武仲了。"

　　颜回问:"能具体说说,让我听听怎么回事吗?"孔子说:"使展禽居于下位是嫉贤妒能,设置六关征税大肆聚敛,让家里的妾编织草席贩卖与民争利,这是三件不仁爱的事情;养着天子的守龟,纵容逆序的祭祀,让国人祭祀海鸟,这是三件不明智的事情。而臧武仲在齐国时,预感到齐国将发生祸乱,所以没接受齐国赏赐的土地,从而避免了一场灾难,这是尤其不易做到的明智之举。臧武仲如此明智,还不能被鲁国容纳,或许是有原因的。他所做没有顺从情理,施行起来不合仁恕之道。《夏书》里说:'想着这里,就一心扑在这里,一切要顺从情理,合乎仁爱之道。'"

　　颜回问君子。孔子曰:"爱近仁[1],度近智[2],为己不重,为人不轻[3],君子也夫。"回曰:"敢问其次。"子曰:"弗学而行,弗思而得。小子[4]勉之。"

【注释】

　　[1]爱近仁:有爱人之心,近于仁德。《论语·颜渊》:"樊迟问仁,子曰'爱人。'"
　　[2]度(duó)近智:善于谋划,近于智慧。度,计算,谋划。
　　[3]"为己不重"二句:不过分为了自己,不轻忽帮助他人。
　　[4]小子:旧时老师对学生的称谓。

【译文】

　　颜回请教什么样的人是君子。孔子说："有爱心就近于仁德，善谋划就近于明智，不过分为了自己，不轻忽帮助他人，这就是君子。"颜回说："请问比君子略次一等的人应该是什么样？"孔子说："还没学习就能行动，还没思考就有所得。年轻人你好好努力吧！"

　　仲孙何忌[1]问于颜回曰："仁者一言而必有益于仁、智，可得闻乎？"回曰："一言而有益于智，莫如豫[2]；一言而有益于仁，莫如恕。夫知其所不可由[3]，斯知其所由矣。"

【注释】

　　[1]仲孙何忌：即孟懿子，幼时曾从孔子学礼，后继位为卿。
　　[2]豫：预备。
　　[3]由：为，从事。

【译文】

　　仲孙何忌问颜回："有仁德的人说出一个字来也必定有益于仁德、智慧，能够说说这方面的道理，让我听听吗？"颜回答道："如果说有一个字有益于智慧，什么也比不上'预'字；如果说有一个字有益于仁德，什么也比不上'恕'字。明白了不能干什么，也就明白了可以干什么。"

　　颜回问小人。孔子曰："毁[1]人之善以为辩，狡讦怀诈[2]以为智，幸人之有过，耻学而羞不能，小人也。"

【注释】

　　[1]毁：诋毁。

［2］狡讦(jié)怀诈：内心狡黠，攻讦别人。

【译文】
　　颜回请教什么样的人是小人。孔子说："把诋毁别人的优点当作善辩，把内心狡黠，攻讦别人，心怀伪诈视为智慧，对别人犯错幸灾乐祸，耻于学习却又嘲弄没有能力的人，这就是小人。"

　　颜回谓子路曰："力猛于德而得其死者鲜矣[1]，盍慎诸焉[2]？"

【注释】
　　[1]力猛于德而得其死者鲜矣：冈白驹补注："恃力不尚德，难以善终。"鲜，罕。
　　[2]盍慎诸焉：冈白驹补注："子路好勇，故箴之。夫子亦曰：'若由也不得其死焉。'后卒蹈孔悝之难。"盍，何不。诸，之乎的合音。

【译文】
　　颜回对子路说："力气比德行猛健而得善终的人很少，为什么不对此慎重一些呢？"

　　孔子谓颜回曰："人莫不知此道之美，而莫之御[1]也，莫之为也。何居[2]？为闻道者，盍日思也夫[3]？"

【注释】
　　[1]御：等待。
　　[2]何居：太宰纯增注："郑玄曰：'居，读为"姬姓"之"姬"。齐鲁之间语助也。'"
　　[3]"为闻道者"二句：王肃注："为闻道者，日有闻而后言者也。"

【译文】

　　孔子对颜回说:"人人都知道我们的道是好的,却没有人去等待道的实现,没有人去实践道,这是为什么呢?听到我们的道的人,为什么不每天思考一下呢?"

　　颜回问于孔子曰:"小人之言,有同乎君子者,不可不察也。"孔子曰:"君子以行言[1],小人以舌言[2]。故君子于为义之上相疾[3]也,退而相爱;小人于为乱之上相爱也,退而相恶。"

【注释】

　　[1]君子以行言:君子以实际行动来说话。
　　[2]小人以舌言:小人只是用舌头说话。意为小人只说不做,言而不行。
　　[3]相疾:相互批评。王肃注:"相疾,急欲相劝,令为仁义。"

【译文】

　　颜回问孔子说:"小人说的话也有与君子相同的地方,不能不详细地审察啊。"孔子说:"君子用行动来说话,小人用舌头来说话。所以君子在实行道义方面互相批评,平时则互相友爱;小人在制造祸乱方面互相友爱,平时则互相中伤。"

　　颜回问朋友之际[1]如何。孔子曰:"君子之于朋友也,心必有非焉,而弗能谓[2],吾不知其仁人也。不忘久德[3],不思久怨,仁矣夫。"

【注释】

　　[1]际:交际。
　　[2]弗能谓:不忠告。

[3] 久德：旧日的恩德。久，旧日的，原先的。德，恩德。

【译文】

颜回请教朋友之间如何相处。孔子说："君子对于朋友，心里认定他有不对的地方，而不忠告，我觉得这不是仁德的人。不忘记以往的恩德，也不考虑原先的仇怨，才是仁德啊！"

叔孙武叔见未仕于颜回[1]，回曰："宾之[2]。"武叔多称人之过，而己评论之[3]，颜回曰："固子之来辱[4]也，宜有得于回焉。吾闻诸孔子曰：'言人之恶，非所以美己；言人之枉，非所以正己[5]。'故君子攻其恶[6]，无攻人之恶。"

【注释】

[1] 叔孙武叔见未仕于颜回：叔孙武叔，鲁大夫，名州仇。"未仕"二字疑为衍文。

[2] 宾之：以宾客之礼相待。

[3] "武叔多称人之过"二句：冈白驹补注："《论语》云：'叔孙武叔毁仲尼。'彼于圣人而尚加毁，其他可知已。"

[4] 来辱：谦词，意为屈驾。

[5] "言人之恶"四句：冈白驹补注："《坊记》云：'善则称人，过则称己，则民不争。善则称人，过则称己，则怨益亡。'夫在上者，有善尚推之人，而恶引诸己，惧夫争与怨也。苟言人之恶，言人之枉，不取争而致怨者，希矣。何美己、正己之有？"

[6] 攻其恶（è）：批评自己的过失。其，这里指代君子自己。

【译文】

叔孙武叔来会见颜回，颜回吩咐家人："请用宾客的礼仪招待他。"武叔常常数说别人的过失，而自己妄加评论，因此颜回说："本来您是屈驾光临寒舍，应该是想从我这里得到些什么吧？我从孔子那里听说：'说别人过失，并不能用来赞美自己；说别人的过失，并不能证明自己正确。'所以君子应该批评自己的过失，不要批评别人的过失。"

颜回谓子贡曰："吾闻诸夫子：'身不用礼而望[1]礼于人，身不用德而望德于人，乱[2]也。'夫子之言，不可不思也。"

【注释】
　[1]望：希望，期待。
　[2]乱：悖理。

【译文】
　颜回对子贡说："我听先生说过：'自己不遵行礼却期待别人以礼待己，自己不坚守德行却希望别人以德待己，这是悖理的。'对先生的话，不能不认真思考啊。"

子路初见第十九

子路初[1]见孔子。子曰："汝何好乐[2]？"对曰："好长剑。"孔子曰："吾非此之问也，徒[3]谓以子之所能，而加之以学问，岂可及乎？"

子路曰："学岂益也哉[4]？"孔子曰："夫人君而无谏臣则失正[5]，士而无教友则失听[6]。御狂马不释策[7]，操弓不反檠[8]。木受绳则直[9]，人受谏则圣[10]。受学重问，孰不顺哉[11]？毁仁恶士，必近于刑[12]。君子不可不学。"

子路曰:"南山有竹,不揉自直[13],斩而用之,达于犀革[14]。以此言之,何学之有?"孔子曰:"括而羽之[15],镞而砺之[16],其入之不亦[17]深乎?"

子路再拜,曰:"敬而受教[18]。"

【注释】

[1]初见:第一次相见。此记载又见于《说苑·建本》。

[2]好乐(lè):爱好,喜欢。

[3]徒:只是。

[4]学岂益也哉:学习难道有好处吗?益,益处。

[5]人君而无谏臣则失正:君主如果没有劝谏之臣就会犯错。而,假设连词。

[6]士而无教友则失听:士人如果没有给予教诲的朋友就会失去判断力。教友,指给予教诲的朋友。失听,失去判断是非的能力。听,察是非。

[7]御狂马不释策:驾驭烈马不能放下鞭子。策,驱赶骡马役畜的鞭子。

[8]操弓不反檠(qíng):操持弓箭不能丢下檠。檠,矫正弓弩的器具。

[9]木受绳则直:木料要靠打上墨线来取直。

[10]人受谏则圣:人要接受别人的劝说才能聪明。太宰纯增注:"《说命》曰:'惟木从绳则正,后从谏则圣。'"圣,聪明。

[11]"受学重问"二句:接受教育,勇于请教,谁能不顺遂成功呢?哉,当作"成"。冈白驹补注:"吴本、《说苑》并作'顺成'为是,言能降志以学问于人,人亦必顺成其志而善告之矣。"

[12]"毁仁恶士"二句:毁谤仁人,厌恶士人,必然容易犯罪触刑。

[13]不揉自直:不用揉制,本身就是直的。揉,使曲者直、直者曲为揉。这里指揉制、矫正。

[14]"斩而用之"二句:砍下来做成箭,射出去,可以穿透犀牛皮。达,穿,射穿。犀革,犀牛的皮制成的皮革。

[15]括(guā)而羽之:在箭尾装上羽毛。括,通"栝",箭末扣弦处。

[16]镞(zú)而砺之:装上箭头,并磨锋利。镞,铁质的箭头。

［17］亦：《说苑》作"益"。

［18］敬而受教：恭敬接受您的教诲。敬，表示尊敬的答语，意为不敢怠慢。

【译文】
　　子路第一次见到孔子。孔子问："你有什么爱好啊？"子路回答说："爱好长剑。"孔子说："我问的不是这个，只是说以你的才能，再通过学习增加你的学问，谁能赶得上你呢？"

　　子路说："难道学习也有好处吗？"孔子说："君主如果没有直言进谏的臣子，就会犯错误；士人如果没有能给以教诲的朋友，就会失去判断力。驾驭狂奔的烈马不能放下马鞭，操持弓箭不能丢了矫正弓弩的檠。木料要靠打上墨线来取直，要接受别人的劝说才能聪明。接受教育，勇于请教，谁能不顺遂成功呢？毁谤仁人，厌恶士人，必然容易犯罪触刑。君子不能不学习啊。"

　　子路说："南山上有一片竹子，不用揉制，本身就是直的，砍下来做成箭，射出去，可以穿透犀牛皮。由此说来，还有什么学习的必要呢？"孔子说："在箭尾装上羽毛，前面装上箭头，并磨锋利，那它射得不就更深吗？"

　　子路向孔子拜了两拜说："恭敬接受您的教诲。"

　　子路将行，辞于孔子[1]。子曰："予赠汝以车乎？赠汝以言乎[2]？"子路曰："请以言。"孔子曰："不强不达[3]，不劳无功[4]，不忠无亲[5]，不信无复[6]，不恭失礼[7]。慎此五者而已。"

　　子路曰："由请终身奉之。敢问亲交[8]取亲若何？言寡可行若何？长为善事[9]而无犯[10]若何？"孔子曰："汝所问，包[11]在五者中矣。亲交取亲，其忠也；言寡可行，其信也；长为善事而无犯，其礼也。"

【注释】

[1] 此记载又见于《说苑·杂言》。

[2] 赠汝以言乎：冈白驹补注："行者必以赠，君子赠人以言。"《观周》篇载老子语："吾闻富贵者送人以财，仁者送人以言。"可与此参读。

[3] 不强不达：不努力就不能实现目标。王肃注："人不以强力，则不能自达。"

[4] 不劳无功：不付出劳动就没有收获。冈白驹补注："劳，勤也。"

[5] 不忠无亲：不尽心力就没有人亲近。冈白驹补注："为人谋，行人事，能尽其中心，视如己事，谓之忠。"

[6] 不信无复：不讲信用就得不到别人的信任。

[7] 不恭失礼：不恭敬就违背礼仪。

[8] 亲(xīn)交：新结交朋友。亲，通"新"。《说苑》作"新"。

[9] 事：太宰纯增注："一本'事'作'士'，下同，《说苑》同。"冈白驹本作"士"，补注："士，事也。"

[10] 犯：触犯，冒犯。

[11] 包：包含。

【译文】

子路准备远行，到孔子那里辞行。孔子说："我是送给你车子呢，还是送给你几句话呢？"子路说："请您赠给我几句话吧。"孔子说："不努力就不能实现目标，不付出劳动就没有收获，不尽心力就没有人亲近，不讲信用就得不到别人的信任，不恭敬就违背礼仪。出门行事谨慎地做到这五点就行了。"

子路说："我将终生尊奉您的教诲。请问结交新朋友选取亲近的，如何？说得少但说出的话都是可实行的，如何？常做好事而不冒犯他人，如何？"孔子说："你所问的这些，都包含在我刚提到的那五点之中了。结交新朋友选取亲近的，这就是忠诚；说得少但说出的话都可实行，这就是守信；常做好事而不冒犯他人，这就是守礼。"

孔子为鲁司寇，见季康子[1]，康子不悦[2]。孔子又见之。

宰予进曰:"昔予也尝闻诸夫子曰:'王公不我聘[3],则弗动[4]。'今夫子之于司寇也日少[5],而屈节数矣[6],不可以已[7]乎?"孔子曰:"然。鲁国以众相陵[8]、以兵相暴[9]之日久矣,而有司[10]不治,则将乱也。其聘[11]我者,孰大于是哉?"

鲁人闻之,曰:"圣人将治,何不先自远刑罚[12]?"自此之后,国无争者。

【注释】

[1]季康子:春秋时鲁国大夫,即季孙肥,谥"康"。王肃注:"当为桓子,非康子也。"林按,王说是。《说苑》亦作"康子",皆误。康子当作"桓子"。此记载又见于《说苑·政理》。

[2]不悦:不高兴。

[3]不我聘:"不聘我"的倒装。聘,访问。

[4]弗动:不主动拜访。

[5]日少:时间不长。

[6]屈节数(shuò)矣:王肃注:"谓屈节数见于季孙。"数,多次,频繁。

[7]已:停止。

[8]以众相陵:依仗人多而欺侮别人。

[9]以兵相暴:凭借武器而暴虐他人。

[10]有司:古代职官均称有司,因古代设官分职,各有专司,故称。此处指司寇。

[11]聘:聘请,聘使,聘任。

[12]自远刑罚:主动避免犯罪,远离刑罚。

【译文】

孔子在鲁国任司寇一职,去见季桓子,桓子显得不高兴。孔子又去见他。

宰予走上前说:"从前我常听老师说:'天子、诸侯不来访问我,我就不会主动拜访。'如今老师您任司寇一官的时间不长,但却多次屈节去见季孙,不能不去吗?"孔子说:"你说得对。但是在鲁国,依仗人多而欺侮别人、凭借武器而暴虐他人的现象已经存在了很长时间了,但是司寇却不加治理,这样下去国家将会出现动荡。现在聘请我出任司寇,什么能比这更要紧呢?"

鲁国人听说了这番话,都说:"圣人将要来治理国家,我们为什么不先主动避免犯罪,远离刑罚呢?"从此以后,鲁国没再出现争斗的现象。

孔子谓宰予[1]曰:"违山十里,蟪蛄之声,犹在于耳,故政事莫如应之[2]。"

【注释】

[1] 宰予:《说苑》作"弟子"。

[2] "违山十里"四句:王肃注:"违,去也。蟪蛄,蛁蟟也。蛁蟟之声,去山十里,犹在于耳,以其鸣而不已,言政事须慎听之,然后行之者也。"冈白驹补注:"言政事莫如应民情也,民应听则如蟪蛄声之在于耳也。"蟪蛄,又名蛁蟟,一种黄绿色的蝉,翅有黑白色条纹,夏末雄虫从早到晚鸣声不止。

【译文】

孔子对宰予说:"即使离山十里,蝉的聒噪之声好像还是响在耳边一样。政事也是如此。因此治理政事与其听之任之,不如主动应对。"

孔子兄子有孔篾者[1],与宓子贱[2]偕[3]仕。孔子往过[4]孔篾,而问之曰:"自汝之仕,何得何亡?"对曰:"未有所得,而所亡者三。王事若龙[5],学焉得习[6]？是学不得明也；俸禄少，馆粥[7]不及亲戚[8]，是骨肉[9]益疏也；公事多急，不得吊死问疾[10]，是朋友之道阙也。其所亡者三，即谓此也。"孔子不悦。

往过子贱，问如孔蔑。对曰："自来仕，无所亡，其有所得者三。始诵[11]之，今得而行之[12]，是学益明也；俸禄所供，被及[13]亲戚，是骨肉益亲也；虽有公事，而兼以吊死问疾，是朋友笃也。"

孔子喟然谓子贱曰："君子哉若人[14]！鲁无君子者，则子贱焉取此[15]。"

【注释】
[1] 孔子兄子有孔蔑者：即孔忠，字子蔑，孔子兄孟皮之子，亦孔子弟子。此记载又见于《说苑·政理》。
[2] 宓子贱：宓不齐，字子贱，孔子弟子，春秋时鲁国人。
[3] 偕：通"皆"，一起。
[4] 过：过访，探望。
[5] 王事若龙：公事不断。
[6] 学焉得习：所学的东西哪里有机会去实践啊。
[7] 馆(zhān)粥：稀饭。
[8] 亲戚：内外亲属。这里主要指父母兄弟。
[9] 骨肉：比喻至亲，指父母、兄弟、子女等亲人。
[10] 吊死问疾：吊唁死者，慰问病人。
[11] 诵：诵读经典。
[12] 今得而行之：太宰纯增注："《说苑》作'今履而行之'。"
[13] 被及：施及。
[14] 若人：王肃注："若人，犹言是人者也。"
[15] "鲁无君子者"二句：王肃注："如鲁无君子者，此人安得而学之。言鲁有君子也。"林按，此句亦见《论语·公冶长》："子谓子贱：'君子哉若人！鲁无君子者，斯焉取斯。'"

【译文】

孔子哥哥有个儿子叫孔蔑,与宓子贱一起出仕做官。孔子到孔蔑那里去,问他说:"自从你做官以来,有何得失啊?"孔蔑回答说:"没得到什么,却在三个方面有所失。公事一件接一件,所学的东西哪里有机会去实践啊?因此学问没有理解明白;获得的俸禄太少,连稀饭都没法分给父母兄弟,因此骨肉至亲日益疏远;公务大多急迫重要,不能抽出时间去吊唁死者、慰问病人,因此朋友友情渐渐缺失。我说在三个方面有所失,就是指这些。"孔子听了很不高兴。

孔子又到宓子贱那里去,问了与孔蔑同样的问题。宓子贱回答说:"自从做官以来,没失去什么,而在三个方面有所得。以前诵读的经典,现在得到了实践,因此学问更加明白;所得到的俸禄,拿去分给父母兄弟,因此骨肉至亲更加亲密;虽然公务缠身,但仍兼顾到吊唁死者、慰问病人,因此朋友友情更加深厚。"

孔子非常感慨,称赞宓子贱说:"这人真是个君子啊!鲁国如果没有君子,那么宓子贱又是从哪里学来的这种品德呢?"

孔子侍坐于哀公,赐之桃与黍焉。哀公曰:"请用[1]。"孔子先食黍而后食桃,左右皆掩口而笑。公曰:"黍者所以雪桃[2],非为食之也。"孔子对曰:"丘知之矣。然夫黍者,五谷之长[3],郊祀[4]宗庙,以为上盛[5]。果属有六,而桃为下,祭祀不用,不登[6]郊庙[7]。丘闻之,君子以贱雪贵,不闻以贵雪贱。今以五谷之长,雪果之下者,是从上雪下。臣以为妨于教、害于义,故不敢。"公曰:"善哉!"

【注释】

[1] 此记载又见于《韩非子·外储说左下》。

［2］雪桃：指擦拭桃子的毛。王肃注："雪，拭。"
［3］五谷之长：五谷之中最尊贵的。
［4］郊祀：帝王祭天地的大礼。因在都城南北郊举行，故称。
［5］盛（chéng）：祭祀时置于礼器中的祭品。
［6］登：进献。
［7］郊庙：帝王祭天地的郊宫和祭祖先的宗庙。

【译文】

孔子陪侍哀公而坐，哀公赏赐给他桃子和黍子，说："请吃吧。"孔子就先吃了黍子，然后吃桃子。哀公左右的人都捂着嘴笑了。哀公说："黍子是用来擦桃的，不是吃的。"孔子回答说："我知道。但是黍子是五谷中的最尊者，在对天地、祖先的祭祀中都将它作为上等祭品。果品共有六种，而桃最为低下，祭祀时不用它，更不能进献到祭祀天地的郊宫和祭祖先的宗庙。我听说过，君子用低贱的物品来擦拭尊贵的物品，可没听说有拿尊贵的物品来擦拭低贱的物品的。如今用五谷中的最尊者，来擦拭果品中的最下者，臣下认为这有妨于教化，有害于仁义，所以我不敢那样去做。"哀公说："说得好啊！"

子贡曰："陈灵公宣淫于朝[1]，泄冶正谏而杀之[2]。是与比干谏而死同，可谓仁乎？"子曰："比干于纣，亲则诸父[3]，官则少师[4]，忠报之心，在于宗庙[5]而已，固必以死争之，冀身死之后，纣将悔悟，其本志情[6]在于仁者也。泄冶之于灵公，位在大夫，无骨肉之亲，怀宠[7]不去，仕于乱朝，以区区[8]之一身，欲正一国之淫昏，死而无益，可谓捐[9]矣。《诗》云：'民之多僻，无自立辟[10]。'其泄冶之谓乎？"

【注释】

[1]陈灵公宣淫于朝：陈灵公，春秋时陈国国君，妫姓，名平国，在位15年(前613—前599)。他与孔宁、仪行父皆私通于大夫夏徵舒之母夏姬，甚至穿着夏姬的衣服在朝廷上相互戏弄。此记载又见于《左传·宣公九年》。

[2]洩冶正谏而杀之：《左传·宣公九年》："陈杀其大夫洩冶。"洩冶，陈国大夫。正谏，直言规劝。

[3]亲则诸父：论亲缘，属于纣王的叔父。

[4]官则少师：论官职，则为朝廷的少师。

[5]在于宗庙：天子、诸侯祭祀祖先的处所。在此代指王室、国家。比干属于王室成员，故其劝谏纣王意在保全宗庙，保全殷王朝。

[6]志情：意志与情感。

[7]怀宠：留恋君主的恩宠。

[8]区区：小。形容微不足道。

[9]捐：弃。一本作"狷"。

[10]"民之多僻"二句：语出《诗·大雅·板》。僻，邪。辟，法。

【译文】

子贡说："陈灵公在朝堂上公然淫乱，洩冶直言劝谏而被杀害。这与比干因上谏而死相同，可以称为仁义之举吗？"孔子说："比干对于纣来说，论亲缘是纣王的叔父，论官职是朝廷的少师，尽忠报答的心情不过为了保全殷王室罢了，所以必然要以死规劝，希望自己死后，纣王能幡然醒悟，他本来的意志和情感都是出于仁。而洩冶对于灵公来说，论官位仅是大夫，又没有亲缘关系，留恋君主的恩宠而舍不得离去，在如此混乱的朝廷做官，想用自己小小的身躯，纠正一国的淫乱昏暗，死了也没有什么益处，这只能说是自弃。《诗》上说：'当今之人多邪辟，勿自立法以害己。'大概说的就是洩冶吧？"

孔子相鲁[1]。齐人患其将霸[2]，欲败[3]其政，乃选好女子[4]八十人，衣以文饰[5]，而舞容玑[6]，及文马四十驷[7]，以遗鲁君。陈[8]女乐，列文马于鲁城南高门[9]外。季桓子微服[10]往观之再三，将受焉，告鲁君为周道游观[11]，观之终日，怠[12]于政事。子路言于孔子曰："夫子可以行矣。"孔子曰："鲁今且[13]郊[14]，若致膰[15]于大夫，是则未废其常[16]，吾犹可以止也。"

桓子既受女乐，君臣淫荒三日，不听国政，郊又不致膰俎。孔子遂行，宿于郭屯[17]。师已[18]送，曰："夫子非罪[19]也。"孔子曰："吾歌可乎？"歌曰："彼妇人之口，可以出走；彼妇人之谒，可以死败[20]。优哉游哉，聊以卒岁[21]。"

【注释】
　　[1] 孔子相鲁：此记载又见于《史记·孔子世家》。
　　[2] 齐人患其将霸：齐国人害怕鲁国强大。患，担心，害怕。霸，强大。
　　[3] 败：败坏，破坏。
　　[4] 好女子：貌美的女子。
　　[5] 衣以文饰：身上穿着各种装饰。
　　[6] 容玑：舞曲名。
　　[7] 文马四十驷：一百六十匹装饰豪华的马。驷，古代用四马共牵一车，故呼四马为驷。
　　[8] 陈：陈列，摆放。
　　[9] 高门：鲁国都城有十二门，其南门名为稷门，稷门的左右各有一门，左为章门，右为零门。此"高门"非城门名，乃泛称。
　　[10] 微服：为隐藏身份，避人注目而改换常服。
　　[11] 告鲁君为周道游观：冈白驹补注："请鲁君周遍道路游行，因出观女乐，若不为专往者。"周道，周遍道路。
　　[12] 怠：荒怠。
　　[13] 且：将要。
　　[14] 郊：郊祭。冈白驹补注："祭天。"天子的祭天之礼。一般是冬至日在南郊举行。因鲁国是周公封国，周成王特许鲁国享有天子礼乐，故鲁有郊祭。

[15] 膰(fán)：祭肉。
[16] 是则未废其常：这说明基本规矩还没有被废弃。
[17] 郭屯：城郭外的村庄。
[18] 师已：人名，鲁国乐师。
[19] 夫子非罪：您没有过失。言下之意，您没有过失，为什么要离开呢。
[20] "彼妇人之口"四句：王肃注："言妇人口请谒，足以使人死败，故可以出走也。"
[21] "优哉游哉"二句：言仕不遇，故且优游以终岁。

【译文】

孔子辅相鲁国国君治理政事。齐国人害怕鲁国强大，打算败坏鲁国政事，于是就挑选了八十名美女，让她们身上穿着各种装饰，教给她们跳容玑舞，又挑选了一百六十匹装饰豪华的马，一起赠送给鲁国国君。齐国将这些舞女、骏马陈列在了鲁国都城南面的高门之外。季桓子换上便服前去看了多次，准备接受下来，就请鲁君到各处去巡游考察。随后季桓子与鲁定公就整天观赏齐国送的这些舞女、骏马，对政事则漠不关心，荒怠了政事。子路对孔子说："老师您可以离开鲁国了！"孔子说："鲁国现在将要举行郊祭，如果结束后还能将熟的祭肉分给大夫们，这说明基本规矩还没有被废弃，我还可以为此留下来。"

季桓子接受了舞女之后，君臣上下荒淫无度，甚至一连三日不理朝政，郊祭之后也没有分送祭祀余下的熟肉。孔子便决定离开鲁国，出行前先留宿在城郭外的村庄里。师已前去相送，说："先生您没有什么过错啊。"孔子说："我可以唱歌吗？"接着就唱道："那些妇人的口舌啊，可以让人外出逃奔；那些妇人的请求啊，可以使人败亡。悠闲自得啊，勉强度余生。"

澹台子羽有君子之容[1]，而行不胜其貌[2]。宰我有文雅之辞[3]，而智不充其辩[4]。孔子曰："里语[5]云：'相马以舆[6]，相士以居[7]。'弗可废[8]矣。以容取人，则失之子羽；以辞取人，则失之宰予[9]。"

【注释】

[1] 此记载又见于《韩非子·显学》、《史记·仲尼弟子列传》。澹（tán）台子羽，澹台灭明，字子羽，孔子弟子。容，仪容。

[2] 行不胜其貌：行为赶不上仪容。

[3] 文雅之辞：文雅得体的谈吐。《论语·先进》："言语：宰我，子贡。"

[4] 智不充其辩：智慧不符合辩才。充，符合。

[5] 里语：犹"里谚"，民间谚语。

[6] 相马以舆：判断马的优劣要看它驾车的情况。

[7] 相士以居：判断一个人贤德与否要看他平时的表现。居，平时。

[8] 废：废弃。

[9] "以容取人"四句：冈白驹补注："按，《史记》云：'澹台灭明，状貌其恶，欲事孔子，孔子以为才薄，既已受业，退而修行，行不由径，非公事不见卿大夫。'据《史记》所载，则子羽形陋而行高，所引孔子之言，与此言同，而意则反矣，然《史记》与《论语》子游所称合，当《史记》为正。"林按，本节所记恐为传闻异辞，不足信。

【译文】

澹台子羽有君子般的仪容，但他的行为却比不上他的仪容；宰我有文雅得体的谈吐，但他的智慧却不符合他的辩才。孔子说："有谚语讲：'判断马的优劣要看它驾车的情况，判断一个人贤德与否要看他平时的表现。'这个原则不能废弃啊。如果凭着容貌来选取人才，那么对于澹台子羽就会是个失误；如果凭着口才来选取人才，那么对于宰予就会是个失误。"

孔子曰："君子以其所不能[1]畏人[2]，小人以其所不能不信人。故君子长人之才[3]，小人抑人而取胜[4]焉。"

【注释】

[1] 所不能：做不到的事情。
[2] 畏人：敬畏他人。
[3] 长(zhǎng)人之才：尊重他人的才干。
[4] 抑人而取胜：通过压制别人来获得优势。

【译文】

孔子说："君子因为有自己做不到的事情而敬畏他人，小人则由于自己做不到而不相信别人能做到。因此君子总是尊重他人的才干，小人则通过压制别人来获得优势。"

孔蔑问行己之道[1]。子曰："知而弗为，莫如勿知[2]；亲而弗信，莫如勿亲[3]。乐之方至，乐而勿骄[4]；患之将至，思而勿忧[5]。"孔蔑曰："行己乎[6]？"子曰："攻其所不能[7]，补其所不足[8]。毋以其所不能疑人，毋以其所能骄人。终日言无遗[9]己忧；终日行不遗己患，唯智者有之。"

【注释】

[1] 此记载又见于《说苑·杂言》。孔蔑，黄鲁曾本、宽永本作"篾"。下同。行己之道，修己处世的原则方法。
[2] "知而弗为"二句：知道但不去实践，就不如不知道。孔门之知，盖指人道而言，即人类社会中修身齐家治国平天下等方面的原则、道理。
[3] "亲而弗信"二句：亲近师友而不信从，就不如不去亲近。《学记》云："安其学而亲其师，乐其友而信其道。"可与此参读。
[4] "乐之方至"二句：乐事刚刚到来时，要保持快乐但不骄矜纵恣。即不能乐以忘忧。骄，纵恣。
[5] "患之将至"二句：忧患将要来临时，要思考对策却不过分忧愁。即不能陷于慌乱。冈白驹补注："豫防宜思，知命勿忧。"千叶玄之

标笺："勿忧，谓安命也。"
[6] 行己乎：行己之道就这些吗？
[7] 攻其所不能：钻研自己不掌握的东西。攻，致力于学习、研究。
[8] 补其所不足：补充自己不具备的东西。
[9] 遗：留下，引申为招致。

【译文】
　　孔蔑请教修己处世的原则方法。孔子说："知道但不去实践，就不如不知道；亲近师友而不信从，就不如不去亲近。乐事刚刚到来时，要保持快乐但不骄矜纵恣；忧患将要来临时，要思考对策却不过分忧愁。"孔蔑说："行己之道就这些吗？"孔子说："钻研自己不掌握的东西，补充自己不具备的东西。不要因为有自己做不到的事情而怀疑别人也做不到，也不要因为自己能做到某事而傲视别人。整天说话却不给自己招致忧愁；整天做事却不给自己招致祸患，只有明智的人才能做到。"

在厄第二十

　　楚昭王[1]聘孔子，孔子往拜礼[2]焉，路出于陈、蔡[3]。陈、蔡大夫相与谋曰："孔子圣贤[4]，其所刺讥，皆中诸侯之病[5]。若用于楚，则陈、蔡危矣。"遂使徒兵[6]距[7]孔子。
　　孔子不得行，绝粮七日，外无所通，藜羹不充[8]，从者[9]皆病。孔子愈慷慨讲诵，弦歌不衰[10]。乃召子路而问焉，曰："《诗》云：'匪兕匪虎，率彼旷野[11]。'吾道非乎，奚为至于此？"子路愠，作色而对曰："君子无所困[12]。意者夫子未仁与，人之弗吾信也[13]？意者夫子未智与，人之弗吾行[14]也？且由也昔者闻诸夫子曰：'为善者，天报[15]之以福；为不善者，天报之以祸。'今夫子积德怀义[16]，行之久矣，奚居之穷也？"子曰："由未之识也，吾语汝：汝以仁者为必信也，则伯夷、叔齐[17]不饿死首阳；汝以智者为必用也，则王子比干不见剖心[18]；汝以忠者为必报也，则关龙逄[19]不见刑；汝以谏者为必听也，则伍子胥不见杀[20]。夫遇[21]不遇者，时[22]也；贤不肖者，才[23]也。君子博学深谋[24]而不遇时者众矣，何独丘哉！且芝兰[25]生于深林，不以无人而不芳。君子修道立德，不为穷困而改节。为之者，人也[26]；生死者，命也[27]。是以晋重耳之有霸心，生于曹、卫[28]；越王句践之有霸心，生于会稽[29]。故居下而无忧者，则思不远；处身而常逸[30]者，则志不广。庸知其终始乎[31]？"子路出。

召子贡，告如子路。子贡曰："夫子之道至大，故天下莫能容，夫子盍少贬[32]焉？"子曰："赐，良农能稼，不必能穑[33]；良工能巧，不能为顺[34]。君子能修其道，纲而纪之[35]，不必其能容。今不修其道而求其容。赐，尔志不广矣，思不远矣！"子贡出。

颜回入，问亦如之。颜回曰："夫子之道至大，天下莫能容，虽然，夫子推而行之，世不我用[36]，有国者之丑[37]也。夫子何病[38]焉？不容然后见[39]君子。"孔子欣然叹[40]曰："有是哉[41]，颜氏之子[42]。使尔多财，吾为尔宰[43]。"

【注释】
　　[1]楚昭王聘孔子：楚昭王，芈姓，熊氏，名壬，又名轸（珍），平王之子，公元前516年至前489年在位，是楚国的中兴之主。此记载又见于《荀子·宥坐》、《庄子·让王》、《吕氏春秋·孝行览·慎人》、《韩诗外传》卷七、《史记·孔子世家》、《说苑·杂言》。
　　[2]拜礼：拜见楚昭王。
　　[3]蔡：周代的诸侯国。初，周武王封其弟蔡叔度于蔡，后三监之乱蔡叔度流放，周公封其子蔡仲于蔡。都城在蔡（今河南上蔡）。春秋时，蔡国屡遭楚国逼迫。公元前531年，楚灭蔡。三年后，蔡平侯复国，迁都新蔡（今河南新蔡县）。公元前506年蔡曾随吴伐楚，并攻入郢都。公元前493年楚伐蔡，蔡求助于吴，蔡昭侯迁都于州来（今安徽凤台县），称为下蔡。公元前447年，蔡国被楚国所灭。
　　[4]圣贤：太宰纯增注："圣贤，《史记》作'贤者'，李善《文选》注作'贤圣'。"
　　[5]病：弊端，弊病。
　　[6]徒兵：步兵。
　　[7]距：通"拒"，阻拦。
　　[8]藜(lí)羹(gēng)不充：连野菜汤都吃不上了。藜羹，用嫩藜煮成的羹，指粗劣的食物。藜，同文本作"黎"，草名，也叫灰菜，初生可食。充，供给。
　　[9]从者：即追随孔子的弟子们。
　　[10]"孔子愈慷慨讲诵"二句：孔子讲学，通常会有鼓琴鼓瑟的弦歌。《庄子·渔父》："孔子游乎缁帷之林，休坐乎杏坛之上。弟子读书，孔子弦歌鼓琴。"
　　[11]"匪兕(sì)匪虎"二句：王肃注："率，循也。言非兕虎，而循旷野也。"太宰纯增注："《诗·小雅·何草不黄》篇，毛苌曰：'兕、虎，野兽也。旷，空也。'"兕，犀牛。
　　[12]困：困厄，窘困，没有出路。
　　[13]"意者夫子未仁与"二句：王肃注："言人不信吾，岂以未仁乎。"意者，大概，或许，恐怕，表示推测。
　　[14]行，非指眼下被困不得通行，而是指行吾道，即践行我们的主张。
　　[15]报：回报，酬报。报是中国古代非常重要的概念，它适用于人际关系及天人关系之中。
　　[16]积德怀义：积累德性，心怀道义。

[17]伯夷、叔齐：孤竹君之二子也。兄弟让国而逃，及武王伐纣，伯夷、叔齐耻之，义不食周粟，隐于首阳山，采薇而食之，遂饿而死。

[18]王子比干不见剖心：太宰纯增注："王子比干，纣之亲戚也，见箕子谏不听而为奴，则曰：'君有过而不以死争，则百姓何辜？'乃直言谏纣，纣怒曰：'吾闻圣人之心有七窍，信有诸乎？'乃遂杀王子比干，刳视其心。"见，被。

[19]关龙逄(páng)：夏桀时忠臣，谏桀而被杀。

[20]伍子胥不见杀：太宰纯增注："伍子胥，楚人，名员，去楚之吴，事王阖庐及夫差。夫差后用太宰嚭而疏子胥，嚭因谮子胥，夫差赐子胥属镂之剑，曰：'子以此死。'子胥乃自刭死。"冈白驹补注："《左传·哀十一年》：吴将伐齐，子胥谏，不听。使于齐，属其子于鲍氏，反役，王闻之赐之剑以死。孔子赴楚聘，史以为哀六年事，而是时子胥未见杀也。"《史记》无伍子胥一句。林按，或以孔子处陈蔡之厄不能言子胥被杀而疑此篇，林以为子胥见杀为孔子晚年所知，或其晚年对此事有类似表述，故得以续入孔子弟子有关陈蔡之厄的回忆文字之中。抑或文献流传过程中出现的增损。

[21]遇：得志，遇合。

[22]时：时运，时命。

[23]才：通"材"，资质，品质。

[24]深谋：深远周密的谋划。

[25]芝兰：芝通"芷"，芷、兰为两种香草。二者连用常指美好的德行或环境。

[26]"为之者"二句：做不做善事，是人自己可以做主的。

[27]"生死者"二句：人的生死，属于外在的运命所左右的。命，命运，不为人的意志所转移，不为人所左右的偶然性。命，在孔子思想中，包含"赋予义"的"使命"和"限制义"的"运命"两个层面。孔子认为，应该积极践行使命，尽量完成使命，对待外在的运命则只需"俟命""俟时"即可。

[28]"是以晋重耳"二句：王肃注："重耳，晋文公也。为公子时，出奔，困于曹、卫。"太宰纯增注："晋公子重耳出亡，处狄十二年而行，过卫，卫文公不礼焉。及曹，曹共公闻其骈胁，欲观其裸。浴，薄而观之，重耳后入于晋，杀怀公而立为君，是为文公，遂霸诸侯。详见《春秋左氏传》。"

[29]"越王句践"二句：王肃注："言越王之有霸心，乃生困于会稽之时也。"太宰纯增注："吴王夫差败越于夫椒，遂入越。越王句践以甲盾

五千保于会稽,使大夫种行成。后越反伐吴而灭之,遂霸诸侯。详见《春秋左氏传》及《国语》。会稽,山名。"

[30] 逸:安逸,安乐。

[31] 庸知其终始乎:哪里知道最终的结局呢?终始,偏指终,指结局。

[32] 盍少贬焉:为什么不稍微降低一下要求和标准呢?盍,何不也。少,通"稍"。贬,或训为抑退,谦退。恐不确。此处"贬"指的对象是孔子对实现道的要求与标准。

[33] "良农能稼"二句:优秀的农民能种好庄稼,未必能做好收获。

[34] "良工能巧"二句:优秀的工匠能技术巧妙高超,但是不能每次都顺遂他人的心意。冈白驹补注:"人心如面,不能每顺人意,以规矩有定也。"

[35] 纲而纪之:抓住大纲要领,并予以条理。冈白驹补注:"君子修道,有纲有纪也。何本此下更有'统而理之'一句。"纲,本义是渔网上提网的总绳,引申为事物的关键部分,名词作动词,意为抓住关键要领。纪,散丝的头绪。名称作动词,意为条理。

[36] 世不我用:即"世不用我"。意为这个时代没有用我的。世,时代。

[37] 有国者之丑:是君主们的耻辱。冈白驹补注:"丑,羞也。夫道之不修也,是吾丑也。道既修,而世不我用,是有国者之丑也。"

[38] 病:担心,忧愁。

[39] 见:通"现",显现。

[40] 叹:因高兴、兴奋、激动而发出长声。

[41] 有是哉:意思大概是说得如此好啊,说得很有道理啊。

[42] 颜氏之子:颜家的小伙子。因颜回的父亲颜路亦为孔子弟子,故称颜回为颜氏之子,有亲切的意味。

[43] 宰:主财者。

【译文】

楚昭王聘请孔子到楚国去做官,孔子便去拜见楚昭王,接受礼聘,途中经过陈、蔡两国。陈、蔡两国的大夫聚在一起商议说:"孔子是一代圣贤,他所批评指责的,的确都是各诸侯国存在的弊病。如果他被楚国任用,那么我们陈、蔡两国就危险了。"于是他们就派出步兵去阻拦孔子。

孔子一行被围困，不得前行，断粮七日，无法和外界取得联系，连一些野菜汤也吃不上，跟随的弟子都病倒了。孔子却情绪更加激昂地讲学，弹琴唱歌没有停歇。他叫来子路问："《诗》中说：'不是犀牛不是虎，沿着旷野急出入。'我的学说不对吗，为什么会落到这种地步？"子路心中有气，露出不高兴的样子，说："君子不应该受到困厄。难道是您还不够仁德，人家因此不相信我们？难道是您还不够智慧，人家因此不践行我们的主张？而且我以前听您讲过：'行善的人，上天会回报给他福祉；作恶的人，上天会回报给他灾祸。'如今您积累德性，心怀道义，这样做了这么长时间，为什么还会处在这种困厄的境地呢？"孔子说："你还不明白！我来告诉你：你以为仁德的人必定会被信任，那么伯夷、叔齐就不会饿死在首阳山；你以为智慧的人必定被任用，那么王子比干就不会被剖心；你以为忠心的人必定会得到回报，那么关龙逢就不会遭刑杀；你以为劝谏的人必定被听从，那么伍子胥就不会被赐死。能不能遇合明主，是由时运所决定的；有才与不才，则在于个人的品质。君子学识渊博，谋略深远，而没有碰上好时运的有很多，哪里只有我一人呢！况且，芷兰生长在深山老林里，并不会因无人欣赏而不吐露芬芳；君子修习大道树立仁德，并不会因贫穷困顿而改变节操。做或者不做，在于人自己；生或者死，在于命运。所以，晋国重耳称霸的雄心，萌生在他逃亡曹、卫两国之时；越王勾践称霸的雄心，萌生在他被围困于会稽之时。因此，身居下位却没有忧虑的人，理想就不会高远；生活长期安逸的人，志向就不会广阔。这样的人哪里知道自己的最终结局呢？"子路退了出去。

孔子又叫来子贡，问了与子路同样的问题。子贡说："老师您的学说博大精深，因此天下人不能接受您。您为什么不稍稍降低一下标准呢？"孔子说："端木赐啊！优秀的农民能种好庄稼，未必能做好收获；优秀的工匠能做到技术巧妙高超，但是不能保证每次都顺遂他人的心意。君子研习自己的学说，抓住大纲要领，并予以条理，尚且不一定就会被人们接受。现在不研修完善自己的学说，却只求能被人接受，端木赐啊，你的志向不广阔啊！你的理想也不高远啊！"子贡退了出去。

颜回进来，孔子也问了他同样的问题。颜回说："老师您的学说博大精深，致使天下人都不能接受您。尽管如此，老师您还是推广并实践它，我们的主张不被这个时代所用，那是各国君主们的耻辱。您有什么值得忧愁的呢？尽管不被接受，但是这样才显出了君子的本色。"孔子高兴地感叹说："说得如此好啊，颜家的小伙子！假如你家有很多钱财，我愿意去给你做个管家。"

子路问于孔子曰："君子亦有忧乎？"子曰："无也。君子之修行[1]也，其未得之[2]，则乐其意[3]；既得之，又乐其治[4]。是以有终身之乐，无一日之忧。小人则不然，其未得也，患弗得之；既得之，又恐失之[5]。是以有终身之忧，无一日之乐也。"

【注释】
　　[1] 修行：修身、实践。此记载又见于《荀子·子道》、《说苑·杂言》。
　　[2] 未得之：指没有获得机会去实践，即没有出仕做官。
　　[3] 乐其意：因自己有修己安人的意念而欣喜。
　　[4] 乐其治：因自己的实践而使家、国获得治理而欣喜。
　　[5] "其未得也"四句：可与《论语·阳货》"子曰：'鄙夫可与事君也与哉？其未得之也，患得之；既得之，患失之。苟患失之，无所不至矣'"一节对读。杨伯峻以为"患得之"当为"患不得之"。

【译文】
　　子路问孔子说："君子也有忧愁吗？"孔子说："没有。君子在修身实践中，当没获得机会做官时，他会因自己有修己安人的意念而欣喜；当做官之后，他会因自己的实践使家国获得治理而欣喜。因此，君子一生都很快乐，没有一天是忧虑的。小人则不是这样，当他没有获得官职时，他怕得不到；得到了，又怕失去。因此，他一生都充满忧愁，没有一天是快乐的。"

曾子敝衣而耕于鲁[1]，鲁君闻之而致邑[2]焉。曾子固辞[3]不受。或曰[4]："非子之求，君自致之，奚固辞也？"曾子曰："吾闻受人施者，常畏人[5]；与人者，常骄人。纵君有赐，不我骄[6]也，吾岂能勿[7]畏乎？"孔子闻之，曰："参之言，足以全其节[8]也。"

【注释】
[1]此记载又见于《说苑·立节》。敝衣，破旧的衣服。耕于鲁，耕于鲁国边野。
[2]致邑：赠送给封地。致，赠送，赐给。
[3]固辞：坚决推辞。
[4]或曰：有人说。
[5]常畏人：畏，畏惧。
[6]不我骄：即"不骄我"，意为不傲视我。
[7]勿：无。
[8]节：气节，节操。儒家非常重视的伦理范畴之一，是君子修养的重要内容。晚清魏源曾将"立节"与"立德、立功、立言"合称"四不朽"。

【译文】
曾子穿着破旧的衣服在鲁国边野从事耕作，鲁国国君听说后要送给他封地。曾子坚决推辞而不接受。有人说："这并不是你主动请求的，而是国君亲自赠送给你的，为什么坚决推辞呢？"曾子说："我听说接受别人赠送的人常常畏惧别人，给人东西的人常常傲视别人。纵然国君给我赏赐而不傲视我，但我哪能无所畏惧呢？"孔子听说这件事后说："曾参的这番话，足够保全他的气节了。"

孔子厄于陈、蔡，从者七日不食。子贡以所赍货[1]，窃[2]犯围[3]而出，告籴[4]于野人[5]，得米一石^[6]焉。颜回、仲由炊之于坏屋之下，有埃墨^[7]堕饭中，颜回取而食之。

子贡自井望见之，不悦，以为窃食^[8]也。入问孔子曰："仁人廉士，穷^[9]改节乎？"孔子曰："改节，即何称于仁廉哉？"子贡曰："若回也，其不改节乎？"子曰："然。"子贡以所饭告孔子。子曰："吾信回之为仁久矣，虽汝有云，弗以疑也，其或者^[10]必有故^[11]乎？汝止，吾将问之。"召颜回曰："畴昔^[12]予梦见先人，岂或启佑^[13]我哉？子炊而进饭，吾将进^[14]焉。"对曰："向^[15]有埃墨堕饭中，欲置之^[16]则不洁；欲弃之则可惜，回即食之。不可祭也。"孔子曰："然乎，吾亦食之^[17]。"

颜回出，孔子顾谓二三子曰："吾之信回也，非待^[18]今日也。"二三子由此乃服之。

【注释】

[1] 赍(jī)货：出门携带的财物。赍，旅行的人携带衣食财物等。货，财物。此记载又见于《吕氏春秋·审分览·任数》及《论衡·知实》，然文意差别较大。

[2] 窃：偷偷地。

[3] 犯围：突出包围。

[4] 告籴(dí)：请求买粮。籴，买进粮食。

[5] 野人：乡野之人，指农夫。

[6] 石(dàn)：容量单位，十斗为一石。

[7] 埃墨：烟灰。

[8] 窃食：偷吃。

[9] 穷：困窘，无出路。

[10] 或者：大概。

[11] 故：缘故，缘由。

[12] 畴昔：往日，从前。
[13] 启佑：启示保佑。
[14] 进：进献，献祭。
[15] 向：刚才。
[16] 置之：放在那里。引申为不管不顾，不加处置。
[17] 吾亦食之：冈白驹补注："若埃墨堕饭中，吾亦食之。"
[18] 待：冈白驹补注："'待'当作'特'，字之误也。"林按，待，义可通，未必为误字。

【译文】

孔子被困在陈国和蔡国之间，随从的弟子一连七天没吃上粮食。子贡拿着所携带的财物，偷偷地突出包围，向乡间的农夫请求买粮，最终买回了一石米。颜回、仲由两人在一间破屋子里煮饭，有一块烟灰掉进饭锅中，颜回便把弄脏的饭拿出来吃了。

子贡正在水井边，看到颜回的这一举动，很不高兴，以为颜回在偷吃。他便走到孔子跟前，问道："仁义正直的人在穷困时会改变他的操守吗？"孔子说："改变操守还怎么称得上仁义正直呢？"子贡说："像颜回，他不会改变他的操守吗？"孔子说："是的。"子贡便把看见颜回吃饭的事告诉了孔子。孔子说："我相信颜回修行仁德已经很久了，虽然你刚才说了这么一件事，但我仍不怀疑颜回的为人，其中大概有什么缘故吧？你不要声张，我来问问他。"孔子叫来颜回，说："前几天我梦见先人，难道是先人在启示和保佑我吗？你做好饭拿进来，我要用它进献先人。"颜回回答说："刚才有烟灰掉进饭中，想不管它，那么饭就不干净了；想把弄脏的饭扔掉，又觉得可惜，所以我就把带烟灰的饭吃掉了。因此，这饭已经不能用来祭祀了。"孔子说："这样啊！换作我也会将脏了的饭吃掉的。"

颜回出去了。孔子回头看着其他几个弟子说："我对颜回的信任，并不是从今天才开始的。"大家从此就更佩服颜回了。

入官第二十一

子张问入官于孔子[1]。孔子曰："安身取誉为难[2]。"子张曰:"为之如何?"孔子曰:"己有善勿专[3],教不能勿怠[4],已过勿发[5],失言勿掎[6],不善勿遂[7],行事勿留[8],君子入官,自此六者[9],则身安誉至而政从[10]矣。且夫忿数者,官狱所由生也[11];距谏者,虑之所以塞也[12];慢易者,礼之所以失也[13];怠惰者,时之所以后也[14];奢侈者,财之所以不足也;专独者,事之所以不成也[15]。君子入官,除此六者[16],则身安誉至而政从矣。故君子南面临官[17],大域之中而公治之[18],精智而略行之[19],合是忠信[20],考是大伦[21],存是美恶[22],进是利而除是害[23],无求其报焉,而民之情[24]可得也。夫临之无抗民之恶[25],胜之无犯民之言[26],量之无佼民之辞[27],养之无扰于其时[28],爱之无宽于刑法[29]。若此,则身安誉至而民得[30]也。君子以[31]临官,所见则迩,故明不可蔽[32];所求于迩,故不劳而得也[33]。所以治者约,故不用众而誉立[34]。凡法象在内,故法不远而源泉不竭[35],是以天下积而本不寡[36]。短长得其量,人志治而不乱[37]。政德贯乎心[38],藏乎志[39],形乎色[40],发乎声[41]。若此,而身安誉至,民咸自治矣[42]。是故,临官不治则乱[43],乱生则争之者至,争之至,又于乱[44]。明君必宽裕以容其民[45],慈爱优柔之[46],而民自得矣[47]。行者,政之始也[48]。说者,情之导也[49]。善政,行易而民不怨[50]。言调说和,则民不变[51]。法在身,则民象之[52]。明在己,则民显之[53]。若乃[54]供己而不节财,则财利之生者微矣[55];

贪以不得，则善政必简矣[56]；苟[57]以乱之，则善言必不听也；详以纳之[58]，则规谏日至。言之善者，在所日闻[59]；行之善者，在所能为[60]。故君上者，民之仪也[61]；有司执政者，民之表也[62]；迩臣便僻者，群仆之伦也[63]。故仪不正，则民失[64]；表不端，则百姓乱[65]；迩臣便辟，则群臣污矣[66]。是以人主不可不敬乎三伦[67]。君子修身反道[68]，察里言而服之[69]，则身安誉至，终始在焉[70]。故夫女子必自择丝麻[71]，良工必自择完材[72]，贤君必自择左右[73]。劳于取人，佚于治事[74]。君子欲誉，则必谨其左右。为上者，譬如缘木[75]焉，务高而畏下兹甚[76]。六马[77]之乖离[78]，必于四达之交衢[79]。万民之叛道，必于君上之失政。上者尊严而危[80]，民者卑贱而神[81]。爱之则存，恶之则亡[82]。长民[83]者必明此之要[84]。故南面临官，贵而不骄，富而能供[85]，有本而能图末[86]，修事而能建业[87]，久居而不滞[88]，情近而知远[89]，故察一物而贯乎多[90]，治一物而万物不能乱[91]者，以身本[92]者也。君子莅民，不可以不知民之性而达诸民之情[93]。既知其性，又习[94]其情，然后民乃从命矣。故世举[95]则民亲之，政均[96]则民无怨。故君子莅民，不临以高[97]，不导以远[98]，不责民之所不为，不强民之所不能。[廓之]以明王之功[99]，不因[100]其情，则民严而不迎[101]；笃之以累年之业[102]，不因其力，则民引[103]而不从。若责民所不为，强民所不能，则民疾，疾则僻矣[104]。古者圣主冕[105]而前旒[106]，所以蔽明[107]也；

纮纮充耳[108]，所以掩聪[109]也。水至清即无鱼[110]，人至察则无徒[111]。枉而直之，使自得之[112]；优而柔之，使自求之[113]；揆而度之，使自索之[114]。民有小罪，必求其善，以赦其过；民有大罪，必原其故[115]，以仁辅化[116]；如有死罪，其使之生则善也[117]。是以上下亲而不离，道化流而不蕴[118]。故德者，政之始也。政不和，则民不从其教矣[119]；不从教，则民不习[120]；不习，则不可得而使也。君子欲言之见[121]信也，莫善乎先虚其内[122]；欲政之速行也，莫善乎以身先之；欲民之速服也，莫善乎以道御之。故虽服必强[123]，自非忠信，则无可以取亲于百姓者矣。内外不相应，则无可以取信于庶民者矣。此治民之至道矣，入官之大统[124]矣。"

子张既闻孔子斯言，遂退而记之。

【注释】

[1] 子张问入官于孔子：王肃注："入官，谓当官治民之职也。"此记载又见于《大戴礼记·子张问入官》。

[2] 安身取誉为难：自身的地位安定巩固，获得赞誉是不容易的。冈白驹补注："安身所以善其职，取誉所以久其位。不获乎上，身难安矣；不获乎民，誉难取矣。"

[3] 己有善勿专：自己的优势不要独享。

[4] 教不能勿怠：教导那些能力不够的人，不要懈怠。怠，懈。

[5] 已过勿发：别人做错事，不要去刻意揭短。一说，不要贰过。王肃注："言人已过误，无所伤害，勿发扬。"王聘珍引《毛诗传》云："发，行也。"林按，依王肃注，则"已过"指他人而言；依王聘珍则"已过"指自己而言。二者皆可通。

[6] 失言勿掎（jǐ）：别人说错话，不要去故意挤兑。一说，不要掩饰自己说的错话。

［7］不善勿遂：发现做得不好的，就停下不再实行。遂，行。

［8］行事勿留：应该做的事，不要拖延。

［9］自此六者：冈白驹补注："行此六者。"

［10］政从：众从其政，无违教。

［11］"且夫忿数(shǔ)者"二句：再说向别人发怒，责备别人，会导致各种争议纠纷。

［12］"距谏者"二句：拒绝他人的劝谏，会导致思虑的闭塞。距，通"拒"，拒绝。塞，闭塞。

［13］"慢易者"二句：对人对事非常轻慢，会导致礼貌仪节的丧失。慢、易义同。

［14］"怠惰者"二句：怠慢懒散，会导致时机不能及早抓住。冈白驹补注："时者，事机之会也。不勤于事，则失其机会。"

［15］"专独者"二句：专横独裁，会导致事务无法成功。冈白驹补注："不知任人，则力必有不及之处，而庶事废矣。"

［16］六者：《大戴礼记》作"七路"。林按，《大戴礼记》于上述六条之外，尚有"历者，狱之所由生也"一句，故为"七"。

［17］南面临官：到官任事。南面，古代以面南为尊位，无论天子、诸侯、卿大夫，作为长官出现的时候，总是面南而坐。说见王引之《经义述闻》及凌廷堪《礼经释义》。临，训"莅"。临官，到官。

［18］大域之中而公治之：对关键的大事要秉公处理。

［19］精智而略行之：根据实际而把握情况并得出认知、确定对策，并择要实行。精与情，古可通，训为"诚""实"。情知，根据实际而把握情况并得出认知和对策。略行，举要而行。

［20］合是忠信：聚合这百姓的忠诚信实。冈白驹补注："忠信乎上，不戾乎下。"是，此，这。指下文的"民"。

［21］考是大伦：推究这百姓的伦常大道。

［22］存是美恶：考察这百姓的美善与丑恶。存，有"察"义。

［23］进是利而除是害：冈白驹补注："起民之利，除民之害。"

［24］情：情实。

［25］临之无抗民之恶：治理政务，没有违背天理，暴虐百姓的心思。

［26］胜之无犯民之言：以理服人，没有冒犯百姓的话语。王肃注："以慎胜民，言不犯民。"冈白驹补注："以德胜民，故无犯民之言。"胜，服也。

［27］量之无佼民之辞：调查民情，没有暴虐百姓的教令。王肃注：

"佼,犹'周'也。度量而施政,辞不周民也。"冈白驹补注:"按《大戴礼》'佼'作'狡'为是。狡,戾也。辞,教令也。言以情量之,故无戾于民之辞。"林按,王肃训"佼"为"周"义不明。冈白驹说可从。王聘珍训"狡"为狡诈。亦通。

[28] 养之无扰于其时:保养百姓,不去干扰农时。

[29] 爱之无宽于刑法:爱护百姓,不去枉法纵容。王肃注:"言虽爱民,不可宽于刑法,威克其爱,故事无不成也。"

[30] 民得:得民心。

[31] 以:《大戴礼记》作"南面"。

[32] "所见则迩"二句:若是从近处观察,那么就不会被蒙蔽。则,表假设,若,如果。迩,王聘珍训为"近"。迩,与"密"义近,故可有"微"义。王力以为,迩,近二字皆表示空间距离小,时间距离短,关系亲近,情况相近。故王聘珍说亦可从。所见迩,可以理解为观察的精微;亦可理解为从身边近处开始观察。然结合下文"所求于迩",则以王聘珍说为胜。

[33] "所求于迩"二句:从身边索求,不用费事便会获得。王肃注:"所求者近,故不劳而得也。"

[34] "所以治者约"二句:管理的方式简约,不用劳师动众就能树立美誉。

[35] "凡法象在内"二句:可以取法的标准内在于为政者,因此可以近取诸身且有不竭的内在源泉。王肃注:"法象近在于内,故不远而源泉不竭尽。"法象,标准。

[36] 天下积而本不寡:天下事物由积聚而成,而本源不减少。王肃注:"言天下之事,皆积聚而成。如源泉之本,非徒不竭,乃不寡。"

[37] 人志治而不乱:百姓的心志就会安定而不动荡。

[38] 政德贯乎心:为政之德,贯通于百姓之心。贯,贯通。

[39] 藏乎志:贮藏在百姓的心志中。王聘珍引卢注云:"志者,心之府也。"

[40] 形乎色:显露在百姓脸色上。

[41] 发乎声:抒发在民间歌谣中。

[42] 民咸自治矣:民众自然得到治理了。

[43] 临官不治则乱:做事不去处理就会出现混乱。

[44] "争之至"二句:王肃注:"小乱则争,争之甚者,又大乱至也。"

[45] 明君必宽裕以容其民:圣明的君主必定以宽广坦荡的胸怀包容

百姓。

[46] 慈爱优柔之：以慈祥怜爱的心意善待百姓。优柔，善待怀柔。

[47] 民自得矣：民心自然就得到了。

[48] "行者"二句：切实地实践，是为政的开始。王肃注："行为政始，言民从行不从言也。"

[49] "说者"二句：言辞的解说，是民情的疏导。

[50] "善政"二句：优秀的政治，措施简易，百姓没有不满。

[51] "言调说和"二句：为政者说的话切合实际事务，又能温和解说，百姓就不会发生变故。

[52] "法在身"二句：为政者身上体现了法度，那么老百姓就会效法他。

[53] "明在己"二句：为政者自己有智慧，那么老百姓就不会隐藏实情。

[54] 若乃：至于。

[55] "供己而不节财"二句：只供给自己，且不知节俭财货，那么财货的增长就会衰微。

[56] "贪以不得"二句：贪求不易得到的东西，就无心于政事，那么善政就减少了。王肃注："言徒贪于不得财，善政则简略而不修也。"冈白驹补注："志在于财利，则不暇于修政矣。"

[57] 苟：马虎，不严肃。冈白驹补注："苟，谓处事无端绪也。"

[58] 详以纳之：王肃注："纳善言也。"详，与"苟"相对，指审慎，详审。纳，采纳。

[59] "言之善者"二句：好的言论，在于每天都能听到。

[60] "行之善者"二句：好的行为，在于每个人都能做到。

[61] "君上者"二句：君主，是老百姓的模范。《王言解》有"上者，民之表也"语，可与此对读。仪，仪型，模范。与下文"表"义近。

[62] "有司执政者"二句：执政的卿大夫，是老百姓的表率。

[63] "迩臣便僻者"二句：君主身边的近臣，是一众仆役的榜样。王肃注："僻，宜为'辟'。便辟，执事在君之左右者。伦，纪也，为众之纪。"

[64] "仪不正"二句：冈白驹补注："民无所取法，故多所失。"

[65] "表不端"二句：冈白驹补注："有司执政非其人，则搅乱百姓。"

[66] "迩臣便辟"二句：如果近臣巧佞，则臣子们就会奸邪。污，

奸邪，贪污。

　　[67]三伦：伦，类。

　　[68]修身反道：反，通"返"。返道，返归于道。

　　[69]察里言而服之：考察民间浅近之言，择其可行的就去实践。王肃注："服，行。"冈白驹补注："里言，犹'迩言'也。或作'理言'非。"林按，里，太宰纯本、宽永本作"理"，且"察理"属上读。今据黄鲁曾本、冈白驹本改。里言，可训为"迩言"。《中庸》："舜其大知也与，舜好问而好察迩言。"

　　[70]终始在焉：终始不失。

　　[71]女子必自择丝麻：女子做女工，必然要自己选择好的丝麻。

　　[72]良工必自择完材：优秀的工匠必然自己选择好的材料。完材，良好的材料。

　　[73]贤君必自择左右：贤明的君主必然自己选择身边的近臣。

　　[74]"劳于取人"二句：在选择人才上劳心费神，那么在处理政事上就会轻松省事。

　　[75]缘木：爬树。缘，攀援。

　　[76]务高而畏下兹甚：目标越高就越怕从树上摔下来。马王堆帛书《二三子》记载孔子有"圣人之立正也，若循木，愈高愈畏下"之语，与此可参读。

　　[77]六马：天子车驾。《逸礼·王度记》："天子驾六马，诸侯驾四，大夫三，士二，庶人一。"考古专家在河南洛阳发现了六马之驾，证明"天子驾六"非始自秦朝，而是周代就存在的礼制。

　　[78]乖离：背离，离散。

　　[79]四达之交衢：十字路口。

　　[80]上者尊严而危：在上位的人尊贵威严，但也如同高高在上的那般危殆。

　　[81]民者卑贱而神：老百姓地位卑贱，但像神一样拥有无穷的潜在力量。

　　[82]"爱之则存"二句：爱护百姓就会政权长存，憎恶百姓就会丧失政权。冈白驹补注："爱民则得保其位，民离则国亡矣。"或解为：百姓拥戴就会政权长存，百姓憎恶就会丧失政权。之，可指代在上位者，亦可理解为指代百姓。皆可通。《大戴礼记》作"民而爱之"，则"之"指代在上位者。

　　[83]长(zhǎng)民：统率管理百姓。

　　[84]明此之要：明了这其中的关键。要，要领，关键。

[85] 供：王肃注："供，宜为'共'，古'恭'字也。"

[86] 有本而能图末：既能把握根本，又能谋划细节。

[87] 修事而能建业：既能处理一般事务，又能创立新的功业。

[88] 久居而不滞：长期做官，但不碌碌无为。

[89] 情近而知远：情感切近，但知虑长远。

[90] 故察一物而贯乎多：观察一件事物，就能举一反三地推广应用到众多事物。据下文，此及下句"一物"是指"自身"。

[91] 治一物而万物不能乱：管理好一件事物，众多的事物就不会混乱。

[92] 以身本：把自身作为出发点。本，引申为基础、开始义。

[93] "不可以"句：不能不知晓百姓的习性，掌握民众的实际情况。性，或训为本性，然"民性"作本性不可解，故译为习性。情，或训为情感，不从。

[94] 习：熟悉。与上文"达"义近。

[95] 世举：国家安定。

[96] 政均：政策公正合理。

[97] 不临以高：不以高不可攀的目标要求百姓。

[98] 不导以远：不以遥不可及的幻想诱惑百姓。

[99] 廓之明王之功：用古代圣王的功勋来开导。冈白驹补注："明王成功之法。"林按，《大戴礼记》作"临之明王之成功"，据陈本"以"前有"廓之"二字，据下文"笃之以"句式，则此处当有"廓之"二字。今据补。廓，有"开"、"大"等义，这里意译为开导。

[100] 因：依靠，根据。

[101] 民严而不迎：王肃注："迎，奉也，民严畏其上，而不奉迎其教。"严，畏惧。

[102] 笃之以累年之业：用多年的工作来督促。笃，勤也。引申为使之勤苦，即今语督促义。

[103] 引：弦，犹开张。

[104] 疾则僻矣：王肃注："民疾其上，即邪僻之心生。"疾，恨，憎恨。僻，不正，邪僻。

[105] 冕：帝王之冠。冈白驹补注："冕，祭服之冠，上玄下纁，前低二寸二分，以其略俯故谓之冕。"

[106] 旒（liú）：太宰纯增注："旒，垂玉也。"冈白驹补注："旒，垂玉也。天子十二旒，诸侯九，上大夫七，下大夫五，大夫以下不得服。"

[107] 蔽明：遮蔽视线。冈白驹补注："不欲太明。"

[108] 纮（hóng）统（dǎn）充耳：纮统，古代垂于冠冕两旁悬瑱的带子。充耳，悬于冠冕两旁的瑱，下垂及耳，可以塞耳避听。

[109] 掩聪：遮掩听力。冈白驹补注："不欲太聪。"

[110] 水至清即无鱼：水过于清澈就不会有鱼。至，极致。引申为过分，过于。

[111] 人至察则无徒：人过于明察就没有伙伴。徒，党与，伙伴。

[112] "枉而直之"二句：通过迂曲的方法纠正他，让人自己实现改邪归正。冈白驹补注："不遽矫且枉而直之。"

[113] "优而柔之"二句：用宽容温和的态度教导他，让人自己求索合宜的态度。王肃注："优，宽也。柔，和也。使自求其宜也。"

[114] "揆而度之"二句：要衡量揣测他的能力来引导他，让人自己获得方法。冈白驹补注："民可使由之，不可使知之，故使之由此以自求自得，教之术也。圣王行无为之事，施不言之教，此之谓也。无为不言，岂徒居闭口之谓哉，立此以使由之耳。故古言'道'，谓之道术，如诗、书、礼、乐，亦为四术，可以见已，及后世诈术兴，儒者讳言术字，非古也。"

[115] 原其故：推究调查其原因。

[116] 以仁辅化：用仁德来辅助使之感化。

[117] "如有死罪"二句：冈白驹补注："于死罪而求可生之路，仁之道也，何善如之。"

[118] 道化流而不蕴：大道流行不会郁结。蕴，滞积。

[119] "故德者"四句：所以说德惠是为政的起点。政事不宽和，那么百姓就不会听从其教令。冈白驹补注："德，谓恩惠。教，教令。"

[120] 习：习服，顺服。

[121] 见：用在动词前面表示被动。相当于"被"。

[122] 虚其内：谓直道而行，无情欲。

[123] 故虽服必强：言民虽服，必以威强之，非心服。

[124] 大统：最重要的纲领。

【译文】

子张向孔子请教入仕为官的事。孔子说："自身的地位安定巩固，获得赞誉是不容易的。"子张问："怎样才能做到呢？"孔子说："自己的优势不要独享；教导那些能力不够的人，不要懈怠；

别人做错事，不要去刻意揭短；别人说错话，不要去故意挤兑；发现做得不好的，就停下不再实行；应该做的事，不要拖延。君子入仕为官做到了这六方面，就会巩固自身的地位，获得赞誉，百姓也能服从政令。再说向别人发怒，责备别人，会导致各种争议纠纷；拒绝他人的劝谏，会导致思虑的闭塞；对人对事非常轻慢，会导致礼貌仪节的丧失；怠慢懒散，会导致时机不能及早抓住；奢侈浪费，会导致财物不足；专横独裁，会导致事务无法成功。君子入仕为官，避免这六个方面，就会巩固地位，获取声誉，民众从其政令。因此，君子到官任事，对关键的大事要秉公处理，根据实际去把握情况并得出认知、确定对策，并择要实行，聚合这百姓的忠诚信实，推究这百姓的伦常大道，考察这百姓的美善与丑恶，增进百姓的福祉，除掉百姓的弊害，不追求百姓的回报，那么民情就可以了解到了。治理政务，没有违背天理、暴虐百姓的心思；以理服人，没有冒犯百姓的话语；调查民情，没有暴虐百姓的教令；保养百姓，不去干扰农时；爱护百姓，不去枉法纵容。如果做到这些，就会地位稳定，取得声誉，获得民心。君子为官，若是从近处观察，那么就不会被蒙蔽；从身边索求，不用费事便能获得。因此管理的方式简约，不用劳师动众就能树立美誉。可以取法的标准在于为政者自己，因此可以近取诸身且有不竭的内在源泉，所以天下事物由积聚而成，而本源不减少，不论能力大小都能发挥各自的功能，百姓的心志就会安定而不动荡。为政之德，贯通于百姓之心，贮藏在百姓之心志，显露在百姓脸色上，抒发在民间歌谣中。如果这样，那么地位稳定，声誉得到，民众自然得到治理了。因此，做事不去处理就会出现混乱，混乱发生了，那么争夺也就随之而来，争夺到来，又会陷入大的混乱。圣明的君主必定以宽广坦荡的胸怀包容百姓，以慈祥怜爱的心意善待百姓，那么民心自然就得到了。切实地实践，是为政的开始；言辞的解说，是民情的疏导。优秀的政治，措施简易，百姓没有不满；为政者说的话切合实际事务，又能温和解说，百姓就不会发生变故；为政者身上体现了法度，那么老百姓就会效法他；为政者自己有智慧，那么老百姓就不会隐藏实情。至于只供给自己，且不知节俭财货，那么财货的增长就会衰微；贪求不易得到的东西，就无心于政事，那么善政就少了。对于政令，不严肃就会扰乱它，那么好的言论必然不会被听从；对于建议，周详地审查并采纳它，那么规劝、进谏的人就会天天来。好的言论，在于每天都能听到，好的行为，在于每个人都能做到。所以说君主，是老百姓的模范；执政的卿大夫，是老百姓的表率；君主身边的近臣，是一众仆役的榜样。因此说，模范不端正，百姓就会放失；表率不端正，百姓就会混乱；如果近臣巧佞，则臣子们就会奸邪。因此君主不可以不慎重对待这三类情况。君子修养自己还归正道，考察民间浅近之言，选择其中可行的就去实践，那么地位稳定，声誉得到，自始至终不失地位。因此，女子做女工，必然要自己选择好的丝麻；优秀的工匠必然自己选择好的材料；贤明的君主必然自己选择身边的近臣。在选择人才上劳心费神，那么在处理政事上就会轻松省事。君子要想获得美誉，就一定谨慎地择取所用的人。居高位的人，就如爬树一样，目标越高就越怕从树上摔下来。天子驾车的六匹马分散乱跑，一定是在四通八达的十字路口。百姓叛离正道一定是在君主统治有过失的时候。在上位的人尊贵威严，但也如同高高在上无所依靠那般危殆，老百姓地位卑贱，但像神一样拥有无穷的潜在力量。爱护百姓就会政权长存，憎恶百姓就会丧失政权。统率管理百姓的人一定要明了这其中的关键。所以为官做事，尊贵而不要骄傲，富有而要恭谨，既能把握根本，又能谋划细节；既能处理一般事务，又能创立新的功业；长期做官，但不碌碌无为；情感切近，但知虑长远。之所以能观察一件事物，就能举一反三地推广应用到众多事物；管理好一件事物，众多的事物就不会混乱，这是因为把自身作为出发点。君子管理百姓，不能不知晓百姓的习性，掌握民众的实际情况。既了解他们的习性，又熟悉他们的实际情况，然后百姓才能听从命令。因此，国家安定，百姓就会亲敬君主；政策公正合理，百姓就会没有怨言。所以君子管理百姓，不以高不可攀的目标要求百姓，不以遥不可及的幻想诱惑百姓，不责罚百姓去干他们不愿意做的事情，不强迫百姓干没能力做的事情；用古代圣王的功勋来开导他们，如果不考虑实际情况，百姓就会表面敬畏而不配合；用多年的工作来督促他们，如果不根据他们的实际能力，百姓就表面拉开架子却不听从。如果责罚百姓去做他们不愿做的事情，强迫他们去做没能力做的事情，百姓就会产生憎恨。有了憎恨，就会产生邪僻的行为。古代圣明君主的冕上，在前面悬垂的玉串，是用来遮蔽视线的；冠冕两旁悬瑱的带子挂在耳边，是用来遮掩听力的。水过于清澈就不会有鱼，人过于明察就没有伙伴。通过迂曲的方法纠正他，让人自己实现改邪归正；用宽容温和的态度教导他，让人自己求索合宜的态度；要衡量揣测他的能力来引导他，让人自己获得方法。百姓犯了小的罪过，一定要发现他们的好处，来赦免他们的罪过；百姓犯了大的罪行，一定要考虑他们犯罪的原因，用仁德来辅助使之感化；如果犯了死罪，想办法能使他们活下来，那是最好的。这样上下就会相互亲近而不会离散，大道就会流行而不郁结。所以说德惠是为政的起点。政事不宽和，那么百姓就不会听从其教令；不听从教令，百姓就不会顺服；没有顺服，百姓就不可能听从指使。君主要想说话被人相信，没有比内心谦虚更好的；要想政令能够快速实行，没有比自己以身作则更好的；要想使百姓很快顺服，没有比用合理的行为来治理他们更好的。所以用强迫的方式虽然能使百姓顺服，但没有忠诚和信任，也就没有什么可以用来使百姓感到亲近的了。内在的想法和外在的行动不能相呼应，就无法取信于普通百姓了。这是治理百姓最重要的道理，是入仕为官最重要的纲领。"

子张听了孔子这番话，便退了下去并把它记了下来。

困誓第二十二

子贡问于孔子曰："赐倦于学[1]，困于道[2]矣，愿息而事君[3]，可乎？"孔子曰："《诗》云：'温恭朝夕，执事有恪[4]。'事君之难也，焉可以息哉！"

曰："然则赐愿息而事亲。"孔子曰："《诗》云：'孝子不匮，永锡尔类[5]。'事亲之难也，焉可以息哉！"

曰："然则赐愿息于妻子。"孔子曰："《诗》云：

'刑于寡妻，至于兄弟，以御于家邦[6]。'妻子之难也，焉可以息哉！"

曰："然则赐愿息于朋友。"孔子曰："《诗》云：'朋友攸摄，摄以威仪[7]。'朋友之难也，焉可以息哉！"

曰："然则赐愿息于耕矣。"孔子曰："《诗》云：'昼尔于茅，宵尔索绹，亟其乘屋，其始播百谷[8]。'耕之难也，焉可以息哉！"

曰："然则赐将无所息者也？"孔子曰："有焉。自望其广[9]，则睾[10]如也；视其高，则填[11]如也；察其从，则隔如也[12]。此其所以息也矣[13]。"

子贡曰："大哉乎死也！君子息焉，小人休焉[14]，大哉乎死也！"

【注释】

[1]倦于学：厌倦了为学。林按，孔门以"学"为第一义，《论语·述而》："默而知之，学而不厌，诲人不倦，何有于我哉！"子贡倦于学，正是学习过程中极易出现的问题。此记载又见于《荀子·大略》、《韩诗外传》卷八、《列子·天瑞》。

[2]困于道：疲倦了求道。冈白驹补注："苦于学道。"林按，《论语·雍也》载冉求曰："非不悦子之道也，力不足也。"可与子贡之语参读。

[3]息而事君：停止学习而去做官。冈白驹补注："息，休息。"事君，即出仕做官。

[4]"温恭朝夕"二句：语出《诗·商颂·那》。朝夕，早见君谓朝，暮见君谓夕。执事，做事。恪(kè)，谨慎，恭敬。

[5]"孝子不匮"二句：语出《诗·大雅·既醉》。匮，缺乏，不足。锡，通"赐"，赏赐。

[6]"刑于寡妻"三句：语出《诗·大雅·思齐》。刑，通"型"，

法式，典范。适，即"嫡"。嫡妻，正妻。

　　[7]"朋友攸摄"二句：语出《诗·大雅·既醉》。攸，助词，置于动词前，组成名词性词组，相当于"所"。摄，佐助。

　　[8]"昼尔于茅"四句：语出《诗·豳风·七月》。王肃注："宵，夜。绹，绞也。当以时治屋也。亟，疾也。当亟乘尔屋以善治之也。其复当修农播百谷，言无懈怠。"

　　[9]广：扩。

　　[10]皋：高。

　　[11]填：应为"巓"之误，通"巅"，山巅。

　　[12]"察其从(zòng)"二句：隔如也，《荀子·大略》作"鬲如也"。隔，应为"鬲(lì)"之误。鬲，三足中空，烹饪器。从，通"纵"。

　　[13]此其所以息也矣：此"死而后已"之义。

　　[14]休：完结，终结。

【译文】

　　子贡问孔子："我厌倦了为学，疲倦了求道，希望停止学习而去做官，可以吗？"孔子说："《诗》说：'从早到晚要温和恭敬，行事要认真谨慎。'做官是艰难的，怎么可以停止学习呢？"

　　子贡说："那么我希望停止学习去侍奉父母。"孔子说："《诗》说：'孝子的孝心无竭尽，祖宗永赐你福报。'侍奉父母是艰难的，怎么可以停止学习呢？"

　　子贡说："那么我希望停止学习去帮助妻儿。"孔子说："《诗》说：'给妻子作典范，推广到自己的兄弟，然后来治理国家。'帮助妻儿是艰难的，怎么可以停止学习呢？"

　　子贡说："那么我希望停止学习结交朋友。"孔子说："《诗》说：'朋友之间相互辅助，所用的就是威仪。'交结朋友是艰难的，怎么可以停止学习呢？"

　　子贡说："那么我希望停止学习以从事耕作。"孔子说："《诗》说：'白天割茅草，晚上搓绳子，急急忙忙修理房屋，又要开始种庄稼。'耕作是艰难的，怎么可以停止学习呢？"

　　子贡说："那么，我就没有停止学习的时候了吗？"孔子说："有的。自这儿看那个坟墓，高高的；看它那么高，好似山巅；看它的侧面，又好似鬲。这是休息的时候了。"

子贡说:"死亡真伟大啊!君子休息了,小人终结了。死亡真伟大啊!"

孔子自卫将入晋[1],至河[2],闻赵简子杀窦犨鸣犊及舜华[3],乃临河而叹曰:"美哉水,洋洋[4]乎!丘之不济[5]此,命也夫!"子贡[6]趋而进曰:"敢问何谓也?"孔子曰:"窦犨鸣犊、舜华,晋之贤大夫也。赵简子[7]未得志之时,须[8]此二人而后从政。及其已得志也而杀之。丘闻之,刳胎杀夭[9],则麒麟[10]不至其郊;竭泽而渔,则蛟龙[11]不处其渊;覆巢破卵,则凤皇[12]不翔其邑。何则?君子违伤其类[13]者也。鸟兽之于不义,尚知避之,况于人乎?"遂还,息于邹[14],作《槃操》[15]以哀之。

【注释】
[1]自卫将入晋:冈白驹补注:"孔子去陈适卫,灵公老,怠于政,不用孔子,孔子既不得用于卫,将西见赵简子。"此记载又见于《史记·孔子世家》、《说苑·权谋》、《孔丛子·记问》、《三国志·魏书·刘廙传》裴松之注引《新序》及《水经注·河水五》。
[2]河:上古单言"河"一般指黄河。
[3]赵简子杀窦犨(chōu)鸣犊及舜华:太宰纯增注:"赵简子见《辩物》篇。《孔子世家》云:'至于河而闻窦鸣犊、舜华之死也。'《索隐》以为窦犨字鸣犊,是也。《孔丛子》云:'及河,闻鸣犊与窦犨之见杀也。'《说苑》云:'晋有泽鸣犊犨。'徐广云:'或作鸣铎窦犨',诸说不同,要之声转字异,《索隐》近之。"窦犨鸣犊,春秋时晋国大夫,姓窦名犨,字鸣犊,或作"鸣铎"。舜华,春秋时晋国大夫。
[4]洋洋:水势浩大貌。
[5]济:渡,过河。
[6]子贡:太宰纯增注:"《说苑》'子贡'作'子路'。"

[7]赵简子：太宰纯增注："赵简子，当为'赵孟'。此时赵鞅未死，不当称谥，盖记者追书，失其义耳。"林按，太宰纯说通达可从，不可据此以言"伪书"也。

[8]须：仰仗，需要。

[9]刳（kū）胎杀夭：剖腹挖胎，杀害幼畜。《礼记·月令》："毋杀孩虫、胎、夭、飞鸟。"孔颖达疏："胎，谓在腹中未出。夭，为生而已出者。"

[10]麒麟：古代传说中代表吉祥的神兽，传说其形如鹿，一角，体披鳞甲，牛尾。太宰纯增注："《说文》曰：'麒，仁兽也。'张揖曰：'雄曰麒，雌曰麟。'"

[11]蛟龙：即蛟，以其形似传说中的龙，故称。也是古代传说中的动物。太宰纯增注："《说文》曰：'蛟，龙之属也。'"冈白驹补注："无角曰蛟。"

[12]凤皇：太宰纯增注："皇，与'凰'通。毛苌曰：'凤凰，灵鸟，仁瑞也。雄曰凤，雌曰凰。'"

[13]违伤其类：厌恶伤害同类。讳，厌恶也。此前"君子"二字当为衍文。

[14]息于邹：此"邹"非鲁地。今曲阜有地名曰"息陬"，或后世附会所致也。

[15]槃（pán）操：琴曲名。太宰纯增注："《世家》'槃'作'陬'，《孔丛子》载孔子所作《操》曰：'周道衰微，礼乐陵迟。文武既坠，吾将焉归？周游天下，靡邦可依。凤鸟不识，珍宝枭鸱。眷然顾之，惨然心悲。巾车命驾，将适唐都。黄河洋洋，攸攸之鱼。临津不济，还辕息鄹。伤予道穷，哀彼无辜。翱翔于卫，复我旧庐。从吾所好，其乐只且。'"冈白驹亦引，补注云："此何孟春注所收也，如'凤鸟不识，珍宝枭鸱'，亡论非其真也，后人假托之最拙者已。"林按，此《琴操》文显非孔子作，当系后世附会。

【译文】

孔子从卫国到晋国去，行至黄河边上时，听说赵简子杀死了窦犨鸣犊和舜华，于是面对着黄河，感叹道："壮美啊，黄河水！浩浩荡荡，奔腾不息。我不能渡过黄河去，大概就是命吧！"子贡快步走上前问道："冒昧地问您为什么这么说呢？"孔子说："窦犨鸣犊和舜华是晋国有贤德的大夫。赵孟在没有得志的时候，需要这两个人的帮助才能从政。等到他得志的时候，却杀了他们。我听说过，剖腹挖胎，杀害幼畜，那么麒麟不会到他的城外；排干了水，进行捕鱼，那么蛟龙不会居住在他那里的深渊；弄翻鸟巢，打破鸟卵，那么凤凰也不会飞翔在他城邑的上空。为什么呢？这是因为憎恶伤害到它的同类啊！鸟兽对于不义的事情尚且知道躲避，何况是人呢？"于是孔子退回去，到邹地停下来，作了《槃操》这首琴曲来哀悼他们。

子路问于孔子曰："有人于此，夙兴夜寐[1]，耕耘树艺[2]，手足胼胝[3]，以养其亲，然而名不称孝。何也？"孔子曰："意者身不敬与[4]？辞不顺[5]与？色不悦[6]与？古之人有言曰：'人与己与，不汝欺[7]。'""今尽力养亲而无三者之阙[8]，何谓[9]无孝之名乎？"孔子曰[10]："由，汝志[11]之！吾语[12]汝：虽有国士[13]之力，而不能自举其身，非力之少，势不可矣。夫内行[14]不修，身之罪也；行修而名不彰，友之罪也。行修而名自立，故君子入则笃行，出则交贤，何为无孝名乎？"

【注释】
　　[1]夙兴夜寐：早起晚睡。夙，早晨。寐，睡觉。此记载又见于《荀子·子道》、《韩诗外传》卷九。
　　[2]耕耘树艺：忙碌于耕地除草播种栽植等农事。耘，除草。树，栽植。艺，种植。
　　[3]胼(pián)胝(zhī)：手和脚因劳作而生的老茧。冈白驹补注："胼胝，谓手足劳而皮厚。"
　　[4]身不敬与：仪容不够恭敬吗。身，这里应指一个人的外表、仪容。敬，恭也。与，同"欤"。下同。冈白驹补注："《论语》云：'不敬，何以别乎？'"

[5] 辞不顺：言辞不够恭顺。顺，《荀子》、《韩诗外传》作"逊"。

[6] 色不悦：脸色不够和悦。冈白驹补注："子夏问孝。子曰：'色难。'"《礼记·祭义》云："有深爱者必有和气，有和气者必有愉色，有愉色者必有婉容。"

[7] "人与己与"二句：王肃注："言人与己事实相通，不相欺也。"缪，绸缪，指准备。女，同"汝"，你。聊，依赖。意思是："给我衣服穿，什么都给我准备好，但对我不恭敬，我还是不能依赖你。"

[8] 阙(quē)：缺点，过错。

[9] 谓：当作"为"。

[10] 孔子曰：《韩诗外传》无"孔子曰"三字，而有"意者所友非仁人邪！"一句，则此上下皆孔子之语。

[11] 志：记住。

[12] 语(yù)：告诉。

[13] 国士：一国勇力之士。

[14] 内行：内在品性。

【译文】

子路问孔子："有这么一个人，早起晚睡，忙碌于耕地除草播种栽植等农事，手脚都磨出了老茧，来奉养父母，这样却没有孝的美称，这是为什么呢？"孔子说："想来大概是仪容不恭敬吧？言辞不恭顺吧？表情不和悦吧？古人说：'别人和自己心是相通的，不会欺骗你的。'"子路说："我现在竭尽全力奉养父母，没有前面三种过错，为什么还没有孝子的名声呢？"孔子说："仲由，你记住！我告诉你，虽然有全国闻名的勇士的力气，也不能把自己举起来，这并不是力气小，而是形势不可能啊！不注重培养内在品质，是自身的过错啊；品行好而名声不显著，是朋友的过错啊；品行好了，名声自然会树立起来。所以君子在家就要行为淳厚，在外就要交结有贤德的朋友，这样怎么会没有孝的名声呢？"

孔子遭厄[1]于陈、蔡之间，绝粮七日，弟子馁病[2]，孔子弦歌[3]。子路入见曰："夫子之歌，礼乎[4]?"孔子弗应，曲终而曰："由来！吾语汝：君子好乐，为无骄也；小人好乐，为无慑[5]也。其谁之子，不我知而从我者乎[6]?"子路悦，援戚而舞[7]，三终[8]而出。

明日[9]免于厄。子贡执辔[10]曰："二三子从夫子而遭此难[11]也，其弗忘[12]矣！"孔子曰："善！恶何[13]也？夫陈、蔡之间，丘之幸也。二三子从丘者，皆幸也。吾闻之，君上不困不成王[14]，烈士不困行不彰[15]。庸知其非激愤厉志[16]之始，于是乎在[17]?"

【注释】
[1] 厄：穷困，灾难。此记载又见于《说苑·杂言》。
[2] 馁(něi)病：饥饿困顿。馁，饥饿。病，筋疲力尽。
[3] 弦歌：弹琴而歌。
[4] 礼乎：合乎礼吗。
[5] 慑：恐惧，害怕。
[6] "其谁之子"二句：王肃注："其谁之子，犹言以谁氏子，谓子路也，虽从我而不知我也。"
[7] 援戚而舞：拿着斧子，跳起舞来。援，拿，拿过来。戚，斧。
[8] 终：古乐章以奏诗一篇，乐一成为一终。
[9] 明日：第二天。
[10] 执辔(pèi)：挽着缰绳驾车。
[11] 难(nàn)：灾祸。
[12] 其弗忘：冈白驹补注："弗忘此难，与毋忘带钩巾车意同。何本作'其弗可忘矣'。"林按，冈白驹所谓"带钩巾车"，乃东汉光武帝与冯异之典故。据《后汉书·冯异传》："汉兵起，异以郡掾监五县，与父城长苗萌共城守，为王莽拒汉。光武略地颍川，攻父城不下，屯兵巾车乡。异间出行属县，为汉兵所执……(建武)六年春，异朝京师。引见，帝谓公卿曰：'是我起兵时主簿也。为吾披荆棘，定关中。'既罢，使中黄门赐以珍宝、衣服、钱帛。诏曰：'仓卒无蒌亭豆粥，虖沱河麦饭，厚意久不报。'异稽首谢曰：'臣闻管仲谓桓公曰："愿君无忘射钩，

臣无忘槛车。"齐国赖之。臣今亦愿国家无忘河北之难,小臣不敢忘巾车之恩。'后数引宴见,定议图蜀,留十余日,令异妻子随异还西。"其,助词,表示揣测。

[13] 恶何:犹言"是何"。

[14] 君上不困不成王:君主如果不遭困厄,就难以成就自己的王业。

[15] 烈士不困行不彰:有志有节之士,如果不遭困厄,就难以彰显自身的德行。烈士,有气节有壮志的人。

[16] 激愤厉志:发愤努力,激励斗志。厉,通"励"。

[17] 于是乎在:即"在于是",在这。

【译文】

孔子在陈国、蔡国之间遭受到围困,断粮七天,弟子饥饿困顿,孔子弹琴又唱歌,子路进见说:"先生唱歌符合礼吗?"孔子没有回答,直到曲子结束了,才说:"仲由,过来!我告诉你,君子喜欢音乐,为的是避免骄傲;小人喜欢音乐,为的是消除畏惧。是谁不了解我却跟从我啊?"子路高兴了,拿着斧子跳起舞来,跳了几个曲子后,退了出去。

第二天,孔子一行摆脱了围困。子贡挽着缰绳,说:"我们跟随先生遭受这场灾祸,大概永远不会忘记了。"孔子说:"说得好,为什么呢?在陈国、蔡国之间遭受到围困,是我的幸运啊。你们跟随我遭罪,也是你们的幸运啊。我听说过,君主如果不遭困厄,就难以成就自己的王业;有志有节之士,如果不遭困厄,就难以显扬自身的德行。怎么知道发愤努力、激励斗志不就开始于此呢?"

孔子之宋[1],匡人简子[2]以甲士围之。子路怒,奋戟[3],将与之战。孔子止之,曰:"恶[4]有修仁义而不免世俗之恶[5]者乎?夫《诗》、《书》之不讲,礼、乐之不习,是丘之过也。若以述[6]先王,好古法而为咎[7]者,则非丘之罪也,命也夫[8]。歌[9],予和[10]汝。"子路弹琴而歌，孔子和之，曲三终，匡人解甲而罢。[11]

【注释】
　　[1]之宋：去宋国。冈白驹补注："定公四年，孔子去卫，将适陈，过匡。匡，卫邑，'宋'当作'陈'。"此记载又见于《庄子·秋水》、《韩诗外传》卷六、《说苑·杂言》。
　　[2]匡人简子：太宰纯增注："《韩诗外传》云：'孔子行。简子将杀阳虎，孔子似之，带甲以围孔子舍。'《说苑》云：'孔子之宋。匡简子将杀阳虎，孔子似之，甲士以围孔子之舍。'《孔子世家》云：'孔子去卫，将适陈，过匡，颜刻为仆，以其策指之曰："昔吾入此，由彼缺也。"匡人闻之，以为鲁之阳虎。阳虎尝暴匡人，匡人于是遂止孔子。孔子状类阳虎，拘焉五日。'《索隐》曰：'匡，宋邑也。'纯案，诸说不同。简子，未详，据本文及《说苑》，似是宋人。"匡，地名，春秋时属宋国，在今河南睢县西。简子，未详，或许是匡人首领。
　　[3]奋戟：举戟。奋，举起。戟，古兵器，合戈、矛为一体，既可以直刺，又可以横击。
　　[4]恶（wū）：哪。
　　[5]世俗之恶（è）：平常人的过失。冈白驹补注："世俗之恶，好勇斗恨之事。"
　　[6]述：绍述，继承。
　　[7]为咎：获殃害。
　　[8]命也夫：黄鲁曾本作"命之夫"，宽永本作"命之"，四库本、同文本作"命夫"。
　　[9]歌：唱歌。
　　[10]和（hè）：应和，跟着唱。
　　[11]"子路弹琴而歌"四句：冈白驹补注："曲终三成。引甲兵而退。"太宰纯增注："《史记索隐》引《家语》，'琴'作'剑'，'甲'作'围'。《世说》注引《家语》，亦作'弹剑'，疑此文误。"林按，《论语·先进》载："子曰：'由之瑟奚为于丘之门？'门人不敬子路，子曰：'由也升堂矣，未入于室也。'"故以作"弹剑"为胜。

【译文】
　　孔子去宋国，匡人简子让士兵包围了孔子一行。子路大怒，举戟准备和他们交战。孔子制止了他，说："哪有修治仁义而不能免除好勇斗狠等平常人过失的呢？不讲习《诗》、《书》，不练习礼乐，这是我的过错。如果因继承先王之道，喜欢古代礼法而遭受祸殃，那么就不是我的罪过了，那是命啊！你唱歌，我跟着和唱。"子路弹着剑，唱起歌来。孔子跟着唱起来。几曲之后，匡人解除武装，退去了。

孔子曰："不观高崖[1]，何以知颠[2]坠之患？不临深泉[3]，何以知没溺[4]之患？不观巨海，何以知风波[5]之患？失之者，其不在此乎[6]？士慎此三者，则无累[7]于身矣。"

【注释】
　　[1]此记载又见于《说苑·杂言》。
　　[2]颠：通"巅"，山巅。
　　[3]深泉：深渊。
　　[4]没溺：溺水。
　　[5]风波：狂风巨浪。
　　[6]"失之者"二句：冈白驹补注："在此则知患而有所警，而可无失矣。"
　　[7]累：忧患，耻辱，危难。

【译文】
　　孔子说："不看到高高的悬崖，怎么知道从崖顶坠落的危险呢？不临近深渊，怎么知道淹没沉溺的危险呢？不看到大海，怎么知道狂风巨浪的危险呢？那些犯下过失的原因，难道不在这些方面吗？士人谨慎地对待这三个问题，就不会伤害到自身。"

子贡问于孔子曰："赐既为人下[1]矣，而未知为人下之道，敢问之。"子曰："为人下者，其犹土[2]乎！汩之深，则出泉[3]；树其壤，则百谷滋焉，草木植焉[4]；禽兽育焉[5]；生则出焉，死则入焉[6]。多其功而无其意[7]，恢其志而无不容[8]，为人下者以此[9]也。"

【注释】

[1] 人下：人的臣下。此记载又可见于《荀子·尧问》、《韩诗外传》卷七、《说苑·杂言》。

[2] 土：指土地，大地。

[3] "汨之深"二句：王肃注："汨，掘。"太宰纯增注："《荀子》'汨'作'扣(hú)'，《韩诗外传》作'掘'，《说苑》同。"冈白驹补注："《荀子》作'深扣之而得甘泉焉'。吴本作'扣之深则出泉汨渥'。盖注'扣掘'，误作'汨渥'，因入正文耳。"林按，各本"汨""扣"所从皆"日"，盖皆当从"曰"。一说"扣"为古"掘"字。

[4] "树其壤"三句：在土壤上栽植，各种庄稼就会生长，草木就会繁殖。

[5] 禽兽育焉：禽兽在大地上繁衍。林按，此句不应与"树其壤，则百谷滋焉，草木植焉"连读，义不协也。前三句言植物，此句言动物，下句统言人。

[6] "生则出焉"二句：人活着就立在大地上，死了就埋进大地中。出，当作"立"，指人而言。

[7] 多其功而无其意：功劳虽多却毫不在意。

[8] 恢其志而无不容：王肃注："为人下者，当恢弘其志，如地无所不容也。"

[9] 以此：冈白驹补注："言当如地道也。"林按，《周易·坤卦·大象传》："地势坤，君子以厚德载物。"《中庸》云："今夫地一撮土之多，及其广厚，载华岳而不重，振河海而不泄，万物载焉。今夫山一卷石之多，及其广大，草木生之，禽兽居之，宝藏兴焉。"儒家强调地道之厚德载物，包容，谦卑皆其美德。

【译文】

子贡问孔子："我现在既然做了人家的臣下，却不知为人臣下的道理，冒昧地向您请教。"孔子说："为人臣下，大概像泥土吧！掘深了就会冒出泉水；在土壤上种植，各种庄稼就会生长，各种草木就会繁殖；禽兽在大地上繁衍；人活着就立在大地上，死了就埋进大地中。它的功劳虽多，却毫不在意；它的志向弘大，无所不容。为人臣下的人应该像大地这样。"

孔子适郑，与弟子相失，独立东郭[1]门外。或人[2]谓子贡曰："东门外有一人焉，其长九尺有[3]六寸，河目隆颡[4]，其头似尧，其颈似皋陶[5]，其肩似子产，然自腰以下，不及禹者三寸，儽然如丧家之狗[6]。"子贡以告[7]，孔子欣然而叹曰："形状未也[8]，如丧家之狗，然乎哉！然乎哉！"

【注释】
[1] 郭：外城。《管子·度地》："内为之城，城外为之郭。"此记载又见于《史记·孔子世家》、《韩诗外传》卷九、《论衡·骨相》、《白虎通·寿命》。
[2] 或人：有人。
[3] 有：通"又"。
[4] 河目隆颡（sǎng）：河目，上下眼眶像河一样又平正又长。隆颡，额头高高突起。颡，额。
[5] 皋（gāo）陶（yáo）：上古贤臣，据说为尧舜时期的"士"（刑狱之官），负责刑狱。《论衡·讲瑞》："五帝、三王、皋陶、孔子，人之圣也。"《尚书》有《皋陶谟》一篇。
[6] 儽（lěi）然：形容不得志的形态。
[7] 以告：以实告。
[8] 形状未也：容貌未必像他们说的那样。

【译文】
孔子到宋国去，和弟子相互失散了，独自站在外城东门外。有人告诉子贡说："东门外有一个人，身长九尺六寸，上下眼眶像河一样又平正又长,额头高高突起,头像尧,脖子像皋陶,肩像子产,但自腰以下比禹短三寸,不得志的神态像有丧事人家的狗。"子贡把这话告诉了孔子,孔子高兴地感叹:"容貌未必像他们说的那样。说我神态像有丧事人家的狗,真是这样啊!真是这样啊!"

孔子适卫,路出于蒲[1],会公叔氏以蒲叛卫[2],而止之[3]。孔子弟子有公良孺[4]者,为人贤长[5],有勇力,以私车五乘从夫子行,喟然曰:"昔吾从夫子遇难于匡[6],又伐树于宋[7],今遇困于此,命也夫!与其见夫子仍[8]遇于难,宁我斗死。"挺[9]剑而合众,将与之战。蒲人惧,曰:"苟[10]无适卫,吾则出子。"乃盟孔子,而出之东门。孔子遂适卫。子贡曰:"盟可负乎?"孔子曰:"要我以盟[11],非义也[12]。"

卫侯[13]闻孔子之来,喜,而于郊迎之,问伐蒲,对曰:"可哉!"公曰:"吾大夫以为[14]蒲者,卫之所以待[15]晋楚也。伐之,无乃[16]不可乎?"孔子曰:"其男子有死之志[17],妇人有保西河之志[18]。吾之所伐者,不过四五人[19]矣。"公曰:"善!"卒不果伐[20]。他日,灵公又与夫子语,见飞雁过而仰视之,色不悦[21]。孔子乃逝[22]。

【注释】

[1] 蒲:春秋时卫地,在今河南长垣县。此记载又见于《史记·孔子世家》。

[2] 会公叔氏以蒲叛卫:公叔氏,即公叔戍,卫国大夫公叔文子之子,富有而骄纵。《左传·定公十三年》:"及文子卒,卫侯始恶于公叔

戍，以其富也。公叔戍又将去夫人之党，夫人诉之曰：'戍将为乱。'"《定公十四年》："十四年春，卫侯逐公叔戍与其党，故赵阳奔宋，戍来奔。"林按，钱穆《孔子传》云："《左传》定公十四年春，卫侯逐公叔戍与其党。孔子以十三年春去鲁适卫，居十月，正值其时。"

[3]而止之：止孔子。

[4]公良孺：字子正，陈国人，孔子弟子。

[5]贤长：贤能而有长者之风。

[6]遇难于匡：即《论语·子罕》"畏于匡"及本篇所谓"匡人简子以甲士围之"之事也。林按，据钱穆考证："核其时地，过匡过蒲，乃鲁定公十四年春同时之事。畏乃私斗之称。《论语》之畏于匡，即是《史记》之斗于蒲，只是一事两传。若谓孔子貌似阳虎，则一语解释即得，何致拘之五日？若果匡人误以孔子为阳虎，孔子不加解释，而遽有天丧斯文之叹，情事语气似乎不类。且颜渊随孔子同行，拘则俱拘，免则俱免，何以又有独自一人落后之事。盖孔子畏于匡，即是过蒲。适遭公叔戍之叛，欲止孔子，孔子与其门弟子经与蒲人斗而得离去。颜渊则在斗乱中失群在后也。后人因有阳虎侵暴于匡之事，遂讹传孔子以状类阳虎被拘，史迁不能辨而两从之。"若此，则此文记载恐有传闻异辞。

[7]伐树于宋：王肃注："孔子与弟子行礼于大树之下，桓魋欲害之，故先伐其树焉。"可参见《史记·孔子世家》。

[8]仍：再，重。

[9]挺：拔。

[10]苟：如果。

[11]要（yāo）我以盟：要挟我们进行的盟誓。要，威胁，要挟。

[12]非义也：《史记》作"神不听"。

[13]卫侯：卫灵公。

[14]以为：太宰纯增注："《世家》'以为'之下有'不可'二字。"

[15]待：有防备、抵御义。一本作"恃"，与"待"义同。

[16]无乃：相当于"莫非"、"恐怕是"，表示委婉测度的语气。

[17]有死之志：宁死不屈。

[18]妇人有保西河之志：女子都有保护西河的想法。

[19]四五人：形容极少数的叛乱者。

[20]卒不果伐：最终还是没有讨伐。卒，最后。果，终于。

[21]色不悦：有厌色。

[22]逝：离去。

【译文】

孔子到卫国去,路经蒲地,正遇到公叔戌占据蒲地背叛卫国,不让孔子一行通过。孔子的弟子中有个叫公良儒的,为人贤能而有长者风度,很有勇力,以自己的五辆车跟随孔子出行。他感叹地说:"以前我跟随先生在匡地受围困,在宋国又遇上伐树之难,现在又在这里遇困,这是命啊!与其看着先生再次遇难,还不如战死。"于是,拔出剑来,集合众人,准备与蒲人战斗。蒲人害怕了,说:"如果你们不去卫国,我们就放你们出去。"于是与孔子订下盟誓,让他们从东门走了。孔子最终还是去了卫国。子贡说:"盟誓可以违背吗?"孔子说:"要挟我们进行的盟誓,是不合道义的行为。"

卫灵公听说孔子来了,高兴地到城外去迎接。卫灵公询问起征伐蒲地的事,孔子说:"可以啊!"卫灵公说:"我的大夫认为蒲地是我们卫国用来防备晋国、楚国的,讨伐它恐怕不行吧?"孔子说:"蒲地男子宁死不愿随从叛乱,女子都有保护西河的想法,我们所讨伐的,只不过是极少数的叛乱者。"卫灵公说:"好!"但最终还是没有讨伐。有一天,卫灵公又与孔子谈话,看见大雁飞过,就抬起头去看,脸上露出不悦的神色。孔子于是离开了卫国。

卫蘧伯玉[1]贤,而灵公不用;弥子瑕[2]不肖,反任之。史鱼[3]骤[4]谏而不从。史鱼病将卒,命其子曰:"吾在卫朝,不能进蘧伯玉,退弥子瑕,是吾为臣不能正其君也。生而不能正其君,则死无以成礼。我死,汝置尸牖下[5],于我毕矣[6]。"其子从之。灵公吊[7]焉,怪[8]而问焉。其子以其父言告公。公愕然失容[9],曰:"是寡人之过也[10]。"于是命之殡[11]于客位,进蘧伯玉而用之,退弥子瑕而远之。

孔子闻之,曰:"古之烈谏[12]者,死则已[13]矣。

未有若史鱼死而尸谏，忠感其君者也，可不谓直乎？"

【注释】
　　[1] 蘧(qú)伯玉：名瑗，卫国贤大夫。此记载又见于《新书·胎教》、《新序·杂事一》、《大戴礼记·保傅》、《韩诗外传》卷七。
　　[2] 弥子瑕(xiá)：卫灵公之嬖大夫。
　　[3] 史鱼：即史鰌，字子鱼，春秋时卫国大夫。
　　[4] 骤：屡次，频繁。
　　[5] 置尸牖下：王肃注："礼，饭于牖下，小敛于户内，大敛于阼，殡于客位也。"牖，窗。
　　[6] 于我毕矣：对我来说就足够了。意思即自己不配合以礼丧葬。毕，尽。
　　[7] 吊：祭奠死者或对遭到丧事的人家、团体给予慰问。
　　[8] 怪：觉得奇怪。因不合乎礼制，故以为怪。
　　[9] 愕然失容：非常惊讶，改变了神色。
　　[10] 过也：过错。
　　[11] 殡：停放灵柩。
　　[12] 烈谏：极力劝谏。烈，强烈，极力。
　　[13] 已：停止。

【译文】
　　卫国大夫蘧伯玉十分贤能，但卫灵公不任用他。弥子瑕不贤，卫灵公反而任用他。史鱼多次进谏，但卫灵公不听。史鱼生了病，快要死了，对他的儿子说："我在卫国朝廷任职，却不能举荐蘧伯玉，斥退弥子瑕，这是我作为臣子却不能匡正我的君主啊！活着不能匡正我的君主，死了就不值得举办丧礼。我死后，你把我的尸体放在窗下，对于我来说就足够了。"他的儿子听从了他的话。卫灵公前来吊唁，对此感到奇怪并询问其中的原因。史鱼的儿子就把他父亲的话告诉了卫灵公。卫灵公非常惊讶，改变了神色，说："这是我的过错啊！"于是命令将史鱼的灵柩停放在宾位上。召进并任用了蘧伯玉，斥退并疏远了弥子瑕。
　　孔子听到这事，说："古时极力劝谏的人，人死了劝谏也就停止了。没有像史鱼这样，死了，却还要用尸体来进谏，忠诚感动了君主的，怎能不称为正直呢？"

五帝德第二十三

宰我问于孔子曰："昔者吾闻诸荣伊曰[1]：'黄帝三百年。'请问黄帝者，人也，抑非人也？何以能至三百年乎？"孔子曰："禹、汤、文、武、周公，不可胜以观也[2]，而上世黄帝之问，将谓先生难言之故乎[3]？"

宰我曰："上世之传，隐微[4]之说，卒采之辩[5]，暗忽[6]之意，非君子之道者，则予之问也固[7]矣。"孔子曰："可也。吾略闻其说。黄帝者，少典[8]之子，曰轩辕[9]。生而神灵[10]，弱而能言[11]，哲睿齐庄[12]，敦敏诚信[13]，长聪明。治五气[14]，设五量[15]，抚[16]万民，度四方[17]。服牛乘马[18]，扰驯[19]猛兽，以与炎帝战于阪泉之野[20]，三战而后克[21]之。始垂衣裳[22]，作为黼黻[23]；治民以顺天地之纪，知幽明之故，达死生存亡之说；播时[24]百谷，尝味草木[25]，仁厚及于鸟兽昆虫；考日月星辰[26]，劳耳目，勤心力，用水火财物以生民[27]。民赖其利，百年而死；民畏其神[28]，百年而亡；民用其教，百年而移[29]。故曰'黄帝三百年'。"

【注释】
　　[1]吾闻诸荣伊曰：此记载又见于《大戴礼记·五帝德》。
　　[2]不可胜以观也：千叶玄之标笺："不可胜以观也，言不可尽也，言其多也。"胜，尽。

[3]将谓先生难言之故乎:《史记·五帝本纪》:"学者多称五帝,尚矣。然《尚书》独载尧以来;而百家言黄帝,其文不雅驯,荐绅先生难言之。孔子所传《宰予问五帝德》及《帝系姓》,儒者或不传。"

[4]隐微:幽隐精微。

[5]卒采之辩:王肃注:"采,事也。辩,说也。卒,终也。"

[6]暗忽:久远不明。

[7]固:固陋。

[8]少典:有熊国之君。《史记·五帝本纪》:"黄帝者,少典之子。"

[9]轩辕:《史记·五帝本纪》曰:"姓公孙,名曰轩辕。"皇甫谧曰:"黄帝生于寿丘,长于姬水,因以为姓。居轩辕之丘,因以为名,又以为号。"

[10]神灵:神奇灵敏。《史记索隐》:"《易》曰'阴阳不测之谓神',《书》云'人惟万物之灵',故谓之神灵也。"

[11]弱而能言:说话很早。

[12]哲睿齐(zhāi)庄:聪明睿智严肃庄敬。齐庄,即"斋庄",严肃庄敬。

[13]敦敏诚信:笃实审慎诚实守信。敦,笃实。敏,审慎。

[14]治五气:探究五行之气。

[15]设五量:设置五种度量衡。王肃注:"五量:权衡、升斛、尺丈、里步、十百。"

[16]抚:保护。

[17]度四方:王肃注:"商度四方而抚安之。"

[18]服牛乘马:乘用牛马。服,乘。

[19]扰驯:驯服。

[20]炎帝:号烈山氏,又号神农氏,源出姜水,传说中的古代帝王。 阪(bǎn)泉:古地名。一说在今河北涿鹿东南,一说在今山西运城解池附近。

[21]克:胜。

[22]始垂衣裳:传说黄帝发明了服饰。《周易·系辞下》:"黄帝、尧、舜,垂衣裳而天下治,盖取诸《乾》、《坤》。"孔颖达疏:"垂衣裳者,以前衣皮,其制短小,今衣丝麻布帛,所作衣裳其制长大,故云垂衣裳也。"

[23]黼(fǔ)黻(fú):指古代礼服上绣的花纹。王肃注:"白与黑谓之黼,若斧文。黑与青谓之黻,若两己相戾。"黼,黑白相间,作斧形。

黻，黑青相间，作亚形。

[24] 播时：按时节播种。

[25] 尝味草木：一般以为神农"尝百草"。

[26] 考日月星辰：观察日月星辰等天体运行的规律，以制定历法。

[27] 用水火财物以生民：利用水火和财货养护万民。

[28] 畏其神：敬畏他的神灵。

[29] 移：改变。

【译文】

宰我问孔子说："以前我听荣伊说：'黄帝活了三百年。'请问黄帝是人，还是神呢？为什么能活三百年呢？"孔子说："禹、汤、周文王、周武王、周公，对于他们尚且不能完全了解清楚。而你问到更为久远的黄帝，是因为连先生都难以讲清楚吗？"

宰我说："上古的传说，幽隐精微的说法，事过以后的争辩，久远不明的含义，这些都不是君子应该说的，我的问题有些固陋。"孔子说："可以问，我略微听说过这方面的事情。黄帝是少典的儿子，名叫轩辕。他生下来就神奇灵敏，说话很早，小时候聪明睿智，严肃庄敬，笃实审慎，诚实守信，长大以后更是耳聪目明，明辨一切。他探究五行之气，设置五种度量衡标准，保护天下人民，考察四方情况。他驾乘牛马，驱赶驯服的猛兽，与炎帝在阪泉之野上展开大战，三战以后打败了炎帝。他创制了服饰，制作了黼黻等美丽的花纹。治理人民，以顺应天地的法则，了解昼夜更替的原理，明白生死存亡的道理。按时节播种庄稼，品尝各种草木以便发现药用价值，他的仁厚美德施及自然界的鸟兽昆虫。他观察日月星辰的变化规律以确立历法，耗费耳目，耗费心力，用水、火和财货来养护人民。黄帝生前，人民受其恩惠一百年；黄帝死后，人民敬畏他的神灵一百年；之后，人民又沿用黄帝的教化一百年才改变。所以说'黄帝活了三百年'。"

宰我曰："请问帝颛顼[1]。"孔子曰："五帝用说，三王有度[2]，汝欲一日遍闻远古之说，躁[3]哉予也！"

宰我曰:"昔予也闻诸夫子曰:'小子毋或宿[4]。'故敢问。"孔子曰:"颛顼,黄帝之孙,昌意[5]之子,曰高阳[6]。渊而有谋[7],疏通以知远[8],养财以任地[9],履时以象天[10],依鬼神而制义[11],治气性以教众[12],洁诚[13]以祭祀,巡四海以宁民。北至幽陵[14],南暨[15]交趾[16],西抵[17]流沙[18],东极[19]蟠木[20],动静之生[21],小大之物[22],日月所照,莫不底属[23]。"

【注释】

[1] 颛(zhuān)顼(xū):黄帝之孙,号高阳氏,传说中的古代帝王。《大戴礼记·帝系》:"黄帝产昌意,昌意产高阳,是为帝颛顼。"

[2] "五帝用说"二句:王肃注:"五帝久远,故用说也。三王迩,则有成法度。"

[3] 躁:急躁。

[4] 毋或宿:不要隔夜以后。

[5] 昌意:黄帝第二子。

[6] 高阳:冈白驹补注:"高阳,所兴地名,因以为号。"太宰纯增注:"《本纪》曰:'黄帝居轩辕之丘,而娶于西陵之女,是为嫘祖。嫘祖为黄帝正妃,生二子,其后皆有天下。一曰玄嚣,是为青阳。青阳降居江水;其二曰昌意,降居若水。昌意娶蜀山氏女,曰昌仆,生高阳。'"

[7] 渊而有谋:深邃而有谋略。

[8] 疏通以知远:通达情理,富有远见。

[9] 养财以任地:因地制宜地增进财物。任地,因地制宜。

[10] 履时以象天:顺应时令以取法上天。

[11] 依鬼神而制义:冈白驹补注:"敬事鬼神,因制尊卑之义。"《索隐》:"鬼神聪明正直,当尽心敬事,因制尊卑之义,故《礼》曰'降于祖庙之谓仁义'是也。"《正义》:"鬼之灵者曰神也。鬼神谓山川之神也。能兴云致雨,润养万物也,故已依冯(凭)之剬(制)义也。"

[12] 治气性以教众:探究四时变化、五行性质,来教化民众。

[13] 诚:虔诚。

[14] 幽陵:古地名,即古幽州,在今河北省北部及辽宁省西部

一带。

[15] 暨：及。

[16] 交趾：在今越南北部，古人视为南方最远之地。后来汉代设置交趾郡。

[17] 抵：至。

[18] 流沙：古地名。沙漠被风吹而流动，故以流沙指称沙漠地区。《汉书·地理志》载张掖郡居延县东北居延泽，古称流沙。古人亦常以流沙称不熟悉的西北广大沙漠地区。

[19] 极：至。

[20] 蟠木：又作"扶木"，即"扶桑"，传说为神木，太阳出于其下，故扶桑又指日出之地。太宰纯增注："蟠木在海外。"冈白驹补注："东海中有山焉，名曰度索。上有大桃树，屈蟠三千里，故曰蟠木。"

[21] 动静之生：指动物与植物。

[22] 大小之物：《史记正义》："大谓五岳、四渎，小谓丘陵、坟衍。"

[23] 底属：归属。

【译文】

宰我说："请问帝颛顼的事情。"孔子说："五帝的事迹依靠传说了解，三王的事情有现成的法度可以知道。你想在一天之内听遍远古的所有传说，宰予啊你太急躁了。"

宰予说："以前我听夫子说：'有问题不要隔夜以后再问。'所以才敢向您请教。"孔子说："颛顼是黄帝的孙子，昌意的儿子，名叫高阳。他深邃而有谋略，通达情理，富有远见，因地制宜地增进财物，顺应时令以取法上天，敬事鬼神来确立尊卑，探究四时变化、五行性质来教化民众，态度虔诚地去祭祀，巡行四海以安定人民。向北到达幽陵，向南到达交趾，向西抵达流沙，向东到达蟠木，所有动物植物，五岳四渎丘陵坟衍的神灵，日月所能照到的地方，没有不归属于他的。"

宰我曰："请问帝喾[1]。"孔子曰："玄枵[2]之孙，乔极[3]之子，曰高辛[4]。生而神异，自言其名[5]，博施厚利，不于其身[6]。聪以知远，明以察微，仁而威，惠而信[7]，以顺天地之义；知民所急，修身而天下服；取地之财而节用之，抚教万民而诲利之[8]，历日月之生朔而迎送之[9]，明鬼神而敬事之[10]；其色也和，其德也重，其动也时[11]，其服也衷[12]；春夏秋冬，育护天下，日月所照，风雨所至，莫不从化。"

【注释】
　　[1] 帝喾(kù)：黄帝曾孙，号高辛氏，传说中的古代帝王。《大戴礼记·帝系》："黄帝产玄嚣，玄嚣产蛴极，蛴极产高辛，是为帝喾。"
　　[2] 玄枵(xiāo)：黄帝之子。
　　[3] 乔(jiǎo)极：黄帝之孙。
　　[4] 高辛：太宰纯增注："张晏曰：'少昊之前，天下之号象其德。颛顼以来，天下之号因其名。高阳、高辛，皆所兴之地名。颛顼与喾，皆以字为号。上古质故也。'"
　　[5] "生而神异"二句：《史记正义》："《帝王纪》云：'帝干高辛，姬姓也。其母生见其神异，自言其名曰'岌'。龆龀有圣德，年十五而佐颛顼，三十登位，都亳，以人事纪官也。'"
　　[6] "博施厚利"二句：广博地施以大利，但却不顾及自己。
　　[7] "仁而威"二句：仁厚且有威仪，宽厚且有诚信。惠，宽厚。
　　[8] 抚教万民而诲利之：抚育教养百姓并教导他们如何获利。诲，教诲，教导。利，使……有利。
　　[9] 历日月之生朔而迎送之：观察日月的运行变化加以祭祀。历，相，观察。迎送，盖谓"祭日"、"祭月"等对日月的祭祀活动。
　　[10] 明鬼神而敬事之：明天神人鬼之义，而敬事之。
　　[11] 时：合时，合宜。
　　[12] 其服也衷：衣服合德，即其衣冠服饰符合其内在德性。服，衣服。

【译文】
　　宰我说："请问帝喾的事情。"孔子说："帝喾是玄枵的孙子，乔极的儿子,名叫高辛。他一生下来就神奇灵异,能够说出自己的名字。他广博地施予福利,却不顾及自己。兼听而有远见,明辨而体察细微。仁厚且有威仪,宽厚且有诚信,以顺从天地之法则。他知道人民的需要与期盼,修养自身而令天下人信服,从土地中获取的财物都节约使用,抚育教养百姓并教导他们如何获利。观察日月的运行变化加以祭祀,明了鬼神的意义而恭敬地加以祭祀。他的神色温和,德性厚重,举动合宜,衣服合德。春夏秋冬一年四季,他都在呵护养育着天下万物。日月所能照到的地方,风雨所能到达的地方,没有不被他感化的。"

宰我曰:"请问帝尧。"孔子曰:"高辛氏之子,曰陶唐[1]。其仁如天[2],其智如神,就之如日[3],望之如云[4],富而不骄,贵而能降[5]。伯夷典礼[6],夔、龙典乐[7],舜时而仕,趋视四时,务先民始之[8],流四凶[9]而天下服。其言不忒[10],其德不回[11]。四海之内,舟舆[12]所及,莫不夷说[13]。"

【注释】
　　[1]陶唐:太宰纯增注:"《本纪》曰:'帝喾娶陈锋氏女,生放勋;娶娵訾氏女,生挚。帝喾崩而挚代立。帝挚立,不善,崩而弟放勋立,是为帝尧。'孔安国曰:'陶唐,帝尧氏。'《大戴礼》作'放勋'。"
　　[2]其仁如天:冈白驹补注:"言无所不被。"
　　[3]就之如日:言其温暖。就,接近,靠近。司马贞《史记索隐》:"如日之照临,人咸依就之,若葵藿倾心以向日也。"
　　[4]望之如云:期盼云能降雨一样仰望他。司马贞《史记索隐》:"如云之覆渥,言德化广大而浸润生人,人咸仰望之,故曰如百谷之仰膏雨也。"
　　[5]贵而能降:冈白驹补注:"《书》所云'允恭克让'。"
　　[6]伯夷典礼:伯夷,尧臣,主管礼。《国语·郑语》说:"姜,伯夷之后也。"典,司,主管,执掌。
　　[7]夔(kuí)、龙典乐:夔和龙执掌乐。王肃注:"舜时,夔典乐,

龙作纳言。然则尧时龙亦典乐者也。"夔、龙皆尧舜时的乐官。

[8] "舜时而仕"三句：王肃注："务先民事以为始也。"

[9] 流四凶：流放共工、骧、三苗、鲧。流，流放，即把犯人放逐到边远地区去。四凶，舜流放之四人。《尚书·舜典》："流共工于幽州，放骧兜于崇山，窜三苗于三危，殛鲧于羽山。"

[10] 忒(tè)：差错。

[11] 回：邪僻。

[12] 曏(yú)：同"舆"。

[13] 夷说(yuè)：心悦诚服。

【译文】

宰我说："请问关于帝尧的事情。"孔子说："尧是高辛氏的儿子，名叫陶唐。他的仁厚像天一样无所不覆，他的智慧像神一样高超不凡。人民接近他就像渴望太阳的温暖一样，仰望他就像久旱期待祥云一样。他富有而不骄傲，尊贵而能谦下。他命伯夷掌管礼仪，夔、龙掌管音乐，让舜适时出来做官，勤勉观察四时的变化，务必把人民的事情放在首位，流放了四个凶恶的罪人，从而赢得天下人归服。他说话不出差错，做事不违背情理。四海之内，凡是舟车所能到达的地方，没有不心悦诚服的。"

宰我曰："请问帝舜。"孔子曰："乔牛之孙，瞽瞍之子也[1]，曰有虞[2]。舜孝友[3]闻于四方，陶渔事亲[4]；宽裕而温良，敦敏而知时，畏天而爱民，恤远而亲近，承受大命[5]，依于二女[6]；睿明智通，为天下帝，命二十二臣，率[7]尧旧职，躬己而已[8]。天平地成[9]，巡狩[10]四海，五载一始[11]。三十年在位，嗣帝五十载[12]，陟方岳[13]，死于苍梧[14]之野，而葬焉。"

【注释】

[1] "乔(jiǎo)牛之孙"二句：乔牛，一作桥牛。《史记·五帝本

纪》:"虞舜者,名曰重华,重华父曰瞽叟,瞽叟父曰桥牛,桥牛父曰句望,句望父曰敬康,敬康父曰穷蝉,穷蝉父曰帝颛顼,颛顼父曰昌意。以至舜七世矣。自从穷蝉以至帝舜,皆微为庶人。"《正义》:"孔安国云:无目曰瞽。舜父有目,不能分别好恶,故时人谓之瞽,配字曰叟。叟,无目之称也。"

[2] 有虞:太宰纯增注:"孔安国曰:'虞,氏也。'《史记索隐》曰:'虞,国名。'《大戴礼》作'曰重华'。"

[3] 孝友:郑玄曰:"善于父母为孝,善于兄弟为友。"

[4] 陶渔事亲:为陶器,躬捕鱼,以养父母。

[5] 大命:天命,指获得帝位。

[6] 依于二女:许配了尧的两个女儿。二女谓娥皇、女英。

[7] 率:大都。

[8] 躬己而已:太宰纯增注:"《舜典》曰:'帝曰:咨!汝二十有二人,钦哉!'孔安国曰:'禹、垂、益、伯夷、夔、龙六人,新命有职。四岳、十二牧,凡二十二人,特敕命之。'一说:'四岳,官名,一人为之。加弃、契、皋陶,为二十二人。'一本'躬'作'恭',是也,声近误耳。"

[9] 天平地成:孔安国云:"水土治曰平,五行叙曰成。"

[10] 巡狩:古时帝王五载一巡狩,巡查诸侯所守的地方。亦称"巡守",《尚书·舜典》:"岁二月,东巡守。"

[11] 五载一始:《舜典》曰:"五载一巡守。"

[12] "三十年在位"二句:谓被任用三十年,正式为帝五十年。冈白驹补注:"舜见征用,历试二年,摄位二十八年,凡三十年在位。"太宰纯增注:"《舜典》曰:'舜生三十征庸,三十在位,五十载,陟方乃死。'孔安国曰:'方,道也。舜即位五十年,升道南方巡守,死于苍梧之野,而葬焉。'"千叶玄之标笺:"舜寿百一十二而崩。"

[13] 陟(zhì)方岳:登临方岳,指巡狩而言。《尚书·周官》:"又六年,王乃时巡,考制度于四岳。诸侯各朝于方岳,大明黜陟。"陟,登高。方岳,四方之岳。岳,高大的山。

[14] 苍梧:古地名。九疑(亦作"嶷")山,在今湖南宁远南。

【译文】

宰我说:"请教一下有关帝舜的事情。"孔子说:"舜是乔牛的孙子,瞽瞍的儿子,号有虞。舜孝敬父母友善兄弟的名声四方皆知，他制作陶器，捕鱼以赡养父母。他宽广豁达而温和善良，厚道机敏而能掌握时机，敬畏上天而爱护人民，体恤远方的人而又亲近身边的人。他承受天命，与尧的两位女儿婚配。他圣明、智能而又通达，成为天下的帝王。他任命二十二位大臣，大都是尧时的旧职，自己只是恭谨律己而已。当时洪水退去，天下太平，大地丰收，他巡狩全国，五年一次。舜为臣三十年，为帝五十年，在巡狩之时，死于苍梧的山野，并埋葬在那里。"

宰我曰："请问禹[1]。"孔子曰："高阳之孙，鲧[2]之子也，曰夏后[3]，敏给克齐[4]，其德不爽[5]，其仁可亲，其言可信；声为律[6]，身为度[7]，亹亹穆穆[8]，为纪为纲[9]。其功为百神之主[10]，其惠为民父母；左准绳，右规矩[11]，履四时[12]，据四海。任皋陶、伯益[13]，以赞[14]其治，兴六师[15]以征不庭[16]，四极[17]之民，莫敢不服。"

【注释】

[1] 禹：名文命，传说中的古代帝王。《大戴礼记·帝系》："颛顼产鲧，鲧产文命，是为禹。"《史记·夏本纪》："禹之父曰鲧，鲧之父曰帝颛顼，颛顼之父曰昌意，昌意之父曰黄帝。禹者，黄帝之玄孙而帝颛顼之孙也。禹之曾大父昌意及父鲧皆不得在帝位，为人臣。"

[2] 鲧(gǔn)：禹父，曾奉尧命治水，用防堵的办法治水，九年而无功，被舜殛于羽山。

[3] 夏后：国号。

[4] 敏给(jǐ)克齐(jì)：聪明敏捷，能成大事。克，能。齐，通"济"，成。

[5] 爽：差错。

[6] 声为律：语言合于音律。

[7] 身为度：行动合于法度。律，法则，规章。

[8] 亹(wěi)亹穆穆：勤勉不倦，恭敬严肃。亹亹，勤勉不倦。穆

穆，恭敬，严肃。

［9］为纪为纲：为天下纪纲。

［10］其功为百神之主：王肃注："禹治水，天下既平，然后百神得其所。"

［11］"左准绳"二句：准绳，标准。规矩，规则。规、矩均为绘制工具，规绘圆形，矩绘方形。

［12］履四时：所行不违四时之宜。

［13］伯益：舜、禹时为臣。舜命他作虞，掌山林川泽。禹时被立为继承人，禹死后，启杀伯益夺得帝位。或说启贤，益避启，众举启承帝位。

［14］赞：助。

［15］六师：指"六军"。军，天子统帅的军队。《尚书·周官》："司马掌邦政，统六师，平邦国。"

［16］不庭：不来朝见。

［17］四极：四方极远之地。极，顶点，尽头。

【译文】

宰我说："请教一下关于禹的事情。"孔子说："禹是高阳的孙子，鲧的儿子，称夏后。他聪明敏捷，能成大事，德行无差，仁厚可亲，言语可信。他的声音合乎音律，他的行为合乎准则。他勤勉不倦、恭敬严肃，为天下树立了纲纪法则。他的功业使他为神之主，他的恩惠使他为民父母。他时刻遵循标准和规则，做事不违背四时之宜，据有四海之地。他任命皋陶、伯益协助他治理天下，调动军队征伐不来朝见者，四方之民没有敢不臣服的。"

孔子曰："予！大者如天，小者如言，民悦至矣[1]。予也非其人也[2]。"宰我曰："予也不足以戒，敬承矣[3]。"

他日，宰我以语子贡，子贡以复孔子。子曰："吾欲以颜状[4]取人也，则于灭明改之矣；吾欲以辞言取人也，则于宰我改之矣；吾欲以容貌取人也，则于子张改之矣[5]。"宰我闻之,惧,弗敢见焉。

【注释】

[1]"孔子曰"五句:悦,悦服。至,极致。

[2]予也非其人也:王肃注:"言不足以明五帝之德也。"

[3]"予也不足以戒"二句:宰予我不值得训诫,只有恭敬地遵守老师的教诲。戒,通"诫"。

[4]颜状:容貌,外表。

[5]则于子张改之矣:太宰纯增注:"宰我、子张称字,记者之辞,非孔子之言也。《大戴礼》'宰我'作'予','子张'作'师',是也。"

【译文】

孔子说:"宰予啊!上古帝王的功德大的像天一样,小的像我上面所说的,百姓的悦服到了极点。宰予你不是能够懂得五帝德行的人啊。"宰予说:"宰予我不足以接受训诫,只有恭敬地遵守老师的教诲。"

有一天,宰予把有关古帝王的事情告诉子贡,子贡把这事又告诉了孔子。孔子说:"我想以外表判断人,澹台灭明却使我改变了这种做法;我想以言辞判断人,宰予却使我改变了这种做法;我想以容貌判断人,颛孙师却使我改变了这种做法。"宰我听到这些话,非常害怕,不敢去见孔子。

孔子家语卷六

五帝第二十四

季康子问于孔子曰:"旧闻[1]五帝之名,而不知其实[2],请问何谓五帝[3]?"孔子曰:"昔丘也闻诸老聃曰:'天有五行[4]:水、火、金、木、土,分时化育,以成万物[5],其神谓之五帝[6]。'古之王者,易代而改号,取法五行。五行更王,终始相生,亦象其义[7]。故其生为明王者,死而配五行。是以太皞配木[8],炎帝配火[9],黄帝配土[10],少皞配金[11],颛顼配水[12]。"

【注释】
[1]旧闻:曾经听说。
[2]实:与"名"相对,实质,实际。这里应该是指五帝得名之实际根据。
[3]五帝:传说中的古代帝王。"五帝"之说,至少有六种。本篇指太皞、炎帝、黄帝、少皞、颛顼五人。与《五帝德》所言不同。中国古代文化中有数术之学,"五"是其中的重要数字,以此归纳不同领域的事物,形成对应的系统。如五行,五色,五味,五德,五帝等。
[4]五行:是中国古代思想史上最重要的概念之一,指宇宙构成与运行的要素、功能、作用、关系和动态过程(采李泽厚说)。最早见于《尚书·甘誓》:"有扈氏威侮五行,怠弃三正。"孔颖达疏:"五行,水、火、金、木、土也。"《尚书·洪范》明确"五行"为"一曰水,二曰火,三曰木,四曰金,五曰土"。如本篇可信则此处亦是较早文献。后

与阴阳观念结合为阴阳五行观念，在秦汉之后成为中国大小传统的宇宙论模式。战国时期，子思提出"五行"，见于简帛《五行》，其内容是"仁义礼智圣"，战国中期邹衍倡"五德终始说"，其五德与本篇所论有关。

［5］"分时化育"二句：王肃注："一岁三百六十日，五行各主七十二日也。化生长育，一岁之功，万物莫敢不成。"

［6］其神谓之五帝：五帝，五行之神与上篇宰予问者不同。

［7］"五行更王（wàng）"三句："王"，此应训为"胜"、"兴"，乃指五行而言，非指五帝而言，意为五行更相兴盛而主宰。

［8］太皞（hào）配木：传说中的古代帝王。以木德王天下，死后祀于东方，为木德之帝。

［9］炎帝配火：烈山氏，传说中的古代帝王。以火德王天下，死后祀于南方，为火德之帝。

［10］黄帝配土：传说中的古代帝王。以土德王天下，死后祀为中央之帝。

［11］少皞配金：又作"少昊"，名挚，号金天氏，传说中的古代帝王，为东夷部落的首领。以金德王天下，死配金，为西方金德之帝。今曲阜有少昊陵遗址。

［12］颛顼配水：黄帝之孙，号高阳氏，传说中的古代帝王。以水德王天下，死后祀于北方，为水德之帝。冈白驹补注："何孟春云：'以上五帝，又与上篇宰予问者不同。盖此所称，指配五行者言之也。'周淇谟云：'《周礼》：王祀昊天上帝，服大裘而冕，祀五帝亦如之。又曰：兆五帝于四郊，则是上帝之外，又五帝也。圜丘之外，又四郊也。此所谓五行分时化育，以成万物，其神谓之五帝者是也。'"

【译文】

季康子问孔子说："过去听说过五帝的名称，但不知道它的实际根据，请问什么叫五帝呢？"孔子说："以前我听老聃说：'天有五行，即水、火、金、木、土，它们在不同的季节变化孕育，从而产生万事万物，五行之神就是五帝。'古代的帝王，改换朝代、变更名号，就是以五行为依据的。五行更替兴盛为主宰，周而复始，五帝之称也是按照五行更替的原则。所以那些贤明的帝王，死后配以五行。因此，以木配太皞，以火配炎帝，以土配黄帝，以金配少皞，以水配颛顼。"

康子曰："太皞氏其始之[1]木，何如[2]？"孔子曰："五行用事[3]，先起于木。木，东方，万物之初皆出焉。是故，王者则[4]之，而首以木德王天下，其次则以所生之行，转相承也[5]。"

【注释】
　　[1]之：相当于"诸"（之于）。
　　[2]何如：犹"何故"。
　　[3]用事：主事。
　　[4]则：效法。
　　[5]"而首以木德王天下"三句：王肃注："木生火，火生土之属。"

【译文】
　　季康子问："太皞氏要从木开始是什么缘故呢？"孔子说："五行主事，先从木开始。木象征东方，万物一开始都从这里产生。所以帝王效法它，首先以木德称王于天下，然后以五行相生的顺序，依次转接。"

　　康子曰："吾闻句芒为木正[1]，祝融为火正[2]，蓐收为金正[3]，玄冥为水正[4]，后土为土正[5]，此五行之主而不乱称曰帝[6]者，何也？"孔子曰："凡五正者，五行之官名。五行佐成上帝，而称五帝。太皞之属配焉，亦云帝，从其号。[7]昔少皞氏之子有四叔[8]，曰重、曰该、曰修、曰熙，实能[9]金、木及水，使重为句芒，该为蓐收，修及熙为玄冥[10]；颛顼氏之子曰黎[11]，为祝融；共工氏[12]之子曰句龙，为后土。此五者，各以其所能业为官职[13]，生为上公[14]，死为贵神[15]，别称五祀，不得同帝[16]。"

【注释】

[1] 句芒为木正：句芒，名重，少皞氏之后，佐木德之帝，死后为木官之神。《礼记·月令》："孟春，其神句芒。木初生时，句屈而有芒角，故名句芒。正，官之长也。谓木官之长也。"

[2] 祝融为火正：祝融，颛顼帝后，为高辛氏火正，死后为火官之神。《礼记·月令》："孟夏，其神祝融。祝融，明貌。有取于火，故以名焉。"《史记·楚世家》："重黎为帝喾高辛居火正，甚有功，能光融天下，帝喾命曰祝融。共工氏作乱，帝喾使重黎诛之而不尽。帝乃以庚寅日诛重黎，而以其弟吴回为重黎后，复居火正，为祝融。"

[3] 蓐(rù)收为金正：蓐收，名该，有金德，死后托祀为金神。《礼记·月令》："孟秋，其神蓐收。秋物摧蓐而可收也，故以名焉。"

[4] 玄冥为水正：玄冥，名修，死后祀为水神。《礼记·月令》："孟冬，其神玄冥。水阴而幽冥，故以名焉。"

[5] 后土为土正：《礼记·月令》："中央土，其神后土。土为群物主，故称后。"《左传·昭公二十九年》："土正曰后土，共工氏有子曰勾龙为后土。"勾龙，土官之神。

[6] 五行之主而不乱称曰帝：五行之主称"正"而不敢胡乱称帝之号。五行之主，五行的主管。乱，当以"乱称"连读。

[7] "五行佐成上帝"五句：王肃注："天至尊，物不可以同其号，亦兼称上帝。上得包下。五行佐成天事，谓之五帝。以地有五行，而其精神在上，故亦谓之上帝。黄帝之属，故亦称帝，盖从天五帝之号。故王者虽号称帝，而不得称天帝，而曰天子者。而天子与父，其尊卑相去远矣。曰天王者，言乃天下之王也。"冈白驹补注："属，类也。举大皞以该五帝也。天地以五行成万物，必有以尸之，故生而有功德于民者，殁而祀之，以主时事，亦从其号，而曰帝也。"

[8] 少皞氏之子有四叔：少皞有四个弟弟。《左传·昭公二十九年》作"少皞氏有四叔"，可参。

[9] 能：能治其官。

[10] 修及熙为玄冥：二子相代为水正。

[11] 黎：颛顼时火正。《国语·楚语下》："乃命南正重司天以属神，命火正黎司地以属民。"

[12] 共工氏：炎帝后，姜姓。《左传·昭公十七年》："共工氏以水

纪，故为水师而水名。"古代神话传说中，共工是一个破坏性很大的人物，他欲发动洪水，以害天下，结果被灭。但种种迹象表明，共工本意是想治水的，只不过方法不得当，反而造成更大的灾难。

[13] 各以其所能业为官职：各以一行之官为职业之事。冈白驹补注："《左传》蔡墨所谓'世不失职'，是也。黎之为祝融，勾龙之为后土，亦能火能土有功，各以其所能业，为官职也。"

[14] 上公：百官为首。冈白驹补注："生则封以上公爵。"

[15] 死为贵神：冈白驹补注："死则享以贵神祀。"

[16] "别称五祀"二句：王肃注："五祀，上公之神，故不得称帝也。其序则五正不及五帝，五帝不及天地。而不识者以祭社为祭地，不亦失之远矣？且土与水火俱为五行，是地之子也。以子为母，不亦颠倒失尊卑之序也？"

【译文】

季康子问："我听说句芒为木正，祝融为火正，蓐收为金正，玄冥为水正，后土为土正，这些五行的主管者没有胡乱称帝之号，这是为什么？"孔子说："五正是五行的官名。五行辅佐天帝成就大事，所以称为五帝。太皞等五帝与五行相配，也称为帝，随五行之称。从前，少皞氏有四个弟弟，分别叫重、该、修、熙，他们擅长于管理金、木和水，于是让重做句芒，让该做蓐收，让修和熙做玄冥。颛顼的儿子黎做了祝融，共工氏的儿子句龙做了后土。这五个人各以自己所擅长的方面作为官职，活着时为上公，死后尊为贵神，另称为五祀，不能等同于帝。"

康子曰："如此之言，帝王改号，于五行之德，各有所统[1]，则其所以相变者，皆主何事[2]？"孔子曰："所尚则各从其所王之德次焉[3]。夏后氏以金德王，色尚黑[4]，大事[5]敛用昏[6]，戎事[7]乘骊[8]，牲用玄；殷人以水德王，色尚白[9]，大事敛用日中[10]，戎事乘翰[11]，牲用白；周人以木德王，色尚赤，大事敛用日出[12]，戎事乘骊[13]，牲用骍[14]。此三代之所以不同。"康子曰："唐、虞二帝，其所尚者何色？"孔子曰："尧以火德王，色尚黄[15]。舜以土德王，色尚青[16]。"

【注释】

[1] 统：归属。

[2] 皆主何事：王肃注："在木家而尚赤，所以问也。"

[3] 所尚则各从其所王之德次焉：王肃注："木次火，而木家尚赤者，以木德义之著。修其母，兼其子。"尚，尊尚。德次，五行之相生的属性。

[4] 色尚黑：冈白驹补注："水次金，水色黑。"

[5] 大事：丧事。

[6] 昏：昏暗，黑暗。

[7] 戎事：战事。

[8] 骊：黑色的马。

[9] "殷人以水德王"二句：殷人以水德称王，水生木，避土德尚青而崇尚白色。

[10] 日中：王肃注："白也。"

[11] 翰：白色的马。

[12] 日出：王肃注："日出时，亦赤也。"

[13] 骓(yuán)：赤毛白腹的马。

[14] 骍(xīng)：赤色的马。

[15] "尧以火德王"二句：尧以火德而王，火生土，故崇尚黄色。

[16] "舜以土德王"二句：舜以土德而王，土生木，因五行用事先起于木，故崇尚青色王肃注："土家宜尚白。土者，四行之主，王于四季。五行用事，先起于木，色青，是以水家避土，土家尚白。"

【译文】

季康子问："照这样说，帝王改换称号，在五行之德中，各有所归属的一种，那么他们的相互变更，都有什么内容呢？"孔子说："他们崇尚的是遵循各自称王所依据的五行相生的次序。夏后氏以金德称王，故崇尚黑色，丧葬定在黄昏黑暗之时，有战事时车乘用黑马，祭祀用的牲畜也是黑色的；殷人以水德称王，崇尚白色，丧葬定在中午之时，有战事时车乘用白马，祭祀用的牲畜也是白色的；周人以木德称王，木生火，因此崇尚红色，丧葬定在日出之时，有战事时车乘用红色的马，祭祀的牲畜也用红色的。这是夏、商、周三代不同的地方。"季康子问："唐尧、虞舜二帝，他们崇尚什么颜色？"孔子说："尧以火德而王，火生土，崇尚黄色。舜以土德而王，崇尚青色。"

康子曰："陶唐、有虞、夏后、殷、周独不得配五帝，意者德不及上古邪？将有限乎[1]？"孔子曰："古之平治水土，及播殖百谷者众矣，唯句龙氏兼[2]食于社[3]，而弃[4]为稷神，易代奉之[5]，无敢益[6]者，明不可与等[7]。故自太皞以降，逮[8]于颛顼，其应五行而王，数非徒[9]五而配五帝，是其德不可以多[10]也。"

【注释】
　　[1]限：限制。
　　[2]兼：犹"配"。
　　[3]社：土地神。
　　[4]弃：后稷之名。周始祖。《史记·周本纪》说他"好耕农，相地之宜，宜谷者稼穑焉"。
　　[5]易代奉之：不同时代都尊奉他们。
　　[6]益：增多，增加。
　　[7]明不可与等：冈白驹补注："言虽易代皆奉之，而无敢复立社稷之神者，明其德不可与之等也。"
　　[8]逮：至，到。
　　[9]徒：止，仅。
　　[10]多：犹"加"。

【译文】

　　季康子问:"陶唐、有虞、夏后、殷、周独不与五帝相配,是否意味着他们赶不上上古的帝王?德行也有限吗?"孔子说:"古时候平治水土和播种百谷的人多了,只有句龙氏配享于社,弃为稷神,不同时代都尊奉他们,不敢有增加的,表明其他的无法与二人对等。从太皞以来,直到颛顼,顺应五行而称王的数目不止五个,而只有他们与五帝相配,是因为他们的德行到了无可复加的地步。"

执辔第二十五

　　闵子骞为费宰[1],问政于孔子。子曰:"以德以法[2]。夫德、法者,御民之具,犹御马之有衔、勒[3]也。君者,人[4]也;吏者,辔[5]也;刑者,策[6]也。夫人君之政,执其辔策而已。"

　　子骞曰:"敢问古之为政。"孔子曰:"古者天子以内史[7]为左右手,以德法为衔勒,以百官为辔,以刑罚为策[8],以万民为马[9],故御天下数百年而不失。善御马者,正衔勒,齐辔策,均马力,和马心,故口无声而马应辔[10],策不举而极[11]千里;善御民者,壹[12]其德法,正其百官,以均齐民力,和安民心,故令不再[13]而民顺从,刑不用而天下治。是以天地德之[14],而兆民怀之[15]。夫天地之所德,兆民之所怀,其政美,其民而众称之[16]。今人言五帝三王者,其盛无偶,威察若存[17],其故何也?其法盛[18],其德厚,故思其德,必称其人,朝夕祝[19]之,升闻于天,上帝俱歆[20]，用永厥世[21]，而丰其年[22]。不能御民者，弃其德法，专用刑辟[23]，譬犹御马，弃其衔勒，而专用箠[24]策，其不制[25]也可必矣。夫无衔勒而用箠策，马必伤，车必败；无德法而用刑，民必流[26]，国必亡。治国而无德法，则民无修[27]；民无修，则迷惑失道。如此，上帝必以其为乱天道也[28]。苟乱天道，则刑罚暴，上下相谀[29]，莫知念忠[30]，俱无道故也。今人言恶者，必比之于桀、纣，其故何也？其法不听[31]，其德不厚，故民恶其残虐，莫不吁嗟[32]，朝夕祝之，升闻于天。上帝不蠲[33]，降之以祸罚，灾害并生，用殄[34]厥世。故曰，德法者，御民之本[35]。古之御天下者，以六官总[36]治焉：冢宰之官以成道[37]，司徒之官以成德[38]，宗伯之官以成仁[39]，司马之官以成圣[40]，司寇之官以成义[41]，司空之官以成礼[42]。六官在手以为辔[43]，司会[44]均仁以为纳[45]，故曰：御四马者，执六辔；御天下者，正六官[46]。是故，善御马者，正身以总[47]辔，均马力，齐马心，回旋曲折，唯其所之[48]，故可以取长道，可以赴急疾。此圣人所以御[49]天地与人事之法则也。天子以内史为左右手，以六官为辔，己与三公为执六官[50]，均五教，齐五法[51]，故亦唯其所引[52]，无不如志。以之道则国治[53]，以之德则国安[54]，以之仁则国和[55]，以之圣则国平[56]，以之礼则国定[57]，以之义则国成[58]，此御政之术。过失[59]，人之情莫不有焉，过而改之，是为不过。故官属不理[60]，分职不明，法政不一，百事失纪[61]，曰乱，乱则饬[62]冢宰。地而不殖[63]，财物不蕃[64]，万民饥寒，教训不行[65]，风俗淫僻[66]，人民流散，曰危，危则饬司徒。父子不亲，长幼失序，君臣上下，乖离异志[67]，曰不和，不和则饬宗伯[68]。贤能而失官爵，功劳而失赏禄[69]，士卒疾怨，兵弱不用，曰不平，不平则饬司马[70]。刑罚暴乱，奸邪不胜，曰不义[71]，不义则饬司寇。度量不审[72]，举事失理[73]，都鄙不修，财物失所[74]，曰贫，贫则饬司空。故御者同是车马，或以取千里，或不及数百里，以其所为进退缓急异也；夫治者同是官法，或以致平，或以致乱者，亦以其所为进退缓急异也。古者，天子常以季冬[75]考德正法，以观治乱。德盛者治也，德薄者乱也。故天子考德，则天下之治乱，可坐庙堂[76]之上而知之。夫德盛则法修[77]，德不盛则饬法与政，咸德而不衰[78]。故曰王者[79]。又以孟春[80]论吏之德及功能[81]。能德法者为有德[82]，能行德法者为有行，能成德法者为有功，能治德法者为有智。故天子论吏而德法行，事治而功成。夫季冬正法，孟春论吏，治国之要[83]。"

【注释】

[1]闵子骞为费（古音 bì，今音 fèi）宰：太宰纯增注："费，鲁季氏邑。《论语》称：'季氏使闵子骞为费宰。闵子骞曰："善为我辞焉，如有复我者，则吾必在汶上矣。"'此云：闵子骞为费宰问政，与《论语》不合，故先儒皆据《论语》疑此文有误。纯谓：闵子既辞季氏之召，季子更致敬尽礼以请，而闵子亦不得已而折节焉邪？抑将闵子先仕季氏，不久去之。而季氏欲复之，故闵子拒之如《论语》之云也，观其言'如有复我者'，盖可见矣。姑书所见，以俟知者。"林按，太宰纯所说平允

通达，可从。闵子骞，姓闵，名损，字子骞。鲁国人，孔子弟子，以德行著称。费，春秋时鲁国邑名，在今山东费县。宰，官名，殷代开始设置，掌管家务和家奴。西周时沿置，掌管王家内外事务。春秋时各国沿用，卿大夫私邑的长官称宰。此记载又见于《大戴礼记·盛德》。

［2］以德以法：用德治和礼法。林按，或训"法"为法令，然据下文"刑者，策也"之说，则法非指刑也。

［3］衔、勒：皆为调理和驾驭马所用的工具。衔是横在马口中以备抽勒用的铜或铁，勒是套在马头上带嚼口的笼头。

［4］人：冈白驹补注："对马与辔策言。"

［5］辔：驾驭牲口的缰绳。

［6］策：马鞭子。

［7］内史：周代官名。据《周礼·春官·内史》，协助天子管理爵、禄、废、置等政务。春秋时沿用。

［8］策：马鞭子。

［9］以万民为马：此极易引起现代读者误会，以为孔子视民众如牲畜，实则是基于对治国如御马的比喻。另有"牧民"之说，亦复如是。"牧民"说见于《管子·牧民》。牧，养也，治也。其实，儒家尚有"自牧"（《周易·谦卦·大象传》："谦谦君子，卑以自牧。"《说文》："牧，养牛人也。"王弼《周易注》："牧，养也。"《荀子》杨倞注："牧，治也。"《方言》："牧，司也。""牧，察也。"高亨曰："牧犹守也，卑以自牧谓以谦卑自守也。"）之说，同样乃以御马喻自修。

［10］口无声而马应辔：驾马者不用呵叱，马就会根据辔的松紧而步骤相应。

［11］极：达到。

［12］壹：统一。

［13］再：重复，又一次。

［14］天地德之：王肃注："天地以为有德。"

［15］兆民怀之：众百姓都归附他。兆，数词，百万为兆，旧时也以万万为亿，万亿为兆。兆民，众百姓，形容极多。王肃注："怀，归。"《书》云："天命无亲，克敬惟亲。民罔常怀，怀于有仁。"

［16］"其政美"二句：太宰纯增注："疑'其民'之下有阙文，旧本阙'众'字。"冈白驹补注："言其政美，则其民而称之，如美诗作于民间，是也。故下文云：'思其德必称其人。'"

［17］"其盛无偶"二句：冈白驹补注："偶，双也。言其盛德无双，威严明察，千载若存。"林按，当从冈白驹说。

[18] 其法盛：冈白驹补注："'盛'，疑当作'修'。"

[19] 祝：祈祷。

[20] 歆(xīn)：欣喜。

[21] 用永厥世：使其世系永固。用，以。永，绵长不衰。厥，其。世，世代，世系。

[22] 丰其年：使其年景丰收。

[23] 刑辟(bì)：刑法，刑律。《左传·昭公六年》杨伯峻注："刑辟即刑律。"

[24] 箠(chuí)：策也，马鞭。

[25] 制：御，驾驭。

[26] 流：流散。

[27] 民无修：冈白驹补注："修，饬也。民心无所法循，则无修饬。"

[28] 上帝必以其为乱天道也：太宰纯增注："一本无'其'字，是也。《大戴礼》作'上必以为乱无道'。"

[29] 谀：谄谀。

[30] 念忠：心怀忠诚。念，怀，思。

[31] 听：治。

[32] 吁(xū)嗟(jiē)：哀叹，叹息。

[33] 蠲(juān)：通"捐"，除去，减免。

[34] 殄(tiǎn)：绝。

[35] 本：根本。

[36] 总：全面。

[37] 冢宰之官以成道：王肃注："治官，所以成道。"太宰纯增注："冢宰，天官卿，即大宰也。"冈白驹补注："道者，先王之所建，礼乐刑政，凡所以治邦国者，皆是也。而六官之职，皆总于冢宰，故冢宰之官，所以成道也。"冢宰，官职名称，周代六卿之一，《周礼》天官之属，为辅佐天子之官。郑玄注："变冢言大，进退异名也。百官总焉则谓之冢，列职于王则称大。"后世因以冢宰为宰相之称。

[38] 司徒之官以成德：王肃注："教官，所以成德。"太宰纯增注："司徒，地官卿。"冈白驹补注："德因教以成。"

[39] 宗伯之官以成仁：王肃注："礼官，所以成仁。"太宰纯增注："宗伯，春官卿。"冈白驹补注："宗伯掌邦礼，以和邦国，其目云：'以吉礼，事邦国之鬼神祇；以凶礼，哀邦国之忧；以宾礼，亲邦国；以军礼，同邦国；以嘉礼，亲万民。'皆仁之事也，故云成仁。"

[40]司马之官以成圣：王肃注："政官，所以成圣。圣，通也。征伐，所以通天下也。"太宰纯增注："司马，夏官卿。"冈白驹补注："按，《周礼·六德》曰'知仁圣义忠和圣'者，盖明通先职之德。司马之职，掌邦政军旅，明通先职为要，故云成圣。"

[41]司寇之官以成义：王肃注："刑官，所以成义。"司寇，官职名称，掌管刑法。义，道义，正义。

[42]司空之官以成礼：王肃注："事官，所以成礼。礼，非事不立也。"司空，官职名称，掌管工程建筑。

[43]六官在手以为辔：冈白驹补注："六官以喻车之六辔，盖执辔于此，骋马于彼，如御民动于近，而成于远也。"

[44]司会(kuài)：官职名称，《周礼》天官之属，主管财政、经济及对百官政绩的考察。

[45]纳：骖马内侧的缰绳。冈白驹补注："纳，与'靹'同。凡车四马八辔，而言六辔者，其二辔系轼前，所谓'骖马内辔'是也。马之有辔者，所以制马之左右，令之随逐人意，骖马欲入，则逼于胁驱，内辔不须牵挽。司会之职，掌六典八法之贰，以参互考日成，以月要考月成，以岁会考岁成，以诏王及冢宰废置，盖黜陟均之，故云均仁。均仁犹云均政。先王之政，皆本之仁也，靹不须牵挽而有其用，如司会之于六官也，故以况焉。"

[46]"御四马者"四句：冈白驹补注："舆马不调，则王良不能以取道。君臣不和，则尧舜不能以为治。"

[47]总：总揽。

[48]"回旋曲折"二句：冈白驹补注："之，往也。言御得其道则左右唯其所欲往。"

[49]御：治理。

[50]己与三公为执六官：冈白驹补注："太师、太傅、太保，是为三公，盖参天子，坐而议政者也，故云己与三公执六官。"

[51]"均五教"二句：太宰纯增注："五教，即《舜典》'五教'，一云'五典'，孔安国以为父义、母慈、兄友、弟恭、子孝是也。五法，即'五典'也，所以教为人父、为人母、为人兄、为人弟、为人子者也。故谓之五教。《大戴礼》'教'作'政'，注云：'五政，谓天子、公、卿、大夫、士。'"冈白驹补注："五教，即六官职所建设之政教是也。五法，即下文'饬冢宰'、'饬司徒'是也。六官而云五者，六官皆总于冢宰，而其过失皆冢宰莫不与焉也。"

[52]唯其所引：冈白驹补注："亦以喻御马。"

[53] 以之道则国治：冈白驹补注："之，此也。冢宰之官所以成道也，治国以此道则国治。"

　　[54] 以之德则国安：王肃注："礼教成之以仁则国和。礼之用，和为贵，则国安。"冈白驹补注："司徒之官，所以成德也，治国以此德则国安。"

　　[55] 以之仁则国和：冈白驹补注："宗伯之官所以成仁也，治国以此仁则国和。"

　　[56] 以之圣则国平：王肃注："通治远近，则国平也。"冈白驹补注："司马之官，所以成圣也，治国以此圣则国平。"

　　[57] 以之礼则国定：王肃注："事物以礼则国定也。"冈白驹补注："司空之官，所以成礼也，治国以此礼，则国定。"

　　[58] 以之义则国成：王肃注："刑罚当罪则国平。"成，平。

　　[59] "过失"二句：冈白驹补注："《大戴礼》'失'下有'也'字。"之，黄鲁曾本、宽永本、冈白驹本、四库本、同文本无，疑此衍文。

　　[60] 官属不理：主要的官员的属吏得不到管理。

　　[61] 纪：纲纪。

　　[62] 饬：通"敕"，告诫。

　　[63] 地而不殖：土地撂荒不耕种。殖，种植。

　　[64] 财物不蕃：财物匮乏。蕃，生息，繁殖。

　　[65] 教训不行：不实行教化。

　　[66] 淫僻：放纵而邪恶。

　　[67] 乖离异志：离心离德。乖离，相互抵触，不一致。

　　[68] 饬宗伯：冈白驹补注："宗伯掌五礼，其嘉礼云：'以饮食之礼，亲宗族兄弟；以昏冠之礼，亲成男女；以宾射之礼，亲故旧朋友；以飨燕之礼，亲四方之宾客；以脤膰之礼，亲兄弟之国；以贺庆之礼，亲异姓之国；以九仪之命，正邦国之位。'是父子不亲，长幼失序，君臣乖离，宗伯之罪也。"

　　[69] "贤能而失官爵"二句：王肃注："司勋之职，属大司马。"

　　[70] 饬司马：冈白驹补注："司马进贤兴功，有赏罚黜陟之任。"

　　[71] "刑罚暴乱"三句：刑罚残暴混乱，奸邪行为屡禁不止，就是不义。

　　[72] 度量不审：度量标准不精确。测量长短或多少的器具，这里指度量的标准。审，精确。

　　[73] 举事失理：做事不合情理。

　　[74] "都鄙不修"二句：都鄙，京都及边邑。失所，流散，流失。

［75］季冬：冬季的最后一个月，即农历十二月。

［76］庙堂：宗庙明堂，这里应该指朝廷。

［77］法修：修法。

［78］咸德而不衰：王肃注："法与政皆合于德，则不杀。"冈白驹补注："咸，皆也。衰，灭杀也，谓为等杀也。"

［79］故曰王者：冈白驹补注："王者，往也，民所归往也。"林按，原"故曰"读断，"王者"属下读。于文意不协，今从冈白驹句读。

［80］孟春：春季的第一个月，即农历正月。

［81］论吏之德及功能：衡论官吏的德行及贡献能力。

［82］能德法者为有德：太宰纯增注："《大戴礼》作'能理德法者为有能'，此盖阙文。"

［83］要：纲要。

【译文】

闵子骞出任费地长官，向孔子请教为政的方法。孔子说："要依靠德行、依靠礼法。德行和礼法是治理百姓的工具，就好像驾驭马要有马嚼子和马笼头一样。君主好比驾驭马的人，官吏好比马缰绳，刑罚好比马鞭子。君主为政，只不过是掌握着缰绳和鞭子罢了。"

闵子骞说："冒昧地想向老师请教一下古代为政的情况。"孔子说："古时天子为政就像驾车一样，把内史当作左右手，把德行和礼法当作马嚼子和马笼头，把众官吏当作马缰绳，把刑罚当作马鞭子，把百姓当作马，因而统治天下数百年而无所丧失。善于驾驭马的人，放正马嚼子和马笼头，协调运用马缰绳和马鞭子，均衡地使用马的力气，使马的内心感到和顺，所以嘴里不用呵叱，马就会响应缰绳的指示而活动；不用举起鞭子，马就会到达千里之外；善于治理百姓的人，统一他们的德行、礼法，端正众官吏的言行，从而均衡、协调地使用民力，使百姓和顺、安宁。所以政令不用发布第二次，百姓就已经归顺；刑罚还没使用，天下就太平了。因此天地认为他有德行，众百姓也纷纷归附。他们的政治美好，那么百姓就会齐口称赞。现在人们提起五帝、三王这些人，都认为他们当时兴盛无比，其威严明察好像还存在，是什么缘故？他们的礼法昌盛，他们的德行厚重，所以人们思念他们的德行也必然称赞他们的为人，早晚为他们祝颂，声音传到了天上，天帝都很高兴，因而使他们世系绵长，年景丰收。不善于治理百姓的人，放弃德行与礼法，专用刑律，就好像驾驭马车丢掉马嚼子和马笼头，专用马鞭子，他没法控制是一定的了。放弃马嚼子和马笼头，而专用马鞭子，马必然会受到伤害，车子也必然毁坏；不用德行与礼法而专用刑罚，百姓必然流失，国家必然灭亡。治理国家而不用德行与礼法，百姓就会无所依循，百姓无所依循，就会迷惑不定、丧失道义。这样，天帝一定认为他违背天道。如果违背天道，刑罚就会变得残暴，上下就会互相谄媚，不懂得心怀忠信，这都是不讲道义的缘故。现在的人们谈起凶恶的人，一定会把他们比作桀、纣，这是什么缘故呢？他们有礼法而不治，德行也不深，所以百姓憎恨他们的残酷暴虐，没有人不哀叹呼号，早晚祈祷，声音传到了天上，天帝对他们的罪行不予减免，把祸乱和惩罚降临到他们身上，让天灾、人祸一并发生，从而使他们当世灭亡。因此，德行和礼法是治理百姓的根本。古代统治天下的人，以六官全面负责治理：设置冢宰以成就道义，设置司徒以成就德行，设置宗伯以成就仁爱，设置司马以成就圣明，设置司寇以成就正义，设置司空以成就礼仪。把六官掌握在手就如同总揽着缰绳，司会实行仁义作为总缆，所以说：驾驭马车的人要掌握好六条缰绳，治理天下的人要端正六官。因此擅长驾马车的人端正自己的身体、握住缰绳，平均马的气力，和马的心志保持一致，无论盘旋走动，还是曲折奔跑，都可以想怎样就怎样，所以可以到达很远的路程，也可以急速地奔驰。这是圣人用来统治天下和人事的法则。天子把内史作为左右手，把六官作为治理天下的缰绳，再和三公共同执掌六官，施行五教，整治五法。所以只要是君王想要引导的，没有不如愿的。用道义引导则会使国家稳定，用德行引导则会使国家安宁，用仁爱引导则会使国家和平，用圣明引导则会使国家太平，用礼仪引导则会使国家安定，用仁义引导则会使国家正义，这是驾驭政治的方法。过错和失误，从人的情理来说，是不可避免的，有了过错而能改正，这就如同没有过错。所以主要官员的属吏不能管理，职分不明确，法令、政教不一致，各种事情没有纲纪，这称作混乱，出现了混乱就应该训诫冢宰；土地荒芜，财物匮乏，百姓饥饿寒冷，不去推行教化，风俗放纵而又邪恶，百姓流离失所，这称作危险，出现了危险就应该训诫司徒；父子不相亲爱，长幼不讲次序，君臣上下离心离德，这称作不和，出现了不和就应该训诫宗伯；贤能的人却失掉了官职和爵位，有了功劳却得不到赏赐和俸禄，士卒怨恨，军队弱小而不堪使用，这称作不平，出现了不平就应该训诫司马；刑罚残暴混乱，奸邪行为屡禁不止，这称作不义，出现了不义就应该训诫司寇；度量标准不精准，办事没有条理，都城及边邑得不到修整，财物分配不均，这称作贫困，出现了贫困就应该告诫司空。所以驾车的人驾驭的同样是车马，有的能行至千里之外，有的连几百里也走不了，这是由于在进退缓急上的处理方法不同；治理天下的人用的同样是礼法，有的凭借它们实现了天下的太平，有的却导致了天下的混乱，这也是由于在进退缓急上的处理方法不同。古时候，天子经常在冬季的最后一个月考察德行，端正礼法，来了解天下治理得太平还是混乱：德行兴盛则天下太平，德行浅陋则天下混乱。所以天子考察德行，那么天下治理得太平还是混乱，坐在朝廷之上就能够明了。德行兴盛就修饬礼法，德行不兴盛就要整顿礼法，使它与政教都合于德行而不衰败。所以说这才是"王"的作为。又在春季的第一个月考论衡定官吏的德行及贡献、能力，对能够注重德行与礼法的人就认为有道德，对能够实践德行与礼法的人就认为有品行，对能够成就德行与礼法的人就认为有功劳，对能够研治德行与礼法的人就认为有智慧。所以天子考论官吏，以使德行与礼法得到实施，使各种事务处理得好从而成就功勋。在冬季的最后一月整顿礼法，在春季的头一个月考论官吏，这是治理国家的纲要。"

子夏问于孔子曰："商闻易之生人及万物、鸟兽、昆虫，各有奇偶，气分不同[1]。而凡人莫知其情[2]，唯达[3]道德[4]者，能原其本[5]焉。天一、地二、人三[6]，三三如九[7]。九九八十一[8]，一主日，日数十，故人十月而生[9]；八九七十二，偶以从奇[10]，奇主辰[11]，辰为月[12]，月主马，故马十二月而生[13]；七九六十三，三主斗[14]，斗主狗，故狗三月而生[15]；六九五十四，四主时[16]，时主豕[17]，故豕四月而生[18]；五九四十五，五为音，音主猿，故猿五月而生[19]；四九三十六，六为律[20]，律主鹿[21]，故鹿六月而生；三九二十七，七主星[22]，星主虎[23]，故虎七月而生；二九一十八，八主风[24]，风为虫，故虫八月而生[25]。其余各从其类矣。鸟、鱼生于阴而属于阳，故皆卵生[26]，鱼游于水，鸟游于云。故立冬则燕雀入海化为蛤[27]；蚕食而不饮，蝉饮而不食，蜉蝣[28]不饮不食，万物之所以不同。介鳞夏食而冬蛰[29]，龁吞者八窍而卵生[30]，咀嚼者九窍而胎生[31]，四足者无羽翼，戴角者无上齿，无角无前齿者膏，有角无后齿者脂[32]。昼生者类父，夜生者似母，是以至阴主牝，至阳主牡[33]。敢问其然乎？"孔子曰："然，吾昔闻诸老聃，亦如汝之言。"

子夏曰："商闻《山书》[34]曰：地，东西为纬，南北为经[35]；山为积德，川为积刑[36]；高者为生，下者为死[37]；丘陵为牡，溪谷为牝[38]；蚌蛤龟珠，与日月而盛虚[39]。是故，坚土[40]之人刚，弱土[41]之人柔，墟土[42]之人大，沙土[43]之人细，息土[44]之人美，秏土[45]之人丑。食水者善游而耐寒[46]，食土者无心而不息[47]，食木者多力而不治[48]，食草者善走而愚[49]，食桑者有绪而蛾[50]，食肉者勇毅而捍[51]，食气者神明而寿[52]，食谷者智慧而巧[53]，不食者不死而神[54]。故曰，羽虫[55]三百有六十，而凤[56]为之长[57]；毛虫[58]

三百有六十,而麟[59]为之长;甲虫[60]三百有六十,而龟[61]为之长;鳞虫[62]三百有六十,而龙[63]为之长;倮虫[64]三百有六十,而人为之长[65]。此乾坤之美也,殊形异类之数[66]。王者动必以道,静必顺理[67],以奉天地之性[68],而不害其所主[69],谓之仁圣焉。"

子夏言终而出,子贡进曰:"商之论也,何如?"孔子曰:"汝谓何也?"对曰:"微[70]则微矣,然则[71]非治世之待[72]也。"孔子曰:"然,各其所能[73]。"

【注释】

[1]"商闻易之生人及万物"三句:王肃注:"易主天地以生万物,言受气各有分,数不齐同。"易,指《易》中所蕴含的理念。史载,孔子晚而好《易》,韦编三绝,作《易传》。近代以来,疑古思潮之下,学界以否定孔子与《易》的关系的看法为主流。然已有不少学者重新考证认为孔子与《易》有密切关系。随着马王堆帛书《易传》的文献的出土,这一公案得到基本的解决。孔子晚而好《易》、读《易》、讲《易》等都是事实,而《易传》虽然不能理解为今天意义上孔子的个人撰著,但是其思想与孔子密切相关,集中代表了孔门易学。《周易》:"易有太极,是生两仪,两仪生四象,四象生八卦。"《系辞传》:"生生之谓易。"奇(jī)偶,单数和双数。气分(fèn),古人对宇宙生存的看法以"气论"为主流,认为天地万物皆由气氤氲化生。而不同的物所禀受的气或浊或清,各有不同,故呈现出不同的样态及性质。此记载又见于《大戴礼记·易本命》、《淮南子·地形训》。

[2]情:情实,情况。

[3]达:通晓。

[4]道德:黄鲁曾本、宽永本作"德"。《大戴礼记》作"道"。道德,并非一词,乃道与德之连用。道是天地人之基本法则,德是人对道之"得",即人所认知、践履、体现的道的程度。

[5]原其本:推原其本源。原,推原,推究还原。本,事、物的本源及本性。

[6]天一、地二、人三:冈白驹补注:"以阳之一,合阴之二,而物

生焉。人者，物之最也，次于天地，故为人三。"千叶玄之标笺："《淮南》注：'一，阳也。二，阴也。人生于天地，故曰人三也。'"林按，依据《周易》，天为乾，为阳，其数一。地为坤，为阴，其数二。且《系辞上》"大衍之数"提出"天一，地二；天三，地四；天五，地六；天七，地八；天九，地十"的观念，则"天一，地二"为成说。《易传》又提出"三才"：天、地、人。《系辞下》："《易》之为书也，广大悉备。有天道焉，有人道焉，有地道焉。兼三才而两之，故六。六者非它也，三才之道也。"《说卦》："立天之道曰阴与阳，立地之道曰柔与刚，立人之道曰仁与义。"则人在天地万物之中，最为尊贵，次于天地，故称人三。

[7] 三三如九："三"乃数之小终，《老子》说"道生一，一生二，二生三，三生万物"。因此，三是天地万物变化的关键。以三自乘，就得到另一个重要数字"九"，九为阳数之极，是为太阳之数。下文中，其余的数字都与九相乘。

[8] 九九八十一：以九自乘，得到的数字的尾数归于"一"。冈白驹补注："次第重之，三三而九，九九而八十一，物穷而复，故其零一。"

[9] "一主日"三句：天以日为最尊，地上以人为最尊，故"日主人"。王肃注："一主日，日从一而生，日者阳，从奇数。日数十，从甲至癸也。"冈白驹补注："日从一而生，至十而终，故其数为十，从甲至癸，两五行也。万物人为贵，故人准日数而生。"太宰纯增注："《淮南子》有'日主人'三字。"

[10] 偶以从奇：王肃注："偶以承奇，阴以承阳。辰数十二，从子至亥也。"冈白驹补注："二，偶也。一，奇也。以二承上一，故云偶以从奇，一，二，皆以零数言。"千叶玄之标笺："偶，十二辰。奇，十干也。"太宰纯增注："《大戴礼》'从'作'承'，《淮南子》同。"林按，《周易·坤文言》："坤道其顺乎！承天而时行。"

[11] 奇主辰：冈白驹补注："奇，阳数也。辰，时也。阳生于子，故云'奇生辰'。"太宰纯增注："《大戴礼》注曰：'辰，方面各三也。'"

[12] 辰为月：辰为十二时，月亦十二，故辰为月。

[13] "月主马"二句：冈白驹补注："《春秋考异记》云：'地生月精为马，故月主马，月数十二，故十二月而生。'"林按，《国语·周语下》："月在天驷。"韦昭曰："天驷，房星也。"

[14] 三主斗：王肃注："斗次日月，故三主斗。"太宰纯增注："或曰：三，谓北斗：魁、衡、杓。"冈白驹补注："斗，北斗七星也。第一

至第四为魁,第五至第七为杓,合为斗。"

[15]"斗主狗"二句:冈白驹补注:"阳生于三,狗生于阳。三主斗,故斗主狗。"孔广森云:"斗魁枕戌。狗,戌之属也。"

[16]四主时:王肃注:"时以次斗。"太宰纯增注:"时,谓春、夏、秋、冬。"

[17]时主豕(shǐ):冈白驹补注:"《大戴礼》注云:'豕知时。'"林按,卢注云:"豕知时。《诗》云:'有豕白蹢(dí),烝涉波矣。'"高明引《毛传》:"将久雨,豕进涉水波。"句出《诗·小雅·渐渐之石》篇。闻一多《周易义证类纂》指出:"'豕涉波'与'月离毕'并举,似涉波之豕亦属天象,《述异记》曰:'夜半天汉中有黑气相连,俗谓之黑猪渡河,雨候也。'《御览》引黄子发《相雨书》曰:'四方北斗中无云,惟河中有云,三枚相连,如浴猪豨,三日大雨。'与《诗》之传说吻合,是其证验。《史记·天官书》曰:'奎为封豕,为沟渎。'《正义》曰:'奎……一曰天豕,亦曰封豕,主沟渎……荧惑星守之,则有水之忧,连以三年。'《易林·履之豫》诗曰:'封豕沟渎,水潦空谷,客止舍宿,泥涂至腹。'此与《诗》所言亦极相似,是《诗》所谓豕白蹢者,即星中之天豕,明矣。"

[18]豕四月而生:冈白驹补注:"时以次斗。"

[19]"五九四十五"四句:王肃注:"音不过五,故五为音。"冈白驹补注:"猿善啼,一鸣三声,啼数声,众猿腾掷,韵合宫徵,故云,音主猿。"太宰纯增注:"音,谓宫、商、角、徵、羽。《大戴礼》'为'作'主',《淮南子》同。"

[20]六为律:冈白驹、太宰纯并云:"律,阴、阳各六,黄钟、太蔟、姑洗、蕤宾、夷则、无射为阳,大吕、夹钟、仲吕、林钟、南吕、应钟,为阴也。"太宰纯增注:"《大戴礼》'为'作'主'。《淮南子》同。"《汉书·律历志》:"地之中数六,六为律。"

[21]律主鹿:冈白驹补注:"《大戴礼》注云:'麋、鹿角长短大小似律。'"林按,孔广森云:"仲夏,蕤宾之气至,麋角解;仲冬,黄钟之气至,鹿角解。气与律相应也。"

[22]七主星:王肃注:"星,二十八宿为四方,方有七,故(故,黄鲁曾本作"度",属上读)七主星也。"太宰纯增注:"角、亢、氐、房、心、尾、箕,为苍龙七宿;斗、牛、女、虚、危、室、壁,为玄武七宿;奎、娄、胃、昴、毕、觜、参,为白虎七宿;井、鬼、柳、星、张、翼、轸,为朱鸟七宿。"

[23]星主虎:冈白驹补注:"虎,炳文似星。"

〔24〕八主风：冈白驹补注："风之来不过八方。"太宰纯增注："八风，东北曰条风，东曰明庶风，东南曰清明风，南曰景风，西南曰凉风，西曰阊阖风，西北曰不周风，北曰广莫风。"此说与《说文解字》略异。《说文解字》："风，八风也。东方曰明庶风，东南曰清明风，南方曰景风，西南曰凉风，西方曰阊阖风，西北曰不周风，北方曰广莫风，东北曰融风。风动虫生，故虫八日而化。"

〔25〕"风为虫"二句：王肃注："风之数，尽于八。凡虫为风，风为虫也。"太宰纯增注："《大戴礼》'为'作'主'，《淮南子》同。"林按，《论衡·商虫》："夫虫，风气所生，苍颉知之，故'凡''虫'为'风（風）'之字。取气于风，故八日而化。"《春秋考异邮》曰："二九十八，主风，精为虫，八日而化。"

〔26〕"鸟、鱼生于阴而属于阳"二句：冈白驹补注："生阴者，谓卵生也。属于阳者，谓飞游于虚也。"高明云："属于阳，指游于水，飞于云而言。"

〔27〕立冬则燕雀入海化为蛤（gé）：冈白驹补注："以同生于阴而属于阳故也。"蛤，一种有介壳的软体动物，有各种类别，产于江河湖海中。古人认为它们是由燕雀转化而成，因为它们都是生于阴而属于阳，如《夏小正》："雀入于海为蛤。"《国语·晋语九》："雀入于海为蛤，雉入于淮为蜃。"注："小曰蛤，大曰蜃。皆介物，蚌类。"

〔28〕蜉（fú）蝣（yóu）：太宰纯增注："《尔雅》曰：'蜉蝣，渠略。'"冈白驹补注："蜉蝣，一名渠略，身狭而长，有角。黄黑色，聚生粪土中，朝生暮死。"虫名，有数种。幼虫生活在水中，成虫体细狭，长数分，有四翅，后翅短，腹部末端有长尾须两条。生存期短者几小时，长者六七天。

〔29〕介鳞夏食而冬蛰（zhé）：王肃注："介，甲虫也。"介鳞，甲虫与鳞虫，指龟鳖和鱼龙之类。蛰，动物冬眠时潜伏在土中或洞中既不食也不动的状态。

〔30〕龁（hé）吞者八窍而卵生：王肃注："八窍，鸟属。"龁吞，不用咀嚼而吞食。窍，指耳目口鼻等器官之孔。《庄子·应帝王》："人皆有七窍。"

〔31〕咀嚼者九窍而胎生：王肃注："九窍，人及兽属。"郑注《周礼》云："九窍，谓阳窍七，阴窍二也。"咀嚼，太宰纯增注："《淮南子》作'嚼咽'。"

〔32〕"无角无前齿者膏"二句：王肃注："《淮南》取此义曰：无角者，膏而无前。有角者，脂而无后。膏，豕属；而脂，羊属。无前后，

皆谓其锐小也。"冈白驹补注："无前齿者，齿盛于后，不用前也。无后齿者，齿盛于前，不任后也。禽兽之腴，释者为膏，凝者为脂。"太宰纯增注："高诱《淮南子》注曰：'无前，肥从前起也。无后，肥从后起也。'《大戴礼》本文作'无角者膏而无前齿，有羽者脂而无后齿'，注曰：'凝者为膏，释者为脂。'"膏、脂，指油脂，凝结者为脂，呈液态者为膏。

[33] "至阴主牝(pìn)"二句：极阴主生雌性，极阳主生雄性。太宰纯增注："《大戴礼》作'生牝、生牡'。"至，极。牝，指禽兽的雌性。与牡相对。林按，上文所谓，皆古人数术之说，以数构建天地万物之内在关联，故多非科学，不可信据。

[34]《山书》：古代的一种山川地理之书，已佚。冈白驹补注："如今《山海经》之类。"太宰纯增注："先儒以为《山书》如今《山海经》之类，是也。一说，'山书'，人姓名，恐非。《大戴礼》无'敢问'以下二十八字。"千叶玄之标笺："太宰氏曰：'山书，书之名。'"

[35] "东西为纬"二句：东西方向为纬，南北方向为经。

[36] "山为积德"二句：冈白驹补注："山积阳，川积阴，阳为德，阴为刑。"千叶玄之标笺："《淮南子》高诱注：'山仁，万物生焉，故为积德。川智，智制断，故为积刑也。'"

[37] "高者为生"二句：王聘珍云："高积阳，阳气发生；下积阴，阴气肃杀。"

[38] "丘陵为牡"二句：丘陵高出于地，为阳，故曰牡；溪谷深于地，为阴，故曰牝。

[39] "蚌蛤龟珠"二句：王肃注："月盛则蚌蛤之属满，月亏则虚也。"冈白驹补注："蜯蛤龟珠之属，得月之精者。"太宰纯增注："'日'字衍。一本'盛'作'盈'。《大戴礼》作'与月盛虚'，注云：'月者，太阴之精，故龟蛤之属，因之以盛亏。'"

[40] 坚土：冈白驹补注："坚土，强檠地。"

[41] 弱土：冈白驹补注："弱土，清脆地。"

[42] 墟土：丘陵之地。

[43] 沙土：沙土之地。《说文解字》："沙，水散石也。"细，小。

[44] 息土：肥沃之地。

[45] 秏(hào)土：疏薄之地。

[46] 食水者善游而耐寒：饮水的动物，善于游泳且能够忍耐寒冷。耐，《大戴礼记》作"能"。能，古"耐"字。

[47] 食土者无心而不息：以泥土为食物的动物，没有心脏也不会呼

吸。食土者，以泥土为食的动物，指蚯蚓之类。

［48］食木者多力而不治：以树木为食的动物力气很大但难以驯服。食木者，以树木为食的动物，指熊、犀之类。治，治理，管理，这里指驯服动物。

［49］食草者善走而愚：以草为食物的，善于奔跑但是缺乏灵性。冈白驹补注："麋鹿之属。"太宰纯增注："《大戴礼》、《淮南子》注皆云：'麋鹿之属'。"走，跑。

［50］食桑者有绪而蛾：以桑叶为食物的，会吐丝而最终变成飞蛾。食桑者，冈白驹补注："蚕是也。"太宰纯增注："《大戴礼》'绪'作'丝'，《淮南子》同，'桑'作'叶'。"绪，丝。

［51］食肉者勇毅而捍：以肉为食物的，性格勇猛刚毅，力量强悍。冈白驹补注："虎狼鹰鹃之属，其性捷捍。"捍，通"悍"，勇猛，强悍。

［52］食气者神明而寿：以元气为食物的动物神明而且长寿。太宰纯增注："谓龟属也。《大戴》、《淮南》注皆谓'王乔、赤松之属'，非也。"食气者，食用元气的动物，指龟之类。《说苑·辨物》："灵龟，千岁所化，下气上通，能知吉凶存亡之变。宁则信信如也，动则著矣。"

［53］食谷者智慧而巧：以谷物为食物的，富有智慧且心灵手巧。食谷者，指人而言。

［54］不食者不死而神：不吃食物的，长生不老，成为神。不食者，指天上的神祇。

［55］羽虫：身上长羽的鸟类动物。虫，泛指动物。

［56］凤：中国古代传说中的一种灵鸟。雄曰凤，雌曰凰，统称凤。

［57］长：统领。

［58］毛虫：身上长毛的动物。

［59］麟：中国古代传说中的一种灵兽。又曰麒麟。

［60］甲虫：身上长有甲壳的动物。

［61］龟：古人将其与龙、凤、麟合称为四灵。

［62］鳞虫：身上长有鳞片的动物。

［63］龙：中国古代传说中的一种灵兽。

［64］倮(luǒ)虫：身上没有羽毛甲鳞的动物。倮，通"裸"，赤身。

［65］人为之长：冈白驹补注："《易》云：'《乾》之策，二百一十有六。《坤》之策，百四十有四，凡三百有六十，当期之日。'天地之大数，不过乎此。故凡含生之物，其数亦如之，唯人万物之灵，故形体骨节，皆与天地相准，头圆象天，足方象地，天有四时、五行、九解、三百六十日，人亦有四肢、五脏、九窍、三百六十骨节。"林按，古人以

为三百六十为周天之数，亦为大易之数，故极为重视，极言其多，非科学统计之分类数据也。

［66］"此乾坤之美也"二句：王肃注："乾，天。坤，地。"太宰纯增注："《大戴礼》作'此乾坤之美类，禽兽万物之数也'。"

［67］"王者动必以道"二句：黄鲁曾本、宽永本作"王者动必以道动，静必以道静，必顺理"，"必顺理"属下读。太宰纯增注："《大戴礼》'顺'作'以'。"

［68］奉天地之性：遵循天地的规律。

［69］主：冈白驹补注："一本作'生'。"太宰纯增注："主，当为'生'，字之误也。"

［70］微：精微。

［71］然则：此"则"字为衍文。太宰纯增注："一本'然'下无'则'字，是也。"

［72］待：犹"急"。

［73］然，各其所能：王肃注："孔子曰，然子贡治世不待此事，非事之急，然亦各其所知能也。"

【译文】

子夏请教孔子说："我听说，大易能够产生人类及万物、鸟兽、昆虫，他们各有单数和双数，是由于所秉受元气的清浊分限不同，但一般的人并不了解其中的情况，只有通晓大道与德行的人才能够探究其中的本原。天为一，地为二，人为三，三三得九。九九八十一，一主象天干，天干数是十，所以人怀胎十个月后出生；八九七十二，为偶数承接奇数，奇数主象时辰，时辰主象月份，月份主象马，所以马怀胎十二个月后出生；七九六十三，三主象北斗，北斗主象狗，所以狗怀胎三个月后出生；六九五十四，四主象四时，四时主象猪，所以猪怀胎四个月后出生；五九四十五，五主象五音，五音主象猿，所以猿怀胎五个月后出生；四九三十六，六主象六律，六律主象鹿，所以鹿怀胎六个月后出生；三九二十七，七主象星宿，星宿主象虎，所以虎怀胎七个月后出生；二九一十八，八主象八风，八风主象虫，所以虫经过八个月化衍而成。其余的动物也都各自根据自己的种类而生成。鸟、鱼出生在阴处，却飞游于阳处，所以都是卵生；鱼在水中游，鸟在云中飞，立冬时燕雀飞到海中，化为蚌蛤；蚕只吃不喝，蝉只喝不吃，蜉蝣不吃不喝，这就是万物有所不同的根本。长有鳞甲的动物夏天进食而冬天蛰伏，不用咀嚼而吞食的动物长有八个器官而卵生，能够嚼碎食物的动物长有九个器官而胎生，长有四只脚的动物没有羽毛和翅膀，长有角的动物牙齿不发达，没有角而且前齿不发达的动物长得肥，没有角并且后齿不发达的动物身上多油脂。动物白天出生的像父亲，晚上出生的像母亲，由此极阴的地方主象雌性，极阳的地方主象雄性。请问这说得对吗？"孔子说："对。我以前听老聃讲的也和你说的一样。"

子夏说："我听说《山书》上写道：'大地上东西方向为纬，南北方向为经；山是德行积累的表象，河是刑罚积累的表象；居高象征着生，处下象征着死；丘陵代表着雄性，溪谷代表着雌性，蚌蛤龟珠随月亮的变化而有时丰满，有时虚空。'因此坚硬土地上生长的人刚强，松软土地上生长的人柔弱，丘陵地上生长的人高大，沙土地上生长的人瘦小，肥沃土地上生长的人漂亮，疏薄土地上生长的人丑陋。以水为食的动物擅长游泳又耐寒冷，以泥土为食物的动物没有心脏也不会呼吸，以树木为食的动物力气很大但难以驯服，以草为食物的动物善于奔跑但是缺乏灵性，以桑叶为食物的动物会吐丝并最终变成飞蛾，食肉动物勇猛坚毅但也性情凶悍，以元气为食物的动物神明而且长寿，以五谷为食物的动物充满智慧并且心灵手巧，不吃食物的长生不老成为神。所以说，长有羽翼的动物三百六十种，而凤凰居于统领之首位；长有皮毛的动物三百六十种，而麒麟居于统领之首位；长有甲壳的动物三百六十种，而龟居于统领之首位；长有鳞片的动物三百六十种，而龙居于统领之首位；不长羽毛鳞甲的动物三百六十种，而人居于统领之首位。这是天地的精妙所在，也是产生不同形貌、不同类别事物的数所在。君王行动时要顺应天道来行动，守静时也必须顺应天道以守静，一定要遵循天地的规律，不妨害它们所生育的万物，这叫做仁圣。"

子夏说完就出去了，子贡上前问："卜商说得怎么样？"孔子问："你觉得如何？"子贡回答："精微倒是精微，但不是治理社会所急需的。"孔子说："对，不过还是各自发挥自己的才能吧。"

本命解第二十六

鲁哀公问于孔子曰[1]:"人之命与性,何谓也?"孔子对曰:"分于道,谓之命[2];形于一,谓之性[3];化于阴阳,象形而发,谓之生[4];化穷数尽,谓之死[5]。故命者,性之始也[6];死者,生之终也。有始则必有终矣。人始生而有不具者五焉:目无见,不能食,不能行,不能言,不能化;及生三月而微煦[7],然后有见;八月生齿,然后能食[8];三年顋合[9],然后能言;十有六而精通,然后能化[10]。阴穷反阳,故阴以阳变[11];阳穷反阴,故阳以阴化[12]。是以男子八月生齿,八岁而龀[13];女子七月生齿,七岁而龀[14],十有四而化[15]。一阳一阴,奇偶相配[16],然后道合化成[17]。性命之端[18],形于此也。"

公曰:"男子十六精通,女子十四而化,是则可以生民[19]矣。而礼,男子三十而有室[20],女子二十而有夫也[21],岂不晚哉?"孔子曰:"夫礼言其极[22]不是过[23]也。男子二十而冠[24],有为人父之端;女子十五许嫁,有适人[25]之道。于此而往,则自婚矣[26]。群生闭藏乎阴,而为化育之始[27]。故圣人因时以合偶男女[28],穷天数也[29]。霜降而妇功成,嫁娶者行焉[30];冰泮而农桑起,婚礼而杀于此[31]。男子者,任天道而长万物者也[32]。知可为,知不可为;知可言,知不可言;知可行,知不可行者也。是故,审其伦而明其别^[33]谓之知,所以效^[34]匹夫之听^[35]也。女子者,顺男子之教而长其理者也^[36]。是故,无专制之义^[37],而有三从之道^[38]:幼从父兄,既嫁从夫,夫死从子。言无再醮之端^[39],教令不出于闺门^[40],事在供酒食而已^[41];无阃^[42]外之非仪^[43]也,不越境而奔丧。事无擅^[44]为,行无独成^[45],参知而后动^[46],可验而后言^[47],昼不游庭^[48],夜行以火,所以效匹妇之德也^[49]。"

孔子遂^[50]言曰:"女有五不取^[51]:逆家子者^[52],乱家子者^[53],世有刑人子者^[54],有恶疾子者^[55],丧父长子者^[56]。妇有七出^[57]、三不去。七出者^[58]:不顺^[59]父母者,无子者^[60],淫僻者^[61],嫉妒者^[62],恶疾者^[63],多口舌者^[64],窃盗者^[65]。三不去者^[66]:谓有所取无所归^[67],一也;与共更^[68]三年之丧,二也;先贫贱、后富贵,三也。凡此,圣人所以顺男女之际^[69],重婚姻之始也。"

【注释】

[1] 此记载又见于《大戴礼记·本命》。

[2] "分于道"二句:分受了天道的称之为命。王肃注:"分于道,谓始得为人,故下句云性命之始。"冈白驹补注:"道,谓阴阳也。《易》云:'立天之道,曰阴与阳。'又云:'一阴一阳之谓道。'盖阴阳妙合,万物化生,或为物,或为人,各受其命。故云:'分于道谓之命。'"王聘珍云:"命,谓人物所禀受度也。"本句可与《左传·成公十三年》"民受天地之中以生,所谓命也"参读。分,分配,领受。道,天地自然之理。命,此处指人承受的上天赋予的生命。

[3] "形于一"二句:形成具体的生命个体,就叫作性。冈白驹补注:"既受命生,其性不齐,刚柔迟疾,各形于一,故云:'形于一谓之性。'"王聘珍引董仲舒曰:"性者,生之质也。"形,形成。一,非指

"道"的"一",而指具体的"一"即生命个体。性,每个生命天赋的禀性。

[4]"化于阴阳"三句:由阴阳的变化,出现具体的形象,就是生。化,变化,化育。象形,形体。发,产生。王聘珍曰:"发,犹出也。"

[5]"化穷数尽"二句:阴阳不再变化,天命之数用尽,就是死。冈白驹补注:"所化生之分数穷尽也。"卢辩云:"化穷者,身也。数尽者,年也。"

[6]"故命者"二句:冈白驹补注:"受命以生,始得为人,而性具焉。"

[7]生三月而微煦:出生三个月之后,眼睛可以自由转动。煦,眼睛转动。

[8]能食:能,用餐。

[9]顖(xìn):顶门。

[10]"十有六而精通"二句:十六岁精气畅通,可以生育。有,通"又"。

[11]"阴穷反阳"二句:阴达到极点就会返归阳,因此阴以阳数来变化。下文女子以奇数变化生长即此义。穷,极点。反,同"返",即返归。

[12]"阳穷反阴"二句:阳达到极点就会返归阴,因此阳以阴数变化。下文男子以偶数变化即其义。

[13]齓(chèn):同"龀",换牙,乳齿脱掉,恒齿长出。

[14]七岁而齓:冈白驹补注:"七,少阳之数也。此阴以阳变也。"

[15]化:指能生育。

[16]"一阳一阴"二句:冈白驹补注:"阳数奇,阴数偶。"

[17]道合化成:阴阳之道合,生命孕育完成。冈白驹补注:"阴阳妙合而化。"

[18]端:开端,开始。

[19]生民:生育人。民,训为"人"。

[20]男子三十而有室:男子三十岁成家拥有妻子。室,家室,妻子。《礼记·曲礼上》曰:"三十曰壮,有室。"郑《注》曰:"妻称室。"

[21]女子二十而有夫也:冈白驹补注:"古者媒氏,掌万民之判,凡男女,自成名已上,皆书年月日名焉,令男三十而娶,女二十而嫁。二三者,天地相承覆之数也。《易》云:'参天两地而倚数。'"

[22]极:极限。

〔23〕不是过：否定前置，即"不过是"，不超过这个极限。冈白驹补注："晚者，至于二十、三十止矣。"

〔24〕男子二十而冠（guàn）：古代男子在二十岁举行加冠礼。冠，冠礼，即加冠（guān）之礼。

〔25〕适人：嫁人。《玉篇》曰："适，女子出嫁。"

〔26〕"于此而往"二句：冈白驹补注："往，后也。言男二十，女十五以往则可婚矣。非必俟三十、二十也。"自婚，自然就可以婚配。

〔27〕"群生闭藏乎阴"二句：群生，各种生物。闭藏，潜藏。阴，冬天。

〔28〕因时以合偶男女：根据合适的时节使男女成婚。冈白驹补注："时，谓霜降至水泮也。"因，依据，根据。时，合适的时节，这里应该指冬天。合偶男女，使男女成婚。

〔29〕穷天数也：穷，极。冈白驹补注："以三十、二十为极，穷参天两地之数。"

〔30〕"霜降而妇功成"二句：王肃注："季秋霜降，嫁娶者始于此。《诗》云：'将子无怒，秋以为期。'"冈白驹补注："是月也，织纴事毕，妇功成也。而男子田工亦既休矣，故可行嫁娶事。"霜降，二十四节气之一，在阳历十月二十三日或二十四日。《礼记·月令》："是月也，霜始降，则百工休。"妇功，即女功，中国古代社会妇女所作的家务及纺织等事情。成，完成。行，举行。

〔31〕"冰泮（pàn）而农桑起"二句：王肃注："泮，散也。正月农事起，蚕者采桑，婚礼始杀，言未止也。至二月，农事始起，会男女之无夫家者奔者，期尽此月故也。《诗》云：'士如归妻，迨冰未泮。'言如欲使妻归，当及冰未泮散之盛时也。"太宰纯增注："《周礼·地官·媒氏》：'掌万民之判，令男三十而娶，女二十而嫁。中春之月，令会男女。于是时也，奔者不禁。司男女之无夫家者而会之。'"千叶玄之标笺："奔者，言不备礼数也。"泮，消融。冰泮，指二月也。农桑，农桑之事。起，开始。杀（shài），减于礼。《荀子·大略》："霜降逆女，冰泮杀止。"杨倞注："杀，减也。"

〔32〕"男子者"二句：冈白驹补注："长，长育也。《易》云：'大哉乾元，万物资始。'男子则之，君子之道也。"任，承担，担任。长，长养，保育。

〔33〕审其伦而明其别：冈白驹补注："男女居室，人之大伦。男女有别，而后夫妇义，故必欲审而明之。"审，详究，明察。明，明白。别，区别，分别。

［34］效：致。

［35］听：作"德"解。

［36］"女子者"二句：冈白驹补注："《易》云：'至哉坤元，乃顺承天。'女子则之，夫唱妇随，男行女从，是长其义理者也。"顺，顺从。教，教导。

［37］专制之义：专断的理由。专，专擅。制，裁断。

［38］三从之道："三从"的原则。林按，《仪礼·丧服》："女子子适人者，为其父母、昆弟之为父后者。《传》曰：为父何以期也？妇人不贰斩也。妇人不贰斩者，何也？妇人有三从之义，无专用之道。故未嫁从父，既嫁从夫，夫死从子。故父者，子之天也，夫者，妻之天也。妇人不贰斩者，犹曰不贰天也，妇人不能贰尊也。"可知，"三从"并非泛指，乃是就丧服制度而言。本篇所言即有泛指之嫌。恐有失。近代批判传统，以之为奴役压迫妇女，使妇女为男人之附庸，乃脱离具体语境之误解与曲解。

［39］再醮(jiào)之端：王肃注："始嫁言醮。礼无再醮之端绪，言不改事人也。"冈白驹补注："饮无酬酢曰醮。《礼》：女当嫁之日，则父母醮而命之。无再醮者，妇人从一而终也。"太宰纯增注："郑玄曰：'酌而无酬酢曰醮。'《大戴礼》末句作'无所敢自遂也'六字。文意较胜。"

［40］教令不出于闺门：她的教令只涉及闺门之内的事情。

［41］事在供酒食而已：冈白驹补注："《易》云：'无攸遂，在中馈。'"太宰纯增注："《大戴礼》作'事在馈食之间而已矣'。"

［42］阃(kǔn)：原意指门槛，此处指闺门，即妇女的居处。

［43］非仪：女人的容止不符合礼仪。

［44］擅：专。

［45］行无独成：不能独自行动。

［46］参知而后动：参验确认之后再行动。

［47］可验而后言：可以验证之后才说话。验，证据。

［48］昼不游庭：白天不在庭院游走。

［49］所以效匹妇之德也：太宰纯增注："《大戴礼》作'所以正妇德也'。"效，尽。

［50］遂：于是。

［51］五不取：太宰纯增注："逆家子也，乱家子也，世有刑人子也，世有恶疾子也，丧父长子也，此五者皆不取也矣。"取，同"娶"。

［52］逆家子者：家有逆德之人。此及下四"子者"，即"某某家的

女子"之意。

[53] 乱家子者：王肃注："为其乱伦。"

[54] 世有刑人子者：王肃注："为其弃于人也。"

[55] 有恶疾子者：王肃注："为其弃于天也。"

[56] 丧父长子者：王肃注："为其无受命也。"

[57] 出：休妻，遗弃妻子。

[58] 七出者：王肃注："不顺父母，出；无子，出；淫僻，出；嫉妒，出；恶疾，出；多口舌，出；窃盗，出。"

[59] 顺：孝顺。

[60] 无子者：不能生儿子的。

[61] 淫僻者：王肃注：为其乱族。

[62] 嫉妒者：王肃注："为其乱家。"

[63] 恶疾者：王肃注："为其不可供粢盛也。"

[64] 多口舌者：王肃注："为其离亲。"

[65] 窃盗者：王肃注："为其反义。"

[66] 三不去者：冈白驹补注："或曰：妇人无子、恶疾，乃其不幸，概亦出之，不已甚乎，而有三不去焉。彼五者，非三不去之所得议也。此二者，三不去而有一焉，则固不得而出之也。圣人制礼其审矣。王祎云：彼五者，恶德之绝于人者也。此二者，恶德之绝于天者也。其于义所当绝均也。妻道二，曰奉祭祀也，曰续宗嗣也。二者，人道之本也。今既绝人道矣，而无出可乎？世有徇私情，暖细惠，不知礼义之大节，谓妇人无子、恶疾，为不当去，而欲减七出，为五出者，可谓野于礼也已。虽然，此二者，尚从三不去而权衡焉，圣人制礼，严而宽之微意也。"

[67] 有所取无所归：既娶了但是没有娘家可以回。取，同"娶"。归，指出嫁女儿返回娘家。

[68] 更：经历。

[69] 顺男女之际：和顺男女的关系。

【译文】

鲁哀公问孔子说："人的命与性各指什么呢？"孔子回答说："分受了天道的称之为命；形成具体的生命个体就叫作性；由阴阳的变化，出现具体的形象，就是生；阴阳不再变化，天命之数用尽，就是死。所以命是性的开始，死是生的终止。有开始，则必然有终止。人刚生下来而身体尚不具备的有五个方面：看不见，不能吃饭，不能行走，不能说话，不能生育。到了出生三个月后眼睛能微微转动，然后就能看见东西了；八个月后生出牙齿，然后能吃饭；三年后顶门儿闭合，然后能说话；十六岁精气畅通，然后能生育。阴到了穷尽便返归阳，所以阴因阳而变化；阳到了穷尽便反归阴，所以阳因阴而变化。因此男子八个月大的时候长牙，八岁的时候换牙；女子七个月大的时候长牙，七岁的时候换牙，十四岁能生育。一阳一阴，奇数和偶数相配，然后阴阳之道和合，生命孕育完成。性命的开端，就是从这里形成的。"

鲁哀公问："男子十六岁精气通畅，女子十四岁可以生育，这样就可以生育人了。而依据礼的规定，男子三十岁而娶妻室，女子二十岁而嫁丈夫，难道不是太晚了吗？"孔子回答说："礼说的是极限，不超过就可以了。男子二十岁举行冠礼，这是做人父的开端；女子十五岁许嫁，这是懂了嫁人的道理。从这以后，自然就可以结婚了。各种生物在冬天潜藏，这是孕育新的生命的开始。所以圣人依据合适的时令使男女成婚，是为了不超过天数的极限。霜降的时候妇人的工作结束了，嫁娶的人行动起来；冰雪消融的二月农桑之事开始，婚娶事情便会不再以礼来苛求。男子担负天道，长养保育万物。知道什么事情可以做，知道什么事情不可以做；知道什么话可以说，知道什么话不可以说；知道什么道理可行，知道什么道理不可行。所以男子详察人伦而明白其中的区别，这是智慧，以显示他们的美德。女子顺从男子的教令，保有其中的道理。所以女子没有专断的理由，而有三从的准则：年幼的时候听从父兄，嫁人后听从丈夫，丈夫死后听从儿子，这是说没有再嫁的道理。她的教令只涉及闺门之内的事情，做的事情就是供奉酒食，在闺门之外容止没有不符合礼仪的地方，不越过国境而奔赴丧事。事情不擅自做主，不能独自行动，参验确认之后再行动，有了凭据之后才说话，白天不游走于庭院，夜间行走用火照明，以此来尽到一般妇女的美德。"

孔子于是接着说："有五种女子不能娶：家有逆德之人的女子，家中淫乱的女子，家中前几代有受过刑罚的女子，患有恶疾的女子，父亲去世而自己又是长女的女子。妻子有七种情况应该休掉、三种情况不能抛弃。在以下七种情况下应休掉妻子：不孝顺父母的，不能生儿子的，淫乱邪僻的，有嫉妒的，患有恶疾的，多口舌挑拨是非的，盗窃的。在三种情况下不忍抛弃妻子：妻子娶来了而无娘家可归，与丈夫共守三年之丧，丈夫原来贫贱后来富贵。这些都是圣人为了和顺男女关系，重视婚姻是人伦的开始而制定的。"

孔子曰[1]："礼之所以象五行也[2]，其义四时也[3]，故丧礼有举焉，有恩有义，有节有权[4]。其恩厚者其服重[5]，故为父母斩衰三年，以恩制者也[6]。门内之治恩掩义[7]，门外之治义掩恩[8]。资于事父以事君而敬同[9]。贵贵尊尊[10]，义之大也[11]。故为君亦服衰三年[12]，以义制者也[13]。三日而食[14]，三月而沐[15]，期而练[16]，毁不灭性[17]，不以死伤生[18]；丧不过三年，苴衰不补[19]，坟墓不修[20]；除服[21]之日鼓素琴[22]，示民有终[23]也，凡此以节制者也。资于事父以事母而爱同。天无二日，国无二君，家无二尊，以治之[24]。故父在为母齐衰期[25]者，见[26]无二尊也。百官备，百物具，不言而事行者，扶而起[27]；言而后事行者，杖而起[28]；身自执事行者，面垢而已[29]，此以权[30]制者也。亲始死，三日不怠[31]，三月不懈[32]，期悲号，三年忧，哀之杀[33]也。圣人因杀以制节[34]也。"

【注释】

[1] 此记载又见于《礼记·丧服四制》。

[2] 礼之所以象五行也：象，效法。五行，一说为木、火、土、金、水，一说为仁、义、礼、智、圣。

[3]其义四时也：四时，春夏秋冬四季。王聘珍云："言礼之所以因文而变者，礼有定体，如天地间之有五行，不易不弊者也。义则往来屈伸，如四时之错行。礼从义变，犹之播五行于四时也。"高明云："恩象春，义象秋，节象夏，权象冬。"

[4]"故丧礼有举焉"三句：王肃注："所以举象四时。"举，举行。恩，恩情。义，道义。节，节制。权，权变，变通。

[5]其恩厚者其服重：对感情深厚的人则丧服就重。恩，感情。服，穿丧服。

[6]"为父母斩衰(cuī)三年"二句：为父母服丧以斩衰，这是根据感情来制定的。此句讲为父母服斩衰三年的原因。衰，同"缞"。斩衰，古代居丧，丧服有五个等级，称为"五服"。斩用粗麻布做成，左右和下边不缝，是"五服"中最重的一种丧服，服期三年。制，制定，规定。

[7]门内之治恩掩义：处理家族内部事务的原则，情感胜于理性。冈白驹补注："言得伸私恩，如父母丧，三年不从政是也。"门内，在家族之内。治，事务的处理操办。掩，胜过。

[8]门外之治义掩恩：处理家族之外的公共事务的原则，理性要胜过情感。门外，在家族之外。此两句讲门内门外之治依据原则的区别，清晰地区分了家庭生活与公共生活的原则差异。

[9]资于事父以事君而敬同：仿照事奉父亲的原则来事奉君主，那么其间的敬意是一样的。资，取，引申为仿照，按照。事，侍奉。敬，敬意，敬爱。

[10]贵贵尊尊：尊重高贵者，尊崇位尊者。

[11]义之大也：理性原则的重要体现。

[12]服衰三年：臣子为去世的君主亦服斩衰三年。

[13]以义制者也：根据理性的原则来制定的。

[14]三日而食：冈白驹补注："谓食粥。"

[15]三月而沐：冈白驹补注："谓将虞祭时沐也。"沐，洗发。《说文·水部》："沐，濯发也。"

[16]期(jī)而练：冈白驹补注："小祥而着练冠。"期，周年。练，在练祀时穿的练冠和练衣，用白色的布帛制成。

[17]毁不灭性：毁，十分哀伤导致憔悴不堪。灭性，伤害生命。《礼记·檀弓下》："毁不危身。"郑注："憔悴将灭性。"

[18]不以死伤生：不能因为死者而伤害活着的人。

[19]苴(jū)衰不补：所服以苴麻做成的斩衰破损了也不予修补。

[20] 坟墓不修：坟墓也不用修整。修，修葺，修整。

[21] 除服：去掉丧服，指服丧结束。

[22] 素琴：不漆饰者。

[23] 示民有终：告诉百姓，守丧是有期限的。终，休止，结束的时候。

[24] 以治之：冈白驹、太宰纯并云："《礼记》作'以一治之也'。"

[25] 齐衰期：冈白驹补注："齐衰之服，期而除之，以心丧终三年也。"

[26] 见(xiàn)：同"现"，显示。

[27] "百官备"四句：料理丧事的官员齐备，准备丧事的物品齐全，不用发话就可以办好丧事的人，被搀扶站起。王肃注："谓天子、诸侯也。"

[28] "言而后事行者"二句：即需要发话后丧事才可以办好的人，拄着丧杖站起。

[29] "身自执事行者"二句：王肃注："谓庶人也。"

[30] 权：权变。

[31] 三日不怠：冈白驹补注："哭不绝声也。"

[32] 懈：懈怠。

[33] 杀(shài)：递减。

[34] 制节：制定丧礼的节限。

【译文】

孔子说："丧礼的制定是取象五行的，其含义是效法四季的，所以举行丧礼，要有感情，有理性，有节制，有权变。对感情深厚的人丧服也要重，所以为父母服斩衰三年，这是根据感情制定的。处理家族内部事务的原则，情感胜于理性；处理家族之外的公共事务的原则，理性要胜过情感。按照事奉父亲的原则用来事奉国君，敬意是一样的。尊重高贵者，尊崇位尊者，这是理性的重要原则。所以为国君也服斩衰三年，这些是根据理性原则制定的。父母双亲去世三天后才可以吃饭，三个月才可以沐浴，一周年的时候举行练祭，心情哀痛但不毁坏身体，不因为死去的人而伤害活着的人；丧期不超过三年，所穿用苴麻做成的斩衰破损了也不予修补，坟墓也不修整；服丧结束时弹没有装饰的琴，是向百姓显示丧礼是有期限的。这些都是根据节制原则制定的。按照事奉父亲的原则事奉母亲，爱意是一样的。天上没有两个太阳，国中没有两个君主，家里没有两个尊长者进行管理。所以父亲在世的时候为去世的母亲服齐衰一年，是为了显示没有两位尊长。有治理丧事的百官齐备，治理丧事的各种物品俱全，不用发话而丧事就可以办好的人，如天子诸侯；有哭丧要非常哀痛以致由别人搀扶而起，需要说话而丧事才可以办好的人，如大夫、士；有哭丧要非常哀痛以致扶丧杖才能起来，亲自办理丧事才能办好的人，如庶民百姓，蓬头垢面非常悲伤就可以了。这些都是根据权变原则制定的。父母去世，三天痛哭不怠惰，三个月不松懈，一周年时还痛哭悲伤，三年之丧后还经常忧怀父母，哀痛逐渐减弱了。圣人们依据失去父母哀痛逐渐减弱的过程来制定丧礼的节限。"

论礼第二十七

孔子闲居[1]，子张、子贡、言游[2]侍，论[3]及于礼。孔子曰："居[4]！汝三人者，吾语汝以礼周流[5]，无不遍也。"子贡越席而对[6]曰："敢问如何？"子曰："敬而不中礼，谓之野[7]；恭而不中礼，谓之给[8]；勇而不中礼，谓之逆[9]。"子曰："给夺慈仁[10]。"子贡曰："敢问将何以为此中礼者？"子曰："礼乎[11]！夫礼，所以制中[12]也。"子贡退。

言游进曰："敢问礼也，领恶而全好[13]者与？"子曰："然。"子贡问："何也？"子曰："郊社[14]之礼，所以仁[15]鬼神也；禘尝[16]之礼，所以仁昭穆也[17]；馈奠[18]之礼，所以仁死丧也；射乡[19]之礼，所以仁乡党[20]也；食飨[21]之礼，所以仁宾客也。明乎郊社之义、禘尝之礼，治国其如指诸掌而已[22]。是故居家有礼，故长幼辨[23]；以之闺门有礼，故三族和[24]；以之朝廷有礼，故官爵序[25]；以之田猎有礼，故戎事闲[26]；以之军旅有礼，故武功成[27]。是以宫室得[28]其度，鼎俎得其象[29]，物得其时[30]，乐得其节[31]，车得其轼[32]，鬼神得其享，丧纪得其哀[33]，辩说得其党[34]，百官得其体，政事得其施[35]。加于身而措于前[36]，凡众之动，得其宜也[37]。"言游退。

子张进曰："敢问礼何谓也？"子曰："礼者，即事之治[38]也。君子有其事，必有其治。治国而无礼，譬犹瞽之无相[39]，伥伥乎何所之[40]？譬犹终夜有求于幽室[41]之中，非烛何以见？故无礼，则手足无所措[42]，耳目无所加[43]，进退揖让无所制[44]，是以其[45]居处长幼失[46]其别，闺门三族失其和，朝廷官爵失其序，田猎戎事失其策[47]，军旅武功失其势[48]，宫室失其度，鼎俎失其象，物失其时，乐失其节，车失其轼，鬼神失其飨[49]，丧纪失其哀，辩说失其党，百官失其体，政事失其施，加于身而措于前，凡众之动[50]失其宜。如此，则无以祖洽四海[51]。"

子曰："慎听之，汝三人者！吾语汝，礼犹有九焉，大飨有四焉[52]。苟知此矣，虽在畎亩之中，事之圣人矣[53]。两君[54]相见，揖让而入门，入门而悬[55]兴[56]；揖让而升堂，升堂而乐阕[57]；下管象舞，夏籥序兴[58]；陈其荐俎，序其礼乐，备其百官[59]。如此而后，君子知仁[60]焉。行中规[61]，旋中矩[62]，銮和中

《采荠》[63]，客出以《雍》[64]，彻以《振羽》[65]。是故，君子无物而不在于礼焉。入门而金作，示情也[66]；升歌《清庙》，示德也[67]；下管象舞，示事[68]也。是故，古之君子，不必亲相与言也，以礼乐相示而已。夫礼者，理也[69]；乐者，节也[70]。无理不动[71]，无节不作[72]。不能《诗》，于礼谬[73]；不能乐，于礼素[74]；薄于德，于礼虚[75]。"

子贡作[76]而问曰："然则夔其穷与[77]？"子曰："古之人与？上古之人也[78]。达于礼而不达于乐谓之素[79]；达于乐而不达于礼谓之偏[80]。夫夔达于乐而不达于礼，是以传于此名也[81]。古之人也。凡制度在礼，文为在礼[82]，行之其在人乎！"三子者[83]，既得闻此论于夫子也，焕若发矇[84]焉。

【注释】

[1]闲居：太宰纯增注："郑玄曰：'退燕避人曰闲居。'"此记载又见于《礼记·仲尼燕居》。

[2]言游：言偃，字子游，故又称言游。孔子弟子。

[3]论：闲谈，漫谈。

[4]居：冈白驹补注："居，坐也。凡与尊者言，更端则起，故使之坐。"

[5]周流：周旋流转。

[6]对：应。

[7]"敬而不中（zhòng）礼"二句：敬重而不符合礼，叫作鄙野。冈白驹补注："无以为君子。"中，符合。野，鄙野。

[8]"恭而不中礼"二句：恭顺而不符合礼，叫作谄媚。恭，恭顺。给（jǐ），敏捷，这里是谄媚的意思。孔颖达曰："给，谓捷给便僻。"

[9]"勇而不中礼"二句：勇猛而不符合礼，叫作悖逆。冈白驹补注："勇亦一德也。然不中礼，则致逆乱。"逆，谓逆乱。

[10]"子曰"二句：王肃注："巧言足恭，捷给之人，似仁非仁，故曰给夺慈仁。"夺，乱。林按，郑玄注："巧言足恭之人似慈仁，实鲜仁。特言是者，感子贡也。子贡辩，近于给。"盖此特标"子曰"者，专对子贡言也。《礼记》此下又有："子曰：'师，尔过，而商也不及。子产犹众人之母，能食之，不能教也。'"

[11]礼乎：冈白驹补注："唯有礼也。"

[12]制中：裁制行为使合乎中道。制，裁制，控制。中，中道。

[13]领恶而全好：惩处坏的，成全善的。领，治理，这里有惩处的意思。全，成全。

[14]郊社：祭天地之礼。冈白驹补注："郊祀天，社祭地。"周代在冬至日祭天于南郊称为"郊"，夏至日祭地于北郊称为"社"，合称"郊社"。

[15]仁：亲，爱。即显示亲爱之意。郑玄注："仁，犹存也。凡存此者，所以全善之道也。郊社、尝禘、馈奠，存死之善者也。射乡、食飨，存生者之善者也。"可备一说。

[16]禘(dì)尝：指禘礼和尝礼，泛指天子、诸侯每年祭祖的大典。太宰纯增注："《尔雅》曰：'禘，大祭也。'《王制》曰：'天子、诸侯宗庙之祭，秋曰尝。'"林按，《礼记·王制》："天子诸侯宗庙之祭，春曰礿，夏曰禘，秋曰尝，冬曰烝。"太宰纯节取其文也。《礼记》作"尝禘"。

[17]昭穆：此泛指祖先。其本义是一种宗法制度，指宗庙中祖先神主的排列次序。始祖居中，二、四、六等双数辈分为昭，居于其左；三、五、七等单数辈分为穆，居于其右。墓地亦据此分为昭穆序列。

[18]馈奠：指人死至葬前的馈食之祭。

[19]射乡：指乡射礼和乡饮酒礼。

[20]乡党：此泛指乡里乡亲。《周礼·大司徒》："令五家为比，使之相保；五比为闾，使之相受；四闾为族，使之相葬；五族为党，使之相救；五党为州，使之相赒；五州为乡，使之相宾。"正因为"五族为党"、"五州为乡"，所以后来乡党泛指同乡，乡亲。

[21]食(sì)飨(xiǎng)：指古代招待宾客的两种礼：食礼和飨礼。待客之礼有三种：飨礼、食礼和燕礼。据隆重程度递减，依次为飨礼、食礼、燕礼。飨礼最隆重，设太牢，有俎，有酒，以敬为主。其次为食礼，设太牢，有俎，以饭为主，设酒而不饮，以明善贤之道。再次为燕礼，设牲体，无饭，以饮酒为主，不醉不归，以欢为主。飨礼、食礼行于庙，燕礼行于寝。

[22]"明乎郊社之义"二句：类似表述见诸《论语》、《中庸》。《论

语·八佾》："或问禘之说。子曰：'不知也。知其说者之于天下也，其如示诸斯乎！'指其掌。"《中庸》："郊社之礼，所以事上帝也。宗庙之礼，所以祀乎其先也。明乎郊社之礼，禘尝之义，治国其如示诸掌乎！"

[23]"是故居家有礼"二句：因此，这样一来，家族有礼，那么长幼之序就能分别清楚。

[24]"以之闺门有礼"二句：这样一来，家庭有礼，那么父子孙三代就能和睦。三族，指父、子、孙三代。

[25]序：井然有序。

[26]"以之田猎有礼"二句：这样一来，田猎有礼，那么军事操练就会熟练。闲，通"娴"，熟悉，熟练。

[27]"以之军旅有礼"二句：这样一来，军队有礼，那么战争就会取得胜利。

[28]得：凡言得者，得法于礼也。

[29]鼎俎得其象：鼎、俎，为祭祀礼器。冈白驹补注："《易》云：'以制器者，尚其象。'"

[30]物得其时：冈白驹补注："《礼记》'物'作'味'。"

[31]节：节律，节奏。

[32]轼：式，法。指车小大制饰，皆有定式。

[33]丧纪得其哀：冈白驹补注："情文皆至。"

[34]辩说得其党：王肃注："党，类。"冈白驹补注："不失人、失言。"

[35]政事得其施：冈白驹补注："施而当其可。"

[36]加于身而措于前：亲身践行礼，并运用于众人之前，为之示范。

[37]"凡众之动"二句：所有的举动，就都会恰到好处。冈白驹补注："得时措之宜。"

[38]治：理。

[39]相：辅助的人。

[40]伥(chāng)伥乎何所之：指无所适从，迷茫不知所措的样子。

[41]幽室：暗室。

[42]手足无所措：冈白驹补注："妄动。"

[43]耳目无所加：冈白驹补注："妄听妄视。"

[44]进退揖让无所制：冈白驹补注："无以制裁之，而就其宜。"

[45]是以其：一本作"是故以之"。

[46]失：冈白驹补注："凡言失者，无礼故也。"

[47] 策：谋。

[48] 军旅武功失其势：冈白驹补注："失行师制敌之势，王孙满所谓'秦师轻而无礼，必败者'是也。"

[49] 飨：同"享"，供上祭品。

[50] 众之动：即动之众。

[51] 祖洽四海：王肃注："无礼则无以为众始，无以合聚众。"祖，始。洽，合。

[52] "礼犹有九焉"二句：王肃注："语汝有九，其四大飨，所以待宾之礼。其五动静之威仪也。"大飨，礼名。飨礼有多种，而以两君相飨之礼为大，故名大飨。

[53] "虽在畎（quǎn）亩之中"二句：王肃注："在畎亩之中，犹焉为圣人。"畎亩，土地，田间。

[54] 君：国君。

[55] 悬：悬挂的钟磬等乐器。

[56] 兴：作乐。

[57] 阕（què）：终，止。冈白驹补注："主人献宾。宾卒爵而乐止。"

[58] "下管象舞"二句：王肃注："下管，堂下吹管。象，武舞也。夏，文舞也。执籥，籥如笛，序以更作，三也。"冈白驹补注："象舞，《礼记》作'象武'。郑玄云：'象武，武舞也。夏籥，文舞也。'盖舞象者执箫，舞夏者执籥。《左传》'季子见舞象箾南籥'即是也。"籥（yuè），古代管乐器。

[59] "陈其荐俎"三句：荐俎，进献祭品。俎，祭祀时盛牛羊等祭品的木制漆器。

[60] 知仁：太宰纯增注："郑玄曰：'知礼乐所存也。'"

[61] 行中规：王肃注："五也。"

[62] 旋中矩：王肃注："六也。"

[63] 銮和中《采荠》：王肃注："《采荠》，乐曲名，所以为和銮之节。七也。"冈白驹补注："此谓出门迎宾之时。"銮和，车上的铃铛。挂在车前横木上称"和"，挂在套在牲口脖子上的曲木或车架上称"銮"。

[64] 客出以《雍》：王肃注："《雍》，乐曲名，在《周颂》。八也。"冈白驹补注："以《雍》送之。"

[65] 彻以《振羽》：王肃注："亦乐曲名。九也。"太宰纯增注："孔颖达曰：'《振羽》，即《振鹭》诗。'纯案，《振鹭》，亦《周颂》

篇名。"冈白驹补注："彻，礼毕收器也。《振羽》，即《周颂·振鹭》也。"

［66］"入门而金作"二句：王肃注："金既鸣，声终始若一，故以示情也。"

［67］"升歌《清庙》"二句：王肃注："《清庙》，所以颂文王之德也。"太宰纯增注："《清庙》，亦《周颂》篇名。"冈白驹补注："惟《清庙》诗升堂歌之，故《戴记》每云'升歌'。"

［68］示事：表现祖先的功业。

［69］"夫礼者"二句：孔颖达云："理谓道理，言礼者，使万事合于道理也。"

［70］"乐者"二句：孔颖达云："节，制也。言乐者，使万物得其节制。"

［71］无理不动：冈白驹补注："不妄动。"

［72］无节不作：冈白驹补注："不妄为事。"

［73］"不能《诗》"二句：王肃注："《诗》以言礼。"太宰纯增注："郑玄曰：'谬，误也。'"冈白驹补注："《诗》尽人情，故不能此，则不能通礼意也。"

［74］"不能乐"二句：王肃注："素，质。"冈白驹补注："乐所以成礼文也。"

［75］"薄于德"二句：德行寡薄，行礼就变得虚伪。

［76］作：起。

［77］夔其穷与：王肃注："言达于乐而不达于礼也。"太宰纯增注："夔，尧时典乐。"穷，不通。

［78］"古之人与"二句：冈白驹补注："言不可轻议，非当世之人比也。反复言之，仰赞之辞。"孔颖达云："子曰'古之人与'者，言今人解乐则全不知礼，夔是古之人与，但不晓达于礼耳，非全不知也。"

［79］达于礼而不达于乐谓之素：太宰纯增注："郑玄曰：'素与偏，俱不备耳。'"孔颖达云："古之人也明达于礼，而不甚明达于乐者，但谓之朴素不具备耳，不得称于乐为穷。"

［80］达于乐而不达于礼谓之偏：孔颖达云："言古之人但明达于乐，而不甚明达于礼者，谓之偏半而不备耳，非是于礼为穷。"

［81］"夫夔达于乐而不达于礼"二句：王肃注："言达于乐多，故遂传名乐。"冈白驹补注："素与偏，俱不备耳。夔本礼乐兼有，惟特通达于乐，而不甚通于礼，故特传名乐，此古之贤者也，非不能，非所谓穷。"

［82］"凡制度在礼"二句：冈白驹补注："文为，文章所为也。尊卑上

下制度，本在于礼，而文章所为，亦在于礼。礼者，制度文章之本也。"文为，当理解为人为的文饰、人文活动。

[83] 三子者：《礼记》此上有"子张问政"一段。

[84] 焕若发矇：好像眼睛一下子明亮起来。焕，明。发，揭开。矇，同"蒙"，《说文·目部》："矇，童矇也。一曰不明也。"

【译文】

孔子在家闲居，子张、子贡、言游在旁边侍奉。闲聊到礼，孔子说："你们三个坐下，我告诉你们礼，让你们可以把礼周旋地运用各处，无所不遍。"子贡离席而问道："请问该怎么样呢？"孔子说："敬重而不符合礼，叫作鄙野；恭顺而不符合礼，叫作谄媚；勇猛而不符合礼，叫作悖逆。"孔子又说："巧言足恭，似仁而非仁，会破坏仁慈。"子贡说："请问怎样才能符合礼？"孔子说："礼啊！礼能够裁制行为使合乎中道。"子贡退下。

言游走上前问道："请问礼是惩处坏的而保全善的吗？"孔子说："是的。"子贡问："为什么呢？"孔子说："郊祭和社祭是为了对鬼神表示亲爱；禘礼和尝礼是为了对祖先表示亲爱；馈礼和奠礼是为了对死者表示亲爱；乡射礼和乡饮酒礼是为了对同乡表示亲爱；食礼和飨礼是为了对宾客表示亲爱。明白郊社和禘尝等礼仪的意义，治理国家就像在手掌上指划一样。因此，这样一来，家族有礼，那么长幼关系就分别清楚了；这样一来，家庭有礼，那么父、子、孙三代就和睦了；这样一来，朝廷有礼，官职爵位尊卑就井然有序了；这样一来，田猎时有礼，那么军事操练就会熟练；这样一来，军队有礼，那么战争就会取得胜利。所以公室的规模符合一定的制度，鼎俎等礼器大小符合一定的形制，万物能适时生长，音乐能符合节奏，车辆符合规格，鬼神得到供享，丧葬中能表达哀思，辩论时有拥护者，众官吏们做事得体，政事就能够顺利施行。亲身践行礼，并运用于众人之前，为之示范，各种举动都能恰到好处。"言游退到一旁。

子张上前问道："请问什么是礼？"孔子说："礼就是对事情的治理。君子做事，一定要治理好。治理国家没有礼，就如同盲人没有了扶助的人，迷茫而不知向何处去？就像整夜在黑暗的屋子里找东西，没有烛光能看见什么呢？因此，没有了礼，手脚都不知道放在什么地方，耳和眼也不知听到什么、看到什么，进退揖让都失去有了尺度。这样，在家族内部，就会长辈、晚辈没有分别，家庭里父、子、孙三代不能和睦相处，朝廷上的官职爵位就失去了秩序，田猎和战事缺少谋策，军队作战失去了控制，公室规模不合制度，鼎俎等礼器不合制式，万物生长错过合适的时节，音乐不符合节奏，车辆不符合规格，鬼神得不到供享，丧葬不能表达哀思，辩说没有应和之人，官吏们做事不得体。不能亲身践行礼，并运用于众人之前，为之示范，各种举动都不合时宜。这样就无法聚合天下的民众了。"

孔子说："你们三个仔细听着！我告诉你们啊：除了刚刚说的，礼还有九项呢，其中大飨就有四项。如果知道这些，即使是田野里种田的农夫，只要按礼而行，也能成为圣人。两国国君相见，互行揖礼谦让而进入大门。进门时悬挂的钟磬开始演奏。互相拱手谦让着登上大堂，升堂后钟磬之声停止。堂下奏起管乐，跳起《象》这样的武舞，《夏》这样的文舞也伴随着籥声按顺序出场；陈列进献的贡品，礼乐依次进行，官员安排齐备。这样一来，君子就能懂得仁爱。行动周旋合乎规矩，迎宾的时候，车上的铃声和着《采荠》之乐。宾客离开时要奏《雍》，撤宴席时则奏《振羽》。因此，君子没有什么事情不符合礼。进门时敲击乐器，表达彼此的友情；升堂时演唱《清庙》，用来昭示德行；堂下奏管乐，跳武舞，为的是表现祖先的功业。所以，古代君子不用亲口交谈，用礼乐就可以相互传达情意。礼，体现的是道理。乐，体现的是节制。不合礼的事不做，不合节的事不干。不懂得《诗》，礼节上就会出错；不懂得乐，行礼时就显得单调。德行寡薄，行礼就变得虚伪。"

子贡站起来问道："这么说，夔精通乐却不通礼吗？"孔子说："夔是古时候的人吗？是上古时代的人啊！精通礼而不通晓乐，叫作素；精通乐而不通晓礼，叫作偏。夔精通乐却不通晓礼，所以流传此名。他是古代的人呀！各种制度都存在于礼的规定之中，一切人文活动都存在于礼的规定之中，具体实行起来还是靠人自己吧。"三个弟子听到孔子这番话后，眼前一亮，如同盲人复明一样。

子夏侍坐于孔子，曰："敢问《诗》云'恺悌君子，民之父母[1]'，何如斯可谓民之父母？"孔子曰："夫民之父母，必达于礼乐之源[2]，以致五至而行三无，以横[3]于天下。四方有败[4]，必先知之。此之谓民之父母。"

子夏曰："敢问何谓五至？"孔子曰："志之所至，诗亦至焉；诗之所至，礼亦至焉；礼之所至，乐亦至焉；乐之所至，哀亦至焉[5]。诗礼相成，哀乐相生，是以正明目而视之，不可得而见；倾耳而听之，不可得而闻。志气塞于天地，行之充于四海。此之谓五至矣[6]。"

子夏曰："敢问何谓三无？"孔子曰："无声之乐，无体之礼，无服之丧，此之谓三无[7]。"子夏曰："敢问三无何《诗》近之[8]？"孔子曰："'夙夜基命宥密[9]'，无声之乐也；'威仪逮逮，不可选也[10]'，无体之礼也；'凡民有丧，扶伏救之[11]'，无服之丧也。"

子夏曰："言则美矣大矣！言尽于此而已乎？"孔子曰："何谓其然？吾语汝其义，犹有五起焉[12]。"子夏曰："何如？"孔子曰："无声之乐，气志不违[13]；无体之礼，威仪迟迟[14]；无服之丧，内恕孔悲[15]。无声之乐，气志既得；无体之礼，威仪翼翼；无服之丧，施及四国。无声之乐，所愿必从[16]；无体之礼，上下和同[17]；无服之丧，施及万邦[18]。无声之乐，日闻四方；无体之礼，日就月将[19]；无服之丧，纯德孔明[20]。无声之乐,气志既起;无体之礼,施及四海;无服之丧,施于孙子。既然,而又奉之以三无私而劳[21]天下,此之谓五起[22]。"

子夏曰:"何谓三无私?"孔子曰:"天无私覆,地无私载,日月无私照。其在《诗》曰:'帝命不违,至于汤齐[23]。汤降不迟,圣敬日跻[24]。昭假迟迟,上帝是祇[25],帝命式于九围[26]。'是汤之德也[27]。"子夏蹶然[28]而起,负墙而立[29],曰:"弟子敢不志之[30]!"

【注释】

[1]"恺(kǎi)悌(tì)君子"二句:语出《诗·大雅·泂酌》。恺悌,平易近人,性情随和。此记载又见于《礼记·孔子闲居》。

[2]源:本原。

[3]横:充满,遍及。

[4]败:灾祸。

[5]"志之所至"八句:冈白驹补注:"在心为志,发于言为诗,故志之所至,诗亦至焉。诗者,吟咏性情,形于歌谣者也。先王以言语之不足以教人也,作为礼乐以教之,以刑政之不足以安民也,作为礼乐以化之。礼乐皆率人性情以作之,故诗之所至,礼亦至焉;礼之所至,乐亦至焉。乐者,音之所由生,其本在人心之感于物也,故乐之所至,哀亦至焉。"

[6]"诗礼相成"九句:太宰纯增注:"郑玄曰:'凡言志者,至于民也。志,谓恩意也。言君恩意至于民,则其诗亦至也。诗,谓好恶之情也。自此以下,皆谓民之父母者,善推其所有,以与民共之。人耳不能闻,目不能见,行之在胸心也。塞,满也。'"冈白驹补注:"礼乐之教,由之则化,至于化,则不知不识,顺帝之则,故云不可得而见,不可得而闻也。《乐记》云:'乐至则无怨,礼至则不争,揖让而治天下,此治出于一人,而万物得其所,上下四方,无不同也。'故云:'志气塞于天地,充于四海。'塞,满也。"林按,据上博简,"正"字为衍文。

[7]"无声之乐"四句:孔颖达云:"此三者皆谓行之在心,外无形状,故称'无'也。"

[8]何《诗》近之:冈白驹补注:"郑玄云:'子夏于意未察,求其类于诗,诗长人情。'"

[9]夙夜基命宥密:语出《诗·周颂·昊天有成命》。言人君早起夜寐,始于信命,以宽仁安民为务,则民乐之。基,谋。宥:宽。密,安宁。

[10]"威仪逮(dì)逮"二句:语出《诗·邶风·柏舟》。逮逮,《诗》作"棣棣",安和之貌。言君子之威仪安和逮逮然,则民效之。选(suàn),借为"算",数。

[11]"凡民有丧"二句:语出《诗·邶风·谷风》扶伏,即匍匐,意为爬行,说明急切的情形。

[12]犹有五起焉:尚有五个层次。起,这里可理解为层次。

[13]气志不违:指与民气志不违。

[14]迟迟:从容不迫貌。

[15]内恕孔悲:内心因同情而生的悲悯之心很重。恕,同情。孔,大,甚。

[16]所愿必从:指民之所愿必从。

[17]上下同和:冈白驹补注:"礼之化不争,故上下和同。"

[18]施及万邦:冈白驹补注:"施,延及也。由内恕以施及万邦。"

[19]日就月将:日有所成就,月有所进步。就,成就。将,进步。

[20]纯德孔明:纯粹的德行大大彰显。

[21]劳:慰。

[22]起:犹"行"。

[23]"帝命不违"二句:语出《诗·商颂·长发》。帝命,天命。言商先君,其为政不违天之命,至于汤与天心齐。

[24]"汤降不迟"二句:语出《诗·商颂·长发》。王肃注:"不迟,言疾。陟,升也。汤疾行下人之道,其圣敬之德日升闻也。"太宰纯增注:"《诗》'陟'作'跻',同。"冈白驹补注:"降,下也。作者之谓圣。敬,敬天也,盖圣人奉天道以行之,故其制礼作乐,凡百尔制度,不敢忽略,皆有所敬,谓之圣敬。言汤下天之政教甚疾,其圣敬之功日进。"陟,黄鲁曾本作"跻"。

[25]"昭假迟迟"二句:语出《诗·商颂·长发》。王肃注:"汤之威德,昭明遍至,化行宽舒,迟迟然,故上帝敬其德。"昭,明。假,至。祇,敬。

[26]帝命式于九围:王肃注:"九围,九州也。天命用于九州,谓以为天下王。"式,法。

［27］是汤之德也：冈白驹补注："是汤奉于无私之德也。"

［28］蹶(jué)然：疾起的样子。

［29］负墙而立：太宰纯增注："郑玄曰：'起负墙者，所问竟，避后来者。'"

［30］志之：记住这些。志，记。

【译文】

　　子夏陪坐在孔子身边，说道："请问《诗》上说：'平易近人的君子，他是百姓的父母'，怎么样才能称得上是百姓的父母呢？"孔子说："百姓的父母，必须通晓礼乐的本原，以达到'五至'而实行'三无'，并将此精神扩充推广至全天下。任何地方发生了灾祸，必须首先知道，这样才能称得上是百姓的父母。"

　　子夏说："请问什么叫作'五至'？"孔子说："君主的情意体现在百姓身上，那么诗也会有所反映；既然诗有所反映，那么礼也会有所展示；既然礼有所展示，那么乐也会有所表现；乐所表现的，哀也会随之出现。诗与礼是相辅相成的，哀与乐是交相产生的，因此，睁大眼睛看它也看不见，竖起耳朵听它也听不见。这种情意之气充塞于天地之间，实行起来又遍及天下，这就叫作'五至'。"

　　子夏说："请问什么叫作'三无'？"孔子说："没有声音的音乐，没有仪式的礼节，没有丧服的丧事，这就叫作'三无'。"子夏说："请问什么诗句与'三无'的意思最接近呢？"孔子说："'早晚恭敬，宽以待民，民得安宁'，这是无声之乐；'仪表庄严，雍容娴雅，不可胜数'，这是无体之礼；'凡是百姓有丧亡，急乎乎地去帮忙'，这是无服之丧。"

　　子夏说："您的话真是太美妙！太伟大了！您就言尽于此了吗？"孔子说："怎么会这样呢？我告诉你，它的意义还有'五起'即五个层次呢？"子夏说："具体怎样呢？"孔子说："没有声音的音乐，不违民心；没有仪式的礼仪，威仪从容；没有丧服的丧事，因同情而生的悲悯之心很重。没有声音的音乐，心满意得；没有仪式的礼仪，威仪庄敬；没有丧服的丧事，情意遍及四方。没有声音的音乐，民意顺从；没有仪式的礼仪，上下和睦；没有丧服的丧事，得以抚育万国。没有声音的音乐，日益传闻于四方；没有仪式的礼仪，日有所成，月有所进；没有丧服的丧事，纯粹的德性益发显扬。没有声音的音乐，民心奋发兴起；没有仪式的礼仪，普及天下；没有丧服的丧事，爱心延及子孙后代。如此，再遵照三无私的精神来治理天下，这就叫作'五起'。"

　　子夏说："什么叫作三无私呢？"孔子说："上天无私地覆盖大地，大地无私地承载万物，日月无私地照耀天下，这种精神体现在《诗》里：'天帝之命不可违抗，到了商汤兴起，天心齐一。商汤奉行天下之道，其圣敬谨德的名声日大。商汤威德遍照天下，化行宽舒，天帝敬佩其德行，命其治理九州。'这就是商汤的德行。"子夏猛然站起来，靠墙立着，说道："弟子怎敢不牢记这番教诲呢？"

孔子家语卷七

观乡射第二十八

孔子观于乡射[1],喟然叹曰:"射之以乐[2]也,何以射?何以听[3]?循声而发[4],发而不失正鹄[5]者,其唯贤者乎?若夫不肖之人,则将安能以求饮[6]?《诗》云:'发彼有的,以祈尔爵[7]。'祈,求也。求中以辞爵[8]。酒者,所以养老,所以养病也[9]。求中以辞爵,辞其养[10]也。是故,士使之射而弗能,则辞以病[11],悬弧之义也[12]。"

于是退而与门人习射于矍相之圃[13],盖观者如堵墙[14]焉。射至于司马[15],使子路执弓矢,出列,延射[16]者,曰:"奔军之将[17],亡国之大夫[18],与为人后者[19],不得入。其余皆入。"盖去者半。又使公罔之裘、序点[20]扬觯而语[21]曰:"幼壮孝弟[22],耆老[23]好礼,不从流俗[24],修身以俟死者[25],在此位。"盖去者半。序点又扬觯而语曰:"好学不倦,好礼不变,耄期称道而不乱者[26],在此位。"盖仅有存焉[27]。射既阕[28],子路进曰:"由与二三子者之为司马,何如?"孔子曰:"能用命[29]矣。"

【注释】

　　[1]乡射：乡射礼，古时射箭比赛之一，属于嘉礼。其制有二：一为乡之下属州长于春秋两季在州序（即州之学校）以礼会民；一为诸侯之乡大夫为选举贤能而举行的乡饮酒礼的一个环节。《仪礼·乡射礼》贾公彦疏引郑玄《三礼目录》云："州长春秋以礼会民而射于州序之礼。谓之乡者，州，乡之属，乡大夫在焉，不改其礼。"本记载又见于《礼记·射义》《郊特牲》。

　　[2]乐：礼乐。

　　[3]"何以射"二句：冈白驹补注："何以能射，何以能听乎？叹美其射容与乐节相应也。"听，聆听音乐的节奏。古时行射礼时皆配以音乐。据《礼记·射义》："天子以《驺虞》为节，诸侯以《狸首》为节，卿大夫以《采苹》为节，士以《采蘩》为节。"

　　[4]循声而发：射箭时依循音乐节奏而发射。

　　[5]发而不失正(zhēng)鹄(gǔ)：射箭能射中靶心。箭靶名为"侯"，以布为之，其侧饰以虎豹熊麋之皮。侯中谓之鹄，鹄中谓之正，正中谓之质，质亦称的。射者以射中靶心为胜。

　　[6]求饮：祈求射中。饮，没也，即箭深入所射之物。

　　[7]"发彼有的"二句：语出《诗·小雅·宾之初筵》。发，发射，射箭。彼，那。有，语助词，无实义。的，靶心。

　　[8]求中以辞爵：王肃注："饮彼则已不饮，故曰'以辞爵'也。"

　　[9]"酒者"三句：酒是用来养护老年人和病人的。先秦时代，酒由粮食加酒曲发酵而成，有一定的刺激作用，可发挥医疗辅助功能，因此古人以为酒可以养病。酒用于祭祀与燕饮等，用以表达对尊者长者的敬意。乡饮酒礼，即以酒敬老，所谓养老也。

　　[10]辞其养：推谢别人养老的意思。观下文"辞以病"可知，这里的"养"应仅指"养老"。孔颖达云："酒既养老，又以养病，今射者非病非老，故求射中，以辞让此爵者，辞让见养老也，不敢当其养礼也……若己有老病，而可受养，今己为射不中而受爵，是无功受养，不敢当之，故让矣。"

　　[11]辞以病：以身体生病为由推辞。不能射则饮，不能居"老"，只能以"病"为由也。

　　[12]悬弧之义也：王肃注："弧，弓也。男子生，则悬弧于其门，明必有射事也。而今不能射，唯疾可以为辞也。"

　　[13]矍(jué)相之圃：矍相在今山东曲阜市内阙里孔庙仰高门西。圃，种植瓜果蔬菜的园地，周围一般没有桓篱。

［14］堵墙：形容围观者众多。

［15］司马：此处非官职之称，乃乡射礼时监督礼仪之人。冈白驹补注："将射之前，先行乡饮酒之礼，乡饮之礼，将旅酬，使相者一人为司正，至将射，乃以司正为司马。郑玄云：'即司射也。'"据《仪礼·乡射礼》"司正为司马"郑玄注："兼官，由便也。"多由大夫、士之吏充当，射礼之前，为司正，行酒事；将射之时，改任司马，行射事。

［16］延射：王肃注："子路为司马，故射至，使子路出延射。"太宰纯增注："郑玄曰：'延，进也。出进观者欲射者也。'"

［17］奔军之将：败军之将。奔，与贲、偾（fèn）通。奔军，《礼记》作"贲军"，郑玄注："贲，读为偾。偾，犹覆败也。"

［18］亡国之大夫：让自己国家败亡的大夫。

［19］与为人后者：王肃注："人已有后而又为人后，故曰'与为人后'。"冈白驹补注："人死无子，宗族既为之后矣。此人复求为之后也。"孔颖达云："谓有人无后，既立后讫，此人复往奇（读为"倚"）之，是其贪财也。"

［20］公罔之裘、序点：似孔子弟子，然不见于其他文献记载。

［21］扬觯（zhì）而语：王肃注："先行射乡饮酒，故二人扬觯。"扬，举。觯，酒器，形似尊而小。

［22］幼壮孝弟（tì）：孔颖达云："谓二十之幼，三十之壮，能于幼壮以来能行孝弟也。"弟，通"悌"。冈白驹补注："三十曰壮。"胡培翚《仪礼正义》："十九以下皆为幼。"此一说。郝懿行《尔雅注疏》："十五以前通曰幼。"又一说也。

［23］耆（qí）老：年老。冈白驹补注："六十曰耆。"林按，《礼记》"老"作"耋"。郑玄注："耆、耋，皆老也。"

［24］不从流俗：冈白驹补注："洁己自好。"郑玄注："流俗，失俗也。"

［25］修身以俟（sì）死者：冈白驹补注："修身俟死，守死善道也。"

［26］耄（mào）期（jī）称道而不乱者：王肃注："八十九十曰耄。言虽老而不解，称道而不乱也。"称，称述，颂扬。道，王道。乱，不合礼仪。《荀子·不苟》："非礼义之谓乱也。"一说乱为惑乱，亦可通。

［27］仅：少。

［28］阕（què）：终，止。

［29］用命：服从命令，效命。这里有胜任的意思。

【译文】

　　孔子观看了乡射礼之后，感叹道："射箭要合于礼仪和音乐。射箭者怎么射？怎么听？合着音乐的节奏将箭射出，而又能射中靶心的，恐怕只有贤能的人才能做到吧！如果是不肖之人，那又怎能射中呢？《诗》中说：'射箭对准那个靶心，祈求罚你将酒饮。'祈求射中目标，就是为了使自己免受罚酒。酒，是用来奉养老人和病人的。祈求射中而免受罚酒，就是辞谢别人的奉养。所以，让士射箭而他不能去，那就要以疾病为由去推辞。因为男子生来就是应该会射箭的，这就是生了男孩后在家门口悬挂弓的意义。"

　　于是，孔子回来与弟子们在矍相之圃演习乡射礼，观礼的人围得跟一堵墙似的。射礼行至司正转为司马时，孔子让子路拿着弓箭出列来邀请射箭的人，说道："败军之将，亡国的大夫，和甘愿做别人后嗣的人，不准入内。其余的人都可以进来。"围观的人听后走了一半。孔子又让公罔之裘和序点举起酒杯说道："二三十岁时能孝顺父母、尊敬兄长，六七十岁时仍能爱好礼仪，不盲从流俗，修养身心直至老死，这样的人才可以有资格在射位。"围观的人又走了一半。序点又举起酒杯说道："爱好学习而不厌倦，爱好礼仪永不改变，八九十岁乃至百岁仍能称述王道而合乎礼仪的人，才有资格留在射位。"结果围观的人已经所剩无几了。射礼结束后，子路上前问孔子说："我和几位同学担任司马，做得怎么样？"孔子说道："你们能够胜任。"

　　孔子曰："吾观于乡而知王道之易易也[1]。主人亲速[2]宾及介[3]，而众宾[4]皆从之，至于正门之外，主人拜宾及介，而众宾自入，贵贱之义别[5]矣。三揖[6]至于阶，三让以宾升；拜至，献酬辞让之节繁；及介升则省矣；至于众宾升而受爵，坐祭立饮，不酢而降，隆杀之义辨矣[7]。工入，升歌三终，主人献宾[8]；笙入三终，主人又献之[9]；间歌三终[10]，合乐三阕[11]，工告乐备而遂出[12]。一人扬觯，乃立司正[13]，焉知其能和乐[14]而不流[15]也。宾酬主人[16]，主人酬介，介酬众宾，少长以齿[17]，终于沃洗[18]者，焉知其能悌长而无遗矣[19]。降，脱屦[20]升坐，修爵无算[21]。饮酒之节[22]，旰不废朝，暮不废夕[23]。宾出，主人迎送，节文终遂[24]，焉知其能安燕而不乱[25]也。贵贱既明，隆杀既辨，和乐而不乱，悌长而无遗，安燕而不乱。此五者，足以正身安国矣，彼国安而天下安矣。故曰：吾观于乡，而知王道之易易也。"

【注释】
　　[1]"吾观于乡"句：太宰纯增注："郑玄曰：'乡，乡饮酒也。易易，谓教化之本，尊贤尚齿而已。'"乡射时乡大夫、州长党正等于将射前行饮酒礼。易易，甚易。孔颖达曰："不直云易而云易易者，取其简易之意，故重言易易，犹若《尚书》'王道荡荡'、'王道平平'皆重言取其语顺故也。"本记载又见于《礼记·乡饮酒义》、《荀子·乐论》。
　　[2] 速：敦请。
　　[3] 宾及介：宾指主宾，正宾。介为宾的副手。
　　[4] 众宾：一般宾客。
　　[5] 别：犹"明"。
　　[6] 揖：古代宾主相见的礼节。段玉裁《说文解字注》："推手曰揖，引手曰厌。推者，推之远胸；引者，引之箸胸。"
　　[7] "拜至"七句：太宰纯增注："郑玄曰：'繁，犹盛也。小减曰省。辨，犹别也。尊者礼隆，卑者礼杀，尊卑别也。'"冈白驹补注："主人酌酒献宾，宾酢主人，主人有酌而自饮，以酬宾，是其节繁也。介酢主人则止，主人不酬介，是省也。宾答主人曰酢，众宾立饮，不酢而降阶。"拜至，以三揖三让拜谢宾的莅临。献，主人进酒于宾。酬，主人先自饮，劝宾饮酒。辞让，指献酬过程中的相互的推辞与谦让。升而受爵，指众宾登上西阶接受主人献酒。祭，指祭酒，古时饮酒之前必先以酒敬神。《释名补遗附韦昭〈辩释名〉》曰："祭酒，凡会同飨燕，必尊长先用，先用必以酒祭先，故曰祭酒。"立饮，站着饮酒。酢，客

以酒回敬主人。降，从阶上下来。隆，隆重之义。杀（shài），减少，降低。

［8］"工入"三句：王肃注："《记》曰：'主人献之。'于义不得为'宾'也。下句'笙入三终，主人又献之'是也。歌《鹿鸣》、《四牡》、《皇皇者华》三篇终，主人乃献之，是也。"太宰纯增注："郑玄曰：'工，谓乐正也。'"冈白驹补注："工，谓乐正也。《仪礼》云：'工入，升自西阶，北面坐，歌《鹿鸣》、《四牡》、《皇皇者华》，卒歌，主人献工。'此作献宾，误也。王注引《戴记》而驳者，是也。"

［9］"笙入三终"二句：王肃注："吹《南陔》、《白华》、《华黍》三篇终，主人献也。"冈白驹补注："此献笙人也。"

［10］间歌三终：王肃注："乃歌《鱼丽》、笙《由庚》；歌《南有嘉鱼》，笙《崇丘》；歌《南山有台》，笙《由仪》也。"冈白驹补注："间，代也。谓堂上堂下，一歌一吹，更代而作也。堂上歌《鱼丽》，则堂下笙《由庚》是也。间，'间厕'之'间'。"

［11］合乐三阕：王肃注："合笙声，同其音，歌《周南》、《召南》三篇也。"太宰纯增注："《礼记》'阕'作'终'。"冈白驹补注："合乐，谓歌乐与众声俱作也。孔颖达云：'工歌《关雎》，则笙吹《鹊巢》合之，工歌《葛覃》，则笙吹《采蘩》合之，工歌《卷耳》，则笙吹《采蘋》合之。'"

［12］工告乐备而遂出：王肃注："乐正（千叶玄之标笺："太宰氏曰：注'乐正'恐'乐工'乎？"）既告备而降，言遂出，自此至去，不复升也。"

［13］"一人扬觯"二句：王肃注："宾将欲去，故复使一人扬觯。乃立司正，主威仪，请安宾也。"

［14］和乐：和谐欢乐。

［15］流：放肆失礼。

［16］宾酬主人：冈白驹补注："此以下，言旅酬也。"

［17］少长以齿：以年龄排列长幼顺序。齿，代指年龄。

［18］沃洗：这里指负责沃、洗者。沃，浇水以洗手。洗，指以水洗爵。

［19］焉知其能悌长而无遗矣：冈白驹补注："未歌之前，及介省矣。至旅酬，则虽沃洗之贱者亦与焉，无所遗矣。"

［20］屦（jù）：鞋子，多为麻、葛做成。

［21］修爵无算：不停举杯。修爵，即互相劝酒。无算，指不记杯数。

［22］节：节制，限度。

[23] "旴(xù)不废朝"二句：俞樾《群经平议·春秋左传三》："人臣见于君，朝见谓之朝，莫（暮）见谓之夕。"旴，同"旭"，早上。朝，早朝。暮，傍晚。夕，傍晚朝见君王。

[24] "宾出"三句：冈白驹补注："迎，当作'拜'。《仪礼》云：'宾出，奏《陔》，主人送于门外再拜。'"太宰纯增注："一本'迎'作'拜'，是也，《礼记》同。郑玄曰：'终遂，犹充备也。'"节文，指礼仪。终遂，结束。遂，终也。

[25] 安燕而不乱：安闲而不失礼。安，安闲。燕，亦是安义。

【译文】

孔子说："我观看了乡饮酒礼，就知道王道是很容易推行的。行礼之前，主人亲往主宾和副宾的家里去敦请，而普通的从宾则跟随而来。到了主人家的正门外，主人拜迎主宾和副宾，普通的从宾则自行入内。这样尊贵和卑贱就区别开了。主人和主宾彼此三揖而至堂阶前；相互三让，然后主人先升东阶，主宾升自西阶；主人又在堂上拜迎主宾的到来，主宾答拜；主人酌酒献给主宾，主宾饮毕，酌酒回敬主人；然后主人先自饮，再酌酒劝主宾饮用，彼此谢辞谦让的礼节相当繁缛。及至主人与副宾相互揖让升堂，礼节就减省了很多。至于普通的从宾，只是登阶接受主人的献酒，坐着祭酒，站着喝酒，而不必酌酒回敬主人就下阶去了。由此可见礼节的隆重与减等就分得很清楚了。乐正领着乐工进来，在堂上演唱了三首歌，主人献酒给他们；吹笙的乐工在堂下演奏三首乐曲，主人献酒给他们；然后堂上和堂下的乐工相互交替地一吹一唱，各演出三首诗歌，最后一吹一唱地合起来演出，各自三首，于是乐正报告音乐已经齐备就带领乐工退下堂去。这时主人的一个下属举起酒杯示意大家可以饮酒了，大家便推举一人为司正监礼。由此可见，乡饮酒礼能使人和谐欢乐而不放肆。主宾先自饮，然后劝主人饮酒，主人先饮以劝副宾饮，副宾自饮来劝从宾饮，从宾则按年龄大小依次排序饮酒，直至负责盥洗的人为止，都有酒喝。由此可见，乡饮酒礼时不论年龄大小都不会遗漏。接着，大家都走下堂来，脱掉鞋子，然后再登堂就座，彼此敬酒，不计杯数。饮酒的限度是早上不至耽误早朝，晚上不至耽误晚朝。饮酒结束，宾客离去，主人要拜送，至此礼仪就全部完成了。由此可见，乡饮酒礼能够使大家安乐而不失礼。地位的尊贵和卑贱分明了，礼节的隆重和减省区别了，和谐欢乐而不放肆，老少都不遗漏，安乐而不失礼。有了这五个方面，就足以修正身心而安定国家了。国家安定，天下也就安定了。因此我说：我观看了乡饮酒礼，就知道王道的推行是很容易的。"

子贡观于蜡[1]。孔子曰："赐也，乐乎？"对曰："一国之人皆若狂[2]，赐未知其为乐也。"孔子曰："百日[3]之劳，一日之乐，一日之泽，非尔所知[4]也。张而不弛[5]，文、武[6]弗能；弛而不张，文、武弗为。一张一弛，文、武之道也。"

【注释】

[1] 蜡(zhà)：祭祀名称，周代每年十二月举行，祭百神。在十二月求索并会聚各种鬼神来一起祭祀，谓之蜡祭。行蜡祭时还当聚集民众于学校以行饮酒礼。王肃注："蜡，索也。岁十有二月，索群神而祀之，今之腊也。"《礼记·郊特牲》："蜡也者，索也，岁十二月，合聚万物而索飨之也。"又《周礼·地官·党正》记载："国索鬼神而祭祀，则以礼属民而饮酒于序。"此记载又见于《礼记·杂记下》。

[2] 若狂：像发了疯。

[3] 百日：概数，言相当多的时间，此处应是泛指一年。

[4] 知：知道，这里是理解的意思。

[5] 张而不弛：冈白驹补注："张弛，以弓弩喻人也。弓弩久张之，则绝其力。久弛之，则失其体。民亦如此。故使民张而不弛，则虽文武所弗能也。弛而不张，则固文武之所弗为也。"张，拉紧弓弦，开弓。与"弛"相对。引申为紧，紧张。弛，放松弓弦。《说文》："弛，弓解也。"引申为缓和，松弛。

[6] 文、武：指周文王、周武王。

【译文】

子贡观看年终的蜡祭。孔子问道："端木赐啊，你觉得有乐趣吗?"子贡答道:"全国的人都像发了疯似的,我不理解这有什么乐趣。"孔子说:"他们辛苦了一年,才享受这一天的快乐,得到这一天的恩泽,这不是你所能理解的。总是紧张而不放松,即使周文王、武王都做不到;总是放松而不紧张,那又是周文王、武王所不愿做的。既能紧张又能放松,这才是周文王、武王治理天下的大道啊!"

郊问第二十九

定公问于孔子曰:"古之帝王,必郊祀[1]其祖以配天[2],何也?"孔子对曰:"万物本乎天[3],人本乎祖[4]。郊之祭也,大[5]报本反始[6]也,故以配上帝[7]。天垂象,圣人则之[8]。郊所以明天道也[9]。"

公曰:"寡人闻郊而莫同,何也?"孔子曰:"郊之祭也,迎长日之至也[10]。大[11]报天而主日配以月[12],故周之始郊,其月以日至[13],其日用上辛[14];至于启蛰之月[15],则又祈谷于上帝[16]。此二者,天子之礼也。鲁无冬至大郊之事,降杀[17]于天子,是以不同也。"

公曰:"其言郊,何也?"孔子曰:"兆[18]丘于南,所以就阳位也。于郊,故谓之郊焉。"曰:"其牲器[19]何如?"孔子曰:"上帝之牛角茧栗[20],必在涤三月[21],后稷之牛唯具[22],所以别事[23]天神与人鬼也。牲用骍,尚赤也[24];用犊,贵诚也[25]。扫地而祭,于其质也[26]。器用陶匏,以象天地之性也[27]。万物无可以称之者[28],故因[29]其自然之体[30]也。"

公曰:"天子之郊,其礼仪可得闻乎?"孔子对曰:"臣闻天子卜郊[31],则受命于祖庙,而作龟于祢宫[32],尊祖亲考[33]之义也。卜之日,王亲立于泽宫,以听誓命,受教谏之义也[34]。既卜,献命库门之内,所以戒百官也[35]。将郊,则天子皮弁以听报,示民严上也[36]。郊之日,丧者[37]不敢哭,凶服者[38]不敢入国门[39],氾扫清路,行者毕止[40],弗命而民听,敬之至也[41]。天子大裘以黼之,被衮象天[42]。乘素车[43],贵其质也。旂[44]十有二旒[45],龙章而设以日月[46],所以法天也。既至泰坛[47],王脱裘矣,服衮以临燔柴[48],戴冕,璪[49]十有二旒,则天数也[50]。臣闻之,诵《诗》三百,不足以一献[51];一献之礼,不足以大飨[52];大飨之礼,不足以大旅[53];大旅具矣,不足以飨帝[54]。是以君子无敢轻议于礼者也。"

【注释】
[1] 郊祀:古代祭礼,在郊外祭天或祭地。祭天之礼,其最尊者为冬至圜丘祭昊天,启蛰南郊祭上帝祈谷。祭地之礼,其最尊者为夏至方丘之祭,其次为北郊祭地。本记载见《礼记·郊特牲》篇,而无定公、孔子问对之言。章末一节,见《礼记·礼器》。
[2] 配天:祭祀时以先祖配享祭天。
[3] 万物本乎天:中国古人认为,天地为万物的父母,万物为天地所生。故称天地为万物之本。《尚书·泰誓上》:"惟天地,万物父母;惟人,万物之灵。"《大戴礼记·礼三本》"礼有三本",其一即"天地者,生之本也。"后来《荀子·礼论》亦载之。本,本源也。
[4] 人本乎祖:《大戴礼记·礼三本》:"先祖者,类之本也。"《荀子·礼论》亦载。中国上古文化一大特点即祖先崇拜,后来发展为礼乐文化与敬天法祖的传统。
[5] 大:以为大,重视,崇尚。犹"大一统"之"大"。

[6]报本反始：酬报本源。这里是指对天与祖的报恩意识。报，报答，酬报。这是中国文化中非常重要的意思。祭祀之礼，早已跳出原始宗教，故"畏"义寡，而"报"义重。故中国之祭祀与宗教之怖栗意识不同，乃是一种天人合一的情理关联。反，亦报也。本、始义近。

[7]以配上帝：冈白驹补注："言俱本可以配。"上帝，朱熹《诗集传》卷十一《小雅·正月》注曰："上帝，天之神也。程子曰：'以其形体谓之天，以其主宰谓之帝。'"现代许多学者多以为"上帝"与"天"有同一性也有相异性，就同一性而言，天与上帝可以说是二位一体的。就相异性来说，在人格化方面、权限方面差别很大。明末以来，尤其是近代以降，传教士以"上帝"迻译基督教的"God"，致使国人反过来误解其义。

[8]"天垂象"二句：上天垂示天象，圣人效法之。垂象，悬垂天象。垂是悬垂，垂下。象是天象，指天文、气象等方面的现象表现，如日月星辰的运行。《书·胤征》："昏迷于天象。"则是效法。《论语·泰伯》："唯天为大，唯尧则之。"《易·系辞上》："天垂象，见吉凶，圣人象之；河出图，洛出书，圣人则之。"皆可对读。

[9]郊所以明天道也：郊祭是用来彰显天道的。明，显明，彰显。天道，与"人道"相对。原指日月星辰等天体运行现象和过程。在古代，天道最早被视为神的意志，如《书·汤诰》："天道福善祸淫，降灾于夏。"在孔子思想中，天道是有价值示范意义的规律，是人道的本原，是需要人去认识、效法的。

[10]迎长日之至也：冬至日，白昼最短，但物极必反，太阳自此开始回归，白昼渐长。至夏至日白昼最长。故在冬至日行郊祭，以迎接日之回归也。王肃注："周人始以日至之月，冬日至而日长。"长日，指冬至日。

[11]大：以为大，崇尚。

[12]报天而主日配以月：以太阳为主，以月亮为辅，来酬报天的恩德。

[13]其月以日至：即夏历的十一月，是冬至日所在月份。日至，冬至日。

[14]上辛：古代以干支纪年、月、日。辛，天干的第八位。每月辛日有三，上旬辛日为上辛。郑玄云："用辛日者，凡为人君，当斋戒自新耳。"

[15]启蛰之月：即夏历正月。启蛰，节气名，今称惊蛰。杜预注：

"启蛰,夏正月建寅之月。"

[16] 祈:求。

[17] 降杀(shài):指鲁国为周代诸侯国,礼节上不能和周天子相同,应有所减损。降,降低。杀,降等,减少。

[18] 兆:祀神祭坛的界域。《周礼·春官·肆师》:"掌兆中、庙中之禁令。"此处作动词用,划定区域设坛祭祀。

[19] 牲器:祭祀用的牺牲和器具。

[20] 上帝之牛角茧栗:茧栗,谓小牛的角初生时状如蚕茧和栗子。茧栗之牛是祭祀昊天上帝用牲的标准。《国语·楚语下》:"郊禘不过茧栗,烝尝不过把握。"

[21] 必在涤三月:涤,古指养祭牲之室。《公羊传·宣公三年》:"帝牲在于涤三月。"何休注:"涤,宫名,养帝牲三牢之处也。谓之涤者,取其荡涤洁清。"

[22] 后稷之牛唯具:冈白驹补注:"郊天以后稷配,故养牲必养二也,是稷牛亦在涤也,若帝牛不吉,以稷牛代之。其稷牛,临时又选可用,故云'唯具'。"后稷,周人的始祖,名弃。舜任命弃"汝后稷,播时百谷"。具,备也,指形体与毛色齐备。

[23] 别事:区别对待。

[24] "牲用骍(xīng)"二句:冈白驹补注:"周尚赤。"骍,本指赤色马。即今之红栗毛和金栗毛马。《诗·鲁颂·驹》:"享以骍牺。""有骍有骐。"毛传:"赤黄曰骍。"亦指祭祀用的赤色牲。此处指赤色牛。

[25] "用犊"二句:王肃注:"犊质悫,贵诚之美也。"冈白驹补注:"犊未知牝牡,则神完。"

[26] "扫地而祭"二句:王肃注:"地,圜丘之地。扫焉而祭,贵其质也。"

[27] "器用陶匏(páo)"二句:王肃注:"人之作物,无可称之,故取天地之性以自然也。"陶匏,陶器和匏瓜做成的器皿。

[28] 万物无可以称之者:万物中没有可以足以用来称颂天之德的。《论语·泰伯》:"子曰:'泰伯,其可谓至德也已矣。三以天下让,民无得而称焉。'"称,称赞。之,指代天。

[29] 因:因袭。

[30] 自然之体:天然的形体。

[31] 卜郊:用占卜的方式确定郊祭的具体时间。卜,古人用火灼龟甲取兆,据以推测吉凶。后来也指用其他方法预测吉凶。

[32] "受命于祖庙"二句:王肃注:"祢宫,父庙也。受祭天之命于

祖，而作龟于父庙。"太宰纯增注："郑玄曰：'受命，谓告之，退而卜。'《周礼·春官·大卜》注：'郑司农云："作龟，谓凿龟令可爇也。"'"冈白驹补注："作龟，用龟卜也。"受命，告于祖庙，以得到先祖的同意。祢(nǐ)，为亡父在宗庙中所立主之称。《公羊传·隐公元年》何休注："生称父，死称考，入庙称祢。"

[33] 尊祖亲考：尊敬先祖，亲近父考。考，对死去父亲的称呼。尊尊、亲亲，为宗法制度的两项原则。孔颖达云："尊祖，故受之命，命宜由尊者出。亲祢，故作龟，作龟是事，事宜就亲近者也。"

[34] "王亲立于泽宫"三句：王，周王，周天子。亲，亲自。泽宫为古代习射选士之所。《周礼·夏官·司弓矢》"泽共射椹质之弓矢"郑玄注："泽，泽宫也。所以习射选士之处也。"教谏，教导劝谏。

[35] "献命库门之内"二句：太宰纯增注："郑玄曰：'王自泽宫而还，以誓命重相申敕也。库门在雉门之外，入库门则至庙门外矣。'《礼记》此下有'太庙之命，戒百姓也'八字。"林按，郑玄注："百官，公卿以下也。"。戒，警告，告诫。

[36] "则天子皮弁(biàn)以听报"二句：皮弁，古代贵族的一种帽子，以白鹿皮为之，较华丽。皮弁服包括白鹿皮制作的皮弁和白色的丝制衣裳。皮弁服是天子的朝服。《礼记·玉藻》："天子皮弁以日视朝。"听，听取有关祭祀的汇报。示民，告示民众。严上，恭敬地听从天子的命令。

[37] 丧者：指有丧事的人家。

[38] 凶服者：指穿戴丧服的人。

[39] 国门：国都的城门。

[40] "氾扫清路"二句：王肃注："氾，遍也。清路，以新土无复行之。"冈白驹补注："清路，划(铲)令新土在上也。"

[41] "弗命而民听"二句：王肃注："以王恭敬事天，故民化之，不令而行之也。"

[42] "天子大裘以黼之"二句：王肃注："大裘，为黼文也，言被之大裘，其有象天之文，故被之道路，至太坛而脱之。"太宰纯增注："《周礼·天官·司裘》注：'郑司农云：大裘，黑羔裘，服以祀天，示质。'纯谓：'大裘以黼之'并注，皆不可晓也。《礼记》'天子'作'王'，无'大裘以黼之'五字。大裘，天子祭天所服之皮裘。黑羔皮为之。"《周礼·天官·司裘》："掌为大裘，以共王祀天之服。"冈白驹补注："《周礼》云：'王祀昊天上帝，则服大裘而冕，裘必有裼。'黼之，言以黼文衣裼之也，即下文'被衮'是也。衮有日月星辰之章，故云象

天。或曰:'大裘,羔裘也。黼之,以羔与狐白,杂为黼文也。曰是黼裘,国君誓狝之服,非天子郊天之服也。'"

[43] 素车:王所乘丧车五乘之一。车身涂白土,以麻编成车蔽,犬皮覆于车笭上,用素缯作边缘。《周礼·春官·巾车》:"王之丧车五乘:……素车,棼蔽,犬幎素饰,小服皆素。"

[44] 旂(qí):古代旗帜的一种,旗上画有龙形,竿头系有铜铃。《周礼·春官·司常》:"交龙为旂。"《尔雅·释天》:"有铃曰旂。"

[45] 旒:旌旗下面悬垂的饰物。冈白驹补注:"旒,旂末垂者。"十二旒,为天子所用。

[46] 龙章而设以日月:冈白驹补注:"龙章,谓画交龙于旒也。设日月,画于旂上也。《周礼》云'日月为常',此盖谓太常也。"

[47] 泰坛:古时祭天之坛,在都城南郊。《礼记·祭法》:"燔柴于泰坛,祭天也;瘗埋于泰折,祭地也。"

[48] 燔柴:古时祭祀仪式之一,把玉帛、牺牲同置于积柴之上,焚之以祭天。

[49] 璪(zǎo):古代冕旒用以贯玉的彩色丝绦,言其如水藻之文。冈白驹补注:"璪,冕饰也。以杂采丝贯玉,垂以为饰也。"

[50] 则天数也:太宰纯增注:"郑玄曰:'天之大数,不过十二。'"则,法则,效法。

[51] "诵《诗》三百"二句:王肃注:"祭群小祀。"太宰纯增注:"郑玄曰:'诵《诗》三百,喻习多言而不学礼也。'"冈白驹补注:"诵《诗》三百,喻习多言也,言虽诵《诗》三百之多,若不学礼,不足以为一献之祭也。群小祀,林泽坟衍,四方百物之属,其礼最质略,一献而已。"献为祭名。《仪礼·特牲馈食礼》贾公彦疏:"天子大祫十有二献,四时与禘,唯有九献。一献及二献为裸,亦称裸献。"

[52] "一献之礼"二句:王肃注:"大飨,祫祭天王。"太宰纯增注:"孔颖达曰:'大飨,谓祫祭宗庙也。'"冈白驹补注:"虽习一献之小祀,不足以行大飨之礼。"

[53] "大飨之礼"二句:王肃注:"大旅,祭五帝也。"旅,祭名。祭上帝,四望,陈列物品而祭。《周礼·春官·大宗伯》:"周有大故,则旅上帝及四望。"郑玄注:"旅,陈也,陈其祭事以祈焉。礼不如祀之备也。"

[54] 飨帝:王肃注:"飨帝,祭天。"

【译文】

鲁定公向孔子询问说:"古时的帝王一定要在郊祭时以祖先配祀上天。这是为什么?"孔子回答说:"万物的本源在上天,人的本源在祖先。郊祭,就是崇尚报答本源的活动,所以要用祖先配祭天帝。天上悬垂着日月等天象,各有运行法则,圣人效法这些天象。郊祭就是为了显明天道的。"

定公问道:"我听说郊祭有不同的形式,这是为什么呢?"孔子回答说:"郊祭,是为了迎接长日的到来。这是崇尚酬报上天恩赐的祭祀,因而以太阳为受祭的主神,以月亮为配享者。所以周代开始郊祭时,选择了冬至日所在的月份,把日期定在这月上旬的辛日。到了启蛰所在的月份,又祭祀上帝以祈求谷物丰收。这两种祭天都是天子的礼仪。鲁国没有冬至日的郊外祭天礼仪。作为周代诸侯国,鲁国礼仪上比周天子应该有所减损,所以出现了不同。"

定公问:"把它称作郊祭,这是为什么呢?"孔子回答说:"在国都南郊划定区域设坛祭天,这是为了接近阳位,在郊外举行,所以称为郊祭。"定公又问:"南郊祭天时用的牺牲和器具又是怎样的?"孔子回答说:"祭祀上帝的牛很小,牛角才像蚕茧和栗子一样大,必须在清洁的牛棚里饲养三个月,祭祀后稷的牛也在清洁的牛棚里养三个月,当祭祀上帝的牛经过占卜不吉的时候,就用它替代。然后再找一只形体毛色具备的牛来祭祀后稷即可。这是为了区别祭祀天神和人鬼的差异。牺牲用赤色牛,这是因为周代崇尚赤色;用牛犊,这是因为珍惜它纯洁诚信。打扫干净一块地面来举行祭祀,是因为崇尚质朴。器具用陶制的或匏瓜做成的器皿,以符合天地纯朴的自然本性。万物中没有足以用来称颂上天之德的,所以要依循它们天然的形体。"

定公问:"天子郊祭的礼仪,可以说来听听吗?"孔子回答说:"我听说天子要卜龟以确定郊祭的具体时间,先到祖庙里禀告以示接受了祖先命令,再到父庙里去灼龟甲问卜。这样做就是尊重先祖,而亲近先父的意思。占卜的这天,天子亲自站在用来习射选士的泽宫,选择可以参加祭礼的人,又使有司向他们告诫祭天礼规,天子也亲自倾听告诫之辞,这表示接受教导劝谏的意思。占卜结束以后,把行将郊天的命令在宫室的最外门——库门宣读,这是为了告诫百官要抓紧时间准备。临近郊天日期,天子身穿白色的皮弁服来听取官员有关郊祭准备情况的汇报。这样做是为了教导百姓要严格遵守上面吩咐的命令。郊祭之日,有丧事的人家不敢哭泣,身穿丧服的人不敢进入国都的城门。各处普遍进行打扫,路面上铺平新土,禁止行人通行,以上种种规定,不等上面的命令而百姓已经自觉去执行了。这是因为天子祀天极为恭敬,而百姓受其影响,也已恭敬到极点了。天子穿着绣有黑白相间作斧形花纹的大裘衣,穿着衮衣以象征上天的形象。乘坐用白土刷髹的木车,这是珍视此车的质朴。打着悬垂着十二条飘带的旗帜,上面绘有龙形图案,还有日月的形象,这也是效法天的形象。到了泰坛以后,天子脱去大裘衣,穿着衮服靠近祭坛主持燔柴仪式,也就是把玉帛、牺牲同置于积柴之上,焚烧祭天。天子头戴着冕冠,上面悬垂着以五彩丝绦贯穿的十二条玉串。这是效法天的大数,寓意着天时可分为十二个月。我听说,如果没有学过礼,即使能够诵读整部《诗》,也不能圆满地完成仅仅用一献的小祀;而仅学得了一献之礼,还是不能胜任宗庙祫祭中的大飨之礼;学得了大飨之礼,还是不足以承担祭五帝的大旅之礼;大旅之礼已经精通了,还是不足以承担祭昊天上帝的郊天之礼。可见礼是博大精深的,所以君子不敢轻率地评论礼制的短长。"

五刑解第三十

冉有问于孔子曰:"古者三皇[1]、五帝[2]不用五刑[3],信乎?"孔子曰:"圣人之设防[4],贵其不犯[5]也;制五刑而不用,所以为至治也[6]。凡民之为奸邪、窃盗、靡法[7]、妄行者,生于不足[8],不足生于无度。无度则小者偷惰,大者侈靡[9],各不知节[10]。是以上有制度[11],则民知所止[12];民知所止则不犯[13],故虽有奸邪、窃[14]盗、靡法、妄行之狱[15]，而无陷刑[16]之民。不孝者生于不仁。不仁者，生于丧祭之礼不明[17]。丧祭之礼，所以教仁爱也[18]。能致仁爱，则服丧思慕[19]，祭祀不懈，人子馈养之道也[20]。丧祭之礼明，则民孝矣[21]。故虽有不孝之狱，而无陷刑之民。杀[22]上者生于不义。义，所以别贵贱、明尊卑也。贵贱有别，尊卑有序，则民莫不尊上而敬长。朝聘[23]之礼者，所以明义也。义必明，则民不犯[24]。故虽有杀上之狱，而无陷刑之民。斗变者生于相陵[25]，相陵者生于长幼无序而遗[26]敬让。乡饮酒之礼者，所以明长幼之序而崇敬让也[27]。长幼必序，民怀敬让，故虽有斗变之狱，而无陷刑之民。淫乱者，生于男女无别。男女无别，则夫妇失义[28]。婚礼聘享[29]者，所以别男女、明夫妇之义也。男女既别，夫妇既明，故虽有淫乱之狱，而无陷刑之民。此五者，刑罚之所从生，各有源焉。不豫塞其源[30]，而辄[31]绳之以刑[32]，是谓为民设阱[33]而陷之。刑罚之源，生于嗜欲不节。夫礼度者，所以御[34]民之嗜欲而明好恶，顺天之道。礼度[35]既陈[36]，五教[37]毕[38]修，而民犹或未化，尚必明其法典以申固之[39]。其犯奸邪、靡法、妄行之狱者，则饬[40]制量之度[41]；有犯不孝之狱者，则饬丧祭之礼；有犯杀上之狱者，则饬朝觐[42]之礼；有犯斗变之狱者，则饬乡饮酒之礼；有犯淫乱之狱者，则饬婚聘之礼。三皇五帝之所化民者如此，虽有五刑之不用，不亦可乎？"

【注释】

　　[1] 三皇：传说中的远古帝王。说法很多，据《史记》，三皇为天皇、地皇、泰皇；据《世本》，则为伏羲、神农、黄帝；据《尚书大传》，则为燧人、伏羲、神农。此记载又见于《大戴礼记·盛德》。

　　[2] 五帝：传说中的上古帝王。在三皇之后，夏代以前。具体指哪些人，说法很多，据《史记》及本书《五帝德》，指黄帝、颛顼、帝喾、唐尧、虞舜。

　　[3] 五刑：我国古代五种主要刑罚的概括，历代皆有所变化，早期五刑指墨（额上刺字，染上黑色）、劓（yì，割鼻）、刖（fèi，又称剕，斩足）、宫（男子去势，女子幽闭）、大辟（pì，死刑），见于《尚书·吕刑》。而《周礼·秋官·司刑》的记载略有差别，指墨、劓、宫、刖、杀。

　　[4] 设防：修礼以防人情。《礼记·坊记》："君子礼以坊德，刑以坊淫，命以坊欲。"

　　[5] 贵其不犯：贵在百姓不去触犯。

　　[6] "制五刑而不用"二句：冈白驹补注："下文'有其狱，而无陷刑之民，三皇五帝之化'是也。"

　　[7] 靡法：无法，非法。

　　[8] 不足：不足用。

　　[9] 侈靡：奢侈。

　　[10] 节：节制，自我约束。

　　[11] 制度：具有规范意义的法令、礼俗等。

　　[12] 止：不当为的界限。《大学》："《诗》云：'邦畿千里，维民所止。'《诗》云：'缗蛮黄鸟，止于丘隅。'子曰：'于止，知其所止，可以人而不如鸟乎？'"可与参读。知止，在儒家思想中包含两层含义，其一是指理想目标所在；其二指不当为之界限。

　　[13] 民知所止则不犯：冈白驹补注："管子云：'衣食足知礼节。'"

　　[14] 窃：窃贼。

　　[15] 狱：官司，这里指罪名。

　　[16] 陷刑：受刑。

　　[17] 明：明达，讲求。

　　[18] "丧祭之礼"二句：丧礼与祭礼，是用来教导人们仁爱之心的。

　　[19] 服丧思慕：服丧期间，会思慕去世的亲人。

　　[20] "祭祀不懈"二句：王肃注："言孝子奉祭祀不敢懈，与生时馈

养之道同之也。"

［21］"丧祭之礼明"二句：《论语》云："慎终追远，则民德归厚矣。"可参读。

［22］杀：弑杀。

［23］朝聘：古代诸侯定期朝见天子的礼仪。《礼记·王制》："诸侯之于天子也，比年一小聘，三年一大聘，五年一朝。"而春秋时期诸侯自相朝见也叫朝聘。聘，问。《周礼》："时聘曰问"，"时聘以结诸侯之好"。

［24］"义必明"二句：冈白驹补注："《易》云：'君子以辩上下，定民志，上下辩，则民志定矣。'"

［25］斗变者生于相陵：发生争斗是由于互相欺侮造成的。变，突然发生的非常事件。陵，欺侮。

［26］遗：忘。

［27］"乡饮酒之礼者"二句：《礼记》的《经解》和《射义》都说："乡饮酒之礼，所以明长幼之序也。"《乡饮酒义》："乡饮酒之礼，六十者坐，五十者立侍以听政役，所以明尊长也；六十者三豆，七十者四豆，八十者五豆，九十者六豆，所以明养老也；民知尊长养老，而后乃能入孝弟。民入孝弟，出尊长养老，而后成教，成教而后国可安也。君子之所谓孝者，非家至而日见之也。合诸乡射，教之乡饮酒之礼，而孝弟之行立矣。"可知，其意义在于序长幼、别贵贱，以敦养风俗，达到德治教化的目的。

［28］"男女无别"二句：冈白驹补注："聚麀扰杂，而失民纪矣。"

［29］婚礼聘享：聘享，聘问献纳。聘问必有宴享，故聘、享连文。

［30］豫塞其源：事先提前堵塞源头。这里喻指恶的源头。豫，通"预"，事先有所准备。《中庸》："凡事豫则立，不豫则废。"《左传·昭公九年》："伯父若裂冠毁冕，拔本塞原，专弃谋主，虽戎狄其何有余一人？"原、源通。

［31］辄（zhé）：总是。

［32］绳之以刑：用刑罚来制裁人。绳，准绳，这里为动词，制裁。

［33］阱：本义是为防御或猎取野兽而设置的地坑，此喻陷害人的圈套。

［34］御：驾驭，控制。

［35］礼度：礼仪法度。

［36］陈：设立，制定。

［37］五教：指父义、母慈、兄友、弟恭、子孝。

［38］毕：完全。

［39］尚必明其法典以申固之：王肃注："尚，犹也。申令固其教也。"固，巩固。

［40］饬(chì)：教导，劝诫。

［41］制量之度：制度、标准的规范。

［42］朝觐(jìn)：谓臣子朝见君主。《礼记·乐记》："朝觐，然后诸侯知所以臣；耕藉，然后诸侯知所以敬。"

【译文】

　　冉有问孔子说："古代的三皇、五帝都不曾使用五刑，确实这样吗？"孔子回答："圣人设法防范，看重的是让人不犯法；制定五刑而不曾使用，是达到天下大治的表现。凡出现奸邪、盗窃、非法、胡作非为的现象，是由于贪心不足造成的，贪心不足是由于没有限度造成的。没有限度，那么贫穷了则偷盗，富有了则奢侈，都不知道要有所节制。因此上有制度，百姓就懂得有所节制，百姓懂得有所节制，就不会触犯法度。所以虽然设有奸邪、盗窃、靡法、妄为这些罪名，却不会有遭此刑罚的百姓。不孝敬父母是由于缺少仁爱造成的，缺少仁爱是由于不讲丧祭之礼造成的。彰明丧祭之礼是为了教化百姓仁爱。百姓有了仁爱，那么亲人去世后在服丧期间会思慕先人，进行祭祀毫不懈怠，如同双亲在世时对他们恪尽奉养的义务一样。丧祭之礼修明了，百姓就懂得孝了。所以虽然有不孝的罪名，却不会有遭此刑罚的百姓。弑杀君上是由于不讲义造成的。义，是用来区分贵贱、辨明尊卑的。贵贱有所区别，尊卑井然有序，那么百姓就没有不尊敬在上者和长者的。朝拜聘问之礼是用来彰明义的，通晓了义，百姓就不会犯上。所以虽然设有弑君的罪名，却不会有遭此刑罚的百姓。发生争斗是由于互相欺凌造成的，相互欺凌是由于长幼失序而忘记了崇敬、谦让造成的。乡饮酒之礼是用来明确长幼次序而推崇礼敬、谦让的。长幼上下次序井然，百姓就会怀有礼敬、谦让之心，所以虽然设有斗变的罪名，却不会有遭此刑罚的百姓。淫乱是由于男女之间没有区别造成的，男女没有区别，那么夫妇之间就失去了恩义。婚礼的聘问是用来区分男女、明确夫妇恩义的。男女之间有所区别，夫妇恩义得到彰明，所以虽然设有淫乱的罪名，却不会有遭此刑罚的百姓。这五个方面，是刑罚得以产生的原因，各有自己的根源。不预先堵塞其产生的根源，却总是用刑罚来制裁，这可以说是设置陷阱让百姓掉进去。刑罚产生的根源，在于人们的嗜好和欲望无所节制。礼仪法度就是用来控制百姓的嗜好和欲望的，使他们能够分清好坏，顺应上天的运行规律。礼仪法度都制定了，父义、母慈、兄友、弟恭、子孝的五种教化也都推行了，如果百姓有的还顽固不化，也还一定要向他们重申，以阐明法典的实质，加以强化。有犯奸邪、非法、妄行的罪行的，就整顿在制度标准方面的规定；有犯不孝的罪行的，就整顿丧葬祭祀的礼仪；有犯弑君罪行的，就整顿朝拜觐见的礼仪；有犯斗殴的罪行的，就整顿乡饮酒的礼仪；有犯淫乱的罪行的，就整顿婚聘宴享的礼仪。三皇五帝这样教化百姓，即使不使用五刑，不也是可以的吗？"

孔子曰："大罪有五，而杀人为下。逆[1]天地者，罪及[2]五世；诬文、武[3]者，罪及四世；逆人伦者，罪及三世；谋[4]鬼神者，罪及二世；手杀人者，罪止其身。故曰，大罪有五，而杀人为下矣。"

【注释】
　　[1] 逆：悖逆，违逆。
　　[2] 及：牵连，牵涉。
　　[3] 文、武：周文王、周武王。
　　[4] 谋：议。

【译文】
　　孔子说："重大的罪行有五种，杀人是最轻的。违逆天地之道的罪行牵连五代，诬蔑周文王、武王的罪行牵连四代，悖逆人伦之道的罪行牵连三代，私议鬼神的罪行牵连两代，亲手杀人的罪行只限于自身。所以说，重大的罪行有五种，而杀人是最轻的。"

冉有问于孔子曰:"先王制法,使刑不上于大夫[1],礼不下于庶人[2]。然则大夫犯罪,不可以加刑[3];庶人之行事,不可以治于礼乎?"孔子曰:"不然。凡治君子,以礼御[4]其心,所以属[5]之以廉耻之节[6]也。故古之大夫,其有坐[7]不廉污秽而退放[8]之者,不谓之不廉污秽而退放,则曰'簠簋不饬[9]';有坐淫乱男女无别者,不谓之淫乱男女无别,则曰'帷幕不修[10]'也;有坐罔上[11]不忠者,不谓之罔上不忠,则曰'臣节未著[12]';有坐罢软[13]不胜任者,不谓之罢软不胜任,则曰'下官不职[14]';有坐干国之纪[15]者,不谓之干国之纪,则曰'行事不请[16]'。此五者,大夫既自定有罪名矣,而犹不忍斥然[17]正以呼之也。既而为之讳[18],所以愧耻之。是故,大夫之罪,其在五刑之域[19]者,闻而谴发[20],则白冠氂缨[21],盘水加剑[22],造[23]乎阙[24]而自请罪,君不使有司执缚牵掣而加之[25]也;其有大罪者,闻命则北面再拜,跪而自裁[26],君不使人捽引[27]而刑杀之也,曰:'子大夫自取之耳,吾遇[28]子有礼矣。'以刑不上大夫,而大夫亦不失其罪[29]者,教使然也。凡所谓礼不下庶人者,以庶人遽其事而不能充礼[30],故不责[31]之以备礼[32]也。"冉有跪然[33]免席,曰:"言则美矣!求未之闻。"退而记之。

【注释】

[1] 刑不上于大夫:冈白驹补注:"上,犹'加'也。刑主于小人,

不为大夫设也。"此记载又见于《新书·阶级》、《汉书·贾谊传》。

[2]礼不下于庶人：冈白驹补注："下，犹'逮'也。礼以治君子，不为庶人设也。"

[3]加刑：施加刑罚。

[4]御：治。

[5]属(zhǔ)：通"嘱"，告诫。

[6]廉耻之节：明于廉贪耻辱的节操。

[7]坐：被定罪。

[8]退放：斥退，放逐。

[9]簠(fǔ)簋(guǐ)不饬：簠、簋不整齐。这里是一种委婉的说法，后世常用"簠簋不饬"作为弹劾贪官的用语。王肃注："饬，整齐也。"

[10]帷幕不修：帐子没有整理好。这也是一种委婉的说法。帐幕，在旁的称"帷"，在上的称"幕"。

[11]罔上：欺骗君上。

[12]臣节未著：臣子的节操不显著。

[13]罢(pí)软：软弱无能。罢，通"疲"。

[14]下官不职：王肃注："言其下官不称其职，不斥其身也。"

[15]干国之纪：干，犯。纪，常典。

[16]行事不请：王肃注："言不请而擅行。"

[17]斥然：呵斥的样子。

[18]讳：隐讳。

[19]域：范围。

[20]闻而谴发：事情败露，罪行被揭穿。闻，被人知闻。谴，罪责。发，揭露，暴露，掀开。

[21]白冠氂(máo)缨：太宰纯增注："《汉书注》：'郑氏曰：白冠，丧服也。氂缨，以毛作缨也。'"千叶玄之标笺："吴氏注：'氂，牛尾毛之强曲者也。'"

[22]盘水加剑：太宰纯增注："如淳曰：水性平，若己有正罪，君以平法治之也。加剑，当以自刎也。或曰：杀牲者，以盘水取颈血，故示若此也。"

[23]造：去，到。

[24]阙：冈白驹补注："阙，君门也。"

[25]君不使有司执缚牵掣(chè)而加之：君主不让官吏捆绑牵引而以斧铖刀锯等刑具施加于他们。太宰纯增注："《新书》作'上弗使执缚系引而行也'，其下又有'其有中罪者，闻命而自弛，上不使人颈絷而

加也'十九字,《汉书》同。此盖阙文。"冈白驹补注:"加之,加之刀锯也。"有司,古代设置官吏,区分职责,各有所司,所以称官吏为"有司"。执缚,捆绑。牵掣,牵引,拽。

[26]自裁:自杀。

[27]捽(zuó)引:太宰纯增注:"《说文》曰:'捽,持头发也。'《新书》'引'作'抑',《汉书》同。"

[28]遇:犹"待"。

[29]不失其罪:不会逃脱罪责。

[30]遽(jù)其事而不能充礼:急于忙自己的事务而不能使礼仪齐备。遽,急。充,备。

[31]责:责求。

[32]备礼:使礼仪完备。

[33]跪然免席:冈白驹补注:"跪,拜也。免,避也。"跪然,或为"蹶然"之误。免席,离开坐席。

【译文】

冉有问孔子:"先王制定法令,使刑罚不对上施加于大夫,礼仪不对下施行于平民。既然这样,那么大夫犯了罪就不能施加以刑罚,平民为人处事就不用遵行礼仪了吗?"孔子说:"不是这样的。凡是管理君子,要用礼来驾驭他们的思想,告诫他们要有明于廉贪耻辱的节操。所以古代的大夫,其中有犯了不够廉洁、行为污秽等罪行而被放逐的,不说他们因不够廉洁、行为污秽而被放逐,而说'簠簋不整齐';有犯了淫乱、男女无别的罪行的,不说他们淫乱或男女关系暧昧,而说'帐子没有整理好';有犯了欺骗君上、行为不忠的罪行的,不说他们欺骗君上、行为不忠,而说'臣子的节操不显著';有犯了软弱无能、不胜任工作的罪行的,不说他们软弱无能、不胜任工作,而说'下属官吏不称职';有犯了违反国家纲纪的罪行的,不说他们违反了国家纲纪,而说'没有请示而擅自行事'。这五个方面,大夫自己已经确知道罪名了,但还不忍心从正面呵斥这些罪名,进而为他们隐讳,是为了使他们感到羞愧和耻辱。因此大夫所犯罪行,属于五刑范围之内的,如果事情败露,罪行被揭穿,他们便戴着用兽毛作缨的白帽子,托盘盛上水,上面放上剑,亲往宫阙请罪,君主不让官吏捆绑牵引而以斧钺刀锯等刑具施加于他们；其中有犯了重罪的，接受君命便向北面跪拜两次，然后自杀，君主也不派人揪按着头发而加以刑杀，只是说：'大夫你是自取其罪，我待你也算是有礼了。'刑罚不对上施加于大夫，大夫却也逃脱不了罪责，这是教化的结果。所说的礼仪不对下实行于平民，是由于平民急着忙于劳作，没有条件使礼仪齐备，所以不要求他们礼仪完备。"冉有听了这番话，向孔子拜了一下，离开坐席，恭敬地说："先生讲得真好啊！我从来没听说过。"回去后便把孔子这番话记了下来。

刑政第三十一

仲弓[1]问于孔子曰："雍闻至刑无所用政[2]，至政无所用刑[3]。至刑无所用政，桀、纣之世是也；至政无所用刑，成、康之世[4]是也。信乎？"孔子曰："圣人之治，化也[5]，必刑政相参[6]焉。太上[7]以德教民，而以礼齐[8]之；其次以政事导民[9]，以刑禁之，刑不刑[10]也。化之弗变，导之弗从，伤义以败俗[11]，于是乎用刑矣。割五刑，必即天伦[12]。行刑罚，则轻无赦[13]。刑，侀也；侀，成也，壹成而不可更[14]，故君子尽心[15]焉。"

仲弓曰："古之听讼[16]，尤罚丽于事，不以其心[17]，可得闻乎？"孔子曰："凡听五刑之讼，必原[18]父子之情，立君臣之义，以权[19]之；意论[20]轻重之序，慎测[21]浅深[22]之量，以别之；悉其聪明，正其忠爱[23]，以尽之。大司寇[24]正刑明辟[25]，以察狱[26]，狱必三讯[27]焉。有指无简，则不听也[28]；附从轻，赦从重[29]；疑狱，则泛与众共之[30]，疑则赦之[31]，皆以小大之比成之[32]。是故，爵人必于朝，与众共之也；刑人必于市，与众弃之也。古者公家不畜[33]刑人，大夫弗养[34]，士遇之途，弗与之言，屏[35]诸四方，唯其所之，弗及与政，弗欲生之也[36]。"

仲弓曰："听狱，狱之成[37]，成何官？"孔子曰："成狱成于吏[38]，吏以狱成告于正[39]。正既听之，乃告大司寇。大司寇听之，乃奉于王。王命三公卿士，参听棘木之下[40]，然后乃以狱之成疑于王[41]。王三宥之以听命[42]，而制刑[43]焉，所以重[44]之也。"

仲弓曰："其禁何禁？"孔子曰："巧言破律[45]，遁名[46]改作[47]，执左道[48]与乱政者，杀；作淫声[49]，造异服[50]，设奇伎[51]奇器，以荡[52]上心者，杀；行伪而坚[53]，言诈而辩，学非而博，顺非而泽[54]，以惑众者，杀；假于鬼神、时日、卜筮以疑众者[55]，杀。此四诛者，不以听[56]。"

仲弓曰："其禁尽于此而已？"孔子曰："此其急[57]者，其余禁者十有四焉：命服命车[58]，不粥[59]于市；珪璋璧琮[60]，不粥于市；宗庙之器[61]，不粥于市；兵车旍[62]旗，不粥于市；牺牲秬鬯[63]，不粥于市；戎器兵甲[64]，不粥于市；用器不中度[65]，不粥于市；布帛精粗不中数，广狭不中量，不粥于市；奸色[66]乱正色，不粥于市；文锦珠玉之器，雕[67]饰靡丽，不粥于市；衣服饮食[68]，不粥于市；果实不时，不粥于市[69]；五木[70]不中[71]伐，不粥于市；鸟兽鱼鳖不中杀，不粥于市。凡执此禁以齐众者，不赦过也[72]。"

【注释】
　　[1] 仲弓：姓冉，名雍，字仲弓，鲁国人，孔子弟子。以德行著称。此记载又见于《礼记·王制》。
　　[2] 至刑无所用政：最极端的刑罚用不上政治。冈白驹补注："任刑而政废。"至刑，最极端的惩罚。至，极。刑，惩罚，刑罚。
　　[3] 至政无所用刑：最成功的政治用不着刑罚。冈白驹补注："善政不假于刑。"至政，最成功的政治。政，政治、教化。至政，犹《五刑》篇"制五刑而不用，所以为至治也"中的"至治"。
　　[4] 成、康之世：周成王、周康王的时代。历史上，成、康之世被视为治世。
　　[5] "圣人之治"二句：圣人治理天下，靠的是教化。化，教化。
　　[6] 参：参互使用。
　　[7] 太上：最好的。
　　[8] 齐：整齐、整顿。《论语·为政》："道之以德，齐之以礼，有耻且格。"可与此对读。
　　[9] 以政事导民：以政治来引导民众。
　　[10] 刑不刑：惩治那些不遵守刑法的人。
　　[11] 伤义以败俗：损害公义，从而破坏社会风气。
　　[12] "劓(zhì)五刑"二句：以五刑来裁断罪行时，一定要合乎天之好生之意。劓五刑，即制五刑。此"制"非创制义，乃裁断义。天伦，此释为天意，即好生之意。
　　[13] "行刑罚"二句：已然定罪的在施行刑罚时，即使轻罪也不能赦免。
　　[14] "刑"五句：刑罚，好像模型。模型，意味着成型。一旦成型，就不能更改了，刑罚也是如此，一旦施刑就无法挽回了。侀(xíng)，或通"型"，原指铸造器物的模型，引申为定型、完成的意思。壹，一旦，一经。
　　[15] 尽心：认真谨慎。
　　[16] 听讼：听取案件两造的诉讼，即审理案件。听，听取诉讼以判断是非曲直。
　　[17] "尤罚丽于事"二句：判定一个人的罪过，应该依据犯罪事实

而不是只考虑犯罪动机。丽，附也，施刑的意思。

［18］原：推原。

［19］权：权衡。冈白驹补注："权，平也。凡犯五刑者，或子为父隐，臣为君讳，有虽触刑禁，而非其本恶者。"

［20］意论：思量。

［21］慎测：慎重测度。

［22］浅深：冈白驹补注："浅深，谓俱有罪，本心有善恶。"

［23］正其忠爱：冈白驹补注："《戴记》'正'作'致'，为是。言尽其情也。"

［24］大司寇：冈白驹补注："大司寇，秋官卿，掌刑者。"

［25］正刑明辟：端正刑书，明断罪法。辟，罪。

［26］以察狱：太宰纯增注："《礼记》作'以听狱讼'。"

［27］三讯：王肃注："一曰讯群臣，二曰讯群吏，三曰讯万民也。"讯，当训"问"。三讯，郑玄云："以求民情，断其狱讼之中。"

［28］"有指无简"二句：指，意也，指犯罪动机。简，诚，实也，情实也，指犯罪事实。孔颖达疏云："其所犯之罪虽有旨意，无诚实之状，则不听之，不论以为罪也。"

［29］"附从轻"二句：施刑尽量从轻，赦免则尽量以重罪的先赦。附，施刑。孔颖达云："'附从轻'者，附谓施刑。施刑之时，此人所犯之罪在轻重之间，可轻可重，则当求可轻之刑而附之，则'罪疑从轻'是也。'赦从重'者，谓所犯之罪本非意故为而入重罪，今放赦之时，从重罪之上而赦之，其意轻故也。即《尚书》云'眚灾肆赦'是也。"

［30］"疑狱"二句：孔颖达云："己若疑彼罪而不能断决，当广与众庶共论决之。"泛，广。

［31］疑则赦之：如果最终还是有疑点而无法定罪，就释放不予追究。此则"疑罪从无"之原则也。乃今日国际通行之司法原则。

［32］皆以小大之比成之：都是依据以往的各种轻重罪行的案例来判断的。《礼记·王制》作"必察小大之比以成之"，郑玄注："小大，犹轻重。已行故事曰比。"孙希旦曰："此谓罪之无疑者，其或轻或重，必察其所当附之罪以定其狱也。"林按，此类似于英美法系之"案例法"。

［33］畜：收留。

［34］养：收养。

［35］屏：冈白驹补注："屏，犹放去也。已施刑，则放之弃之。"

［36］"弗及与政"二句：太宰纯增注："《礼记》作'不及以政，示弗故生也'，郑玄曰：'已施刑，则放之弃之，役赋不与，亦不授之以

田，困乏又无赒饩也。《虞书》曰"五流有宅，五宅三居"是也。周则墨者使守门，劓者使守关，宫者使守内，刖者使守囿，髡者使守积。'"

[37] 狱之成：谓罪人之辞已成定。狱，讼事，罪案。成，判决定案。

[38] 吏：狱官吏。

[39] 正：狱官长。

[40] "王命三公卿士"二句：据《周礼·朝士》，外朝左（东）边种有九棵棘树，是孤卿大夫之位；右（西）边种有九棵棘树，是公侯伯子男之位；南边种有三棵槐树，是三公之位。因外朝主要用棘树标位，故曰"听棘木之下"。刘兴均云："棘木是树于最高司法机构大门外的风景树，取其赤心而外刺，即有司法公正的象征义。"参听，参与审理，协助断案。

[41] 疑（níng）：通"凝"，太宰纯增注："疑，定也。"冈白驹补注："疑，鱼陵反，定也，谓决也。"

[42] 王三宥（yòu）之以听命：太宰纯增注："郑玄曰：'宥，宽也。一宥曰不识，再宥曰过失，三宥曰遗忘。'《礼记》无'以听命'三字。本注'以'当为'已'。"三宥，指的是三种可以从轻处理的犯罪：一是无知而犯罪，二是偶然的而不是预谋的犯罪，三是精神错乱而犯罪。

[43] 制刑：裁制以相应的刑罚。

[44] 重：重视。

[45] 巧言破律：指舞文枉法者。巧言，花言巧语。破律，指曲解法律。

[46] 遁名：改迁名目偏私徇情。

[47] 改作：指擅改法度。

[48] 左道：邪道，邪术。

[49] 淫声：惑乱人之声。古称郑、卫之音等俗乐曰淫声，以别于传统的雅乐。后泛指浮靡不正派的乐调乐曲。

[50] 异服：不平常、特殊的服装。

[51] 伎（jì）：同"技"，技巧，技艺。

[52] 荡：扰乱。

[53] 行伪而坚：王肃注："行诈伪而守之坚也。"

[54] 顺非而泽：王肃注："顺其非而滑泽。"冈白驹补注："泽谓其光泽文饰，足以惑于众。"顺，通"训"，教导。泽，恩惠，德惠。以上"行伪而坚，言诈而辩，学非而博，顺非而泽"亦见于《始诛》。

[55] "假于鬼神"句：太宰纯增注："郑玄曰：'今时持丧葬、筑盖、嫁娶、卜数文书，使民倍礼违制。'"

[56] 不以听：王肃注："不听棘木之下。"冈白驹补注："为其为害大，而辞不可明。"

[57] 急：迫切，紧要。

[58] 命服命车：天子按官职等级赏赐的衣服和车子。

[59] 粥(yù)：同"鬻"，卖。

[60] 珪璋璧琮(cóng)：四种尊贵的玉器名称，常用作朝聘、祭祀等的礼器。

[61] 宗庙之器：太宰纯增注："'命服'以下，皆尊物也。郑玄曰：'尊物非民所宜有。'"

[62] 旌(jīng)：古代旗的一种，主要用于指挥或开道，缀旄牛尾于竿头，下有五彩析羽，《周礼·春官·司常》："全羽为旞，析羽为旌。"旍，同"旌"。旌旗，旗帜的总称。

[63] 牺牲秬(jù)鬯(chàng)：牺牲，古代宗庙祭祀用牲的总称。秬鬯，以黑黍和香草酿造的酒，用于祭祀降神。

[64] 戎器兵甲：冈白驹补注："戎器，军器也。以上尊物，非民所宜有也。"兵，兵器，军械。甲，铠甲。

[65] "用器不中(zhòng)度"三句：冈白驹补注："用器，弓矢、耒耜、饮食之器。"中，适合，恰好对上。

[66] 奸色：色不正者。冈白驹补注："奸色，即间色也。正色之外，杂互而成者，如红为南方之奸色，紫为北方之奸色是也。"古代以青、黄、赤、白、黑为正色，其余两色相杂者为奸色。

[67] 雕：画。

[68] 衣服饮食：王肃注："卖成衣服，非侈必伪，故禁之。禁卖熟食，所以厉啟也。"

[69] "果实不时"二句：太宰纯增注："《礼记》作'五谷不时，果实未熟，不粥于市。'郑玄曰：'物未成，不利人。'"不时，指不到时令。

[70] 五木：五类取火的树木。郑玄曰："伐之非时，不中用。《周礼》：'仲冬斩阳木，仲夏斩阴木。'"《论语·阳货》朱熹注："春取榆、柳之火，夏取枣、杏之火，季夏取桑、柘之火，秋取柞、楢之火，冬取槐、檀之火。"

[71] 中(zhōng)：合于，适于。

[72] "凡执此禁以齐众者"二句：太宰纯增注："郑玄曰：'亦为人将易犯。'"齐，整治。齐众，治理民众。不赦过，不赦免罪过，即没有例外。陈澔《礼记集说》："若先示之以赦过之令，则人将轻于犯禁矣，岂能齐之乎？"过，罪。

【译文】
　　仲弓请教孔子说:"我听说最极端的刑罚用不上政治,最成功的政治也用不着刑罚。最极端的刑罚用不上政治,夏桀和商纣王的时候是这样的;最成功的政治用不着刑罚,周成王和康王的时候是这样的。确实是这种情况吗?"孔子回答:"圣人治理天下,靠的是教化,必须刑罚和政治参互使用。最好的是以德来教化百姓,而用礼加以整顿;其次是以政治来引导百姓,而用刑罚加以禁止,处罚那些不遵守刑法的人。施行教化而不知改变,加以引导还不听从,损害正义,败坏风气,于是就要使用刑罚。以五刑来裁断罪行时,一定要合乎天的好生之意,已然定罪的在施行刑罚时,即使轻罪也不能赦免。刑罚,好像模型。模型,意味着成型。一旦成型,就不能更改了,刑罚也是如此,一旦施刑就无法挽回了,所以君子对案件的审理要认真谨慎。"
　　仲弓问:"古代审理案件,特别注重判刑要和事实相符,不能只考虑犯罪动机。能够说说这方面的情况,让我听听吗?"孔子说:"凡是审理应判处五刑的案件,必须从推原父子亲情、确立君臣关系大义的角度出发,来进行权衡;要考虑犯罪情节的轻重程度,审慎地分析犯罪动机的深浅分量,来加以区别对待;要充分发挥聪明才智,发挥忠爱之心,来穷究案情、彻底查清。大司寇负责正定刑律,明辨罪行,审理一切民刑案件,审理时还必须实行'三讯'制度。对于那些有作案动机,无作案事实的,不应判刑;施刑时依从'从轻'的原则,赦免时依从'从重'的原则;对有疑点的案件,要广泛地与众人商量,共同审理,大家都存疑时,则应该先赦免。这些都是依据以往大小案例来制定的。因此赏人官爵一定要在朝堂之上举行,这是为了让众人都褒奖他;对人施刑一定要在街市进行,这是为了让众人都唾弃他。古代公侯之家不收留受过刑罚的人,大夫对他们也不予以收养,士人在路上遇见他们,不和他们说话,各个地方都拒绝接待他们,无论他们到哪里,都不能参与政治,这是不想让他们像原来那样正常地生活下去。"
　　仲弓问:"审理案件时,由什么官员负责判决定案呢?"孔子回答:"判决定案先由狱吏负责,狱吏把判决结果报告给狱正。狱正审理了以后,把结果报告给大司寇。大司寇再审理一遍,把结果报告给天子。天子命令三公卿士参与审理，协助断案，然后再把最后的审理结果上报到天子那里请求决断。天子再参照可以减刑的三种犯罪情况，议减其刑，最后根据各种审理意见，才能判定其相应的罪刑。这体现了审理案件、判决定案的慎重。"

仲弓问："禁令，禁止的是什么？"孔子回答："花言巧语曲解法律，改迁名目偏私徇情，擅改法度，操持邪术及扰乱政令执行的，杀；创作浮靡之音，制造奇装异服，设计怪异奇特的器械，以此惑乱君王的，杀；行为诡诈而又顽固坚持，言语虚伪而又好争辩，学习歪门邪道而又知识广博，教人不走正道而又广施恩德，以此蛊惑人心的，杀；假托鬼神言祸福，凭借时日定吉凶，依靠卜筮看休咎，以此来使民众疑心的，杀。犯了这四种死罪的，无需再经公卿共审。"

仲弓问："法令禁止的，就只有这些吗？"孔子回答："这些只是最迫切需要禁止的。其他应该禁止的，还有十四种情况：天子颁赐的衣服、车子，不得在市场出售；圭、璋、璧、琮等贵重的玉质礼器，不得在市场出售；宗庙祭祀用的祭器，不得在市场出售；军车旌旗，不得在市场出售；祭祀用的牺牲、祭酒，不得在市场出售；兵器铠甲，不得在市场出售；日用器具不符合规格的，不得在市场出售；布帛之类如果精粗、长宽达不到标准，不得在市场出售；杂色易混淆正色的东西，不得在市场出售；有文彩的织锦及珠宝玉器之类，雕琢修饰得华丽的，不得在市场出售；现成的衣服和饮食，不得在市场出售；果实未到成熟的季节，不得在市场出售；取火用的五类树木，未到砍伐的时候，不得在市场出售；鸟兽鱼鳖未到宰杀的时候，不得在市场出售。凡用这些禁令来治理民众时，不能赦免违犯者的罪过。"

礼运第三十二

孔子为鲁司寇，与于蜡[1]。既宾事毕[2]，乃出游于观[3]之上，喟然而叹[4]。言偃侍，曰："夫子何叹也?"孔子曰:"昔大道之行[5],与三代之英[6],吾未之逮[7]也,而有记[8]焉。大道之行,天下为公[9],选贤与能[10],讲信修睦[11]。故人不独亲其亲,不独子其子[12],老有所终[13],壮有所用[14],矜寡孤疾[15],皆有所养[16]。货恶其弃于地,不必藏于己[17];力恶其不出于身,不必为人[18]。是以奸谋闭而不兴,盗窃乱贼不作[19],故外户而不闭[20]。谓之大同[21]。

【注释】

　　[1]本记载又见于《礼记·礼运》。与(yù),参预。蜡(zhà),见卷七《观乡射》注。
　　[2]既宾事毕:宾客之事已结束。
　　[3]观(guàn):宫殿或宗庙门前的大观楼,也称魏阙。《尔雅·释宫》:"观谓之阙。"郭璞注:"宫门双阙。"邢疏:"雉门之旁名观,又名阙。"胡广曰:"门阙也。两观在门之两旁,悬国家典章之言于上以示人。"
　　[4]喟然而叹:太宰纯增注:"郑玄曰:'孔子见鲁君于祭礼有不备,于此又睹象魏旧章之处,感而叹之。'"
　　[5]大道之行:王肃注:"此谓三皇五帝时大道行也。"
　　[6]与三代之英:夏、商、周三代的圣王。
　　[7]逮:及,赶上。
　　[8]记:记载。
　　[9]天下为公:千叶玄之标笺:"谓万人之天下,言不为私也。"
　　[10]选贤与能:选举贤能的人。与,通"举",选拔。
　　[11]讲信修睦:践行诚信,实行亲睦。
　　[12]"故人不独亲其亲"二句:所以人们不会狭隘地仅仅亲爱自己的双亲,疼爱自己的儿女。王肃注:"所谓大道,天下为公。"冈白驹补注:"孝慈之道广也。"
　　[13]老有所终:老人安享晚年,得以善终。
　　[14]壮有所用:正值壮年的人有各自的执事,发挥各自的价值。壮,三十岁至四十岁之间为壮年。

[15] 矜(guān)寡孤疾：矜，通"鳏"。老而无妻曰矜，老而无夫曰寡，幼而无父曰孤。疾，指废疾。

[16] 皆有所养：郑玄曰："无匮乏也。"

[17] "货恶其弃于地"二句：厌恶财货被丢弃浪费，但也不会自己私藏。

[18] "力恶其不出于身"二句：痛恨力气不出于自己，但自己做事也不一定刻意施惠于人。此二句皆是公天下所养成之"公"心的表现。

[19] "是以奸谋闭而不兴"二句：因此奸邪阴谋退隐，盗窃暴乱贼害消失。是以，因此。闭，宽永本作"闲"，二字义近，皆有防、御等义，这里应该是指人们内心境界提升，自动屏蔽了内心的奸邪阴谋。作，兴。

[20] 外户而不闭：家里的大门不需关闭，即"夜不闭户"。

[21] 谓之大同：孔子主"和而不同"，是反对同，主张和。故须知，此"大同"非"同"，乃"太和"。

【译文】
　　孔子担任鲁国的司寇时，曾参加蜡祭活动。作为祭祀活动的贵宾的任务结束以后，他出来在门阙上游览，不禁发出了叹息声。言偃正在旁边陪侍，问道："先生为什么叹气？"孔子说："大道实行的时代，和夏、商、周三代圣王当政的时代，我都没能赶上，但有相关的记载可以看到。大道实行的时代，天下是人们所公有的，选举贤能的人为政，人们践行诚信，实行亲睦。所以人们不会狭隘地仅仅亲爱自己的双亲，疼爱自己的儿女。老人安享晚年，得以善终；正值壮年的人有各自的执事，发挥各自的价值；年老丧夫或丧妻及失去父母、残疾的人都能得到供养，生活有保障。人们厌恶财货被丢弃浪费，但也不会自己私藏；痛恨力气不出于自己，但自己做事也不一定刻意施惠于人。因此奸邪阴谋退隐，盗窃暴乱贼害消失，所以家里的大门无需关闭。这就是'大同'。

　　"今大道既隐[1]，天下为家[2]，各亲其亲，各子其子，货则为己，力则为人，大人世及以为常[3]，城郭沟池以为固[4]。禹、汤、文、武、成王、周公，由此而选[5]，未有不谨于礼[6]。礼之所兴，与天地并[7]。如有不由礼而在位者，则以为殃[8]。"

【注释】
　　[1] 今大道既隐：今，如今。此指三代至今。隐，犹"去"。
　　[2] 天下为家：由公天下变为家天下，将整个天下视为帝王一家之私产。
　　[3] 大人世及以为常：太宰纯增注："郑玄曰：'大人，诸侯也。'孔颖达曰：'父子曰世，兄弟曰及。'《礼记》'常'作'礼'。"林按，大人，应泛指自帝王至卿大夫阶层，非仅指诸侯也。世及，世袭，代代相传。父子相继称世，兄弟相继称及。常，常法，基本规则、原则。
　　[4] 城郭沟池以为固：建筑城郭，深挖沟池，作为防御的屏障。《周礼·夏官·大司马》郑玄注："固，国所依阻者也。国曰阻，野曰险。"太宰纯增注："郑玄曰：'乱贼繁多，为此以服之也。'"
　　[5] 由此而选：用礼义为之选。
　　[6] 未有不谨于礼：没有不谨慎礼的。谨，谨守，谨遵。
　　[7] 并：比。
　　[8] "如有不由礼而在位者"二句：冈白驹补注："不由礼而在位，足以亡身。"由，遵行。殃，灾殃。

【译文】
　　"如今大道已经退隐而去，天下成为一家一姓的私有财产，人们各自只亲爱自己的双亲，只爱护自己的子女，希望财物都归自己所有，希望力气都由别人出。把爵位世袭变成了基本的原则，建筑城郭，深挖沟池，作为防御的屏障。夏禹、商汤、周文王、周武王、周成王、周公，用礼治理天下而成为各自时代的杰出人物，他们没有不谨遵礼制的。礼的兴起，是和天地同时的。如果有人不遵行礼而取得了尊位，就会招致灾殃。"

　　言偃复问曰："如此乎，礼之急[1]也？"孔子曰："夫礼，先王所以承天之道，以治人之情[2]，列其鬼神[3],达于丧祭、乡射、冠婚、朝聘[4]。故圣人以礼示[5]之,则天下国家可得而正[6]矣。"

【注释】
　　[1]急:重要,紧要。
　　[2]"夫礼"三句:礼是先王遵循天的规律法则,用来调节人间社会的情实的。冈白驹补注:"先王奉天道制礼,以治人情。"承,秉承,遵循。天之道,即"天道",天的规律法则。治,节制,调节。人之情,即"人情",人间社会的情实。
　　[3]列其鬼神:区别序次天神与人鬼。
　　[4]"达于丧祭"句:体现在丧祭之礼、乡射之礼、冠婚之礼、朝聘之礼等礼仪之中。达,遍及。引申为体现于某物。
　　[5]示:教。
　　[6]正:端正,这里引申为得到治理。

【译文】
　　言偃又问:"如果这样,礼的确非常重要吗?"孔子回答:"礼是先王遵循天的规律法则,用来调节人间社会的情实的,它区别序次天神与人鬼,体现在丧祭之礼、乡射之礼、冠婚之礼、朝聘之礼等礼仪之中。所以圣人如果用礼来教化百姓,那么天下、国家就能够得以治理。"

　　言偃曰:"今之在位,莫知由礼,何也[1]?"孔子曰:"呜呼哀哉!我观周道,幽、厉伤也[2]。吾舍鲁何适[3]?夫鲁之郊及禘,皆非礼[4],周公其已衰矣[5]。杞之郊也禹[6],宋之郊也契[7],是天子之事守[8]也。天子以杞、宋,二王之后[9]。周公摄政致太平,而与天子同是礼也[10]。诸侯祭社稷宗庙[11],上下皆奉其典[12],而祝嘏[13]莫敢易其常法,是谓大嘉[14]。

【注释】

[1]"今之在位"三句：如今的统治者，没有人懂得遵行礼。在位，指统治者。由，遵循，遵行。

[2]幽、厉伤也：王肃注："幽、厉二王者，皆伤周道也。"冈白驹补注："孔子尝适周，礼皆残缺。"幽、厉，指西周时的周幽王、周厉王。伤，伤害，破坏。

[3]吾舍鲁何适：王肃注："鲁有圣人之风，犹胜于诸国也。"冈白驹补注："周礼尽在鲁也。"

[4]"夫鲁之郊及禘"二句：鲁国行郊祭及禘祭都不合于礼制。郊，禘，古代祭祀名称。周代，天子在冬至日祭天于南郊称为"郊"，《礼记·中庸》："郊社之礼，所以事上帝也。"嫡系子孙行祭祀宗庙之礼称为禘，《礼记·大传》："礼，不王不禘。王者禘其祖之所自出，以其祖配之。"孙希旦集解引赵匡曰："不王不禘，明诸侯不得有也……"因此只有天子才有资格行郊、禘之礼。

[5]周公其已衰矣：王肃注："子孙不能行其礼义。"冈白驹补注："成王，以周公有勋劳于天下，命鲁公世世祀周公以天子礼乐，故周公若是其隆。自僖公以来，遂祀群公，皆用天子礼乐，于是天子礼乐，不属之周公，而属之鲁。属之鲁，而后周公之隆，不可复见。故云'周公已衰矣'。宋儒谓，周公之功虽大，臣子之分所当为，鲁安得独用天子礼乐哉？成王之赐，伯禽之受，皆非也。萱老驳之云，夫礼为一代之典，《周礼》周公作，而成王伯禽亲受之，成王伯禽而非礼与，则孰为礼？可谓妄已。"

[6]杞之郊也禹：杞国南郊祭天，用禹来配祀。王肃注："杞，夏后，本郊鲧。周公以鲧非令德，故令杞郊禹。"《郊问》云："古之帝王，必郊祀其祖以配天。"

[7]宋之郊也契：宋国南郊祭天，以契来配祀。契，商朝始祖。杞国、宋国得以有郊祭，乃是因为他们分别是夏、商两朝的后代，有"继绝世"的义务。

[8]天子之事守：冈白驹补注："禹、契所行之事，杞、宋得守而行之。"千叶玄之标笺："《礼记·礼运》注：'禹为三代之盛王，故杞得以郊。契为殷始祖，故宋得以郊。惟此二国，可世守天子之事，以事其祖。'"

[9]"天子以杞、宋"二句：周天子因为杞国、宋国是夏禹、商汤的后代，才特许其拥有郊禘之礼。

[10]"周公摄政致太平"二句：因为周公有摄政使得天下太平的勋

劳，故鲁国被特许祭祀周公用天子的礼乐。

［11］诸侯祭社稷宗庙：冈白驹补注："鲁唯配天祀周公耳，不配以后稷。"

［12］典：典则。

［13］祝嘏（gǔ，一音 jiǎ）：祭祀时致祝祷之辞和传达神言的执事人。祝，祝为主人飨神辞。嘏，祝为尸致福于主人之辞。

［14］大嘉：冈白驹补注："凡祭，祝于始，嘏于终，礼之成也，嘉祥也。"

【译文】

言偃问："目前在位的统治者们，不懂得遵行礼来治理国家，为什么呢？"孔子回答："唉，太可悲了啊！我考察周代的礼制，从幽王、厉王时就被遭到破坏了。现在，除了作为周公后裔的鲁国，我还能到哪里去考察呢？然而鲁国的郊祭、禘祭都不合乎礼制，看来周公制订的礼制也已经衰微了。杞国南郊祭天，以禹来配祀；宋国南郊祭天，以契来配祀，这是天子应该享受的祭祀，是周天子因为杞国、宋国是夏禹、商汤的后代，有'继绝世'的使命，才特许其拥有郊禘之礼。因为周公有摄政使得天下太平的勋劳，故鲁国被特许祭祀周公用天子的礼乐。诸侯只可以祭祀社稷宗庙，上上下下都遵守这一典则，即使主持祭祀的祝嘏也不敢变动这些恒常的法则，这称作'大嘉'。

"今使祝嘏辞说，徒藏于宗祝巫史，非礼也[1]，是谓幽国[2]；醆斝及尸君，非礼也[3]，是谓僭君[4]；冕弁兵车，藏于私家，非礼也[5]，是谓胁君[6]；大夫具官，祭器不假，声乐皆具，非礼也[7]，是谓乱国[8]；故仕于公曰臣，仕于家曰仆。三年之丧，与新有婚者，期不使也[9]。以衰裳入朝，与家仆杂居齐齿，非礼也，是谓臣与君共国[10]；天子有田以处其子孙[11]，诸侯有国以处其子孙[12]，大夫有采以处其子孙[13]，是谓制度[14]。天子适诸侯，必舍其宗庙，而不以礼籍入，是谓天子坏法乱纪[15]；诸侯非问疾吊丧而入诸臣之家，是谓君臣为谑[16]。夫礼者，君之柄[17]，所以别嫌明微[18]，傧鬼神[19]，考制度[20]，列仁义[21]，立政教[22]，安君臣上下也[23]。故政不正，则君位危；君位危，则大臣倍[24]、小臣窃[25]；刑肃而俗敝，则法无常[26]；法无常，则礼无别[27]；礼无别，则士不仕[28]、民不归[29]，是谓疵国[30]。

【注释】
　　[1]"今使祝嘏辞说"三句：王肃注："言君臣皆当知辞说之意义也。"
　　[2]幽国：国政黑暗。
　　[3]"醆(zhǎn)斝(jiǎ)及尸君"二句：醆是夏代的酒杯，斝是商代的酒杯，只有夏商的后代即杞、宋二国的国君祭祀时，才能用以献尸，其他的诸侯国君不得用之，用之则不合礼仪。醆即"盏"，斝，皆酒器，极其贵重。尸，古时祭祀时代死者受祭的人。尸君指代先世的君王受祭的人。
　　[4]僭君：超越自己的本分，冒用君王的器物。僭，假冒名位超越自己的本分。
　　[5]"冕弁(biàn)兵车"三句：王肃注："大夫称家。冕弁，大夫之服。孔子曰：天子、诸侯、大夫冕弁服，归设奠复。此谓不得赐而藏之也。"冈白驹本作"大夫称家。冕弁，大夫之服。孔子曰：天子赐诸侯大夫冕弁服，归设奠服。此谓不得赐而藏之也。"千叶玄之标笺："《礼运》注以朝廷之尊服，国家之武卫，而藏于私家。注，一本'天子'下有'赐'字。"林按，"天子"下脱"赐"字，致语义不可晓。冈白驹补注："《戴记》'兵车'作'兵革'为是。谓武卫及军器也。"郑玄注："冕弁，君之尊服。兵革，君之武卫及军器也。"与王注不同。
　　[6]胁君：胁迫君王。
　　[7]"大夫具官"四句：王肃注："大夫无田者，不为祭器。今皆不假，故非礼。"具官，指各种执事皆备。古代大夫常兼数职，不得备置

各种执事之官，今皆具备，所以不合礼制。没有田禄的大夫，应该是"支子"，不得制备祭器，用时要向宗子假借，今不用假借，所以不合礼制。

[8] 乱国：扰乱国家。

[9] "三年之丧"三句：人在为父母服丧期间，和刚刚结婚的，一年之内不派给任务。林按，新婚者，一年内不派使任务，盖出于生育的考虑。期(jī)，一年。

[10] "以衰裳入朝"四句：太宰纯增注："《礼记》'共'作'同'。郑玄曰：'臣有丧婚之事而不归，反服其衰裳以入朝，或与仆相等辈而处，是谓君臣共国，无尊卑也。有丧婚不归，唯君耳。臣有丧婚，当致事而归，仆又不可与士齿。'"冈白驹补注："有丧而不归，反服其衰裳以入朝，是以君朝为家也，或君与家臣之仆杂居，是臣与君共国也。"衰裳，代指服丧。齐齿，并列，此指没上没下。

[11] 天子有田以处其子孙：《礼记·王制》："天子之田，方千里。子孙有功德者，封为诸侯。无功德者，直食邑于畿内。"处，安置。

[12] 诸侯有国以处其子孙：冈白驹补注："诸侯子孙，赐之采地，以为卿大夫。"

[13] 大夫有采以处其子孙：冈白驹补注："大夫不当割采地以与子孙，但养以采地之禄。"

[14] 是谓制度：太宰纯增注："郑玄曰：'言今不然也。'"

[15] "天子适诸侯"四句：王肃注："所谓临诸侯，将舍宗庙，先告其鬼神，以将入止也。"太宰纯增注："《礼记》'宗'作'祖'，郑玄曰：'以礼籍入，谓太史典礼、执简记、奉讳恶也。天子虽尊，舍人宗庙，犹有敬焉，自拱救也。'"

[16] 谑：戏谑。

[17] 柄：本义为斧柄，引申为依据。

[18] 别嫌明微：区别是非，避免嫌疑，洞察精微，明察秋毫。

[19] 儐鬼神：祭祀天地鬼神。冈白驹补注："接以礼曰儐。"

[20] 考制度：考辨确立制度。

[21] 列仁义：分别仁爱义刑。

[22] 立政教：树立政治教化。

[23] 安君臣上下也：安定君臣上下的秩序。

[24] 倍：离心，背叛。孔颖达云："谓倍君行私也。"

[25] 窃：偷窃公财，损公肥私。孔颖达云："窃者，盗也。职暗位卑，但为窃盗府库之事。"

[26]"刑肃而俗敝"二句：刑罚峻急，风俗败坏，那么就会导致法度就会失去常态。

[27]士不仕：冈白驹补注："毛本、何本作'士不事'，云不修职也。"太宰纯增注："一本'仕'作'事'，《礼记》同。"

[28]礼无别：太宰纯增注："《礼记》'别'作'列'。"下"别"同。

[29]归：归附。

[30]疵(cī)国：损害国家。

【译文】

"若把祝祷和祈福的言辞，只保存在宗祝巫史那里，是不合礼的，这叫作使国政幽暗；先王所用的重器，被诸侯国用来向尸君献酒，是不合礼的，这叫作僭越君王；冕弁和兵戈，藏在大夫家，是不合礼的，这叫作胁迫君王；大夫配有完备的执事官吏，祭器乐器自备而不用假借，是不合礼的，这叫作扰乱国政；在国君那里任职的称臣，在大夫那里任职的称仆。守三年之丧和新婚的，一年内不派给他差事。如果穿着丧服入朝，或与家仆杂处并列，是不合礼的，这叫作君臣共享国家；天子广有土地来安置自己的子孙，诸侯有国家来安置自己的子孙，大夫有采邑来安置自己的子孙，这是古代定下的制度。所以天子到诸侯国去，必须住到诸侯的祖庙里，如果不按照礼籍上的规定进入，这叫作天子破坏法纪；诸侯如果不是探问疾病和吊唁丧事，而随意进入臣下家中，这叫作君臣相戏谑。所谓礼，是国君治理国家的依据，是用来区别是非，避免嫌疑，洞察精微，明察秋毫，祭祀天地鬼神，考辨确立制度，分别仁爱义刑，树立政治教化，安定君臣上下秩序的。因而行政事而不得正道，君位就会发生动摇；君位动摇，大臣就会离心背叛，小臣就会偷窃公财，损公肥私。刑罚峻急，风俗败坏，那么就会导致法度失去常态；法度失去常态，礼制就无法区分上下尊卑；礼制无法区分上下尊卑，士人就不会出仕做官，百姓就不会归附，这叫作损害国家。

"是故，夫政者，君之所以藏身也[1]，必本之天，效以降命[2]。命[3]，降于社之谓效地[4]，降于祖庙之谓仁义[5],降于山川之谓兴作[6],降于五祀之谓制度[7]。此圣人所以藏身[之]固也[8]。圣人参于天地,并于鬼神,以治政也[9]。处其所存,礼之序也;玩其所乐,民之治也[10]。天生时,地生财[11],人其父生而师教之[12]。四者,君以政用之,所以立于无过之地[13]。

【注释】

[1]"夫政者"二句:政治,是国君用来托身的。王肃注:"言所藏于身,不可以假人也。"藏身,托身。

[2]"必本之天"二句:以天道为根本依据,效法天道来发布教令。王肃注:"效天以下教令,所谓则天之明。"

[3]命:教令。

[4]降于社之谓效地:通过土地神降下教令,这是效法地的体现。

[5]降于祖庙之谓仁义:通过祖庙降下教令,这是仁义的体现。祖庙中存在着亲尊的区别,父亲,祖尊,即血缘关系越近越亲,而不尊;越远则不甚亲,而甚尊。亲出于"仁"而尊以"义"立。所以祖庙之礼有仁义的涵义。

[6]降于山川之谓兴作:通过祭祀山川降下教命,这是兴发创生的体现。

[7]降于五祀之谓制度:通过五祀降下教命,这是确立礼仪制度的体现。冈白驹补注:"郑玄云:'五祀有中霤、门、户、灶、行之神,此始为宫室制度。'"千叶玄之标笺:"《礼注》:制度之兴,始于宫室,故本五祀。"

[8]此圣人所以藏身之固也:王肃注:"藏身以此则固。"固,屏障。"之"字,据黄鲁曾本补。

[9]"圣人参于天地"三句:圣人通过效法天地,致敬鬼神,来治理政事。孔颖达云:"言参拟天地,比并鬼神,以修治政教也。"

[10]"处其所存"四句:处理安置所观察于天地自然次序者,礼便有了秩序。习用民众所喜乐的,百姓就会得到治理。存,察。

[11]"天生时"二句:天产生了四时,地产出了财货。

[12]人其父生而师教之:人的身体由父亲生养,知识由老师来传授。

［13］"四者"三句：王肃注："时及财，天地之所以生，而师以教之，君以政用之而已，故常立于无过之地也。"四者，指天时，地财，父生，师教。

【译文】

"因此说，政治是国君用来托身的。君主以天道为根本依据，效法天道来发布教令。通过土地神降下教令，这是效法地的体现；通过祖庙降下教令，这是仁义的体现；通过祭祀山川降下教命，这是兴发创生的体现；通过五祀降下教命，这是确立礼仪制度的体现。这些是圣明的君王托身的屏障。圣人通过效法天地，致敬鬼神，来治理政事。处理安置所观察于天地自然次序者，礼便有了秩序。习用百姓所喜乐的，百姓就会得到治理。天产生了四时，地产出了财货。人的身体由父亲生养，知识由老师来传授。以上天时、地财、父生、师教四个方面，君王善加利用，才能立于无过错的境地。

"君者，人所明[1]，非明人者也；人所养，非养人者也；人所事，非事人者也。夫君者，明人则有过[2]，养人则不足[3]，事人则失位。故百姓明君以自治[4]，养君以自安，事君以自显，是以礼达而分定[5]。人皆爱其死而患其生[6]，是故，用人之智，去其诈；用人之勇，去其怒；用人之仁，去其贪[7]。国有患，君死社稷，谓之义；大夫死宗庙，谓之变[8]。凡圣人能以天下为一家，以中国为一人[9]，非意之[10]，必知其情[11]，从于其义[12]，明于其利[13]，达于其患[14]，然后为之。

【注释】

［1］明：尊显，光明，使之光明，明白，引申为教化之义。陈澔云，上下文之"明"，皆当作"则"字，取则、仿效义，亦通。

[2]"夫君者"二句：王肃注："为君徒欲明人而已，则过谬也。"冈白驹补注："人君取明于下民，则必有过谬。"

[3]养人则不足：指君王如果奉养别人，就会出现不足，即供养不过来。

[4]明君以自治：冈白驹补注："百姓取明于君以自治。"《礼记》"明"作"则"，郑玄云："则，当为'明'。"

[5]礼达而分定：礼制得以畅达施行，名分得以依礼确定。

[6]人皆爱其死而患其生：人都怕死，又担忧生计。王肃注："人皆爱惜其死而患其生之无礼也。"爱，爱惜，吝惜。患，担忧。

[7]"用人之智"六句：用人的智慧而去除他的伪诈，用人的勇敢而克制他的暴怒，用人的仁心而遏制他的贪欲。意为发掘人之智仁勇等积极一面，而遏制去除其诈怒贪等消极一面。人非圣人，孰能全善，故择善而用之。

[8]"大夫死宗庙"二句：君死社稷是其本分，为应为之事，故称之为"义"。此"义"即应该、应当之意。大夫与国君为君臣，君臣以义合。无必死宗庙之义。如大夫死宗庙，则是权变，非正当也。《孟子·万章下》载孟子有云："有贵戚之卿，有异姓之卿。"贵戚之卿"君有大过则谏；反覆之而不听，则易位。"异姓之卿"君有过则谏；反覆之而不听，则去。"

[9]"凡圣人"二句：圣人能够将天下诸国视为一个家庭，将中国之人视作一个人。凡，《礼记》作"故"。能，《礼记》作"耐"，郑玄注："耐，古'能'字。传书世异，古字时有存者，则亦有今误矣。"

[10]非意之：并非出于私心刻意去实现的。

[11]知其情：把握天下的情实。

[12]从于其义：遵从天下百姓的道义。

[13]明于其利：洞悉天下百姓的利益所在。

[14]达于其患：清楚天下百姓的忧虑所在。

【译文】

"君王，是人所尊显的，而不是尊显别人的；是被人奉养，而不是奉养别人的；是被人服事，而不是服事别人的。君王尊显别人就会出现差错，奉养别人就会出现不足，服事别人就失去自己的地位。所以百姓尊显君王以管理好自己事务，奉养君王以安定自己生活，服事君王以显扬自己身份，因而礼制得以畅达施行，名分得以依礼确定。人都怕死，又担忧生计，因此君王用人的智慧而去除他的伪诈，用人的勇敢而克制他的暴怒，用人的仁心而遏制他的贪欲。国家遇到危难，君王为社稷而死，是应该；大夫为宗庙而死，是权变。只有圣人能够将天下诸国视为一个家庭，将中国之人视作一个人，并非出于私心刻意去实现的，必须把握天下的情实，遵从天下百姓的道义，洞悉天下百姓的利益所在，清楚天下百姓的忧虑所在，然后才做到这一步。

"何谓人情[1]？喜、怒、哀、惧、爱、恶、欲[2]，七者弗学而能[3]。何谓人义[4]？父慈、子孝、兄良[5]、弟悌、夫义、妇听[6]、长惠、幼顺、君仁、臣忠，十者谓之人义；讲信修睦，谓之人利[7]；争夺相杀，谓之人患[8]。圣人之所以治人七情，修十义，讲信修睦[9]，尚辞让，去争夺，舍礼何以治之？饮食男女[10]，人之大欲存焉；死亡贫苦，人之大恶存焉。欲、恶者，人之大端[11]。人藏其心，不可测度，美、恶皆在其心，不见其色[12]，欲一以穷之[13]，舍礼何以哉？

【注释】
　　[1]人情：此指人的情感。情，有二义，一指情实，一指情感。前文"人情"指情实，此处则为情感。
　　[2]喜、怒、哀、惧、爱、恶、欲：高兴，忿怒，哀伤，恐惧，爱慕，厌恶，欲望。
　　[3]弗学而能：不用学习就会。即出自本能。
　　[4]人义：人的伦理规范。
　　[5]良：良善。
　　[6]听：从顺。
　　[7]人利：社会的利益。
　　[8]人患：社会的病患。
　　[9]"圣人之所以治人七情"三句：廖名春本及张涛译注、王德明译

注句读为："圣人之所以治人，七情修，十义讲，信修睦"。"讲信修睦"为成语，不宜读破。

[10] 饮食男女：即食、色二种人类最基础的欲望。饮食，食欲，维系个体之生存。男女，性欲，维系种族之繁衍。

[11] "欲、恶者"二句：欲望与厌恶，是人情的基本方面。

[12] 不见(xiàn)其色：不表现在人的表情上。见，同"现"，显现，表现。

[13] 一以穷之：全部穷尽。一，全部。穷，穷尽。

【译文】

"什么是人情呢？高兴，忿怒，哀伤，恐惧，爱慕，厌恶，欲望，这七种情感，出自本能，不学就会。什么是人义呢？父亲慈爱、儿子孝敬、兄长善良、弟弟尊敬、丈夫信义、妻子从顺、年长者仁惠、年少者恭顺、君主宽仁、臣下忠诚，这十种伦理道德规范，称作人义；践行诚信，实行亲睦，是社会的利益所在；你争我夺，互相杀戮，是社会的病患所在。圣人用来陶冶人的七情，培养人的十义，践行诚信，实行亲睦，崇尚谦让，消除争夺的，除了依靠礼还能靠什么来治理呢？食欲和性欲，是人类最基础的欲望所在；死亡和贫苦，是人们最厌恶的东西所在。欲望即追求自己希望达到的与厌恶即躲避自己所讨厌的，是人情的基本方面。人人藏有一颗心，别人无法去揣测。善恶都藏在心中，从表情上不会显现出来，要想穷尽了解人的真实想法与情感，除了依靠礼，还能靠什么呢？

"故人者，天地之德[1]，阴阳之交[2]，鬼神之会[3]，五行之秀[4]。天秉阳，垂日星[5]；地秉阴，载于山川[6]。播五行于四时，和四气而后月生[7]。是以三五而盈，三五而缺[8]，五行之动，共相竭也[9]。五行、四气、十二月，还相为本[10]；五声、六律、十二管，还相为宫[11]；五味、六和、十二食，还相为质[12]；五色、六章、十二衣，还相为主[13]。故人者，天地之心，而五行之端[14]，食味、别声、被色而生者也[15]。

【注释】
　　[1]天地之德：意为人是天地生生之德的产物。《易》曰："生生之谓易"，"天地之大德曰生"。
　　[2]阴阳之交：阴气与阳气感应的结晶。阴阳是中国哲学中最基础的范畴之一。最初是指日光的向背，向日者为阳，背日者为阴。古代思想家们援阴阳概念于哲学中，用来解释自然界两种对立和相互消长的物质势力，以揭示一切现象都有正反两方面。在中国气论的宇宙论中，阴气与阳气的交会才会产生万物。《易传·系辞上》："一阴一阳之谓道，继之者善也，成之者性也。"《老子》四十二章："道生一，一生二，二生三，三生万物。"
　　[3]鬼神之会：鬼神两股神秘力量之精气的荟聚。鬼神也是中国古代文化中极为基础的概念。鬼神的概念出自原始宗教。在佛教传入前，中国人的鬼神观基本分为两种，一种是接续上古原始宗教观念、最流行的天神人鬼观念。一种是孔子提出的"人生有气有魂。气者，神之盛也。众生必死，死必归土，此谓鬼；魂气归天，此谓神。合鬼与神而享之，教之至也。骨肉弊于下，化为野土，其气发扬于上，此神之著也。"（《孔子家语·哀公问政》）。孔子谈社会教化，没有完全撇开传统，而是进行了创造性转化。所以，孔子谈论鬼神处甚多，其所谓鬼神，两种含义皆有，不足怪也。孔颖达云："鬼谓形体，神谓精灵。必形体、精灵相会，然后物生。"训"鬼"为形体，非是。
　　[4]五行之秀：宇宙五行在运行过程中产生的秀异之物。五行是中国古代思想史上最重要的概念之一，指宇宙构成与运行的要素、功能、作用、关系和动态过程(采李泽厚说)。秀，秀异。
　　[5]"天秉阳"二句：天秉持阳气，天空垂布着日星，覆照万物。郑玄注："言天持阳气，施生、照临下也。"
　　[6]"地秉阴"二句：地秉承阴气，大地上承载着山川，吐纳阴气。郑玄注："言地持阴气出内(纳)于山川。"
　　[7]"播五行于四时"二句：五行分布于一年四季，四季之气和顺而后出现十二个月。王肃注："月生而后四时行焉。布五行，和四时四气而后月生焉。"
　　[8]"是以三五而盈"二句：节气和乃见初月，中气和乃见满月。

王肃注："月，阴道，不常满，故十五日满，十五日缺也。"冈白驹补注："必三五者，一水、二火、三木、四金、五土，合为十五之成数也。"此种认识乃基于古代之气论宇宙观及数术背景，非今日之科学知识也。

[9]"五行之动"二句：五行的运转，相生相克，此尽彼始。王肃注："竭，尽也。水用事尽，则木用事；五行用事，更相尽也。"太宰纯增注："《礼记》'共'作'迭'，是也。"郑玄注："竭，犹负戴也。言五行运转，更相为始也。"竭，王注、郑注训解不同，然须合参方得其义。

[10]还相为本：交替运行，周而复始。王肃注："用事者为本也。"用事，当权、当令，这里指正当运行。

[11]"五声"二句：五声、六律、十二管，轮流作主调。五声，指宫、商、角、徵、羽五个声高音阶，宫是第一音阶。六律，黄钟、太簇、姑洗、蕤宾、夷则、无射，与六吕即大吕、夹钟、中吕、林钟、南吕、应钟合为十二律，因十二律分阴阳两类，处于奇数位的六律叫阳律，处于偶数位的六律叫六吕，合称"律吕"，古书中常以"六律"包举阴阳各六的十二律。十二管，指十二律管。宫，指宫调，也就是主调，中国古代音乐中，以五声中的任何一声为主，均可构成一种调式，其中以宫声为主组成的就称为"宫"（即宫调式），而以其他声为主组成的就称为"调"，统称"宫调"。而五声又只有相对的音高，没有绝对的音高，它们的音高要靠十二律来确定。

[12]"五味"二句：五种主味、六种调味、十二种食物，在一年十二月中轮流作为本味。王肃注："五味，酸、苦、咸、辛、甘。六和者，和之各有宜者，'春多酸，秋多辛'之属是也。十二食者，十二月之食。质，本也。"冈白驹补注："春多酸，夏多苦，秋多辛，冬多咸。调以滑、甘，四味皆有滑、甘，是谓六和。"滑、甘，古时用以给菜肴调味的两种佐料。《周礼·天官·食医》："调以滑甘。"孙诒让正义："谓以米粉和菜为滑也。"二者加上四味，故称六和。

[13]"五色"二句：五种正色、六种章采、十二月的服饰，轮流作为各季节的主色调。五色，青、赤、白、黑、黄。古代以此五者为正色，其余为奸色。郑玄注："五色六章，画缋事也。《周礼·考工记》曰：'土以黄，其象方，天时变，火以圜，山以章，水以龙，鸟兽蛇，杂四时五色之位以章之，谓之巧也。'"

[14]"故人者"三句：因此人是天地的心灵，是五行的统领。王肃注："于天地之间，如五藏（通"脏"）之有心矣。人，有生最灵；心，五

藏最圣也。端，始也。能用五行也。"天地之心，可以用后来宋儒张横渠的"为天地立心"来理解。端，首。

[15]"食味"句：食用各种味道、辨别各种音律、穿着各种颜色的服饰才能生存的。

【译文】

"所以说，人，是天地生生之德的产物，阴气与阳气感应的结晶，鬼神两股神秘力量之精气的荟聚，宇宙五行在运行过程中产生的秀异之物。天秉持阳气，天空垂布着日月星辰，覆照万物；地秉承阴气，大地上承载着山岳江河，吐纳阴气。五行分布于一年四季，四季之气和顺而后出现十二个月。因此十五天月亮趋于盈满，又十五天月亮趋于亏缺。五行的运转，互为更始。五行、四气、十二月，交替运行，周而复始；五声、六律、十二管，轮流作主调；五种主味、六种调味、十二种食物，在一年十二月中轮流作为本味；五种正色、六种章采、十二月的服饰，轮流作为各季节的主色调。因此，人是天地的心灵，是五行的统领，是食用着各种味道、辨别欣赏着各种音律、穿戴着各种颜色的服饰得以生活的。

"圣人作则[1]，必以天地为本，以阴阳为端，以四时为柄，以日星为纪，月以为量，鬼神以为徒，五行以为质，礼义以为器，人情以为田，四灵以为畜[2]。以天地为本，故物可举[3]；以阴阳为端，故情可睹[4]；以四时为柄，故事可劝[5]；以日星为纪，故业可别[6]；月以为量，故功有艺[7]；鬼神以为徒，故事有守[8]；五行以为质，故事可复[9]；礼义以为器，故事行有考[10]；人情以为田，故人以为奥[11]；四灵以为畜，故饮食有由[12]。

【注释】

[1] 圣人作则：王肃注："作，为。则，法。"

[2] "必以天地为本"十句：太宰纯增注："郑玄曰：'天地以至于五行，其制作所取象也。礼义、人情，其政治也。四灵者，其征报也。量，犹分也。鬼神，谓山川也。山川，助地通气之象也。器，所以操事。田，人所拊治也。礼之位，宾主象天地，介僎象阴阳，四面之位象四时，三宾象三光，夫妇象日月，亦是也。'"本，根基。端，端绪，开端。柄，依据。纪，计时的根据。量，限定。徒，徒属，徒类。质，材质，质料。器，器具，工具。四灵，指下文所言麟、凤、龟、龙四种动物。古人以为四灵是祥瑞的象征，它们的出现，是圣人降生、天下大治的征兆。因此把四灵作为家畜，意思就是把实现天下大治作为制定典则的目标。

[3] "以天地为本"二句：以天地的德性为根基，那么万物就能得以孕育。举，养育，抚养。

[4] "以阴阳为端"二句：将分清阴阳作为事务的开始，那么事务的情况就可以掌握。千叶玄之标笺："阴阳为端，《礼注》：情之善者属阳，恶者属阴。求其端于阴阳，则善恶可得而见。"情，非"情感"义，乃"情实"也。睹，看见，引申为认清、把握。

[5] "以四时为柄"二句：以春夏秋冬四季作为依据，那么各种事务就可以奋勉。千叶玄之标笺："四时为柄，《礼注》：四时各有当为之事。执当时权柄，以教民立事，则事可劝勉而成。"劝，劝勉，奋勉。

[6] "以日星为纪"二句：将日、星作为计时的根据，那么各种工作就可以进行区分。

[7] "月以为量"二句：以月份为限量，那么各种功业可以有完成的限期。艺，王肃训为"理"，冈白驹训为"成"，皆通。

[8] "鬼神以为徒"二句：将鬼神视为同类，那么祖先的事业就可以继承保守下来。千叶玄之标笺："鬼神以为徒，《礼注》：徒，如徒侣之徒相依。郊社、宗庙、山川、五祀之礼，皆与政事相依，即前章'效地'以下诸事。如此行政，则凡事可悠久不失也。"

[9] "五行以为质"二句：将金木水火土等作为质料，那么各种事物就可以不断地开展进行。

[10] "礼义以为器"二句：将礼和义作为工具，那么各种事情的运作就会成功。王肃注："考，成。"冈白驹补注："事行有成，即德成也。"千叶玄之标笺："礼义以为器，《礼注》：器必成而后适于用。今用礼义如成器，则事之所行，岂有不成者乎？"

[11]"人情以为田"二句：将人的情感作为耕地，那么人就会被视为主体。冈白驹补注："奥（yù），人所安息也，言止于礼义也。"

　　[12]"四灵以为畜"二句：将龙、凤、龟、麟四灵作为家畜，那么就不会滥杀生灵，人们的饮食就会得到保障。王肃注："四灵，鸟兽之长。四灵为畜，则饮食可用。"

【译文】

　　"圣人制定法则，必然以天地的德性为根基，将分清阴阳作为事务的开始，以春夏秋冬四季作为依据，将日、星作为计时的根据，以月份作为限量，将鬼神视为同类，将金木水火土等作为质料，将礼和义作为工具，将人的情感作为耕地，将龙凤龟麟四灵作为家畜。以天地的德性为根基，那么万物就能得以孕育；将分清阴阳作为事务的开始，那么事务的情况就可以掌握；以春夏秋冬四季作为依据，那么各种事务就可以奋勉；将日、星作为计时的根据，那么各种工作就可以进行区分；以月份为限量，那么各种功业可以有完成的限期；将鬼神视为同类，那么祖先的事业就可以继承保守下来；将金木水火土等作为质料，那么各种事物就可以不断地开展进行；将礼和义作为工具，那么各种事情的运作就会成功；将人的情感作为耕地，那么人就会被视为主体；将龙凤龟麟四灵作为家畜，那么就不会滥杀生灵，人们的饮食就会得到保障。

　　"何谓四灵？麟、凤、龟、龙，谓之四灵[1]。故龙以为畜，而鱼鲔不淰[2]；凤以为畜，而鸟不獝[3]；麟以为畜，而兽不狘[4]；龟以为畜，而人情不失[5]。先王秉蓍龟，列祭祀，瘗缯[6]，宣祝嘏辞说，设制度[7]，故国有礼，官有御[8]，事有职，礼有序。

【注释】

　　[1]"麟、凤、龟、龙"二句：中国古人认为麟、凤、龟、龙这四种

动物具有灵性，非普通鸟兽可比，故谓之四灵。郑玄云："麟、凤、龟、龙谓之四灵，是则当四时明矣。"孔颖达谓："四灵，配四方。"四灵除龟为实有之外，其他三者恐皆传说中之动物。尽管为传说，然四灵在古代中国文化中仍具有不可忽略之地位。

[2] 鱼鲔不淰：鱼类不会受惊潜藏。鱼鲔(wěi)，泛指鱼类。淰(shěn)，同"渗"，鱼惊骇而躲闪潜藏。

[3] 鴥(xuè)：惊飞貌。

[4] 獝(xuè)：惊跑貌。

[5] "龟以为畜"二句：蓄养龟作为家畜，由于龟甲可用于占卜，因此对人事实际的判断就不会出现过失。

[6] 瘗(yì)缯：一种祭祀的方式，把写有祝辞的布帛埋入地下，以求得神的福佑。瘗，特指祭祀中的埋埋仪式。《诗·大雅·云汉》："上下奠瘗。"缯，指币帛。

[7] 设制度：设立各种规则制度。

[8] 官有御：百官各治其事。

【译文】

"什么是四灵？麟、凤、龟、龙叫作四灵。所以养龙作为家畜，鱼类就不会受惊而潜藏；养凤作为家畜，鸟类就不会受惊而飞开；养麟作家畜，兽类也不会受惊而跑掉；养龟作为家畜，人事的判断就不会出现过失。先代君王秉持卜筮用的蓍草和龟甲，安排依次进行各种祭祀，埋帛降神，宣读告神和祝福的文辞，制定各项制度，因而国家有礼法，官吏有事务，事务各有职位负责，礼仪井然有序。

"先王患礼之不达[1]于下，故飨帝于郊，所以定天位也[2]；祀社于国，所以列地利也[3]；禘祖庙，所以本仁也[4]；旅山川，所以傧鬼神也[5]；祭五祀，所以本事也[6]。故宗祝在庙，三公在朝，三老在学[7]，王前巫而后史，卜筮瞽侑[8]，皆在左右，王中心无为也[9]，以守至正[10]。是以礼行于郊，而百神受职[11]；礼行于社，而百货可极[12]；礼行于祖庙，而孝慈服焉[13]；礼行于五祀，而正法则焉[14]。故郊社、祖庙、山川、五祀，义之修[15]而礼之藏。

【注释】
　　[1]达：传达，贯彻。
　　[2]"飨(xiǎng)帝于郊"二句：在南郊向天帝献祭，以此来确立天的至高地位。
　　[3]"祀社于国"二句：在国都中祭祀社神，以此来展示大地出产财货的功德。
　　[4]"禘(dì)祖庙"二句：在祖庙中禘祭先祖，以此来确立仁爱的根本原则。禘，古代祭祀名称，这里指大禘之祭。
　　[5]"旅山川"二句：祭祀山川，以此来敬事鬼神。旅，祭名。祭山曰旅。傧，敬。
　　[6]"祭五祀"二句：祭祀户、灶、门、行、中霤等，以此来致敬那些人类种种事功及制度的本源。太宰纯增注："五祀，谓户、灶、门、行、中霤也。"
　　[7]"宗祝在庙"三句：王肃注："王养三老在学。"冈白驹补注："宗，宗伯也。祝，太祝也。三公，太师、太傅、太保也。三老在学，乞言则受之三老。"
　　[8]"王前巫而后史"二句：冈白驹补注："按，《周礼·司巫》职云：'祭祀则共匰(dān)主，及道布，及蒩(zū)馆，凡祭祀守瘗。'故前巫。动则右史书之，言则左史书之，故后史。"瞽，古代乐师。侑，四辅，指左辅、右弼、前疑、后承。
　　[9]王中心无为也：王处在中心位置，清静无为。中心，一说指"心中"，亦通。
　　[10]以守至正：维持最为中正的状态。冈白驹补注："官备职，得其人，故王守至正而已。"
　　[11]百神受职：各种神灵皆被赋予了职守。
　　[12]百货可极：各种财货就极尽其用。冈白驹补注："祀社尽礼，则百谷丰熟，山川出金玉，故云可极。"
　　[13]孝慈服焉：孝敬父母与慈爱子女的道德就会得到推行。服，实行，推行。

[14] 正法则焉：端正了制度的法则。
[15] 修：修饰。引申为展示，体现。

【译文】

"先代的明王担心礼制不能贯彻于天下，因此在南郊向天帝献祭，以此来确立天的至高地位；在国都中祭祀社神，以此来展示大地出产财货的功德；在祖庙中禘祭先祖，以此来确立仁爱的根本原则；祭祀山川，以此来敬事鬼神；祭祀户、灶、门、行、中霤等，以此来致敬那些人类种种事功及制度的本源。因此宗伯、太祝在祖庙主持礼仪，三公在朝廷上坐而论道，三老在太学讲说人伦，君王前有巫提供各种祭祀用具，后有史来记录言行，负责决疑的卜筮之官、奏乐主和的乐官和劝谏的四辅官员在左右陪侍。王处在中心位置，清静无为，维持最为中正的状态。因此在郊区行祭天之礼，各种神灵皆被赋予了职守；在社中行祭地之礼，各种财货就极尽其用；在祖庙中行祭祖之礼，孝敬父母与慈爱子女的道德就会得到推行；行五祀之礼，各种制度的法则就会端正。所以郊社、宗庙、五祀等祭祀之礼，是义的体现、礼的宝藏。

"夫礼，必本于太一[1]，分而为天地[2]，转而为阴阳[3]，变而为四时[4]，列而为鬼神[5]。其降曰命[6]，其官于天也，协于分艺[7]，其居于人也曰养[8]；所以讲信修睦，而固人之肌肤之会、筋骸之束者[9]；所以养生送死、事鬼神之大端[10]；所以达天道、顺人情之大窦[11]。唯圣人为知礼之不可以已[12]也，故破国、丧家、亡人，必先去其礼。

【注释】

[1] 太一：指创造天地万物的元气。孔颖达曰："谓天地未分，混沌之元气也。"郭店楚简有《太一生水》篇，其中云："太一生水，水反辅

太一以生天；天反辅太一，以生地。天地复相辅也，是以成神明。神明复相辅也，是以成阴阳。阴阳复相辅也，是以成四时。四时复相辅也，是以成冷热。冷热复相辅也，是以成湿燥。湿燥复相辅也，成岁而止。"可与此对读。是则，太一非道、儒等之专利，乃先秦各家共有之背景知识。

［2］分而为天地：冈白驹补注："天尊地卑，贵贱位矣。"

［3］转而为阴阳：冈白驹补注："动静有常，体分定矣。"

［4］变而为四时：冈白驹补注："消息有节，恩义举矣。"

［5］列而为鬼神：冈白驹补注："敬思鬼神，祭祀立矣。此皆礼之所以本于太一也。"

［6］其降曰命：王肃注："即上所谓命，降于天地祖庙也。"郑玄注："圣人象此，下之以为教令。"

［7］"其官于天也"二句：冈白驹补注："艺，才艺也。圣人代天而治天下，奉天道以行政教，人之在官者，是供天职也。故云'官于天也'。德以性殊，唯欲协于其才艺。"太宰纯增注："郑玄曰：'官，犹法也。此圣人所以法于天也。'"

［8］其居于人也曰养：王肃注："言礼之于人身，所以养成人也。"冈白驹补注："人由礼义，养以成其德，故礼之居于人身，谓之养。"

［9］"所以讲信修睦"二句：此句意谓礼是用来践行诚信，实行亲睦，以此保护人的身体不受伤害的屏障。冈白驹补注："进退起居皆有常，故固肌肤筋骸也。"

［10］"所以养生送死"句：此句意谓礼是用来保障百姓生活，规范丧葬的礼俗，祭祀鬼神的基本原则。

［11］"所以达天道"句：此句意谓礼是把握天道，顺承人的情感的通道。窦，孔穴。

［12］已：止。

【译文】

"礼的制定必定以太一为根本。太一分化而成天地，转化而成阴阳，演变而成四时，分布而成鬼神。圣人仿效之，降下的就是教令，而这教令也是效法自然，协同于人的各种才能技艺，它落实到人类就是养：礼是用来践行诚信、实行亲睦，以此保护人的身体不受伤害的屏障；礼是用来保障百姓生活、规范丧葬的礼俗、祭祀鬼神的基本原则；礼是把握天道、顺承人的情感的通道。只有圣人了解礼不可以废止。所以要使一个国家破灭、一个家庭衰落、一个人消亡,一定要先使他们废弃礼。

"礼之于人,犹酒之有糵也,君子以厚,小人以薄[1]。圣王修义之柄、礼之序,以治人情[2]。人情者,圣王之田也[3],修礼以耕之[4],陈义以种之[5],讲学以耨之[6],本仁以聚之[7],播乐以安之[8]。故礼者,义之实也,协诸义而协[9],则礼虽先王未之有,可以义起焉[10];义者,艺之分,仁之节[11]。协于艺,讲于仁[12],得之者强,失之者丧;仁者,义之本,顺之体[13],得之者尊。故治国不以礼,犹无耜而耕[14];为礼而不本于义,犹耕而弗种[15];为义而不讲于学,犹种而弗耨[16];讲之以学,而不合之以仁,犹耨而不获[17];合之以仁,而不安之以乐,犹获而弗食[18];安之以乐,而不达于顺[19],犹食而弗肥[20]。四体既正,肤革充盈[21],人之肥[22]也;父子笃,兄弟睦,夫妇和,家之肥[23]也;大臣法[24],小臣廉[25],官职相序[26],君臣相正[27],国之肥[28]也;天子以德为车,以乐为御,诸侯以礼相与[29],大夫以法相序[30],士以信相考[31],百姓以睦相守,天下之肥[32]也。是谓大顺[33]。大顺者,所以养生送死、事鬼神之常[34]也。故事大积焉而不苑[35],并行而不谬[36],细行而不失[37],深而通[38],茂而不间[39],连而不相及[40],动而不相害,此顺之至也。明于顺,然后乃能守危[41]。

【注释】

［1］"礼之于人"四句：礼对于人而言，就像酿酒必须要有酒曲一样。酒曲厚酒味就醇厚，酒曲薄酒味就寡淡。遵守礼，就成为君子；鄙弃礼，就成为小人。糵(niè)，酒曲，酿酒用的发酵剂。

［2］"圣王修义之柄"二句：圣王研究义这个依据、礼这个秩序，来管理人的情感。

［3］"人情者"二句：冈白驹补注："圣人治人情，犹农夫之治田也。"

［4］修礼以耕之：修饬礼制好似耕地。冈白驹补注："和其刚柔。"

［5］陈义以种之：推行道义好似播种。冈白驹补注："种以善道。"

［6］讲学以耨(nòu)之：讲习学问好比是锄草。王肃注："耨，除秽也。"冈白驹补注："讲，习也。耨之，存是去非也。"

［7］本仁以聚之：确立仁爱好像是聚拢庄稼。

［8］播乐以安之：传播德乐好像是坚固庄稼。冈白驹补注："礼之守严，故播乐以安之。"

［9］协诸义而协：冈白驹补注："合之于义而不乖剌。"

［10］"则礼虽先王未之有"二句：冈白驹补注："临其事，虽或未有先王旧礼之制，可以义起之，如将军文子之丧既除而后越人来吊是也。"

［11］"义者"三句：王肃注："艺，理。"冈白驹补注："才艺为仁之用，义为之分节。"

［12］"协于艺"二句：冈白驹补注："讲，与'媾'通，合也。言义协于艺，合于仁也。"

［13］"仁者"三句：仁，是义的基础，是顺的主体。

［14］"故治国不以礼"二句：冈白驹补注："无以入。"

［15］"为礼而不本于义"二句：制定礼，但是不以义为根基，就好像耕了地，却不播种。冈白驹补注："嘉谷无由生。"

［16］"为义而不讲于学"二句：追求义，但是不讲习，就好像播下了种子，却不除草。

［17］"讲之以学"三句：讲习了学问，如果不合乎仁，就好像光除草而不去收获庄稼。冈白驹补注："草曰刈，谷曰获。礼义才艺，皆所以为仁之用也，故不合于仁，犹耨而弗获。"

［18］"而不合之以仁"三句：冈白驹补注："人心不安，则不能持久。譬之获而弗食，虽有谷，终将饥。"

［19］"安之以乐"二句：冈白驹补注："质诸天地鬼神而不戾，谓之顺。"

［20］犹食而弗肥：冈白驹补注："功不见也。"

［21］"四体既正"二句：四肢端正，皮肤丰满。四体，四肢。肤、革，都指人体的皮肤。充盈，丰满，充足。

［22］人之肥：人体的康健。肥，有肥壮义，孔颖达训为"肥盛"，这里引申为康健。

［23］家之肥：家庭的美满。此处的肥，亦用引申义。

［24］法：冈白驹补注："奉公。"

［25］廉：冈白驹补注："守己。"

［26］官职相序：各种官职按次第予以区分和排列。序，次第，秩序，此作动词。

［27］君臣相正：君臣之间相互匡正。

［28］国之肥：国家昌盛。

［29］与：亲附。

［30］以法相序：冈白驹补注："不逼下，不僭上。"

［31］考：成。

［32］天下之肥：天下太平。

［33］大顺：冈白驹补注："圣人治人情以礼，自人以至天下，其验如此，上所谓天下国家，可得以礼正者，大顺之谓也。"

［34］常：太宰纯增注："郑玄曰：'常，谓皆有礼，用无匮乏也。'"冈白驹补注："生事之以礼，死葬之以礼，祭之以礼。"

［35］事大积焉而不苑（yùn）：王肃注："苑，滞积也。"大积，指积压的范围或程度广而深。苑，淤滞。林按，孔颖达所疏与此不同，其引皇氏曰："事大者，天子事也。虽复万机辐凑，而应之有次序，不使苑积也。"是"事大"为词。今虽不取，录此备参。

［36］并行而不谬：冈白驹补注："事虽并行，礼以分节之，故不谬。"林按，孔颖达所疏解者与此不同，其云："并行，谓诸侯来朝也。既四方随时贡赋有序，虽并列俱陈，而不错谬也。"此亦一说，可参。

［37］细行而不失：微小的行为也不会出现差池。

［38］深而通：事情深奥而能通达晓畅。

［39］茂而不间（jiàn）：事务繁富却不间杂。茂，草木繁盛，这里指事务繁杂。间，间杂。

［40］连而不相及：王肃注："言有叙也。"

［41］守危：能守自危之道。

【译文】

"礼对于人而言，就像酿酒必须要有酒曲一样。酒曲厚酒味就醇厚，酒曲薄酒味就寡淡。遵守礼，就成为君子；鄙薄礼，就成为小人。圣王研究义这个依据、礼这个秩序，来管理人的情感。人情就好比圣人的田地，修饬礼制好似耕地，推行道义好似播种，讲习学问好比是锄草，确立仁爱好像是聚拢庄稼，传播德乐好像是坚固庄稼。所以礼义，是义的结果，要与义相协调而取得了自身的协调。因此礼即使在先王时期还没产生，也可以根据义的原理来加以创制；义，是对事理的区分，是对仁道的节制。用义来协调事理，讲明仁爱，做得到的就强盛，做不到的就衰亡；仁，是义的基础，是顺的主体，做得到的就尊贵。所以治国而不依靠礼制，就好像耕地而没有耒耜；推行礼制而不以义为本，就好像耕地而不播种；行义而不讲习学问，就好像只播种而不锄草；讲习学问而不合于仁，就好像只是锄草而不收获庄稼；合于仁而不以乐安定人心，就好像只收获粮食却不食用；用乐加以安定而不达到和顺，就好像光吃饭却并不健壮。四肢端正，肌肤丰满，这是身体康健的表现；父子情深，兄弟和睦，夫妇和美，这是家庭美满的表现；大臣守法，小臣廉洁，各种官职按次第予以区分和排列，君臣之间相互匡正，这是国家强盛的表现；天子以德为车，以乐为驾车人，诸侯之间依礼相互亲附，大夫遵循礼法各安其位，士人依靠诚信完成分内之事，百姓秉持和睦原则进行交往，这是天下太平的表现。这就是大顺。大顺，是保障百姓生活，规范丧葬的礼俗，祭祀鬼神的原则。所以即使事务堆积也不会淤滞，事情同时开展也不会出错，微小的行为也不会出现差池，事情深奥而能通达晓畅，事务繁复却不间杂，各种事情相互关联而不互相牵扯，实行起来也不互相妨碍，这是顺的最高境界。因此了解了顺的目标，才能够做到在危机中安守不失。

"夫礼之不同丰杀[1]，所以持情而合危[2]也。山者不使居川，渚者不使居原[3]；用水火金木，饮食必时[4]；冬合男女，春颁爵位，必当年德，皆所谓顺也[5]。用民必顺[6]。故无水旱昆虫之灾[7]，民无凶饥妖孽之疾[8]。天不爱其道[9]，地不爱其宝[10]，人不爱其情[11]，是以天降甘露[12]，地出醴泉[13]，山出器车[14]，河出马图[15]，凤凰麒麟，皆在郊椒[16]，龟龙在宫沼[17]，其余鸟兽及卵胎，皆可俯而窥也。则是无故[18]，先王能循礼以达义[19]，体信以达顺。此顺之实[20]也。"

【注释】

[1] 杀(shài)：减少，降等。

[2] 合危：即上文"守危"之义，指居安思危、自我警惕，方能化危为安。

[3] "山者不使居川"二句：山居者不能让他们迁居河川地带，在水边居住的不让他们迁居到平原。此为尊重其生活习惯，所谓持情也。冈白驹补注："此言使各居其所安也。小洲曰渚，广平曰原。本居山者，其利在禽兽。本居渚者，利其鱼盐。中原利在五谷，皆随而安之，不使失其业，民失其业则穷，穷则滥。"渚，水中可居住的小块陆地。

[4] "用水火金木"二句：王肃注："用水，渔人以时入泽梁乃溉灌。用火，季春出火，季秋纳火也。用金，以时采铜铁。用木，斧斤以时入山林。饮食各随四时之道者也。"

[5] "冬合男女"四句：冬季和合男女，春天颁赐爵位，合男女一定要年龄相当，颁爵位一定要德行相称，这才是所谓顺。冈白驹补注："自霜降至冰泮，为昏期，故举冬以言。嫁娶当其年，爵位当其德。颁，分也。"

[6] 用民必顺：王肃注："悦以使民。"冈白驹补注："不夺农时也。"

[7] 无水旱昆虫之灾：没有洪涝、干旱、蝗虫等自然灾害。

[8] 民无凶饥妖孽之疾：百姓免除了忍受饥饿和反常物候的痛苦。凶，谷物不收，年成坏。妖孽，古代称物类反常的现象。疾，痛苦，疾苦。

[9] 天不爱其道：即四时和、甘露降。爱，吝啬。

[10] 地不爱其宝：即五谷丰、醴泉生、器车出。

[11] 人不爱其情：冈白驹补注："皆尽孝弟忠信。"

[12] 天降甘露：上天降下甘甜的露水。古人以为此为祥瑞。

[13] 地出醴（lǐ）泉：大地涌出甘美的泉水。古人以此为祥瑞。醴，甜酒，引申为甘甜。

[14] 器车：银瓮、丹甑及山车，古人认为太平盛世出现的祥瑞之物。车，即象车或山车。山林中自然产生的一种圆曲之木，可以制车，为福瑞的象征。孔颖达曰："按《礼纬·斗威仪》云：'其政太平，山车垂钩。'注云：'山车，自然之车；垂钩，不揉治而自圆曲。'"

[15] 马图：即河图。古代传说中龙马从河（或谓黄河，或谓银河）中背出的图。

[16] "凤凰麒麟"二句：凤凰与麒麟，出现在国都之外的草泽之中。这也是古人认为的祥瑞。郊薮（sǒu），郊外的草泽地带。薮，草泽。

[17] 龟龙在宫沼：灵龟和蛟龙都畜养在宫苑的池沼中。

[18] 无故：太宰纯增注："郑玄曰：'非有他事使之然也。'"

[19] 循礼以达义：遵循礼来实现义。

[20] 实：结果。

【译文】

"礼所体现出来的名分及仪节的差异及其增损，是要维持人们的实际情况，进而做到居安思危、化危为安的。山居者不能让他们迁居河川地带，在水边居住的不让他们迁居到平原。此为尊重其生活习惯；使用金、木、水、火等生活资源，以及调节饮食，都要顺应时节；冬季婚配男女，春天颁赐爵位，婚配男女一定要年龄相当，颁爵位一定要德行相称，这才是所谓顺。治理百姓必须如此。因此没有洪涝、干旱、蝗虫等自然灾害，百姓不必忍受灾荒、饥饿和物候反常的痛苦。天不吝啬自己的育民之道，地不吝惜自己的养民之宝，人不吝啬自己的情感，因此上天降下甘甜的露水，大地涌出甘美的泉水，山里发现自然形成的器具和山车，黄河中有龙马背负河图跃出，凤凰和麒麟都生活在国都近郊的草泽中，灵龟和蛟龙都畜养在宫苑的池沼里，其他的鸟兽及其蛋卵和幼兽，也都俯拾皆是，随处可见。出现这样的景象，没有别的原因，只是因为先王能够做到遵循礼来实现义，践行守信来实现顺。这就是顺的结果。"

孔子家语卷八

冠颂第三十三

邾隐公[1]既即位,将冠[2],使大夫因[3]孟懿子[4]问礼于孔子。子曰:"其礼如世子[5]之冠。冠于阼者,以著代也[6]。醮[7]于客位,加[8]其有成。三加[9]弥尊,导喻[10]其志。冠而字之,敬其名也[11]。虽天子之元子[12],犹士也,其礼无变,天下无生而贵者[13]故也。行冠事必于祖庙[14],以祼享之礼以将之[15],以金石之乐节之[16]。所以自卑而尊先祖[17],示不敢擅也。"

【注释】

[1]邾隐公:春秋时邾国国君。邾,周武王时所封曹姓国,后为鲁附庸,在今山东邹城境。本篇所记又略见于《仪礼·士冠礼·记》及《礼记·郊特牲》、《大戴礼记·公冠》、《说苑·修文》。

[2]冠(guàn):冠礼,即我国古代男子的成人礼。冈白驹补注:"冠,成人之服。礼,男子二十加冠,盖言大夫以下也。其如国君,则不同矣。《春秋传》云:'国君十五而生子,冠而生子,礼也。'冠,古乱反,除下文'缁布之冠'以外,并同。"士二十而冠,表示身心已经成熟,可以担负家庭、社会的任务。天子、诸侯、大夫及其子之冠礼,均早于士。

[3]因:依靠,通过。

[4]孟懿子:鲁大夫仲孙何忌,亦孔子弟子。懿子,谥号。

[5]世子:古代的储君,一般都是帝王或诸侯的嫡长子。

［6］"冠于阼者"二句：阼，堂前东面的台阶。古时，主人见宾客，主人由东阶、宾客由西阶升堂。故阼阶又称主人之阶。著，彰显，表示。

［7］醮(jiào)：古代冠礼、婚礼时举行的一种仪节。冈白驹补注："酌而无酬酢曰醮，待之以宾，是加礼于成人也。"即尊者为卑者酌酒，卑者接受敬酒后，无需回敬。

［8］加：通"嘉"，嘉勉。

［9］三加：三次加冠，始加缁布冠，再加皮弁冠，最后加爵弁冠。

［10］导喻：教导，晓谕。

［11］"冠而字之"二句：冈白驹补注："未冠之前，虽贵者以其名别之，既冠之后，以字代之，所以敬名也。"名为出生后三月由父母所起，至成人，则需在冠礼时取字。人际交往中，名是用来自称及尊长所呼，平辈之间及晚辈对尊长要称字，以示尊敬。女子在十五岁笄礼时亦取字，故有"待字闺中"之说。《礼记·曲礼上》："女子待嫁，笄而字。"

［12］元子：嫡长子。

［13］天下无生而贵者：冈白驹补注："一云，明人有贤行著德乃得贵也。"

［14］行冠事必于祖庙：冈白驹补注："冠，嘉事之重者也。古者重冠，故行于庙。"

［15］以祼(guàn)享之礼以将之：王肃注："祼，灌鬯也。灌鬯以享神。享，献。将，行也。"祼，古代帝王以酒祭奠祖先或赐宾客饮酒之礼。也作"灌"。《书·洛诰》："王入太室祼。"疏："祼者，灌也。王以圭瓒酌郁鬯之酒以献尸，尸受祭而灌于地。因奠不饮，谓之祼。"王大会宾客亦用此礼。

［16］以金石之乐节之：用钟磬之乐加以节制。金石，钟磬。冈白驹补注："以钟声为举动之节也。祼享奏乐，唯国君冠礼有之，故《士冠礼》、《冠义》皆无之。按，《左传·襄九年》季武子曰：'君冠必以祼享之礼行之，以金石之乐节之，以先君之祧处之。'可以证已。"

［17］自卑而尊先祖：冈白驹补注："行之于庙者，自卑而尊先祖也。"

【译文】

邾隐公即位以后，准备为自己举行冠礼，便派大夫通过孟懿子向孔子询问有关冠礼的礼仪。孔子说："这种礼仪如同世子的冠礼。世子加冠时要站在主人站的堂前东阶上，以表示他将要以继承人的身份替代其父为一家之主。加冠后,主持者站在门户西边的客位上向他敬酒,嘉勉他有所成就,三次加冠,一次比一次尊贵,教导他要有远大的志向。加冠以后要取字,以表示尊重他的名。即使是天子的嫡长子,与士的冠礼也是一样的,其礼仪没有什么变化,因为天下没有一出生就尊贵的人。冠礼一定要在祖庙里举行,用祼享之礼来表示即将开始,用钟磬之乐加以节制。这是因为要使自己感到卑下而尊崇祖先,表明不敢擅越祖先的礼制。"

懿子曰:"天子未冠即位,长亦冠乎?"孔子曰:"古者王世子虽幼,其即位,则尊为人君。人君,治成人之事者,何冠之有?"懿子曰:"然则诸侯之冠,异天子与[1]?"孔子曰:"君薨而世子主丧,是亦冠也已[2]。人君无所殊也[3]。"

【注释】
　　[1]"然则诸侯之冠"二句:王肃注:"怪天子无冠礼,如诸侯之冠世子之冠,故问之。"
　　[2]"君薨而世子主丧"二句:冈白驹补注:"主丧,已重于任成人之服矣。"千叶玄之标笺:"东宫虽冠,已登帝祚,名天子,无冠礼。"
　　[3]人君无所殊也:王肃注:"诸侯亦人君,与天子无异。"

【译文】
　　孟懿子问:"天子没有加冠就即位,长大以后还要举行冠礼吗?"孔子说:"古时的世子虽然年幼,但一旦他即位,便被尊为人君。人君做的是成人应做的事,哪里还用加冠礼啊?"孟懿子问:"那么诸侯的冠礼与天子的冠礼不同吗?"孔子说:"君主去世,他的世子主持丧事,这就算已经加冠了。对人君来说,是没有什么不同的。"

懿子曰："今邾君之冠，非礼也[1]？"孔子曰："诸侯之有冠礼也，夏之末造[2]也，有自来矣，今无讥焉[3]。天子冠者，武王崩，成王年十有三而嗣立[4]。周公居冢宰，摄政[5]以治天下。明年，夏，六月，既葬[6]，冠成王而朝于祖[7]，以见诸侯，示[8]有君也。周公命祝雍作颂[9]，曰：'祝王达而未幼[10]。'祝雍辞[11]曰：'使王近于民[12]，远于年[13]，啬于时[14]，惠于财[15]，亲贤而任能。'其颂曰：'令月吉日[16]，王始加元服[17]。去王幼志[18]，服衮职[19]，钦若昊天[20]，六合是式[21]。率尔祖考[22]，永永无极[23]。'此周公之制也。"

【注释】

[1]"今邾君之冠"二句：王肃注："懿子以诸侯无冠，则邾君之冠非也。"

[2]末造：末世。

[3]"有自来矣"二句：王肃注："言有所从来，故今无所讥。"

[4]成王年十有三而嗣立：成王十三岁继承君位。嗣立，即嗣位，继承君位。

[5]摄政：代国君处理国政。

[6]"明年"四句：王肃注："《周书》亦曰：'岁十有二，武王崩。元年六月，葬。'与此若合符。而说者横为年纪，蹙促成年少，又命周公，武王崩后五月乃摄政，良可为冠与？痛哉！"

[7]朝于祖：在祖庙视朝，召见诸侯。

[8]示：显示。

[9]祝雍作颂：冈白驹补注："祝，宗庙之官。雍，其人名。"太宰纯增注亦云："祝雍者，祝名雍也。"颂，古代的一种文体。《诗·周南·关雎序》："颂者，美盛德之形容，以其成功告于神明者也。"

[10]达而未幼：祝王之辞只需达意，不用多辞。

[11]辞：作祝辞。

[12]近于民：王肃注："常得民之心也。"

[13]远于年：王肃注："寿长。"

[14]啬(sè)于时：不夺农时。亦可理解为珍惜时间。

[15]惠于财：给百姓施惠以财货。

[16]令月吉日：泛言大吉大利之日。

[17]元服：冠，帽子。古称行冠礼为加元服。

[18]去王幼志：去掉我王幼稚的想法。

[19]服衮职：王肃注："衮职，盛服有礼文也。"冈白驹补注："天子龙衮，不敢斥言，故云'衮职'。衮职即王职也。"

[20]钦若昊天：敬顺上天。

[21]六合是式：以六合为法式。王肃注："天地四方谓之六合。言为之法式。"

[22]率尔祖考：遵循你祖先文王、武王的道路。太宰纯增注："率，循也。祖考，谓文、武也。"尔，你。祖考，祖先，这里指周文王、周武王。

[23]永永无极：永远无限地不停歇。

【译文】

孟懿子问："那么，现在邾隐公举行冠礼是不合礼制的吗？"孔子说："诸侯之有冠礼，开始于夏代末年，是有源渊的，没必要讥讽他。为天子加冠，始于周成王。当时武王去世，成王十三岁就即位为天子。周公担任冢宰之职，代为主政治理天下。第二年夏六月，安葬了武王后，便为成王举行冠礼并让他在祖庙接受诸侯的朝见，以表示诸侯有了自己新的君王。周公命祝雍作颂说：'祝辞只需达意而不必多言。'于是祝雍作祝辞说：'希望我王接近百姓，远离奸佞，不夺农时，惠赐财物，亲近贤人而任用有才能之人。'祝雍又作颂说：'在大吉大利的日子，为我王举行冠礼，要去除我王幼稚的想法，穿上有礼文的盛服，敬顺上天，效法六合。遵循伟大祖先的道路，永远永远不停歇。'这就是周公的礼制。"

懿子曰："诸侯之冠，其所以为宾主，何也？"孔子曰："公冠则以卿为宾，无介[1]，公自为主[2]，迎宾揖，升自阼，立于席北。其醴[3]也则如士，飨之以三献之礼[4]。既醴，降自阼阶[5]。诸侯非公而自为主者[6]，其所以异，皆降自西阶[7]，玄端与皮弁异[8]。朝服素韠[9]，公冠四[10]，加玄冕祭[11]。其酬币于宾，则束帛乘马[12]。王太子、庶子之冠拟焉[13]，皆天子自为主，其礼与士无变，飨食宾也皆同。"

【注释】

[1] 无介：不需要副宾。

[2] 公自为主：公爵诸侯自己担任主人身份。因为一般冠礼需要父为主，而诸侯即位则意味着其父已殁，而诸侯本身已经为国之主人，故行冠礼只能自为主。

[3] 醴：甜酒。这里指尊者对卑者较简单的一种敬酒礼节。

[4] 飨之以三献之礼：飨，飨宾也。三献，古时祭祀时献酒三次，即初献爵、亚献爵、终献爵，合称三献。

[5] "既醴"二句：冈白驹补注："既醴，醮毕也。君尊，故其降也不使就宾阶也。"

[6] 诸侯非公而自为主者：非公爵的诸侯行冠礼自为主人。

[7] 降自西阶：王肃注："西阶，宾阶。"冈白驹补注："不敢终于主也，其余皆与公同。"

[8] 玄端与皮弁(biàn)异：王肃注："玄端，缁布冠之服。皮弁，自服其服也。"冈白驹补注："公始冠，冠缁布，服玄端，次皮弁，次爵弁，次玄冕，皆各服其服。玄端，其色玄，而制正幅无杀。以其用正幅故谓之端。皮弁，以白鹿皮为之。"

[9] 朝服素韠(bì)：王肃注："朝服而韠，示不忘古。"韠，蔽膝。古代一种遮蔽在身前的服饰。

[10] 公冠四：公四加冠。

[11] 加玄冕祭：加玄冕，着祭服。

[12] "其酬币于宾"二句：王肃注："已冠而飨，既飨与宾币，谓之酬币。乘马，驷马也。"

［13］王太子、庶子之冠拟焉：王肃注："王之太子、庶子皆拟诸侯冠礼也。"拟，仿照。

【译文】
孟懿子问："诸侯的冠礼，要分为宾主，这是为何？"孔子说："公爵的诸侯举行冠礼以卿为宾，不需要副宾，公自为主人，迎接宾客，揖让行礼，从东阶上去，站在坐席的北边。至于敬甜酒的礼节，与士一样，待之以三献之礼。敬完甜酒后，就从东阶下来。非公爵的诸侯而自为主人的，与此之所以不同，就在于都是从西阶下来，玄冠和皮弁也不同。要穿着朝服和白色的护膝，公要四次加冠，加黑色冠，身穿祭服。要酬赠宾客一束帛和四匹马。王太子和庶子的冠礼也与此一样，都是天子自己为主人。他们的礼节和士一样，招待宾客的形式也都相同。"

懿子曰："始冠必加缁布之冠[1]，何也？"孔子曰："示不忘古[2]。太古[3]冠布，齐则缁之[4]。其緌[5]也，吾未之闻。今则冠而敝之[6]可也。"

【注释】
［1］缁(zī)布之冠：一种黑色的冠。缁，黑色。
［2］示不忘古：以显示不忘古代的礼制。
［3］太古：冈白驹补注："太古，唐虞以上也。"
［4］齐(zhāi)则缁之：冈白驹补注："缁，黑色也。鬼神尚幽暗。"齐，通"斋。"
［5］緌(ruí)：冠饰。
［6］今则冠而敝之：王肃注："今不复冠布。敝之，不复着也。"敝，弃。

【译文】
孟懿子又问道："冠礼开始时一定要加黑布之冠，这是为何？"孔子说："这是为了表示不忘记古代的礼制。远古时代人们用白布做冠，斋戒时才染成黑色。至于冠上的垂带，我没听说过。现在举行冠礼，只要酬赠宾客就行了。"

懿子曰："三王[1]之冠，其异何也？"孔子曰："周弁，殷冔，夏收，一也[2]。三王共皮弁素绩[3]。委貌，周道也；章甫，殷道也；毋追，夏后氏之道也[4]。"

【注释】

[1]三王：指夏、商、周三代君王。

[2]"周弁"四句：王肃注："皆祭服也。"冈白驹补注："郑玄云：弁名出于槃。槃，大也。言所以自光大也。冔（xū），名出于帆。帆，覆也。言所以自覆饰也，收言所以收敛发也。"

[3]三王共皮弁素绩：冈白驹补注："所不易于先代也。何本'素緌'作'素缨'。毛本、《戴记》、《仪礼》并作'素绩'。"

[4]"委貌"六句：王肃注："常所服之冠也。"冈白驹补注："郑玄云：'或谓委貌为玄冠。'委，犹安也，言所以安正容貌。章，明也。殷质，言以表明丈夫也。甫，今文为'斧'。毋，发声也。追，犹堆也。夏后氏质，以其形名之。"。母，冈白驹本作"毋"，当是。

【译文】

孟懿子又问道："夏、商、周三代的君王加冠礼的不同表现在什么地方？"孔子答道："祭祀时戴的冠，周代叫弁，殷代叫冔，夏代叫收，实际是一样的。三代都是戴白色皮冠、白色冠带。委貌，是周代常戴的冠；章甫，是殷代常戴的；毋追，是夏代常戴的。"

庙制第三十四

卫将军文子将立三君之庙于其家[1]，使子羔访于孔子[2]。子曰:"公庙[3]设于私家,非古礼之所及,吾弗知。"

子羔曰:"敢问尊卑上下立庙[4]之制,可得而闻乎?"孔子曰:"天下有王,分地建国[5],设祖宗[6],乃为亲疏贵贱多少之数[7]。是故,天子立七庙,三昭三穆[8],与太祖之庙而七。太祖、近庙[9],皆月祭之。远庙为祧[10],有二祧焉,享尝[11]乃止。诸侯立五庙[12],二昭二穆,与太祖[13]之庙而五,曰祖考庙[14],享尝乃止。大夫立三庙[15],一昭一穆,与太祖之庙[16]而三,曰皇考庙[17],享尝乃止。士立一庙[18],曰考庙[19]。王考[20]无庙,合而享尝乃止。庶人无庙,四时祭于寝[21]。此自有虞以至于周之所不变也[22]。凡四代帝王之所谓郊者,皆以配天[23];其所谓禘者,皆五年大祭之所及也[24]。应为太祖者,则其庙不毁;不及太祖,虽在禘郊,其庙则毁矣[25]。古者祖有功而宗有德,谓之祖宗者,其庙皆不毁[26]。"

【注释】
　　[1]"卫将军文子"句:家,卿、大夫的宗族与政权组织。篇中孔子之言,多见于《礼记·王制》、《祭法》及《国语·鲁语上》。
　　[2]使子羔访于孔子:太宰纯增注:"子羔仕卫故。"子羔即高柴,孔子弟子。访,询问。
　　[3]公庙:国家的祭庙。
　　[4]立庙:建立宗庙。
　　[5]分地建国:即分封诸侯。
　　[6]设祖宗:设立祖和宗的名号。
　　[7]为亲疏贵贱多少之数:庙数的多少涉及亲疏贵贱的差别。
　　[8]"三昭三穆":昭、穆,古代宗法制度,宗庙次序,始祖庙居中,

以下父子(祖、父)递为昭穆。左为昭，右为穆。《周礼·春官·小宗伯》："辨庙祧之昭穆。"郑玄注："父为昭，子为穆。"

［9］太祖、近庙：太祖庙与近庙。

［10］祧（tiāo）：远祖之庙。冈白驹补注："五世而亲尽，亲尽者为祧。"

［11］享尝：宗庙四时祭，又称时享。是指春夏秋冬四季用新物荐享祖先。

［12］诸侯立五庙：王肃注："降天子二也。"

［13］太祖：始封之君。

［14］祖考庙：始祖庙。

［15］大夫立三庙：王肃注："降诸侯二也。"

［16］太祖之庙：冈白驹补注："太祖，始爵者。"

［17］皇考庙：冈白驹补注："统三庙言之。"皇考，曾祖。

［18］士立一庙：王肃注："降大夫二也。"

［19］考庙：父庙。孔颖达疏："曰考庙者，父庙曰考。考，成也，谓父有成德之美也。"

［20］王考：对去世祖父的尊称。

［21］"庶人无庙"二句：《祭法》云："庶人无庙。死曰鬼。"寝，内堂，卧室。

［22］此自有虞以至于周之所不变也：王肃注："自有虞以至于周，礼不异，而说者以周有庙，以有文武，故祧当迁者，而以为文武之庙，或有甚矣。礼典皆有七庙之文，唯《丧服小记》云：'王者禘其祖之所自出，以其祖配之，而立四庙。'谓始王者未有始祖，故立四庙。今有虞亦始王者，而既七庙矣，则《丧服小记》之言亦妄矣。"

［23］"凡四代帝王之所谓郊者"二句：冈白驹补注："四代，虞，夏，殷，周也。虞郊以喾，夏以鲧，殷以冥，周以稷。"

［24］"其所谓禘者"二句：王肃注："殷、周禘喾，五年大祭而及。"冈白驹补注："虞、夏禘黄帝。"禘，祭名。禘分三类：其一，祀天地于郊，以其始祖配之，此为大禘。其二，四时享先王，夏商称夏享曰禘，周改称礿。其三，祭于群庙为禘，五年一次。此应为第三类。

［25］"不及太祖"三句：王肃注："诸禘享皆无庙，郊亦无庙。后稷之所以有庙者，以太祖，故曰不为太祖，虽在禘郊，其庙则毁。据后稷而言，殷人郊冥，以冥有大功。契既为太祖之庙，若复郊，则冥永不与于祀典，是以郊冥耳。"

［26］"古者祖有功而宗有德"三句：王肃注："祖宗者，不毁之名。

其庙，有功者谓之祖，至于周，文王是也；有德者谓之宗，武王是也。二庙自有祖宗，乃谓之二祧，又以为配食明堂之名，亦可谓违圣指，失实事也。"

【译文】

卫国将军文子准备在自己的封地设立三君的祭庙，就此事委托子羔向孔子请教。孔子说："国家的祭庙设在私家，这在古礼中没有涉及，我也不知道该用什么礼仪。"

子羔说："请问尊卑上下关于立庙的制度，可以说来听听吗？"孔子说："自从天下有了君王，分封土地，建立国家，设立祖宗的祭庙，于是就区分了亲疏、贵贱和多少的数目。所以天子设立七座祭庙，三座昭庙，三座穆庙，与太祖庙合而为七庙。太祖、高祖以下的近亲之庙每月都要祭祀。高祖之父、祖的庙为祧，共有两座祧庙，只有四季的祭祀。诸侯设立五座祭庙，两座昭庙，两座穆庙，与始封之君的太祖庙合而为五庙，叫作'始祖庙'，四时节令都要祭祀。大夫设立三座祭庙，一座昭庙，一座穆庙，与始受爵之太祖庙合而为三庙，叫作'曾祖庙'，四时节令都要祭祀。士设立一座祭庙，叫作'父庙'，死去的祖父不单独立庙，父祖之庙合并进行四季祭祀就可以了。庶人不立祭庙，在卧室按四时予以祭祀。这种制度自从有虞氏到周代都未曾改变过的。凡是提到的四代帝王郊祭，都是让各自的祖先配享上天的；所称为'禘'的祭祀，都是五年大祭所要进行的。尊之为太祖的，他的祭庙不可毁掉；功德赶不上太祖的，即使在禘祀、郊祀的范围，他的祭庙也要毁掉。古时认为祖有功而宗有德，尊称为'祖'和'宗'的，他们的祭庙都不被毁掉。"

子羔问曰："祭典[1]云：'昔有虞氏祖颛顼而宗尧[2]，夏后氏[3]亦祖颛顼而宗禹，殷人祖契[4]而宗汤，周人祖文王而宗武王。'此四祖四宗，或乃异代，或其考祖之有功德，其庙可也。若有虞宗尧，夏祖颛顼，皆异代之有功德者也，亦可以存其庙乎？"孔子曰："善如汝所问也。如殷周之祖宗，其庙可以不毁，其他祖宗者，功德不殊，虽在殊代，亦可以无疑矣[5]。《诗》云：'蔽芾甘棠，勿剪勿伐'，'邵伯所憩'[6]。周人之于邵公也，爱其人，犹敬其所舍[7]之树，况祖宗其功德，而可以不尊奉其庙焉？"

【注释】
　　[1]祭典：祭祀礼仪法度类图书的合称，亦称祀典。
　　[2]"昔有虞氏"句：从前有虞氏庙祭中以颛顼为祖，以尧为宗。有虞氏，指虞舜。传说中远古部落名，居于蒲阪（今山西永济西蒲州镇），舜是其首领。祖，作动词用，以……为祖。宗，作动词用，以……为宗。
　　[3]夏后氏：即夏朝。
　　[4]契（xiè）：传说中商的始祖。子姓，相传契母有娀氏简狄吞玄鸟蛋而生契，又称玄王。助禹治水有功，舜任为司徒，掌管教化。居于商（今河南商丘南），一说居于蕃（今山东滕州）。
　　[5]"虽在殊代"二句：冈白驹补注："言虽在异代，功德则同，其庙不毁，亦何疑焉？"
　　[6]"蔽芾（fèi）甘棠"三句：语出《诗·召南·甘棠》。甘棠，即棠梨树。《尔雅·释木》："杜，赤棠"，邢昺疏引樊光云："赤者为杜，白者为棠。"开白花的为棠，果实圆而小，味酸甜，故名甘棠。邵，今本《毛诗》作"召"，邵伯，即召公姬奭。朱熹注："召伯巡行南国，以布文王之政，或舍甘棠之下，其后人，思其德，故爱其树，而不忍伤也。"后世因用"甘棠"称颂地方官之有惠政于民者。
　　[7]舍：止舍。

【译文】
　　子羔问道："祭典上说：'从前有虞氏庙祭中以颛顼为祖，以尧为宗；夏后氏庙祭中也以颛顼为祖，而以禹为宗；殷人庙祭中以契为祖，以汤为宗；周人庙祭中以文王为祖，以武王为宗。'这四祖四宗，有的是不同朝代的，有的是父祖都有功德的，在后一种情况下，他们的祭庙可以不被毁掉。像有虞氏庙祭中以尧为宗，夏后氏庙祭中以颛顼为祖，都是处在不同的朝代而有功德的，他们的祭庙也可以长久保留吗？"孔子说："问得好！确实如同你所听说的那样。像殷人、周人的祖、宗，他们的祭庙当然可以不被毁掉。其他为祖、宗的，功德的大小也没有差别，虽然在不同的朝代，也可以保留他们的祭庙，这没什么可值得犹疑的。《诗》上说：'茂盛的甘棠树啊，不要剪来不要伐'，'这是邵伯休息过的地方'。周人对于邵伯，热爱他本人，进而敬重他曾经在那下面休息过的甘棠树，何况有功德的祖宗，虽在异代，又怎么可以不尊敬并保留他们的祭庙呢？"

辩乐解第三十五

孔子学琴于师襄子[1]。襄子曰："吾虽以击磬为官，然能于琴[2]。今子于琴已习[3]，可以益[4]矣。"孔子曰："丘未得其数[5]也。"有间[6]，曰："已习其数，可以益矣。"孔子曰："丘未得其志[7]也。"有间，曰："已习其志，可以益矣。"孔子曰："丘未得其为人也[8]。"有间，孔子有所缪然[9]思焉，有所睪然[10]高望而远眺，曰："丘迨[11]得其为人矣。黮[12]而黑，颀[13]然长，旷如望羊[14]，奄[15]有四方，非文王，其孰能为此？"师襄子避席，垂拱[16]而对曰："君子[17]，圣人也，其传[18]曰《文王操》[19]。"

【注释】

[1] 师襄子：春秋时鲁国乐官。太宰纯增注："师，乐师。襄，名。子者，男子通称也。襄子，即《论语》所称'击磬襄'者，孔安国以为鲁哀公时人。"此记载又见于《韩诗外传》卷五、《史记·孔子世家》。

［2］能于琴：擅长弹琴。
［3］习：熟练。熟悉。
［4］益：进。冈白驹补注："可进学其余。"
［5］数：节奏。
［6］有间：过了一段时间。
［7］志：曲子所要表达的思想感情。冈白驹补注："志之所在。"
［8］丘未得其为人也：千叶玄之标笺："言以其音知其所为之人。下文以为文王是也。"
［9］缪(mù)然：深思貌。
［10］睪(gāo)然：伺视貌。
［11］迨：当作"殆"，大概。
［12］黮(dǎn)：黑色。
［13］颀(qí)：长。
［14］旷如望羊：王肃注："旷，用志广远。望羊，远视也。"
［15］奄：覆盖，包括。
［16］垂拱：古时行礼的一种形式，即两手环拱贴近胸口。
［17］君子：一本无"君"字。
［18］传：老师的传授。《论语》"传不习乎？"与此同。
［19］《文王操》：曲名。

【译文】
　　孔子向师襄子学习弹琴。一天，师襄子说："我虽然是因为击磬而被任以官职，但我也擅长弹琴。依我看，如今你已学会这一曲子了，可以进一步学习新曲了。"孔子说："我还没有掌握弹奏此曲的技巧呢。"过了一段时间，师襄子说："你已经掌握了弹奏此曲的技巧，现在可以学习新曲子了。"孔子说："我还没领悟这首曲子所要表达的思想情感呢。"过了一段时间，师襄子说："你已经领悟了这首曲子的思想情感，现在可以学新的曲子了。"孔子说："我还没有想清楚这首曲子的作者是个怎样的人呢。"又过了一段时间，孔子肃穆地深思，一副志向高远的样子，眺望着高处和远处，说："我大概已经知道这首曲子的作者是怎样的人了。他皮肤黝黑，身材修长，志向广远，统有四方，除了周文王，谁还能作出这样的乐曲呢？"师襄子听到，赶紧离开坐席，向孔子拱手行礼，并说："你真是圣人啊！老师传授给我说是《文王操》。"

　　子路鼓瑟[1]，孔子闻之，谓冉有曰："甚矣由之不才[2]也。夫先王之制音[3]也，奏中声以为节[4]，流入于南，不归于北[5]。夫南者，生育之乡[6]；北者，杀伐之域[7]。故君子之音，温柔居中，以养生育之气。忧愁之感，不加于心；暴厉之动，不在于体[8]。夫然者，乃所谓治安之风[9]也。小人之音则不然，亢厉微末[10]，以象杀伐之气。中正之感，不载于心；温和之动，不存于体[11]。夫然者，乃所谓乱亡之风也[12]。昔者舜弹五弦之琴[13]，造[14]《南风》之诗，其诗曰：'南风之熏兮，可以解吾民之愠兮[15]；南风之时兮，可以阜吾民之财兮[16]。'唯修此化，故其兴也勃[17]焉，德如泉流[18]，至于今王公大人，述而弗忘。殷纣好为北鄙之声[19]，其废也忽[20]焉，至于今王公大人，举以为诫。夫舜起布衣，积德含和，而终以帝。纣为天子，荒淫暴乱，而终以亡。非各所修之致[21]乎？今由也匹夫之徒[22]，曾[23]无意于先王之制[24]，而习[25]亡国之声，岂能保其六七尺之体哉[26]？"冉有以告子路，子路惧而自悔，静思不食，以至骨立[27]。夫子曰："过而能改，其进矣乎[28]！"

【注释】
　　[1]子路鼓瑟：此记载又见于《说苑·修文》。
　　[2]不才：能力不足。
　　[3]制音：创作音乐。

[4] 中声：中和之声，即和谐、适中的音乐。

[5] "流入于南"二句：冈白驹补注："流而为南音，不入于北鄙。"

[6] "夫南者"二句：南方，是利于生养长育的地方。根据阴阳理论，南方阳气盛，故利于生育。

[7] "北者"二句：北方，是杀伐气较重的地方。根据阴阳理论，北方阴气盛，故有杀伐之象。

[8] "忧愁之感"四句：冈白驹补注："顺气应之，反情以和志，温柔以养气，故愁感不加于心，举动不暴厉。"

[9] 治安之风：太平盛世的气象。

[10] 亢厉微末：指音调激烈尖细。

[11] "中正之感"四句：冈白驹补注："奸声感人，而逆气应之，故中和不载于心，温和不存于体。"

[12] 谓乱亡之风也：冈白驹补注："所谓'乱世之音怨以怒'者是已。"

[13] 五弦之琴：冈白驹补注："神农作琴，本五弦。今七弦者，周时所增也。"

[14] 造：作。

[15] "南风之薰兮"二句：冈白驹补注："薰，和也。愠，心所蕴结也。"

[16] "南风之时兮"二句：王肃注："得其时。阜，盛也。"

[17] 勃：兴起貌。

[18] 德如泉流：可与《中庸》"小德川流，大德敦化""溥博，渊泉，而时出之。溥博如天；渊泉如渊。见而民莫不敬；言而民莫不信；行而民莫不说"之说参读。

[19] 北鄙之声：一种粗俗放荡的音乐。

[20] 忽：冈白驹补注："忽，遽也。"太宰纯增注："杜预曰：'忽，速貌。'"

[21] 致：导致的结果。

[22] 匹夫之徒：古代指平民中的男子。之徒，犹"之类"。

[23] 曾：竟然。

[24] 制：作。

[25] 习：操习。

[26] 岂能保其六七尺之体哉：冈白驹补注："言不得其死然。"

[27] 骨立：形容人极为消瘦。

[28] "过而能改"二句：犯了过失如果能够修正，那就会取得进步。

儒家强调修身要注重"改过迁善"。《论语·子张》："子贡曰：'君子之过也，如日月之食焉：过也，人皆见之；更也，人皆仰之。'"

【译文】

　　子路弹瑟，孔子听到了，便对冉有说："仲由的能力不足啊！先王创作音乐，奏中和之声用以节制，这种音乐流传到南方，就没再返归北方。南方是有利于生养长育的地方；北方则是充满杀伐之气的地方。因此，君子弹奏出的音乐，温顺柔和，节奏适中，能够培养生存繁育之气。忧愁的情绪，不承载于心；粗暴的举动，不出现于身。这种情况，就是所说的太平盛世的气象。小人弹奏出的音乐就不是这样，而是激烈尖细，用以象征杀戮征伐之气。中和的感情，不承载于心；温柔和气的举动，不出现于身。这种情况，就是引起动乱不安定的风气。从前，舜弹奏五弦琴，创作出《南风》这首诗，诗中说：'南风是多么柔和啊，可以消除我百姓心中的怨怒；南风是多么及时啊，可以增加我百姓的财富。'正是因为实施这种教化，所以他的事业兴起非常旺盛，他高尚的品德就像喷吐不止的甘泉，直到今天，天子、诸侯们仍还不断称述，难以忘怀。殷纣喜好弹奏粗俗放荡的北鄙之声，所以他的国家灭亡得也很快，直到今天，天子、诸侯们还都引以为戒。舜本来是个普通百姓，他累积德行，胸怀温和之气，最终被尊奉为帝。纣本来贵为天子，却荒淫暴乱，最终身死国亡。这不是由他们各自不同的修为所导致的结果吗？仲由如今只是一介平民，不留意于先王所创作的音乐，却操习这亡国之乐，这怎么能保全他的性命呢？"冉有把孔子的话告诉了子路。子路听后非常害怕且自我悔恨不已，静坐反思，不吃东西，以至瘦骨嶙峋。孔子说："有了过错能够改正，这就能够进步啊！"

　　周宾牟贾[1]侍坐于孔子。孔子与之言及乐，曰："夫《武》[2]之备戒之以久，何也？"对曰："病不得其众也[3]。""咏叹之，淫液之[4]，何也？"对曰："恐不逮事也[5]。""发扬蹈厉之已蚤[6]，何也？"对曰："及时事也[7]。""《武》坐致右而轩左[8]，何也？"对曰："非《武》坐也[9]。""声淫及商[10]，何也？"对曰："非《武》音也[11]。"孔子曰："若非《武》音，则何音也？"对曰："有司失其传[12]也。"孔子曰："唯[13]，丘闻诸苌弘[14]，亦若吾子之言，是也。若非有司失其传，则武王之志[15]荒[16]矣。"

【注释】

[1]宾牟(móu)贾(gǔ)：冈白驹补注："宾牟姓。贾其名也。"据朱彝尊《孔子弟子考》，宾牟贾是孔子弟子。此人精通音乐，我国最早的音乐理论专著《乐记》中就专门有《宾牟贾》一节。此记载又见于《礼记·乐记》《史记·乐书》。

[2]《武》：周朝的一种舞蹈，演绎武王伐纣故事。

[3]病不得其众也：王肃注："病，忧也。忧恐不得其士众之心敬者也。"

[4]"咏叹之"二句：长声地歌唱，声音绵延不绝。

[5]恐不逮事也：千叶玄之标笺："长歌以致其望慕之情。"逮，及，完成。

[6]发扬蹈厉之已蚤：在演出开始的时候就举手以示奋发，顿足以示猛厉，表现出威武的气势。蚤，通"早"。

[7]及时事也：欲令事及其时。

[8]《武》坐致右而轩左：王肃注："右膝至地，左膝不至地也。"坐，跪。轩，起。

[9]非《武》坐也：王肃注："言《武》无坐。"

[10]声淫及商：王肃注："言声欹淫贪商。"商，商声，主杀伐。

[11]非《武》音也：王肃注："武王之事，不得已为天下除残贼，非苟贪商。"

[12]有司失其传：乐官传承有误。有司，这里指乐官、乐师。

[13]唯(wéi)：应答声。

[14]苌弘：为春秋周敬王时的大夫。相传孔子曾向他学习雅乐。

[15]志：心志，思想。

[16]荒：迷乱，荒乱。

【译文】

　　周人宾牟贾陪孔子坐着。孔子和他谈话，聊到了乐舞。孔子问："《武》舞开始前长时间地击鼓警戒，这是什么意思呢？"宾牟贾回答说："这是表现周武王出征前担心得不到士众的支持，需要长时间地准备。"孔子问："声音拉得长长的，绵延不绝，这是什么意思呢？"宾牟贾答道："这是在表示周武王担心自己完不成安民和众的大事。"孔子问："乐舞一开始就猛烈地手舞足蹈，这是什么意思呢？"宾牟贾答道："这是象征周武王在寻找征伐的最好时机。"孔子问："《武》舞中右膝跪地，左膝抬起，这是什么意思呢？"宾牟贾回答："那不是《武》舞的跪姿。"孔子问："那歌乐中过多地涉及表示杀伐之气的商调，又是为什么呢？"宾牟贾回答："那不是《武》舞中所应有的音调。"孔子问："如果不是《武》舞应有的音调，那应该是什么音调呢？"宾牟贾回答："这是乐官在传授中出现的失误。"孔子说："是的，我以前从周大夫苌弘那里听说的，与你说的一样。如果不是乐官们传授中出现错误，那真是武王心志迷乱糊涂了。"

　　宾牟贾起，免席[1]而请曰："夫《武》之备戒之以久，则既闻命矣[2]。敢问迟矣，而又久立于缀[3]，何也？"子曰："居，吾语尔[4]。夫乐者，象成者也[5]。总干而山立[6]，武王之事也。发扬蹈厉[7]，太公之志也。《武》乱皆坐[8]，周、邵[9]之治也。且夫《武》，始成[10]而北出，再成而灭商，三成而南反[11]，四成而南国是疆[12]，五成而分陕，周公左、邵公右[13]，六成而复缀，以崇其天子焉[14]。众夹振之而四伐[15]，所以盛威于中国；分郏[16]而进，所以事蚤济[17]；久立于缀，所以待诸侯之至也。今汝独未闻牧野之语[18]乎？武王克[19]殷，而反[20]商之政，未及下车，则封黄帝之后于蓟[21]，封帝尧之后于祝[22]，封帝舜之后于陈[23]；下车，又封夏后氏之后于杞[24]，封殷之后于宋[25]，封[26]王子比干之墓，释箕子之囚[27]，使人行商容之旧[28]，以复其位，庶民施政[29]，庶士倍禄[30]。既济河西[31]，马散[32]之华山之阳[33]，而弗复乘，牛散之桃林[34]之野，而弗复服，车甲[35]则衅[36]之而藏诸府库[37]，以示弗复用。倒载干戈，而包之以虎皮[38]；将率[39]之士，使为诸侯，命之曰鞬櫜[40]，然后天下知武王之不复用兵也。散军而修郊射[41]，左射以《狸首》，右射以《驺虞》[42]，而贯革之射息也[43]；裨冕搢笏，而虎贲之士脱剑[44]；郊祀后稷，而民知尊父焉；配[45]明堂[46]，而民知孝焉；朝觐，然后诸侯知所以臣；耕藉，然后民知所以敬亲[47]。六者[48]，天下之大教也。食三老五更于太学[49]，天子袒[50]而割牲，执酱而馈[51]，执爵而酳[52]，冕而总干[53]，所以教诸侯之悌也。如此，则周道四达[54]，礼乐交通[55]。夫《武》之迟久，不亦宜乎？"

【注释】

[1] 免席：避席，离席。古人席地而坐，离席而起，表示尊敬。

[2] 既闻命矣：冈白驹补注："以孔子是其言，为闻命，盖谦辞也。"

[3] 迟(zhì)矣，而又久立于缀：指表演者站在舞位上久久不动。迟，等待。缀，指表演者所处的位置。

[4] 尔：你。

[5] "夫乐者"二句：王肃注："象成功而为乐。"

[6] 总干而山立：王肃注："总持干，若山立不动。"冈白驹补注："总，持。干，盾也。山立，正立也。象武王持盾正立，待诸侯也。"

[7]"发扬蹈厉"二句：王肃注："志在鹰扬。"

[8]《武》乱皆坐：王肃注："《武》乱，《武》治，皆坐而以象安民无事也。"乱，指乐舞的末章。

[9]邵：即召公。

[10]成：指乐曲的一个段落。冈白驹补注："成，犹奏也。每奏《武》曲一终为一成。"

[11]三成而南反：王肃注："诛纣已而南也。"

[12]四成而南国是疆：王肃注："言有南国以为疆界。"

[13]"五成而分陕"二句：王肃注："分东西而治也。"冈白驹补注："陕，地名，古虢国也。自陕而东者，周公主之。自陕而西者，召公主之。"西周初年，依陕（今河南陕县）为界，周公旦统辖以东（左）的东方诸侯，邵（召）公奭则统辖以西（右）的西方诸侯。这个统治区域的划分，后来相沿很久。

[14]"六成而复缀"二句：王肃注："以象尊天子也。凡成，谓舞之节解也。"冈白驹补注："复缀，反位止也。反位而立，所以尊天子也。"千叶玄之标笺："《礼注》：初自南第一位而北，至第二位，故云'始而北出'也。此是一成。再成，则舞者从第二位至第三位，象灭商也。三成，则舞者从第三位至第四位，极于北而反乎南，象克殷还也。四成，则从北头第一位却至第二位，象伐纣之后，疆理南方之国也。五成，则舞者从第二位至第三位，乃分左右，象周公居左、召公居右也。六成，则舞者从第三位而复于南之初位，乐至六成而复初位，象武功而归。"

[15]众夹振之而四伐：王肃注："夹武王四面会，振威武。四伐者，伐四方与纣同恶也。"夹振，指舞队两边有人夹着舞者摇动金铎（古代用来传布命令的大铃），表示周武王伐纣时鼓动士气的情节。四伐，指舞者按铎声的节奏向四方击刺，以表示周武王东讨西伐，南征北战，威震四方。伐，一刺一击叫一伐。

[16]分郏：王肃注："所以分郏而蚤进者，欲事蚤成。"郏，周朝东都。一作"夹"。

[17]济：成功。

[18]牧野之语：指关于牧野之战的传说。周武王兴师伐纣，与殷商军队大战于牧野。商军倒戈，纣自杀，殷商灭亡。

[19]克：战胜。

[20]反：一反，改变。

[21]蓟(jì)：在今北京西南角，后为燕国都城所在地。

[22]祝：在今山东济南西南，后为齐所灭。

[23]陈:在今河南淮阳。

[24]杞:国名。在今河南省杞县,相传周武王封夏虞后代东楼公于此。

[25]封殷之后于宋:王肃注:"武王伐殷,封其子禄父。武王崩,禄父叛,周公诛之,封微子于宋,以为殷后。禄父不成殷后,故成言之。"太宰纯增注:"蓟、祝、陈、杞、宋,皆国名。"

[26]封:积土为坟。

[27]释箕(jī)子之囚:商纣王的叔伯父,官至太师,封于箕(今山西太谷东北)。曾劝谏纣王,纣王不听,并将其囚禁,后被周武王释放留镐京。

[28]使人行商容之旧:商容为殷之贤人。旧,旧职。

[29]庶民施政:王肃注:"解其力役之事。"施,同"弛",废除。

[30]庶士倍禄:士的俸禄增加一倍。

[31]既济河西:指周武王灭商之后,率军南渡黄河,西还镐京。济,渡。河,黄河。

[32]散:放。

[33]华山之阳:华山之南。

[34]桃林:古时要塞。在今河南灵宝以西,陕西潼关以东地区。传为周武王放牛处。

[35]车甲:战车与铠甲。

[36]衅(xìn):古时新制器物成,杀牲以祭,遂用其血涂缝隙,称为衅。

[37]藏诸府库:收藏在国家的仓库之中。

[38]"倒载干戈"二句:太宰纯增注:"郑玄曰:'包干戈以虎皮,明能以武服兵也。'"

[39]率:通"帅",主将。

[40]鞬櫜(jiàn gāo):本指盛弓箭的器具,此指闭藏兵甲。

[41]修郊射:王肃注:"郊有学宫,可以习礼。"

[42]"左射以《狸首》"二句:《狸首》、《驺虞》,皆为乐章之名。

[43]而贯革之射息也:冈白驹补注:"贯革之射,穿甲革也。射有礼射,有贯革射,有主皮射。礼射主礼乐,大射、宾射、燕射,是也。贯革射主力,军旅所用也。主皮射主中,搜狩所用也。"

[44]"裨冕搢(jìn)笏(hù)"二句:王肃注:"衮冕之属,通谓之裨冕。脱剑,解剑也。"冈白驹补注:"裨冕,入庙之服也。搢,插也。"太宰纯增注:"郑玄曰:'搢,犹插也。贲(bēn),愤怒也。'"裨,古

代祭祀时穿的次等礼服。搢笏,插笏版于腰带上。

　　[45] 配:配享。

　　[46] 明堂:古代帝王宣明政教的地方。凡朝会、祭祀、庆赏、选士、养老、教学等大典,均在此举行。

　　[47]"耕藉(jì)"二句:古时天子、诸侯征用民力耕种的田,相传天子藉田千亩,诸侯百亩。每逢春耕前,由天子、诸侯执耒耜在籍田上三推或一拨,称作"藉礼",以示重农。

　　[48] 六者:冈白驹补注:"郊射也,裨冕也,郊祀也,祀明堂也,朝觐也,耕藉也。"

　　[49] 食(sì)三老五更于太学:古代朝廷设三老五更之位,天子以父兄之礼养之,以示敬老。冈白驹补注、太宰纯增注并云:"郑玄云:'三老,五更,互言之耳。皆老人更知三德五事者也。'"食,拿食物给人吃,引申为招待,供养。

　　[50] 袒:脱去左袖而露出肩臂。

　　[51] 执酱而馈:端着肉酱给三老五更献食。

　　[52] 执爵而酳(yìn):古代宴会或祭祀时的一种礼节,即食毕以酒漱口。爵,古代的酒器。酳,以酒漱口。

　　[53] 冕而总干:亲自戴上帽子,手持盾牌跳舞。

　　[54] 周道四达:周的政教畅达于四方。

　　[55] 礼乐交通:礼乐通行各处。

【译文】

　　宾牟贾起身,离开坐席,向孔子请教说:"《武》舞开始前长时间地击鼓警戒众人的象征意义,承您提问并对我的解答予以肯定,我也受教了。我还有一些未明白的地方,反要向您请教。请问《武》舞开始后表演者站在舞位上,长时间地等待,这是什么意思呢?"孔子说:"请坐下,我来告诉你。乐舞是来表现事业成功的。手执盾牌,如大山般站立,象征武王稳重的做事风格。忽然猛烈地手舞足蹈,象征姜太公的雄心壮志。《武》舞的末章全体表演者整齐跪坐,象征周公旦、召公奭辅佐武王治理国家的成功。再说《武》舞的章节,第一章表示武王出征北上;第二章表示武王灭商;第三章表示功成后南下;第四章表示拥有了南方诸国;第五章表示以陕为界,将国家分而治之,周公治理东方,召公治理西方；第六章中表演者都回到原来的舞位，表示天下诸侯前来朝拜，尊崇天子。表演当中，有表演者在舞者的两边摇动金铎，舞者则挥动矛戈随着铎声有节奏地向四方刺击，表示讨伐与纣同恶的四方诸侯，从而显示了周武王的军队威震中国。舞者随后又分成两列前进，就像分郏而治，这表示战事早已成功。至于表演刚开始时，表演者站在舞位上，长时间地等待，那是在表示武王等待各路诸侯前来会师。你难道还没听说过牧野战役的故事吗？周武王攻克了殷都朝歌，就一改原来的殷纣王的暴政。还没走下战车进商都，就把黄帝的后裔分封到蓟地，把帝尧的后裔分封到祝地，把帝舜的后裔分封到陈地；到达商都下车后又把夏后氏的后裔分封到杞地，把殷商的后裔分封到宋地，增修了王子比干的墓地，释放了被囚禁的箕子，派人去寻找商容并恢复了商容的官职，解除百姓所担负的苛政，士的俸禄增加一倍。随后渡过黄河后西行，将驾车的马散养在华山的南坡而不再乘用，将拉辎重的牛散养在桃林的原野上而不再使用，战车铠甲则涂上牲血收藏在府库里，表示不再使用，将盾牌、长矛等倒置并包上虎皮，分封将帅为各地诸侯，这一系列的活动称之为'鞬櫜'，即封存战备。从此以后，天下人都知道周武王不再用兵打仗了。武王解散军队而让他们在郊区的学官里学习射礼。在东郊学官习射的时候，奏《狸首》乐来节射，在西郊学官习射的时候，奏《驺虞》乐来节射，可以贯穿皮革盔甲的杀射就停止不举行了。臣子们身穿礼服，头戴官帽，腰插笏版，勇猛的战士的佩剑就解除了。在南郊祭祀后稷，使百姓懂得尊父。在明堂祭祀上帝而配享先祖，使百姓懂得孝道。实行朝拜觐见之礼，诸侯就懂得了如何为臣。亲自参加耕藉之礼，百姓就知道如何尊敬父母。这郊射、裨冕、郊祀、配明堂、朝觐、耕藉六方面，是天下最重要的政教。在太学中供养三老五更，天子袒露左臂，亲自切割牲肉，端着肉酱向他们献食，食毕，又亲自端着酒爵请他们净口，而后，天子亲自戴上官冕，手执盾牌，跳起舞蹈，向他们表示慰问，这样做是为了教导诸侯敬重兄长。这样一来，周朝的政教就畅达四方，礼乐通行各处。因此，《武》舞的表演持续很长时间，不也是理所应当的吗？"

问玉第三十六

子贡问于孔子曰[1]:"敢问君子贵玉而贱珉[2],何也?为玉之寡而珉之多欤?"孔子曰:"非为玉之寡故贵之,珉之多故贱之。夫昔者君子比德于玉[3]:温润而泽,仁也[4];缜密以栗,智也[5];廉而不刿,义也[6];垂之如坠,礼也[7];叩之其声清越[8]而长,其终则诎然[9],乐也;瑕不掩瑜,瑜不掩瑕,忠也[10];孚尹旁达,信也[11];气如白虹,天也[12];精神见于山川,地也[13];珪璋特达,德也[14];天下莫不贵者,道也。《诗》云:'言念君子,温其如玉[15]。'故君子贵之也。"

【注释】
  [1]本记载又见于《礼记·聘义》、《荀子·法行》。
  [2]珉(mín):指如玉的美石。
  [3]比德于玉:以玉的品质比附人的德性。
  [4]"温润而泽"二句:指玉温和柔润的品质像仁。
  [5]"缜密以栗"二句:指玉细致精密而坚实的品质像智。
  [6]"廉而不刿(guì)"二句:指玉有棱角却不伤人的品质像义。廉,有棱角。刿,割伤。
  [7]"垂之如坠"二句:指玉悬垂下坠显得谦卑有礼。王肃注:"礼尚谦卑。"
  [8]清越:清脆悠扬。
  [9]诎(qū)然:戛然而止的样子。
  [10]"瑕不掩瑜"三句:冈白驹补注:"瑕,玉之疵也。瑜,其中间美者。玉之性,善恶不相掩似忠。"
  [11]"孚尹旁达"二句:指玉色晶莹通透的品质像信。孚尹,玉的色

彩。郑玄曰:"孚,读为浮。尹,读如竹箭之筠。浮筠,谓玉采色也。采色旁达,不有隐翳,似信也。"

[12]"气如白虹"二句:冈白驹补注:"虹,天气也。玉白气似天白气。"

[13]"精神见于山川"二句:王肃注:"精神本出山川,是故象地。"冈白驹补注:"精神,精气也。玉之精气,彻见于山川。"

[14]"珪璋特达"二句:古代聘享之礼所用玉器有珪、璋、璧、琮。献璧、琮时都需要有衬垫物,即加放在束帛上奉献;而珪、璋因其贵重,无需衬垫,而是直接奉上,故曰"特达"。特,有"独"义。

[15]"言念君子"二句:语出《诗·秦风·小戎》。

【译文】
子贡问孔子说:"为什么君子把玉看得尊贵而把珉看得轻贱呢?是因为玉少而珉多吗?"孔子说:"不是因为玉少而把玉看得尊贵,珉多而把珉看得轻贱。以前,君子以玉的品质比附人的德性:玉温和柔润而有光泽,像仁;细致精密而坚实,像智;有棱角而不伤人,像义;悬垂下坠,像礼;敲打它,发出清脆悠扬的声音,结束时戛然而止,像乐;玉的斑点不掩盖玉的光泽,玉的光泽不掩盖玉的斑点,像忠;玉的颜色晶莹剔透,通达于四方,像信;玉的光气如同白色长虹,像天;精气弥漫于山川之间,像地;玉做的珪、璋不需凭借他物可单独送达主君,像德;玉是天下所尊贵的,像道。《诗》说:'想念我那夫君,他温和柔润如玉一般。'所以君子以玉为贵。"

孔子曰:"入其国,其教可知也[1]。其为人也,温柔敦厚,《诗》教也[2];疏通知远,《书》教也[3];广博易良,《乐》教也[4];洁静精微,《易》教也[5];恭俭庄敬,《礼》教也[6];属辞比事,《春秋》教也[7]。故《诗》之失,愚[8];《书》之失,诬[9];《乐》之失,奢[10];《易》之失,贼[11];《礼》之失,烦[12];

《春秋》之失，乱[13]。其为人也，温柔敦厚而不愚，则深于《诗》者矣；疏通知远而不诬，则深于《书》者矣；广博易良而不奢，则深于《乐》者矣；洁静精微而不贼，则深于《易》者矣；恭俭庄敬而不烦，则深于《礼》者矣；属辞比事而不乱，则深于《春秋》者矣。天有四时，春夏秋冬，风雨霜露，无非教也[14]。地载神气，吐纳雷霆，流形庶物，无非教也[15]。清明在躬，气志如神[16]，有物将至，其兆必先[17]。是故天地之教，与圣人相参[18]。其在《诗》曰：'嵩高惟岳，峻极于天。惟岳降神，生甫及申。惟申及甫，惟周之翰。四国于蕃，四方于宣[19]。'此文、武之德也[20]。'矢其文德，协此四国[21]。'此文王之德也。凡三代之王，必先其令问[22]。《诗》云：'明明天子，令问不已[23]。'三代之德也。"

【注释】

[1]"入其国"二句：诸侯的封地称国。教，教化。本节记载又见于《礼记·经解》、《礼记·孔子闲居》、《淮南子·泰族训》、《韩诗外传》卷五。

[2]"温柔敦厚"二句：孔颖达云："温，谓颜色温润。柔，谓情性和柔。《诗》依违讽谏，不指切事情，故云'温柔敦厚'，是《诗》教也。"温，表情温和。柔，性情柔顺。敦厚，心地敦实厚朴。

[3]"疏通知远"二句：冈白驹补注："《书》记治，古政事之迹。"孔颖达云："《书》录帝王言诰，举其大纲，事非繁密，是疏通。上知帝皇之世，是知远也。"疏通，能识得事之大体。知远，博古通今而有远见。

[4]"广博易良"二句：冈白驹补注："《乐》以和同为体，同故广博，和故易良。"孔颖达云："《乐》以和通为体，无所不用，是广博。简易良善，使人从化，是易良。"广博，心胸豁达。易良，性情平易

善良。

　　[5]"洁静精微"二句：冈白驹补注："《易》尽进退变化，圣人以此洗心，退藏于密。"孔颖达云："《易》之于人，正则获吉，邪则获凶，不为淫滥，是洁静。穷理尽性，言入秋毫，是精微。"洁静，内心洁净。精微，精察隐微。

　　[6]"恭俭庄敬"二句：孔颖达云："《礼》以恭逊节俭、齐庄敬慎为本，若人能恭敬节俭，是《礼》之教也。"恭俭，恭敬、节俭。庄敬，斋庄、敬慎。

　　[7]"属（zhǔ）辞比事"二句：太宰纯增注："郑玄曰：'属，犹合也。《春秋》多记诸侯朝聘会同，有相接之辞，罪辩之事。'"冈白驹补注："比，犹叙也。《春秋》言约而意深，善属辞令，能比叙事，《春秋》教也。何孟春云：'或曰：《春秋》夫子所修，而此云教者，何也？曰：考《晋语》，司马侯对悼公，已有羊舌肸习于《春秋》之语矣。又《楚语》，申叔时曰，教之《春秋》，而为之耸善而抑恶焉。是时夫子未作《春秋》，盖《春秋》自周史之法也，夫子修之，皆因其策书，义之所在，时加润饰焉耳。犹《诗》、《书》、《乐》、《易》、《礼》之前，已有教也。'"属辞，连缀外交文辞。比事，褒贬事情之是非。

　　[8]"故《诗》之失"二句：太宰纯增注："郑玄曰：'失，谓不能节其教者也。'"冈白驹补注："失，谓学之者，不能节其教者也。《诗》敦厚近愚。"愚，谓愚昧不明。

　　[9]"《书》之失"二句：冈白驹补注："《书》知远，近诬。"诬，言过其实。

　　[10]"《乐》之失"二句：冈白驹补注："广博易良，而不知和之有节。"奢，奢侈浪费。

　　[11]"《易》之失"二句：冈白驹补注："郑玄云：'《易》主精微，爱恶相攻，远近相取，则不能容人，近于伤害。'"千叶玄之标笺："《礼注》应氏曰：沉潜思索，多自耗蠹，且或害道，故曰失贼。"贼，迷信害人。

　　[12]"《礼》之失"二句：冈白驹补注："惟务礼数，而不知其中，失于烦扰。"烦，繁琐烦扰。

　　[13]"《春秋》之失"二句：冈白驹补注："褒贬过当近乱。此皆非六经之失，不善学者之罪也。"乱，乱加褒贬，失其准则。

　　[14]"天有四时"四句：上天无私，有四季变化，春生夏长，秋收冬藏，普降风雨霜露，从而生育万物，由此可以体悟到教化之理。冈白驹补注："四时风雨，寒暖不同，而同于成物，无非教也。"此上见《礼

记·经解》、《淮南子·泰族训》，此下见于《孔子·孔子闲居》、《韩诗外传》卷五。

[15]"地载神气"四句：大地无私，承载着神妙的大气，大气的流动形成雷电，雷电又鼓动云气，使万物在其滋润下繁育。由此可以体悟到教化之理。冈白驹补注："《易》云：'雷出地奋。'又云：'雷入地中。'流，布也。雷出则万物出，雷入则万物入。《易》云：'雷以动之。'故云流形庶物，入则除害，出则兴利，无非教也。"

[16]"清明在躬"二句：郑玄注："清明在躬，气志如神，谓圣人也。"孔颖达云："清明在躬者，清谓清静，明谓显著。言圣人清静光明之德在于躬身。气志如神者，气志变化，微妙如神，谓文、武也。"

[17]"有物将至"二句：王肃注："物，事也。言有事将至，必先有兆应之者也。"

[18]参：配合。

[19]"嵩高惟岳"八句：语出《诗·大雅·崧高》。嵩，《诗》作"崧"，高。峻，大。极，至。甫，甫侯。申，申伯。翰，通"干"，骨干，栋梁。

[20]此文、武之德也：王肃注："言文武圣德，笃佑周家，天为之生良佐，成中兴之功。"

[21]"矢其文德"二句：语出《诗·大雅·江汉》。文德，文治之德。四国，四方之国。

[22]问：通"闻"，声誉。

[23]"明明天子"二句：语出《诗·大雅·江汉》。明明，犹勉勉，勤勉。令，善。

【译文】

孔子说："进入一个诸侯的封国，这个地方的教化情况就可以知道了。如果那里的人们表情温和，性情柔顺，心地敦实厚朴，就是用《诗》来教化的结果；能识得事之大体，博古通今而有远见，就是用《书》来教化的结果；心胸豁达，性情平易善良，就是用《乐》来教化的结果；内心洁净，精察隐微，就是用《易》来教化的结果；恭敬、节俭，斋庄、敬慎，就是用《礼》来教化的结果；连缀外交文辞，褒贬事情是非，就是用《春秋》来教化的结果。如果不加以节制，六经的教化就会出现偏失。用《诗》教化的不足在于容易导致愚昧不明，以《书》教化的不足在于容易导致言过其实，以《乐》教化的不足在于容易导致奢侈浪费，以《易》教化的不足在于容易导致迷信害人，以《礼》教化的不足在于容易导致繁琐烦扰，以《春秋》教化的不足在于容易导致乱加褒贬。为人如果表情温和，性情柔顺，心地敦实厚朴又能不愚昧不明，那就是深刻地理解了《诗》；能识得事之大体，博古通今富有远见而不言过其实，就是深刻理解了《书》；心胸豁达，性情平易善良而不奢侈浪费，就是深刻理解了《乐》；内心洁净、精察隐微而不迷信害人，就是深刻理解了《易》；恭敬、节俭，斋庄、敬慎而不繁琐烦扰，就是深刻理解了《礼》；连缀外交文辞，褒贬事情是非而不乱加褒贬，就是深刻理解了《春秋》。上天无私，有四季变化，春生，夏长，秋收，冬藏，普降风雨霜露，从而生育万物，由此可以体悟到教化之理。大地无私，承载着神妙的大气，大气的流动形成雷电，雷电又鼓动云气，使万物在其滋润下繁育。由此可以体悟到教化之理。圣王自身怀有清净光明之德，气志如有神助，将要有所作为，一定先有征兆出现。所以天地的教化与圣人之举相互配合相辅相成。如《诗》上所说：'山岳高大崔巍巍，高高直耸入云天。降下神灵和气来，甫侯申伯生人间。正是申伯与甫侯，捍卫周朝是中坚。四方各国来屏卫，天子之德得以宣。'这就是周文王、周武王的德行。'广布他的文德，协和四方诸国。'这是周文王的德行。三代圣王，称王之前一定先有美誉。《诗》中说：'勤勉的天子，美誉不断。'这是三代圣王的德行啊。"

子张问圣人之所以教[1]。孔子曰："师乎，吾语汝。圣人明于礼乐，举而措[2]之而已。"子张又问。孔子曰："师，尔以为必布几筵[3]，揖让升降，酌献酬酢[4]，然后谓之礼乎？尔以为必行[5]缀兆[6]，执羽籥[7]，作[8]钟鼓，然后谓之乐乎？言而可履[9]，礼也；行而可乐[10]，乐也。圣人力[11]此二者，以躬己南面[12]。是故，天下太平，万民顺伏[13]，百官承事[14]，上下有礼也。夫礼之所以兴，众之所以治也；礼之所以废，众之所以乱也。目巧之室，则有隩阼[15]，席则有上下，车则有左右[16]，行则并随，立则有列序[17]，古之义也。室而无隩阼，则乱于堂室矣；席而无上下，则乱于席次矣[18]；车而无左右，则乱于车上矣；行而无并随，则乱于阶途矣[19]；列而无次序，则乱于著矣[20]。昔者明王圣人，辨贵贱长幼，正男女内外，序亲疏远近，而莫敢相逾越[21]者，皆由此途[22]出也。"

【注释】
　　[1]子张问圣人之所以教：此记载又见于《礼记·仲尼燕居》。子张，姓颛孙，名师。
　　[2]措：施行。
　　[3]布几筵(yán)：布列几案，铺摆坐席。几，几案。筵，古人席地而坐时铺的席。
　　[4]酌献酬酢(zuò)：酌，斟(酒)，饮(酒)。献，献酒。酬，主人向客人敬酒。酢，客人向主人敬酒。
　　[5]行(háng)：行列。此用为动词，排次行列。
　　[6]缀兆：舞者的行列位置。
　　[7]执羽籥(yuè)：羽籥，舞者所持的舞具和乐器。
　　[8]作：鼓动。
　　[9]履：实行。
　　[10]乐(lè)：愉快，快乐。
　　[11]力：致力，尽力。
　　[12]躬己南面：心存恭敬，端正己身，南面而坐。太宰纯增注："躬，当为'恭'，声之误也。"《论语·卫灵公》："无为而治者，其舜也与？夫何为哉？恭己正南面而已矣。"可参读。
　　[13]顺伏：归顺信服。
　　[14]承事：担当职事，这里是尽职尽责的意思。
　　[15]"目巧之室"二句：王肃注："言目巧作室，必有隩阼之位。室西南隅谓之隩。阼，阼阶也。"徐锴《说文解字系传》："为巧必遵规矩法度，然后为工。否则，目巧也。"目巧之室，指古时尚未有成熟的建

筑法度时，工匠只是根据目测巧思而建的房子。隩（ào），室中的西南角，长辈居住，且是供奉家神之处，是尊贵的位置。阼，东面的台阶，主人迎接宾客的地方。

[16] 车则有左右：冈白驹补注："御者居左，尊者居中，从者居右。"

[17] "行则并随"二句：冈白驹补注："少者在从相随。列，行列也。序，次序也。"

[18] "席而无上下"二句：坐席如果没有上下长幼的区别，那么就会导致坐席的失序。

[19] "行而无并随"二句：走路如果没有规定何时并行何时随行，就会导致台阶道路上的混乱。

[20] "列而无次序"二句：站列如果没有次序，就会导致门屏之间的混乱。

[21] 逾越：超越各自应该恪守的规矩、职分。

[22] 途：道。此指礼乐。

【译文】

子张向孔子请教圣人是怎样进行教化的。孔子说："师呀，我告诉你。圣人精通并清楚礼乐的功能，设置并施行它们而已。"子张没有明白，又问。孔子说："师啊，你以为必须布列几案，铺摆坐席，作揖谦让，上下走动，酌酒献客，相互敬酒，这才叫作礼吗？你以为必须排次舞者的行列位置，手拿羽籥等舞具、乐器，鼓动钟鼓，这才叫作乐吗？说的话能实行，这就是礼。做起来感到快乐，就是乐。圣人致力于这二者，心存恭敬，端正己身，南面而坐。于是天下太平，万民顺服，百官尽职，上下有礼。礼制兴盛，百姓就会得以治理；礼制废弛，社会就会混乱。在没有成熟的建筑法度之时，用目测巧思而建造的房屋，也有内室与台阶之分，坐席也要分上下，乘车也要分左右，走路也有先后，站立也要有次序，这是上古时代就有的道理。房屋没有主位的设置，就会导致堂室中的宾主的混乱；坐席如果没有上下宾主的区别，那么就会导致坐席的失序；乘车不分左右中的主客之位，就会导致乘车的混乱；走路如果没有规定何时并行何时随行，就会导致台阶道路上的混乱；站列如果没有次序，就会导致门屏之间的混乱。以前明王圣人区分贵贱长幼，端正男女内外之别，排次亲疏远近关系，没有敢逾越的各自的规矩与职分的，都是根据礼乐来的。"

屈节解第三十七

子路问于孔子曰："由闻丈夫[1]居世[2]，富贵不能有益于物[3]，处贫贱之地[4]，而不能屈节以求伸[5]，则不足以论乎人之域[6]矣。"孔子曰："君子之行己[7]，期[8]于必达[9]。于己[10]可以屈则屈，可以伸则伸[11]。故屈节者，所以有待[12]；求伸者，所以及时[13]。是以虽受屈而不毁其节，志达而不犯于义[14]。"

【注释】
　　[1] 丈夫：成年男子的通称。
　　[2] 居世：处世。
　　[3] 富贵不能有益于物：王肃注："以道济物，不为身也。"
　　[4] 地：境地。
　　[5] 屈节以求伸：冈白驹补注："求伸于道也。"屈节，折节，委曲气节，即委曲自我。《论语·里仁》："富与贵，是人之所欲也，不以其道得之，不处也；贫与贱，是人之所恶也，不以其道得之，不去也。"可与此对读。
　　[6] 域：境界。
　　[7] 行己：立身行事。
　　[8] 期：期望，追求。
　　[9] 达：显达，顺遂，这里指"达道"，实现道。
　　[10] 于己：一本属上读，亦通。
　　[11] "可以屈则屈"二句：冈白驹补注："唯视其时。"《易·艮·象传》："时止则止，时行则行，动静不失其时，其道光明。"可与此参读。

[12] 有待：王肃注："待知己也。"
[13] 及时：抓住机遇。王肃注："及良时也。"及，赶上。
[14] 志达而不犯于义：王肃注："合义乃行。"志，志向，理想。犯，违背，违犯。

【译文】
子路请教孔子说："我听说成年男子活在世上，富贵时不能以道济世，利于万物，身处贫贱的境地时又不能折节以求得伸展，那就算不得人了。"孔子说："君子立身行事，希望一定要让道通达，对于自己，该屈抑的时候屈抑，该伸直的时候伸直。所以折节是因为有所期待，寻求伸展是要抓住机遇。因此即使受到压抑时也不败坏气节，理想实现时也不违背道义。"

孔子在卫[1]，闻齐国田常将欲为乱[2]，而惮[3]鲍、晏[4]，因欲移其兵以伐鲁。孔子会[5]诸弟子而告之曰："鲁，父母之国[6]，不可不救，不忍视其受敌。今吾欲屈节于田常以救鲁，二三子谁为使[7]？"于是子路曰："请往焉。"孔子弗许。子张请往，又弗许。子石[8]请往，又弗许。三子退，谓子贡曰："今夫子欲屈节以救父母之国，吾三人请使而不获[9]往。此则吾子用辩[10]之时也，吾子盍[11]请行焉？"子贡请使，夫子许之。

【注释】
[1] 孔子在卫：冈白驹补注："时哀十一年，孔子年六十八。"此记载又见于《史记·仲尼弟子列传》、《吴越春秋·夫差内传》、《越绝书·陈恒传》，又略见于《墨子·非儒》。
[2] 田常将欲为乱：王肃注："专齐，有无君之心也。"田常，即陈恒，齐大夫，谥成子。
[3] 惮：忌惮。

[4] 鲍、晏：鲍氏、晏氏，齐国卿大夫。
[5] 会：聚集，会集。
[6] 父母之国：又作"父母之邦"，犹今语"祖国"。
[7] 使：使者。
[8] 子石：太宰纯增注："子石，公孙龙也。"
[9] 获：获许。
[10] 辩：辩才。
[11] 盍：何不。

【译文】
　　孔子在卫国，听说齐国的田常将要作乱专权，却忌惮鲍氏、晏氏的势力，因此想转移他们的军队去攻打鲁国。孔子召集各位弟子，告诉他们说："鲁国，是我的祖国，不能不救，不忍心看到它被侵犯。现在我想向田常屈节来拯救鲁国，你们谁去出使？"于是子路说："请让我前往齐国。"孔子不答应。子张请求去，孔子也不答应。子石请求去，孔子也没答应。三个人退出来，对子贡说："现在老师要屈节来拯救自己的祖国，我们三人想要出使，却没获准前往，这正是你施展辩才的时候，你何不请求出使？"子贡请求出使，孔子答应了。

　　遂如[1]齐，说[2]田常曰："今子欲收功[3]于鲁，实难，不若移兵于吴则易。"田常不悦。子贡曰："夫忧[4]在内者攻强，忧在外者攻弱。吾闻子三封而三不成[5]，是则大臣不听[6]。今[7]战胜以骄主[8]，破国以尊臣[9]，而子之功不与[10]焉，则交日疏于主，而与大臣争。如此，则子之位危矣。"田常曰："善！然兵业[11]已加[12]鲁矣，不可更，如何？"子贡曰："缓师，吾请救于吴，令救鲁而伐齐，子因以兵迎之。"田常许诺。

【注释】

　　[1] 如：往。

　　[2] 说(shuì)：说服，游说。

　　[3] 收功：取得成功。这里指打败鲁国。

　　[4] 忧：忧患。

　　[5] 三封而三不成：太宰纯增注："先儒皆云：其事未闻。"三，多次。封，帝王以爵位、土地、名号等赐人，这里指受封。

　　[6] 大臣不听：大臣有不听命者，亦即有人从中作梗。此乃内忧。

　　[7] 今：假设连词，犹"假如"、"如果"。

　　[8] 骄主：让君主骄纵。

　　[9] 破国以尊臣：王肃注："鲍、晏等率师，若破国则臣尊矣。"

　　[10] 与：通"举"，成就。

　　[11] 业：已经。

　　[12] 加：施加。这里指已经发兵进攻。

【译文】

　　于是子贡前往齐国，劝说田常道："现在你要打败鲁国，确实困难，不如转移军队对付吴国，就容易了。"田常很不高兴。子贡说："忧患在内部时，就攻打强者；忧患在外部时，就攻打弱者。我听说你多次受封都没能成功，这是大臣们从中作梗，不听令的结果。如果这一仗打胜了会使君主骄纵，鲁国灭亡了会使鲍氏、晏氏等大臣尊贵，而其中没有你的功劳，那么，你与君主的交情就会一天天地疏远，却要与大臣们争斗，这样的话，你的处境就危险了。"田常说："好！可军队已经派往了鲁国，没法更改了，怎么办？"子贡说："你先延缓进军，我请求吴国，让他们救援鲁国而攻打齐国，你就趁机出兵迎击。"田常答应了。

　　子贡遂南，说吴王[1]曰："王者不灭国，霸者无强敌。千钧之重，加铢两而移[2]。今以齐国而私千乘之鲁[3]，与吴争强，甚为王患[4]之。且夫救鲁以显名，以抚泗上诸侯[5]，诛[6]暴齐以服晋，利莫大焉。名存亡鲁[7]，实困强齐，智者不疑。"吴王曰："善！然吴常困越[8]，越王[9]今苦身[10]养士，有报吴之心。子待我伐越，然后乃可。"子贡曰："越之劲不过鲁，吴之强不过齐，而王置[11]齐而伐越，则齐必私[12]鲁矣。王方以存亡继绝[13]之名，弃强齐而伐小越，非勇也。勇者不避难，仁者不穷约[14]，智者不失时，义者不绝世。今存越，示天下以仁，救鲁伐齐，威加晋国，诸侯必相率而朝，霸业成矣。且王必恶[15]越，臣请见越君，令出兵以从，此则实害越，而名从诸侯以伐齐。"吴王悦，乃遣子贡之[16]越。

【注释】

[1] 吴王：夫差。

[2]"千钧之重"二句：钧、两、铢，均为古代的重量单位，二十四铢为两，十六两为斤，三十斤为钧，四钧为石。千钧形容重，铢两常用来形容轻。

[3]"今以齐国而私千乘(shèng)之鲁"句：按周制，天子地方千里，出兵车万乘；诸侯地方百里，出兵车千乘。至东周时期，礼坏乐崩，春秋强国争霸，霸主如齐晋等大国已拥有万乘。西周始封时，鲁国因是周公封国，列为"班长"，地位尊崇。至春秋时期，齐晋争霸，鲁沦落为中等国家，依然为千乘。以，因为。私，据为私有，侵吞的意思。乘，车子，春秋战国时多指战车，一车四马。

[4] 患：忧虑，担心。

[5] 泗上诸侯：指泗水流域的若干个中小诸侯国。大体包括如下：宋国(今河南商丘)、鲁国(今山东曲阜)、卫国(今河南濮阳)、邾国(今山东邹城)、薛国(今山东枣庄薛城)、郳国(今山东滕州东)、滕国(今山东滕州)、莒国(今山东莒县)、任国(今山东济宁任城)、郯国(今山东郯城)、邳国(今江苏邳州)等。王肃注："泗，水名也。"源于今山东省泗水县东，由于四源并发，故名泗水。泗上，泛指泗水北岸的广大地域。

[6] 诛：讨伐。

[7]亡鲁：即将被灭亡的鲁国。

[8]吴常困越：太宰纯增注："吴常，《史记》作'吾尝'，是也。'困越'作'与越战，栖之会稽'。"冈白驹补注："常，读为'尝'。"

[9]越王：勾践。

[10]苦身：即《史记·越王句践世家》所载"吴既赦越，越王句践反国，乃苦身焦思，置胆于坐，坐卧即仰胆，饮食亦尝胆也"之类也。

[11]置：舍。

[12]必私：太宰纯增注："必私，《史记》作'已平'。"

[13]存亡继绝：使灭亡之国得以复存，使断绝之祀得以延续。冈白驹补注："于时吴欲修霸业。"

[14]不穷约：不令困约至于穷。

[15]恶：冈白驹补注："恶，犹畏也。"

[16]之：往。

【译文】

子贡于是南下，劝说吴王夫差："实行王道者不会使别国灭绝，实行霸道者不能让强敌出现。千钧的重量，即使加上一铢一两，重量也发生了变化。现在强盛的齐国若再侵吞拥有千辆战车的鲁国，来和吴国一较高低，我很为大王忧心啊。况且救援鲁国，可以显扬名声，来安抚泗水流域的中小诸侯，讨伐强暴的齐国，来震慑强大的晋国，没有比这样获得利益再大的了。名义上保全了处于危亡的鲁国，实际上遏制了强齐的扩张，这道理，聪明的人是不会怀疑的。"吴王说："好！可是，吴国曾经围困越国，越王现在正自我励志，蓄养贤士，有报复我们的打算，你等我先讨伐完越国，然后再按你说的去做。"子贡说："越国的力量不如鲁国，吴国的强盛赶不过齐国，大王把齐国搁置在旁，却去讨伐越国，那么齐国一定早吞并了鲁国。大王正打着使灭亡之国得以复存，使断绝之祀得以延续的旗号，却放弃强大的齐国，而攻打弱小的越国，这不是勇敢。勇敢的人不回避困难，仁慈的人不使别人陷入困境，聪明的人不会失掉时机，道义的人不断人后嗣。现在保存越国来向天下显示您的仁义，救援鲁国、讨伐齐国，威名震慑晋国，各国诸侯一定会竞相到吴国朝见，称霸的大业就完成了。况且大王如果畏忌越国，我请求去见越王，让他派出军队追随您，这实际上是使越国受损，而名义上却是追随诸侯讨伐齐国。"吴王高兴了，就派子贡到越国去。

越王郊迎[1]，而自为子贡御[2]，曰："此蛮夷[3]之国，大夫何足俨然[4]辱而临之[5]？"子贡曰："今者吾说吴王以救鲁伐齐，其志欲之而心畏越，曰：'待我伐越而后可。'则破越必矣。且无报人之志，而令人疑之，拙矣[6]；有报人之意，而使人知之，殆矣[7]；事未发而先闻者[8]，危矣。三者，举事之患也[9]。"句践顿首[10]曰："孤尝不料力而兴吴难，受困会稽[11]，痛于骨髓，日夜焦唇干舌[12]，徒[13]欲与吴王接踵[14]而死，孤之愿也。今大夫幸告以利害。"子贡曰："吴王为人猛暴，群臣不堪，国家疲敝[15]，百姓怨上，大臣内变[16]，申胥[17]以谏死，大宰嚭[18]用事，此则报吴之时也。王诚[19]能发卒，佐之以徼[20]其志，而重宝以悦其心，卑辞以尊其礼，则其伐齐必矣。此圣人所谓屈节求其达者也。彼战不胜，王之福矣；若胜，则必以兵临晋。臣[21]还，请北见晋君，令共攻之，其弱吴必矣。锐兵尽于齐，重甲[22]困于晋，而王制其弊焉。"越王顿首许诺。

【注释】
　　[1] 郊迎：到郊外迎接，表示恭敬。
　　[2] 御：驾车。
　　[3] 蛮夷：古代对边远地区少数民族的泛称，有时也专指南方少数民族，这里是越王谦称自己地方落后偏远。
　　[4] 俨然：严肃庄重的样子。

［5］辱而临之：枉驾。用于对对方的尊重。

［6］"且无报人之志"三句：冈白驹补注："言越若无报吴之志，而令吴疑之，拙矣。"

［7］殆（dài）矣：危险，不安全。

［8］事未发而先闻者：预谋的事尚未发生却令别人事先知道。

［9］举事之患也：做事的隐患。举事，行事，办事。患，隐患。

［10］顿首：双膝跪地，两手相拱，俯头至地，至地即举。为周代九拜之一，属于男子的正拜。

［11］会（kuài）稽：此指会稽山，在今浙江绍兴。

［12］焦唇干舌：指忧心如焚，唇舌亦为之干枯。

［13］徒：只。

［14］接踵：足踵相接，这里是相继、一块儿的意思。踵，脚后跟。

［15］敝：同"弊"，困弊。

［16］内变：内部生变。

［17］申胥：伍子胥。太宰纯增注："《史记》'申'作'子'。《索隐》云：'王劭案，《家语》、《越绝书》，并无此五字。是时子胥未死。'然则王劭所见《家语》本无此五字，今本不知何人所增。先儒皆以为不如删之，当从其说。"千叶玄之标笺："子胥以谏死，《史记》有此句。吴嘉谟本与王劭案同。"林按，由王劭案语可知，今本《家语》或有后人增益。

［18］太宰嚭（pǐ）：本名伯嚭，系春秋时楚国伯州犁之孙。楚诛伯州犁，伯嚭奔吴，吴以为大夫，后任太宰，故称太宰嚭。

［19］诚：犹"苟"，如果。

［20］徼：追求，谋取。

［21］臣：子贡自称。

［22］重甲：重兵。甲，兵士的铠甲，这里代指士兵。

【译文】

越王勾践到郊外迎接，并亲自为子贡驾车，说："我们这偏远落后的国家，怎么值得大夫您屈尊光临呢？"子贡回答："现在，我劝说吴王救援鲁国讨伐齐国，他心里想这样，可害怕越国，说：'等我攻下越国才可以。'那么他攻破越国是一定的了。况且，若没有报复人的心志，却让人怀疑他有，这太拙劣了；有报复人的心意，却让人知道了，那就不安全了；预谋的事情还没开始办，就先让人知道了，就更危险了。这三种情况是成事的最大隐患。"

勾践听罢，叩头而拜说："我曾经不自量力，对吴国发难，被围困在会稽山，我的仇恨已深入骨髓，日夜焦虑得唇焦舌干，只想着和吴王一块儿去死，这是我的愿望。现在幸而大夫你把利害关系告诉了我。"子贡说："吴王为人凶猛残暴，大臣们都难以忍受，国家也疲惫衰败，百姓怨恨上司，大臣内部也发生变乱，伍子胥因谏诤而死，奸佞的太宰嚭执政弄权，这正是报复吴国的时机到了。大王果真能派兵辅佐吴王，来激励他的心志，并用贵重的宝物来讨他的欢心，用谦卑的言辞来表示对他的礼敬尊崇，那他一定会讨伐齐国。这就是圣人所说的降低身份屈从来求得通达。如果他战争不胜利，是大王的福分；如果胜了，他一定会率兵逼近晋国。请让我北上拜见晋国国君，让他共同攻打吴国，一定会削弱吴国的势力。吴国的精锐部队都消耗在齐国，重兵又被晋国围困住，而大王就可以趁吴国疲惫不堪的时候制服它。"越王叩首再拜，答应了子贡的计划。

　　子贡返五日，越使大夫文种[1]顿首言于吴王，曰："越悉[2]境内之士三千人以事吴。"吴王告子贡曰："越王欲身从寡人[3]，可乎？"子贡曰："悉人之众，又从其君，非义也。"吴王乃受越王卒，谢留句践。遂自发国内之兵以伐齐，败之。子贡遂北见晋君[4]，令承其弊。吴、晋遂遇于黄池[5]。越王袭吴之国，吴王归，与越战，灭焉[6]。

　　孔子曰："夫其乱齐存鲁，吾之始愿。若能强晋以敝吴，使吴亡而越霸者，赐之说也。美言伤信，慎言哉[7]！"

【注释】
　　[1] 文种：春秋末期著名的谋略家。作为越王勾践的谋臣，与范蠡一起辅佐勾践，最终灭吴。后为勾践所不容，被赐死。

[2] 悉：尽。

[3] 身从寡人：亲自跟随我。

[4] 晋君：晋定公。

[5] 黄池：卫地。在今河南省封丘县。《左传·哀公十三年》："公会晋侯及吴子于黄池。"史称"黄池之会"。

[6] 灭焉：太宰纯增注："《春秋经》书于越入吴，是时吴未即灭，此盖终言之耳。"

[7] "夫其乱齐存鲁"七句：王肃注："孔子以哀公十六年卒，吴以二十二年灭。时已知吴将亡而言之也。"太宰纯增注："案，《史记》载此事，其文甚详。意者史迁修饰之辞。"冈白驹补注："何孟春谓：'越灭吴时，孔子卒已七年，而此云孔子言吴亡越霸，赐之说也，其妄不假论矣。'按，《韩非子》载，齐将攻鲁，鲁侯使子贡说之，是子贡说齐事则有之，未尝之吴之越之晋也。此盖后人据《史记》所载，润益之耳。"

【译文】

子贡返回后五天，越国派大夫文种来到吴国叩首再拜，对吴王说："越国愿意派出国内所有的军队三千人，侍奉吴国。"吴王对子贡说："越王要亲自跟随我去，可以吗？"子贡说："使它所有的军队都派出，再让它的国君跟从，不合道义。"吴王就接受了越王的军队，辞谢勾践，让他留了下来。于是自己发动国内的士兵来讨伐齐国，打败了他们。子贡就北去，拜见了晋国国君，让他迎击疲敝的吴国。吴、晋两国的军队在黄池举行了会盟。越王趁势袭击吴国本土，吴王回国与越国作战，后来被消灭了。

孔子说："使齐国混乱以保全鲁国，是我开始的心愿。至于能够使晋国强盛以削弱吴国，使吴国灭亡而越国成就了霸业，这都是子贡游说的结果。好听的话对诚信有害，说话要谨慎啊！"

孔子弟子有宓子贱[1]者，仕于鲁，为单父[2]宰[3]。恐鲁君听谗言，使己不得行其政，于是辞行，故请君之近史[4]二人，与之俱至官。宓子戒[5]其邑吏，令二史书，方书辄掣[6]其肘，书不善，则从而怒[7]之，二史患之，辞请归鲁。宓子曰："子之书甚不善，子勉而归矣。"

二史归报于君曰："宓子使臣书而掣臣肘，书恶而又怒臣，邑吏皆笑之。此臣所以去之而来也。"鲁君以问孔子，子曰："宓不齐，君子也。其才任霸王之佐[8]，屈节治单父，将以自试[9]也。意者[10]以此为谏乎？"公寤[11]，太息[12]而叹曰："此寡人之不肖[13]。寡人乱宓子之政，而责其善者数矣。微[14]二史，寡人无以知其[15]过；微夫子，寡人无以自寤。"遽[16]发[17]所爱之使，告宓子曰："自今以往[18]，单父非吾有也，从子之制[19]，有便于民者，子决[20]为之。五年一言其要[21]。"宓子敬奉诏[22]，遂得行其政，于是单父治焉。躬敦厚，明亲亲，尚笃敬，施至仁，加恳诚，致忠信，百姓化之。

齐人攻鲁，道由[23]单父。单父之老请曰："麦已熟矣，今齐寇至，不及人人自收其麦。请放民出，皆获傅郭[24]之麦，可以益粮，且不资[25]于寇。"三请而宓子不听。俄而[26]，齐寇逮[27]于麦。季孙闻之，怒，使人让[28]宓子曰："民寒耕热耘，曾[29]不得食，岂不哀哉？不知犹可，以告者三而子不听，非所以为[30]民也。"宓子蹴然[31]曰："今兹[32]无麦，明年可树[33]。若使不耕者获，是使民乐有寇。且得单父一岁之麦，于鲁不加强，丧之不加弱。若使民有自取之心，其创[34]必数世不息。"季孙闻之，赧然[35]而愧，曰："地若可入，吾岂忍[36]见宓子哉！"

三年，孔子使巫马期[37]往观政焉。巫马期阴免衣[38]，衣敝裘[39]，入单父界。见夜渔者得鱼辄舍[40]之。巫马期问焉曰："凡渔者，为得[41]，何以得鱼即舍之？"渔者曰："鱼之大者名为鱄，吾大夫爱之；其小者名为鱦，吾大夫欲长之[42]。是以得二者辄舍之。"巫马期返，以告孔子曰："宓子之德至，使民暗行[43]，若有严刑于旁[44]。敢问宓子何行而得于是？"孔子曰："吾尝与之言曰：'诚乎此者刑乎彼[45]。'宓子行此术于单父也。"

【注释】

[1] 宓子贱：姓宓，字子贱，名不齐，鲁国人，孔子弟子。此记载又见于《吕氏春秋·审应览·具备》、《新书·审微》、《淮南子·道应训》、《新序·杂事》等。

[2] 单(shàn)父：春秋鲁国邑名，故城在今山东单县南。

[3] 宰：古代官名，一邑之长。

[4] 史：古代官名，指下级佐吏。

[5] 戒：犹"命"。

[6] 掣：牵拽。

[7] 怒：对之发怒。

[8] 王霸之佐：圣王或霸主的辅佐之才。

[9] 自试：验证自己的能力。

[10] 意者：或许，大概。表示推测。

[11] 寤(wù)：通"悟"，觉醒，觉悟，认识到。

[12] 太息：长声的叹息。

[13] 不肖：自谦之辞，不才，不贤能。

[14] 微：无。

[15] 其：指代自己的。

[16] 遽(jù)：急。

[17] 发：派遣。

[18] 以往：以后。

［19］制：控制。
［20］决：裁决。
［21］五年一言其要：五年来汇报一次施政的基本情况。
［22］诏：冈白驹补注："诏，命也。古者上下相告语通曰诏。秦汉以下，天子命独称之。"
［23］由：经过。
［24］傅郭：城郊。傅，近，靠近。郭，外城，古代在城的外围加筑的一道城墙。
［25］资：帮助。
［26］俄而：不久。
［27］逮：及。这里应指抢夺了麦子。
［28］让：责备，埋怨。
［29］曾：竟。
［30］为：治。
［31］蹵（cù）然：恭敬的样子。
［32］兹：年，岁。
［33］树：种植。
［34］创：伤。
［35］赧（nǎn）然：形容因难为情或羞愧而脸红的样子。
［36］忍：堪，能。
［37］巫马期：姓巫马，名施，字子期，也称子旗，陈国人，孔子弟子。
［38］阴免（wèn）衣：偷偷地去冠括发，用布缠头。阴，暗暗地，偷偷地。免衣，丧服。
［39］衣敝裘：穿着破旧的皮衣。
［40］舍：释。
［41］得：收获。
［42］"鱼之大者名为鱏（chóu）"四句：《集韵·尤韵》："鱏，鱼之大者。"《尔雅·释鱼》："鱦（yìng），小鱼。"爱，爱惜。孟子所谓"亲亲而仁民，仁民而爱物"之"爱"也。长，使之长。
［43］暗行：私下做事。
［44］若有严刑于旁：形容人之慎独、自律也。
［45］诚乎此者刑乎彼：自己真诚，百姓就会仿效学习。太宰纯增注："刑，法也，'典刑'之刑。"

【译文】

　　孔子弟子中有个叫宓子贱的，在鲁国为官，去担任单父的邑宰。他担心鲁国国君会听信谗言，使自己无法推行政令，于是前往辞行时，特意请鲁君身边的两位书史，让他们与自己一同到任。宓子贱命令自己的手下，让两位书史负责记录，在他们刚开始写，就牵拽他们的胳膊肘，写不好却又因此向他们发火。二位书史很是犯愁，便请求辞职回国都。宓子贱说："你们写得很不好，回去后要好好努力。"

　　二位书史回到国都后，向鲁君报告说："宓子让我们记录，却让人在一旁牵拽我们的胳膊，写得不好就责备我们，搞得他的手下发笑，我们不得不离开他回来。"鲁君就此事请教孔子，孔子说："宓不齐是位君子。论他的才能，足以充当圣王与霸主的辅佐之才，此次屈抑志节治理单父，目的是试试自己的能力。我猜想他是以这件事来进行劝谏吧？"鲁君醒悟过来，长长地叹息一声，说："这是我不贤明啊。我扰乱宓子推行政令而又要求他干好工作，这是不应该的。如果没有二位书史，我无法知道自己的过失；没有先生您，我也无法醒悟。"于是立刻派遣自己宠爱的人充当使者，去对宓子贱说："自今以后，单父的治理不归我直接负责，而完全由你的办法来治理。有方便百姓的事情，您可以自己就裁决，只需五年汇报一次施政的基本情况就行。"宓子贱恭敬地接受了诏令，得以顺利地推行自己的政令，于是单父境内治理得非常好。他亲自奉行淳朴敦厚的行为，阐明爱护亲人的道理，推崇诚笃恭敬的品行，施行至仁至义的政策，教导人们要恳切诚实，达到忠诚守信，于是百姓都得到了教化。

　　齐国军队攻打鲁国，路过单父。单父的长老们向宓子贱请求说："地里的麦子已经熟了。现在齐军前来侵略，来不及让每人收自己的麦子。我们请求把百姓都放出城，让他们都去收获城郊的麦子，可以借此增加粮食，而且不会资助敌人。"请求了多次，但宓子贱没有听从。不久，齐国军队收获了麦子。季孙氏听说了这件事，大为恼怒，派人斥责宓子贱说："百姓寒冬耕作，暑天除草，竟然无法吃上粮食，难道不使人伤心吗？不知道其中的危险还可以，他们向你提了多次建议，你却不听，这不是治理百姓应有的作风。"宓子贱恭恭敬敬地说："今年没有了麦子，明年可以再种。如果让不耕种的人得到收获，就是让百姓喜欢有敌人入侵。况且获得单父一年的麦子，鲁国也不会因此强盛一些，而丢了它，鲁国也不会变弱。如果让百姓产生自由获取的念头，由此造成的创伤一定几代人也平息不了。"季孙氏听说了，惭愧不已，说："假如能钻到地下，我怎么好意思再看到宓子呢！"

　　过了三年，孔子派巫马期到宓子那里去观察他为政的情况。巫马期偷偷地脱掉丧服，用布缠起头来，穿上破旧的皮衣，进入单父地界。他发现有在夜间打渔的，捕到鱼总是再放走。巫马期上前问道："凡是打渔都是为了捕到鱼，为什么捕到再放走呢？"打渔的人回答："鱼中比较大的名叫鲟，我们的大夫爱惜它；比较小的名叫鳡，我们的大夫想让它长大。因此捕得这两种鱼，我们就放走。"巫马期回来告诉孔子说："宓子的德行真是至高无上啊，使得百姓私下做事也好像身旁有严刑峻法监督着似的。请问宓子贱是怎样做才达到这种境界的？"孔子说："我曾经对他说：'自己真诚，百姓就会仿效学习。'宓子在单父贯彻了这一原则。"

　　孔子之旧曰原壤[1]，其母死，夫子将助之以沐椁[2]。子路曰："由也昔者闻诸夫子曰：'无友不如己者，过则勿惮改[3]。'夫子惮矣，姑已[4]若何？"孔子曰："'凡民有丧，匍匐救之[5]。'况故旧乎？非友也[6]。吾其往。"及为椁，原壤登木[7]曰："久矣，予之不托[8]于音也。"遂歌[9]曰："狸首之斑然，执汝手之卷然[10]。"夫子为之隐[11]，佯[12]不闻以过之。子路曰："夫子屈节而极[13]于此，失其与[14]矣，岂未可以已乎？"孔子曰："吾闻之，亲者不失其为亲也，故者不失其为故也[15]。"

【注释】

　　[1]此记载又见于《礼记·檀弓下》。

[2]沐椁：整修棺材。

[3]"无友不如己者"二句：此二句亦见《论语·学而》："子曰：'君子不重则威，学则不固。主忠信，无友不如己者。过则勿惮改。'"

[4]姑已：姑且停下。姑，且。已，止。

[5]"凡民有丧"二句：语出《诗·邶风·谷风》。匍匐，趴伏在地爬行，指竭尽全力。

[6]非友也：这不是与朋友交往之道。

[7]登木：登上棺木。

[8]托：寄托。

[9]歌：冈白驹补注："叩木而歌。"

[10]"狸首之斑然"二句：冈白驹补注："有女文采如狸之首，执女子之手卷然。郑玄所谓'悦人辞'，是也。"斑然，文采貌。卷(quán)然，柔弱的样子。此歌盖情歌之类。

[11]隐：遮掩。

[12]佯：假装。

[13]极：极致。

[14]与：交往。

[15]"亲者不失其为亲也"二句：千叶玄之标笺："亲，谓骨肉之亲。言虽有非礼，无失其为亲之道也。故，故旧也。《论语》所谓'故旧无大故，则不相弃也。'言虽有非礼，无失其为故之道也。"

【译文】

孔子有一个老朋友叫原壤，他的母亲去世了，孔子准备去帮助他整修棺材。子路说："我听您说过：'不和不类自己的人交朋友，有了过错不要害怕改正。'看来先生倒是害怕改正，姑且停下来如何？"孔子说："'凡是百姓有丧葬事宜，尽心竭力去帮助。'何况是老朋友呢？你说的不是交友之道，我还得前去。"到了整修棺材的时候，原壤敲着棺木说："我已经很长时间没有用歌声来寄托感情了。"于是唱道："狐狸的头啊，花纹斑斓；握着你的手啊，多么柔软。"孔子把这件事遮掩起来，假装没听见，也就过去了。子路问："先生屈抑志节到这种地步，失去了交往的理由，难道还不可以与他绝交吗？"孔子说："我听说，是亲人就不能随意失去亲缘关系，是老朋友就不能随意失去朋友关系。"

孔子家语卷九

七十二弟子解第三十八

颜回,鲁人,字子渊,少孔子三十岁[1]。年二十九而发白,三十一早死[2]。孔子曰:"自吾有回,门人日益亲[3]。"回以德行著名[4],孔子称[5]其仁焉。

【注释】

[1]少孔子三十岁:冈白驹补注:"或曰:'三十'当是'十三'字倒,征诸《论语》,颜渊、季路侍,是颜子长季路,德行,颜渊、闵子骞,皆序在上。林按,《论语》者,裁纂之书也。夫颜子者,诸子之所不敢望,况乎不幸短命死矣,则在诸子之时,既成异代,乃序之上,何问其年齿?又按《史记》,定公元年,孔子年四十三,方是之时,季氏强僭,阳虎作乱,故孔子不仕。定公九年,阳虎奔于齐,是时孔子年五十一,定公以孔子为中都宰,由中都宰为司空,由司空为大司寇,是孔子始为大夫也。其为大司寇也,相定公会齐侯于夹谷,考诸《春秋》,在定公十年,是年孔子年五十有二矣。果颜子少孔子十三岁耶,则颜子三十二而卒,是颜子卒时,孔子年四十五,未尝为大夫,而颜路请子之车,孔子乃曰:'以吾从大夫之后,不可徒行也。'则颜子死时,孔子既为大夫久矣,然则少孔子三十岁审矣。古书不可轻改如此。"

[2]三十一早死:王肃注:"此书久远,年数错误,未可详也。校其年,则颜回死时,孔子年六十一岁,然伯鱼五十,先孔子卒。卒时孔子且七十。此为颜回先伯鱼死。而《论语》云:'颜回死,颜路请子之车以为之椁。子曰:"鲤也死,有棺而无椁。"'或以为误。"林按,"三十一"当为"四十一"之讹。

[3] 亲：亲近，亲密。
[4] 以德行著名：在《论语·先进》，颜渊位列"德行"之首。
[5] 称：赞许，表扬。

【译文】
　　颜回，鲁国人，字子渊，比孔子小三十岁。年仅二十九岁时头发就全白了，三(四)十一岁就早早地去世了。孔子说："自从我有了颜回，我的弟子们之间一天比一天亲密。"颜回以德行著称，孔子也称赞他具有仁德。

　　闵损，鲁人，字子骞，少孔子十五岁[1]。以德行著名[2]，孔子称其孝焉[3]。

【注释】
　　[1] 少孔子十五岁：冈白驹补注："毛本、吴本并作'五十岁'。《史记》与此同。"太宰纯增注："疑'十'上阙'三'字，一本'十五'作'五十'，非。"
　　[2] 以德行著名：在《论语·先进》，闵子骞位列"德行"科，列颜渊之次。
　　[3] 孔子称其孝焉：《论语》云："孝哉闵子骞！人不间于其父母昆弟之言。"可与对读。

【译文】
　　闵损，鲁国人，字子骞，比孔子小十五岁。以品德操行闻名，孔子称赞他的孝行。

　　冉耕[1]，鲁人，字伯牛。以德行著名[2]。有恶疾[3]，孔子曰："命也夫！"

【注释】

[1]冉耕：鲁人。

[2]以德行著名：在《论语·先进》，冉伯牛位列"德行"科，在闵子骞之次。

[3]恶疾：指痛苦难治的疾病。《公羊传·昭公二十年》："何疾尔？恶疾也。"注："恶疾谓喑、聋、盲、疠、秃、跛、伛，不逮人伦之属也。"

【译文】

冉耕，鲁国人，字伯牛。以品德操行闻名。患有痛苦难治的疾病，孔子说："这真是命啊！"

冉雍，字仲弓，伯牛之宗族，少孔子二十九岁[1]。生于不肖[2]之父，以德行著名[3]。

【注释】

[1]少孔子二十九岁：太宰纯增注："旧本阙此七字，今得之《史记索隐》。"

[2]不肖：指没出息。《论语》云："犁牛之子，骍且角，虽欲勿用，山川其舍诸。"

[3]以德行著名：在《论语·先进》，仲弓位列"德行"科之末。孔子称其可使南面。

【译文】

冉雍，字仲弓，与伯牛生于同一个宗族，比孔子小二十九岁。生养他的父亲没有出息，但他的品德操行却很著名。

宰予，字子我，鲁人。有口才，以言语著名[1]。仕齐为临菑[2]大夫，与田常为乱，夷其三族[3]。孔子耻之，曰："不在利病，其在宰予[4]。"

【注释】

[1]以言语著名:在《论语·先进》,宰我位列"言语"科之首。

[2]临菑:齐国都。菑,当为"淄"。

[3]夷其三族:己与其父、其子均被杀。冈白驹补注:"司马贞云:'《左氏》无宰我与田常作乱之文。然有阚止,字子我,田阚争宠,子我为陈恒所杀。恐字与宰予相涉,因误云然。'"夷,消灭。三族,说法不一。一说指父、子、孙。一说指父族、母族、妻族。

[4]"不在利病"二句:王肃注:"言宰予为病利。"

【译文】

宰予,字子我,鲁国人。有口才,以言语著名。出仕齐国,做了临淄大夫。后参与田常作乱,其人与其父其子三族被杀。孔子以此为耻,评论道:"宰予的错误在于贪利啊。"

端木赐[1],字子贡[2],卫人,少孔子三十一岁。有口才著名[3]。孔子每诎[4]其辩。家富累千金,常结驷连骑以造原宪[5]。宪居蒿庐蓬户[6]之中,与之言先王之义。原宪衣敝衣冠,并日蔬食[7],衎然[8]有自得之志。子贡曰:"甚矣,子之病也。"原宪曰:"吾闻无财者,谓之贫;学道不能行者,谓之病。吾贫也,非病也。"子贡惭,终身耻其言之过。子贡好贩,与时转货[9]。历相鲁、卫,而终于齐。

【注释】

[1]端木赐:端木,姓。赐,名。

[2]贡:一作"贛"。

[3]有口才著名:在《论语·先进》,子贡位列"言语"科,次宰我之后。依文例,则此脱漏"言语"二字。

[4]诎(chù):同"黜",贬斥。

[5]常结驷连骑以造原宪:冈白驹补注:"常,读为'尝'。马一乘

曰驷。"造，至，就。

[6]嵩庐蓬户：草屋蓬门。《说文》："嵩，薮也。蓬，蒿也。"

[7]并日疏食：王肃注："既疏食，并日而后食也。"

[8]衎(kàn)然：安定的样子。

[9]"子贡好贩"二句：王肃注："贩，废举。买贱卖贵，随时转化，以殖其货者也。"

【译文】

端木赐，字子贡，卫国人，比孔子小三十一岁。以有口才而闻名。孔子经常贬斥他的辩才。他家非常富有，积蓄有千金。曾经乘坐着豪华的车子到原宪家去拜访。原宪居住在破败的蓬户之中，和他讨论先王的思想。原宪穿着破败的衣服，戴着破败的帽子，吃着青蔬，而且一天只能吃一顿，却神色安定，有自得其乐的样子。子贡感慨道："你病得的也太厉害了。"原宪回答道："我听说没有钱财的称之为贫，学了道却不能践行，才叫作病。我这是贫，不是病。"子贡听了很是惭愧，一辈子后悔说错了话。子贡喜欢做买卖，根据行情转手货物。历任鲁国和卫国的相，最终在齐国去世。

冉求，字子有，仲弓之宗族[1]，少孔子二十九岁。有才艺，以政事著名[2]。仕为季氏宰，进则理其官职，退则受教圣师。为性多谦退，故子曰："求也退，故进之。"

【注释】

[1]宗族：指同一家族。

[2]"有才艺"二句：冈白驹补注："《论语》云：'求也艺。'又云：'千室之邑，百乘之家，可使为之宰也。'"在《论语·先进》，冉有位列"政事"科之首。

【译文】

冉求，字子有，与仲弓是同一个宗族，比孔子小二十九岁。有才能和技艺，以擅长政事而闻名。出任过季孙氏的家宰，在工作时能够尽职尽责，下班后就到孔子这里继续接受教育。为人性情谦退，因此孔子说："冉求容易退缩，因此要鼓励他进取。"

仲由，卞[1]人，字子路，一字季路，少孔子九岁。有勇力才艺，以政事著名[2]。为人果烈而刚直，性鄙而不达于变通[3]。仕卫为大夫，遇蒯聩[4]与其子辄争国，子路遂死辄难[5]。孔子痛之曰："自吾有由，而恶言不入于耳[6]。"

【注释】

[1] 卞：鲁邑。

[2] "有勇力才艺"二句：冈白驹补注："《论语》云：'子曰："由也好勇过我。"'又云：'片言可以折狱者，其由也与？'"在《论语·先进》，季路位列"政事"科，次冉有之后。

[3] 不达于变通：冈白驹补注："如死于辄难，是也。"

[4] 蒯（kuǎi）聩（kuì）：太宰纯增注："蒯聩，卫灵公世子，得罪出奔。灵公薨而辄立，是为出公。蒯聩将入，辄拒之。所谓父子争国也。"

[5] 子路遂死辄难：事见于《左传·哀公十五年》。

[6] 恶言不入于耳：王肃注："子路为孔子御侮之友，恶言不入夫子之耳。"

【译文】

仲由，卞人，字子路，一字季路，比孔子小九岁。有勇力和才能技艺，以擅长政事而闻名。为人果断刚烈，性情刚直，性格粗野，不懂得变通。在卫国做官，任大夫。恰好遇上了蒯聩与其子卫出公辄争夺君位，子路在这场政变中遇难。孔子非常痛心，说："自从我有了仲由这个弟子，难听的攻击性的话就再也没有听过。"

言偃，鲁人[1]，字子游，少孔子三十五岁[2]。特习于礼，以文学著名[3]。仕为武城[4]宰。尝从孔子适卫，与将军之子兰[5]相善，使之受学于夫子。

【注释】
　　[1]鲁人：太宰纯增注："《史记》云：'吴人。'《索隐》曰：'《家语》云：鲁人。'案，偃仕鲁为武城宰耳。今吴郡有言偃冢，盖吴郡人为是也。"千叶玄之标笺："《一统志》曰：言偃，吴人。北学于中国，受业孔子。见'苏州府'。今南京也。"
　　[2]少孔子三十五岁：《史记》作"少孔子四十五岁"，征诸文献，以本篇所记为是。
　　[3]以文学著名：以精通文献著名。文学，非今语"文学"，乃指文献而言。在《论语·先进》，子游列"文学"科之首。
　　[4]武城：鲁下邑。
　　[5]将军之子兰：将军或即卫将军文子。兰，名。

【译文】
　　言偃，鲁国人，字子游，比孔子小三十五岁。特别娴熟于礼仪，以精通文献著称。在鲁出仕作武城的邑宰。曾经跟随孔子到卫国，与将军之子兰相友善，并让他跟随孔子学习。

　　卜商，卫人，字子夏，少孔子四十四岁。习于《诗》，能诵[1]其义，以文学著名[2]。为人性不弘[3]，好论精微[4]，时人无以尚[5]之。尝[6]返卫，见读史志者云："晋师伐秦，三豕渡河。"子夏曰："非也！'己亥'耳。"读史志者问诸晋史，果曰"己亥[7]"。于是卫以子夏为圣。孔子卒后，教于西河[8]之上。魏文侯[9]师事之[10]，而谘[11]国政焉。

【注释】
　　[1] 诵：毛本作"通"，似为胜。
　　[2] 以文学著名：在《论语·先进》，子夏位列"文学科"。以上十位弟子，次序依照《论语·先进》所谓"四科十哲"排列。
　　[3] 不弘：不大气。
　　[4] 好论精微：喜欢谈论精微的问题。如《执辔》所载子夏问"易之生人"及《山书》等之类也。
　　[5] 尚：超过。
　　[6] 尝：曾经。
　　[7] 己亥：冈白驹补注："支干内有五亥，己亥位居三，三豕渡河是隐语。以己为三，以亥为豕也。"林按，"三豕"显然是"己亥"之形讹所致，非隐语。《吕氏春秋·察传》："有读史记者曰：'晋师三豕渡河。'子夏曰：'非也，是己亥也。夫己与三相近，豕与亥相近。'至于晋而问之，则曰：'晋师己亥涉河'也。"
　　[8] 西河：战国魏地，在今河南安阳，其实黄河流经安阳之东，西河意即河西。一说在今晋、陕间黄河左右，又分为陕西大荔、合阳、韩城和山西汾阳等说。胡三省《资治通鉴》注，认为"西河"的范围包括今陕西高陵县、华县以东至于今山西西南部一带。子夏由此形成"西河学派"。
　　[9] 魏文侯：战国时期魏国的建立者，在位50年(前445—前396)。
　　[10] 师事之：侍奉以老师的礼节。
　　[11] 谘：询问，商量。

【译文】
　　卜商，卫国人，字子夏，比孔子小四十四岁。娴习于《诗》，能够精通诗义，以擅长文献著称。为人的性格不够大气，喜好谈论精微的问题，当时的人没有能超过他的学问的。他曾经回到卫国，发现读史志的人读道："晋师伐秦，三豕渡河。"子夏说："这是不对的，'三豕'应该是'己亥'。"读史志的人去请教晋国史官，回答果然是"己亥"。于是卫国人都把子夏当作圣人。孔子去世后，子夏在西河一带教学，魏文侯拜他为师，向他咨询治理国家的办法。

颛孙师[1]，陈人，字子张，少孔子四十八岁。为人有容貌资质[2]，宽冲博接[3]，从容自务[4]，居不务立于仁义之行[5]，孔子门人友之而弗敬[6]。

【注释】
[1] 颛孙师：颛孙，姓。师，名。
[2] 有容貌资质：《论语·子张》："曾子曰：'堂堂乎张也。'"太宰纯增注："资，与'姿'通。"
[3] 宽冲博接：性格谦和，交友广泛。冲，谦和，淡泊。博，广博，广泛。接，接交朋友。
[4] 从容自务：舒缓不急迫地从事于自己的事业与理想。
[5] 居不务立于仁义之行：王肃注："子张不侮鳏寡，性恺悌宽冲，然不务立仁义之行，故子贡激之以为未仁也。"居，平日。
[6] 孔子门人友之而弗敬：冈白驹补注："子游曰：'张也为难能也，然而未仁。'曾子曰：'难与并为仁矣。'"

【译文】
颛孙师，陈国人，字子张，比孔子小四十八岁。为人有容貌姿质，性格谦和，交友广泛，十分从容地追求自己的事业，但并不致力于仁义之行，孔子的弟子和他交友，但并不尊敬他。

曾参，南武城人[1]，字子舆，少孔子四十六岁。志存[2]孝道，故孔子因之以作《孝经》。齐尝聘欲以为卿而不就，曰："吾父母老，食人之禄，则忧人之事，故吾不忍远亲而为人役。"

参后母遇之无恩，而供养不衰[3]。及其妻以藜烝[4]不熟，因出[5]之。人曰："非七出[6]也。"参曰：

"藜烝，小物耳。吾欲使熟，而不用吾命，况大事乎？"遂出之，终身不娶妻。其子元请[7]焉，告其子曰："高宗以后妻杀孝己[8]，尹吉甫以后妻放伯奇[9]。吾上不及高宗，中不比吉甫，庸[10]知其得免于非乎？"

【注释】
　　[1] 南武城：春秋鲁地。在今山东嘉祥。
　　[2] 存：指心中怀有或拥有。
　　[3] 衰：减少。
　　[4] 藜烝：采藜的嫩叶蒸熟为食。藜是植物名，亦称"灰菜"。藜科。一年生草木。嫩叶可食；种子可榨油；全草入药。烝，通"蒸"。
　　[5] 出：休妻。
　　[6] 七出：指古代休弃妻子的七种理由。见卷六《本命解》。
　　[7] 请：请求。
　　[8] 高宗以后妻杀孝己：冈白驹补注："高宗，殷王武丁也。王子曰孝己，事亲至孝，一夜五起，高宗用后妻言逐之，卒于野。"太宰纯增注："高宗，殷王武丁。"
　　[9] 尹吉甫以后妻放伯奇：冈白驹补注："尹吉甫，周宣王之贤大夫也。子伯奇，事亲甚孝，甫娶后妻，欲害伯奇，乃取蜂去尾，而自着衣领上，伯奇恐其螫也。趋而掇之，后妻呼曰：伯奇牵我衣。甫闻之曰：唉。伯奇惧，走之野。"太宰纯增注："尹吉甫，周大夫。放，犹逐也。"
　　[10] 庸：焉。

【译文】
　　曾参，南武城人，字子舆，比孔子小四十六岁。一心遵行孝道，所以孔子依靠他创作了《孝经》。齐国曾经聘请他，想让他为卿，他没有接受，说："我父母年事已高，享用别人的俸禄，就得替别人操心事情，因而我不忍心远离亲人而去被人差使。"
　　曾参的后母对他没有恩情，但曾参却仍然供养她，丝毫没有衰减。后来曾参的妻子没有把给后母吃的藜叶蒸熟，曾参就休掉了她。别人说："你的妻子不在七出的范围之内。"曾参说："做蒸藜，是一件小事。我让她蒸熟，她却没有听从我的话，何况大的事情呢!"终于还是离弃了他的妻子,且终身不再娶。他儿子曾元请求他再娶,他对儿子说:"殷高宗因为后妻而杀掉儿子孝己,周贤大夫尹吉甫因为后妻而放逐儿子伯奇。我上不及高宗贤能,中不及吉甫贤能,哪能知道娶了后妻就能避免做错事呢?"

澹台灭明[1],武城[2]人,字子羽,少孔子四十九岁[3]。有君子之姿[4],孔子尝以容貌望[5]其才,其才不充[6]孔子之望。然其为人公正无私,以取与去就,以诺为名[7]。仕鲁为大夫。

【注释】
[1]澹台灭明:澹台,姓。灭明,名。
[2]武城:春秋鲁地,在今山东平邑。
[3]少孔子四十九岁:《史记》作"少孔子三十九岁"。
[4]姿:姿容。
[5]望:期待。
[6]充:充足,满足。
[7]"以取与去就"二句:冈白驹补注:"《史记》作:'设取予去就,名施乎诸侯。'吴注谓:'此上疑有阙误。'"太宰纯增注:"'以诺'二字,恐有误。《史记》云:'南游至江,从弟子三百人。设取予去就,名施乎诸侯。'或谓'以诺'当为'然诺'。"

【译文】
澹台灭明,武城人,字子羽,比孔子小四十九岁。有君子的姿容,孔子曾依据他的容貌来期望他的才能,他的才能并不能达到孔子所期望的那样。但澹台灭明为人公正无私,获取与给予,离去或归从,都能遵守诺言,并因此而闻名。在鲁国做了大夫。

高柴,齐人[1],高氏之别族[2],字子羔[3],少孔子四十岁[4]。长不过六尺[5],状貌甚恶[6]。为人笃孝而有法正[7]。少居鲁，见知于孔子之门。仕为武城宰[8]。

【注释】
　　[1] 齐人：太宰纯增注："《史记》注：'郑玄曰：卫人。'"
　　[2] 高氏之别族：冈白驹补注："齐敬仲高傒十代孙。"
　　[3] 子羔：太宰纯增注："他书或作'子皋'，《檀弓》云：'季子皋葬其妻。'郑玄曰：'季子皋，孔子弟子高柴。孟氏之邑成宰。或氏季。'"
　　[4] 少孔子四十岁：《史记》作"少孔子三十岁"，以文献所载高柴事迹考之，以本篇所记为是。
　　[5] 长不过六尺：《史记》作"长不盈五尺"。
　　[6] 恶：丑。
　　[7] 法正：标准，规范。
　　[8] 武城宰：太宰纯增注："案，子羔为费宰，见《论语》。为成宰，见《檀弓》。而未见其为武城宰，疑此文有误。"

【译文】
　　高柴，齐国人，高氏的别族，字子羔，比孔子小四十岁。身高不过六尺，容貌极为丑陋。他为人十分孝顺并且讲究礼法规矩。年少时居住在鲁国，为孔子门人所知。他从政后做了武城宰。

　　宓不齐[1]，鲁人，字子贱，少孔子四十九[2]岁。仕为单父宰。有才智仁爱，百姓不忍欺。孔子大[3]之。

【注释】
　　[1] 宓不齐：一作"虙不齐"。《史记正义》："《颜氏家训》云：兖州永昌郡城，旧单父县地也。东有子贱碑，汉世所立，乃云：'济南伏生，即子贱之后。'是'虙'之与'伏'古来通字，误为'宓'，较可明矣。'虙'字从'虍'，音呼；'宓'字从'宀'，音绵。下俱为'必'，世传写误也。"

［2］四十九：冈白驹补注："何本作'三十岁'。"林按，四库本、同文本作"四十"，《史记》作"三十"，《史记索隐》引《家语》亦云"四十九"。揆之于文献所载事迹，以作"三十"为是。

［3］大：尊敬，重视。

【译文】

宓不齐，鲁国人，字子贱，比孔子小四十九岁。出任单父宰。有才智，爱护百姓，百姓不忍心欺骗他。孔子非常赞赏他。

樊须，鲁人[1]，字子迟，少孔子四十六岁[2]。弱[3]仕于季氏[4]。

【注释】

［1］鲁人：太宰纯增注："《史记》注：'郑玄曰：齐人。'"

［2］四十六岁：冈白驹补注："《史记》作'三十六岁'。"

［3］弱：弱冠。古代男子二十岁行冠礼，故用以指男子二十岁左右的年龄。

［4］季氏：春秋时期在鲁国执政的三家大夫之一。冈白驹补注："仕于季氏，它书不见。"

【译文】

樊须，鲁国人，字子迟，比孔子小四十六岁。二十岁时，在季孙氏家做了家臣。

有若，鲁人，字子有[1]，少孔子三十六岁[2]。为人强识[3]，好古道[4]。

【注释】

［1］子有：一作"子若"。

［2］少孔子三十六岁：太宰纯增注："《史记》作'少孔子十三岁'。"

《正义》引《家语》云:'子有,少孔子三十三岁。'"
　　[3] 强识:强记,博闻强识。指记忆力好。
　　[4] 古道:古代的修己治国之道。

【译文】
　　有若,鲁国人,字子有,比孔子小三十六岁。为人博闻强识,崇尚古代的修己治国之道。

　　公西赤[1],鲁人,字子华,少孔子四十二岁。束带[2]立于朝,闲宾主之仪[3]。

【注释】
　　[1] 公西赤:公西,姓。赤,名。
　　[2] 束带:扎好腰带。这里指穿着朝服。
　　[3] 闲宾主之仪:娴熟于外交礼仪。闲,通"娴",娴熟。

【译文】
　　公西赤,鲁国人,字子华,比孔子小四十二岁。他穿着礼服站在朝廷上,娴熟于外交礼仪。

　　原宪,宋人[1],字子思,少孔子三十六岁。清静[2]守节,贫而乐道。孔子为鲁司寇,原宪尝为孔子宰[3]。孔子卒后,原宪退隐,居于卫[4]。

【注释】
　　[1] "原宪"二句:太宰纯增注:"《檀弓》载'仲宪言于曾子',郑注:'仲宪,孔子弟子原宪。'《史记》注:'郑玄曰:鲁人。'"
　　[2] 清静:清纯恬静。
　　[3] 宰:此指家宰。

［4］居于卫：冈白驹补注："《史记》云：'孔子卒，原宪亡在草泽中，子贡结驷连骑而造。'盖在于此时。"

【译文】
　　原宪，宋国人，字子思，比孔子小三十六岁。清纯恬静，恪守气节，安于贫困，沉浸在对道的探寻之中。孔子担任鲁国的大司寇时，他曾经做过孔子的家宰。孔子死后，原宪辞职隐居，居住在卫国。

　　公冶长[1]，鲁人[2]，字子长[3]。为人能忍耻。孔子以女妻之[4]。

【注释】
　　［1］公冶长：公冶，姓。长，名。
　　［2］鲁人：太宰纯增注："《史记》云：'齐人。'"
　　［3］字子长：太宰纯增注："陆德明《论语音义》曰：'姓公冶，名长。《家语》"字子张"。范宁云"名芝，字子长"。《史记》亦字"子长"。'《史记索隐》曰：'《家语》云"鲁人，名芠"，范宁云"字子芝"。'"
　　［4］妻(qì)：动词，以女嫁人。

【译文】
　　公冶长，鲁国人，字子长。为人能忍受耻辱。孔子把自己的女儿许配给他做妻子。

　　南宫韬[1]，鲁人，字子容[2]。以智自将[3]，世清不废，世浊不污[4]。孔子以兄子[5]妻之。

【注释】
　　［1］南宫韬：太宰纯增注："南宫韬，鲁大夫。孟僖子之长子，懿子

之兄。居南宫，因氏焉。韬，《檀弓》作'绦'，音同。《论语》云'南宫适'，《史记》'适'作'括'，《正论解》云'南容说'，《春秋左氏传》云'阅'。"

[2] 字子容：太宰纯增注："谥敬叔。"
[3] 将(jiāng)：行。
[4] 污：被污染。
[5] 子：这里指女儿。

【译文】

南宫韬，鲁国人，字子容。依靠智慧来处世，世道清平时能够不遭废弃，世道昏暗时却不被污染。孔子把哥哥的女儿嫁给他做妻子。

公晳哀，齐人[1]，字季沈[2]。鄙[3]天下多仕于大夫家者，是故未尝屈节人臣[4]。孔子特叹赏[5]之。

【注释】

[1] "公晳哀"二句：太宰纯增注："公晳，姓。哀，名也。一本'晳'作'析'，'哀'作'克'。《史记》与此同。《索隐》曰：'《家语》作"公晳克"。'然则一本作'克'为是。唯《阙里志》定作'哀'。"冈白驹补注："何本作'公晳克'。《史记》作'公晳哀'。《索隐》引《家语》亦曰'公晳克'，是古本《家语》作'公晳克'。何本为是。"
[2] 字季沈：太宰纯增注："《史记》'沈'作'次'。"
[3] 鄙：鄙视，轻视，看不起。
[4] 人臣：太宰纯增注："人臣，谓大夫也。"
[5] 叹赏：赞叹有加。

【译文】

公晳哀，齐国人，字季沈。鄙视天下的士人大都到大夫家做官，因而未曾屈节去做别人的家臣。孔子对他赞叹有加。

曾点[1]，曾参父，字子晳[2]。疾[3]时礼教不行，欲修之。孔子善[4]焉。《论语》所谓"浴乎沂，风乎舞雩之下[5]"。

【注释】
　　[1]曾点：太宰纯增注："《史记》'点'作'蒧'，音同。"
　　[2]字子晳：太宰纯增注："《史记》云'字晳'。"
　　[3]疾：痛心，痛恨。
　　[4]善：赞扬，称道。
　　[5]"浴乎沂"二句：此句见《论语·先进》，为曾点语。今本《论语》无"之下"二字。沂，沂水，河名，源出山东邹城东北境，西流经曲阜与洙水合，入于泗水。舞雩(yú)，即舞雩台，祈雨时举行歌舞仪式之处，今曲阜有舞雩坛遗址。

【译文】
　　曾点，是曾参的父亲，字子晳。痛心于当时的礼教不能施行，想修治改变这种现象。孔子赞同他。《论语》中记载他说"在沂河里沐浴，在舞雩台下吹风"。

颜由[1]，颜回父，字季路[2]。孔子始教学于阙里[3]而受学。少孔子六岁。

【注释】
　　[1]颜由：太宰纯增注："《史记》作'颜无繇'，《阙里志》依之。"
　　[2]字季路：太宰纯增注："《史记》云'字路'。"冈白驹补注："《史记》作'字路'。《索隐》引《家语》亦曰'字路'。《史记》为是。"
　　[3]阙里：太宰纯增注："阙里，里名。"林按，据四库本、同文本当为"间里"。

【译文】

颜由,是颜回的父亲,字季路。孔子开始在阙里讲学时,他便跟从孔子学习。比孔子小六岁。

商瞿[1],鲁人,字子木,少孔子二十九岁。特好《易》,孔子传之志焉[2]。

【注释】

[1] 商瞿(qú):冈白驹补注:"商,姓,瞿,名。《前汉·儒林传》'商瞿子木,受《易》孔子',师古以商瞿为复姓,非也。"

[2] 孔子传之志焉:太宰纯增注:"志,记也。《史记》云:'孔子传《易》于瞿。'"冈白驹补注:"孔子之传《易》于瞿,瞿之志也。"千叶玄之标笺:"传之,谓传十翼也。"

【译文】

商瞿,鲁国人,字子木,比孔子小二十九岁。特别喜好《易》,孔子便把有关易的学问传授给他,他都记了下来。

漆雕开,蔡人,字子若[1],少孔子十一岁。习《尚书》,不乐仕。孔子曰:"子之齿[2]可以仕矣,时[3]将过。"子若报[4]其书[5]曰:"吾斯之未能信[6]。"孔子悦焉。

【注释】

[1]"漆雕开"三句:太宰纯增注:"漆雕,姓。开,名。《史记》云:'漆彫开,字子开。'注:'郑玄曰:鲁人。'《阙里志》云:'一作凭,字子开。'未知是否。漆雕凭,见《好生》篇。"

[2] 齿:指年龄。

[3] 时:时机。

[4] 报:回答,回复。

[5] 书:书信。

[6]吾斯之未能信：此语又见《论语·公冶长》。王训"斯"为《尚书》。信，指明了，清楚。而孔安国训"斯"为"仕进之道"，应以孔安国注为胜。

【译文】
漆雕开，蔡国人，字子若，比孔子小十一岁。研习《尚书》，不喜欢从政。孔子对他说："你这个年龄应该从政了，否则将错过时机。"子若回信答复孔子说："我对出仕之道尚未研习明了。"孔子十分赞赏他的这种专心。

公良孺[1]，陈人，字子正。贤而有勇[2]，孔子周行[3]，常[4]以家车五乘[5]从。

【注释】
[1]公良孺：公良，姓。孺，名。
[2]贤而有勇：冈白驹补注："《史记》云：'孔子去陈过蒲，会公叔氏以蒲畔，蒲人止孔子，弟子有公良孺者，以私车五乘从孔子，其为人长，贤有勇力，谓曰："吾昔从夫子遇难于匡，今又遇难于此，命也已。吾与夫子再罹难，宁斗而死。"斗甚疾，蒲人惧。'"
[3]周行：指周游列国。
[4]常：通"尝"，曾经。
[5]乘(shèng)：古时一车四马为一乘。

【译文】
公良孺，陈国人，字子正。贤能而又勇敢。孔子周游列国时，他曾带着家车五乘跟从着。

秦商，鲁人[1]，字丕兹[2]，少孔子四岁。其父堇父[3]，与孔子父叔梁纥俱以力闻[4]。

【注释】

[1] 鲁人：太宰纯增注："《史记》注：'郑玄曰：楚人。'"

[2] 字丕兹：太宰纯增注："旧本作'不慈'，非也。《史记》作'子丕'，《阙里志》依之。"丕兹，黄鲁曾本、宽永本作"不慈"。冈白驹补注："'不慈'当作'丕兹'。《史记》作'字子丕'。《左传·襄十年》：'孟氏之臣秦堇父，辇重如役。师归，孟献子以秦堇父为右。生秦丕兹，事仲尼。'则此人也。"

[3] 堇(jǐn)父(fǔ)：即秦堇父，春秋时鲁国孟献子家臣。父读为甫。

[4] 与孔子父叔梁纥俱以力闻：太宰纯增注："《春秋左氏传·襄公十年》：'晋荀偃、士匄伐偪阳，孟氏之臣秦堇父辇重如役。偪阳人启门，诸侯之士门焉。县门发，郰人纥抉之以出门者。'下云：'孟献子以秦堇父为右。生秦丕兹，事仲尼。'杜预曰：'言二父以力相尚，子事仲尼，以德相高。'"

【译文】

秦商，鲁国人，字丕慈，比孔子小四岁。他的父亲秦堇父与孔子的父亲叔梁纥都以勇力闻名。

颜刻[1]，鲁人，字子骄，少孔子五十[2]岁。孔子适卫，子骄为仆[3]。卫灵公与夫人南子同车出，而令宦者雍梁参乘[4]，使孔子为次乘[5]，游过市[6]。孔子耻之。颜刻曰："夫子何耻之？"孔子曰："《诗》云：'觏尔新婚，以慰我心[7]。'"乃叹曰："吾未见好德如好色者也。"

【注释】

[1] 颜刻：太宰纯增注："《史记》'刻'作'高'。《左氏传》云：'颜高之弓六钧，皆取而传观之。'疑即此人。《阙里志》从《史记》。"四库本作"颜亥"。林按，司马贞《史记索隐》云："《家语》名产。"其所见《家语》与今本不尽相同。

[2] 五十：揆诸史实，若刻少孔子五十岁，则不可能为仆事。《史

记》未载年龄。疑此或为"十五"之讹。

　　[3]仆：驾车。

　　[4]宦者雍梁参乘：太宰纯增注："宦者，阉人。"参乘，亦作"骖乘"，即陪乘。古时乘车，尊者在左，御者在中，一人在右陪乘，称为参乘或车右。

　　[5]次乘：从车。

　　[6]市：街市。

　　[7]"觏(gòu)尔新婚"二句：语出《诗·小雅·车舝(xiá)》。冈白驹补注："周人思得贤女以配君子之诗也。"觏，遇见，此指合婚，合亲。

【译文】

　　颜刻，鲁国人，字子骄，比孔子小五十(十五)岁。孔子到卫国去，子骄为他驾车。卫灵公和夫人南子同车出宫，让宦官雍梁陪乘，而让孔子的车子跟从，游玩着经过街市。孔子感到羞耻。颜刻问："先生为何感到羞耻呢？"孔子说："《诗》说：'与你合亲喜新婚，从而安慰我的心。'"又叹息道："我怎么没见到喜好仁德像喜欢美色的人呢！"

　　司马犁耕[1]，宋人，字子牛。牛为性躁[2]，好言语[3]。见兄桓魋[4]行恶，牛常忧之[5]。

【注释】

　　[1]司马犁耕：太宰纯增注："司马，官族也。司马向魋之弟，故姓司马。犁耕，名也。一本无'犁'字，《史记》同，《阙里志》依之。"

　　[2]为性躁：太宰纯增注："郑玄曰：'躁，不安静也。'"冈白驹补注："何本作'为人性躁。'"林按，据文意当补"人"字。

　　[3]好言语：《论语·颜渊》：司马牛问仁。子曰："仁者，其言也讱。"好，善。

　　[4]桓魋(tuí)：春秋时宋国大夫。曾任司马，为人凶恶。孔子周游列国路经宋国时，欲加害孔子。后来作乱，败而奔齐。

　　[5]忧之：冈白驹补注："司马牛忧曰：'人皆有兄弟，我独亡。'"

【译文】

司马犁耕，宋国人，字子牛。子牛为人性情急躁，喜欢多嘴。见他哥哥桓魋做坏事，子牛常常为他感到忧愤。

巫马施[1]，陈人[2]，字子期[3]，少孔子三十岁。孔子将近行，命从者皆持盖[4]。已而[5]果雨。巫马期问曰："旦无云，既日出，而夫子命持雨具。敢问何以知之？"孔子曰："昨暮月宿于毕[6]。《诗》不云乎：'月离于毕，俾滂沱矣[7]。'以此知之。"

【注释】

[1] 巫马施：巫马，姓。施，名。

[2] 陈人：太宰纯增注："《史记》注：'郑玄曰：鲁人。'"

[3] 子期：《史记》作"子旗"。

[4] 盖：古时用于遮阳避雨的用具。

[5] 已而：不久。

[6] 昨暮月宿于毕：昨夜月亮停留于毕宿。毕，为西方白虎七宿之一。古人以为此星主兵、主雨。

[7] "月离(lí)于毕"二句：语出《诗·小雅·渐渐之石》。离，训为"丽"，意为附着，靠近。俾，犹"则"，于是，就。滂沱，大雨倾泻的样子。

【译文】

巫马期，陈国人，字子期，比孔子小三十岁。一次，孔子要到附近一个地方去，让跟从的人都带上雨具。不久，果然下起雨来。巫马期问孔子说："早上天空无云，太阳已经出来，先生却让我们带上雨具。请问您怎么知道天要下雨了呢？"孔子说："昨晚月亮停留在毕宿，《诗》上不是说：'月亮靠近那毕宿，滂沱大雨跟着来'吗？所以我知道天要下雨了。"

梁鳣[1]，齐人，字叔鱼，少孔子三[2]十九岁。年三十未有子，欲出其妻。商瞿谓曰："子未[3]也。昔吾年三十八无子，吾母为吾更娶室[4]。夫子使吾之[5]齐，母欲请留吾。夫子曰：'无忧也。瞿过四十，当有五丈夫子[6]。'今果然。吾恐子自晚生耳，未必妻之过。"从之，二年而有子。

【注释】
　　[1] 梁鳣(zhān)：太宰纯增注："《史记》注云：'一作鲤。'"
　　[2] 三：太宰纯增注："《史记》'三'作'二'。"
　　[3] 未：犹"勿"。
　　[4] 更娶室：续娶家室。
　　[5] 之：往；去。
　　[6] 五丈夫子：五个男孩。

【译文】
　　梁鳣，齐国人，字叔鱼，比孔子小三十九岁。三十岁了还没有子女，他就想把妻子休掉。商瞿对他说："你不要这样做。当年我三十八岁了还没有子女，我母亲为我另娶一房妻室。先生派我到齐国去，我母亲乞求让我留下来。先生说：'不必忧虑。商瞿过了四十岁，会有五个男孩。'现在果真如此。我估计你自当晚生，未必是你妻子的过错。"梁鳣听从商瞿的话，过了两年就有了子女。

　　琴牢，卫人，字子开，一字子张[1]。与宗鲁[2]友。闻宗鲁死[3]，欲往吊[4]焉。孔子弗许，曰："非义也。"

【注释】
　　[1] 子张：太宰纯增注："一本无'子'字。"

[2] 宗鲁：太宰纯增注："宗鲁，亦卫人。"
[3] 宗鲁死：事见《左传·昭公二十年》。
[4] 吊：悼念死者。

【译文】
琴牢，卫人，字子开，又字子张。他和卫人宗鲁相友善。听说宗鲁死了，他打算前往吊唁。但孔子不允许，说："这不合乎义。"

冉孺，鲁人，字子鲁[1]，少孔子五十岁。

【注释】
[1] 子鲁：太宰纯增注："《史记》注云：'一作曾。'"

【译文】
冉孺，鲁国人，字子鲁，比孔子小五十岁。

颜辛[1]，鲁人，字子柳[2]，少孔子四十六[3]岁。

【注释】
[1] 颜辛：太宰纯增注："一本'辛'作'幸'，《史记》同。"
[2] 字子柳：《史记索隐》引《家语》云："颜幸，字柳。"
[3] 四十六：《史记》同。而《史记索隐》引《家语》作"三十六"，与郑玄同。

【译文】
颜辛，鲁国人，字子柳，比孔子小四十六岁。

伯虔，字子哲[1]，少孔子五十岁。

【注释】

[1] 子哲：太宰纯增注："旧本'哲'作'楷'，《史记》作'析'，《阙里志》依之。"冈白驹补注："《史记》作'字子析。'《索隐》引《家语》作'字子皙'为是。盖皙、揩，字相似，误，又脱'子'字耳。"林按，《史记索隐》云："《家语》作'伯处字子皙'，皆转写字误，未知适从。"

【译文】

伯虔，字子哲，比孔子小五十岁。

公孙龙，卫人[1]，字子石，少孔子五十三岁。

【注释】

[1]"公孙龙"二句：太宰纯增注："公孙，姓。龙，名。旧本'龙'作'宠'，非也。《史记》注：'郑玄曰："楚人。"'"冈白驹补注："毛本、何本、《史记》并作'公孙龙'为是。"林按，此人非战国时名家之公孙龙。

【译文】

公孙龙，卫国人，字子石，比孔子小五十三岁。

曹卹[1]，少孔子五十岁。

【注释】

[1] 曹卹：太宰纯增注："《史记》云：'字子循。'"冈白驹补注："何本：'蔡人，字子循。'"

【译文】

曹卹，比孔子小五十岁。

陈亢，陈人，字子亢[1]，一字子禽，少孔子四十岁。

【注释】
　[1]子亢：千叶玄之标笺："《史记》不载此人。"

【译文】
　陈亢，陈国人，字子亢，一字子禽，比孔子小四十岁。

叔仲会，鲁人[1]，字子期，少孔子五十岁[2]。与孔璇[3]年相比[4]。每孺子[5]之执笔记事于夫子，二人迭[6]侍左右。孟武伯[7]见孔子而问曰："此二孺子之幼也，于学岂能识于壮哉？"孔子曰："然！少成则若性也，习惯若自然也[8]。"

【注释】
　[1]"叔仲会"二句：太宰纯增注："叔仲，姓。会，名。《史记》注：'郑玄曰："晋人。"'《阙里志》'会'作'哙'。"
　[2]五十岁：太宰纯增注："《史记》作'五十四岁'。"
　[3]孔璇：孔子弟子。太宰纯增注："璇，一作'璿'，《史记索隐》作'族'。"
　[4]比：相近。
　[5]孺子：儿童，后生。此指书童。
　[6]迭，轮流。
　[7]孟武伯：仲孙彘，鲁大夫，孟懿子之子。
　[8]"少成则若性也"二句：冈白驹补注："幼而成，如天性也。盖人性善移，习成性，故云'习惯若自然也'。"若，成，变为。

【译文】
　叔仲会，鲁国人，字子期，比孔子小五十岁。与孔璇年龄相近。每当需要学童在孔子身边执笔记事,两人总是轮流在左右服侍。孟武伯见到孔子就问道:"这两个小孩年龄这么小就来学习,怎么能知道他们长大以后的情况呢?"孔子说:"能知道。年少时养成的就如同天性,长期实践之后就好像原本如此。"

秦祖[1],字子南。

【注释】

[1]秦祖:太宰纯增注:"《史记》注:'郑玄曰:秦人。'"

【译文】

秦祖,字子南。

奚葴,字子楷[1]。

【注释】

[1]"奚葴(diǎn)"二句:太宰纯增注:"一本'楷'作'偕',《史记》作'奚容葴,字子皙'。则奚容似复姓。一说姓奚名容葴,未详孰是。《阙里志》从《史记》,盖'葴'与'点'同,曾点亦作'葴',则字'子皙'为是。'皙',误为'楷','楷'又误为'偕'耳。《史记正义》曰:'卫人。'"

【译文】

奚葴,字子楷。

公祖兹[1],字子之。

【注释】

[1]公祖兹:太宰纯增注:"公祖,姓。兹,名。《史记》作'公祖

句兹',《阙里志》依之。"

【译文】
　　公祖兹,字子之。

廉絜,字子曹[1]。

【注释】
　　[1]"廉絜"二句:太宰纯增注:"一本'絜'作'洁'。《史记》作'字庸',《注》:'郑玄曰:卫人。'"

【译文】
　　廉絜,字子曹。

公西与[1],字子上。

【注释】
　　[1]公西与:太宰纯增注:"《史记》作'公西舆如',《阙里志》依之。"

【译文】
　　公西与,字子上。

宰父黑,字子黑[1]。

【注释】
　　[1]"宰父黑"二句:太宰纯增注:"宰父,姓。黑,名。一本作'字子索'。《史记》作'罕父黑,字子索',《阙里志》依之。"

【译文】
　　宰父黑,字子黑。

公西葳,字子尚[1]。

【注释】
　　[1]"公西葳"二句:太宰纯增注:"旧本'葳'作'减',非也。《史记》'尚'作'上',《注》:'郑玄曰:鲁人。'"

【译文】
　　公西葳,字子尚。

穰驷赤,字子从[1]。

【注释】
　　[1]"穰(rǎng)驷赤"二句:太宰纯增注:"穰驷,姓。赤,名。《史记》'穰'作'壤','从(從)'作'徒',《注》:'郑玄曰:秦人。'《阙里志》从《史记》。"

【译文】
　　穰驷赤,字子从。

冉季[1],字子产。

【注释】
　　[1]冉季:太宰纯增注:"《史记》注:'郑玄曰:鲁人。'"

【译文】

冉季,字子产。

薛邦,字子从[1]。

【注释】

[1]"薛邦"二句:太宰纯增注:"《史记》作'郑国,字子徒'。《正义》曰:'作"国"者,避高祖讳。"薛"字与"郑"字误耳。'《阙里志》从《史记》。"冈白驹补注:"'从(從)'当作'徒'。《正义》引《家语》亦作'徒'。"

【译文】

薛邦,字子从。

石处,字里之[1]。

【注释】

[1]"石处"二句:太宰纯增注:"《史记》作'后处,字子里',注:'郑玄曰:齐人。'《阙里志》从《史记》。"

【译文】

石处,字里之。

县亶[1],字子象。

【注释】

[1]县亶:太宰纯增注:"旧本'县'作'悬',非也。王应麟曰:'《礼记·檀弓》言县子,岂其人欤?'"林按,县,音"悬"。

【译文】
　　县亶,字子象。

左郢,字子行[1]。

【注释】
　　[1]"左郢"二句:太宰纯增注:"《史记》作'左人郢,字行',《注》:'郑玄曰:鲁人。'《通志略》云:'左人,以官为姓也。'《阙里志》从《史记》。"

【译文】
　　左郢,字子行。

狄黑,字皙之[1]。

【注释】
　　[1]皙之:太宰纯增注:"旧本'皙'作'晳',非也。《史记》无'之'字。"

【译文】
　　狄黑,字皙之。

商泽,字子秀[1]。

【注释】
　　[1]"商泽"二句:太宰纯增注:"《史记》无字,注引《家语》曰'字子秀'。"

【译文】
　　商泽,字子秀。

任不齐,字子选[1]。

【注释】
　　[1]字子选:太宰纯增注:"《史记》无'子'字。注:'郑玄曰:楚人。'"

【译文】
　　任不齐,字子选。

荣祈[1],字子祺。

【注释】
　　[1]荣祈:太宰纯增注:"《史记》'祈'作'旂',《阙里志》依之。"

【译文】
　　荣祈,字子祺。

颜哙[1],字子声。

【注释】
　　[1]颜哙:太宰纯增注:"《史记》注:'郑玄曰:鲁人。'"

【译文】
　　颜哙,字子声。

原抗,字子籍[1]。

【注释】

[1]"原抗"二句:冈白驹补注:"毛本作'原抗',为是。《史记》作'原亢籍'。"

【译文】

原抗,字子籍。

公肩定,字子仲[1]。

【注释】

[1]"公肩定"二句:太宰纯增注:"公肩,姓。定,名也。旧本阙'定'字,一本'肩'作'宾',一本作'有',《史记》作'公坚定,字子中',注:'郑玄曰:鲁人。或曰:晋人。'《阙里志》作'公肩定,字子中。'"

【译文】

公肩定,字子仲。

秦非[1],字子之。

【注释】

[1]秦非:太宰纯增注:"《史记》注:'郑玄曰:鲁人。'"

【译文】

秦非,字子之。

漆雕从，字子文[1]。

【注释】
[1]"漆雕从"二句：太宰纯增注："《史记》作'漆雕徒父'，无字。《阙里志》作'漆雕徒父，字子有'。"林按，从（從）、徒，形近易讹。

【译文】
漆雕从，字子文。

燕伋，字子思[1]。

【注释】
[1]"燕伋"二句：太宰纯增注："旧本'伋'作'级'，《史记》作'字思'。"

【译文】
燕伋，字子思。

公夏守，字子乘[1]。

【注释】
[1]"公夏守"二句：太宰纯增注："公夏，姓。守，名。《史记》作'公夏首，字乘。'《注》：'郑玄曰：鲁人。'《阙里志》从《史记》。"

【译文】
公夏守，字子乘。

句井疆[1]。

【注释】
[1]句井疆：太宰纯增注："《史记》注：'郑玄曰：卫人。'"冈白驹补注："何本：'卫人，字子界。'"

【译文】
句井疆。

步叔乘[1]，字子车。

【注释】
[1]步叔乘：太宰纯增注："步叔，姓。乘，名。《史记》注：'郑玄曰：齐人。'"

【译文】
步叔乘，字子车。

石作蜀，字子明[1]。

【注释】
[1]"石作蜀"二句：太宰纯增注："石作，姓。蜀，名也。纯谓：'蜀'无义，据字'子明'，恐当为'烛（燭）'。"冈白驹补注："何本、吴本并作'石子蜀'，云：成纪人。"

【译文】
石作蜀，字子明。

邽选，字子敛[1]。

【注释】
　　[1]"邽选"二句：太宰纯增注："《史记》'选（選）'作'巽'，《注》：'郑玄曰：鲁人。'《索隐》曰：'《家语》作"选，字子敛。"'《文翁图》作'国选'，盖亦避汉讳改之。刘氏作'邽巽'，邽音圭。所见各异。纯谓：如《索隐》之云：则知'邽'本'邦'字矣。《阙里志》从《史记》。"

【译文】
　　邽选，字子敛。

施之常[1]。

【注释】
　　[1]施之常：太宰纯增注："之，助声也。《史记》云：'字子恒。'"

【译文】
　　施之常。

申续，字子周[1]。

【注释】
　　[1]"申续"二句：太宰纯增注："旧本'续'误作'绩'。《史记》作'申党，字周'，《正义》曰：'鲁人。'纯案，先儒说此即《论语》所称'申枨'也。陆氏《释文》：'郑玄云："盖孔子弟子申续。"《史记》云："申棠，字周。"《家语》云："申续，字周也。"'今《史记》'棠'作'党'，亦误也。《阙里志》作'申枨，字子周。'"千叶玄之标笺："《困学纪闻》：'绩，当作"续"。'"

【译文】

申续,字子周。

乐欣[1],字子声。

【注释】

[1]乐欣:太宰纯增注:"《史记》'欣'作'欬',《正义》曰:'鲁人。'《阙里志》从《史记》。"

【译文】

乐欣,字子声。

颜之仆,字子叔[1]。

【注释】

[1]"颜之仆"二句:太宰纯增注:"之,亦助声。《史记》作'字叔',注:'郑玄曰:鲁人。'"

【译文】

颜之仆,字子叔。

孔弗,字子蔑[1],孔子兄之子。

【注释】

[1]"孔弗"二句:太宰纯增注:"《史记》'弗'作'忠',无字。注引《家语》曰:'忠,字子蔑。孔子兄之子。'《阙里志》作'孔忠,字子蔑'。"

【译文】

孔弗，字子蔑。孔子的侄子。

漆雕侈[1]，字子敛。

【注释】

[1]漆雕侈：太宰纯增注："《史记》'侈'作'哆'，注：'郑玄曰：鲁人。'《阙里志》从《史记》。"

【译文】

漆雕侈，字子敛。

县成，字子横[1]。

【注释】

[1]字子横：太宰纯增注："《史记》作'字子祺'，注：'郑玄曰：鲁人。'"林按，《史记索隐》引《家语》作"子谋"。

【译文】

县成，字子横。

颜相，字子襄[1]。

【注释】

[1]"颜相"二句：太宰纯增注："《史记》作'颜祖，字襄'，《正义》曰：'鲁人。'《阙里志》作'颜祖，字子襄。'"林按，《史记索隐》谓《家语》无此人，误。

【译文】

颜相,字子襄。

右夫子弟子七十二人[1],皆升堂入室者[2]。

【注释】

[1] 七十二人:太宰纯增注:"二,当为'六'。"

[2] 皆升堂入室者:太宰纯增注:"案,《史记·弟子传》:'孔子曰:受业身通者,七十有七人。'《汉书·地理志》曰:'孔子闵王道将废,乃修六经,以述唐虞三代之道,弟子受业而通者七十有七人。'今此篇所载凡七十六人,其七十三人与《史记》同。所异者,《史记》无琴牢、陈亢、县亶,而有公伯寮、秦冉、鄡单、颜何。先儒疑鄡单即县亶,盖亶字子象,单字子家,'亶'、'单'声相近,而'子象'、'子家'字相类故也。公伯寮字子周。《正义》曰:'《家语》有申缭,子周。'颜何字冉。《索隐》曰:'《家语》字称。'由此观之,《家语》本有申缭,颜何,而后失之也。秦冉字开。《正义》曰:'《家语》无此人。'然则《家语》本有七十八人,其与《史记》互有出入者,不知何说。《阙里志》兼取《家语》与《史记》,而不录曾点、颜由、公伯寮、秦冉、县亶、颜何,所录凡七十四人。"冈白驹补注:"按,《史记·仲尼弟子列传》载七十七人。《索隐》云:《家语》亦有七十七人。《史记》有公伯寮、秦冉、鄡单,《家语》不载,而别有琴牢、陈亢、悬亶,当此三人之数,而今《家语》,止得七十六人。考之《史记》,其差异者,或异名而同字,或文相似以误,皆可以推当,惟少颜何字冉者一人,而《索隐》引《家语》曰'颜何字称',则当时《家语》亦与《史记》其数同。然而篇名《七十二弟子解》,则衍五人矣,盖此后人据《史记》附益也尔。"

【译文】

以上是孔子的七十二位弟子,他们都是能够得到孔子学说真传、学有所成的人。

本姓解第三十九

孔子之先，宋之后[1]也。微子启，帝乙之元子，纣之庶兄[2]。以圻[3]内诸侯，入为王卿士。微，国名；子，爵[4]。初，武王克[5]殷，封纣之子武庚[6]于朝歌[7]，使奉汤祀[8]。武王崩，而与管、蔡、霍三叔作难[9]。周公相[10]成王[11]，东征之。二年，罪人斯得[12]，乃命微子于殷后，作《微子之命》[13]申[14]之，与国于宋[15]，徙殷之子孙[16]。唯微子先往仕周[17]，故封之贤[18]。其弟曰仲思，名衍，或名泄，嗣微子[19]后，故号微仲[20]，生宋公稽[21]。胄子[22]虽迁爵易位，而班级[23]不及[24]其故者，得以故官为称。故二微虽为宋公，而犹以微之号自终，至于稽乃称公焉。宋公生丁公申，申生缗公共及襄公熙[25]，熙生弗父何及厉公方祀[26]，方祀以下，世为宋卿[27]。

弗父何生宋父周[28]，周生世子胜，胜生正考甫[29]，考甫生孔父嘉[30]。五世亲尽，别为公族[31]，故后以孔为氏焉。一曰孔父者，生时所赐号也，是以子孙遂以氏族[32]。孔父生子木金父，金父生睪夷[33]，睪夷生防叔，避华氏之祸而奔鲁[34]。防[35]叔生伯夏，伯夏[36]生叔梁纥[37]。曰："虽有九女，是无子[38]。"其妾生孟皮，孟皮一字伯尼，有足病。于是乃求婚于颜氏。颜氏有三女，其小曰徵在。颜父问三女曰："陬大夫[39]，虽父祖为士，然其先圣王之裔[40]。今其人身长十尺，武力绝伦[41]，吾甚贪[42]之，虽年大性严[43]，不足为疑。三子孰能为之妻？"二女莫对，徵在进曰："从父所制[44]，将何问焉？"父曰："即尔能矣。"遂以妻[45]之。

徵在既往，庙见[46]。以夫之年大，惧不时有男[47]，而私祷[48]尼丘之山[49]以祈[50]焉。生孔子，故名丘，字仲尼。孔子三岁而叔梁纥卒，葬于防[51]。至十九，娶于宋之开官氏[52]。一岁而生伯鱼。鱼之生也，鲁昭公以鲤鱼赐孔子。荣君之贶[53]，故因以名曰鲤，而字伯鱼。鱼年五十，先孔子卒[54]。

【注释】

[1] 宋之后：宋为周代的诸侯国。周初，周人秉承"兴灭国继绝嗣"的理念，封殷商后裔微子于商丘，承祧殷周。此记载又见于《史记·宋微子世家》、《孔子世家》及《世本》（辑本）。

[2] "微子启"三句：冈白驹补注："言微子之所由出。"微子是帝乙的长子，殷纣王的同母庶兄，封于微。纣王淫乱，数谏不从，出奔，殷亡后投周朝，封于宋。孔子称之，将其与箕子、比干誉为殷之"三仁"。《史记》裴骃集解引孔安国曰："微，畿内国名。子，爵也。为纣卿士。"帝乙，殷代帝王，为微子与纣王之父。元子，天子或诸侯的长子。纣，帝辛，殷商末代君主。

[3] 圻(qí)：畿，京畿。古称天子直辖之地。

[4] "微"四句：冈白驹补注："吴本，此五字为注，为是。"

[5] 克：战胜，翦灭。

[6] 武庚：殷纣王之子，名禄父。周武王灭商，封其于殷故地，以奉殷祀。武王死后，武庚与管、蔡等叛，被周公所灭。

[7] 朝(zhāo)歌：殷代末期的别都，在今河南淇县。为武乙所建，纣因之。武王灭商，封康叔于此，是为卫国。

[8] 奉汤祀：供奉商汤的祭祀。周武王灭殷后，将神农、黄帝、唐、虞、夏、商的后代封国，以示古代圣王不能绝嗣。正是本书《哀公问

政》所谓"继绝世，举废邦"之意。

[9] 管、蔡、霍三叔作难：管叔、蔡叔、霍叔皆为周文王之子，武王、周公之弟（旧以管叔长于周公）。灭商后，武王封管、蔡、霍于殷故地，以监视武庚，号称"三监"。武王崩，成王嗣立，年幼，周公摄政。三监散发流言，谓周公有篡位之心，并与武庚发动叛乱。后周公东征，武庚、管叔被杀，蔡叔流放。

[10] 相：辅相。

[11] 成王：名诵，武王子。

[12] "二年"二句：事见《尚书·金縢》。

[13] 《微子之命》：是《古文尚书》中的一篇，此篇记载周公东征杀武庚以后，命微子代武庚为殷后裔之辞。

[14] 申：太宰纯增注："申，重也。《史记·宋世家》'申'上有'以'字。"

[15] 与国于宋：冈白驹补注："封微子为宋公。"太宰纯增注："《史记》无'与'字。"与，举，立。此指分封建国。《经义述闻·礼记中》"选贤与能"王引之按："与，当读为'举'。"《左传·文公元年》"楚国之举"杜预注："举，立也。"

[16] 徙殷之子孙：冈白驹补注："徙殷之子孙于宋。"

[17] 唯微子先往仕周：冈白驹补注："启知纣必亡，作诰告二师，而遁于荒野，武王克殷乃归周，故云'先往仕周'。"

[18] 封之贤：此指封赏多，即受封为诸侯。贤，多。

[19] 子：黄鲁曾本、宽永本作"之"。

[20] 号微仲：太宰纯增注："《史记》注引《礼记》曰：'微子舍其孙腯而立衍也。'郑玄曰：'微子适(dí)子死，立其弟衍。殷礼也。'"

[21] 宋公稽：冈白驹补注："稽立为宋公，未谥，故名之。"

[22] 胄子：冈白驹补注："胄子，当作'二子'，谓微子、微仲也。"

[23] 班级：官位、爵位的等级。

[24] 及：太宰纯增注："《史记索隐》引《家语》'及'作'过'。"

[25] 申生缗公及襄公熙：太宰纯增注："申生，旧本'申'下衍'公'字。《史记》'缗'作'湣'，'襄'作'炀'。"林按，"襄"当作"炀"。

[26] 熙生弗父何及厉公方祀：太宰纯增注："弗父，字。何，名也。'方祀'，《史记》作'鲋祀'，徐广曰：'鲋，一作'鲂'。'《索隐》曰：'谯周亦作"鲂祀"，据《左氏》即湣公庶子也，弑炀公，欲立太子

弗父何，何让不受。'"冈白驹补注："弗父何，让弟厉公。"泷川资言云："《家语·本姓解》、《左传·昭七年》疏引《家语》'襄公'作'泯公'。泯公即闵公，当以为正。弗父何，宋闵公子，厉公兄，非襄公子也。今本《家语》误。"林按，"熙生"当作"共生"，"方祀以下"当作"弗父何以下"。父，音甫。

[27] "方祀以下"二句：太宰纯增注："方祀，当为'弗父何'。"

[28] 宋父周：太宰纯增注："宋父，字。周，名也。一本'宋'作'送'。"

[29] 正考甫：孔子的七世祖。

[30] 孔父嘉：孔父，字。嘉，名。

[31] "五世亲尽"二句：太宰纯增注："孔父嘉，襄公玄孙之子。"冈白驹补注："本出于公，而子孙相连属，其傍支别属，则各自立氏，是为公族。"古代行嫡长子继承制、五服之制，五世之后，血缘关系渐疏，故分出别为一族，另立氏号。《礼记·丧服小记》："别子为祖，继别为宗；继祢者为小宗。有五世而迁之宗，其继高祖者也。是故祖迁于上，宗易于下。"

[32] 是以子孙遂以氏族：因此他的子孙就以"孔"为其族的氏号。冈白驹补注："古者，君赐号赐族。《左传》羽父请谥与族。公问族于众仲。众仲对曰：'天子建德，因生以赐姓，胙之土，而命之氏，诸侯以字为谥，因以为族。'盖诸侯位卑，不得赐姓，故其臣因氏其王父字，或使即先人之谥号以为族，今此以先人之号为族，因氏孔，故云氏族。"

[33] 睾夷：太宰纯增注："睾，与'皋'同。"

[34] 避华氏之祸而奔鲁：太宰纯增注："华氏，宋戴公孙，华父督也。华氏之祸，谓大夫南宫长万弑闵公，因杀华父督也。事在《春秋·庄公十二年》，详见《左氏传》。"

[35] 防：黄鲁曾本作"方"。

[36] 伯夏：四库本、同文本作"夏"。

[37] 叔梁纥：叔梁，字。纥，名。

[38] "虽有九女"二句：冈白驹补注："叔梁纥，娶于鲁之施氏，生九女，无男，叔梁纥曰虽有九女而无男，是无子也。"

[39] 陬(zōu)大夫：叔梁纥因功封陬邑大夫。陬，鲁国邑，在今山东曲阜东南五十里。

[40] 圣王之裔：冈白驹补注："成汤之后。"

[41] 武力绝伦：冈白驹补注："《左传·襄十一年》，偪阳之役，纥抉举县门，其武力可知。"

［42］贪：冈白驹补注："贪，爱之。"《广雅·释诂一》："贪，欲也。"

［43］年大性严：年龄偏大，性格严毅。严，严毅，庄正。

［44］制：决定，裁断。

［45］妻（qì）：嫁给。

［46］庙见：《礼记·曾子问》："三月庙见，称来妇也。"舅姑（公婆）去世的新妇，在婚后三月行庙见之礼，择吉日到祢庙祭奠舅姑，表示妇的名分正式确立。

［47］惧不时有男：害怕不能及时生男孩。

［48］私祷：偷偷地祈祷。

［49］尼丘之山：即尼丘山，今称尼山，在今山东曲阜东南约五十里与邹城、泗水交界处。有夫子洞，传为孔子出生地。

［50］祈：求福。

［51］防：地名，在今山东曲阜市东三十公里，有梁公林，为孔子父母葬处。

［52］开（jiān）官氏：太宰纯增注："一本'开'作'上'。"冈白驹补注："毛本作'上官氏'。司马贞引《家语》亦作'上官氏'。"开，俗作"亓"，乃明清以来传抄致误。清人钱大昕、王培荀皆有说。

［53］荣君之贶（kuàng）：以国君的恩赐而荣耀。荣，以……为荣。贶，赠送，恩赐。

［54］先孔子卒：冈白驹补注："哀十一年卒，时孔子年六十九。"

【译文】

孔子的先祖，是宋公室的后裔。微子启，是殷王帝乙的长子，纣王的庶兄。他以畿内诸侯的身份，入朝做了纣王的卿士。微，是封国名；子，是爵位。当初，周武王打败商朝，将纣王的儿子武庚分封到朝歌，让他来继续供奉对商汤的祭祀。武王死后，武庚就和管叔、蔡叔、霍叔等"三监"联合发动叛乱。当时，周公辅佐年幼的成王，于是东征平定这次叛乱。经过两年的征讨，发动叛乱的罪人都得到了应有的下场。于是又册命微子为殷商的继承者，并作《微子之命》，由此建国于宋，又把殷遗民迁徙到宋。因为微子较早地投靠周朝，所以受到的封赏很多，让他做了诸侯。微子的弟弟名叫仲思，一说叫泄。继承微子而为宋国的国君，因此又称微仲,仲思生宋公稽。这微子、微仲两位,尽管变更了爵位,而等级不如以前,因此用从前的旧爵相称。因此,二微虽然都是宋国的国君,然而仍以"微"作为自己的称号,一直到死。到了稽的时候才称公。宋公稽生宋丁公申,宋丁公申生宋缗公共和宋襄(炀)公熙,宋襄公熙(缗公共)生弗父何与宋厉公方祀。从弗父何以后,孔子的先祖世代为宋卿。

弗父何生宋父周,宋父周生世子胜,世子胜生正考甫,正考甫生孔父嘉。从襄(缗)公之子弗父何到孔父嘉,血缘关系已经出了五服,与宋公的亲缘尽绝,不再服丧,于是别立公族,以孔为氏。一说孔父是孔父嘉在世时所赐的号,因此子孙后世便以之作为本族的氏。孔父生子木金父,木金父生睪夷,睪夷生防叔,防叔因避华氏之祸,逃奔到了鲁国。防叔生伯夏,伯夏生叔梁纥。叔梁纥说:"我虽生了九个女儿,但却没有一个儿子。"他的妾生了个儿子孟皮,孟皮还有一个字叫伯尼,脚有毛病,不能做继承人。于是叔梁纥便向颜氏求婚。颜氏有三个女儿,最小的叫徵在。颜父问三个女儿道:"陬大夫叔梁纥虽然他的父祖辈皆是士,但他的先祖却是古圣王成汤的后裔。而且,他身高十尺,武力绝伦,我非常喜欢他。虽然他年纪较大,而且性情严毅,但这并不值得疑虑。你们三个,谁想嫁给他做妻子啊?"大女儿、二女儿都不回答。小女徵在上前对父亲说道:"听从您的决定,还有什么好问的?"颜父说:"就是你能嫁给他了。"于是就将徵在许配给叔梁纥做妻子。

徵在嫁到叔梁纥家,三个月后行庙见之礼,正式成为了孔家的媳妇。她因为丈夫年龄大,担心不能及时有儿子,便偷偷到尼丘山祷告,祈求生子。后来生了孔子,所以给他取名丘,字仲尼。孔子三岁时,叔梁纥就去世了,埋葬于防山。十九岁时,娶了宋国的开官氏的女儿。一年后,生了儿子伯鱼。伯鱼出生的时候,鲁昭公赐给孔子一条鲤鱼以示祝贺。因为把国君的恩赐而视为荣耀,于是给儿子起名叫鲤,字伯鱼。伯鱼五十岁时,先于孔子而去世。

齐太史[1]子与适鲁,见孔子。孔子与之言道[2]。

子与悦[3]，曰："吾鄙人[4]也，闻子之名，不睹子之形[5]久矣，而未知之宝贵也[6]。乃今而后知泰山之为高，渊海[7]之为大。惜乎夫子之不逢明王，道德不加[8]于民，而将垂宝[9]以贻[10]后世。"

遂退而谓南宫敬叔曰："今孔子先圣之嗣[11]，自弗父何以来，世有德让[12]，天所祚[13]也。成汤以武德王天下[14]，其配在文[15]。殷宗以下，未始有也[16]。孔子生于衰周[17]，先王典籍，错乱无纪[18]，而乃论百家之遗记[19]，考正其义，祖述尧舜[20]，宪章文武[21]，删《诗》述《书》[22]，定《礼》理《乐》[23]，制作《春秋》[24]，赞明《易》道[25]，垂训后嗣，以为法式[26]，其文德著矣[27]。然凡所教诲，束修已上[28]，三千余人。或者天将欲与[29]素王[30]之乎，夫何其盛也！"敬叔曰："殆[31]如吾子之言，夫物莫能两大[32]。吾闻圣人之后，而非继世之统[33]，其必有兴者焉。今夫子之道至矣，乃将施之无穷。虽欲辞天之祚，故未得耳[34]。"

子贡闻之，以二子之言告孔子。子曰："岂若是哉？乱而治之，滞[35]而起之，自吾志，天何与[36]焉？"

【注释】
　　[1]太史：西周、春秋时为地位很高的朝廷大臣，掌管起草文书、策命诸侯卿大夫、记载史事，兼管典籍、历法、祭祀等事。
　　[2]道：这里可以理解为学说、思想观念。道是古代中国哲学文化最核心思想范畴，儒、道等各家均讲道。儒家之道，核心是人道，即修己治人之道。

［3］悦：冈白驹补注："悦孔子之道。"

［4］鄙人：粗浅鄙薄的人，乃自谦之辞。

［5］形：与"名"相对。这里指人的整体形象。

［6］未知之宝贵也：太宰纯增注："'之宝贵'，恐当为'其宝贵'。"千叶玄之标笺："'宝贵也'下，吴氏注曰：'恐有阙文。'"

［7］渊海：深海。

［8］加：施。

［9］垂宝：将珍宝流传后世。

［10］贻：遗。

［11］今孔子先圣之嗣：意指孔子为商汤后裔宋微子的后代。汤为古圣王，微子为古贤人、仁人。今，发语词。嗣，后代。

［12］世有德让：冈白驹补注："弗父何让厉公，正考甫三命益恭，是也。"

［13］祚（zuò）：赐福，保佑。

［14］以武德王天下：指成汤依靠武力打败夏桀而建立商朝。

［15］其配在文：要以文德来协调。文，文德，即文命德教，礼乐仁义之类。

［16］"殷宗以下"二句：冈白驹补注："殷宗，太甲也，称太宗。言太宗以下，未始有以文配者也。"

［17］衰周：周的衰落时代。是时人对春秋时代的一种认知。

［18］"先王典籍"二句：冈白驹补注："《汉·艺文志》云：'帝王质文，世有损益，至周曲为之防，事为之制，及周之衰，诸侯将逾法度，恶其害己，皆灭去其籍，孔子之时，已不具矣。'"

［19］百家之遗记：各家所遗留下来的文献记载。百家，泛指多家、众家。

［20］祖述尧舜：冈白驹补注："三皇虽圣乎，所制作不过厚生利用。礼乐之教，昉乎尧舜，故孔子远祖其道。"祖述，效法遵循前人的学说或行为。

［21］宪章文武：冈白驹补注："宪，法也。谓遵其制度。章，明也，谓明其道以传之。孔子曰'吾从周'是已。"宪章，效法并阐明。"祖述尧舜、宪章文武"亦见于《礼记·中庸》。

［22］删《诗》述《书》：孔子删订《诗经》，整理《尚书》。冈白驹补注："古者《诗》三千余篇，孔子删定之，为三百五篇，又讨论坟典，断自唐虞，以下讫周。"林按，孔子删《诗》在近代聚讼纷纭，莫衷一是。我们以为，《诗》经过孔子的整理与编次，是可以肯定的。孔子整

理《尚书》也应该是历史的事实。至于整理《诗》、《书》的具体情况，多不可详考，然不能据以否定此事。

[23] 定《礼》理《乐》：编定《仪礼》，整理《乐》经。冈白驹补注："孔子追迹三代之礼，观夏殷所损益，曰'后虽百世可知也'。又曰'吾自卫反鲁，然后《乐》正，雅、颂各得其所。'"林按，据《礼记·杂记下》："恤由之丧，哀公使孺悲之孔子学士丧礼，士丧礼于是乎书。"由此古人推断，《仪礼》的成书恐与孔子关系密切。

[24] 制作《春秋》：据《孟子·滕文公下》："世衰道微，邪说暴行有作，臣弑其君者有之，子弑其父者有之。孔子惧，作《春秋》。《春秋》，天子之事也，是故孔子曰：'知我者，其惟春秋乎？罪我者，其惟春秋乎？'"《史记·孔子世家》："乃因史记作《春秋》，上至隐公，下讫哀公十四年，十二公。"林按，孔子作《春秋》，亦称"修"。近代学者对此聚讼纷纭。我们以为，孔子修《春秋》不能否定。

[25] 赞明《易》道：冈白驹补注："叙《彖》、《系》、《象》、《说卦》、《文言》。"林按，自司马迁以来，儒者以为《易传》"十翼"为孔子作，至宋欧阳修始疑之。至近代古史辨派，更是彻底斩断孔子与《易》之关系。然征诸文献，揆诸简帛，孔子与《易》关系密切。孔子晚而好《易》必为事实，今、帛本《易传》及其他古书所载孔子论《易》文献，自当确认为孔子《易》学资料。至于是否亲作"十翼"，今天看来倒是未必完全执守旧说。但《易传》当为孔门易学则可确知也。赞明，意为阐明。《易·说卦》："幽赞于神明而生蓍。"

[26] 法式：标准，制度。

[27] 其文德著矣：冈白驹补注："足以配成汤之武。"

[28] 束脩已上：指年十五岁入学所行束脩礼，借指十五岁的年龄。一说束脩指十条干肉。古代用于上下亲友间相互酬赠，后多指致送老师的酬金，以正式拜师。礼很菲薄。脩，即脯。

[29] 与：太宰纯增注："先儒以为'与'当为'兴'。"

[30] 素王：指有帝王之德而无帝王之位的人，后专指孔子。素，空，指有名无实或有实无名。

[31] 殆：大概。

[32] 物莫能两大：冈白驹补注："言汤既以武德王，其后嗣不能又以文德王。"

[33] 继世之统：继承王位的序列，即嫡系子孙。

[34] "虽欲辞天之祚"二句：冈白驹补注："天使孔子传先王之道于无穷，是天之所祚也。"故，通"固"。

[35]滞：沉滞，僵化。
[36]与：助。

【译文】
　　齐国太史子与来到鲁国，拜见孔子。孔子和他谈论大道。子与很高兴，说道："我是一个鄙陋的人，听说您的大名，但无缘一睹尊颜。现在我在您这儿求得的知识是很宝贵的。从今之后，我才理解泰山的高大，深海的宽广。可惜啊！先生没有遇上圣明的君主，您的学说没能推行于老百姓，但是必将作为珍宝流传给后世。"
　　于是，他退出来对南宫敬叔说："孔子是古代圣王的后代。自从弗父何以来，世世代代都有德让的美称，这是上天的福佑啊。成汤依靠武德而拥有天下，应该用文德与此协调。但自殷高宗以来，一直没有出现这样的人。孔子生于周代的衰败时期，先王的典籍已经错乱无序，于是孔子就论述各家遗留下来的记载，考辨订正其中的思想，遵循效法尧、舜、周文王、武王等古圣王，删订《诗》，编述《书》，确定《礼》，整理《乐》，修纂《春秋》，阐明《易》道，对后世垂训示教，以此为标准。他的文德是非常显著的啊！他所教诲过的学生，十五岁入学的，有三千多人，大概是上天想让他兴盛起来成为素王吧！不然怎会如此兴盛呢？"
　　南宫敬叔说："大概像你说的那样，任何事物都是没有两全其美的，我听说，圣人的后代，如果不是嫡系子孙不能继承天下大统，他们也必然会有兴盛起来的。现在我老师的道是至高无上的，必将长久不断地施行于后世。即使想推辞上天的福佑，肯定也是不可以的。"
　　子贡听说了这件事，就把两个人的谈话告诉了孔子。孔子说："哪里是他们说的那样啊？混乱就需治理，沉滞就要疏导，本就是我的志向，上天何曾帮助我什么呀？"

终记解第四十

　　孔子蚤晨[1]作[2]，负手曳杖[3]，逍遥[4]于门而歌曰："泰山其颓乎[5]！梁木其坏乎[6]！喆人其萎乎[7]！"既歌而入，当户[8]而坐。

子贡闻之，曰："泰山其颓，则吾将安仰？梁木其坏，则吾将安仗[9]？哲人其萎，则吾将安放[10]？夫子殆将病也。"遂趋[11]而入。夫子叹而言曰："赐，汝来何迟？予畴昔[12]梦坐奠于两楹之间[13]。夏后氏殡于东阶之上，则犹在阼[14]；殷人殡于两楹之间，则与宾主夹之；周人殡于西阶之上，则犹宾之[15]，而丘也即殷人也[16]。夫明王不兴，则天下其孰能宗余[17]？余殆将死[18]。"遂寝病[19]，七日而终，时年七十三[20]矣。

哀公诔[21]曰："旻天不吊！不憖遗一老[22]，俾屏余一人以在位[23]，茕茕余在疚[24]，於乎哀哉[25]，尼父！无自律[26]。"子贡曰："公其不没于鲁乎[27]！夫子有言曰：'礼失则昏，名失则愆[28]。失志为昏，失所为愆[29]。'生不能用，死而诔之，非礼也；称一人，非名也[30]。君两失之矣。"

既卒，门人疑所[31]服[32]夫子者。子贡曰："昔夫子之丧[33]颜回也，若丧其子而无服，丧子路亦然。今请丧夫子如丧父而无服。"于是，弟子皆吊服而加麻[34]，出有所之[35]则由绖[36]。子夏曰："入宜绖可也[37]，出则不绖。"子游曰："吾闻诸夫子：丧朋友，居则绖，出则否；丧所尊，虽绖而出，可也。"

孔子之丧，公西赤掌殡葬焉。含以蔬米三贝[38]，袭衣十有一称[39]，加朝服一，冠章甫之冠[40]，珮象环，径五寸而缊组绶[41]，桐棺四寸，柏棺五寸，饰墙置翣[42]。设披[43]，周也；设崇[44]，殷也；绸[45]练[46]、设旐[47]，夏也。兼用三王礼，所以尊师且备古[48]也。

葬于鲁城北泗水上[49]，藏入地不及泉[50]。而封为偃斧之形[51]，高四尺，树松柏为志[52]焉。弟子皆家于墓[53]，行心丧[54]之礼。既葬，有自燕来观者[55]，舍[56]于子夏氏。子贡[57]谓之曰："吾亦人之葬圣人，非圣人之葬人。子奚观焉[58]？昔夫子言曰：'吾见封若夏屋者，见若斧矣[59]。'从[60]若斧者也，马鬣封[61]之谓也。今徒一日三斩板而以封[62]，尚[63]行夫子之志[64]而已。何观乎哉！"

二三子三年丧[65]毕，或留或去，惟子贡庐于墓[66]六年。自后群弟子及鲁人，处于墓如[67]家者，百有余家，因名其居曰"孔里"焉。

【注释】
　　[1]蚤(zǎo)晨：早晨。蚤，通"早"。此记载又见于《礼记·檀弓上》、《左传·哀公十六年》、《史记·孔子世家》。
　　[2]作：起。
　　[3]负手曳杖：背着手，拖着拐杖。曳，拖。
　　[4]逍遥：悠闲的样子。
　　[5]泰山其颓乎：泰山要崩坠了吧。
　　[6]梁木其坏乎：房梁要折断了吧。
　　[7]喆人其萎乎：哲人要病逝了吧。萎，植物枯槁，引申为人的死亡。
　　[8]当户：对着门户。
　　[9]安仗：依靠哪里？安，哪里。仗，依靠，靠托。
　　[10]放(fǎng)：通"仿"，效仿，效法。
　　[11]趋：快走。

[12]畴昔：日前，往昔。这里应该指昨晚。

[13]两楹之间：堂屋正中的位置。楹，厅堂前部的柱子。

[14]"夏后氏"二句：夏后氏，即夏代，古史称禹受舜禅，建夏王朝，也称夏后氏、夏后或夏氏。殡（bìn），殓而未葬。阶，台阶。阼（zuò），堂前东阶，主人的位置。古代宾主相见，宾自西阶上，主人立于东阶。《仪礼·士官礼》郑玄注："阼犹酢也，东阶所以答酢宾客也。"

[15]"周人殡于西阶之上"二句：冈白驹补注："礼，主人在阼阶，宾在西阶，孝子不忍死其亲，殡之于此，故曰'犹'。此以三王之礼占己梦。"

[16]丘也即殷人也：冈白驹补注："其先宋人，成汤之后。"

[17]"夫明王不兴"二句：王肃注："言天下无明王，莫能宗己道。临终其有命，伤道之不行也。"太宰纯增注："郑玄曰：'宗，尊也。'"

[18]余殆将死：冈白驹补注："郑玄云：'两楹之间，人君听治正坐之处。今无明王，谁能尊我以为人君乎？是我殷家奠殡之象，以此自知将死。'"

[19]寝病：卧病。

[20]七十三：太宰纯增注："孔子生卒，《左氏》、《公羊》、《穀梁》及汉太史公，诸说不同。且据《世家》之言，以鲁襄公二十二年庚戌十一月庚子生，以哀公十六年壬戌四月己丑卒，年七十三，是为定说云。"黄鲁曾本、宽永本、冈白驹本作"七十二"。《史记》作"七十三"。林按，《史记索隐》："若孔子以鲁襄二十一年生，至哀十六年为七十三；若襄二十二年生，则孔子年七十二。经传生年不定，致使孔子寿数不明。"

[21]诔（lěi）：古时用来表彰死者的德行并表示哀悼的文辞，只能用于上对下，《礼记·曾子问》："贱不诔贵，幼不诔长，礼也。"后来演化成哀祭文体的一种。

[22]"旻天不吊"二句：王肃注："吊，善也。憖，且也。一老，孔子也。"冈白驹补注："不吊，犹云'不恤'也。"千叶玄之标笺："言天不恤鲁国也。非也。杜预曰：'仁覆闵下，故称旻天。'"吊，通"淑"，善，仁。憖（yìn），宁，且，表勉强。

[23]俾（bǐ）屏（bǐng）余一人以在位：使他抛下我一人在君位上。俾，使。屏，借为"摒"，除去，放弃，放逐。

[24]茕（qióng）茕余在疚：茕茕，本指没有兄弟，泛指孤单无靠。疚，指久病，《释名·释疾病》："疚，久也；久在体中也。"

[25]於（wū）乎哀哉：表示悲痛之辞，常用以表示对死者的哀悼

《左传》、《史记》作"呜呼",同。

［26］"尼父"二句：王肃注："父,丈夫之显称。律,法,言无以自为法。"

［27］公其不没于鲁乎：这位国君大概没法在鲁国善终吧。没,通"殁",死亡。林按,鲁哀公后果因欲去三桓而被迫离开鲁国,先后在卫、邾(一说为邹)、越。"国人迎哀公复归,卒于有山氏",最后死在鲁大夫有山氏家。因此谥号又称"出公"。

［28］"礼失则昏"二句：失了礼就会犯糊涂,失了名就会犯错误。愆,原作"僁",为异体字,今改为通行字。或作"僭",误。

［29］"失志为昏"二句：失了思想就会犯糊涂,失了本分就会犯错误。所,处所,这里引申为地位、本分。

［30］"称一人"二句：王肃注："一人,天子之称也。"

［31］疑所：千叶玄之标笺："一本'所'下有'以'字。"

［32］服：丧服,此用为动词。

［33］丧：服丧。无服,不穿丧服。

［34］吊服而加麻：太宰纯增注："士吊服布上素下,所谓疑衰也。麻,谓绖与带也。"吊服,吊丧之服。麻,指吊服中用的麻带。

［35］之：到。

［36］由绖(dié)：太宰纯增注："由,与'犹'通。"绖,古代丧服中的麻带,扎于头上或腰间,在头上的叫首绖,在腰间的叫腰绖。

［37］也：黄鲁曾本、宽永本、冈白驹本作"居"。

［38］含以疏米三贝：王肃注："疏,粳米。《礼记》曰：'稻曰嘉蔬。'"冈白驹补注："含,口实也。贝,海介也。《士丧礼》云：'含用米贝。'"含,古时纳珠、玉、贝、米等入死者口中。

［39］袭衣十有一称(chèn)：袭衣,全套的衣服。称,量词,指配合齐全的一套衣服。

［40］"加朝服一"二句：朝服,周代玄冠服之一,专门指玄冠、缁衣、素裳的服饰。上"冠"字为动词,训"戴",下"冠"为名词,帽子。章甫,商代的一种帽子。《礼记·儒行》："丘少居鲁,衣逢掖之衣；长居宋,冠章甫之冠。"孙希旦集解："章甫,殷玄冠之名,宋人冠之。"由于孔子喜欢戴,后世用"章甫"特指儒者之冠。

［41］"佩象环"二句：佩,通"珮",佩带。象环,象牙环。綨,苍艾色。组绶,古代玉佩上系玉用的丝带,这里指系象环用的丝带。

［42］饰墙置翣(shà)：墙,即柳衣,出殡时柩车上覆棺的布帷。翣,古时出殡时棺木的装饰,朱骏声《说文通训定声·谦部》："《世本》：

'武王作翣。'汉制,以木为匡(框),广三尺,高二尺四寸,衣以画布,柄长五尺。柩车行,持之两旁以从。按如今之掌扇,疑古本以羽为之,与羽盖同,后世以布,或以席。"

[43]披:《礼记·檀弓上》郑玄注:"柩行夹引棺者。"即用布帛做成的丧具,先用它拴着棺木,再结于柩车两旁,供送葬的人或牵或挽,以防倾侧。

[44]崇:即崇牙,旌旗四周的齿状装饰物。

[45]绸(tāo):通"韬",缠裹,套。

[46]练:白色的布帛。

[47]旐(zhào):旧时出丧时为棺柩引路的旗,俗称魂幡。

[48]备古:保全古代的礼仪传统。

[49]鲁城北泗水上:即今山东曲阜孔林所在。地处鲁国都城之北,今孔林南墙即周代鲁城之北桓。墓在泗水之南,故称"上"。

[50]藏(zàng)入地不及泉:安放灵柩的墓室,不到地下水的深度。藏,储存物体的地方,这里指安放灵柩的地方。泉,地下水。

[51]封为偃斧之形:坟墓封土为仰斧的形状。封,堆土为坟。偃,仰。

[52]树松柏为志:种树作标记叫作"树"。封、树,是古代对士以上之人的葬礼规定,而一般平民,《礼记·王制》"庶人……不封不树"。不同级别的人,待遇也不同,《周礼》:"以爵等为丘封之度与其树数。"志,标识。

[53]家于墓:庐墓,即在墓侧搭庐守丧。

[54]心丧:心中哀悼,守丧不穿丧服。孔子弟子为纪念老师,虽不在五服之内,亦守丧三年,不穿丧服,惟在心中哀伤悼念。此丧服之变通,为孔门所创。

[55]"既葬"二句:盖燕人闻孔子去世,即来观礼。迨至鲁,则夫子既葬矣。观,观礼。

[56]舍:住。

[57]子贡:太宰纯增注:"子贡,《礼记》作'子夏'。"

[58]子奚观焉:冈白驹补注:"若圣人葬人,则人庶有异闻,得来观者。若人之葬圣人,与凡人何异,而子何观之?"

[59]"吾见封若夏屋者"二句:冈白驹补注:"'吾见'以下,《礼记》作'吾见封之若堂者矣,见若坊者矣,见若覆夏屋者矣,见若斧者矣。'郑玄曰:'斧形旁杀,刃上而长。'"林按,《礼记》作"若覆夏屋者",郑玄云:"覆,谓茨瓦也。夏屋,今之门庑也,其形旁广而卑。"

孔颖达云："殷人以来，始屋四阿，夏家之屋唯两下而已，无四阿，如汉之门庑。"

[60] 从：赞从。

[61] 马鬣（liè）封：马鬣，即马鬃，马颈上的长毛，此指坟墓封土的形状像马鬃。

[62] 今徒一日三斩板而以封：为孔子筑坟使用的是板筑法，板长六尺，宽二尺，围成要求的形状，以绳子捆扎（即缩），当中置土，垒实后，砍断绳索、抽去木板，即固定为要求的形状。三斩板，即如此连做三回。

[63] 尚：庶几，差不多。

[64] 志：想法。

[65] 三年丧：三年之丧，实际为二十五个月。

[66] 庐于墓：服丧期间，为守护坟墓，在墓旁搭建小屋居住。庐，临时搭建的小屋。

[67] 如：冈白驹补注："如，而也。"

【译文】

孔子早晨起来，背着双手，拖着拐杖，悠闲地在门口漫步排遣，口里唱道："泰山要崩坠了吧！房梁要折断了吧！哲人要病逝了吧！"唱完之后回屋，对着门坐下。

子贡听见了，说："如果泰山崩坠了，那我们将来仰望什么？如果房梁折断了，那我们将来依仗什么？如果哲人病逝了，那我们将来效法什么？老师大概要生病了。"于是快步走进去见孔子。孔子叹息着说："端木赐呀，你怎么来得这么晚啊？昨夜我梦见自己坐在两楹之间接受祭奠。夏代的人在东边的台阶停放灵柩，那还是放在主位上；殷代的人在两楹之间停放灵柩，那是让它处在宾主之间；周代的人在西边的台阶停放灵柩，那是把它当宾客对待了。而孔丘我就是殷人的后代啊。圣明的君王不出现，那么天下谁能尊崇我的学说呢？也许我快要死了吧。"随后，孔子就病卧在床，七天后去世了，享年七十三岁。

鲁哀公致辞哀悼说："老天爷不仁慈啊！竟不为我留下这一位国老，让他抛下我一人在君位上，孤孤单单，忧伤成病，多么悲哀啊，老先生！我从此没有了效法的榜样。"子贡评论说："这位国君大概没法在鲁国善终吧！我们老师说过：'失了礼就会犯糊涂，失了名就会犯错误。失了思想就会犯糊涂，失了本分就会犯错误。'先生活着的时候，你不任用他，死后又作祭文哀悼，这不合礼仪；以诸侯身份自称'一人'，这不合名分。礼仪、名分，国君两样都失去了。"

孔子去世后，弟子们不知道该为老师如何服丧。子贡说："从前老师为颜回办理丧事，如同为儿子办理丧事一样，但不穿丧服，对子路也是这样。现在请大家为老师服丧就如同为父亲服丧一样，但不必穿相应的丧服。"于是孔子弟子们都穿上吊丧之服，系上麻带。外出的时候，就只系麻带。子夏说："在家里系上麻带，出门时就不必系了。"子游说："我听老师讲过：为朋友服丧，在家时系麻带，外出就不必系了；为自己尊敬的人服丧，即使系着麻带出去，也是可以的。"

在办理孔子的丧事时，公西赤负责殡葬事宜。孔子的遗体口含粳米和三贝，穿着十一套衣服，外加一套朝服，头戴章甫之冠，佩戴着象牙环，象牙环直径五寸，用苍艾色的丝带系着。桐木做成的内棺四寸厚，柏木做成的外棺五寸厚。布置了出殡时柩车上覆棺的布帷，设置了棺柩外的翣扇。设置了披具，这是按照周人的礼仪；设置了崇牙，这是遵循殷人的礼仪；用白帛缠绕旗杆、设置了魂幡，这是袭用夏人的礼仪。兼用三代的礼仪，既是为了尊师，同时也是为了保全古代的礼仪传统。

孔子去世后，被安葬在鲁国都城北、泗水南边。棺木埋入地下，但不及地下水，坟墓封土为仰斧的形状，高四尺，种植了松柏作为标记。弟子们都在墓旁住了三年，虽没有穿丧服，但心里都很悲伤。孔子被安葬后，有人从燕国赶来观礼，住在子夏家里。子贡（子夏）对他说："我们这是普通人安葬圣人，不是圣人安葬普通人，您何必前来观看呢？从前老师说过：'我见过筑坟像夏屋的，也见过像斧子的。'我赞同那种像斧子的，也就是民间俗称的马鬃封。如今我们为老师筑坟，一天中也只换了三次板来筑土就完成了封土，这是大致遵行我们老师的想法罢了。有什么值得参观的啊！"

孔子的弟子们服完三年之丧，有的留在当地，有的离去了，只有子贡在孔子墓旁守护了六年。此后众弟子和鲁国人住在孔子墓旁而安家的,有一百多户,因此他们命名居住的这个地方叫"孔里"。

正论解第四十一

孔子在齐,齐侯出田[1],招虞人[2]以旌[3],不进,公使执[4]之。对曰:"昔先君之田也,旌以招大夫,弓以招士[5],皮冠以招虞人[6]。臣不见皮冠,故不敢进。"乃舍[7]之。孔子闻之,曰:"善哉!守道不如守官[8]。君子韪[9]之。"

【注释】
[1]齐侯出田:王肃注:"田,猎。"冈白驹补注:"齐侯,景公也。"此记载又见于《左传·昭公二十年》。
[2]虞人:掌山泽之官。
[3]旌:用旄牛尾和彩色鸟羽作竿饰的旗子。按古代礼节,君有所命,召唤大夫用旌。
[4]执:拘执,抓捕。
[5]"旌以招大夫"二句:冈白驹补注:"《诗》云:'翘翘车乘,招我以弓。'古者聘士以弓,故弓以招士也。"《孟子·万章下》:"庶人以旃,士以旂,大夫以旌。"
[6]皮冠以招虞人:冈白驹补注:"诸侯服皮冠以田,虞人掌田猎,故皮冠以招虞人也。"
[7]舍:释放。
[8]守道不如守官:遵守恭敬之道不如遵守职责。
[9]韪(wěi):是。

【译文】
孔子在齐国的时候,齐景公外出打猎,用旌旗召唤负责管理山林的虞人前来,虞人没有应召晋见。齐君便派人把他抓了起来。

虞人对齐君说："从前先君打猎的时候，用旌旗召唤大夫，用弓召唤士人，用皮冠召唤虞人。臣下我没有见到皮冠，所以就没敢前来晋见。"齐君于是放了虞人。孔子听到这件事后说："好啊！遵守恭敬之道不如遵守职责。君子对此是肯定的。"

齐国书[1]伐鲁，季康子使冉求率左师[2]御之，樊迟为右[3]。师不逾沟，樊迟曰[4]："非不能也，不信子[5]。请三刻[6]而逾之。"如之，众从之。师入齐军，齐军遁[7]。冉有用戈[8]，故能入焉。孔子闻之，曰："义也[9]。"

既战，季孙谓冉有曰："子之于战，学之乎？性[10]达之乎？"对曰："学之。"季孙曰："从事[11]孔子，恶[12]乎学？"冉有曰："即学之孔子也。夫孔子者，大圣无不该[13]，文武并用兼通。求也适闻其战法[14]，犹未之详也。"季孙悦。樊迟以告孔子。孔子曰："季孙于是乎可谓悦人之有能矣。"

【注释】
　　[1]国书：齐卿。《左传·哀公十一年》："春，齐国书帅师伐我"。
　　[2]左师：鲁国军队分左右师，即左军与右军。
　　[3]右：车右。《左传·哀公十一年》："冉求帅左师，管周父御，樊迟为右。"
　　[4]"师不逾沟"二句：《左传·哀公十一年》："师及齐师战于郊，齐师自稷曲，师不逾沟。樊迟曰：'非不能也，不信子也。请三刻而逾之。'"
　　[5]"非不能也"二句：王肃注："言季孙德不素著，为民所信也。"子，非指季康子，乃指冉有。
　　[6]刻：刻，限定、勒定，引申为命令、申令。此用法又见东汉《白石神君碑》："指日刻期，应时有验。"

[7] 遁：逃。
[8] 戈：太宰纯增注："《左氏传》'戈'作'矛'。"
[9] 义也：合于义。
[10] 性：天赋，秉性。
[11] 从事：追随侍奉。
[12] 恶（wū）：怎么，如何。
[13] 该：通"赅"，完备。这里指孔子才智过人，无所不通。
[14] 闻其战法：《论语·卫灵公》："卫灵公问陈于孔子，孔子对曰：'俎豆之事，则尝闻之矣；军旅之事，未之学也。'明日遂行。"或以为孔子果不识军旅之事。其实，此乃对卫灵公之托词，不欲以"军旅战阵"之事导之，而以礼导之也。

【译文】
　　齐国卿国书率兵攻伐鲁国，季康子派冉求率左军抵御，樊迟为车右。鲁国军队不愿跨越壕沟迎战。樊迟对冉求说："不是不能够跨越，而是不信任你。请您号令三次后再带头跨越。"冉求听从了樊迟的意见，结果士兵都跟着前进了。鲁国军队攻入齐国军队阵中，齐军不能抵挡，大败而逃。冉有用戈作为武器，所以能攻入齐军阵中。孔子听到这件事后说："这是合乎道义的。"
　　战后，季康子询问冉有："你对于战法，是通过学习得到的呢？还是天生就懂得呢？"冉求回答说："是学习得来的。"季康子又问："你师从孔子，如何能够学这些呢？"冉有回答说："正是从孔子那里学到的。孔子是一位伟大的圣人，无所不知，文武兼通。我只是刚好听他讲过战法，了解得还不够详尽啊。"季康子听了很高兴。樊迟后来把这件事告诉了孔子，孔子说："通过这件事，季康子可称得上喜欢别人的才能了。"

　　南容说、仲孙何忌既除丧[1]，而昭公在外[2]，未之命也[3]。定公即位乃命之。辞曰："先臣有遗命焉[4]，曰：'夫礼，人之干也[5]，非礼则无以立。'

属[6]家老[7]使命二臣[8]必事孔子而学礼，以定[9]其位。"公许之。二子学于孔子。孔子曰："能补过者，君子也。《诗》云：'君子是则是效[10]。'孟僖子可则效矣。惩己所病[11]，以诲其嗣[12]。《大雅》所谓'诒厥孙谋，以燕翼子[13]'，是类也夫。"

【注释】

[1]"南容说"句：南容说、仲孙何忌，冈白驹补注："说，南宫敬叔也，一名韬。何忌，孟懿子也，皆孟僖子之子。说，一作'阅'。"南容说即仲孙阅，又称南宫敬叔。除丧，除去丧礼之服，意谓服丧完毕。此记载又见于《左传·昭公七年》。

[2]昭公在外：王肃注："时为季孙所逐。"

[3]未之命也：王肃注："未命二人为卿大夫。"

[4]先臣有遗命焉：王肃注："僖子病不知礼，及其将死而属其二子，使事孔子。"事见《左传·昭公七年》。先臣，指孟僖子。孟僖子是鲁国大臣，故南、仲二人对鲁定公称自己父亲为先臣。

[5]"夫礼"二句：礼是人立身的主干。干，树的主干，引申为主干。

[6]属(zhǔ)：同"嘱"，嘱托。

[7]家老：大夫家中的宰臣。

[8]二臣：南容与何忌自称。

[9]定：安定，确立。

[10]君子是则是效：君子是被仿效的楷模。语出《诗·小雅·鹿鸣》。则，法。效，仿。

[11]惩己所病：对自己所犯的错误引以为戒。惩，自己受创而知戒。

[12]嗣：子嗣，后代。

[13]"诒厥孙谋"二句：留下他的谋略，来安定庇护子孙后代。语出《诗·大雅·文王有声》。厥，其。陈奂《诗毛氏传疏》云："诒，遗也。上言谋，下言燕翼，上言孙，下言子，皆互文以就韵耳。言武王之谋遗子孙也。"今从陈奂，上句"孙"与下句"子"为互文，燕翼，指燕子以羽翼护其幼也，引申为"羽翼"，即保护，庇护。

【译文】

　　南容说和仲孙何忌为父亲孟僖子服丧结束，但鲁昭公正在国外，所以没有诏命二人为大夫。定公即位之后，便发布诏命。但二人推辞说："先臣临终有遗命，说：'礼是做人的主干，不懂礼就无法立身。'嘱咐家臣，让他命我二人一定要师从孔子学礼，以确立自己的地位。"定公答应了他们的请求。二人于是跟从孔子学习礼。孔子说："能够弥补自己过失的人，可称为君子。《诗》中说：'君子是仿效的楷模。'孟僖子是可以仿效的。以自己的过错为戒，从而教诲自己的后嗣。《诗·大雅》中所说的'留下他的谋略，来安定庇护子孙后代'，讲的就是这类道理吧。"

　　卫孙文子得罪于献公，居戚[1]。公卒，未葬，文子击钟[2]焉。延陵季子[3]适晋，过戚，闻之，曰："异哉！夫子之在此，犹燕子巢于幕[4]也，惧犹未也[5]，又何乐焉？君又在殡，可乎？"文子于是终身不听琴瑟。孔子闻之，曰："季子能以义正人，文子能克己服义[6]，可谓善改矣。"

【注释】

　　[1]"卫孙文子得罪于献公"二句：王肃注："文子，卫卿林父。得罪，以戚叛也。"太宰纯增注："献公，卫君，名衎。戚，文子之邑。"戚在今河南濮阳北。此记载又见于《左传·襄公二十九年》。
　　[2]击钟：奏乐。
　　[3]延陵季子：即季札，春秋时吴国贵族，吴王诸樊之弟，封于延陵（今江苏常州），故称延陵季子。
　　[4]燕子巢于幕：王肃注："燕巢于幕，言至危也。"
　　[5]惧犹未也：冈白驹补注："警惧犹且未足也。"未，否定词，不够，来不及。
　　[6]克己服义：克制自己，服从道义。

【译文】

卫孙文子因得罪了卫献公,居住在戚邑。卫献公去世,还没有埋葬,文子就敲钟娱乐。延陵季子前往晋国,路过戚地,听说了这件事,对文子说:"真是奇怪啊!您在这里,就像是燕子在帐幕上做巢,害怕都来不及,又有什么可以取乐的呢?况且国君的灵柩还停放着,没有安葬,这样做行吗?"文子从此终身不再听琴瑟之音。孔子听到这件事后说:"季子能用义匡正别人,文子能克制自己而服从道义,可以称得上是善于改正过失啊。"

孔子览《晋志》[1],晋赵穿杀灵公[2],赵盾[3]亡[4],未及山[5]而还。史[6]书:"赵盾弑[7]君。"盾曰:"不然。"史曰:"子为正卿,亡不出境,返不讨贼,非子而谁?"盾曰:"呜呼!'我之怀矣,自诒伊戚[8]',其我之谓乎!"孔子叹曰:"董狐,古之良史也,书法[9]不隐。赵宣子,古之良大夫也,为法受恶[10]。惜也,越境乃免[11]。"

【注释】

[1]《晋志》:晋国史书。

[2]晋赵穿杀灵公:此记载又见于《左传·宣公二年》。赵穿,春秋时晋国大夫,曾为将军。晋灵公,在位14年(前620—前607)。

[3]赵盾:春秋时代晋国正卿,曾执掌国政。为避灵公杀害而出走,但还未出境,灵公就为赵穿所杀,赵盾于是返回,拥立成公,并继续执政。

[4]亡:逃亡。

[5]山:指温山。

[6]史:春秋时管法典和记事的官,掌建邦之六典。

[7]弑:以下杀上。

[8]"我之怀矣"二句:我有着怀恋之情,却给自己带来这忧愁。伊,这,此。怀,忧思,怀恋。戚,忧,忧愁。

[9]书法：指古代史官修史时对材料处理、史事评论、人物褒贬的体例。
　　[10]为法受恶：因为史书体例的原因而蒙受恶名。
　　[11]"惜也"二句：真是可惜啊，他当时如果走出国境就能免于恶名了。

【译文】
　　孔子阅读《晋志》，读到晋国赵穿杀死了晋灵公，赵盾正在逃亡的途中，听到这件事后还没到边境的山就返了回来。太史在史书上记下："赵盾弑杀了国君。"赵盾说："不是这样。"太史说："你身为正卿大夫，逃亡没有越出国境，回来又不惩罚凶手，不是你又是谁？"赵盾说："哎！'我有着怀恋之情，却给自己带来这忧愁'，说的就是我吧！"孔子感叹地说："董狐，是古代的好史官啊，依据史书体例直书而不隐晦。赵宣子，是古代的好大夫啊，因为史书体例而蒙受恶名。可惜啊，他如果当时越出国境就能避免恶名了。"

　　郑伐陈，入之[1]，使子产[2]献捷[3]于晋。晋人问陈之罪焉，子产对曰："陈亡周之大德[4]，豕恃楚众[5]，冯陵敝邑[6]，是以有往年之告[7]。未获命[8]，则又有东门之役[9]。当陈隧者，井堙木刊[10]，敝邑大惧。天诱其衷，启敝邑心[11]，陈知其罪，授首于我[12]，用[13]敢献功。"晋人曰："何故侵小？"对曰："先王之命，惟罪所在，各致其辟[14]。且昔天子一圻，列国一同[15]，自是以衰，周之制也[16]。今大国多数圻矣，若无侵小，何以至焉？"晋人曰："其辞顺[17]。"
　　孔子闻之，谓子贡曰："《志》[18]有之：'言以足志[19]，文以足言[20]。'不言，谁知其志？言之无文，行之不远[21]。晋为伯，郑入陈，非文辞不为功。小子慎[22]哉！"

【注释】

[1]"郑伐陈"二句：事见《左传·襄公二十五年》。

[2]子产：春秋时郑国执政。名侨，字子产，穆公之孙。因居东里，又称东里子产。

[3]献捷：打胜仗后进献所获的俘虏及战利品。

[4]陈亡周之大德：意谓陈国攻打同为周朝藩属之臣的郑国是丢掉了周王的恩德。亡，丧失。或通"忘"，忘记。

[5]豕恃楚众：王肃注："豕，犬。"豕，黄鲁曾本作"介"。太宰纯增注："《左氏传》'豕'作'介'。"千叶玄之标笺："太宰氏曰：'注"豕，犬"，恐"大"字乎？'"林按，当依众本改"豕"为"介"。训"介"为"大"，固通，然王念孙《读书杂志》云："介，亦'恃'也。"则训"恃"尤胜。介恃，凭借，依赖。

[6]冯(píng)陵敝邑：侵凌我国。冯，通"凭(憑)"。冈白驹补注："冯，迫也。"冯陵意为进迫，侵凌。敝邑，对自己国家的谦称。

[7]往年之告：指陈国曾经攻打郑国，郑国告诉了晋国，并请求晋国援助以伐陈。告，汇报，请示。前年指去年。

[8]未获命：郑国欲攻打陈国征求晋国意见，而晋国没有同意。

[9]东门之役：王肃注："与楚共伐郑，至其东门也。"太宰纯增注："东门之役在前年。"林按，前年即去年，东门之役在襄公二十四年冬。《左传·襄公二十四年》："冬，楚子伐郑以救齐，门于东门，次于棘泽。诸侯还救郑。"

[10]"当陈隧者"二句：凡是陈国军队经过的地方，把井都填塞了，树木都砍了。王肃注："隧，陈人。堙(yīn)，塞。刊，斫也。"冈白驹补注："隧，径也。谓开小道而行也。言当陈之隧径者，有井则堙塞之，有木则刊除之。"

[11]"天诱其衷"二句：上天引导我郑国人的意志，启发了我郑国人克陈的决心。中心，即今语意志也。

[12]"陈知其罪"二句：陈知道了他们的罪愆，认罪甘愿承受我们的惩罚。授首，意为交出脑袋，即被杀，这里是甘愿受罚的意思。

[13]用：介词，表原因，相当于"因此"。

[14]"惟罪所在"二句：只是根据其罪行，来施以相应的法律的惩

罚。王肃注："辟，诛。"冈白驹补注则云："辟，法也。"林按，王注训诛，即惩罚义。冈白驹训为法，亦通。

[15]"且昔天子一圻（qí）"二句：王肃注："地方千里曰圻，方百里曰同。"

[16]"自是以衰"二句：王肃注："大国方百里，从是以为差。伯方七十里，子男五十里，周之制也。而说者以周大国方七百里，失之远矣。"衰，递减。

[17]其辞顺：他的言辞合乎情理。太宰纯增注："《传》云：'士庄伯不能诘，复于赵文子。文子曰："其辞顺。犯顺不祥。"乃受之。'"

[18]《志》：古时记事的书。

[19]言以足志：言辞用来清楚表达思想。《左传·襄公二十五年》"文以足言"杜预注："足，犹成也。"志，思想。

[20]文以足言：文采用来完备言辞。

[21]"言之无文"二句：言辞没有文采，就不会传播久远。

[22]慎：慎重。

【译文】

郑国攻打陈国，攻入陈国境内，于是派子产向晋国奉献战利品。晋国问陈国有什么罪，子产回答说："陈国忘记了周朝的大德，一味地倚仗楚国人多势众，欺凌我国，所以有往年攻打陈国的请告，然而没有得到贵国的允许，却有了陈国攻打我国东门的战役。陈国军队经过的地方，水井被填塞，树木被砍伐，我国人民非常害怕。幸好上天诱导他们从善，启发了我国攻打陈国的念头。陈国知道自己的罪过，只得接受我们的惩罚，因而我们才敢前来汇报战功，奉献战利品。"

晋人问："你们为什么侵犯小国？"子产答道："根据先王的法令，只要有罪过，都可以按照罪过轻重分别加以惩罚。而且，当年天子的领土四边各为一千里，诸侯的领地四边各一百里，依次递减，这是周朝的制度。而现在大国的土地多数都达到了周围各几千里，如果没有侵夺小国，怎么能达到现在的状况呢？"晋人说："你说的话合乎情理。"

孔子听到这件事后，对子贡说："《志》上有这样的话：'言语用来表达意愿，文辞使说的话更加完备。'不说话，谁会知道你的意愿？而言语没有文采，就不会传播久远。晋国是霸主，郑国攻入陈国，如果不是善于辞令，就不会取得成功。对此，你要慎重啊！"

楚灵王[1]汰侈[2]。右尹子革[3]侍坐，左史倚相[4]趋而过。王曰："是良史也，子善视[5]之。是能读《三坟》、《五典》、《八索》、《九丘》[6]。"对曰："夫良史者，记君之过，扬君之善。而此子以润辞[7]为官，不可为[8]良史。曰[9]臣又尝问焉[10]，昔周穆王[11]欲肆其心[12]，将过[13]行天下，使皆有车辙马迹[14]焉。祭公谋父作《祈昭》[15]，以止王心[16]，王是以获没[17]于祇宫[18]。臣问其诗焉而弗知，若问远焉，其焉[19]能知？"王曰："子能乎？"对曰："能。其诗曰：'祈昭之愔愔乎，式昭德音[20]，思我王度，式如玉，式如金[21]。刑民之力，而无有醉饱之心[22]。'"灵王揖而入[23]，馈不食、寝不寐数日[24]，则固不能胜其情，以及于难[25]。

孔子读其《志》，曰："古者有志[26]：'克己复礼为仁[27]。'信[28]善哉！楚灵王若能如是，岂其辱于乾溪[29]？子革之非[30]左史，所以风[31]也，称[32]诗以谏，顺[33]哉！"

【注释】

　　[1]楚灵王：春秋时楚国国君，名围，在位12年（前540—前529）。此记载又见于《左传·昭公十二年》。

　　[2]汰侈：骄汰奢侈。

［3］右尹子革：右尹，官名。子革，然丹。

［4］左史倚相：楚有左右史。倚相，左史之名。

［5］善视：善待。

［6］《三坟》、《五典》、《八索》、《九丘》：相传皆为远古典籍，未知其详。王肃注："《三坟》，三皇之书。《五典》，五帝之典。《八索》，索法。《九丘》，国聚也。"冈白驹补注："孔安国云：'八卦之说，谓之《八索》，求其义也。九州之志，谓之《九丘》，丘，聚也，言九州所有，土地所生，风气所宜，皆聚此书也。即上世帝王遗书也。'"

［7］润辞：润饰辞命。

［8］不可为：太宰纯增注："不可为，当作'不可谓'。"

［9］日：往日。

［10］又尝问焉：冈白驹补注："尝就倚相而问。"

［11］周穆王：西周第五代天子，据说在位50年，在位期间，曾征犬戎、伐徐戎、作《甫刑》。又有《穆天子传》记载其与西王母会面的传说。

［12］肆其心：放纵内心的欲望，随心所欲。肆，纵恣，放肆。

［13］过：冈白驹补注："过，吴本、钱本并作'遍'。《左传》作'周'。"林按，"过"字当为误字，或为"遍"。

［14］使皆有车辙马迹：冈白驹补注："欲使车辙马迹，无所不到。"

［15］祭（zhài）公谋父作《祈昭》：王肃注："谋父，周卿士。《祈昭》，诗名。犹齐景公作君臣相悦之乐，盖曰《徵招》、《角招》是也。"太宰纯增注："祭，国名。公，爵。"

［16］以止王心：王肃注："止王心之逸游。"止，使动用法，使停止。

［17］获没：获得善终。太宰纯增注："杜预曰：'获没，不见篡弑。'"

［18］祇（zhī）宫：冈白驹补注："祇宫，圻内离宫之名。"千叶玄之标笺："马融曰：圻内游观之宫也。"原址在南郑，即今陕西华县北。

［19］焉：怎么，哪。

［20］"祈昭之愔（yīn）愔乎"二句：王肃注："祈昭愔愔，言祈昭乐之安和，其法足以昭其德音也。"冈白驹补注："愔愔，安和貌。式，用也。司马掌甲兵，王出当从，祭公不敢斥谏，设言戒司马，言汝祈招性愔愔然安和，汝当用此职掌，以明我王之德音也。《左传》无'乎'字。"愔，和谐，安详。

［21］"思我王度"三句：王肃注："思王之法度，如金玉纯美。

《诗》云：'追琢其章，金玉其相。'"式，语助词。

[22] "刑民之力"二句：王肃注："长'而'字。刑伤民力，用之不胜不节。无有醉饱之心，言无厌足。"冈白驹补注："按，《左传》'刑'作'形'。杜预云：'国之用民，当随其力任，如金冶之器，随器而制形。'故形民之力，王注从刑罚之刑而解，而与上文不相贯，当从《左传》。"太宰纯增注："《左氏传》'刑'作'形'，无'有'字。本注'长'，剩也。"林按，王注"长'而'字"当是衍"而"字之义。然《左传》有"而"字，无"有"字。未详是否。

[23] 入：进寝宫。

[24] 馈不食、寝不寐数日：冈白驹补注："深感子革之言。"

[25] "固不能胜其情"二句：还是未能用理智战胜情欲，最后还是陷入危难。固，犹"乃"。

[26] 志：志，记载。

[27] 克己复礼为仁：此句亦见于《论语·颜渊》。克，胜。

[28] 信：诚，确实。

[29] 岂其辱于乾(gān)溪：王肃注："灵王起章华之台于乾溪，国人溃叛，遂死焉。"

[30] 非：非议，批评。

[31] 风：通"讽"，用含蓄的言语进行劝告。

[32] 称：举。

[33] 顺：合道，合理。

【译文】

楚灵王骄纵奢侈。一天，右尹子革在灵王旁边侍坐，左史倚相快步走过。楚灵王说："这是个好史官啊，你要善待他啊！他能够读《三坟》、《五典》、《八索》、《九丘》这样的书。"子革答复说："所谓好史官，应该记录君主的过失，表彰君主的善行。而这个人只是以润饰文辞为官，不能算好史官。原来我曾听说，周穆王想放纵他的私欲，准备遍游天下，使天下到处都有他车马走过的痕迹。祭公谋父就作了《祈昭》来劝谏他。周穆王因此得以善终于祇宫。我曾经向倚相问起这首诗，而他并不知道，若再问更远的事情，他怎么会知道呢？"楚灵王说："那你知道吗？"子革回答说："我知道。这首诗说：'祈昭之乐和悦安舒，足以昭显有德者的声音。想起我们君王的风范，像金玉般纯美。现在却无节制地滥用民力，而没有任何满足。'"楚灵王听了，向子革作了揖就走进寝宫，送上的饭不吃，躺下也不能入睡，但还是未能用理智战胜情欲，最后还是陷入危难。

孔子读到这段史志，说："古代有这样的记载：'克制自己而合于礼制，这就是仁。'说得真是好啊，如果楚灵王能这样去做，怎么会有乾溪之辱呢？子革批评左史，就是对灵王的讽谏。称举诗来劝谏，这是合理的。"

叔孙穆子避难奔齐[1]，宿于庚宗[2]之邑。庚宗寡妇通[3]焉而生牛[4]。穆子返鲁[5]，以牛为内竖[6]，相家[7]。牛谗叔孙二人，杀之[8]。叔孙有病，牛不通其馈[9]，不食而死。牛遂辅叔孙庶子[10]而立之。昭子[11]既立，朝[12]其家众曰："竖牛祸叔孙氏，使乱大从[13]，杀适立庶[14]，又披其邑以求舍罪[15]，罪莫大焉，必速杀之。"遂杀竖牛。

孔子曰："叔孙昭子之不劳[16]，不可能也。周任[17]有言曰：'为政者，不赏私劳，不罚私怨。'《诗》云：'有觉德行，四国顺之[18]。'昭子有焉。"

【注释】
  [1]叔孙穆子避难奔齐：王肃注："穆子，叔孙豹。其兄侨如淫乱，故避之而出奔齐。"太宰纯增注："事在鲁成公十六年。"
  [2]庚宗：地名。在今山东泗水东。
  [3]通：私通。
  [4]牛：王肃注："名牛。"即所生子名为牛。
  [5]穆子返鲁：冈白驹补注："鲁召穆子于齐而立之。"
  [6]内竖：即宫中传达命令的小吏。《周礼·天官·内竖》："内竖掌内外之通令，凡小事。"

[7] 相家：负责家政。

[8] "牛谗叔孙二人"二句：冈白驹补注："'人'当作'子'，穆子之在齐也，娶于国氏，生二子，长曰孟丙，次曰仲壬，皆为牛所谗，遂杀之。"然《左传》谓仲壬被逐奔齐，后在穆子返鲁奔丧时被季孙氏家臣司空所射杀，与此异。谗，说别人的坏话。

[9] 通其馈：不供给饭食。馈，食物。

[10] 叔孙庶子：王肃注："子，叔孙婼。"

[11] 昭子：叔孙婼。

[12] 朝：召，见。

[13] 从：和顺，安顺。指各安其位，各守其职的局面或秩序。

[14] 杀适(dí)立庶：杀害嫡子，拥立庶子。适(適)，通"嫡"，指正妻所生子女。

[15] 披其邑以求舍罪：王肃注："牛取叔氏鄙三十邑以行赂也。"太宰纯增注："《左氏传》'舍'作'赦'，杜预曰：'昭子不知竖牛饿杀其父，故但言其见罪。'"冈白驹补注："披，析。舍，赦也。牛之杀仲壬也，取东鄙三十邑，以赂季氏家臣南遗是也。"

[16] 不劳：王肃注："劳，功也。不以立己为功。"太宰纯增注："杜预曰：'据其所言善之。时鲁人不以饿死语昭子。'"

[17] 周任：古之贤人。

[18] "有觉德行"二句：王肃注："觉，直。"冈白驹补注："《诗·大雅·抑》之篇。言有正直德行，则四方顺从之。"四国，犹"四方"。

【译文】

叔孙穆子为避难逃奔到齐国，途中曾在庚宗这个地方住宿。庚宗的一个寡妇与他私通，生了一个孩子，名叫牛。叔孙穆子返回鲁国以后，让牛担任内竖，并负责家政。竖牛对叔孙穆子说他两个嫡子的坏话，唆使穆子把他们杀了。叔孙穆子得了病，竖牛不给他供给食物，结果叔孙穆子被饿死了。于是竖牛辅佐穆子的庶子叔孙婼，使他成为叔孙穆子的继承人，称昭子。叔孙昭子即位后，召见家众，对他们说："竖牛为害叔孙氏，使得正常的秩序被搞乱了，他杀害嫡子拥立庶子，又分割封邑来行贿以求逃脱罪责，没有比这更大的罪行了，必须快点杀掉他。"于是就杀了竖牛。

孔子评论说:"叔孙昭子不把拥立自己看作竖牛的功劳,这对一般人来说是不可能做到的。周任曾说过:'当政的人不赏赐只对个人有私功的人,不惩罚只对个人有私怨的人。'《诗》上说:'若有正直的德行,天下四方都会归顺。'叔孙昭子就有这样的德行。"

晋邢侯与雍子争田[1],叔鱼摄理[2],罪在雍子。雍子纳[3]其女于叔鱼,叔鱼蔽狱邢侯[4]。邢侯怒,杀叔鱼与雍子于朝[5]。韩宣子问罪于叔向[6],叔向曰:"三奸同罪[7],施生戮死可也[8]。雍子自知其罪,而赂以买直[9];鲋也鬻狱[10],邢侯专杀[11],其罪一也[12]。己恶而掠美为昏[13],贪以败官为默[14],杀人不忌为贼[15]。《夏书》曰:'昏、默、贼,杀。'[16]皋陶[17]之刑也。请从之。"乃施邢侯,而尸[18]雍子、叔鱼于市。

孔子曰:"叔向,古之遗直[19]也。治国制[20]刑,不隐[21]于亲。三数叔鱼之罪,不为末[22],或[23]曰义,可谓直矣[24]。平丘之会,数其贿也,以宽卫国,晋不为暴[25];归鲁季孙,称其诈也,以宽鲁国,晋不为虐[26];邢侯之狱,言其贪也,以正刑书,晋不为颇[27]。三言而除三恶,加三利[28],杀亲益荣,由义也夫[29]。"

【注释】
　　[1]晋邢侯与雍子争田:事见《左传·昭公十四年》。邢侯与雍子,二人皆为春秋时晋国大夫。邢侯之父申公巫臣,本为楚国贵族,后奔晋,为邢(今河南温县东北)大夫。雍子本亦为楚国大夫,后奔晋。
　　[2]叔鱼摄理:叔鱼又称叔鲋,与兄叔向即羊舌肸同为晋国大夫。

摄理，即代理狱官之职。

［3］纳：献。

［4］蔽狱邢侯：把罪责判在邢侯身上。

［5］朝：朝廷。

［6］韩宣子问罪于叔向：韩宣子向叔向请教如何定罪。

［7］三奸同罪：三个作奸犯科之人都有罪。奸，犯。

［8］施生戮死可也：王肃注："施，宜为'与'。与，犹行也，行生者之罪也。"冈白驹补注："施，行罪也。言施罪于邢侯，加戮于叔鱼、雍子可也。"戮，陈列尸体，曝尸。

［9］赂以买直：行贿以求胜诉。直，正当，有理，引申为胜诉。

［10］鬻狱：贪赃枉法，司法官吏受贿而不以情理判断曲直。鬻，卖。

［11］专杀：擅自杀人。专，擅自，独断，指没有经过法律程序及君主的同意而按私意行事。

［12］其罪一也：他们都一样有罪。林按，此非云三人之罪等同，而是指三人同样有罪。

［13］己恶而掠美为昏：王肃注："掠，取善。昏，乱也。己恶而以赂求善，为乱也。"

［14］贪以败官为默：王肃注："默，犹冒也。苟贪不畏罪。"冈白驹补注："《左传》'默'作'墨'。杜预云：'墨，不洁之称。'"

［15］杀人不忌为贼：肆无忌惮地杀人者称为贼害。忌，惮。

［16］"《夏书》曰"三句：《夏书》说：犯昏、默、贼三罪的应予诛杀。

［17］咎（gāo）陶（yáo）：即皋陶。传说为尧、舜时的士师，掌刑狱之事。

［18］尸：陈尸。

［19］遗直：冈白驹补注："其直有古人遗风。"

［20］制：裁制，裁断。

［21］隐：包庇，袒护。

［22］末：薄。

［23］或：王肃注："或，《左传》作'减'。"太宰纯增注："《左传》'减'字属上句，'义'下有'也夫'二字。杜预曰：'减，轻也。'"林按，《家语》此处恐误，当从《左传》。"减"字属上读，"曰义"作"义也夫"。

［24］可谓直矣：指孔子肯定叔向之所为合乎义，可谓直。

［25］"平丘之会"四句：冈白驹补注："数，责也。数其赂，谓言渎货无厌也。"太宰纯增注："平丘之会在前年，事见《左氏传》。"其，宽永本作"直"。贿，贪图财物。千叶玄之标笺："前年，昭十三年也。"前年即上一年也，是为鲁昭公十三年。《左传·昭公十三年》："次于卫地，叔鲋求货于卫，淫刍荛者。卫人使屠伯馈叔向羹与一箧锦，曰：'诸侯事晋，未敢携贰，况卫在君之宇下，而敢有异志？刍荛者异于他日，敢请之。'叔向受羹反锦，曰：'晋有羊舌鲋者，渎货无厌，亦将及矣。为此役也，子若以君命赐之，其已。'客从之，未退，而禁之。"

　　［26］"归鲁季孙"四句：王肃注："鲁季孙见执，诉于晋，晋人归之。季孙责礼不肯归，叔向言叔鱼能归之。叔鱼说季孙，季孙惧，乃归。"冈白驹补注："称，扬也。称其诈，谓言鲋也能也。以上事并见《左传·昭十三年》。"太宰纯增注："季孙，平子意如也。此事亦在前年，见《左氏传》。"

　　［27］"邢侯之狱"四句：颇，偏。冈白驹补注："言其贪，谓言鲋也鬻狱。"

　　［28］"三言而除三恶"二句：杜预曰："三恶，暴、虐、颇也。三恶除，则三利加。"

　　［29］由义也夫：还算得上合乎"义"吧。

【译文】
　　晋国的邢侯与雍子争夺土地，当时叔鱼代理狱官之职，负责审理案件，他了解到罪过在于雍子。雍子把女儿献给叔鱼，叔鱼就反过来判决邢侯有罪。于是邢侯大怒，在朝廷上就把叔鱼和雍子给杀了。韩宣子问叔向应当如何治他们的罪，叔向说："三人应当一同治罪，活着的判刑，死了的暴尸就可以了。雍子知道自己有罪却用女儿行贿以换取胜诉，叔鱼贪赃枉法，邢侯擅自杀人，他们同样都有罪。自己有罪恶而想掠夺美名是昏，贪赃枉法败坏风纪是默，杀人而无所顾忌是贼。《夏书》上说：'犯有昏、默、贼这些罪行的，应当予以诛杀。'这是当年皋陶制定的刑罚，请照此执行。"于是就将邢侯处死，把雍子和叔鱼的尸体放在街上示众。

　　孔子说："叔向，是具有古代正直遗风的人啊，治理国家，裁断刑罚，不包庇偏袒亲人。三次指出叔鱼的罪恶，而不予减轻，这算得上'义'了吧,称得上'直'了。平丘之会时,指责叔鱼贪财,从而宽免卫国,晋国就避免了凶暴之名。让鲁国季孙氏回去,讲出叔鱼的欺诈,从而宽免鲁国,晋国就避免了凌虐之名。邢侯这个案件,指出叔鱼的贪婪,从而正定了刑法,晋国就避免了偏颇之名。三次说话而免除了三次罪恶,并增加了三种利益。处死亲人而更加荣耀,还算得上'义'吧。"

郑有乡校[1],乡校之士,非论执政[2]。然明[3]欲毁乡校。子产曰:"何以毁为也[4]?夫[5]人朝夕退而游焉,以议执政之善否[6]。其所善者,吾则行之;其所否者,吾则改之。若之何其毁也?我闻忠善以损怨[7],不闻立威以防怨[8]。防怨,犹防水也,大决所犯,伤人必多[9],吾弗克[10]救也。不如小决使导之[11],不如吾所闻而药之[12]。"

孔子闻是言也,曰:"吾以是观之,人谓子产不仁,吾不信也。"

【注释】

[1]乡校:王肃注:"乡之学校。"冈白驹补注:"万二千五百家为乡,乡有学校。"事见《左传·襄公三十一年》。

[2]非论执政:冈白驹补注:"非论大臣之得失。"非论,非议,批评。

[3]然(zōng)明:郑国大夫。

[4]何以毁为也:即"何以毁也"。为,助词,表示反诘或感叹。毁,废除,除去。

[5]夫:发语词。

[6]否(pǐ):恶。太宰纯增注:"《左氏传》'否'作'恶',此下有'是吾师也'四字。"

[7]忠善以损怨:冈白驹补注:"言为忠善则怨谤自息。"

[8]立威以防怨:冈白驹补注:"毁校即立威也。"

［9］"大决所犯"二句：冈白驹补注："防，止水于一时。一旦防溃决，所伤必多，喻防怨之终有害也。"

［10］克：能。

［11］小决使导之：冈白驹补注："顺其势使疏通。"

［12］闻而药之：王肃注："药，治疗也。"冈白驹补注："吾闻而以为乐石，以自治也。"林按，"闻"前"所"字当为衍文。不然，则"所闻"前应有"以"字。《左传》无"所"字。

【译文】

郑国设有乡校。乡校里的士人经常非议批评大臣们。大夫鬷明想废除乡校。子产说："为什么要废除它呢？人们早晚在劳碌之余到这里来交游，议论政事的好坏。他们认为对的，我就施行；他们认为不对的，我就加以改正。为什么要废除它呢？我听说，要用忠诚善良的行为来减少怨恨，没听说通过树立威权来防止怨恨的。防止怨恨就像用堤坝防范水患一样，如果大规模决堤，受灾难的人必定很多，这样我就不能挽救了。对于水患而言，不如因势利导，让水从小口子里慢慢放掉来加以疏导。对执政而言，不如让我听到这些批评的言论来补救时政中的弊端。"

孔子听到了子产的这番言论，说："从这件事来看，有人说子产不仁爱，我是不相信他不仁爱的。"

晋平公会诸侯于平丘[1]，齐侯[2]及盟。郑子产争贡赋之所承[3]，曰："昔者天子班贡，轻重以列，［列］尊卑［而］贡，周之制也[4]。卑而贡重者，甸服[5]。郑，伯南也[6]，而使从公侯之贡，惧弗给[7]也，敢以为请。"自日中争之，以至于昏，晋人许之。

孔子曰："子产于是行也，足以为国基[8]也。《诗》云：'乐只君子，邦家之基[9]。'子产，君子之于乐者[10]。"且曰："合诸侯而艺贡事[11]，礼也。"

【注释】

[1]晋平公会诸侯于平丘：事见《左传·昭公十三年》。平丘，在今河南封丘东。

[2]齐侯：冈白驹补注："'齐'当作'诸'。"太宰纯增注："《左氏传》无'齐侯'二字，上云：'甲戌，同盟于平丘，齐服也。'疑此因误衍矣。"林按，此二字为衍文。

[3]贡赋之所承：王肃注："所承之轻重也。"

[4]"昔者天子班贡"四句：冈白驹补注："列尊贡重，列卑贡轻。"太宰纯增注："旧本'者'作'日'，非也。'尊卑贡'，《左氏传》作'列尊贡重'四字。纯窃疑此文'贡'上脱'异'字。"林按，"列尊卑而贡，周之制也"，原作"尊卑贡，周之制也"，据四库本、同文本补"列"、"而"二字。班贡，制定贡献的标准和次序。

[5]"卑而贡重者"二句：王肃注："甸服，王圻之内，与圻外诸侯异，故贡重也。"甸，古代称都城郊外的地方。《左传·昭公九年》"入我郊甸"杜预注："郊外为甸。"甸服，指天子附近之地。

[6]郑，伯南也：王肃注："南，《左传》作'男'，古字作'南'，亦多有作此南连言之，犹言公侯也。"太宰纯增注："本注'古'字以下，未详其义，恐有脱误。杜预曰：'言郑国在甸服外，爵列伯子男，不应出公侯之贡。'"

[7]给(jǐ)：足。

[8]国基：国家之根基。

[9]"乐只君子"二句：王肃注："本也。"冈白驹补注："《诗·小雅·南山有台》之篇。乐只君子，谓君子有令德，可令人爱乐者。言乐只君子为治，乃国家之基。"只，语助词。

[10]"子产"二句：意谓子产通过为郑国争取在贡赋上的利益从而为郑国奠定了根基，称得上是求得了快乐的人。王肃注："能为国之本，则人乐艺也。"千叶玄之标笺："艺，法也。"

[11]艺贡事：王肃注："艺，分别贡献之事也。"

【译文】

晋平公在平丘与诸侯会盟。到了盟会的时候，郑国子产针对所承担的贡赋轻重为郑国争取利益，说："从前天子确定贡赋的标准和次序，轻重、多少是根据地位决定的，地位尊贵的贡赋就重，这是周朝的制度。地位卑微而贡赋重的是那些靠近天子的地方。

郑国是男爵，地位卑微，远离天子，却承担与公侯一样的贡赋，恐怕能力不足，承担不起，我谨此请求诸侯予以考虑，加以减少。"从中午开始争，一直争到黄昏，晋国终于同意了子产的请求。

孔子说："子产通过在会盟大会上的争取行动，足以为郑国奠定根基。《诗》上说：'那快乐的君子啊，在于能做国家的根基。'子产，是求得了快乐的人。"又说："会合诸侯，而分别尊卑大小以确定贡赋的标准，这是合乎礼制的。"

郑子产有疾[1]，谓子太叔[2]曰："我死，子必为政。唯有德者，能以宽服民，其次莫如猛。夫火烈，民望而畏之，故鲜死焉；水濡[3]弱，民狎[4]而玩之，则多死焉，故宽难。"子产卒，子太叔为政，不忍猛而宽，郑国多掠盗[5]。太叔悔之曰："吾早从夫子，必不及此。"

孔子闻之，曰："善哉！政宽则民慢[6]，慢则纠于猛[7]。猛则民残[8]，民残则施之以宽。宽以济[9]猛，猛以济宽，宽猛相济，政是以和。《诗》曰：'民亦劳止，汔可小康[10]。惠此中国，以绥四方[11]。'施之以宽也。'毋纵诡随[12]，以谨无良[13]。式遏寇虐，惨不畏明[14]。'纠之以猛也。'柔远能迩[15]，以定我王[16]'，平之以和也。又曰：'不竞不絿，不刚不柔[17]。布政优优，百禄是遒[18]。'和之至也。"子产之卒也，孔子闻之，出涕，曰："古之遗爱也[19]。"

【注释】

[1] 郑子产有疾：事见《左传·昭公二十年》。
[2] 子太叔：郑大夫游吉。

[3] 濡(ruǎn)：同"偄"，柔弱义。

[4] 狎：亲近。

[5] 掠盗：王肃注："抄掠。"

[6] 慢：怠惰，放肆。

[7] 慢则纠于猛：王肃注："纠，犹摄也。"太宰纯增注："《左氏传》作'慢则纠之以猛'。"摄，整饬。

[8] 猛则民残：政策过于严厉，民众就会受到伤害。

[9] 济：救助，这里引申为调剂。

[10] "民亦劳止"二句：冈白驹补注："《诗·大雅·民劳》之篇。周厉王暴虐，民劳于苛政，召穆公作诗以刺之，欲其施之以宽也。康，安也。言方今民劳苦矣，将危，可以小安之。曰小，不敢过望之辞。"止，语助词。汔(qì)，王训"危"，与毛传同。郑玄训"几"，意为接近，庶几。皆可通。可，近。

[11] "惠此中国"二句：爱护这王畿内的百姓，来安定天下四方。太宰纯增注："绥，亦安也。"中国，指王畿而言。

[12] 毋纵诡随：王肃注："诡人、随人，遗人小恶者也。"冈白驹补注："纵，听纵也。诡，诡人之善者。随，随人之恶者。皆恶之小者也。"

[13] 以谨无良：冈白驹补注："无良，恶之已著者。"谨，防也。

[14] "式遏寇虐"二句：王肃注："憯，曾也。当用遏止为寇虐之人也。曾不畏天之明道者，言威也。"冈白驹补注："寇虐而不曾不畏天之明命，恶之至大者也。"太宰纯增注："憯，《诗》作'憯'。"明，权威，威严。

[15] 柔远能迩：王肃注："言能安远者能安近。"冈白驹补注："柔，安。迩，近也。"

[16] 以定我王：以定安王位。

[17] "不竞不绿(qiú)"二句：语出《诗·商颂·长发》。王肃注："绿，急。言得中和。"冈白驹补注："言汤政宽猛不偏，得其中和也。"

[18] "布政优优"二句：王肃注："优优，和。遒，聚。"冈白驹补注："禄，福也。"

[19] 古之遗爱也：子产慈惠爱人，有古人之遗风。

【译文】

郑国的子产生了病，对子太叔说："我死之后，你肯定会执掌国政。只有有德行的人才能用宽柔政策使民众服从，其次就不如实行严厉政策了。火性猛烈，人们会望而却步，有畏惧感，所以很少有人死于火患；而水性柔弱，人们会轻视它并在水里玩耍，因而死于水患的人很多。所以用宽柔的政策来治理天下是比较困难的。"子产死后，子太叔执掌国政，不忍心实行严厉政策，而是务以宽柔。结果郑国发生了很多抢掠盗窃。太叔很后悔，说："如果我早一点听从子产的话，就不会到今天这个地步了。"

孔子听说这件事后说："好啊！政策过于宽柔，百姓就怠惰，怠惰就要用严厉政策来调剂。政策严厉了就会使百姓受到伤害，这就要实行宽柔的政策。政策的实行，要用宽柔来调剂严厉，用严厉来调剂宽柔。宽柔与严厉相互调剂，国家政治就会平安和谐。《诗》说：'人民实在太劳苦，但求可以稍安康。爱护这王畿的百姓，来安定天下四方。'这是实行宽柔的政策。'切莫放纵欺诈的小人，要防止不良行为的发生。要制止残忍凶暴，那些人不怕天理的威严。'这是用严厉来加以救助。'绥定远方安抚近处，使君王地位得到稳固。'这是用和顺来治理国家。'不争不急，不刚不柔，坚持中和之道。施政平和宽柔，各种福禄都会聚集而来。'这是和谐的极致。"子产死后，孔子听到了消息，流着泪说："他是具有古代仁爱遗风的人。"

孔子适齐[1]，过泰山之侧，有妇人哭于野[2]者而哀。夫子式[3]而听之，曰："此哀一[4]似重[5]有忧者。"使子贡[6]往问之。而曰："昔舅死于虎，吾夫又死焉，今吾子又死焉[7]。"子贡曰："何不去[8]乎？"妇人曰："无苛政[9]。"子贡以告孔子。子曰："小子识[10]之：苛政猛于暴虎。"

【注释】
　　[1] 孔子适齐：此记载又见于《礼记·檀公下》。
　　[2] 野：太宰纯增注："《檀弓》'野'作'墓'。"

[3] 式：通"轼"，车前用为扶手的横木。此处用为动词。以手扶轼，表示敬意的一种礼节。

[4] 一：助词，表示程度深。

[5] 重：大，多。

[6] 子贡：太宰纯增注："子贡，《檀弓》作'子路'。"

[7] "而曰"四句：太宰纯增注："《檀弓》'曰'下有'然'字。'舅'上有'吾'字。郑玄曰：'而，犹乃也。夫之父曰舅。'"

[8] 去：离开。

[9] 苛政：指赋税繁重，法令苛刻。

[10] 识(zhì)：记。

【译文】

孔子到齐国去，路过泰山旁侧，有一个妇女在野外哭泣，十分悲伤。孔子扶着车前的横木听着哭声，说："这么哀痛，好像有好多忧伤啊。"便让子贡前去询问。妇女于是说道："早先我公公被老虎咬死了，后来我丈夫又是被老虎咬死的，现在我儿子也被老虎咬死了。"子贡说："为什么不离开这里呢？"那个妇人说："这里没有繁重的赋税和苛刻的法令。"子贡告诉了孔子。孔子说："你们要记住：暴政比凶猛的老虎还要残暴。"

晋魏献子为政[1]，分祁氏及羊舌氏之田[2]，以赏诸大夫，及其子戌，皆以贤举[3]也。又谓[4]贾辛[5]曰："今汝有力于王室[6]，吾是以举汝。行乎，敬之哉，毋堕乃力[7]。"孔子闻之，曰："魏子之举也，近不失亲[8]，远不失举[9]，可谓义矣。"又闻其命贾辛，以为忠[10]："《诗》云：'永言配命，自求多福[11]'，忠也。魏子之举也义，其命也忠，其长有后于晋国乎？"

【注释】

[1] 晋魏献子为政：王肃注："献子，魏舒。"魏献子为春秋时晋国卿，

继韩宣子之后执政。事见《左传·昭公二十八年》。

［2］分祁氏及羊舌氏之田：祁氏和羊舌氏因作乱被灭族，其封地被分为十个县。

［3］举：推荐，选用。

［4］谓：黄鲁曾本、宽永本作"将"。冈白驹补注："将，进也。"

［5］贾辛：人名。祁大夫。

［6］汝有力于王室：王肃注："周有子朝之乱，贾辛帅师救周。"见《左传·昭公二十二年》。

［7］毋堕乃力：堕，损毁。力，功劳。

［8］近不失亲：王肃注："子可举而举也。"

［9］远不失举：王肃注："不以远故不举。"冈白驹补注："举不失其贤。"

［10］忠：冈白驹补注："先赏王室之功，故谓忠。"

［11］"永言配命"二句：王肃注："言文王长配天命而行，庶国亦当求多福。人求多福，忠也。"冈白驹补注："永，长。言，我也。言能长配天命，致多福者，唯忠有之。引之言魏舒之忠，长有后于晋国也。"太宰纯增注："《诗·大雅·文王》篇。毛苌曰：'言，我也。'"

【译文】
　　晋国魏献子执掌国政，分割祁氏及羊舌氏的封地赏赐给各位大夫，其中也有他儿子魏戊，这些人都是因为贤能才被推荐选用的。魏献子又对贾辛说："现在你对王室有功，所以我才提拔你。好好干吧，要忠于职守，恭敬行事，不要有损你功劳的事。"

　　孔子听说这件事后说："魏献子举用人才，近的不忘记亲戚，关系远的也不会失去机会，可以说合乎道义，很好啊。"又听到了魏献子任命贾辛的事，认为这是对君主的忠诚："《诗》上说：'永远与天命相应和，自己求得众多福禄。'这就是忠诚。魏献子举用人才是合乎道义的，他任命贾辛是忠诚的体现。恐怕他的后代会在晋国长享禄位吧。"

　　赵简子[1]赋[2]晋国一鼓钟[3]，以铸刑鼎，著范宣子所为刑书[4]。孔子曰："晋其亡乎！失其度[5]矣。夫晋国,将守唐叔[6]之所受法度,以经纬[7]其民者也。卿大夫以序[8]守之,民是以能遵其道而守其业[9],贵贱不愆[10],所谓度[11]也。文公是以作执秩之官,为被庐之法[12],以为盟主。今弃此度也,而为刑鼎,铭在鼎矣[13],何以尊贵[14]?何业之守也[15]?贵贱无序,何以为国?且夫宣子之刑,夷之蒐也,晋国乱制[16],若之何其为法乎?"

【注释】

[1] 赵简子:晋大夫鞅。

[2] 赋:征敛。

[3] 鼓钟:王肃注:"三十斤谓之钧,钧(二"钧"字黄鲁曾本均作"钟")四谓之石,石四谓之鼓。"太宰纯增注:"事见《左氏传·昭公二十九年》,'钟'作'铁',是。"冈白驹补注:"钟,当作'铁',字之误也。"

[4] 著范宣子所为刑书:著,铭刻。范宣子,晋国大夫,士匄(gài),长期执掌国政。

[5] 失其度:丧失了原来的法度。

[6] 唐叔:王肃注:"唐叔,成王母弟,始封于晋者也。"太宰纯增注:"唐叔,名虞。"林按,母弟,即同母弟。

[7] 经纬:分指织物的纵线和横线,连言之引申为治理。

[8] 序:次序。指尊卑秩序。

[9] 民是以能遵其道而守其业:太宰纯增注:"《左氏传》作'民是以能尊其贵,贵是以能守其业'十四字。据下文有'尊贵'字,《左氏》似是。"

[10] 贵贱不愆:贵贱秩序不紊乱。愆,错乱,紊乱。

[11] 度:法度,规则。

[12] "文公是以作执秩之官"二句:王肃注:"晋文公既霸,蒐于被庐时,盖作执秩之官,以为晋国法也。"太宰纯增注:"被庐,晋地。被庐之蒐,见《左氏传·僖公二十七年》。"冈白驹补注:"执秩之官,主爵之官也。被庐,晋地。文公蒐于被庐,作三军,故云'被庐之法'。"

[13]铭在鼎矣：冈白驹补注："民唯鼎之凭。"

[14]何以尊贵：王肃注："民将弃礼而征于书，不复戴奉上也。"意谓把铭文刻在鼎上，会使君王贵族的权威受损。

[15]何业之守也：王肃注："民不奉上，则上无所守也。"

[16]"夷之蒐(sōu)也"二句：范宣子之法于夷地阅兵时制定，而当时一次阅兵却三次撤换中军主帅，结果引起贾季等人作乱，故云。蒐，检阅，阅兵。

【译文】

晋国的赵简子赵鞅从国内征敛到共重四百八十斤的铁，用来铸造刑鼎，铭刻上范宣子著作的刑书。孔子说："晋国快要灭亡了吧！它已失了原有的法度了。晋国应该遵守唐叔从天子那里禀受的法度，用来治理晋国人民。卿大夫应该按照贵贱尊卑的次序来遵守，这样百姓才能遵从道义而保守他们的家业。贵贱等级不能错乱，这就是所谓的法度。晋文公因此设置掌管官吏职位和品级的官员，制定被庐之法，从而成为诸侯的盟主。现在晋国放弃先王的法度，而铸造刑鼎，将刑法公开刻在鼎上，那用什么来使地位高贵的人受到尊敬呢？人们还有什么家业可以保守呢？贵贱失去了次序，那用什么来治理国家呢？而且，范宣子的刑书，是在夷地阅兵时制定的，是使得晋国发生混乱的制度，怎么能把它当作法律呢？"

楚昭王[1]有疾，卜曰："河神为祟[2]。"王弗祭，大夫请祭诸郊。王曰："三代命祀，祭不越望[3]。江、汉、沮、漳[4]，楚之望也。祸福之至，不是过乎[5]？不穀[6]虽不德，河非所获罪也。"遂不祭。孔子曰："楚昭王知大道[7]矣，其不失国[8]也，宜哉！《夏书》曰：'维彼陶唐，率彼天常[9]，在此冀方[10]。今失厥道，乱其纪纲，乃灭而亡[11]。'又曰：'允出兹在兹[12]'，由己率常[13]，可矣。"

【注释】

[1] 楚昭王：《韩诗外传》作楚庄王。此记载又见于《左传·哀公六年》、《说苑·君道》、《韩诗外传》卷三。

[2] 河神为祟(suì)：河神在作祟。河，上古时特指黄河。祟，原意为鬼怪害人，后比喻坏人或坏思想从中为害。此处用原意。

[3] "三代命祀"二句：王肃注："天子祀天地，诸侯望祀境内，故曰祭不越望也。"

[4] 江、汉、沮、漳：王肃注："四水名也。"

[5] 不是过乎：即"不过是乎"。冈白驹补注："不过境内山川。"

[6] 不穀：太宰纯增注："诸侯自称曰不穀。穀，善也。"

[7] 知大道：赞扬楚昭王做事合乎礼制，所以能够复国。

[8] 不失国：王肃注："楚为吴所灭，昭王出奔，已而复国。"昭王出奔及复国事，详参《左传·定公四年》与《定公五年》。

[9] "《夏书》曰"三句：王肃注："陶唐，尧。率，犹循。天常，天之常道。"

[10] 在此冀方：王肃注："中国为冀。"太宰纯增注："尧都冀州。《左氏传》'在'作'有'，是也，《书》同。"冈白驹补注："尧都平阳，舜都蒲阪，禹都安邑，三都皆在冀州，统天下四方，故云'在冀方'。"

[11] "今失厥道"三句：王肃注："谓夏桀。"太宰纯增注："厥道，《左氏传》作'其行'，'乃灭而亡'，《书》作'乃底灭亡'。"冈白驹补注："毛本、《左传》并作'失其行'。此谓大康失邦也，非谓桀也。先儒不见《古文尚书》者，以此为《逸书》，亦以为夏桀耳。"

[12] 允出兹在兹：意谓付出什么就会得到什么样的结果，犹后世所谓"种豆得豆，种瓜得瓜"。语出《尚书·大禹谟》。允，信，确实，果真。

[13] 由己率常：王肃注："言善恶各有类，信出此则在此，以能循常道，可也。"冈白驹补注："言信出己则福亦在己，故云'由己'。"率，遵循。常，法典，伦常。

【译文】

楚昭王生了病，占卜的人说："是河神在作怪。"楚昭王没有去祭祀河神，大夫们请求在郊外进行对河神的祭祀。楚昭王说："按夏商周三代制定的祭祀制度，诸侯祭祀不能超过本国边境。长江、汉水、沮水和漳水都在楚国境内，这四水是我楚国应该进行望祭的。祸福的到来,是不会越过国境的。我虽然没有德行,也不会得罪境外的河神。"于是没有祭祀。

孔子评论说:"楚昭王懂得大道啊!他没有失去国家也是理所当然的。《夏书》上说:'那位君王陶唐,遵循天道纲常,据有中国这个地方。而今失掉了大道,败坏了纪纲,因而走向灭亡。'又说:'确实是付出什么就有什么。'由自己来遵循天道纲常,就可以了。"

卫孔文子使太叔疾出其妻,而以其女妻之[1]。疾诱其初妻之娣[2],为之立宫[3],与文子女如[4]二妻之礼。文子怒,将攻之。孔子舍[5]蘧伯玉[6]之家,文子就而访焉[7]。孔子曰:"簠簋之事,则尝闻学之矣[8]。兵甲之事,未之闻也[9]。"退而命驾[10]而行,曰:"鸟则择木,木岂能择鸟乎[11]?"文子遽[12]自止[13]之,曰:"圉也岂敢度[14]其私哉?亦访卫国之难也。"将止[15],会[16]季康子问冉求之战[17]。冉求既对之,又曰:"夫子播[18]之百姓,质[19]诸鬼神而无憾[20],用之则有名。"康子言于哀公,以币[21]迎孔子。[孔子]曰:"人之于冉求,信之矣,将大用之[22]。"

【注释】

[1]"卫孔文子"二句:王肃注:"初,疾娶于宋子朝,其娣嬖。子朝出,文子使疾出其妻,而己妻之。"太宰纯增注:"孔文子,卫大夫,名圉。太叔疾,亦卫大夫,谥悼子。事见《左氏传·哀公十一年》。"

[2]娣(dì):意为女弟,即妹妹。古时女子出嫁,常以妹妹随嫁。

[3]立宫:指妻所居室。立宫是确立身份的意思。

[4]如:同文本讹作"加"。

[5]舍:住。

[6]蘧(qú)伯玉:卫国贤大夫。

[7]文子就而访焉：冈白驹补注："《左传》云：'仲尼止之。'"

[8]"簠(fǔ)簋(guǐ)之事"二句：指祭祀等礼乐，我曾经学习过。冈白驹补注："方曰簠，圆曰簋，皆礼器也。"

[9]"兵甲之事"二句：战争的学问，没有听过。《论语·卫灵公》："卫灵公问陈于孔子，孔子对曰：'俎豆之事，则尝闻之矣；军旅之事，未之学也。'明日遂行。"可与此参读。此乃孔子之托词。

[10]命驾：指命人驾车马。谓立即动身。

[11]"鸟则择木"二句：冈白驹补注："喻人之择国而仕。至于国灭，则贤不肖无所免矣。"喻人可以选择所事之主，但是人主不能选择自己。指选择主动权在自己手里。

[12]遽：急。

[13]止：劝阻，阻止。

[14]度：谋。

[15]将止：太宰纯增注："杜预曰：'仲尼止。'"

[16]会：赶上，遇到。

[17]季康子问冉求之战：冈白驹补注："季康子问冉求曰：'子之战学之乎。'"事见本篇。

[18]播：布，传播。

[19]质：询问。

[20]憾：遗憾。

[21]币：指束帛作为馈赠的礼物。

[22]将大用之：冈白驹补注："自以为将大用己，乃自卫归鲁。"太宰纯增注："《左氏传》'将止'之下直云：'鲁人以币召之，乃归。'而无'会季康子'以下五十八字，今此言鲁以币迎孔子，而不言孔子归，盖阙文也。"

【译文】

　　卫国孔文子让太叔疾休掉了妻子，把自己的女儿嫁给了他。太叔疾引诱原配妻子的妹妹，并为她建了宫室，对待她和文子的女儿，好像是有两位妻子似的。孔文子大怒，要攻打他。孔子这时住在蘧伯玉家里，孔文子便前往拜访孔子，征求意见。孔子说："对于祭祀的事情，我曾经听说且学过。打仗的事情，我却没有听说过。"孔子退下去，叫人驾车就走，说："鸟儿可以选择树木，树木怎么能选择鸟儿呢？"孔文子急忙亲自阻止孔子，说："我怎么敢为自己谋私利呢？我这次咨访是为了卫国将要发生祸乱啊。"孔子打算留下来，恰好赶上这个时候鲁国季康子向冉求请教战法。冉求回答了季康子，接着又说："我老师的学说传播到百姓中间，就算是让鬼神来评判也是无可挑剔的，如果能任用他则会使鲁国名声大振。"季康子把这些话告诉了鲁哀公，接着就派人带着束帛等礼物迎请孔子。孔子说："人们对于冉求是信任的，看来将重用我了。"

齐陈恒弑其君简公[1]，孔子闻之，三日沐浴而适朝[2]，告于哀公曰："陈恒弑其君，请伐之。"公弗许。三请，公曰："鲁为齐弱[3]久矣，子之伐也，将若之何？"对曰："陈恒弑其君，民之不与[4]者半。以鲁之众，加齐之半，可克[5]也。"公曰："子告季氏[6]。"孔子辞[7]，退而告人曰："以吾从大夫之后，吾不敢不告也[8]。"

【注释】
　　[1]齐陈恒弑其君简公：陈恒，齐大夫田常。齐简公，春秋时齐国国君，在位4年（前484—前481）。此记载又见于《左传·哀公十四年》、《论语·宪问》。
　　[2]三日沐浴而适朝：沐浴，斋戒形式。洗发为沐，洗身为浴。上朝前沐浴，以示严肃慎重。
　　[3]弱：削弱。
　　[4]与：依附，支持。
　　[5]克：战胜。
　　[6]子告季氏：冈白驹补注："时政在三家，故公不得自专。"
　　[7]孔子辞：孔子推辞了。王肃注："不告季氏。"
　　[8]"以吾从大夫之后"二句：太宰纯增注："以吾，《左氏传》作'吾以'，杜预曰：'尝为大夫而去，故言后。'"下"吾"字，四库本、同文本无。《宪问》："陈成子弑简公，孔子沐浴而朝，告于哀公曰：'陈

恒弑其君，请讨之。'公曰：'告夫三子。'孔子曰：'以吾从大夫之后，不敢不告也。君曰"告夫三子"者！'之三子告，不可。孔子曰：'以吾从大夫之后，不敢不告也。'"与本篇记载有异。

【译文】
　　齐国的田常弑杀了齐简公。孔子听说后，斋戒沐浴了三天之后，上朝对鲁哀公说："陈恒弑杀了他的国君，请发兵攻伐他。"鲁哀公不同意。孔子再三请求，哀公说："鲁国被齐国削弱已经很久了，你要攻打他，打算怎么做呢？"孔子回答说："陈恒杀了他的国君，齐国民众有一半人不支持他，用鲁国的士众，加上不支持他的那一半齐国民众，是可以战胜他的。"哀公说："你把这件事告诉季氏吧。"孔子推辞了，退下去之后告诉别人说："因为我曾经位列大夫，所以不敢不向国君报告。"

　　子张问曰："《书》云：'高宗三年不言，言乃雍。'有诸[1]？"孔子曰："胡[2]为其不然也？古者天子崩[3]，则世子委[4]政于冢宰[5]三年。成汤既没[6]，太甲听于伊尹[7]；武王既丧，成王听于周公，其义一也。"

【注释】
　　[1]"《书》云"四句：王肃注："雍，欢声貌。《尚书》云'言乃雍和'，有诸也。"冈白驹补注："高宗，殷王武丁也。雍，和悦也，言乃天下和悦。郑玄云：'时人君无行三年之丧礼者，问有诸，怪之也。'"此记载又见于《礼记·檀弓下》。
　　[2]胡：为什么。
　　[3]崩：天子去世之称。
　　[4]委：委托，委任。
　　[5]冢宰：官名。《尚书·周官》："冢宰掌邦治，统百官，均四海。"
　　[6]没：去世。
　　[7]太甲听于伊尹：王肃注："太甲，汤孙。"伊尹，商初大臣，名

伊，一说名挚，尹为官名。助汤灭夏，后又历佐汤之子卜丙、仲壬合汤孙（太丁子）太甲三王。

【译文】

子张问道："《书》中说：'高宗三年没有议论政事，等到他一言及政事，政事就变得和谐欢顺。'有这样的事吗？"孔子说："为什么会没有呢？古代天子去世，继位的太子就把国家政事交给冢宰代理三年。成汤死后，太甲听命于伊尹；武王死后，成王听命于周公，其中的道理都是一样的。"

卫孙桓子侵齐，遇，败焉[1]。齐人乘[2]之，执[3]。新筑[4]大夫仲叔于奚以其众救桓子，桓子乃免。卫人以邑赏仲叔于奚，于奚辞，请曲悬之乐[5]，繁缨以朝[6]。许之，书在三官[7]。子路仕卫，见其故[8]以访[9]孔子。孔子曰："惜也！不如多与之邑，唯器与名[10]，不可以假[11]人，君之所司也[12]。名以出信[13]，信以守器，器以藏礼[14]，礼以行义，义以生利[15]，利以平民[16]，政之大节[17]也。若以假人，与[18]人政也。政亡，则国家从[19]，不可止[20]也。"

【注释】

[1]"卫孙桓子侵齐"三句：王肃注："桓子，孙良夫也。侵齐，与齐师遇，为齐所败也。"事见《左传·成公二年》，又见《新书·审微》。

[2]乘：追击。

[3]执：太宰纯增注："一本无'执'字，是也。"冈白驹补注："毛本无'执'字，为是。"四库本、同文本无此字。

[4]新筑：春秋卫地，在今河北魏县南。

[5]曲悬之乐：悬指钟、磬等乐器悬挂于架。古时天子乐器四面悬挂，以象宫室四面有墙，谓之"宫悬"；诸侯去其南面乐器，三面悬挂，

称"轩悬",也称"曲悬"。卿大夫、士亦依次递减。此处仲叔于奚请曲悬之乐,是以大夫而用僭用诸侯之礼。

[6] 繁(pán)缨以朝:繁缨为天子、诸侯所用辂马的带饰,而仲叔于奚请求用繁缨装饰的马匹上朝,是僭越礼制的行为。

[7] 书在三官:王肃注:"司徒书名,司马书服,司空书勋也。"

[8] 见其故:冈白驹补注:"于三官之书,得见其故。"故,事。

[9] 访:咨访。

[10] 器与名:王肃注:"器,礼乐之器。名,尊卑之名。"

[11] 假:借。

[12] 君之所司也:王肃注:"司,主。"

[13] 名以出信:冈白驹补注:"杜预云:'名位不愆,为民所信。'"

[14] 器以藏礼:王肃注:"有器然后得行其礼,故曰'器以藏礼'。"

[15] 义以生利:冈白驹补注:"利者义之和也,故义所以生利。"

[16] 利以平民:冈白驹补注:"利泽之行,所以平民。"

[17] 大节:关键原则。

[18] 与:给予。

[19] 从:太宰纯增注:"《左氏传》有'之'字。"

[20] 止:阻止。

【译文】

卫国的孙桓子侵伐齐国,与齐军交战,被打败了。齐国乘胜追击。新筑大夫仲叔于奚率领部众援救孙桓子,孙桓子才幸免于难。卫国国君用城邑赏赐仲叔于奚,于奚辞谢了,而请求享用曲悬之乐,乘坐繁缨装饰的马车去朝见国君。卫君同意了,并由三官把这件事记录了下来。子路在卫国做官,见到了这个典故,便去孔子那里咨访。孔子说:"可惜啊!不如多给他城邑。只有礼器和名号是不可以借给别人的,这二者是国君所掌管的。名号用来显示威信,威信用来保守礼器,礼器用来体现礼制,礼制用来推行道义,道义用来产生利益,利益用来安定百姓,这是为政的关键原则。如果借给了别人,就等于把政权送给了别人。政权没有了,国家也就会跟着灭亡,这是无法阻止的。"

公父文伯之母[1]，纺绩[2]不解[3]，文伯谏焉[4]。其母曰："古者王后亲织玄紞[5]；公侯之夫人，加之纮綖[6]；卿之内子为大带[7]；命妇成祭服[8]；列士之妻，加之以朝服[9]；自庶士以下[10]，各衣其夫[11]。秋而成事，烝而献功[12]，男女纺绩，愆则有辟[13]，圣王之制也。今我寡也，尔又在位[14]，朝夕恪勤[15]，犹恐忘[16]先人之业，况有怠惰[17]，其何以避辟？"孔子闻之，曰："弟子志[18]之：季氏之妇[19]，可谓不过矣[20]。"

【注释】

［1］公父文伯之母：敬姜为春秋时鲁国大夫公父穆伯之妻，文伯之母，季康子从叔祖母。穆伯早死，敬姜守寡养孤。此记载又见于《国语·鲁语下》、《列女传·母仪传》。

［2］纺绩：将丝麻等纤维纺成纱或丝。纺指纺丝，绩指缉麻。

［3］解：通"懈"，懈怠。

［4］文伯谏焉：冈白驹补注："文伯谏云：'以歜之家，而主犹绩，惧于季孙之怒也，其以歜为不能事主乎？'"

［5］紞（dǎn）：古时冠冕上用来系瑱的带子。

［6］纮（hóng）綖（yán）：王肃注："缨屈而上者谓之纮。綖，冠之上覆也。"冈白驹补注："既织紞，又加之以纮綖也。冕曰紞。"

［7］内子为大带：王肃注："卿之妻为内子。"大带，祭祀用带，有革带和大带。革带用以系佩绂，大带置于革带之上，以丝织的素合练织成。

［8］命妇成祭服：王肃注："大夫之妻为命妇。"太宰纯增注："韦昭曰：'祭服，玄衣纁裳。'"

［9］"列士之妻"二句：太宰纯增注："韦昭曰：'列士，元士也。既成祭服，又加之以朝服也。朝服，天子之士，皮弁素积；诸侯之士，玄端委貌。'"

［10］自庶士以下：太宰纯增注："韦昭曰：'庶士，下士也。下至庶人。'"

［11］各衣其夫：各自给丈夫缝制衣裳。

[12]"秋而成事"二句：王肃注："男女春秋而勤岁事，冬烝祭而献其功也。"冈白驹补注："事，农桑之属也。冬祭曰烝。"献功，献上五谷、布帛等。太宰纯增注："《国语》'秋'作'社'，'成'作'赋'。"

[13]"男女纺绩"二句：人们争相创立功业，犯错就会受到法律的惩罚。纺绩，此处引申为建立功业。

[14]位：太宰纯增注："《国语》'位'上有'下'字。"

[15]恪勤：恭敬勤勉。

[16]忘：四库本、同文本作"亡"，于义为胜。

[17]怠惰：懈怠懒惰。

[18]志：记住。

[19]季氏之妇：冈白驹补注："敬姜，季康子之从祖叔母也。"敬姜之夫属于季孙氏家族。

[20]可谓不过矣：太宰纯增注："《国语》无'可谓'二字，'过'作'淫'。"

【译文】

公父文伯的母亲敬姜，纺丝缉麻毫无懈怠。文伯于是加以劝谏。他母亲说："古时王后要亲手织玄紞，公侯的夫人不但亲手织玄紞，还要织纮綖，卿的妻子要制作大带，大夫的妻子缝制祭服，上士的妻子除了祭服还要做朝服。自庶士以下的妻子，都要各自缝制丈夫所穿的衣服。秋天忙完了农事，冬祭时献上五谷、布帛。男女都争相创立功业，有过错就要受到刑律的惩罚，这是圣王的制度。如今我守寡在家，你又处在低级官位上，日夜地恭敬勤恳，还怕丢掉了先人的业绩，如果做事怠慢，怎么能逃脱刑律的惩罚呢？"孔子听到这件事后说："弟子们记住啊：季孙氏家的妇人，可以说没有过错了。"

樊迟问于孔子曰："鲍牵事齐君，执政不桡，可谓忠矣[1]，而君刖[2]之，其为至暗[3]乎？"孔子曰："古之士者，国有道，则尽忠以辅之；国无道，则退身以避之。今鲍庄子[4]食[5]于淫乱之朝，不量主之明暗，以受大刑，是智之不如葵，葵犹能卫其足[6]。"

【注释】
　　[1]"鲍牵事齐君"三句：太宰纯增注："鲍牵，齐大夫，鲍叔牙曾孙。事见《左氏传·成公十七年》。夫人，齐灵公母，宋女，声孟子也。高、鲍，高无咎、鲍牵也。"桡，弯曲，引申为不枉私。不桡，正直。
　　[2]刖(yuè)：斩足之刑。
　　[3]至暗：最为昏庸。
　　[4]鲍庄子：冈白驹补注："鲍牵也。"
　　[5]食：食禄，指鲍庄子在当朝任职。
　　[6]葵犹能卫其足：王肃注："葵倾叶随日转，故曰卫其足也。"冈白驹补注："葵倾叶向日以蔽其根，言鲍牵居乱不能保身也。"林按，此"葵"指葵菜，非今向日葵也。向日葵乃明代自美洲传入。然葵菜亦有向日之性，魏晋时大儒杜预、王肃皆云，当不诬也。

【译文】
　　樊迟问孔子说："鲍牵侍奉齐国国君，处理政事正直无私，可以说是忠诚了，然而齐国国君却砍掉了他的脚，齐国国君极为昏庸了吧？"孔子说："古代的士人，国家政治清明就竭尽忠诚为国出力，国家政治黑暗就退身隐居。现在鲍庄子在淫乱的朝廷中做官食禄，不考量君主是圣明还是昏庸，因而被砍掉了脚，这只能说他的智慧还不如葵菜。葵菜尚且能保护自己的脚啊。"

　　季康子欲以一井田出法赋焉[1]，使[冉有]访孔子[2]。子曰："丘弗识[3]也。"冉有三发[4]，卒[5]曰："子为国老[6]，待子而行，若之何子之不言？"孔子不对，而私于冉有曰："求，汝来。汝弗闻乎？先王制土，藉田以力[7]，而底其远近[8]；赋里以入，而量其有无[9]；任力以夫，而议其老幼[10]。于是，鳏、寡、孤、疾、老者，军旅之出则征之，无则已[11]。其岁收，田一井出稷禾、秉、缶米、刍稿[12]，不是过也，先王以为足[13]。君子之行，必度[14]于礼，施取其厚[15]，事举其中[16]，敛从其薄。若是，其已丘亦足矣[17]。不度于礼，而贪冒[18]无厌，则虽赋田，将有不足[19]。且子季孙[20]，若以行之而取法，则有周公之典[21]在。若欲犯[22]法，则苟行之，又何访焉？"

【注释】

[1]"季康子"句：冈白驹补注："方里为井，四井为邑，四邑为丘。丘赋之法，以田与家财，通出马一匹、牛三头，今欲以一井田出法，又赋家财，是田财各赋也。"据《左传》贾逵注，意谓令一井土地出一丘土地的常赋，即田亩税。此记载又见于《左传·哀公十一年》、《国语·鲁语下》。

[2]使冉有访孔子：太宰纯增注："《左氏传》'使'下有'冉有'二字，《国语》同。"林按，此当是脱"冉有"二字，据补。

[3]识：懂得，明白。

[4]发：发问。

[5]卒：终。

[6]国老：古代告老退休的卿大夫。冈白驹补注："时孔子为大夫告老，故云国老。"

[7]藉(jí)田以力：周朝实行井田制，按劳力进行分配，公田由农户无偿耕种作为赋税。藉，通"籍"，税赋的一种方式。

[8]底其远近：用什一之税作标准进行平衡远近的差异。

[9]"赋里以入"二句：王肃注："里，廛。里有税，度其有无以为多少之入也。"冈白驹补注："入，税入也。"里，即城邑的市廛，为商贾所居住之区域。

[10]"任力以夫"二句：王肃注："力作之事，度丁夫之老幼，或重或轻。"冈白驹补注："徭役以夫家为数，老幼则复除。"夫，古代井田，一夫受田百亩，故称田百为夫。

[11]"鳏、寡、孤、疾、老者"三句：王肃注："于军旅之役，则鳏、寡、孤、疾，或有所供，无军事则止之。"《孟子·梁惠王下》："老而无妻曰鳏，老而无夫曰寡，老而无子曰独，幼而无父曰孤。"

［12］"其岁收"二句：王肃注："其岁，军旅之岁。一把曰秉，四秉因稯，穗连稿刍不可分，故曰步缶，十六斗曰庾也。"冈白驹补注："按，《鲁语》作'出稷禾、秉、刍、缶米'为是。言军旅之岁，一井田所出，不过如此也。王注亦脱误，不成义。"

［13］先王以为足：足以供用。

［14］度（duó）：揆度，衡量。

［15］施取其厚：王肃注："施以厚为德也。"

［16］事举其中：王肃注："事以中为节。"

［17］"若是"二句：王肃注："丘，十六井。"冈白驹补注："'已'与'以'通。十六井，出戎马一匹，牛三头，是赋之常法也。言但以丘法，亦可以足用矣。"

［18］贪冒：贪图财利。

［19］"则虽赋田"二句：太宰纯增注："赋田，《左氏传》作'以田赋'三字。有，作'又'。"

［20］子季孙：一本作"子孙"。

［21］周公之典：周公制定的典章制度。或谓即《周礼》也。

［22］犯：触犯，违背。

【译文】

季康子想以井为单位征收赋税，派冉求征求孔子的意见，孔子说："我不懂这些。"冉求被派去问了好几次，最后说："您是国老，都等着您的意见办事，您为什么不发表意见呢？"孔子没有正式回复。而是私下对冉求说："冉求，你过来。你不知道吗？先王确定土地制度，按照劳力来分配公田征税，用什一之税作标准进行平衡远近的差异；在市廛进行征税，要考虑商贾财力的多少；征发徭役，要考虑年龄的大小。对于那些老而无妻、无夫的人、幼而无父的人、残疾的人和老人，有军事行动就征税，没有军事行动就对他们免税。在有军事行动的年月，一井土地，就征收四十把禾，一秉饲料，一缶米，不会超过这些，先王认为这就足够了。君子的行动要以礼来衡量，施予力求丰厚，做事力求适中，征收赋税力求寡薄。如果这样，以丘为单位征收赋税也就足够用度了。如果不以礼来衡量，而是贪得无厌，就算以田为单位征收赋税也不会得到满足。而且他季孙氏如果想按照法度行事，那么周公制定的典章制度就在那里可以参考；如果想违背法度行事，那么随意而行就是了，何必要来咨询我呢？"

子游问于孔子曰："夫子之极言[1]子产之惠[2]也，可得闻乎？"孔子曰："惠在爱民而已矣。"子游曰："爱民谓之德教，何翅[3]施惠哉？"孔子曰："夫子产者，犹众人之母也，能食[4]之，而弗能教[5]也。"子游曰："其事可言乎？"孔子曰："子产以所乘之舆济冬涉者[6]，是爱而无教也。"

【注释】

[1]极言：极度赞誉。此记载又见于《礼记·仲尼燕居》、《说苑·政理》。

[2]惠：施予恩惠，慈爱利人。

[3]何翅：何止。太宰纯增注："翅，与'啻'通。"

[4]食(sì)：喂食，引申为养。

[5]教：教化。

[6]以所乘之舆济冬涉者：冈白驹补注："见人有冬涉者，不忍，以其所乘车渡之。《孟子》作'以其乘舆，济人于溱洧'。"舆，车厢，泛指车。济，渡河，引申为救济，帮助。

【译文】

子游问孔子说："老师您极度赞誉子产的'施予恩惠'，可以说来听听吗？"孔子说："子产的施予恩惠只不过在于他爱民罢了。"子游说："爱民可以称得上德治教化，岂止是施予恩惠呢？"孔子说："子产，就像是一般人的母亲，能养活他们，却不能教化他们。"子游说："能举例说明吗？"孔子说："子产用他所乘的车子帮助冬天过河的人，这就是只爱民而缺乏教化。"

哀公[1]问于孔子曰:"二三大夫,皆劝寡人,使隆敬于高年,何也?"孔子对曰:"君之及此言,将天下实赖之,岂唯鲁哉!"公曰:"何也?其义可得闻乎[2]?"孔子曰:"昔者,有虞氏[3]贵德而尚齿[4],夏后氏贵爵而尚齿,殷人贵富[5]而尚齿,周人贵亲[6]而尚齿。虞、夏、殷、周,天下之盛王也,未有遗年[7]者焉。年之贵于天下久矣,次于事亲。是故,朝廷同爵而尚齿[8]。七十杖于朝[9],君问则席[10];八十则不仕朝,君问则就之[11],而悌达乎朝廷矣。其行也,肩而不并[12],不错则随[13],斑白者[14]不以其任行于道路[15],而悌达乎道路矣。居乡以齿,而老穷不匮[16],强不犯[17]弱,众不暴[18]寡,而悌达乎州巷[19]矣。古之道,五十不为甸役[20],颁禽隆之长者[21],而悌达乎蒐狩[22]矣。军旅什伍[23],同爵[24]则尚齿,而悌达乎军旅矣。夫圣王[25]之教孝悌,发诸朝廷,行于道路,至于州巷,放[26]于蒐狩,循于军旅,则众感以义,死之而弗敢犯[27]。"公曰:"善哉,寡人虽闻之,弗能成。"

【注释】

[1] 哀公:四库本、同文本作"定公",未知孰是。
[2] 其义可得闻乎:此下见《礼记·祭义》。
[3] 有虞氏:舜。
[4] 尚齿:意谓敬重长者。齿,年龄。
[5] 富:王肃注:"富贵世禄之家。"
[6] 亲:周代奉行"亲亲"原则,崇尚血缘关系。
[7] 遗年:舍弃老年人。年,即"齿",此处引申为老年人。
[8] 同爵而尚齿:爵位一样的就以年长者为尊。

[9] 七十杖于朝：七十岁的官员可以拄杖上朝。

　　[10] 君问则席：王肃注："君欲问之，则为之设席而问焉。"

　　[11] "八十则不仕朝"二句：太宰纯增注："《礼记》'仕'作'俟'，是也。郑玄曰：'不俟朝，君揖之即退，不待朝事毕也。就之，就其家也。老而致仕，君或不许，异其礼而已。'"

　　[12] 肩而不并：王肃注："不敢与长者并肩也。"冈白驹补注："而，犹乃也。"

　　[13] 不错则随：王肃注："错，雁行。父党随行，兄党雁行也。"

　　[14] 斑白者：冈白驹补注："发杂色也。"

　　[15] 不以其任行于道路：王肃注："任，负也。少者代之也。"

　　[16] "居乡以齿"二句：冈白驹补注："以乡人尊而长之，虽贫而无子，不至竭乏。"

　　[17] 犯：侵犯，欺凌。

　　[18] 暴：侵侮，暴虐。

　　[19] 州巷：冈白驹补注："二千五百家为州。巷，犹间也。"州与间皆为古时地方基层行政单位，泛指乡里。

　　[20] 甸（tián）役：指田猎。天子田猎则征发徒役，故称。甸，通"田""畋"。

　　[21] 颁禽隆之长者：冈白驹补注："隆之长者，长者多赐也。颁，分也。"

　　[22] 蒐狩：指田猎之事。郑玄曰："春猎为蒐，秋猎为狩。"

　　[23] 什伍：冈白驹补注："什伍，卒，部曲也。"

　　[24] 同爵：爵位相同。

　　[25] 圣王：四库本、同文本作"圣人"。

　　[26] 放：放置，施行。

　　[27] "循于军旅"三句：太宰纯增注："《礼记》'循'作'修'，无'感'字。或曰，'感'当为'咸'。"

【译文】

　　哀公询问孔子说："大夫们都劝我，让我尊敬年龄大的人，为什么呢？"孔子回答说："您如果能做到他们所说的那样，天下人都会仰仗您，岂止是鲁国呢？"哀公说："为什么呢？其中的道理可以说来听听吗？"孔子说："从前，有虞氏重视道德而尊敬年龄大的人，夏后氏重视爵位而尊敬年龄大的人，殷朝的人重视富贵而尊敬年龄大的人，周朝的人重视血缘关系而尊敬年龄大的人。虞、夏、殷、周，是天下兴盛的王朝，而没有遗忘长者。年龄大的人被天下人尊重由来已久，其重要性仅次于侍奉双亲，所以在朝廷上爵位一样的则年老者为尊。七十岁的官员可以挂杖上朝，国君如果有所询问就要为他设置坐席；八十岁的官员则不用上朝，国君如果有所询问就要到他家里去请教，这样孝悌之义就会通达于朝廷了。与长者一起走路，不能跟他并肩，要么斜错跟在后面，要么直接跟在身后随行，头发斑白的老人不用担负重物走路，这样，孝悌之义就通达于道路了。居住在乡里要论年龄，年老贫穷的就不至于生活匮乏，强者不欺凌弱者，人多不暴虐人少，这样孝悌之义就通达于基层州闾之间了。按照古代的准则，五十岁就不用担任田猎的差事了，分猎物的时候要厚待长者，这样，孝悌之义就通达于田猎之事了。军队中爵位相同的人更尊重年龄大的人，这样孝悌之义就通达于军队之中了。圣明的君王用孝悌来教化人民，从朝廷开始，推行于道路，下至于州闾，施行于田猎，遵循于军队之中，那么，人们就会被其中的道义所感染，宁死也不敢违犯。"哀公说："太好了！我虽然知道了，恐怕却做不到啊。"

哀公问于孔子[1]曰："寡人闻东益不祥[2]，信[3]有之乎？"孔子曰："不祥有五，而东益不与[4]焉。夫损人自益，身之不祥[5]；弃老而取幼，家之不祥[6]；释贤而任不肖，国之不祥[7]；老者不教，幼者不学，俗之不祥[8]；圣人伏匿，愚者擅权，天下不祥[9]。不祥有五，东益不与焉。"

【注释】
　　[1] 哀公问于孔子：此记载又见于《新序·杂事五》、《淮南子·人间训》。
　　[2] 东益不祥：东益，向东边扩建宫室。冈白驹补注："俗说云：'东益宅不祥。'不祥，谓妖异不利人也。"

[3] 信：果真。

[4] 与：犹"预"，在其中。

[5] "夫损人自益"二句：冈白驹补注："身聚怨。"损害别人来增进自己的利益，必然招致怨恨，这是自身的不祥。

[6] "弃老而取幼"二句：一家之中，老者与幼者共处，遗弃老人而不尽为子的责任，却只是溺爱子女，必然会导致家庭纷争，以至破裂，是家庭的不祥。

[7] "释贤而任不肖"二句：放弃贤人而选任小人，这是国家的不祥。

[8] "老者不教"三句：老人不能教化教育子弟，年轻人不爱学习，导致风俗的败坏，这是社会风俗的不祥。

[9] "圣人伏匿"三句：圣人被迫隐匿，只有那些愚蠢者专擅权力，这是普天下的不祥。

【译文】

哀公问孔子说："我听说向东拓建宫室是不祥的，真是这样吗？"孔子说："不祥的事情有五种，而向东拓建宫室这件事不在其中。损人利己，是自身的不祥；遗弃老人而只关爱子女，是家庭的不祥；放弃贤人而任用小人，是国家的不祥；年老的人不教育子弟，年轻的人不爱学习，是社会的不祥；圣人隐匿不出，而愚昧的人专擅权力，是天下的不祥。不祥的事情有五种，向东拓建宫室不在其中的。"

孔子适季孙[1]，季孙之宰[2]谒[3]曰："君使求假[4]于田，将与[5]之乎？"季孙未言，孔子曰："吾闻之：君取于臣，谓之取；与于臣，谓之赐。臣取于君，谓之假；与于君，谓之献。"季孙色然[6]悟，曰："吾诚未达[7]此义。"遂命其宰曰："自今以往，君有取之，一切[8]不得复言'假'也。"

【注释】

[1] 孔子适季孙：孔子到季孙氏家中去拜访。此记载又见于《韩诗外传》卷五、《新序·杂事五》。

[2] 宰：家臣。

[3] 谒：禀告，向主人汇报。

[4] 假：借。

[5] 与：借给。

[6] 色然：惊骇貌。

[7] 达：通晓，明白。

[8] 一切：太宰纯增注："颜师古曰：'一切者，权时之事，非经常也。犹如以刀切物，苟取整齐，不顾长短纵横，故言"一切"。'"

【译文】

孔子到了季孙氏家，碰上季孙氏的家臣向季孙禀告："国君派人来借用马，您打算给他吗？"季孙氏还没有回答，孔子说："我听说，国君从臣下那里拿东西，叫作取；给臣下东西，叫作赐。臣下从国君那里拿东西，叫作借；给国君东西，叫作献。"季孙氏脸色大变，醒悟过来，说："我确实不明白这个。"于是命令他的家臣说："从今以后，国君要来拿东西，一律不能再说'借'了。"

孔子家语卷十

曲礼子贡问第四十二

子贡问于孔子曰:"晋文公实召天子,而使诸侯朝焉[1]。夫子作《春秋》[2],云:'天王狩于河阳[3]。'何也?"孔子曰:"以臣召君,不可以训[4]。亦书[5]其率诸侯事天子而已。"

【注释】

[1]"晋文公实召天子"二句:此记载又见于《左传·僖公二十八年》:"是会也,晋侯召王,以诸侯见,且使王狩。仲尼曰:'以臣召君,不可以训。'故书曰:'天王狩于河阳。'言非其地也,且明德也。"晋文公,晋国国君,名重耳,春秋五霸之一。天子,此指周襄王,因王子带之乱而出奔在外,借晋文公之力,于僖公二十五年平定叛乱。

[2]《春秋》:我国第一部编年体史书,为孔子根据鲁国国史《春秋》整理删订而成,记录了从鲁隐公元年(前722)至鲁哀公十四年(前481)共242年的历史。

[3]天王狩于河阳:太宰纯增注:"事见《春秋·僖公二十八年》。天王,周襄王,名郑。"狩,打猎。《尔雅·释天》:"冬猎为狩。"河阳,晋邑,在今河南孟县西。

[4]训:典式,法则。《诗·大雅·烝民》:"古训是式。"冈白驹补注:"文公专事天子,则固美矣,而以臣召君,不可以为教训。"

[5]书:书写,记载。

【译文】

子贡问孔子说:"晋文公的温地会盟实际上是召来周天子,让诸侯朝见。而您作《春秋》,将此事写成'天子在河阳打猎'。这是为什么?"孔子说:"晋文公以臣的身份召见君主,不可以作为典范垂训后人。所以就将此事写成晋文公率领诸侯侍奉周天子罢了。"

孔子在宋,见桓魋[1]自为[2]石椁[3],三年而不成,工匠皆病[4]。夫子愀然[5]曰:"若是其靡也[6],死不如速朽之愈[7]也。"冉子仆[8],曰:"礼,凶事不豫[9],此何谓也?"夫子曰:"既死而议谥[10],谥定而卜葬[11],既葬而立庙[12],皆臣子之事[13],非所豫属[14]也,况自为之哉?"

【注释】

[1] 桓魋(tuí):即向魋,宋国的司马。因为是宋桓公的后代,所以又叫桓魋。此记载又见于《礼记·檀弓上》。

[2] 自为:这里指人在去世前自己主持置办身后事。非亲自制作义。

[3] 石椁:用石头做成棺材外面的套棺。盖以石质坚不易腐朽,故以石为椁。

[4] 病:疲惫,困乏。《论语·卫灵公》:"从者病,莫能兴。"

[5] 愀(qiǎo)然:忧戚变色貌。

[6] 靡:侈。

[7] 速朽之愈:冈白驹补注:"甚恶侈靡之辞。"

[8] 仆:驾车。

[9] 凶事不豫:丧事不能提前预备。凶事即丧事。豫,通"预",事先有所准备。

[10] 既死而议谥:古人死后,根据其生前事迹评定褒贬给予的称号称为谥号。

[11] 卜葬:冈白驹补注:"卜葬日。"因为重视葬事,卜葬独用龟卜,先卜远日,即以此月下旬,先卜来月下旬。不吉,卜中旬。又不吉,

则卜上旬。

　　[12] 立庙：设立供奉神主的家庙。

　　[13] 臣子之事：手下人的责任。在周代封建社会，君与臣乃相对范畴，天子、诸侯、卿、大夫皆可称君，其下属则为臣。

　　[14] 属：通"嘱"，嘱托，交待。

【译文】

　　孔子在宋国，见宋国司马桓魋亲自主持为自己制作石质的外棺，用了三年时间还未做成，工匠们都疲惫不堪。孔子忧愤地评论道："如果像这样奢靡，死了以后还不如快点腐烂得好。"当时冉有正在驾车，问："根据礼制，丧事不能事先准备，这是什么意思呢？"孔子说："死了以后才商议评价一生行迹的谥号，谥号确定以后才占卜下葬的时间，下葬以后才设立供奉神主的家庙，这些都是手下人的责任，不是能事先交待去准备的，何况是自己亲自去操持呢？"

　　南宫敬叔[1]以富得罪于定公，奔卫。卫侯请复[2]之，载其宝以朝[3]。夫子闻之，曰："若是其货[4]也，丧不若速贫之愈也[5]。"子游侍，曰："敢问何谓如此？"孔子曰："富而不好礼，殃也[6]。敬叔[7]以富丧矣，而又弗改，吾惧其将有后患也。"敬叔闻之，骤如孔氏[8]，而后循礼[9]施散[10]焉。

【注释】

　　[1] 南宫敬叔：鲁大夫，孟僖子之子。此记载又见于《礼记·檀弓上》。

　　[2] 复：恢复其位。

　　[3] 载其宝以朝：车上装满了财宝来朝见国君。

　　[4] 货：贿赂。

　　[5] 丧不若速贫之愈也：王肃注："丧，失位也。"

[6]"富而不好礼"二句：冈白驹补注："厚积不散，是谓怨府。"
[7]敬叔：太宰纯增注："称'敬叔'者，记者之辞，盖追书耳。"
[8]骤如孔氏：冈白驹补注："骤，速也。以谢过也。"
[9]循礼：遵循礼法。
[10]施散：施予，散布。此处指散布财物。

【译文】

南宫敬叔因为富有而得罪了国君鲁定公，出奔卫国。卫国国君替他求鲁定公允许他回国复位。南宫敬叔回国以后，车上装满了财宝来朝见鲁定公。孔子听说此事后，说："如果像这样使用财货行贿，丧失了官位还不如快点变得贫穷才好。"当时子游正在一旁陪侍，问孔子："请问为什么这么说呢？"孔子说："一个人如果富有而不乐意遵守礼制，是要遭殃的。仲孙阅是因为富有而丧失了官位，却不改正，我担心他将来还有祸患啊！"敬叔听说以后，立即赶到孔子家里谢过。从此以后，他遵循礼法，并把财货施予散布给百姓。

孔子在齐，齐大旱，春饥[1]。景公问于孔子曰："如之何？"孔子曰："凶年[2]则乘驽马[3]，力役不兴[4]，驰道[5]不修，祈以币玉[6]，祭祀不悬[7]，祀以下牲[8]。此贤君自贬[9]以救民之礼也。"

【注释】

[1]春饥：因为上年歉收而造成春天的饥荒。饥，饥馑。
[2]凶年：荒年。《孟子·梁惠王上》："凶年饥岁。"
[3]乘驽马：驽马，劣马。
[4]力役不兴：不发动劳役。
[5]驰道：王肃注："驰道，君行之道。"
[6]祈以币玉：王肃注："君所祈请，用币及玉，不用牲也。"
[7]祭祀不悬：王肃注："不作乐也。"悬，悬挂钟、磬等乐器，即奏乐。

[8] 祀以下牲：王肃注："当用太牢者用少牢。"
[9] 贬：冈白驹补注："贬，损也。"

【译文】
　　孔子在齐国时，齐国发生大旱，来年春天造成了饥荒。齐景公向孔子请教说："这可怎么办呢？"孔子说："遇到荒年，国君就应该乘用劣马，不发动劳役，不修建驰车大道，禳灾祈请时只用币玉而不用牺牲，举行祭祀时也不奏乐，用牲时要降一等。这是贤明的君主自贬规格来救助百姓的原则。"

　　孔子适季氏，康子昼居内寝[1]。孔子问其所疾，康子出见之。言终，孔子退。子贡问曰："季孙不疾而问诸[2]疾，礼与？"孔子曰："夫礼，君子不有大故[3]，则不宿于外；非致齐[4]也，非疾也，则不昼处于内。是故，夜居外，虽吊[5]之可也；昼居于内，虽问其疾[6]可也。"

【注释】
　　[1] 内寝：内堂，卧室。
　　[2] 诸：之。
　　[3] 大故：指大的变故，如父母之丧、灾祸等。
　　[4] 致齐(zhāi)：祭祀先人之前的一种仪式，谓集中精力，想象先人的音容笑貌和行为意志，以示虔诚。齐，通"斋"。《礼记·祭义》："致齐于内，散齐于外。齐之日，思其居处，思其笑语，思其志意，思其所乐，思其所嗜。齐三日，乃见其所为齐者。"郑玄注："致齐，思此五者也。"
　　[5] 吊：慰问。
　　[6] 问其疾：冈白驹补注："似有疾。"

【译文】
　　孔子到季氏家去，季康子白天还在内室睡觉。孔子便向人询问他所患何病，康子出来和孔子见了面。谈话完毕，孔子就退出来。子贡问道："季孙氏没病，而您却询问他的病，这合乎礼吗？"孔子说："按照礼的规定，君子除非遇到亲丧等大的变故，是不夜宿在内宅之外的；除非祭祀前专心致志地斋戒，除非得了病，是不能白天居于内室的。所以夜里在内宅外面住宿，别人即使前往吊丧慰问也是可以的；白天还居于内室，别人即使前往探问他的病情也是可以的。"

孔子为大司寇，国厩[1]焚。子退朝而之[2]火所，乡人有自为火来者则拜之[3]，士一，大夫再。子贡曰："敢问何也？"孔子曰："其来者，亦相吊[4]之道也。吾为有司[5]，故拜之。"

【注释】

[1] 国厩(jiù)：国家的马棚。此记载又见于《礼记·杂记下》。
[2] 之：到，前往。
[3] 拜之：拜谢之。
[4] 吊：哀悼死者，慰问丧家或遭遇不幸者。
[5] 有司：主管官员。

【译文】

孔子担任鲁国大司寇的时候，国家的马棚失了火。孔子退朝之后赶到火灾现场，见乡人自发赶来救火，就加以拜谢，对士拜一次，对大夫拜两次。子贡问："请问这是为什么？"孔子说："来这里的人，也都是遵行有事互相吊问的礼制的。我作为国家的主管官员，自然应该要感谢他们。"

子贡问曰："管仲失于奢，晏子失于俭。与其俱失矣，二者孰贤[1]？"孔子曰："管仲镂簋而朱纮[2]，旅树而反坫[3]，山节藻棁[4]。贤大夫也，而难为上[5]。晏平仲祀其先祖，而豚肩不掩豆[6]，一狐裘三十年[7]。贤大夫也，而难为下[8]。君子上不僭下，下不逼上[9]。"

【注释】

[1]"与其俱失矣"二句：其大意为：与其批评二人皆有过失，不如衡量一下哪一位更好一点。其实，与其，犹如"其"，连词。常与"孰若"、"宁"、"不若"等词连用，在比较取舍时用于舍弃的方面。如《论语·八佾》："礼，与其奢也，宁俭；丧，与其易也，宁戚。"《礼记·檀弓上》："丧礼，与其哀不足而礼有余也，不若礼不足而哀有余也。"此记载又见于《礼记·礼器》、《礼记·杂记下》。

[2]镂簋（guǐ）而朱纮（hóng）：镂，雕刻。簋，古代食器，圆口，圈足，无耳、两耳或四耳，方座或带盖的青铜、陶制品。盛行于西周时期，用以盛黍稷稻粱。纮，古时冠冕上的帽带，上面系在笄的两端，下面在颔下系挽。

[3]旅树而反坫（diàn）：王肃注："旅，施也。树，屏也。天子外屏，诸侯内屏。反坫在两楹之间，人君好会，献酢礼毕，反爵于其上也。"坫，古代设在两楹之间的土台，低者供诸侯相会饮酒时置放空杯，高者用以置放来会诸侯所馈赠的玉圭等物。

[4]山节藻棁（zhuō）：山节，刻成山形或伴有云彩的斗拱（栭），即柱顶上支撑屋梁的方木。藻棁，画有水草花纹的梁上短柱。

[5]"贤大夫也"二句：冈白驹补注："贤，举大凡而称也。难为上，难为在其上者。"上，居于上位的人，此处指国君。

[6]豚肩不掩豆：王肃注："言陋小也。"冈白驹补注："大夫祭，用少牢，不合用豚肩。今用豚，豚又过小，故云'不掩豆'。豚肩在俎，不在于豆，而云'不掩豆'者，假豆以言其极小也。"豚肩，猪腿。掩，掩盖，遮蔽。豆，古代食器，形似高足盘，或有盖。

[7]一狐裘三十年：冈白驹补注："狐裘，贵在轻新。乃三十年不易，其敝可知。"

[8]难为下：冈白驹补注："难为在其下者。"下，居下位的人，此处指下属。

[9]"君子上不僭下"二句：太宰纯增注："言君子在上不为下所僭，在下不为上所逼也。一本作'下不僭上，上不逼下'，《礼记》作'上不

僭上,下不逼下',未知孰是。"僭,超越本分,旧指下级冒用上级的名义、礼仪或器物。据文意,似以《礼记》文为是。

【译文】
子贡问道:"管仲的过失在于过度奢侈,晏子的过失在于过度节俭。与其批评二人皆有过失,不如衡量一下,哪一位更好一点呢?"孔子说:"管仲盛粮食的簋雕刻花纹,系冕的带子使用天子才能使用的朱红色,大门前树立影壁,堂上两楹之间设置放回空酒杯的土台,屋顶上有雕刻成山形的斗拱和绘有水草纹的梁上短柱。他固然是位贤大夫,却使居于他上位的君主为难。晏平仲祭祀他的祖先,所供奉的猪腿不能掩盖豆的边缘,一件狐皮大衣穿了三十年。他固然是位贤大夫,却使居于他下位的属吏为难。真正的君子应该对上不僭越,对下不逼迫。"

冉求曰:"臧文仲知鲁国之政[1],立言垂法[2],于今不亡,可谓知礼矣。"孔子曰:"若臧文仲安知礼?夏父弗綦逆祀而不止[3],燔柴于灶以祀[4]焉。夫灶者,老妇之所祭[5],盛于盆,尊于瓶,非所柴也[6]。故曰:礼也者,犹体也[7]。体不备,谓之不成人。设之不当,犹不备也。"

【注释】
[1]臧文仲知鲁国之政:臧文仲主持鲁国国政。冈白驹补注:"知,犹主也。"臧文仲,鲁国大夫臧孙臣,历仕于庄、闵、僖、文四世,以立言垂世著称。此记载又见于《礼记·礼器》。
[2]立言垂法:说出很多富有道理、为人称颂的言论,流传下来成为世人尊奉的法则。垂,流传,留存。法,法则。《左传·襄公二十四年》:"鲁有先大夫曰臧文仲,既没,其言立。"
[3]夏父弗綦逆祀而不止:太宰纯增注:"《春秋左氏传·文公二年》:'秋,八月,丁卯,大事于大庙,跻僖公,逆祀也。于是夏父弗忌

为宗伯,尊僖公。'"夏父弗綦,或作夏父弗忌、夏父不忌,春秋时鲁国大夫。鲁文公时曾任宗伯,主持祭祀先公的庙祭,尊崇僖公,升其享祀之位于闵公之上。僖公入继闵公,依据传统礼制,闵公当在上。这种失礼行为,时人称之为逆祀。綦,四库本、同文本作"忌"。

[4] 燔柴于灶以祀:冈白驹补注:"祭灶以为火神,故燔柴。"

[5]"夫灶者"二句:王肃注:"谓祭灶报其功,老妇主祭也。"冈白驹补注:"老妇,先炊者也。祭先炊,所以报其功也。非祭火神,王注非也。"

[6]"盛(chéng)于瓮"三句:冈白驹补注:"瓮、瓶皆炊器也。此明非火神,燔柴失之。"太宰纯增注:"《礼记》'瓮'作'盆'。郑玄曰:'盆,瓶,炊器也。'"盛于瓮,盛放到瓮中。盛,以器受物。瓮,一种陶制的盛器。尊,这里作动词,置酒。瓶,一般指腹大颈长的容器。

[7]"礼也者"二句:冈白驹补注:"若人身体。"

【译文】
冉求说:"臧文仲主持鲁国国政,说出很多富有道理、为人称颂的言论,流传下来成为世人尊奉的法则。他的影响到现在也没有消亡,可以说是懂礼的人。"孔子说:"若说臧文仲,他哪里懂得礼呢?夏父弗綦违背昭穆制度,升僖公之神主位于闵公神主之上,而臧文仲不加以谏止,而且在灶前烧柴祭祀灶神。所谓的灶神,是老妇们应该祭祀的,只需用瓮盛食,以瓶置酒,不应该烧柴祭祀。所以说礼就像是人的身体一样。身体不完备,称之为不成人。礼安排不得当,也就像身体不完备一样。"

子路问于孔子曰:"臧武仲率师与邾人战于狐鲐[1],遇[2],败焉,师人多丧而无罚[3]。古之道然与?"孔子曰:"凡谋[4]人之军师,败则死之[5];谋人之国邑,危则亡之[6],古之正[7]也。其君在焉者,有诏则无讨[8]。"

【注释】

[1] 臧武仲率师与邾(zhū)人战于狐鲐(tái)：事见《左传·襄公四年》。臧武仲即臧孙纥。臧孙许(臧宣叔)之子，臧文仲之孙。鲁襄公四年，狐鲐之战败，未受处罚，后因出谋为季武子废长立幼，而于鲁襄公二十三年出奔齐国。邾，古国名，即邹国，曹姓，陆终后裔。周灭商后，封曹挟于邾，邾国遂成为周王朝的一个诸侯国，战国时被楚国所灭。狐鲐，或作狐骀。邾地，今山东滕州东南。

[2] 遇：相逢，不期而遇。

[3] 师人多丧而无罚：丧，伤亡。《左传·襄公四年》："冬，十月，邾人、莒人伐鄫。臧纥救鄫，侵邾，败于狐骀。国人逆丧者皆髽。鲁于是乎始髽。国人诵之曰：'臧之狐裘，败我于狐骀。我君小子，朱儒是使。朱儒！朱儒！使我败于邾。'"

[4] 谋：谋划，指挥。

[5] 败则死之：冈白驹补注："利己亡众，非忠也。"

[6] 危则亡之：冈白驹补注："出亡避贤也。"

[7] 正：同"政"，政令，制度。《荀子·非相》："起于上，所以道于下，正令是也。"

[8] 有诏则无讨：王肃注："诏，君之教也。有君教则臣无讨。"讨，惩治有罪者。《尚书·皋陶谟》："天讨有罪。"

【译文】

子路问孔子说："臧武仲率领军队和邾国人在狐鲐交战，两军不期而遇，我军失败了，士兵伤亡惨重，但是臧武仲却没有受到处罚。古代就有这样的原则吗？"孔子说："凡是为别人指挥军队的人，如果战败就得自杀谢罪；凡是为别人掌管邦国都邑的人，如果出现社会动荡就要逃亡国外。这是古代的制度。如果他们的君主尚在，并参与了事情的决策，那么臣子就可以免于惩罚。"

晋将伐宋，使人觇[1]之。宋阳门之介夫死[2]，司城子罕[3]哭之哀。觇者[4]反，言于晋侯曰："阳门之介夫死，而子罕哭之哀，民咸[5]悦。宋殆[6]未可伐也。"孔子闻之，曰："善哉，觇国乎[7]！《诗》云：'凡民有丧，匍匐救之[8]。'子罕有焉。虽非晋国，天下其孰能当之[9]？是以周任[10]有言曰：'民悦其爱[11]者，弗可敌也。'"

【注释】
　　[1]觇(chān)：王肃注："观也。"太宰纯增注："郑玄曰：'觇，窥视也。'"此记载又见于《礼记·檀弓下》。
　　[2]阳门之介夫死：王肃注："阳门，宋城门也。介夫，被甲卫(黄鲁曾本"卫"作"御")门者。"
　　[3]司城子罕：太宰纯增注："郑玄曰：'宋以武公，讳司空为司城。子罕，戴公子乐甫术之后，乐喜也。'"
　　[4]者：黄鲁曾本、宽永本作"之"。
　　[5]咸：皆，都。
　　[6]殆：大概，恐怕。
　　[7]"善哉"二句：冈白驹补注："善其知微。"
　　[8]"凡民有丧"二句：冈白驹补注："《诗·邶风·谷风》之篇。匍匐，尽力也。"
　　[9]"虽非晋国"二句：王肃注："言虽非晋国，使天下有强者，犹不能当也。"
　　[10]周任：盖为周代的史官。《论语·季氏》："周任有言曰：'陈力就列，不能者止。'"《论语集解》引马融曰："周任，古之良史。"邢昺《论语注疏》曰："周大夫也，与史佚、臧文仲并古人立言之贤者也。"
　　[11]悦其爱：犹"悦而爱"。其，而。

【译文】
　　晋国将要攻打宋国，派人去刺探虚实。宋国都城阳门有个披甲的卫士死了，司城子罕为此哭得十分悲痛。刺探情报的人回来，向晋国国君报告说："宋城阳门有个甲士死了，而子罕哭得十分悲痛，百姓对这一举动都心悦诚服。现在大概还不能攻打宋国。"孔子听说此事后，说："这个刺探情报的人，真是善于观察敌情啊！《诗》上说：'凡是百姓有灾难，急急忙忙去救助。'子罕做到了这一点。不仅是晋国，天下谁能和上下一心的宋国对抗呢？因此周任说过这样的话：'百姓悦服爱戴的人，是不可战胜的。'"

楚伐吴，工尹商阳与陈弃疾追吴师[1]。及[2]之，弃疾曰："王事[3]也，子手弓[4]而可。"商阳手弓。弃疾曰："子射诸[5]！"射之，毙一人，韔其弓[6]。又及，弃疾谓之，又毙二人。每毙一人，辄掩其目[7]。止其御[8]，曰："吾朝不坐，燕不与[9]，杀三人亦足以反命[10]矣。"孔子闻之，曰："杀人之中，又有礼焉。"子路怫然[11]进曰："人臣之节，当君大事，唯力所及，死而后已。夫子何善此？"子曰："然，如汝言也。吾取其有不忍杀人之心[12]而已。"

【注释】

[1] 工尹商阳与陈弃疾追吴师：千叶玄之标笺："追吴师事，见《左传·昭公十三年》。"工尹，春秋楚官名。《左传·文公十年》"王使为工尹"杜预注："掌百工之官。"弃疾，楚共王幼子，楚灵王七年（前534）奉命率师灭陈，得楚人称誉，遂号陈弃疾。后领有陈、蔡，成为最有实力的楚公子，后继位而为楚王，即楚平王。此记载又见于《礼记·檀弓下》。

[2] 及：至，到。

[3] 王事：君王给我们的使命。即国家大事。

[4] 手弓：以手执弓。

[5] 射诸：射之。冈白驹补注："商阳仁，不忍杀人，以王事劝之。"

[6] 韔（chàng）：即弓袋。此处作动词用，谓装弓于弓袋。

[7] 辄掩其目：冈白驹补注："不忍视之。"千叶玄之标笺："谓其仁也。"

[8] 止其御：冈白驹补注："不追也。"

[9] "吾朝不坐"二句：朝见时没有座位，宴会时没有席次，意即地位卑下。燕，同"宴"。与，参与。

[10]反命：复命。

[11]怫(fú)然：发怒变色貌。

[12]不忍杀人之心：此盖即后来孟子以"不忍"来诠释"仁"之先声。

【译文】

楚国攻打吴国，楚国的工尹商阳和公子弃疾同车追击吴军。追赶上以后，弃疾说："这是君王给我们的使命，你可以把弓拿在手里了。"于是商阳把弓拿在手里。弃疾说："你可以射箭了！"商阳射了一箭，射死了一个敌人，就把弓装入了弓袋。车又追上了敌人，弃疾又对他说了同样的话。后来又追上了敌人，弃疾又一次对他说了同样的话。这样他又射死了两个敌人。每当射死一人时，他都要把眼睛遮起来不忍观看。最后，他让驾车人停下来，说："我只是一个卑下的士，朝见时没有座位，宴会时没有席次，杀死三个敌人，回去也足以复命了。"孔子听说此事后说："杀人之中也有礼的考量啊。"子路愤愤然走上前对孔子说："作臣子的节操是，如果国君遇到大事，他只有竭尽全力去做，做到死了才会停下。先生您为什么称赞商阳的举动呢？"孔子说："是的，就像你所说的这样。我只不过是称许他有不忍杀人的仁心罢了。"

孔子在卫，司徒敬子[1]卒，夫子吊焉。主人不哀，夫子哭不尽声[2]而退。蘧伯玉[3]请曰："卫鄙[4]俗不习[5]丧礼，烦吾子辱相[6]焉。"孔子许之。掘中霤而浴[7]，毁灶而缀足[8]，袭于床[9]。及葬，毁宗而躐行[10]，出于大门。及墓，男子西面[11]，妇人东面，既封[12]而归，殷道也。孔子行之。子游问曰："君子行礼，不求变俗，夫子变之矣？"孔子曰："非此之谓也，丧事则从其质[13]而已矣。"

【注释】

[1] 司徒敬子：春秋时期卫国贵族，司徒乃因官为氏。此记载又见于《礼记·檀弓下》。

[2] 哭不尽声：吊丧时没有放开声音去哭。

[3] 蘧(qú)伯玉：卫国贤大夫，名瑗，谥号成子，璩庄子无咎之子。

[4] 鄙：谦辞。

[5] 习：娴熟。

[6] 烦吾子辱相：烦劳您来赞礼。烦、辱，皆敬辞。相，赞礼。

[7] 掘中霤(liù)而浴：在室内正中挖坑浴尸。中霤，王肃注："室中。"谓屋室正中处。

[8] 毁灶而缀足：王肃注："明不复有事于此也。缀足，不欲令僻戾也。"冈白驹补注："缀足者，用燕几，缀亡人之足令直，使著屦时不辟戾也。"或毁灶用其甓来缀足。

[9] 袭于床：在床上以衣敛尸。冈白驹补注："衣尸曰袭。按，《丧大记》：'唯始死废床，至迁尸及袭，皆在于床。'时失礼，袭在于地，孔子特袭于床也。"袭，作名词，指全套衣服；作动词，谓以衣敛尸。

[10] 毁宗而躐(liè)行：王肃注："毁宗庙而出，行神位在庙门之外也。"毁宗，指毁掉宗庙门西边墙。宗，宗庙。躐行，谓灵柩经过行神之位。躐，超越，逾越。

[11] 面：面向，朝向。《周礼·夏官·司士》："王南乡(向)，三公北面，东上。"

[12] 封：堆土成坟。

[13] 质：太宰纯增注："殷尚质也。"

【译文】

孔子在卫国的时候，司徒敬子去世了，孔子前去吊丧。主人哭得并不悲伤，孔子在吊丧时没有放开声音去哭就退了出来。蘧伯玉向孔子请求说："我们卫国这里风俗鄙陋，对丧礼不够娴熟，烦劳您屈尊担任相礼者。"孔子答应了。他让人在室正中间挖一个坑，把床架在坑上洗浴尸体，让水流入坑里。拆毁炉灶，用上面的砖坯支起并拘住死者的双脚，在床上用整套的衣服装敛尸身。到了安葬的时候，在宗庙西墙拆了一个豁口，越过庙门西边的行神之位，直接把灵柩抬出大门。到了墓地，让男子站在东边，面向西，妇女站在西边，面向东，堆土成坟后就回来了，这是殷朝人行丧礼的规定。孔子就是按它操办的。子游问:"君子主持礼仪,不求改变习俗,然而您却已经改变了。"孔子说:"话不能这么说,办理丧事只要合乎它的本质就可以了。"

宣公[1]八年,六月,辛巳,有事于太庙[2],而东门襄仲[3]卒,壬午犹绎[4]。子游见其故[5],以问孔子曰:"礼与?"孔子曰:"非礼也,卿卒不绎[6]。"

【注释】
　　[1]宣公:鲁君,文公子,名倭。此记载又见于《左传·宣公八年》、《礼记·檀弓下》。
　　[2]有事于太庙:在太庙举行禘祭。《春秋·昭公十五年》"有事于武宫",《左传》云"禘于武公",以此知"有事"即指"禘"。杨伯峻注:"有事,禘祭也。"太庙,始祖之庙。鲁以周公为始祖,故周公庙称太庙。《春秋·僖公八年》"秋七月禘于太庙"杜预注:"太庙,周公庙。"
　　[3]东门襄仲:公子遂,亦称仲遂,春秋时期鲁国卿,曾主持国政,并于文公十八年杀嫡立庶,拥立宣公。
　　[4]绎:天子、诸侯于祭祀之明日又祭,并行傧尸之礼,谓之绎。《诗·周颂·丝衣·序》:"《丝衣》,绎宾尸也。"郑玄笺:"绎,又祭也。天子、诸侯曰绎,以祭之明日。卿大夫曰宾尸,与祭同日。周曰绎,商谓之肜。"
　　[5]故:故事,这里指史书的记载。
　　[6]卿卒不绎:冈白驹补注:"礼:大夫卒,当祭则不告,终事而闻则不绎。"

【译文】
　　鲁宣公八年六月辛巳日,鲁国在太庙里进行禘祖的大祭,这时鲁卿东门襄仲去世。第二天壬午日,仍举行了在第二天要举行的绎祭。子游看到这件史事的记载,便问孔子说:"这合乎礼吗?"孔子说:"这是违背礼的。因为卿去世,就不应该再在第二天举行绎祭。"

季桓子[1]丧，康子[2]练[3]而无衰[4]。子游问于孔子曰："既服练服，可以除衰乎？"孔子曰："无衰衣者，不以见宾[5]，何以除焉？"

【注释】

[1] 季桓子：季孙斯，季平子之子。鲁国自定公到哀公初年的执政上卿。"桓"为谥号。

[2] 康子：季孙肥，季桓子庶子，继桓子位为鲁国正卿。自哀公四年到二十七年执鲁政。"康"为谥号。

[3] 练：练祭，丧祭名。一周年祭为练祭，亦称小祥。

[4] 衰（cuī）：丧服，以一方布缀于上衣当心之处，谓之衰。《仪礼·丧服·记》："衰，长六寸，博四寸。"又丧服之上衣亦称衰。《仪礼·丧服》："斩衰裳。"郑玄注："凡服，上曰衰，下曰裳。"衰分等级，此处指斩衰。子为父，服斩衰。《礼记·檀弓上》："练，练衣黄里，縓缘。"郑玄注："小祥练冠，练中衣，以黄为内，縓为饰。"孔颖达疏："练衣者，练为中衣。黄里者，黄为中衣里也。正服不可变，中衣非正服，但承衰而已。"故孔子以"练而除衰"为非礼。

[5] 宾：吊丧者。

【译文】

在为季桓子服丧期间，康子举行周年的练祭以后就去除了衰服。子游问孔子说："穿了练服以后，就可以脱去衰服吗？"孔子说："练衣非正服，不穿衰服不能会见宾客，怎么可以脱去呢？"

郕人以同母异父之昆弟[1]死，将为之服[2]，因颜克[3]而问礼于孔子。子曰："继父同居者，则异父昆弟从为之服[4]；不同居，继父且犹不服，况其子乎？"

【注释】

[1] 昆弟：兄弟。
[2] 服：作动词，穿丧服。
[3] 颜克：太宰纯增注："颜克，盖即颜刻。"
[4] 从为之服：冈白驹补注："《大传》所谓'从服'也。"

【译文】

邾国有个人因为同母异父的兄弟死了，准备为他穿丧服，就通过颜克向孔子请教有关的礼仪。孔子说："如果与继父居住在一起，那么异父兄弟都要跟着穿丧服；如果不与继父住在一起，那么，连继父本人死了都不用穿丧服，更何况是他的儿子呢？"

齐师侵鲁[1]，公叔务人[2]遇人入保[3]，负杖而息。务人泣曰："使之虽病[4]，任之虽重[5]，君子弗能谋，士弗能死，不可也[6]。我则既言之矣，敢不勉乎[7]？"与其邻嬖童汪锜[8]乘往，奔敌死焉。皆殡[9]，鲁人欲勿殇[10]童汪锜，问于孔子。子曰："能执干戈，以卫社稷，可无殇乎[11]！"

【注释】

[1] 齐师侵鲁：此记载又见于《左传·哀公十一年》、《礼记·檀弓下》。
[2] 公叔务人：王肃注："昭公之子，公为。"太宰纯增注："务人，《礼记》作'禺人'。"因昭公欲去季氏，失败而出奔于外。昭公卒，季氏以昭公弟即位而为定公，公为及其兄公衍皆不得立。
[3] 保："堡"的古字，即城堡。
[4] 使之虽病：王肃注："谓时徭役。"
[5] 任之虽重：王肃注："谓时赋税。"冈白驹补注："慰困劳之辞。"
[6]"君子弗能谋"三句：冈白驹补注："君子，谓卿大夫也。鲁政

既恶，复无谋臣，士又不能死，务人耻之。"

[7] 敢不勉乎：冈白驹补注："欲敌齐师，践其言。"

[8] 邻嬖(bì)童汪锜(qí)：冈白驹补注："邻，邻里也。童，未冠者之称，姓汪名锜，公为所嬖者也。"嬖，宠爱，宠幸。朱起凤《辞通》云："嬖童即比童，亦即邻童。若作便嬖解，非特重诬古人，且亦大背经训矣。"

[9] 殡：敛而未葬。

[10] 殇：未成年而死。为殇者举行的丧礼亦称殇，较成人原服制降，比较简略。

[11] 乎：表推测或商量语气，相当于"罢"。

【译文】

齐国军队入侵鲁国，公叔务人看见一个鲁人疲惫地走进城堡，肩上扛着木杖休息。务人流着泪说："尽管征发的徭役使百姓疲惫不堪，征收的赋税如此繁重，但是卿大夫不能出谋划策，士人不能尽忠效死，还是不行啊。我已经把这话说出来了，怎么敢自己不尽力呢？"于是就和自己邻里少年汪锜一起驾车奔赴战场，赴敌而战死。两个人都殡殓了，鲁国人不想用殇礼来为汪锜治丧，便去请教孔子。孔子说："虽然是小孩，他能够手拿着盾牌与戈矛来捍卫国家，应该可以不用殇礼来治丧罢！"

鲁昭公夫人吴孟子卒[1]，不赴[2]于诸侯。孔子既致仕[3]，而往吊焉。适于季氏[4]，季氏不绖[5]，孔子投绖而不拜[6]。子游问曰："礼与？"孔子曰："主人未成服，则吊者不绖焉，礼也。"

【注释】

[1] 鲁昭公夫人吴孟子卒：鲁昭公，名裯，襄公庶子，前542年继襄公而为君，前517年因谋去季氏失败而出奔国外，寄居于齐、晋八年，卒于乾侯。吴孟子，鲁昭公夫人，昭公娶于吴，这位夫人根据当时国君夫人的称号惯例应称为吴姬，为避讳同姓不婚的礼法，因此改称"吴孟

子"。此记载又见于《左传·哀公十二年》。

[2] 赴：同"讣"，报丧。

[3] 致仕：退休辞去官职。又称致事、致政。周代规定，官员七十岁致仕。

[4] 季氏：指季康子。

[5] 绖（dié）：丧服所系之带，以麻为之。在首为首绖，在腰为腰绖。

[6] 投绖而不拜：王肃注："以季氏无故，己亦不成礼。"

【译文】

鲁昭公夫人吴孟子去世，鲁国没有去向诸侯报丧。这时孔子退休在家，也前去吊唁。到了季氏家中，看见季康子没有扎丧服中所系的麻带，于是，孔子摘下麻带，也没有下拜。子游问道："这样做合乎礼吗？"孔子说："主人没有穿丧服，那么前去吊唁的人也就可以不系麻带。这是符合礼的。"

公父穆伯[1]之丧，敬姜[2]昼哭[3]；文伯[4]之丧，昼夜哭。孔子曰："季氏之妇，可谓知礼矣！爱而无私，上下有章[5]。"

【注释】

[1] 公父穆伯：鲁国贵族。太宰纯增注："公父穆伯，鲁大夫，季悼子之子，名靖。"季康子的祖父季平子的弟弟。此记载又见于《国语·鲁语下》、《礼记·檀弓下》、《列女传·仁智》。

[2] 敬姜：穆伯之妻，姜氏。公父文伯之母，季康子之从祖叔母，以明礼守礼知名。

[3] 昼哭：冈白驹补注："丧夫不夜哭，嫌思情性也。"

[4] 文伯：即公父文伯，名歜，公父穆伯之子。

[5] 上下有章：王肃注："上谓夫，下谓子也。章，别也。哭夫昼哭，哭子昼夜哭。哭夫与子，各有别也。"千叶玄之标笺："《礼注》：哭夫以礼，哭子以情，中节也。"

【译文】

在为亡夫公父穆伯治丧期间,敬姜白天哭;在为儿子公父文伯治丧期间,她白天黑夜都哭。孔子说:"季氏家的这位妇人可以称得上是知礼了!她对丈夫、儿子都有亲爱之情,并无偏私,哀悼他们时却能做到区别对待。"

南宫绦之妻,孔子之兄女[1]。丧其姑[2],而诲之髽[3],曰:"尔毋从从尔,毋扈扈尔[4]。盖榛[5]以为笄[6],长尺,而总八寸[7]。"

【注释】

[1] 此记载又见于《礼记·檀弓上》。之兄,黄鲁曾本、宽永本、冈白驹本作"兄之"。

[2] 丧其姑:为婆婆服丧。姑,丈夫的母亲,婆婆。

[3] 而诲之髽(zhuā):孔子教给她如何做丧髽。髽,古代妇人的丧髻,即用麻和头发合扎成的发髻。

[4] "尔毋从(zòng)从尔"二句:王肃注:"从从,高也;扈扈,大也。言丧者无容饰也。"冈白驹补注:"从从、扈扈,皆言髽之状也。"

[5] 榛(zhēn):榛木。

[6] 笄(jī):簪子,古代用来插住挽起的头发或弁冕。《仪礼·士昏礼》:"女子许嫁,笄而醴之,称之。"

[7] 总八寸:王肃注:"总(總),束发垂为饰者,齐衰之总八寸也。"冈白驹补注:"又教之以笄、总之法也。"

【译文】

南宫绦的妻子,是孔子哥哥的女儿。她的婆婆去世了,孔子教她做丧髻的方法,说:"你不要做得高高的,不要做得大大的。用榛木做发簪,一尺长,系在发髻上的带子下垂八寸。"

子张有父之丧,公明仪[1]相[2]焉。问启颡[3]于孔子，孔子曰："拜而后启颡，颓乎其顺也[4]；启颡而后拜，颀乎其至也[5]。三年之丧，吾从其至也[6]。"

【注释】
　　[1]公明仪：曾子弟子，又为子张弟子。此记载又见于《礼记·檀弓上》。
　　[2]相：相礼。
　　[3]启颡(sǎng)：即稽颡，古时一种跪拜礼，屈膝下拜，以额触地，居丧答拜宾客时行之，表示极度的悲痛和感谢。《仪礼·士丧礼》："吊者致命，主人哭拜，稽颡成踊。"稽颡有时也简称颡。
　　[4]"拜而后启颡"二句：冈白驹补注："郑玄云：'此殷之丧拜也。颓，顺也。先拜宾顺于事也。'"千叶玄之标笺："《礼注》：拜宾也。以礼宾，稽颡以自致，谓之顺者，以其先加敬于人，而后尽哀于己，为得其序也。"颓，恭顺貌。
　　[5]颀(kěn)乎其至也：冈白驹补注："此周之丧拜也。颀，恻隐貌。先触地无容，哀之至也。"颀，通"恳"，诚恳貌。
　　[6]吾从其至也：冈白驹补注："重者尚哀戚，自期如殷可。"

【译文】
　　子张的父亲去世了，要办丧事，公明仪担任相礼者。他向孔子请教孝子跪拜磕头的礼仪，孔子说："先跪下拜谢宾客的到来，接着磕头表达自己的悲痛，这是一种恭敬顺便的方式，合乎行礼的次序；先磕头表达自己的悲痛，接着再拜谢宾客的到来，这是一种极为诚恳真挚的方式，合乎感情的自然流露。为父亲服丧三年，我认为应该遵从这种极为真挚的方式。"

　　孔子在卫[1]，卫之人有送葬者，而夫子观之，曰："善哉为丧乎！足以为法[2]也。小子识[3]之！"子贡问曰："夫子何善尔也？"曰："其往也如慕[4]，其返也如疑[5]。"子贡曰："岂若速[6]返而虞[7]哉？"子曰："此情之至者也。小子识之！我未之能也。"

【注释】
　　[1] 孔子在卫：此记载又见于《礼记·檀弓上》。
　　[2] 法：标准，模式。
　　[3] 识(zhì)：通"志"，记住。
　　[4] 慕：依恋，思念。《孟子·万章上》："人少则慕父母。"冈白驹补注："如小儿随父母啼呼。"
　　[5] 其返也如疑：冈白驹补注："如不死其亲。"
　　[6] 速：赶快。
　　[7] 虞：丧祭名。

【译文】
　　孔子在卫国的时候，卫国有人送葬，孔子前往观礼，说："做得好啊！这位送葬孝子的做法，完全可以当作标准了。你们要好好记住！"子贡问道："您为什么称赞他呢？"孔子说："那孝子前往墓地送灵柩的时候，就像小孩子依恋父母一样地哭泣。埋葬后返回家时，又像是弄不准亲人灵魂是否能够跟来而迟疑。"子贡说："那怎能比得上赶快回家举行虞祭呢？"孔子说："这是内心亲情的最真挚流露。你们好好记住吧！我还做不到这一步。"

　　卞[1]人有母死而孺子[2]之泣者，孔子曰："哀则哀矣[3]，而难继[4]也。夫礼，为可传[5]也，为可继也。故哭踊[6]有节[7]，而变除有期[8]。"

【注释】
　　[1] 卞：鲁邑。在今山东泗水东。此记载又见于《礼记·檀弓上》。
　　[2] 孺子：儿童。此处意为"像小孩子一样"。
　　[3] 哀则哀矣：冈白驹补注："此诚哀。"
　　[4] 继：连续，随后。

[5]传：传布，流传。

[6]踊：丧礼中最哀恸的表示，顿足，跳跃。《礼记·檀弓上》："辟踊，哀之至也。"孔颖达疏："抚心曰辟，跳跃为踊。孝子丧亲，哀慕至懑。男踊女辟，是哀痛之至极也。"

[7]节：节度，法度。

[8]而变除有期：冈白驹补注："如'小祥而变练，至期而除'，是也。"除，除丧服。

【译文】

卞地有个人死了母亲，他像小孩子一样毫无节制地放声痛哭，孔子说："悲哀是真够悲哀的，不过别人很难跟着做。礼，是要传布于众人的，是要人们都跟着做的。所以发丧时边哭边顿足跳跃有一定的节度，变除丧服有一定的期限。"

孟献子[1]禫[2]，悬而不乐[3]，可御而不处内[4]。子游问于孔子曰："若是则过礼也？"孔子曰："献子可谓加于人一等[5]矣。"

【注释】

[1]孟献子：公孙敖之孙，文伯谷之子。春秋时鲁国大夫，历仕宣公、成公、襄公三朝。此记载又见于《礼记·檀弓上》。

[2]禫(dàn)：除丧服之祭，郑玄以为三年丧毕，二十七月而禫，禫祭与大祥之祭中隔一个月。王肃以为二十五月禫，禫祭与大祥之祭同月。

[3]悬而不乐：将乐器悬挂起来而不奏乐。悬，悬挂，这里指悬挂钟、磬等乐器。

[4]可御而不处内：意即可以和妻妾同房共寝，却没有心思住进内寝。根据礼制，君子有父母之丧，则应宿于外，禫祭之后方可宿于内。

[5]加于人一等：超过常人一个档次。冈白驹补注："加，犹'逾'也。"逾，超过。

【译文】

　　孟献子服丧期满举行了除服的禫祭后,将钟、磬等乐器悬挂起来却不奏乐,本可以和妻妾同房共寝却没有心思住进内寝。子游问孔子说:"像这样是否逾越了礼制?"孔子说:"献子可以说是超过常人一个档次了。"

　　鲁人有朝祥[1]而暮歌者,子路笑之[2]。孔子曰:"由!尔责于人终无已[3]夫。三年之丧,亦已久矣[4]。"子路出,孔子曰:"又多乎哉[5]!逾月[6]则其善也。"

【注释】

　　[1]祥:孝子为父母守三年之丧,十三个月而祭叫小祥,二十五个月而祭叫大祥。如果为一年之丧,则十一个月而小祥,十三个月而大祥。这里指三年之丧的大祥。此记载又见于《礼记·檀弓上》。
　　[2]笑之:讥笑他的做法。
　　[3]已:停止。
　　[4]"三年之丧"二句:冈白驹补注:"朝祥暮歌,固非礼也。而时行三年丧者希,故抑子路以善彼。"千叶玄之标笺:"《檀弓上》注:'朝祥暮歌,固为非礼,特以礼教衰废之时,而此人独行三年之丧,故夫子抑子路之笑,然终非正礼。恐学者致疑,故俟子路出,乃正言之'云云。"
　　[5]又多乎哉:王肃注:"又,复也。言其可以歌,不复久也。"
　　[6]逾月:过了本月。

【译文】

　　鲁国有个人为他的父母服三年之丧期满,早上举行了大祥之祭,晚上就唱起歌来。子路讥笑他这种做法。孔子说:"仲由!你责备别人总是没完没了。人家能够服丧三年,也已经非常长了。"子路出去以后,孔子又说:"其实也用不着再等多久了,过了这个月再唱歌那就很好了。"

　　子路问于孔子曰:"伤哉贫也!生而无以供养,死则无以为礼也[1]。"孔子曰："啜菽饮水[2]，尽其欢心[3]，斯谓之孝。敛手足形[4]，旋葬而无椁[5]，称[6]其财，斯谓之礼，贫何伤乎？"

【注释】
　　[1]"生而无以供养"二句：此记载又见于《礼记·檀弓下》。
　　[2]啜(chuò)菽(shū)饮水：以豆为食，以水为饮，谓生活清苦。《荀子·天论》："君子啜菽饮水，非愚也，是节然也。"陆德明《经典释文》引王肃曰："熬豆而食曰啜菽。"
　　[3]尽其欢心：让父母能够尽心欢乐。
　　[4]敛手足形：死后，以衣、冠收殓尸体，所用的衣被可以盖住肢体，没有外露。
　　[5]旋葬而无椁：随即加以安葬，也不用椁。椁，棺材外的套棺。
　　[6]称(chèn)：适合，符合。

【译文】
　　子路向孔子请教说："贫穷真令人伤悲啊！父母在世时没法好好奉养，去世以后又无法体面地举行葬礼。"孔子说："煮豆为食，以水为饮，虽然这样清苦，却能使父母尽情欢乐，这就可以称得上是孝顺了。父母死后，衣被能够遮盖住肢体，没有外露，没有套棺仅用薄棺收殓尸体，不用等待时日而随即安葬，以符合自己的财力，这样做就可以说合礼了。贫穷又有什么可伤悲的呢？"

　　吴延陵季子[1]聘于上国[2]，适齐。于其返也，其长子死于嬴、博之间[3]。孔子闻之，曰："延陵季子，吴之习于礼者也。"往而观其葬[4]焉。其敛以时服[5]而已；其圹掩坎[6]，深不至于泉[7]；其葬无明器[8]之赠[9]。既葬，其封广轮掩坎[10]，其高可时隐[11]也。既封，则季子乃左祖[12]，右还其封[13]，且号[14]者三，曰："骨肉归于土，命也！若魂气则无所不之，无所不之！"而遂行。孔子曰："延陵季子之于礼，其合矣。"

【注释】

[1] 延陵季子：即吴公子季札，吴王寿梦第四子，有让国美德，初封延陵，故《礼记》、《史记》称之为延陵季子。后加封州来，故《左传·襄公三十一年》称之为延州来季子。此记载又见于《礼记·檀弓下》、《说苑·修文》。

[2] 聘于上国：聘，古代国与国之间遣使访问。上国，指中原各国。冈白驹补注："上国，中国也。吴僻在东南，地势卑下，中国在其上流，故为上国。"

[3] 嬴、博之间：嬴，故城在今山东莱芜西北，有延陵季子长子墓。博，故城在今山东泰安东南。后世以"嬴博"为葬于异乡的代称。

[4] 观其葬：冈白驹补注："郑玄云：'往吊之。'"

[5] 时服：王肃注："随冬、夏之服，无所加。"

[6] 其圹(kuàng)掩坎：圹，墓穴，亦指坟墓。坎，此处指墓坑。

[7] 深不至于泉：深度达不到有地下水的位置。

[8] 明器：即冥器，古代随葬的器物，一般用陶、木、石制成。

[9] 赠：以物随葬。孔颖达云："赠，谓以物送亡人于椁中也。"

[10] 其封广轮掩坎：封土的长宽恰好覆盖住墓坑。封，古代士以上的葬礼，堆土为坟，叫"封"。庶人卑微，不积土为坟。冈白驹补注："广，横。轮，纵。"太宰纯增注："其封，《礼记》作'而封'。郑玄曰：'轮，纵也。'"贾公彦引马融曰："东西为广，南北为轮。"此处指坟头的宽度与长度。

[11] 时隐(yìn)：太宰纯增注："一本'时'作'肘'，《礼记》无'时'字，郑玄曰：'隐，据也。封可手据，谓高四尺所。'"时，宽永本(二)、冈白驹本、四库本、同文本作"肘"，冈白驹补注："隐，据也。封可肘据，示节也。"隐，凭依，依据。

[12] 左袒：袒露左臂。

[13] 右还其封：向右绕着封土而行。还，通"环"，环绕。《汉书·食货志上》："还庐树桑。"

[14] 号：哭喊。

【译文】

吴国公子季札来中原各国进行访问,到了齐国。在返回的途中,他的长子死在了嬴、博两地之间。孔子听说此事后,说:"延陵季子是吴国精通礼仪的人。"于是前往观看他举行葬礼的情景。季子装殓时给死者穿的仅仅是平时穿的衣服;开挖的墓穴正好和放棺材的墓坑一样大,深度达不到有地下水的位置;埋葬时也没有用明器随葬。埋葬以后,堆土为坟,坟头的长宽正好掩盖住墓坑,在高度上可以让人用手凭靠着。堆好坟头以后,季子便袒露左臂,向右绕着封土而行,并哭喊了三次,说:"骨肉回归到泥土中,这是命啊!而你的灵魂却可以无所不至啊!无所不至啊!"说完就走了。孔子说:"延陵季子在这种特殊情况下所办的葬礼,是符合礼的本质的。"

　　子游问丧之具[1]。孔子曰:"称家之有亡[2]焉。"子游曰:"有亡恶于齐[3]?"孔子曰:"有也则无过礼;苟亡矣,则敛手[4]足形,旋葬[5],悬棺而封[6]。人岂有非之者[7]哉?故夫丧亡[8],与其哀不足而礼[9]有余,不若礼不足而哀有余[10]也;祭礼,与其敬不足而礼有余,不若礼不足而敬有余[11]也。"

【注释】

[1] 丧之具:具,器具,用具。此记载又见于《礼记·檀弓下》。

[2] 称(chèn)家之有亡(wú):与家资的多少、丰薄相称。

[3] 恶(wū)于齐(jì):冈白驹补注:"恶乎,犹'于何'也。言何以为厚薄之剂量乎。"恶,疑问代词,何,怎么。齐,定限。

[4] 手:太宰纯增注:"《礼记》'手'作'首'。"

[5] 旋葬:随即安葬。旋,还、旋通,速,立刻。

[6] 悬棺而封:用绳子兜住棺材,悬起下放到墓坑中下葬。冈白驹补注:"不设碑繂,不备礼也。封,读为'窆'。"将棺柩放入墓穴内谓之窆。千叶玄之标笺:"封,下棺也。《礼注》:封,当作'窆'。"

[7] 人岂有非之者：冈白驹补注："不责于所不能。"
[8] 丧亡：太宰纯增注："丧亡，《礼记》作'丧礼'，是。"
[9] 礼：冈白驹补注："礼，礼数容貌也。"
[10] 不若礼不足而哀有余：冈白驹补注："丧主哀。"
[11] 不若礼不足而敬有余：冈白驹补注："祭主敬。"

【译文】
　　子游向孔子请教丧葬礼仪用具的问题。孔子说："应该与家资的丰薄相称。"子游说："所谓家资的丰薄，该如何把握分寸呢？"孔子说："家资丰饶，也不要超过礼仪的规定。如果家资俭薄，根本没有什么财力，只需装殓时衣被能够遮盖住肢体使之不外露，随即安葬，将棺材用绳子悬起下放到墓坑中。只要尽心尽力了，人们怎么会责备他呢？所以办丧事时，与其缺少哀痛之情而过分注重礼仪形式，还不如礼仪形式不完备却充满哀痛之情呢；举行祭祀之礼时，与其缺少敬意而过多注重礼仪形式，还不如礼仪形式不完备却充满恭敬之情呢。"

　　伯高死于卫[1]，赴于孔子[2]。子曰："吾恶乎哭诸[3]？兄弟，吾哭诸[4]庙；父之友，吾哭诸庙门之外；师，吾哭诸[5]寝；朋友，吾哭诸寝门之外；所知，吾哭诸野。今于野则已[6]疏，于寝则已重。夫[7]由赐也而见我[8]，吾哭于赐氏[9]。"遂命子贡为之主[10]，曰："为尔哭也来者，汝拜之；知伯高而来者，汝勿拜。"既哭，使子张往吊[11]焉。未至，冉求在卫，摄束帛、乘马而以将之[12]。孔子闻之，曰："异哉！徒[13]使我不成礼[14]于伯高者，是冉求也。"

【注释】
[1] 伯高死于卫：此记载又见于《礼记·檀弓上》。

[2] 赴于孔子：赴，同"讣"。
　　[3] 吾恶（wū）乎哭诸：恶，疑问代词，何。诸，"之欤"的合音。
　　[4] 诸："之于"的合音。
　　[5] 诸：黄鲁曾本、宽永本、冈白驹本作"之"，下同。
　　[6] 已：太宰纯增注："已，犹太也。"
　　[7] 夫：冈白驹补注："夫，指伯高也。"
　　[8] 由赐也而见我：伯高是通过端木赐结识我的。由，通过，经过。赐，指端木赐，即子贡。见，会见，相识。
　　[9] 哭于赐氏：冈白驹补注："哭于子贡寝门之外。"
　　[10] 命子贡为之主：让子贡临时作为受吊的主人。
　　[11] 往吊：去卫国致送赙赠。
　　[12] 摄束帛、乘（shèng）马而以将之：代孔子准备一束帛、四匹马，以奉孔子之命的名义去吊丧。摄，代理。束帛，帛五匹为一束，每匹从两端卷起，共为十端。乘，古时一车四马为一乘。将，行。
　　[13] 徒：徒然，白白地。
　　[14] 不成礼：失礼。

【译文】
　　伯高死在卫国，他的家人向孔子报丧。孔子说："我该到哪里哭他呢？本家兄弟去世，我到宗庙里哭他；父亲的朋友去世，我到庙门外面哭他；老师去世，我在内寝里哭他；朋友去世，我在寝门外面哭他；普通认识的人去世，我到野外去哭他。如今论我与伯高的关系，在野外哭他就显得太疏远，在内寝哭他又显得太隆重。他是通过端木赐而结识我的，我就到端木赐的家里去哭他吧。"于是让子贡临时作为受吊的主人，嘱咐道："凡是因为你的关系而来哭吊的，你就拜谢他；认识伯高而来哭吊的，你不用拜谢他。"孔子哭过伯高之后，派子张前往卫国去吊唁致送赙赠。子张还没到卫国，冉求恰巧在那里，便代孔子准备一束帛、四匹马，以奉孔子之命的名义前去吊丧。孔子听说此事，说："这事办得怪呀！白白地使我失礼于伯高的人，正是冉求啊。"

　　子路有姊之丧[1]，可以除[2]之矣，而弗除。孔子曰："何不除也？"子路曰："吾寡兄弟[3]而弗忍也。"孔子曰："行道[4]之人皆弗忍。先王制礼，过之者俯而就之[5]，不至者企而及之[6]。"子路闻之，遂除之。

【注释】

　　[1]有姊之丧：为姐姐服丧。礼制规定，姊妹已嫁而去世，作为兄弟的应该为她服九个月的大功之服。此记载又见于《礼记·檀弓上》。
　　[2]除：脱去。指除去丧服。
　　[3]寡兄弟：嫡亲兄弟。犹"寡妻"之为"嫡妻"也。
　　[4]行道：冈白驹补注："行道，行先王之道也。"
　　[5]俯而就之：即俯就，降格相就。
　　[6]企而及之：即企及，勉力达到，企望赶上。

【译文】

　　子路为姐姐服丧，到了可以除掉丧服的时候，却还没有去除。孔子说："为什么不除掉丧服呢？"子路说："这是我的嫡亲姐姐，不忍心到期就除掉丧服。"孔子说："实行先王之道的人都不忍心。先王制定礼仪制度，对能做得更好的就要使其降格俯就礼制标准，对做得不够的就要使其勉力达到礼制标准。"子路听了这些话，就除掉了丧服。

　　伯鱼之丧母[1]也，期[2]而犹哭。夫子闻之，曰："谁也？"门人曰："鲤也。"孔子曰："嘻[3]！其甚也，非礼也。"伯鱼闻之，遂除之。

【注释】

　　[1]伯鱼之丧母：伯鱼为母亲服丧。伯鱼即孔鲤，孔子之子。伯鱼之母为开官氏。据礼制，父在，其子为母服齐衰为期一年之服。千叶玄之标笺："《礼注》：伯鱼之母出而死。父在，为母期而有禫，出母则无禫。伯鱼乃夫子为后之子，则于礼无服，期可无哭矣。犹哭，夫子所以

嘻(陈注作"叹")其甚。"此记载又见于《礼记·檀弓上》。

[2] 期(jī)：一周年。

[3] 嘻：太宰纯增注："郑玄曰：'嘻，悲恨之声。'"

【译文】

伯鱼为母亲服丧，满一周年了还在哭。孔子听到哭声问："谁在哭呀？"门人回答说："孔鲤。"孔子说："嘻！这种过分的行为，不合礼啊。"伯鱼听了，便除去丧服不哭了。

卫公使其大夫求婚于季氏[1]，桓子问礼于孔子。子曰："同姓为宗[2]，有合族[3]之义，故系之以姓而弗别[4]，缀之以食而弗殊[5]。虽百世，婚姻不得通，周道然[6]也。"桓子曰："鲁、卫之先，虽寡兄弟[7]，今已绝远矣。可乎？"孔子曰："固非礼也。夫上治祖祢[8]，以尊尊[9]之；下治子孙[10]，以亲亲[11]之；旁治昆弟[12]，所以教睦[13]也。此先王不易[14]之教也。"

【注释】

[1] 卫公使其大夫求婚于季氏：冈白驹补注："卫公与季氏，皆姬姓。"太宰纯增注："公，当为'侯'，不然，上有阙文。"

[2] 同姓为宗：冈白驹补注："同姓之族有宗。"

[3] 合族：冈白驹补注："合，合之宗子之家，序昭穆也。"

[4] 系之以姓而弗别：冈白驹补注："知其同族矣。郑玄云：'谓若今宗室属籍也。'"系，连系，连结。

[5] 缀之以食而弗殊：王肃注："君有食族人之礼，虽亲尽，不异族食多少也。"缀，连结，拼合。食，赐食。殊，不同。

[6] 然：如是，这样。《论语·宪问》："其然，岂其然乎？"

[7] 寡兄弟：指嫡亲兄弟。

[8] 上治祖祢(nǐ)：对上要管理好先祖和亡父的宗庙昭穆次序。祢，为亡父在宗庙中立主之称。何休云："生曰父，死曰考，入庙称祢。"

[9]尊尊：前"尊"为动词，尊敬，敬重。后"尊"为名词，尊长，尊亲。

[10]下治子孙：对下确定子孙的亲疏远近及继承关系。

[11]亲亲：前"亲"为动词，亲爱。后"亲"为名词，亲人。

[12]旁治昆弟：另外要端正兄弟之间的关系。旁，另外，其他。

[13]教睦：使之和睦。

[14]易：更改，改变。

【译文】

卫国国君派大夫向鲁国的季孙氏求亲，季桓子就相关礼制请教孔子。孔子说："同姓的人为同一宗族，有会合族人的意义在内，所以用同一个姓联结起来这些人而不加区分，聚集起来宗子、族长赐给他们食物也没有什么差别。这些人即使过了一百代，也不能互通婚姻，周代的制度就是这样规定的。"季桓子问："鲁国、卫国的祖先，虽然是嫡出的亲兄弟，但是现在血缘关系已经极为疏远了。可以通婚吧？"孔子说："这绝对是不合乎礼的。对上要管理好先祖先父的昭穆次序，这是用来尊崇正统至尊的；对下确定子孙的亲疏远近及继承关系，这是用来体现亲爱骨肉至亲的；另外还要理顺同宗兄弟们的关系，这是为了使他们和睦相处。这是先王不可更改的教化方法。"

有若问于孔子曰："国君之于百姓[1]，如之何？"孔子曰："皆有宗道[2]焉。故虽国君之尊，犹百世不废其亲[3]，所以崇爱[4]也。虽于族人之亲，而不敢戚君[5]，所以谦也。"

【注释】

[1]百姓：百姓最初为贵族的称呼，用作对贵族的总称，指百官，如《诗·小雅·天保》："群黎百姓。"《毛传》："百姓，百官族姓也。"《国语·楚语下》："民之彻官百。王、公之子弟之质能言、能听，彻其官者，而物赐之姓，以监其官，是为百姓。"王、公之子弟称百姓应为

百姓的本义。此处应为国君疏远的族众,而非后来更常用的一般民众的含义。平民、民众曰百姓,《论语·颜渊》:"百姓足,君孰与不足?百姓不足,君孰与足?"四库本、同文本作"同姓"。

[2] 宗道:宗族法则。道,法则,准则。

[3] 不废其亲:废,废弃,断绝。亲,亲族。

[4] 崇爱:推崇重视亲情。

[5] 戚君:不敢以国君的亲戚自居。

【译文】

有若问孔子说:"对于疏远的族人,国君该怎么对待他们呢?"孔子说:"都有宗族法则规定。所以即使以国君的尊贵身份,过上一百代还是不能废弃这种亲属关系,这是推崇亲情的缘故。反过来说,即使有同族的亲情关系,也不敢以国君的亲戚自居,这是为了表示谦虚尊敬。"

曲礼子夏问第四十三

子夏问于孔子曰:"居[1]父母之仇,如之何?"孔子曰:"寝苫枕干[2],不仕,弗与共天下[3]也。遇于朝市[4],不返兵而斗[5]。"曰:"请问居昆弟之仇,如之何?"孔子曰:"仕,弗与同国,衔君命而使[6],虽遇之不斗[7]。"曰:"请问居从父昆弟[8]之仇,如之何?"曰:"不为魁[9],主人[10]能报之,则执兵[11]而陪其后。"

【注释】

[1] 居:处于,此处意为对待。此记载又见于《礼记·檀弓上》。

[2] 寝苫(shān)枕干(gān):苫,草。干,盾牌。

[3] 弗与共天下:冈白驹补注:"不可以并生。"此盖后世成语"不

共戴天"之所出。

[4] 遇于朝市：在朝廷或街市上相遇。

[5] 不返兵而斗：王肃注："兵常不离于身。"冈白驹补注："不返兵，言不待还取兵也。"兵，兵器。

[6] 衔君命而使：接受国君的命令而出使他国。衔，接受，奉受。

[7] 虽遇之不斗：冈白驹补注："为负而废君命也。"孔颖达云："负，犹不胜也。"

[8] 从父昆弟：指同祖父的兄弟，即堂兄弟。从父，父亲的兄弟，即伯父或叔父。

[9] 魁：首，首领。

[10] 主人：此指死者的家人。

[11] 执兵而陪其后：冈白驹补注："为其负当成之。陪，贰也。"

【译文】

子夏问孔子说："对待杀害自己父母的仇人，应该如何呢？"孔子答道："睡在草垫上，枕着盾牌，不去做官，与他不共戴天。在朝廷或街市上遇到他，立即拿出身上的兵器与他决斗。"子夏又问道："请问对待杀害兄弟的仇人应当如何呢？"孔子说："不与他在同一个国家出仕为官。但如果是接受国君的使命而出使他国，即使遇上他，也不要与他决斗。"子夏又问："请问对待杀害堂兄弟的仇人应该如何呢？"孔子说："不要自己带头去，如果死者家人能去报仇，就要拿着武器跟在后面以作协助。"

子夏问[1]："三年之丧[2]既卒哭[3]，金革之事[4]无避，礼与？初有司为之乎[5]？"孔子曰："夏后氏之丧三年[6]，既殡而致事[7]，殷人既葬而致事，周人既卒哭而致事[8]。《记》[9]曰：'君子不夺人之亲，亦不夺故[10]也。'"

子夏曰："金革之事无避者，非与？"孔子曰："吾闻诸老聃曰：'鲁公伯禽，有为为之也[11]。'今以三年之丧从利者[12]，吾弗知也。"

【注释】
[1] 子夏问：此记载又见于《礼记·曾子问》。
[2] 三年之丧：父母之丧。
[3] 卒哭：古时丧礼，百日祭后，止无时之哭为朝夕一哭，名"卒哭"。《仪礼·既夕礼》："三虞卒哭。"注："卒哭，三虞之后祭名。"
[4] 金革之事：冈白驹补注："金革之事，战伐之事也。"犹言兵甲。金，兵戈之属。革，甲胄之属。
[5] 有司为之乎：王肃注："有司，当职吏也。"冈白驹补注："疑有司强逼遣之乎。"
[6] 夏后氏之丧三年：太宰纯增注："《礼记》作'夏后氏三年之丧'。"
[7] 致事：一本作"致仕"，辞官告老。
[8] 周人既卒哭而致事：王肃注："致事，还政于君也。卒哭，止无时之哭。大夫三月而葬，五月而卒哭，士既葬而卒哭也。"
[9]《记》：先秦关于《礼》的传记。
[10] 亦不夺故：太宰纯增注："《礼记》作'亦不可夺亲也'，下有'此之谓乎'四字。郑玄曰：'二者，恕也，孝也。'"故，病故，此指父母之丧。
[11]"鲁公伯禽"二句：王肃注："伯禽有母之丧，东方有戎为不义，伯禽为方伯，以不得不诛之。"冈白驹补注："急王事也。故云：'有为为之。'"太宰纯增注："伯禽，周公子，封于鲁。"有为，有一定缘故、原因。
[12] 今以三年之丧从利者：冈白驹补注："利，谓攻取之利也。"指在三年之丧期间还企图通过战争牟取私利的人。

【译文】
　　子夏问道："为父母守三年之丧，到了卒哭的时候，就不能回避兵役征战之事，这合乎礼制吗？这是当初有关官吏强制规定的吗？"孔子说："夏代时，父母去世之后要守丧三年，守丧者在出殡之后就要向国君提出辞职。殷人是在安葬完毕后辞职，周人则是卒哭之后才辞职。古《记》上说：'君子不能剥夺别人的亲情，也不能剥夺别人守丧的权利。'"

子夏问道:"那么,'金革之事无避'不合乎礼吗?"孔子说:"我听老聃说过:'以前鲁公伯禽在卒哭之时就出兵征讨东夷,是有着特定原因的。'现在许多人在守三年之丧的时候,为了贪图私利而去征战,我就不知道是怎么一回事了。"

子夏问于孔子曰:"《记》[1]云:周公相成王,教之以世子之礼。有诸?"

孔子曰:"昔者成王嗣立[2],幼,未能莅阼[3],周公摄政而治[4],抗[5]世子之法于伯禽,欲王之知父子、君臣[6]之道,所以善[7]成王也。夫知为人子者,然后可以为人父;知为人臣者,然后可以为人君;知事人者,然后可以使人。是故,抗世子之法于伯禽,使成王知父子、君臣、长幼之义焉。凡君之于世子,亲则父也,尊则君也,有父之亲,有君之尊,然后兼天下而有之[8],不可不慎也。行一物而三善皆得[9],唯世子齿于学[10]之谓也。世子齿于学,则国人观之,曰:'此将君我而与我齿让,何也?'曰:'有父在则礼然。'然而众知父子之道矣。其二[11]曰:'此将君我而与我齿让,何也?'曰:'有君在则礼然。'然而众知君臣之义矣。其三曰:'此将君我而与我齿让,何也?'曰:'长长[12]也则礼然。'然而众知长幼之节矣。故父在斯为子,君在斯为臣,居子与臣之位,所以尊君而亲亲也。在学,学[13]之为父子焉,学之为君臣焉,学之为长幼焉。父子、君臣、长幼之道得而后国治。语[14]曰:'乐正司业[15],父师司成[16]。一有元良,万国以贞[17]。'

世子之谓也。闻之曰：'为人臣者，杀其身而有益于君则为之。'况于[18]其身以善其君乎？周公优为[19]之。"

【注释】

[1]《记》：冈白驹补注："古书记。"此记载又见于《礼记·文王世子》。

[2]嗣立：继位。

[3]莅阼：临朝治理政事。莅，治理，统治，管理。阼，东阶。古时，天子、诸侯、大夫、士皆以阼为主人之位，临朝觐、揖宾客、承祭祀皆由此。天子登位称践阼。

[4]周公摄政而治：周公临时代理政事以治理天下。《礼记》作"周公相，践阼而治"。摄政，代替国君处理国政。

[5]抗：举行，引申为施行。

[6]君臣：太宰纯增注："《礼记》'君臣'下有'长幼'二字。"

[7]善：美，好。此处为使动用法，意为使……美好。

[8]有之：太宰纯增注："《礼记》有'是故，养世子'五字。"

[9]行一物而三善皆得：做好一件事而得到三种好的结果。太宰纯增注："《礼记》有'者'字。郑玄曰：'物，犹事也。'"三善，指上文的父子、君臣、长幼之义。

[10]齿于学：在学校按年龄长幼而不按尊卑、等级为序。

[11]其二：黄鲁曾本作"其一"。

[12]长长：尊敬比自己年长的人。前"长"字，意为尊崇、尊敬，后"长"字，年长。

[13]学：太宰纯增注："'学之'字当作'教'。郑玄曰：'教也。'"

[14]语：古语。

[15]乐正司业：乐正负责学业。冈白驹补注："司，主也。大乐正，授教肄业者也。"据周礼，大乐正掌大学，小乐正掌小学。《礼记·王制》："乐正崇四术，立四教，顺先王《诗》、《书》、《礼》、《乐》以造士，春秋教以《礼》、《乐》，冬夏教以《诗》、《书》。……将出学，小胥、大胥、小乐正简不帅教者，以告于大乐正。"《礼记·文王世子》孔疏曰："乐正，主太子之《诗》、《书》之业。"

[16]父师司成：王肃注："师有父道，成生人者。"冈白驹本作："师，大傅、少傅、师、保也，主成就德行者也。"

[17]"一有元良"二句：王肃注："一谓天子也。元善，太子也。"

冈白驹补注:"一,一人也。元,大良善。贞,正也。《尚书》作'一人元良,万邦以贞。'"

[18] 于:王肃注:"于,宽也,大也。"太宰纯增注:"郑玄曰:'于,读为迂。'"迂,即广大义。

[19] 优为:做得最好。据《礼记·文王世子》此句朱彬《训纂》:"优者,优胜之义也。"

【译文】
　　子夏向孔子问道:"古《记》上说:'周公辅佐周成王,教给他做太子的礼仪。'有这回事吗?"
　　孔子说:"从前,成王继位时,因为年幼不能临朝亲自治理朝政、履行天子的职责,周公临时代替国君处理政事,治理天下,把做太子的规则礼仪施加于长子伯禽,想让成王知道为父为子、做君做臣的道理,目的就是使成王更加美善。懂得了怎样为人子,然后才能为人父;懂得了如何做臣子,然后才能做君主;懂得了怎样侍奉别人,然后才能指使别人。因此,周公把做太子的规则礼仪用在伯禽身上,从而使成王知道父子、君臣、长幼的道理。君主对于太子,从亲缘上讲是父亲,在尊位上说是君主。有为父的亲情,为君的尊位,然后兼有天下,所以对此不能不慎重。做好一件事而能有三种好处的,说的就是太子在学校里与同学按年龄而不按尊卑来排序。太子在学校论年龄,国人看到了,就会说:'他将来要成为我们的国君,却和我们论年龄以示谦让,这是为什么呀?'有人会说:'因为他父亲还健在,礼应如此。'这样大家都懂得了父子之义。国人又有议论说:'他将要做我们的国君,却和我们论年龄以示谦让,这是怎么回事啊?'又有人回答:'他的君主还在,礼应如此。'这样大家就懂得了君臣之道了。国人再次议论道:'他将要成为我们的国君,却和我们论年龄以示谦让,这是为何呀?'有人回答说:'为了尊敬年长的人,礼应如此。'这样大家就懂得了长幼之序了。所以,父亲在,他是子;国君在,他是臣。他处于子和臣的地位,就要尊重国君而亲爱父母。在学校里,要学习为父为子、做君做臣与长幼之道。父子、君臣、长幼之道掌握了,国家就可以太平了。古语说:'乐正负责学业,父师负责德行。有一位大善的太子，天下就会太平。'这说的就是太子啊。我听说，作为臣子，如果有益于国君，即使自己被杀也要去做。何况成就自身而有益于国君呢？在这方面，周公做得最好了。"

子夏问于孔子曰："居君之母与妻之丧，如之何？"孔子曰："居处、言语、饮食衎尔[1]。于丧所，则称其服[2]而已。"

"敢问伯母之丧，如之何？"孔子曰："伯母、叔母疏衰期[3]，而踊不绝地[4]。姑、姊、妹之大功[5]，踊绝于地。若知此者，由文矣哉[6]。"

【注释】
[1] 衎(kàn)尔：和乐、安定的样子。此记载散见于《礼记·檀弓上》、《礼记·杂记下》。
[2] 称其服：穿着合适的衣服。冈白驹补注："容色与服，称情而已。"称，相称，得体，合适。
[3] 疏衰期：服齐衰丧服一年。疏衰，即齐衰。期，一周年。
[4] 踊不绝地：足不离地。
[5] 姑、姊、妹之大功：大功，丧服五服之一，服期九个月。其服用熟麻布做成，比齐衰稍细，较小功为粗，故称大功。旧时堂兄弟、未婚的堂姊妹、已婚的姑、姊妹、侄女及众孙、众子妇、侄妇等之丧，皆服大功。已婚女为伯父、叔父、兄弟、侄、未婚姑、姊妹、侄女等服丧，也服大功。
[6] "若知此者"二句：王肃注："言如礼文意，当言姑姊妹而已，姊上长姑伯也。"太宰纯增注："本注不详，阙之可矣。郑玄曰：'由，用也。言知此踊绝地不绝地之情者，能用礼文矣。能用礼文哉，美之也。伯母、叔母，义也。姑、姊、妹，骨肉也。'"由，从，用。文，礼文，礼法。

【译文】
子夏问孔子说："遇到国君的母亲或妻子的丧事，应当怎么办呢?"孔子说:"日常生活、言谈、饮食保持原来平和安定的样子,在治丧的地方则只要穿着合适的丧服就行了。"

子夏又问道:"请问遇上伯母的丧事,应该如何呢?"孔子说:"对于伯母、叔母的丧事,要服齐衰一年,哭的时候,跺脚不能离地,对姑母、姐姐、妹妹的丧事,要服大功丧服,跺脚的时候,脚要离地。如果懂得了这些,那就算是遵行礼仪了。"

子夏问于孔子[1]曰:"凡丧小功[2]以上,虞、祔、练、祥之祭[3],皆沐浴?于三年之丧,子则尽其情[4]矣?"孔子曰:"岂徒祭而已哉?三年之丧,身有疡[5]则浴,首有疮则沐,病则饮酒食肉。毁瘠而病[6],君子不为也。毁而死者,君子谓之无子[7],且祭之沐浴,为齐洁[8]也,非为饰也。"

【注释】

[1] 孔子:黄鲁曾本、宽永本、冈白驹本作"夫子"。此记载又见于《礼记·杂记下》。

[2] 小功:古代丧服五服之一,用较粗的熟布做成,服期五个月。《仪礼·丧服》:"小功者,兄弟之服也。"

[3] 虞、祔(fù)、练、祥之祭:冈白驹补注:"虞,既葬而祭也。祔,合于祖而祭也。练,期祭也。祥,三年祭也。凡丧,小功以上,非此四祭,无沐浴。"虞祭,父母葬后,迎魂安于殡宫的祭礼。《仪礼·既夕礼》"三虞"郑玄注:"虞,丧祭名。虞,安也。"贾公彦疏:"主人孝子,葬之时,送形而往,迎魂而返,恐魂不安,故设三虞以安之。"祔祭,新死者与祖先合享之祭。止哭之次日,奉死者之神主祭于祖庙,谓之祔祭。祭毕,仍奉神主归家,待大祥后,始入庙。练祭,即小祥,父母死后周年(十三月)之祭,此日以练布为冠服,因以名祭。祥祭,分"大祥"、"小祥"。《礼记·间传》:"父母之丧……期而小祥……又期而大祥。"大祥即三年之丧结束时之祭。

[4] 尽其情:太宰纯增注:"谓祥而后浴也。"

[5] 疡(yáng):疮、痈、疽、疖等的通称,创伤。

[6]毁瘠(jí)而病：过度哀伤憔悴而致病。毁，旧指居丧时因悲哀过度而损害健康。瘠，因疾病而憔悴瘦弱。

[7]君子谓之无子：君子认为这就是绝嗣。谓，以为，认为。

[8]齐(zhāi)洁：斋戒使清洁。

【译文】

子夏问孔子说："居丧的时候，凡是服小功以上的丧服的，举行虞祭、祔祭、练祭和祥祭时，都需洗头洗身。服三年之丧，孝子可以尽情悲痛，大祥之后才沐浴。是这样吗？"孔子说："哪里只是在祭祀的时候才沐浴啊！即使居三年之丧，身上长疮就要洗身，头上长疮就要洗头，有病的就可以喝酒吃肉。如果因悲伤过度而使身体极其虚弱，君子是不会这么做的。因悲伤过度而死去，君子认为这就是绝嗣。所以，祭祀时洗头洗身，是为了斋戒使身体清洁，而不是为了修饰容貌。"

子夏问于孔子曰："客至无所舍，而夫子曰：'生，于我乎馆。'客死无所殡，夫子曰：'于我乎殡[1]。'敢问礼与？仁者之心与？"孔子曰："吾闻诸老聃曰：'馆人，使若有之，恶有有之而不得殡乎[2]？'夫仁者，制礼者也。故礼者不可不省[3]也。礼不同不异，不丰不杀[4]，称其义以为之宜[5]。故曰：'我战则克，祭则受福[6]。'盖得其道矣。"

【注释】

[1]"客至无所舍"七句：冈白驹补注："《戴记》作：'客至无所舍。夫子曰："生于我乎馆，死于我乎殡。"'为是。"太宰纯增注："'生'字衍文，不然，下文当云'死于我乎殡'。"林按，《礼记》未若本篇所记合乎情理。故冈白驹说未必是。而太宰纯说亦有不妥。人之言语，依乎情理，可以云"死，于我乎殡"，然不云："生，于我乎馆。"故可断"生"为衍文。所殡，黄鲁曾本此下有"矣"字。此记载又见于

《礼记·檀弓上》、《礼记·礼器》。

[2]"馆人"三句：此句意谓：招待宾客，就要使他觉得好像住在自己家里。哪有住在自己家而不能殡殓呢。使若，假如。有之，即拥有它。言下之意即好像住在家里一样。

[3] 省：省察。

[4] 不丰不杀(shài)：不增加，不减少。丰，增加。杀，减少。

[5] 称其义以为之宜：只有合乎道义才能做得恰到好处。

[6] "我战则克"二句：太宰纯增注："郑玄曰：'我，我知礼者也。克，胜也。'"

【译文】

子夏问孔子说："宾客来到了，没有住宿的地方，而先生您说：'就住在我家里。'宾客死了，没处殡殓，先生您说：'就在我家里殡殓吧。'请问这是礼制的规定呢，还是您的仁爱之心使然呢？"孔子说："我听老聃说过：'招待宾客，就要使他觉得好像住在自己家里。哪有住在自己家而不能殡殓呢？'仁者是制定礼制的人。因此仁者对于礼制不能不多加省察。礼制不能随便混同，也不可随便别异，不可擅自增加，也不能擅自减损，只有合乎道义才能做得恰到好处。所以说：'我征战就能胜利，祭祀就能获得福祉。'大概是由于掌握其中的道理了吧。"

孔子食于季氏，食祭[1]，主人不辞。不食亦不饮而飧[2]。子夏问曰："礼与？"孔子曰："非礼也，从主人也。吾食于少施氏饱[3]，少施氏食我以礼，吾食祭，作[4]而辞曰：'疏食不足祭也。'吾飧，作而辞曰：'疏食不敢以伤吾子之性[5]。'主人不以礼，客不敢尽礼；主人尽礼，则客不敢不尽礼也。"

【注释】

[1] 食祭：古时，依礼凡饮食必祭。将食，取所食之物祭先祖，示

不忘本。此记载又见于《礼记·玉藻》、《礼记·杂记下》。

　　[2] 飧(sūn)：称赞饭食的美味。

　　[3] 吾食于少施氏饱：太宰纯增注："郑玄曰：'少施氏，鲁惠公子施父之后也。言贵其以礼待己而为之饱也。时人倨慢若季氏，则不以礼矣。'"

　　[4] 作：起。

　　[5] 性：生，引申为身体。

【译文】
　　孔子在季孙氏家吃饭，进行食祭，季氏失礼没有推辞。孔子就没吃，也没在饭后用汤浇饭以表示饭食之美。子夏问："您这样做合乎礼吗？"孔子说："不合乎礼，只不过随从主人做罢了。我曾经在少施氏家吃过饭，吃得很饱，是因为少施氏招待我吃饭时很有礼，我进行食祭，他就起身辞谢道：'粗食淡饭，不值得行祭啊。'我称赞饭食的美味时，他又起身辞谢说：'粗食淡饭，本不该拿来损伤您的身体。'主人不以礼招待，宾客也不敢尽礼相还；如果主人尽礼待客，那么客人不敢不尽礼相还。"

　　子夏问曰："官于大夫[1]，既升[2]于公，而反为之服[3]，礼与？"孔子曰："管仲遇盗，取二人焉，上[4]之为公臣，曰：'所与游，僻也，可人也[5]。'公许。管仲卒，桓公使为之服。官于大夫者为之服，自管仲始也，有君命焉。"

【注释】
　　[1] 官于大夫：在大夫手下做官，即做大夫的家臣。此记载又见于《礼记·杂记下》。

　　[2] 升：进献，此处引申为推荐。

　　[3] 服：服丧。

[4] 上：进献，送上。

[5] "所与游"三句：冈白驹补注："言所与游者，辟邪之人，故使之犯法。此人可也，堪任用。以、与通。"太宰纯增注："《礼记》'所'上有'其'字。郑玄曰：'言此人可也。但居恶人之中，使之犯法。'"可人，令人满意的人，能干的人。一说为令人可怜的人，见俞樾《诸子平议·礼记三》本句按："可人者，可哀怜也。"

【译文】

子夏问道："曾经做过大夫的家臣，而后来被推荐给国君做臣子的人，要为从前的主人服丧，这合乎礼吗？"孔子说："从前管仲遇到了盗贼，制服他们之后，从中选出两个做了自己的家臣，后来又献给齐桓公做臣子，说：'这两个人是因为与邪辟之人交游才做了强盗，他们是有才能的人。'桓公答应了。管仲死后，桓公就让那两个人为管仲服丧。曾做过大夫的家臣的人，又为大夫服丧，是从管仲开始的，因为这是国君的命令啊。"

子贡问居父母之丧[1]。孔子曰："敬为上[2]，哀次之，瘠为下，颜色称情[3]，戚容[4]称服。"曰："请问居兄弟之丧。"孔子曰[5]："则存乎书筴已[6]。"

【注释】

[1] 子贡问居父母之丧：此记载又见于《礼记·杂记下》。

[2] 敬为上：冈白驹补注："郑玄云：'丧尚哀，而言敬为上者，疾时尚不能敬也。'"

[3] 颜色称情：脸部表情要与内心的情绪相应。

[4] 戚容：哀戚的仪容。容，威仪。

[5] 孔子曰：太宰纯增注："《礼记》'孔子曰'下有'兄弟之丧'四字，此盖阙文。"

[6] 存乎书筴(cè)已：冈白驹补注："言疏者如礼行之，未有加也。齐斩之丧，哀容之体，经不能载矣。"太宰纯增注："筴，与'策'同。"已，语辞，相当于"矣"。

【译文】

子贡向孔子问如何为父母守丧。孔子说:"虔敬是最重要的,哀伤是次要的,只是弄得面目憔悴为最下。脸部表情要与内心的情绪相应,哀戚的仪容要符合丧服的等次。"子贡又问:"请问如何对待兄弟的丧事啊?"孔子说:"这些礼仪,已经写在书本上了。"

子贡问于孔子曰:"殷人既窆而吊于圹[1],周人反哭[2]而吊于家,如之何?"孔子曰:"反哭之吊也,哀之至也。反而亡矣[3],失之矣,于斯为甚[4],故吊之。死,人卒[5]事也。殷以悫[6],吾从周。殷人既练之明日而祔于祖[7],周人既卒哭之明日而祔于祖。祔,祭神之始事[8]也。周以戚[9],吾从殷。"

【注释】

[1] 殷人既窆(biǎn)而吊于圹:殷人在下葬后就在墓地吊唁、慰问孝子。冈白驹补注:"窆,下棺也。圹,墓穴也。"吊,悼念死者,引申为慰问。此记载又见于《礼记·檀弓下》。

[2] 反哭:安葬后,丧主捧神主归而哭。

[3] 亡(wú)矣:太宰纯增注:"亡,不在也。"千叶玄之标笺:"《礼注》:当此之时,亡矣,不可复见吾亲矣。"

[4] 于斯为甚:太宰纯增注:"郑玄曰:'哀痛甚。'"

[5] 卒:终。

[6] 殷以悫(què):冈白驹补注:"哀之始,未见其甚,于此吊,是质悫也。以,与'已'通,太也。"悫,朴实、谨慎。

[7] 祔于祖:冈白驹补注:"祔于祖,所以告也。"

[8] 祔,祭神之始事:祔祭才是作为吉礼的祭祀的开始。此前之祭为凶祭,祭奠的对象为初亡之鬼。祔祭标志着凶礼结束,祭祀进入吉礼阶段。所祭的对象则为神。

[9] 戚(cù):促迫,仓促。王肃注:"戚,犹促也。"朱骏声《说文通训定声·戊部》曰:"戚,假借为促。"

【译文】

子贡问孔子说:"殷人在下葬后就在墓地吊唁、慰问孝子,周人则是在安葬后,丧主捧神主归而哭时才去吊唁、慰问孝子,这是怎么回事啊?"孔子说:"在安葬后,丧主捧神主归而哭时才去吊唁、慰问,实际是在丧事中最为悲痛的时候。回来后,先人不见了,一切都已消逝,感到哀痛极了,所以在此时去吊唁慰问。死,是人最后的事了。殷人的做法太直率质朴了,我赞同周人的礼俗。殷人在一年后举行练祭的第二天在祖庙举行祔祭,周人则是在百日后的卒哭的次日在祖庙举行祔祭。祔祭,是作为吉礼的祭祀的开始,周人的做法太仓促了,我赞同殷人的做法。"

子贡问曰:"闻诸晏子,少连、大连[1]善居丧,其有异称[2]乎?"孔子曰:"父母之丧,三日不怠[3],三月不懈[4],期[5]悲哀,三年忧[6]。东夷[7]之子,达[8]于礼者也。"

【注释】

[1]少连、大连:皆人名,据下文应为东夷人。此记载又见于《礼记·杂记下》。
[2]异称:特别的做法。
[3]怠:惰。
[4]懈:倦。
[5]期(jī):一周年。
[6]三年忧:冈白驹补注:"此其所以善耳。"
[7]东夷:古代华夏族对东方诸民族的称呼。
[8]达:通晓。

【译文】

子贡问道:"我听晏子说过,少连、大连两个人善于守丧,他们有何特别的做法吗?"孔子说:"他们为父母服丧,头三天沐浴、穿衣、小敛、大敛,毫不怠慢;停殡的三个月期间,朝夕哭奠，悲至则哭，毫不松懈；周年时仍然心怀悲哀；到了第三年时还是满脸忧戚。他们是东夷人的子弟，却也是很通晓礼的人啊！"

子游问曰："诸侯之世子，丧慈母如母[1]，礼与？"孔子曰："非礼也。古者男子[2]，外有傅父[3]，内有慈母，君命所使教子者也。何服之有[4]？昔鲁孝公[5]少丧其母，其慈母良。及其死也，公弗忍，欲丧之。有司曰：'礼，国君慈母无服，今也君为之服，是逆古之礼，而乱国法也。若终行之，则有司将书之，以示后世，无乃不可乎[6]？'公曰：'古者天子丧慈母，练冠以燕居[7]。'遂练冠以丧慈母。丧慈母如母，始则鲁孝公之为也。"

【注释】

[1] 丧慈母如母：冈白驹补注："慈母，谓父之妾无子者养己也。如母，谓父卒三年也。礼，大夫以下，父所使妾无子者，养妾之子无母者，丧此慈母，如所生母，子游以为国君亦当然，故问之。"太宰纯增注："郑玄曰：'如母，谓父卒三年也。子游意以为国君亦当然。《礼》所云者，乃大夫以下，父所使妾养妾子。'"千叶玄之标笺："母死，父之妾承父之命，慈育我者，谓之慈母。"此记载又见于《礼记·曾子问》。

[2] 男子：此处指国君之子。

[3] 傅父：古时称保育、辅导贵族子女的老年男子为傅父。

[4] 何服之有：太宰纯增注："郑玄曰：'言无服也。此指谓国君之子也。大夫士之子，为庶母慈己者服小功，父卒乃不服。'"

[5] 鲁孝公：西周时期鲁国第十二位国君，在位28年（前796—前769）。

[6] 无乃不可乎：恐怕不行吧？无乃，表示委婉反问，犹言"岂不是"。

[7] 练冠以燕居：在日常生活中戴着练冠为亲人服丧。王肃注："谓庶子王为其母也。"练冠，丧周年小祥祭之冠。冠用练治之布为之，故

称。燕居，即闲居。避人独居，又指退朝而处。

【译文】
　　子游问道："诸侯的太子，像为自己的生母一样为慈母服丧，这合乎礼吗？"孔子说："这不合礼。古时候，国君之子在宫外有傅父，在宫里有慈母，他们是受国君之命来教育孩子的，对他们哪里会要服丧服呢？从前，鲁孝公少年丧母，他的慈母待他很好。后来慈母死了，孝公不忍心，想为她服丧服。有关的官吏说：'按照礼制，国君不能为慈母服丧服。现在您要为慈母服丧服，这是违背古礼而变乱国家的法度啊。如果您真的这样做，有关的官吏必将把它记录下来，流传后世。所以这恐怕不行吧？'孝公说：'古时候天子为慈母办丧事，在日常生活中戴着练冠为亲人服丧。'于是，孝公就戴着练冠为慈母服丧。像为自己的生母一样为慈母服丧这种情况，始于鲁孝公。"

　　孔子适卫，遇旧馆人[1]之丧，入而哭之哀。出，使子贡脱骖[2]以赠之[3]。子贡曰："于所识之丧，不能有所赠。赠于旧馆，不已多[4]乎？"孔子曰："吾向[5]入哭之，遇一哀而出涕[6]。吾恶夫涕而无以将[7]之。小子行焉。"

【注释】
　　[1]旧馆人：从前孔子在卫国时所居馆舍的主人。此记载又见于《礼记·檀弓上》。
　　[2]骖(cān)：驾车时在两边的马。
　　[3]赠之：冈白驹补注："赠之以助丧用也。"
　　[4]已多：太重。
　　[5]向：刚才。
　　[6]遇一哀而出涕：冈白驹补注："见主人一哀，我为之出涕。"太宰纯增注："郑玄曰：'遇，见也。旧馆人恩虽轻，我入哭，见主人为我尽一哀，是以厚恩待我，我为出涕。恩重，宜有施惠。'"
　　[7]将：奉送。

【译文】

孔子到卫国去,遇到以前的馆舍主人的丧事,就进去吊唁,哭得很哀痛。出来后,命子贡解下一匹在边上拉车的马赠给丧主。子贡说:"对于交情一般的人的丧事,不必有什么赠送。将马赠送给从前住过的馆舍的主人,礼不是太重了吗?"孔子说:"我刚才进去哭丧,见到主人家哭得悲痛,我就流下了眼泪。我讨厌那种只是流泪而没有任何表示的做法,你就按我说的去做吧。"

子路问于孔子曰:"鲁大夫练而杖[1],礼与?"孔子曰:"吾不知也。"子路出,谓子贡曰:"吾以为夫子无所不知,夫子亦徒[2]有所不知也。"

子贡曰:"子所问何哉?"子路曰:"由问:'鲁大夫练而杖,礼与?'夫子曰:'吾不知也。'"子贡曰:"止[3],吾将为子问之。"遂趋[4]而进,曰:"练而杖,礼与?"孔子曰:"非礼也。"子贡出,谓子路曰:"子谓夫子而弗知之乎?夫子徒无所不知也。子问非也。礼,居是邦,则不非其大夫[5]。"

【注释】

[1] 练而杖:小祥的时候还在手持丧杖。冈白驹补注:"练,小祥也。"杖,守丧时所用的丧棒,有苴杖与削杖之分。孝子守丧用杖,意在悲哀过度,以扶病体。此处用作动词,指手持丧杖。此记载又见于《荀子·子道》。

[2] 徒:犹"乃",竟。

[3] 止:稍等。

[4] 趋:古代的一种礼节,小步快走,以示恭敬。

[5] "居是邦"二句:冈白驹补注:"惧于讪上。"非,非议,讥讽。邦,《荀子》作"邑"。

【译文】

子路问孔子说:"鲁国的大夫在练祭时还拿着丧棒,这合乎礼吗?"孔子说:"我不知道。"子路出来,对子贡说:"我以为咱老师无所不知,但现在看来老师竟也有不知道的。"

子贡说:"你问的是什么事啊?"子路说:"我问:'鲁国的大夫举行练祭时还拿着丧棒,这合乎礼吗?'老师说:'我不知道。'"子贡说:"你稍等,我进去再替你问问。"于是就快步而入,说道:"练祭时拿着丧棒,这合乎礼吗?"孔子说:"这不合礼。"子贡出来对子路说:"你不是说咱老师也有不知道的事吗?老师果真是无所不知啊,只是你的问法不对。按照礼,居住在一个国家,就不能非议这个国家的大夫。"

叔孙武叔[1]之母死,既小敛[2],举尸者出户,武叔从之出户,乃袒[3],投其冠而括发[4]。子路叹之[5]。孔子曰:"是礼也。"子路问曰:"将小敛则变服[6],今乃出户[7],而夫子以为知礼。何也?"孔子曰:"由,汝问非也。君子不举人以质事[8]。"

【注释】

[1] 叔孙武叔:鲁大夫,名州仇。此记载又见于《礼记·檀弓上》。

[2] 小敛:丧礼,死之第二日,于室中为死者加衣衾,谓之小敛。小敛加衣十九称,外加绞,扎紧。

[3] 袒:脱去左袖,露出胳膊。这是古代哀悼死者的一种礼节。

[4] 投其冠而括发:投,扔。冠,丧冠。括发,在小敛后,紧接着用麻绳束发,以示服丧。

[5] 子路叹之:太宰纯增注:"《礼记》作'子游曰知礼'。"冈白驹补注:"叹之,嗤之也。"

[6] 变服:千叶玄之标笺:"变服,指袒、括发。"

[7] 今乃出户:冈白驹补注:"不变服而出户。"

[8] 举人以质事:王肃注:"质,犹正也。"即质正,就正。

【译文】

　　叔孙武叔的母亲去世，小敛之后，抬尸体的人把尸体抬出寝门，叔孙武叔跟在后边也出了门，然后将左袖脱去，并将素冠扔掉，用麻绳束头。子路见了，摇头叹息。孔子却说："这是合乎礼制的。"子路问道："在准备小敛的时候，就应该更换丧服，现在他在走出寝门后才更换，老师您却认为是合乎礼的。这是为何啊？"孔子说："仲由，你问的不对，君子不会拿具体某个人的做法来质正事情是否合礼的。"

　　齐晏桓子卒[1]，平仲粗衰斩[2]，苴绖、带、杖，以菅屦[3]，食粥[4]，居倚庐，寝苫，枕草[5]。其老[6]曰："非大夫丧父之礼也[7]。"晏子曰："唯卿大夫[8]。"

　　曾子以问孔子。孔子曰："晏平仲可谓能远[9]害矣。不以已之是驳人之非，逊辞以避咎，义也夫[10]。"

【注释】

　　[1]齐晏桓子卒：太宰纯增注："晏桓子，晏婴之父，名弱。事见《左氏传·襄公十七年》。"此记载又见于《晏子春秋·杂篇上》。

　　[2]粗衰斩：用粗布做成的斩衰。衰斩，即斩衰。古时，子为父服斩衰三年。

　　[3]苴(jū)绖(dié)、带、杖，以菅(jiān)屦(jù)：冈白驹补注："以一苴目三事也，苴麻为绖为带，以苴竹为杖也。以菅草已沤者为屦也。"苴绖、苴带、苴杖皆服丧时所用。苴绖，即首绖，古代丧服上的麻带，系在头上。苴带，系在腰间的麻带。苴杖，丧棒，用竹做成。菅屦，服丧时穿的草鞋。

　　[4]食粥：按丧礼，未葬之前孝子食粥。

　　[5]"居倚庐"三句：居丧时要住临时所搭的草棚，睡在用禾秆编成的席子上，头枕草。冈白驹补注："'傍'当作'倚'。谓于中门外东墙下，倚木为庐也。苫，草名。《丧大记》云：'寝苫枕凷。'"倚木为庐，在中门外东墙之下，以草夹障，不涂泥，向北开户。既葬之后，再加高，于内涂泥，向西开户。

[6] 老：总管家务的家臣。

[7] 非大夫丧父之礼也：冈白驹补注："与当时大夫所为异矣。"太宰纯增注："杜预曰：'时之所行，士及大夫衰服，各有不同。晏子为大夫而行士礼，其家臣不解，故讥之。'"

[8] 唯卿大夫：只有诸侯之卿才相当于天子的大夫，而晏婴此时非卿。郑玄以为此乃晏氏自谦之辞。

[9] 远：避。

[10] 义也夫：王肃注："记者乃举人避害之逊以辞，而谓大夫、士丧父母有异，亦怪也。"

【译文】

齐国的晏桓子去世，他儿子晏婴服丧，穿着粗麻布做的斩衰丧服，头扎麻带，腰系麻绳，手持竹杖，脚穿草鞋，喝稀粥，住草棚，睡草垫，枕干草。他的家臣说："这样不合大夫为父亲服丧的礼仪。"晏子说："只有卿才算大夫，我算不上大夫。"曾子就此向孔子请教。孔子说："晏平仲可以说是善于远离祸害了，不用自己的是来驳别人的非，而是用谦逊的言辞来避免别人的责难，这是非常适宜的啊。"

季平子[1]卒，将以君之玙璠[2]敛，赠[3]以珠玉。孔子初为中都宰，闻之，历级[4]而救[5]焉，曰："送而以宝玉，是犹曝尸于中原[6]也，其示民以奸利之端，而有害于死者，安用之？且孝子不顺情以危亲，忠臣不兆奸[7]以陷君。"乃止。

【注释】

[1] 季平子卒：太宰纯增注："季平子，悼子之子，桓子之父，季孙意如也。《春秋·定公五年》：'六月，丙申，季孙意如卒。'"此记载略见于《左传·定公五年》、《吕氏春秋·安死》。

[2] 玙(yú)璠(fán)：美玉。

[3] 赠：以物送亡人于椁中，即以财货随葬。

［4］历级：王肃注："历级，遽登阶，不聚足。"
［5］救：阻止，纠正。
［6］曝（pù）尸于中原：暴露尸骸于原野之中。中原，原野，平原。
［7］兆奸：诱发奸邪。

【译文】
　　季平子去世，家里准备以国君佩带的玙璠殡敛，同时还要用许多珠宝美玉随葬。孔子当时刚刚担任中都宰，听说以后，就到了季氏家里，匆匆忙忙登上台阶加以劝阻，说："以珠宝美玉随葬，犹如将尸体暴露于旷野啊。这样不仅向老百姓昭示了可以牟取私利的迹象，而且对于死者也有害处，为何还要用这些随葬呢？况且孝子不会放纵自己的性情以危害双亲，忠臣不会诱发阴谋诡计以陷害君主。"于是季氏家便没有那么做。

　　孔子之弟子琴张[1]与宗鲁[2]友。卫齐豹见宗鲁于公子孟絷[3]，孟絷以为参乘[4]焉。及齐豹将杀孟絷[5]，告宗鲁使行[6]。宗鲁曰："吾由子而事之，今闻难而逃，是僭[7]子也。子行事乎，吾将死，以周事子[8]而归死于公孟[9]可也。"
　　齐氏用戈击公孟，宗鲁以背蔽之，断肱[10]，中公孟，宗鲁皆死[11]。琴张闻宗鲁死，将往吊之。孔子曰："齐豹之盗，孟絷之贼也，汝何吊焉[12]？君子不食奸，不受乱[13]，不为利病于回[14]，不以回事人[15]，不盖非义[16]，不犯非礼[17]，汝何吊焉？"琴张乃止。

【注释】
　　［1］琴张：即琴牢，孔子弟子。见卷九《七十二弟子解》。此记载又见于《左传·昭公二十年》。
　　［2］宗鲁：人名，有勇力。事迹不详。

[3]卫齐豹见(xiàn)宗鲁于公子孟絷：卫国的齐豹把宗鲁推荐给公子孟絷。见，通"现"，介绍，推荐。絷孟，又称公孟絷、公孟。

[4]参乘：又作"骖乘"，陪乘或陪乘的人。古时乘车，尊者在左，御者在中，又一人在右，称车右或骖乘，由武士充任，负责警卫。

[5]齐豹将杀孟絷：冈白驹补注："孟絷狎齐豹，夺之司寇与其邑，故杀之也。"

[6]告宗鲁使行：冈白驹补注："告宗鲁云：'孟絷之不善，子所知也，勿与乘，吾将杀之。'行，去也。"

[7]僭：王肃注："僭，不信。使子言不信。"

[8]以周事子：原作"以事周子"，据《左传》改。冈白驹补注："周，犹终竟也。言不使子言不信，又不泄子言，是终事子也。"意为使齐豹杀公孟之事成功。俞樾《诸子平议》以"周"为密，意为不泄露此事。亦通。黄鲁曾本亦作"以事周子"而属上读。

[9]公孟：孟絷。

[10]断肱(gōng)：斩断由肘到肩的胳膊。冈白驹补注："断宗鲁之肱也。"

[11]宗鲁皆死：太宰纯增注："'宗鲁'二字衍文。皆死，《左氏传》作'皆杀之'。事在昭公二十年。《春秋》书曰：'秋，盗杀卫侯之兄絷。'"千叶玄之标笺："知公孟不善而为其禄死。"

[12]"齐豹之盗"三句：太宰纯增注："杜预曰：'言齐豹所以为盗，孟絷所以见贼，皆由宗鲁。'"

[13]"君子不食奸"二句：冈白驹补注："知公孟不善，而受其禄，是食奸也；许豹行事，是受乱也。"

[14]不为利病于回：王肃注："回，邪也。不以利故而病于邪也。"冈白驹补注："以利故不能去，是病于邪也。"

[15]不以回事人：冈白驹补注："知难不告，是以回（杜预注作"邪"）事人也。"

[16]不盖非义：冈白驹补注："以周事豹，是盖非义也。"盖，掩盖，隐藏。

[17]不犯非礼：冈白驹补注："以二心事孟絷，是犯非礼也。"

【译文】

孔子的弟子琴张，和宗鲁是朋友。卫国的齐豹把宗鲁推荐给公子孟絷，孟絷让宗鲁做自己的骖乘。到了齐豹打算杀害孟絷的时候，告诉宗鲁趁早离开，以免祸端。宗鲁说："我是因为你的推荐才得以侍奉公孟的，现在听说有难而独自逃走，这是让您失信啊。您不是要杀他吗？那我将会以死来成全您，等我回到公孟那里，和他一起去死，就行了。"

齐豹用戈猛击公孟，宗鲁用自己的背来掩护，胳膊被砍断，公孟、宗鲁都被戈击中，结果二人都死了。琴张听说宗鲁死了，打算前往吊唁。孔子说："齐豹之所以作乱，孟絷之所以被害，都是因为他，你为何还要去吊唁呢？君子不食用奸人的俸禄，不听许暴乱发生，不为私利而自堕于邪恶，不以邪念待人，不掩盖不义的事情，不做出违礼的举动，你为何还要去吊唁呢？"于是琴张就没有去。

郕[1]人子蒲[2]卒，哭之呼灭[3]。子游[4]曰："若是哭也，其野哉[5]！孔子恶[6]野哭者。"哭者闻之，遂改之。

【注释】

　　[1]郕(chéng)：鲁孟氏邑。本古国，在今山东东平。此记载又见于《礼记·檀弓上》。

　　[2]子蒲：人名。

　　[3]呼灭：王肃注："旧说以'灭'，子蒲名。人少名'灭'者。又，哭名，其父不近人情。疑以孤穷，自谓亡灭也。"太宰纯增注："《礼记》'之'作'者'。本注所谓旧说者，谓郑玄注也。"千叶玄之标笺："《礼注》：'灭，子蒲之名也。'复则哭名，哭岂可呼名也？"林按，或疑，此"子蒲"当非人名，而是"其子名蒲"之义。不然"其父"二字无着落。译文仍以"子蒲"为人名。

　　[4]子游：太宰纯增注："子游，《礼记》作'子皋'。"

　　[5]"若是哭也"二句：千叶玄之标笺："《檀弓上》注：'所知，吾哭诸野'，夫子尝言之矣。盖哭其所知，必设位而帷之，以成礼。此所恶者，或郊野之际、道路之间，哭非其地，又仓卒行之，使人疑骇，故恶之也。"是，这。野，鄙野，不合于礼制。

　　[6]恶(wù)：厌恶，讨厌。

【译文】

郰人子蒲死了,他的家人哭丧,呼号着说自己也要死掉了。子游说:"像这样的哭号,恐怕是违背礼仪的吧?孔子讨厌哭丧不合礼仪的人。"哭的人听了这番话立即改正过来了。

公父文伯卒,其妻妾皆行哭[1]失声。敬姜戒之,曰:"吾闻好外[2]者,士死之;好内[3]者,女死之。今吾子早夭,吾恶其以好内闻[4]也。二三妇人之欲供先祀者[5],请无瘠色[6],无挥涕,无拊膺[7],无哀容[8],无加服,有降服[9],从礼而静[10],是昭[11]吾子也。"孔子闻之,曰:"女智莫若妇,男智莫若夫[12]。公父氏之妇智矣。剖情[13]损礼,欲以明[14]其子为令德[15]也。"

【注释】

[1] 行哭:放声哭。此记载又见于《国语·鲁语下》、《列女传·母仪》。
[2] 好外:喜欢结交朋友。
[3] 好内:喜欢女色。
[4] 闻:为人所熟知。
[5] 欲供先祀者:王肃注:"言欲留不改嫁,供奉先人之祀。"
[6] 瘠色:冈白驹补注:"毁瘠之色。"
[7] "无挥涕"二句:王肃注:"挥涕,不哭流涕,以手挥之。拊,犹抚也。膺,谓胸也。"拊膺,捶胸,以示哀痛。
[8] 无哀容:太宰纯增注:"《国语》'哀'作'忧'。"
[9] "无加服"二句:冈白驹补注:"《国语》作'有降服,无加服'为是。轻于礼为降,重于礼为加。"
[10] 从礼而静:依从礼仪,安安静静。
[11] 昭:昭明,显扬。
[12] "女智莫若妇"二句:冈白驹补注:"言处女之智,不如妇。童男之智,不如丈夫。"
[13] 剖情:剖析人情。剖,剖析,分析。情,人情世故。
[14] 明:彰明,显明。

[15] 令德：美好的德行。令，美善。

【译文】
　　公父文伯去世了，他的妻妾都失声痛哭。他母亲敬姜听到后，告诫她们说："我听说喜欢在外边结交朋友的人，士愿意为他去死；喜好女色的人，女人甘愿为他去死。现在我儿子过早地死去，我很不愿意他得到一个贪恋女色的名声。你们这些人，如果想留下来奉祀祖先，那就不要搞得容貌憔悴，不要痛哭流涕，不要捶胸哭号，不要满面哀容，不要加重丧服，要减损丧服，要遵从礼仪，安安静静，只有这样才是显扬我儿的好名声啊。"孔子听说后，说："年轻女子的智慧不如年长的妇女，年轻的男孩的智慧不如年长的男子。公父氏家的这个妇人真是智慧啊！剖析人情世故，减损礼仪，这是打算彰显她儿子的美好德行啊。"

　　子路与子羔仕于卫，卫有蒯聩之难[1]。孔子在鲁闻之，曰："柴也其来，由也死矣。"既而卫使[2]至，曰："子路死焉[3]。"夫子哭之于中庭[4]。有人吊者，而夫子拜之。已哭，进[5]使者而问故[6]，使者曰："醢[7]之矣。"遂令左右皆覆醢，曰："吾何忍食此！"

【注释】
　　[1] 蒯(kuǎi)聩(kuì)：灵公世子。因与灵公夫人有恶，出奔，灵公死后，蒯聩之子辄被立为出公。后蒯聩回国发动政变，出公奔鲁，蒯聩即位为庄公。此记载又见于《左传·哀公十五年》、《史记·卫康叔世家》及《礼记·檀弓上》。
　　[2] 卫使：卫国派来报丧的使者。
　　[3] 子路死焉：子路时为卫大夫孔悝邑宰。蒯聩之乱时，子路为救孔悝而入城。然其时孔悝已被蒯聩胁迫立盟，子路欲杀蒯聩及孔悝，结果被杀。后孔悝立蒯聩为君，是为卫庄公。
　　[4] 中庭：正室的厅堂。

[5] 进：招进，让……进来。
[6] 故：事故，变故。此指当时的详情。
[7] 醢(hǎi)：冈白驹补注："醢，肉酱也。"此作动词，把人杀死，剁成肉酱。

【译文】
　　子路和子羔都在卫国做官，哀公十五年卫国发生了蒯聩之乱。孔子在鲁国听说后，说："高柴会安全回来，而仲由则会死在那里。"不久卫国报丧的使者到了，说："子路死在卫国的这场政变中了。"孔子就在正室的厅堂中哭子路。有人前来吊唁，孔子就以主人的身份拜谢。哭罢，招进卫国的那位使者，询问当时的详情。使者说："子路被剁成肉酱了。"于是孔子就让身边的人把家里的肉酱倒掉，说："我怎忍心再吃这些东西呢！"

　　季桓子死[1]，鲁大夫朝服而吊[2]。子游问于孔子曰："礼乎？"夫子不答。他日又问。夫子曰："始死，羔裘、玄冠者易之而已[3]，汝何疑焉？"

【注释】
　　[1] 季桓子：季孙斯。此记载略见于《礼记·檀弓上》。
　　[2] 朝服而吊：冈白驹补注："非礼也。"
　　[3] 羔裘、玄冠者易之而已：太宰纯增注："孔颖达曰：'羔裘、玄冠，即朝服也。始死则易去朝服，着深衣，故云"易之而已"。'"冈白驹补注："《论语》云：'羔裘玄冠不以吊。'"羔裘，用紫羔皮做成的皮衣。玄冠，黑色的冠。古时诸侯、卿、大夫所穿的朝服。因羔裘、玄冠皆黑色，古代用作吉服。丧事是凶事，因此不能穿着去吊丧。

【译文】
　　季桓子死了，鲁国的大夫穿着朝服去吊唁。子游问孔子说："这合乎礼吗？"孔子没有回答。过了几天，子游又来问。孔子说："人刚死的时候，穿着皮衣、黑帽这种朝服的人，改穿素冠、深衣就行了。这又有什么值得怀疑的?"

子羔[1]问于孔子曰:"始死之设重[2]也,何为?"孔子曰:"重,主道[3]也,殷主缀重焉[4],周人彻重焉[5]。""请问丧朝[6]。"子曰:"丧之朝也,顺死者之孝心[7],故至于祖考庙而后行。殷朝而后殡于祖[8],周朝而后遂葬。"

【注释】
　　[1]子羔:太宰纯增注:"羔,与'皋'同,旧本作'罕',非也。子皋,即子羔也。"此记载又见于《礼记·檀弓下》。
　　[2]重(chóng):古丧礼暂代木主依神者。
　　[3]主道:与神主的道理是一样的。冈白驹补注:"主,神主也。"千叶玄之标笺:"《礼注》曰:土重,木长三尺。始死作重以依神,虽非主而有主之道。故曰主道也。《大全》严陵方氏曰:或曰重,或曰主,何也?始死而未葬,则有柩矣。有柩而设重,所以为重也。既有庙矣,有庙而必有主,是为主也。"
　　[4]殷主缀重焉:王肃注:"缀,连也。殷人作主而连其重悬诸庙也。"
　　[5]周人彻重焉:王肃注:"周人作主彻重,就所倚处而治。"冈白驹补注:"周人既虞而作主,埋其重,故云'彻'。"
　　[6]丧朝:王肃注:"丧,将葬,朝于庙而后行焉。"冈白驹补注:"朝,谓迁柩于庙也。"
　　[7]顺死者之孝心:冈白驹补注:"其生时,出必告,还必面,将葬朝庙,是顺死者之孝心也。"
　　[8]殡于祖:灵柩停放在祖庙。殡,停放灵柩或把灵柩送到墓地去。祖,此指祖庙。

【译文】
　　子羔问孔子:"人刚死的时候,要设重,这是为何呀?"孔子说:"重,与神主的道理是一样的。殷人做了神主牌位后,还要将之与重连在一起，周人则是做了神主就将重撤掉。"子羔又问："请问在即将下葬的时候，还要在祖庙祭拜，是为什么啊？"孔子说："在下葬之前在祖庙祭拜，这是顺从死者的孝心，因此要到祖父、父亲的宗庙里告辞，然后才上路。殷人是在祭拜宗庙以后，还要把灵柩在庙中停放一段时间，而周人则是祭拜祖庙后就出葬。"

孔子之守狗[1]死，谓子贡曰："路马[2]死，则藏[3]之以帷[4]，狗则藏之以盖[5]。汝往埋之。吾闻敝帷[6]不弃，为埋马也；敝盖不弃，为埋狗也。今吾贫无盖，于其封[7]也与之席，无使其首陷于土[8]焉。"

【注释】

[1]守狗：看家的狗。此记载又见于《礼记·檀弓下》。
[2]路马：为国君驾车的马。
[3]藏：犹"葬"，埋葬。
[4]帷：帷帐，帷幔。
[5]盖：车盖，车篷。
[6]敝帷：破旧的帷幔。
[7]封：太宰纯增注："封，当为'窆'。"冈白驹补注："封，读为'窆'。"
[8]陷于土：指直接埋在土里。

【译文】

孔子的看家狗死了。他对子贡说："国君的驾车的马死了，要用帷幔包裹好再埋掉，狗死了，要用车篷盖包裹好再埋掉。你去把狗埋了吧。我听说，破旧的帷幔不丢掉，为的是可以用来埋马；破旧的车篷盖不丢掉，为的是可以用来埋狗。现在我很贫穷，连车篷都没有，你在埋它的时候，用张席子把它裹起来吧，不要让它的头直接埋没在土里。"

曲礼公西赤问第四十四

公西赤问于孔子曰:"大夫以罪免[1],卒,其葬也如之何?"孔子曰:"大夫废其事[2],终身不仕[3],死则葬之以士礼[4]。老而致仕[5]者,死则从其列[6]。"

【注释】
　[1] 以罪免:因为获罪而被免职。免,罢免,免职。
　[2] 废其事:冈白驹补注:"如陈战无勇、荒淫失行之类,不言卿士,举中以该之也。"
　[3] 终身不仕:冈白驹补注:"摈弃之,如后世之禁锢。"林按,冈白驹本"死"连此读。不妥。
　[4] 葬之以士礼:冈白驹补注:"但表其尝仕而已,无爵禄也。"
　[5] 老而致仕:年龄大而退休。
　[6] 列:位次,行列,引申为等级。冈白驹补注:"以大夫之礼葬之。"

【译文】
　公西赤问孔子说:"大夫因为获罪而被免职,死了以后,他的葬礼该怎么安排呢?"孔子说:"大夫被免职以后,就终身不能再被任用,死后按士礼规格安葬。因年老而退休的,死后可以按原来的等级安葬。"

公仪仲子[1]嫡子[2]死而立其弟[3]。檀弓[4]问子服伯子[5]曰:"何居[6]?我未之前[7]闻也。"子服伯子曰:"仲子亦犹行古人之道。昔者文王舍伯邑考而立武王[8],微子舍其孙腯,立其弟衍[9]。"子游以问诸孔子，子曰："否！周制立孙[10]。"

【注释】
　　[1] 公仪仲子：太宰纯增注："陆德明曰：'公仪仲子，公仪，氏。仲子，字。鲁之同姓也，其名未闻。'"此记载又见于《礼记·檀弓上》。
　　[2] 嫡子：正妻所生的儿子，有时也特指正妻所生的长子。
　　[3] 立其弟：立嫡子的弟弟。这里指公仪仲子的庶子。
　　[4] 檀弓：鲁人姓名。
　　[5] 子服伯子：冈白驹补注："子服伯子，仲孙蔑之玄孙子服景伯也，盖仲子从兄弟也。"
　　[6] 居：表语气，同"乎"。
　　[7] 前：以前。
　　[8] 文王舍伯邑考而立武王：王肃注："伯邑考，文王之长子也。言文王亦立子而不立孙也。"
　　[9] "微子舍其孙腯"二句：冈白驹补注："微子立弟，殷礼为然。"
　　[10] 周制立孙：冈白驹补注："周礼，嫡子死，立嫡孙为后。"千叶玄之标笺："立孙，言仲子舍孙而立弟，非也。"

【译文】
　　公仪仲子的嫡子死了，仲子便立自己的庶子作为继承人。檀弓问子服伯子说："这是为什么呢？我以前还从来没听说过这样的事情。"子服伯子说："仲子也还是遵照古人的规矩行事。从前周文王舍弃他的长子伯邑考而立了武王，微子启不立他的嫡长孙腯而立了他的弟弟衍。"子游就这事请教孔子，孔子说："不对！根据周代的制度，应该立他的嫡孙。"

　　孔子之母既丧[1]，将合葬焉，曰："古者不祔[2]葬，为不忍先死者之复见也。《诗》云：'死则同穴[3]。'自周公以来祔葬矣。故卫人之祔也离之[4]，有以间焉[5]。鲁人之祔也合之[6]，美夫[7]！吾从鲁。"遂合葬于防[8]。曰:"吾闻之,古者墓而不坟[9]。今丘也东西南北之人[10],不可以弗识[11]也。吾见封之若堂[12]者矣,又见若坊[13]者矣,又见若覆夏屋[14]者矣,又见若斧形[15]者矣。吾从若斧者[16]焉。"于是封之[17],崇[18]四尺。

孔子先反虞[19],门人后,雨甚至[20],墓崩[21],修之而归。孔子问焉,曰:"尔来何迟?"对曰:"防墓崩。"孔子不应[22],三云[23],孔子泫然[24]而流涕曰:"吾闻之,古不修墓[25]。"及二十五月而大祥,五日而弹琴不成声,十日过禫而成笙歌[26]。

【注释】
　[1] 此记载又见于《礼记·檀弓上》、《檀弓下》。
　[2] 祔(fù):合葬。
　[3] 死则同穴:夫妻去世后要安眠于同一墓穴。穴,墓穴。
　[4] 离之:指夫妻合葬时,棺椁分为两个墓穴下葬,但两个墓穴并排。
　[5] 有以间之:太宰纯增注:"《礼记》无此四字。郑玄曰:'离之,有以间其椁中。'今此疑注误入正文。"冈白驹补注:"有以间其棺中。间,间厕之间。"
　[6] 合之:指夫妻合葬时,棺椁葬在同一个墓穴。
　[7] 美夫:太宰纯增注:"《礼记》'美'作'善'。"冈白驹补注:"善鲁人也。"
　[8] 防:地名,在今山东曲阜市东三十公里,有梁公林,为孔子父母葬处。
　[9] 墓而不坟:太宰纯增注:"郑玄曰:'墓,谓兆域,今之封茔也。土之高者曰坟。'"
　[10] 东西南北之人:冈白驹补注:"言居无常处也。"千叶玄之标笺:"东西南北,《礼注》:言其宦游,无定居也。"
　[11] 识(zhì):标志,记号,此用作动词,做标记。
　[12] 堂:王肃注:"堂形,四方而高者。"

[13] 坊：同"防"，堤防。

[14] 若覆夏屋：太宰纯增注："郑玄曰：'覆，谓茨瓦也。夏屋，今之门庑也。其形旁广而卑。'"

[15] 斧形：太宰纯增注："《礼记》无'形'字。郑玄曰：'斧形旁杀，刃上而长。'"

[16] 若斧者：太宰纯增注："旧本阙'若'字。郑玄曰：'孔子以为刃上难登，狭又易为功。'"

[17] 封之：冈白驹补注："聚土曰封。封之，周礼也。"

[18] 崇：高。

[19] 虞：古时葬后之祭。《释名·释丧制》："既葬，还祭于殡宫曰虞。"

[20] 雨甚至：降下暴雨。

[21] 崩：塌陷。

[22] 孔子不应：冈白驹补注："以其非礼也。应，应对之应。"

[23] 三云：说了三遍。

[24] 泫(xuàn)然：伤心流泪的样子。

[25] 古不修墓：古代不封土起坟。盖谓自己的做法不合礼，故为大雨所毁。

[26] "及二十五月而大祥"三句：王肃注："孔子大祥二十五月禫，故十日逾月而歌也。"太宰纯增注："本注未详。案，《礼记》作'孔子既祥，五日弹琴而不成声，十日而成笙歌。'郑玄曰：'五日弹琴，十日笙歌，除由外也。琴以手，笙歌以气。'"冈白驹补注："郑玄云：'逾月且异旬也，祥亦凶事，用远日。'"大祥，父母死后二十五月而祭称为大祥，表示三年之丧服期已满。禫(dàn)，除丧服之祭。此处为禫祭与大祥在同一个月。然《仪礼·士虞礼·记》所记与此不同，其云"中月而禫"，郑玄注："中，犹间也。禫，祭名也。与大祥间一月。自丧至此凡二十七月。禫之言淡淡然平安意也。"

【译文】

孔子的母亲去世以后，孔子准备将她与父亲合葬在一起。孔子说："古时没有合葬的习俗，是因为不忍心见到先去世的亲人。《诗》上说：'夫妻去世后要安眠于同一墓穴。'这是从周公以来开始实行的合葬。卫国人的合葬，是分在两个墓穴里，死者还是有间隔的。鲁国人的合葬，才是两人的棺椁合葬在一个墓穴里，这种方式太好啦！我要遵从鲁国的方式。"于是将母亲与早先去世的父亲合葬在防山。下葬以后，孔子说："我听说，古时的墓地是不起坟头的，而今我孔丘是个居无定所的人，不可以不在墓地上做些标记。我见过坟头筑成四方而高似厅堂的样子的，见过斜面平平而上，狭长如堤防的样子的，也见过如同门庑的样子的，还见过像斧的样子的。我就按斧形的那种去做。"于是在墓坑上面堆土为坟，有四尺高。

孔子先返回家中举行安魂的虞祭，门人留在墓地处理善后事宜。这时暴雨突降，坟墓被雨水冲塌陷了，他们修好以后才回去。孔子问他们说："你们怎么回来这样晚呢？"回答说："防地的坟墓被冲塌了。"孔子没有应声，门人又说了三遍，孔子的泪水哗哗地流了下来，说："我听说，古人是不在墓地上堆土为坟的啊！"二十五个月后，孔子丧服期已满，举行了大祥祭，又过了五天开始弹琴，但不成声调，接着举行了旨在除服从吉的禫祭，十天后，开始吹笙，这才能吹成乐曲。

孔子有母之丧，既练[1]，阳虎吊焉，私[2]于孔子曰："今季氏将大飨[3]境内[4]之士，子闻[5]诸？"孔子曰："丘弗闻也。若闻之，虽在衰绖[6]，亦欲与[7]往。"阳虎曰："子谓不然乎？季氏飨士，不及子也。"阳虎出，曾点问曰："答之何谓也[8]？"孔子曰："己则衰服，犹应其言，示所以不非也[9]。"

【注释】

[1] 练：冈白驹补注："吴注云：'练'当作'敛'，阳虎吊，不应若是晚矣。"太宰纯增注："先儒以为'练'当为'敛'，是也。盖练，期年之祭。阳虎，鲁人，既练而吊，为已晚也。"此处记载与《史记》不合。《史记·孔子世家》："孔子要绖，季氏飨士，孔子与往。阳虎绌曰：'季氏飨士，非敢飨子也。'孔子由是退。"

[2] 私：私下。

[3] 飨：设盛宴待宾客。
[4] 境内：国境之内，即国内。
[5] 子闻诸：太宰纯增注："言子岂闻之乎。"
[6] 虽在衰绖：尽管在服丧期间。衰，斩衰。绖，丧服上的麻带。
[7] 与(yù)：预备。
[8] "曾点问曰"二句：太宰纯增注："一本'点'作'参'，'答'作'语'。"
[9] 示所以不非也：王肃注："孔子衰服，阳虎之言犯礼。故孔子答之，以示不非其言也。"

【译文】
　　孔子为母亲服丧，大敛之后，阳虎前来吊唁。他私下对孔子说："季氏准备在家里举行盛大的宴会宴请鲁国境内的士人，您听说了吗？"孔子答道："我没听说。如果得知这个消息，虽然在服丧期间，我也会前往参加。"阳虎说："您以为不会吗？季氏宴请的人中不包括你啊。"阳虎出去了，曾点问孔子说："您为什么要回答他呢？"孔子说："我在服丧期间，还回答他的话，是为表示我没有责怪他的非礼言行。"

　　颜回死，鲁定公[1]吊焉，使人访[2]于孔子。孔子对曰："凡在封内[3]，皆臣子也。礼，君吊其臣，升自东阶[4]，向[5]尸而哭，其恩赐之施，不有笇[6]也。"

【注释】
　　[1] 鲁定公：春秋时期鲁国国君，在位15年（前509—495）。据《史记·仲尼弟子列传》及《论语》，颜回小孔子三十岁。死时四十一岁，应在鲁哀公十五年，此作"定公"误。太宰纯增注："定，当为'哀'。"是也。或谓颜子三十一岁卒，则其卒在孔子周游列国期间，鲁君不可能吊之。故《七十二弟子解》以"三十一岁早死"必有舛误。
　　[2] 访：问。
　　[3] 封内：天子或诸侯的领地之内。

[4]升自东阶：东阶，阼阶，主人之阶。
[5]向：面朝，面对。
[6]不有筭（suàn）也：没办法计算啊。筭，同"算"。

【译文】

颜回去世，鲁定（哀）公前来吊唁，并派人就有关的礼仪向孔子请教。孔子回答："凡是在君主的封域之内，都是国君的臣子。按照礼，国君吊唁他的臣子，要从东阶上去，进到室内，对着尸体哭，这样的恩赐是无法计算的啊。"

原思[1]言于曾子曰："夏后氏之送葬也，用明器[2]，示民无知[3]也；殷人用祭器，示民有知也；周人兼而用之，示民疑[4]也。"曾子曰："其不然矣[5]，夫以明器，鬼器也；祭器，人器也。古之人胡为而死其亲也？"

子游问于孔子，子曰："之死而致死乎[6]，不仁，不可为[7]也；之死而致生乎[8]，不智，不可为也。凡为明器者，知丧道也[9]。备物而不可用也[10]。是故，竹不成用[11]，而瓦不成膝[12]，琴瑟张而不平，笙竽备而不和[13]，有钟磬而无簨簴[14]。其曰明器，神明[15]之也。哀哉！死者而用生者之器，不殆于用殉乎[16]。"

【注释】

[1]原思：即原宪，字子思，又称仲宪。此记载又分见于《礼记·檀弓上》。

[2]明器：又作"盟器""冥器"。古代陪葬的器物。

[3]示民无知：使人知道死者是没有知觉的。示，指示，让人看，把事物摆出来或指出来让人知道。

[4]示民疑:让百姓知道他们对死者有无知觉疑惑不定。冈白驹补注:"使疑于无知与有知也。"千叶玄之标笺:"《礼注》:疑者,不以为有知,亦不以为无知也。"

[5]其不然矣:冈白驹补注:"非无知与有知之谓矣。"

[6]之死而致死乎:送走死去的亲人而确认他们毫无知觉。之死,送葬死者。致死,以死者之礼待死者,即确认其毫无知觉。

[7]为:冈白驹补注:"为,犹行也。"

[8]之死而致生乎:送葬死者而认为他们与生者一样有知觉。致生,以生者之礼对待死者,即认为死者像活着时一样,仍有知觉。

[9]知丧道也:懂得丧礼的内涵、精神。

[10]备物而不可用也:冈白驹补注:"神与人异道,则不相伤。"

[11]竹不成用:王肃注:"谓筊之无缘也。"

[12]而瓦不成縢:瓦器不施光泽。王肃注:"縢,镂。"太宰纯增注:"'縢'字义疑。注亦未详。先儒以'縢'当为'漆',谓黑光也。未知是否。《礼记》无'而'字,'縢'作'味',下有'木不成斫'四字,郑玄曰:'味当作沬。'孔颖达曰:'沬,光泽也。'"縢,宽永本、冈白驹本作"縢",注同。冈白驹补注:"毛本、吴本并'縢'作'縢',云疑'漆'字之误,盖竹可言不成縢,瓦不可言不成縢。吴说近是。《戴记》作'味',云谓无黑光也。"

[13]"琴瑟张而不平"二句:冈白驹补注:"不平不和,皆言无宫商之调。"

[14]钟磬而无簨(sǔn)簴(jù):有钟有磬却没有悬挂钟磬的木架。王肃注:"簨簴,可以悬钟磬也。"千叶玄之标笺:"《礼注》:凡此皆不致死亦不致生,而以有知无知之间待死者。"

[15]神明:此处用为动词,意为奉若神明。

[16]不殆于用殉乎:王肃注:"杀人以从死,谓之殉。"殆,几乎,近乎。殉,人殉。

【译文】

原思对曾子说:"夏朝时送葬,用死者不能用的明器,以使人知道死者是没有知觉的。殷代送葬用死者能使用的祭器,以使人知道死者是有知觉的。周人送葬两者兼用,以使人知道他们对死者有无知觉疑惑不定。"曾子说:"恐怕不是这样吧。明器,是鬼魂所用的器具;祭器,是人们自己用的器具。古代的人怎么会认为死去的亲人毫无知觉呢?"

子游向孔子请教这事。孔子说:"为死者送葬,就认定死者没有知觉,这是不仁爱,不能那样做;为死者送葬,而就认定死者和活着时一样仍有知觉,这是不明智,也不能那样做。凡是用明器送葬的人,就是懂得丧礼精神本质的人。备置了很多器物而都不能实用。因此,竹器不加边,瓦器不施光泽,琴瑟张着弦却没法弹,竽笙徒具外形却没法吹,有钟磬却没有挂的木架。这些器物之所以叫作'明器',就是将死者奉若神明的意思。可悲啊!埋葬死者用活人的器具来随葬,这不是近乎用活人来殉葬吗?"

子游问于孔子曰:"葬者,涂车刍灵[1],自古有之。然今人或有偶[2],是无益于丧。"孔子曰:"为刍灵者善矣[3],为偶者不仁,不殆于用人乎?"

【注释】

[1]涂车刍灵:冈白驹补注:"涂车,以泥为车。刍灵,束茅为人马,以为死者之从。"《礼记·檀弓下》孙希旦集解:"涂车、刍灵,皆送葬之物也。涂车即遣车,以采色涂饰之,以象金玉。"刍灵,郑玄注:"刍灵,束茅为人马;谓之灵者,神之类。"此记载又见于《礼记·檀弓下》。

[2]偶:土、木制成的偶像。

[3]为刍灵者善矣:冈白驹补注:"涂车、刍灵,明器之道也。"

【译文】

子游向孔子请教说:"随葬用的那种泥做的车、草扎的人马,自古就有了。然而如今有人制作土木偶像来陪葬,这样做对丧事没有什么好处。"孔子说:"扎草人草马合乎明器之道,这种做法比较好,制作土偶木偶的人居心不仁,用制作得惟妙惟肖的偶像陪葬,这不是接近于用真人来殉葬了吗?"

颜渊之丧既祥[1]，颜路馈[2]祥肉[3]于孔子。孔子自出而受之，入弹琴以散情而后食之。

【注释】
　　[1]祥：即大祥之祭，凡礼，对小祥不单言祥。此记载又见于《礼记·檀弓上》。
　　[2]馈：泛指赠送。
　　[3]祥肉：祥祭时所供之肉。

【译文】
　　颜渊的丧事在举行了大祥祭后，颜路给孔子送来祥祭时所供的肉。孔子亲自到门口接受了，回到屋里，先弹琴以排遣哀痛之情，然后才开始吃肉。

孔子尝[1]，奉荐[2]而进，其亲也悫[3]，其行也趋趋以数[4]。已祭，子贡问曰："夫子之言祭也，济济漆漆[5]焉。今夫子之祭，无济济漆漆，何也？"孔子曰："济济者，容之远也[6]；漆漆者，自反[7]。容以远[8]，若容以自反[9]，夫何神明之及[10]交？必如此，则何济济漆漆之有？反馈[11]乐成[12]，进则燕俎[13]，序其礼乐，备其百官，于是君子致其济济漆漆焉。夫言岂一端而已哉？亦各有所当也[14]。"

【注释】
　　[1]尝：王肃注："尝，秋祭也。"秋祭曰尝。此记载又见于《礼记·祭义》。
　　[2]荐：祭品。《周礼·天官·庖人》："以共王之膳，与其荐羞之物。"郑玄注："荐，亦进也，备品物曰荐，致滋味乃为羞。"又《天

官·笾人》："凡祭祀，共其笾荐羞之实。"

[3] 其亲也愨：王肃注："亲，谓亲奉荐也。愨，质也。"冈白驹补注："亲，谓身亲执事时也。"

[4] 趋(cù)趋以数(shuò)：指举步频繁，步履急速。冈白驹补注："趋，读为'促'。数，速也。"千叶玄之标笺："趋趋，行步迫狭也。"

[5] 济(qí)济漆(qiè)漆：反复修整容貌，以示祭祀的虔诚。王肃注："威仪容止。"千叶玄之标笺："郑注：'漆漆'，读如'朋友切切'。"《集韵·齐韵》："济，济济，祭祀容。"齐明庄敬貌。《礼记·玉藻》："朝廷济济翔翔。"漆漆，恭敬貌。《礼记·祭义》："漆漆者，容也，自反也。"孔颖达疏："谓容貌自反复而修正也。"

[6] 容之远也：王肃注："言宾客疏远之容也。"

[7] 自反：王肃注："谓安之之容也。"冈白驹补注："郑玄云：'自反，犹言自修整也。'"

[8] 容以远：冈白驹补注："依陆玄朗，亦当作'客以远'。"千叶玄之标笺："'容以远'，陆元朗作'客以远'。"

[9] 若容以自反：太宰纯增注："《礼记》有'也'字。郑玄曰：'"容以远"，言非所以接亲亲也。"容以自反"，言非孝子所以事亲也。'"千叶玄之标笺："自反，《礼注》：犹言自修整也。"若，及，与。

[10] 及：与。

[11] 反馈：天子诸侯的宗庙大祭，先在庙堂之上荐血腥，向尸主献酒，再返回庙室举行馈食礼。

[12] 乐成：指乐舞合成，音乐由舞蹈伴随着奏响。千叶玄之标笺："反馈乐成，《礼注》：天子诸侯之祭，尸初在室，后出在堂，更及之设馈。作乐既成，主人荐其馈食之豆与牲体之俎。先时则致敬以交于神明，至此则序礼乐，备百官云云。"

[13] 进则燕俎：进献宴飨用的肉俎。燕，通"宴"。俎，古代祭祀、设宴时用以载牲的礼器。

[14] "夫言岂一端而已哉"二句：冈白驹补注："岂一端，言不可以一概也。礼各有所当，或愨趋趋，或济济漆漆。"

【译文】

孔子为亡亲举行秋祭，手捧祭品上前进献，他亲自做这些事情时显得非常质朴，走起路来也步伐急促。祭祀结束后，子贡问道："先生您以前谈到祭祀的时候，要求祭祀时做到仪态庄严恭敬，仪容端庄恭谨，可是如今先生您祭祀，却没有做到仪态庄严恭敬，仪容修整恭谨，这是为什么呢？"孔子说："所谓仪态庄严恭敬，表情是疏远的；所谓仪容修整恭谨，神情是自我矜持的。表情疏远和神情矜持，那怎么能与亲人的神灵交互感应呢？假若真要与神灵交感，哪里还要仪态庄严恭敬，仪容修整恭谨呢？天子诸侯的宗庙大祭，先在庙堂之上荐血腥，向尸主献酒，再返回庙室中举行馈食礼，一时间，乐舞合成，接着进献宴飨用的肉俎，有顺序地安排礼乐，备具助祭的百官，这些助祭的君子身处这种隆重的场面，自然应该仪态庄严恭敬，仪容端庄恭谨。所以我那话怎么能只从一个方面理解呢？礼仪的要求也是各有其适当的场合的。"

子路为季氏宰[1]。季氏祭，逮昏[2]而奠[3]，终日不足，继以烛。虽有强力之容，肃敬之心，皆倦怠矣。有司跛倚[4]以临事[5]，其为不敬也大矣。他日祭，子路与[6]焉。室事交于户，堂事交于阶[7]。质明而始行事，晏朝而彻[8]。孔子闻之，曰："以此观之，孰谓由也而不知礼？"

【注释】

[1] 宰：卿大夫总管家务的家臣及其私邑的长官称"宰"。此应为家宰。此记载又见于《礼记·礼器》。

[2] 逮昏：天尚未亮。

[3] 奠：向鬼神献上祭品。

[4] 跛（bì）倚：靠着它物，一只脚着地，歪斜地站立，是一种不庄重的样子。《礼记·礼器》："有司跛倚以临祭，其为不敬也大矣。"郑玄注："偏任为跛，依物为倚。"

[5] 临事：对待事务。临，面对，对待。

[6] 与：参与。

[7] "室事交于户"二句：千叶玄之标笺："《礼注》：室事，谓正祭

之时，事于尸于室也。外人将馔，至户，内人于户受之，设于尸前，内外相交承接，故云交于户也。正祭之后，傧尸于堂，故谓之堂事。此时在下之人，送馔至阶，堂上人即阶受取，是堂事交乎阶也。"室事，在室内举行的正祭，有充当祖先神像的尸。户，本指单扇的门，引申为出入口的通称。交，授受。堂事，指正祭过后，在厅堂举行的引导尸的活动。

[8]"质明而始行事"二句：王肃注："质明，平明。"冈白驹补注："晏，晚也。平明而始行事，朝正向晚礼毕，言敬而能速也。"质明，犹黎明，天刚亮时。晏朝（zhāo），黄昏，日落时。晏，晚。彻，完，结束。

【译文】

子路当了季孙氏的家宰。从前季氏举行宗庙祭祀，天还没亮的时候就开始陈列祭品，一整天时间还不够，晚上又点上蜡烛继续进行。即使有强壮的体力，严肃恭敬的心意，也都疲倦懈怠了。执事人员都歪斜着身子，依靠着它物，来应付祭祀的各种事务。那真是对神灵极大的不恭敬。另有一天，举行庙祭，子路参与了有关的司礼工作，室内举行正祭，有充当祖先神像的尸，所需的各种祭品在内室门口交接，正祭完毕，在堂上引导尸，所需的食物在西阶之上交接。从天亮开始进行，到傍晚就结束了。孔子听说了这件事，说："就这件事看来，谁能说仲由不懂得礼呢？"

卫庄公[1]之反国[2]也，改旧制，变宗庙，易朝市。高子皋[3]问于孔子曰："周礼，绎祭于祊[4]，祊在庙门之西[5]，前朝而后市[6]。今卫君欲其事事一[7]更[8]之，如之何？"孔子曰："绎之于库门内，祊之于东[9]，市朝于西方，失之矣。"

【注释】

[1]卫庄公：卫灵公世子蒯聩。

[2] 反国：从晋国回来做了国君。

[3] 高子皋：高柴，字子羔，又作子皋。

[4] 绎(yì)祭于祊(bēng)：冈白驹补注："祊，庙门之旁也。祭之明日绎祭于此，故绎祭亦因名祊焉。"千叶玄之标笺："《礼注》：绎祭，祭之明日又祭也。"

[5] 祊在庙门之西：冈白驹补注："绎祭于庙门外之西堂，故云在西。"

[6] 前朝而后市：冈白驹补注："前，南。后，北。"

[7] 一：一并，统统。

[8] 更：改。

[9] "绎之于库门内"二句：冈白驹补注："于库门内，失其所也，于东，失其方也。"库门，天子宫室、明堂五门，诸侯太庙有三门。此卫之库门在雉门之外，为最外侧之门。

【译文】

卫庄公从晋国回来做了国君，改变以前的制度，更改宗庙的次序，改换朝廷和市集的位置。子羔向孔子请教："按照周礼，正式祭祀的第二天举行的绎祭地点在祊，祊在庙门西侧。朝廷在南，集市在北。现在卫国国君要将这些统统改变，怎么样呢？"孔子说："在库门内举行绎祭，在庙门的东边设祊，集市与朝廷皆置于西侧，这三者都是不合于礼的。"

季桓子将祭，齐[1]三日，而二日钟鼓之音不绝[2]。冉有问于孔子。子曰："孝子之祭也，散齐七日[3]，慎思其事。三日致齐而一用之[4]，犹恐其不敬也。而二日伐鼓[5]，何居[6]焉？"

【注释】

[1] 齐：通"斋"，斋戒。

[2] 钟鼓之音不绝：音乐之声不断。根据礼制，斋戒期间是不能听乐的。

[3]散齐七日：在祭祀父母前，先有七日不御（不与妻子同房）、不乐（不听音乐）、不吊（不去吊丧慰问），谓之"散齐"。
　　[4]三日致齐而一用之：王肃注："积一而用之也。"冈白驹补注："'致齐于内，散齐于外'，'慎思其事，思其居处，思其笑语，思其志意，思其所乐，思其所嗜'是也。"林按，冈白驹所引乃《礼记·祭义》文。致齐在散齐后进行。
　　[5]伐鼓：击鼓。
　　[6]何居：这是做什么呢？

【译文】
　　季桓子要举行祭祀，斋戒了三天，而有两天钟鼓之声不断。冉有来请教孔子。孔子说："孝子举行祭祀，要散斋七天，不与妻子同房，不听音乐，不去吊丧，而谨慎地思考如何进行祭祀。致斋三天，独处一室，集中心思，回忆过去父母的音容笑貌，兴趣爱好等等，这样还怕不够虔敬。季孙氏在两天时间里击鼓为乐，这是要做什么呢？"

　　公父文伯之母[1]，季康子之从祖母[2]也。康子往焉，侧门而与之言曰，皆不逾阈[3]。文伯祭其祖悼子[4]，康子与[5]焉，进俎而不受[6]，彻俎而不与燕[7]，宗老不具，则不绎[8]，绎不尽饫则退[9]。孔子闻之，曰："男女之别，礼之大经[10]。公父氏之妇，动中德趣，度于礼矣[11]。"

【注释】
　　[1]公父文伯之母：冈白驹补注："敬姜也。"
　　[2]从祖母：太宰纯增注："《国语》'从祖'下有'叔'字。韦昭曰：'祖父昆弟之妻。'"
　　[3]"侧门而与之言曰"二句：王肃注："侧门，于门之侧而与之言，言不外身，不逾门限。"冈白驹补注："'曰'字衍文。"太宰纯增注：

"《国语》'侧'作'闑',无'曰'字,'阀'作'阈'。韦昭曰:'闑,辟也。门,寝门也。阈,门限也。皆,二人也。敬姜不逾阈而出,康子不逾阈而入。《传》曰:"妇人送迎不出门,见兄弟不逾阈。"是也。'纯谓:'曰'字衍文。阀,当从《国语》作'阈'。"

[4]悼子:王肃注:"悼子,文伯始祖。"太宰纯增注:"本注'始'字当为'之'。悼子,季武子之庶子季孙纥。"冈白驹补注:"悼子,穆伯之父,敬姜先舅也。"

[5]与(yù):参与。

[6]进俎而不受:王肃注:"进康子而不亲授。"太宰纯增注:"《国语》作'酢不受'。"冈白驹补注:"敬姜不亲授也。"

[7]彻俎而不与燕:王肃注:"彻俎之后而不与欢燕之坐。"冈白驹补注:"祭毕彻俎,敬姜又不与燕。"燕,欢宴。

[8]"宗老不具"二句:王肃注:"绎,又祭。宗老,大夫家臣也,典祭祀及宗族之事。不具,不在也。"冈白驹补注:"敬姜不与绎也。"

[9]绎不尽饫则退:王肃注:"饫,厌神。不尽厌饫之礼而去也。"冈白驹补注:"饫,宴安私饮也。言宗老具,则敬姜与绎,绎毕而饮,不尽饫礼而退,恐有醉饱之失,皆所以远嫌也。"

[10]大经:根本法则,基本原则。

[11]"动中德趣"二句:王肃注:"中德之趣,合礼之度。"

【译文】

公父文伯的母亲敬姜,是季康子的堂叔祖母。季康子到她家去,她在门侧和季康子交谈,身体在门内不迈出门槛。公父文伯祭祀他的祖父季悼子,季康子也来参加。康子呈献的祭品,敬姜不亲自接受,撤下祭品大家欢宴时她也不参与,如果主持祭祀的家臣不在,那么第二天举行的绎祭她就不参加。如果家臣在,她在祭祀后的燕饮中也是半途就退出。孔子听说了这件事,说:"男女之别,是礼的根本法则。公父氏家的妇人,行动合乎道德的要求,合乎礼的法度啊。"

季康子朝服以缟[1]。曾子问于孔子曰:"礼乎?"孔子曰:"诸侯皮弁以告朔,然后服之以视朝,若此礼者也[2]。"

【注释】

[1] 缟：白缯。

[2] "诸侯皮弁以告朔"三句：王肃注："朝服以缟，僭宋礼也。孔子恶指斥康子，但言诸侯皮弁以告朔，卒然后朝服以视朝。朝服明不用缟也。"冈白驹补注："吴注云：按服志，夏尚黑，殷尚白，周兼用之。而皮弁缟服，以告朔受聘。故王云'朝服以缟，僭宋礼也'。宋，殷之后也。皮弁，白鹿为之。皮弁缟服，即《礼器》所谓'至敬无文，以素为贵'者也。"

【译文】

季康子穿的朝服上罩着白缯。曾子向孔子请教说："这合乎礼吗？"孔子说："诸侯带着皮弁参加告朔仪式，然后穿着朝服临朝听政，这样穿戴才是合礼的啊。"

附　录

孔子家语序

[三国魏] 王　肃

郑氏学行五十载矣。自肃成童，始志于学，而学郑氏学矣。然寻文责实，考其上下，义理不安，违错者多，是以夺而易之。然世未明其款情，而谓其苟驳前师，以见异于人。乃慨然而叹曰：予岂好难哉？予不得已也。圣人之门，方壅不通；孔氏之路，枳棘充焉。岂得不开而辟之哉？若无由之者，亦非予之罪也。是以撰《经礼》申明其义，及朝论制度，皆据所见而言。孔子二十二世孙有孔猛者，家有其先人之书。昔相从学，顷还家，方取已来。与予所论，有若重规而叠矩。昔仲尼曰："文王既殁，文不在兹乎？天之将丧斯文也，后死者不得与于斯文也。天之未丧斯文也，匡人其如予何！"言天［未］丧斯文，故令已传斯文于天下。今或者天未欲乱斯文，故令从予学，而予从猛得斯论，以明相与孔氏之无违也。斯皆圣人实事之论，而恐其将绝，故特为解，以贻好事之君子。《语》云："牢曰：'子云："吾不试，故艺。"'"谈者不知为谁，多妄为之说。《孔子家语》弟子有琴张，一名牢，字子开，亦字张，卫人也。宗鲁死，将往吊，孔子止焉。《春秋外传》曰："昔尧临民以五。"说者曰："尧五载一巡狩。"五载一巡狩，不得称临民以五也。《经》曰"五载一巡狩"，此乃说舜之文，非说尧。孔子说论五帝，各道其异事。于舜云："巡狩天下，五载一始。"则尧之巡狩，年数未明。周十二岁一巡，宁可言周临民十二乎？孔子曰："尧以土德王天下，而色尚黄。"黄，土德；五，土之数。故曰临民以五，此其义也。

孔子家语后序

[汉] 孔安国

《孔子家语》者，皆当时公卿士大夫及七十二弟子之所谘访交相对问言语也。既而诸弟子各自记其所问焉，与《论语》、《孝经》并时。弟子取其正实而切事者，别出为《论语》，其余则都集录之，名曰《孔子家语》。凡所论辩，疏判较归，实自夫子本旨也。属文下辞，往往颇有浮说，烦而不要者，亦由七十二子，各共叙述首尾，加之润色，其材或有优劣，故使之然也。

孔子既没而微言绝，七十二弟子终而大义乖。六国之世，儒道分散，游说之士，各以巧意而为枝叶，唯孟轲、荀卿守其所习。当秦昭王时，荀卿入秦，昭王从之问儒术。荀卿以孔子之语及诸国事、七十二弟子之言，凡百余篇与之，由此秦悉有焉。始皇之世，李斯焚书，而《孔子家语》与诸子同列，故不见灭。高祖克秦，悉敛得之，皆载于二尺竹简，多有古文字。及吕氏专汉，取归藏之，其后被诛亡，而《孔子家语》乃散在人间。好事者或各以意增损其言，故使同是一事而辄异辞。孝景皇帝末年，募求天下遗书，于时京师士大夫皆送官，得吕氏之所传《孔子家语》，而与诸国事及七十二子辞，妄相错杂，不可得知，以付掌书，与《曲礼》众篇乱简，合而藏之秘府。

元封之时，吾仕京师，窃惧先人之典辞，将遂泯灭，于是因诸公卿士大夫，私以人事募求其副，悉得之。乃以事类相次，撰集为四十四篇。又有《曾子问礼》一篇,自别属《曾子问》,故不复录。其诸弟子书所称引孔子之言者,本不存乎《家语》,亦以其已自有所传也,是以皆不取也,将来君子,不可不鉴。

后孔安国序

[汉] 佚 名

孔安国，字子国，孔子十二世孙也。孔子生伯鱼。鱼生子思，名伋。伋尝遭困于宋，作《中庸》之书四十七篇，以述圣祖之业，授弟子孟轲之徒数百人，年六十二而卒。子思生子上，名白，年四十七而卒。自叔梁纥始出妻，及伯鱼亦出妻，至子思又出妻，故称孔氏三世出妻。

子上生子家，名傲，后名永（一作"求"），年四十五而卒。子家生子直，名箕，年四十六而卒。子直生子高，名穿，亦著儒家语十二篇，名曰《谪（一作"谰"）言》，年五十七而卒。子高生武，字子顺，名微，后名斌，为魏文王相，年五十七而卒。子武生子鱼，名鲋；及子襄，名腾；子文，名祔。子鱼后名甲。子襄以好经书博学，畏秦法峻急，乃壁藏其《家语》、《孝经》、《尚书》及《论语》于夫子之旧堂壁中。子鱼为陈王涉博士太师，卒陈下，生元路，一字元生，名宥，后名随。子文生寂，字子产。子产后从高祖，以左司马将军从韩信，破楚于垓下，以功封蓼侯，年五十三而卒，谥曰夷侯。长子灭嗣，官至太常。次子襄，字子士，后名让，为孝惠皇帝博士，迁长沙王太傅，年五十七而卒。生季中，名员，年五十七而卒。生武，及子国。

子国少学《诗》于申公，受《尚书》于伏生，长则博览经传，问无常师，年四十为谏议大夫，迁侍中博士。天汉后，鲁恭王坏夫子故宅，得壁中诗书，悉以归子国。子国乃考论古今文字，撰众师之义，为《古文论语训》十一篇、《孝经传》二篇、《尚书传》五十八篇，皆所得壁中科斗本也。又集录《孔氏家语》，为四十四篇，既成，会值巫蛊事，寝不施行。

子国由博士为临淮太守，在官六年，以病免，年六十卒于家。其后，孝成皇帝诏光禄大夫刘向，校定众书，都记录，名《古今文书论语别录》。子国孙衍为博士，上书辨之，曰：

> 臣闻明王不掩人之功，大圣不遗人之善，所以能其明圣也。陛下发明诏，谘群儒，集天下书籍，无言不悉，命通才大夫，校定其义，使遐载之文，有以著于今日。立言之士，垂于不朽，此则蹈明王之轨，遵大圣之风者也。虽唐帝之焕然、周王之彧彧，未若斯之极也。故述作之士，莫不乐测大伦焉。

> 臣祖故临淮太守安国，建仕于孝武皇帝之世，以经学为名，以儒雅为官，赞明道义，见称前朝。时鲁恭王坏孔子故宅，得古文科斗《尚书》、《孝经》、《论语》，世人莫有能言者，安国为之今文读，而训传其义。又撰《孔子家语》。既毕（一本"毕"下有"讫"），会值巫蛊事起，遂各废不行于时。然其典雅正实，与世所传者，不同日而论也。光禄大夫向以为其（一本作"其为"）时所未施之故，《尚书》则不记于《别录》，《论语》则不使名家也。臣窃惜之。且百家章句，无不毕记，况《孔子家语》古文正实而疑之哉！又戴圣，近世小儒，以《曲礼》不足，而乃取《孔子家语》杂乱者，及子思、孟轲、孙卿之书以裨益之，总名曰《礼记》。今尚（一本作"向"）见其已在《礼记》者，则便除《家语》之本篇，是为灭其原而存其末，不亦难乎？臣之愚以为宜如此为例，皆记录别见，故敢冒昧以闻。

奏上，天子许之。未即论定而遇帝崩，向又病亡，遂不果立。

汲古阁板孔子家语跋

[明]毛 晋

嗟乎！是书之亡久矣。一亡于胜国王氏，其病在割裂；一亡于包山陆氏，其病在倒颠。先辈每庆是书未遭秦焰，至于今日，何异与焦炬同烟销邪？予每展读，即长跽宣尼像前，誓愿遘止。及见郴阳何燕泉叙中云云，不觉泣涕如雨。夫燕泉生于正德间，又极稽古，尚未获一见，余又何望哉！余又何望哉！抚卷浩叹，愈久愈痛。忽丁卯秋，吴兴贾人持一编至，乃北宋板王肃注本子。大书深刻，与今本迥异，惜二卷十六叶已前，皆已蠹蚀，因复向先圣，焚香叩首，愿窥全豹。幸己卯春，从锡山酒家，复觏一函，冠冕峃然，亦宋刻王氏注也。所逸者仅末二卷。余不觉合掌顿足，急倩能书者，一补其首，一补其尾。二册俨然双璧矣。纵未必夫子旧堂壁中故物，已不失王肃本注矣。三百年割裂颠倒之纷纷，一旦而垂绅正笏于夫子庙堂之上矣。是书幸矣！余幸矣！亟公之同好，凡架上王氏陆氏本，俱可覆诸酱瓿矣。即何氏所注，亦是暗中摸索，疵病甚多，未必贤于王陆二家也。但其一序，亦可参考。因缀旒于跋之下。虞山毛晋识。

孔子家语注序

[明] 何孟春

　　《孔子家语》，如孔衍言，则壁藏之余，实孔安国为之。而王肃代安国序，未始及焉，不知何谓。此书源委流传，肃《序》详矣。愚考《汉书·艺文志》载《家语》二十七卷，颜师古曰："非今所有《家语》也。"《唐书》志艺文，有王肃注《家语》十卷，然则师古所谓今之《家语》者欤？班史所志，大都刘向较录已定之书。肃《序》称四十四篇，乃先圣二十一世孙猛之所传者。肃辟郑氏学，猛尝学于肃，肃从猛得此书，遂行于世。然则肃之所注《家语》也，非安国之所撰次，及向之所较者明矣。虞舜《南风》之诗，玄注《乐记》云："其辞未闻。"今《家语》有之。马昭谓王肃增加，非郑玄所见，其言岂无据耶？肃之夸异于玄，盖每如此。既于《曾子问》篇不录，又言诸弟子所称引皆不取，而胡为赘此？此自有为云尔。肃之《注》，愚不获见，而见其序，今世相传《家语》，殆非肃本，非师古所谓今之所有者。安国本，世远不复可得，今于何取正哉？司马贞与师古同代人也。贞作《史记索隐》引及《家语》，今本或有或无，有，亦不同。愚有以知其非肃之全书矣。今《家语》，胜国王广谋所句解也。注庸陋荒昧，无所发明，何足与语于述作家？而其本使正文漏略，复不满人意，可恨哉！今本而不同于唐，未必非广谋之妄庸，有所删除而致然也。《史记·传》：颜何，字冉。《索隐》曰："《家语》字称。"仁山金氏考七十二子姓氏，以颜何不载于《家语》。

《论语》"仲弓问子桑伯子"朱子注:"《家语》记伯子不衣冠而处。"张存中取《说苑》中语为证。颜何暨伯子事,广谋本所无者。盖金、张二人所见,已是今本。以此而推,此书同事异辞,灭源存末,乱于人手,不啻在汉而已。安国及向之旧,至肃凡几变,而今重乱而失真矣。今何所取正?而愚重为之注,不亦广谋之比乎?嗟夫!先民有言,见称圣人。圣有遗训,谁其弗循?书莫古于三代,古莫圣于孔子。吾夫子之言,如雷霆之洞人耳,如日月之启人目。《六经》外,《孝经》《论语》后,幸存此书,奈之何使其汶汶而可也。此书肃谓其"烦而不要",大儒者朱子亦曰"杂而不纯"。然实自夫子本旨,固当时书也,而吾何可忽焉而莫之重耶?《论语》出圣门高弟,记录正实而切事者。颜回死,颜路请子之车。子曰:"鲤也死,有棺而无椁。"校以《家语》所纪岁年,子渊死时,伯鱼盖无恙也。或疑《论语》为设事之辞。《论语》且有不可信者矣,吾又何得于此书之不可信者,而并疑其余之可信者哉?学者就其所见,而求其论于至当之地,斯善学者之益也。春谨即他书有明著《家语》云云,而今本缺略者,以补缀之。今本不少概见,则不知旧本为在何篇,而不敢以入焉。分四十四篇为八卷。他书所记,事同语异者,笺其下,而一二愚得附焉。其不敢以入焉者,仍别录之,并春秋战国秦汉间文字,载有孔子语者,录为《家语外集》,存之私塾,以俟博雅君子,或得肃旧本而是正焉,是岂独春之幸哉?

时大明正德二年岁次丁卯仲春二月壬寅
后学郴阳何孟春子元谨序

增注孔子家语序

(日)太宰纯

昔者左丘明取鲁国简牍记以为《春秋传》，又录其异闻，兼撮诸国遗事，以为外传，命之曰《国语》。仲尼门人录仲尼言语行事及门人问对论议之语，命之曰《家语》。琴张、原思等取《家语》中纯粹正实者而修其文，以为《论语》。是《论语》之与《家语》，犹《春秋》内、外《传》也。汉时，《论语》独行，《艺文志》曰："《孔子家语》，二十七卷。"颜师古以为非今所有《家语》。然则班史志艺文时，今之《家语》犹未出。及王子雍得之孔猛，然后始出也。然不知《志》所载《家语》二十七卷者，与子雍所得《家语》十卷四十四篇者，同异何如？如孔衍所叙，则《家语》实经安国之校正矣。子雍通儒，已得是书于孔猛，而首尊信之，遂从而注之，后儒多有取焉。至若宋刘孝标注《世说》，唐李善注《文选》，李瀚辑《蒙求》，皆引之以明本文所出。盖以其古书而出于孔氏，故后儒莫敢议之。然亦无笃信之者。自赵宋时，伊洛之道兴，而其徒皆不信《家语》。至若《孝经》，仲尼经纶之本业，而朱熹敢妄删之，何有于《家语》哉？尔后是书虽存而读者不复孔氏书视之，使其与诸子为伍。盖王注本隐于宋末，而后儒不得见之，则任意删去正文，或进退篇次。予尝见数家本矣，其文既非孔氏之旧，虽有注释，何所裨益？以明何孟春之博览也，知尊《家语》而不获见王注全本，仅睹其序，何其不幸也！我日本博士家所传王注全本，今行于海内。凡学者得见之，岂非幸欤？先君子空谷府君，性好载籍，悦《家语》，常置之座右。纯之少也，亦好是书，读之颇习，既而窃恨旧本多误，文义难晓，乃求得海舶所贡王注全本，及元明诸儒数家本以校之，又旁搜传记诸子所载，与是书事同文异者，若后世注家所引是书及王注文以参考之，积以岁月，可以正误通义者，不止十五。又有子雍所略不注而今之幼学所不能解，则取诸名家训注在他书者以补之，命曰《增注》。旧本有音释而甚略，予今效陆德明用唐音悉注其当注者，冀读者无纰缪。於乎！《家语》虽曰舛驳，实七十子所记孔氏遗文也。《论语》虽曰雅训，有得《家语》而后其义始明者焉。礼乐之坏崩也，得《家语》亦可以修补其十一矣。《家语》宁可废乎？传称子游述《檀弓》、《礼运》，子夏述《乐记》，彼盖二子修辞所成，故其文蔚然。若《家语》，则门人各随记其所闻而未经修正者已，其实孔氏遗文无疑焉，尤不可废也。纯愚信仲尼，是以信《家语》如《论语》。后来愚者，或与吾同心，其亦有取于斯，则是书之尊，非《春秋》外传之比云。

元文元年柔兆执徐仲冬己亥
信阳太宰纯序

增注孔子家语跋

（日）太宰纯

纯少好读《孔子家语》，自我东方所有旧本之外，凡海舶所贡诸家注本，随得读之，至十有余部。自元王广谋《句解》以下，大抵皆新注今本也，不啻训注不古，而其正文割裂颠倒，非复王子雍氏旧本也。及见何孟春注本，乃知是书古本隐晦于中夏，虽博览之士，犹不得一见也。后得汲古阁板一本，则王子雍注全本也。因以我东方所有旧本校之，其文全同，至于误字衍文亦多不异。其所异者，独无音释耳。余怪以为我本或流传于彼，而汲古阁氏得重刻之邪？何其不异如此？其书尾有虞山毛晋跋，言是书既隐而复显，几亡而仅存甚详。余于是愈益幸我本之存于今，而信其为宝亦益深矣。今因附录于《增注》之后，以示同志云。太宰纯书。

补注孔子家语序

（日）冈白驹

祖龙灾经，《家语》独以诸子侜免。吕氏之乱，始散在人间，为好事者所增损。据博士孔衍言，则此壁藏故物，实孔安国撰次之，戴圣记《礼》，而刘向所校，亦既非孔氏旧矣。班史所志，二十七卷。颜师古以为非今所有《家语》也。《唐·艺文志》"王肃注《家语》十卷。"岂肃之所得于孔猛，师古所谓今之所有者与？即今此本近矣。然司马贞《史记索隐》、张守节《史记正义》引及《家语》者，今此本所无颇多，而其有亦或不同，则非复肃之全书也。自宋儒表《四子》，独尊《论语》，《论语》行而《家语》废。废则泯没，势之所必然也。且"杂而不纯"之说一出，而儒者任意割裂。嗟乎！是书之紊乱，不知凡几变也。或好事家有藏焉，亦世复文渝，驳蚀相禅，脱误衍错，不亦宜乎！明本吴嘉谟注《家语》亦十卷四十四篇，不言其所繇来。钱受益校本，稍删吴注而卷篇同。何孟春所注八卷四十四篇，自言不获见肃之注，仍其割裂，即它书以补缀之，亦十之六七耳。注颇有所见，虽出于摸索，视之吴氏，诚为巨擘焉。然而皆不如此本之近也。惟毛晋所刻肃注《家语》，与此本同，而脱误反多。余仍肃原注补其不备，据诸家本汰彼殽讹，庶不汶汶。《六经》之外，幸存此书。在善学者，则实古学饩羊也。若夫谓留下作病痛，老头巾之腐论耳。

元文丁巳春三月之望
西播　冈白驹识

冢注家语序

（日）冢田虎

《家语》者，何也？《论语》之耦也。二《语》皆实录孔子之言行者，而七十子之所以升堂入室之门阶也。而《论语》者，择其切要者以别集之，而后诸弟子各有所得焉，则既有《古》、《齐》、《鲁》之传，以列之经籍，且齐、鲁《论语》，汉时诸儒更名家，以讲授之，则夙行于天下。而《家语》者，收其遗滞者以都录之，而独藏于孔氏家，未有传之者。而后遂与诸子同列，反免秦焰，又郁湮不显。

至于汉兴，元封之时，孔安国获之，乃参考之壁藏古文，虽以撰次之，而会值巫蛊事起，与其《尚书》、《论语》，俱寝不施行。及乎成帝时，因博士孔衍上书辩之，将立之于学官，而会遇帝崩，遂不果焉。然班固志艺文，犹以《孔子家语》二十七卷者，载录于《论语》家。则当时自有《家语》，以与《论语》耦也者，亦应知也。而后展转殽乱，历乎东汉，未有修之者。魏文帝时，王肃初能论其义，时孔子二十二世孙有孔猛者，尝从学于子雍，而其家所藏之书，与子雍所论，若重规而叠矩云。于是子雍特作之解，以贻好学者，而后《家语》复传不绝。及乎唐太宗，魏徵奉敕撰《群书治要》，乃以《孝经》、《论语》、《家语》相次。此其及乎唐，犹《家语》与《论语》耦，而天下崇信之，复亦应知也。是以唐代学者司马贞、张守节、李善、李瀚之辈，皆能引《家语》以徵其所解说，而《唐书·艺文志》曰，王肃注

《家语》十卷，此与《班史》所志，其卷数不同，颜师古谓《班史》所志曰："非今所有《家语》。"盖以其卷数不同与？惟虽其卷数不同，岂得谓全非今《家语》乎？虽《论语》也，今之《论语》，与《齐论》、《古论》，皆篇数不同，章句亦有多少乎。此于其大义，无所乖谬也，则又何嫌于卷数不同。

下至于赵宋，自穷理之学兴焉，程朱之徒，皆不信《家语》，遂妨其所以与《论语》耦，而妄举孟轲氏之书，以为《论语》之配者。何为其污圣经矣！此与夫谓江汉以濯之，秋阳以暴之，皓皓乎不可尚者，不亦异乎？且司马迁作《孔子世家》，错综《家语》、《论语》，以为圣迹统纪，又旁取好事浮说，而属其文辞者明矣。而朱熹氏《史记》则取之以作《论语序说》，而《家语》则不信之，是为浊其源而清其流也，岂不亦戾乎？朱熹曰："《家语》虽记得不纯，却是当时书。"又曰："《家语》只是王肃编古录杂记，其书虽多疵，然非肃所作。"以此观之，夫虽不能信之，然非亦不敢取焉。故及其注《论语》，引《家语》以断焉者，不亦鲜也。而今世溺其〈岐〉歧流之徒，有或曰《家语》不取者，无乃亦为朱氏所叱乎？而其所以谓不纯且多疵者，何以也？惟以其有不合于穷理之见也夫。呜乎！《家语》与《论语》耦也久矣，而以其有不合于己之见也，驳以妨其耦者，乃不亦妄乎？但此经，至属文下辞，乃以展转毁乱，而虽间有所涩滞，恶可以细疵害鸿美矣？夫夏后氏之璜，不能无暇；明月之珠，不能无秽，然天下莫不宝之者矣乎。此不啻《家语》而已。盖从周室灭，至秦始皇，罹其兵燹，而失圣业之旧，《六经》以下皆然也。

又纵如朱氏之言，使此书实王肃之所编古录杂记。所谓古录杂记，皆将所以记录圣人遗言也，则亦不可有害于以为《孔子家语》也。如彼戴圣之《记》，当时既立于学官，因循以为礼经，则后儒莫敢议焉者。况《家语》固非《戴记》俦，自汉以上，其与《论语》耦也者久矣乎。故七十子而后，诸子百家书所称引孔子之言，其不出于《论语》，则咸存于《家语》。若夫比孔衍上书，天假年于成帝，得果立之于学官，因循以为圣经，虽乃朱熹氏也，不可敢复错唇齿焉。而自其既举孟轲氏之书，以夺《论语》之耦，其徒皆不信《家语》，不信则废而隐没，隐没则裂而紊乱，势之所以然也。

及乎明兴，从正德至万历之间，以学者多好古，复能知《家语》可尊，而后数家校本出焉。然又未能攘除彼妨害，则犹未复乎其耦焉。而我东方，自古文华开，经籍之逸于中夏，而存于我东方者多，且二百年来，升平之渥泽，浃洽于率土，则以事多复古，俊迈之士，殆有所发明焉。学亦将归阙里之风于此乎！我博士家所传之《家语》，尝所以刊行之本，往往有崇信之者，岂不亦乐乎！然其经文及注，监之魏徵以下唐代学者所引证，事有出入，文有异同，乃似亦非唐全本。

近世太宰纯所增注及冈白驹所补注，既与施行之，则不以为无益于学者也。然我党子弟，依二氏之所增补读之，犹颇有不晓文义者也。虎也少而读《家语》，犹读《论语》。今而诱子弟，亦传《家语》，犹传《论语》。然为其颇有不晓文义者，乃以累年务，而比诸本异同，兼方传记及诸子百家所记载，参之以校文，伍之以合义，从其多且稳者，谨以修经文讹舛，更私作训解以立之于家塾。唯欲使我党子弟，益信之犹《论语》，而永不失二《语》之耦也已矣。若夫不同志之徒，有以此罪于虎，固所以不避也。

虎尝注《论语》，《论语》则经文简而幽，且汉魏以降，说者实夥，异义纷扰，则不得不详之解，故黡而饫之。《家语》则经文曲而章，且王肃以来，说者未多，皆祖述王注，则不得不略之注，故约而要之，读者若有不得于此，以《论语》相照，乃其绪意应知也。庶几我党子弟，与为御侮之友，而能防彼妨害，守二《语》之耦，以熟习于此，则亦遂得所以升堂入室之门阶矣乎。

宽政四年壬子春正月
信浓冢田虎叔貔序

标笺孔子家语序

（日）千叶玄之

六经之书，譬之六府，水火金木土谷，各有所修，故辨人才、审治体、美教化、厚人伦，不遵用之而奚适也哉？而《孔子家语》，虽不列经，开卷而读之，则孔子语默动静，皆为典则，坦然明白，以垂后昆。百世之下，如面对圣人，虽亚《论语》，谁敢间然焉哉？是以王侯贵人，大夫庶士，朝习夕诵，采摘其最关纲纪者，则不啻终身之诫。百尔正德、利用、厚生，了然确切，自得日用之实，于是人心悦而天下服，彰厥有常，岂不天休哉？宽保中，春台太宰先生改正坊间旧刻之讹谬，以补前人之未备，间为增注，详援确证，以豁观者心目，诚其功伟哉！天明丁未夏，余不图得元文中太宰氏与诸生会业附益增注所引用诸书之文，彼在某传，此在某篇，标明笺释，手泽之善本，昔犹璋判，今始珪合，遂令后学易通晓，不亦说乎？书肆嵩山房，见之欣羡，频恳再梓。余更加厘订，不吝授之，乃付梓人。宽政庚戌春，梓成公之。余谓此书也，王侯贵人，大夫庶士，手披心寄，朝夕嗜之，则勤邦俭家，不自满假，亲贤远奸不爽圣训，且贱虚名，贵实用，不期然而然，读者仰慕典章，幸毋忽视。孔子不云乎："十室之邑必有忠信如丘者焉，不如丘之好学也"。

宽政改元己酉冬南至日
千叶玄之谨序

标笺孔子家语跋

(日)盐野光迪

芸阁先生之为人也，温厚宽量，齿德并尊，著作诗文，优游独乐，三复经典，施于有政，多口之人，誉不加劝，毁不加沮，葆光晦迹，惟学是勤。既逾三纪，二三门徒，爱惜不已，恳祈闻达矣。先生犹然掉头曰：余孱劣不遇于时，用舍行藏，从其所好，茅茨蓬户，是我分也。而与世之抗颜捴髭之君子，不能为伍。以夫百岁之后，知我者，又奚容自张为？虽然，先生三十年来，板刻诸书，躬行于世，凡十二部，不亦异乎？宽政己酉春，再校春台先生《增注家语》，补阙举遗，不惮烦劳，拓充未备者，悉标明于上方，了然使易领解之。先生修业不怠，乃于此举，固可知也。冀王侯卿大夫，繙阅此书，仰慕圣言，为政以德，偃武修文，身端心诚，以教富庶，则使天下国家有益于治道，岂不大哉！先生之志，即是止之而已矣。先生奚若人欤？诚质直之长者哉！

宽政改元己酉秋
日光防火使队长盐野光迪谨跋

中国古代名著全本译注丛书

周易译注	中说译注
尚书译注	老子译注
诗经译注	庄子译注
周礼译注	列子译注
仪礼译注	孙子译注
礼记译注	鬼谷子译注
大戴礼记译注	六韬·三略译注
左传译注	管子译注
春秋公羊传译注	韩非子译注
春秋穀梁传译注	墨子译注
论语译注	尸子译注
孟子译注	淮南子译注
孝经译注	近思录译注
尔雅译注	传习录译注
考工记译注	齐民要术译注
	金匮要略译注
国语译注	食疗本草译注
战国策译注	救荒本草译注
三国志译注	饮膳正要译注
贞观政要译注	洗冤集录译注
吕氏春秋译注	周髀算经译注
商君书译注	九章算术译注
晏子春秋译注	茶经译注(外三种)修订本
	酒经译注
孔子家语译注	天工开物译注
荀子译注	人物志译注

颜氏家训译注	宋词三百首译注
梦溪笔谈译注	古文观止译注
世说新语译注	文心雕龙译注
山海经译注	文赋诗品译注
穆天子传译注·燕丹子译注	人间词话译注
搜神记全译	唐宋传奇集全译
	聊斋志异全译
楚辞译注	子不语全译
六朝文絜译注	闲情偶寄译注
玉台新咏译注	阅微草堂笔记全译
唐贤三昧集译注	陶庵梦忆译注
唐诗三百首译注	西湖梦寻译注
花间集译注	浮生六记译注
绝妙好词译注	历代名画记译注